PC POCHE C

D1347887

PC
POCHE

C

MICRO
APPLICATION

Copyright © 1995   Data Becker GmbH
                        Merowingerstr. 30
                        40223 Düsseldorf

              © 1996   Micro Application
                        20-22, rue des Petits-Hôtels
                        75010 PARIS

Téléphone :   53 34 20 20
Télécopie :   53 34 20 00
Internet :   microapp@dialup.francenet.fr
CompuServe :   100270,744

Auteur   Gerhard WILLMS

Traducteur Georges-Louis KOCHER

Avertissement aux utilisateurs

ISBN : 2-7429-0738-6
Réf DB : 441555 / AA / MJN

SOMMAIRE

1 Structure des programmes

Un programme est une suite d'instructions à destination de la machine. Pour formuler ces instructions d'une manière qui soit compréhensible par l'ordinateur, il faut un langage spécial. Le langage de l'ordinateur est le langage machine qui n'utilise que deux symboles : 0 et 1 (langage binaire donc). Si nous écrivions nos programmes en langage machine, nous verrions aussitôt survenir quelques inconvénients : le texte du programme se composerait de longues et illisibles séries de 0 et de 1. Une conséquence particulière en est que la détection des erreurs s'avère pratiquement exclue. On utilise donc, en général, un langage de programmation permettant de produire des programmes bien lisibles et facilement corrigeables, programmes qui sont ensuite traduits en langage machine à l'aide d'un compilateur. C est un exemple de langage de programmation.

1.1 Eléments fondamentaux

A quoi ressemble un programme C ? Voici un exemple :

```
main()
{
    printf("Voici un programme C.");
}
```

Nous écrirons ce programme avec un traitement de texte ou avec un éditeur de texte. Nous le stockerons ensuite sous forme de fichier avec le nom "UN.C". Lors de l'enregistrement du programme, il faut prendre quelques précautions. De nombreux traitements de texte créent des fichiers formatés, en ce sens qu'ils y ajoutent des codes de contrôle indispensables pour la mise en forme du texte.

Ces codes de contrôle, la plupart du temps, ne sont pas affichés. Cependant, le compilateur C les prendrait pour des portions de programme, ce qui naturellement amènerait des erreurs. Il est donc vital que les fichiers soient sauvegardés en mode non formaté (format ASCII). Une fois enregistré comme précédemment exposé, le fichier UN.C renferme le code source de notre programme, c'est-à-dire le texte du programme rédigé en langage C. En ce qui concerne l'attribution du nom, nous avons suivi la convention qui consiste à proposer l'extension C pour les fichiers contenant un programme C.

Le jeu de caractères du C

Notre programme a pour mission d'afficher le message :

```
Voici un programme C.
```

Il se compose de quatre lignes. Le texte contient des lettres, mais aussi d'autres caractères, par exemple les accolades { et }. Pour la création de programmes C, en fait, on utilise un certain sous-ensemble du jeu de caractères de l'ordinateur. les caractères autorisés sont donnés sur l'image qui suit.

Lettres majuscules :
ABCDEFGHIJKLMNOPQRSTUVWXYZ

Lettres minuscules :
abcdefghijklmnopqrstuvwxyz

Chiffres :
0123456789

Caractère de soulignement :
_

Caractères non visibles :
Caractère d'espace, de tabulation, de retour arrière,
de nouvelle ligne, de saut de page

Caractères spéciaux et de ponctuation :

,	virgule	!	point d'exclamation
.	point	|	barre verticale
;	point virgule	/	barre oblique (slash)
:	double point	\	barre oblique inversée (backslach)
?	point d'interrogation	~	tilde
'	apostrophe	+	signe plus
"	guillemet	#	dièse
(	parenthèse gauche	%	caractère de pourcentage
)	parenthèse droite	&	"et" commercial
[	crochet ouvrant	^	accent circonflexe
]	crochet fermant	*	caractère étoile
{	accolade ouvrante	-	signe moins
}	accolade fermante	=	signe d'égalité
<	caractère inférieur	>	caractère supérieur

Fig. 1.1 : Les caractères du langage C

Fonctions

Les caractères du jeu précédent servent à former des combinaisons (mots), à partir desquelles se construisent les programmes C. Eclairons cela sur l'exemple du programme UN.C. La première ligne du programme contient trois combinaisons de caractères, à savoir le mot **main** ainsi qu'une parenthèse ouvrante et une parenthèse fermante (deux mots, chacun comprenant un unique caractère). Tout cela dans l'ordre :

```
main()
```

main est le nom d'une fonction particulière du C. Une fonction C est elle-même une portion de programme chargée d'exécuter une tâche bien précise. Un tel extrait de programme se compose en principe d'une ou de plusieurs instructions qui doivent être exécutées afin que soit réalisée la tâche dévolue à la fonction. Les programmes C peuvent normalement contenir un nombre quelconque de telles fonctions. Chacune d'entre elles, grâce à ses propres instructions, remplit une tâche spécifique. Nous pouvons donc maintenant préciser ce que nous avons écrit au début du chapitre, à savoir qu'un programme (et en particulier un programme C) n'est qu'une suite d'instructions adressées à la machine, et fondamentalement présenter un programme C comme une suite de fonctions, lesquelles contiennent un certain nombre d'instructions. Cette suite de fonctions peut, à vrai dire, être complétée par des instructions spéciales placées soit entre les diverses fonctions, soit à part. La structure générale du programme, en tant que suite de fonctions, n'en est cependant guère altérée. Nous vous renvoyons ici à la suite du chapitre, ainsi qu'aux chapitres 7 et 8, respectivement intitulés **Classes de mémorisation** et **Le préprocesseur C**. L'image suivante montre ce qu'est un programme C en tant que suite de fonctions :

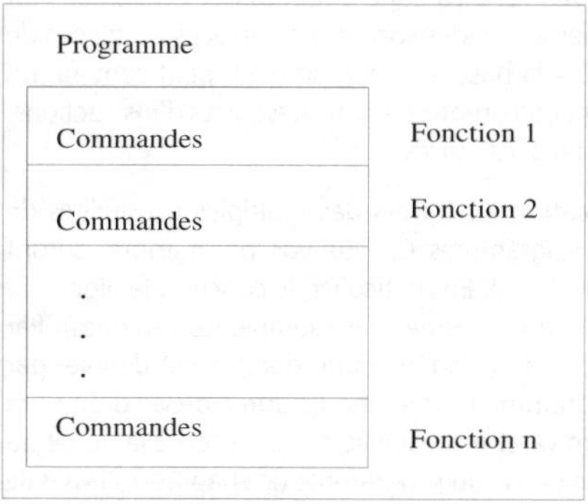

Fig. 1.2 :　Un programme C est une suite de fonctions

Chaque programme C doit renfermer une fonction du nom de **main**. Autrement dit, dans tout programme C, on trouve au minimum une fonction (à savoir **main**). **main** est la fonction principale de chaque programme C. C'est par elle que commence l'exécution du programme.

Notre exemple UN.C comprend uniquement la fonction **main**. Celle-ci renferme les instructions (ici, il n'y en a qu'une) que doit exécuter le programme. Cette instruction se situe entre les deux accolades des lignes 2 et 4. Mais le mot **main** est immédiatement suivi de deux parenthèses que l'on trouve systématiquement avec toute fonction. Entre ces parenthèses, vous pouvez spécifier les données (paramètres) sur lesquelles opère la fonction. Les parenthèses doivent toujours accompagner la fonction, même si aucun paramètre (c'est le cas dans notre exemple) ne figure entre elles. La ligne :

```
main()
```

informe le compilateur qu'à cet endroit commence la fonction **main** et que **main** n'a aucun paramètre. Notez bien ici que la graphie du nom de la fonction **main** a son importance, car le compilateur C distingue les majuscules des minuscules. Si au lieu de :

```
main()
```

vous écriviez, par exemple :

```
MAIN()
```

ou

```
Main()
```

alors vous obtiendriez un message d'erreur lors de la compilation du programme.

Blocs d'un programme C

La ligne 2 de UN.C renferme, en tout et pour tout, une accolade ouvrante. Ce caractère signifie qu'ici débutent les instructions de la fonction **main**. L'accolade correspondante qui ferme la partie instructions se trouve sur la ligne 4. La zone entre les deux accolades est également désignée par le terme de bloc. Les accolades sont donc appelées accolades de blocs. Notre exemple contient un seul bloc. A la base, un programme C peut contenir un nombre quelconque de blocs. Ceux-ci, de leur côté, renferment toutes sortes d'instructions. Ces blocs peuvent aussi être inclus les uns dans les autres.

Le concept de bloc prend toute sa signification au travers des multiples possibilités de structuration qui en découlent pour les programmes C. Plus vos programmes seront complexes, et plus ce concept sera mis en évidence. En particulier, le concept de bloc régit la portée et la durée de vie des données du programme (par exemple les variables). Par portée, on entend la portion de programme dans laquelle une donnée est définie, par exemple un bloc, plusieurs blocs ou le programme tout entier. La durée de vie d'un nom indique si la donnée représentée par ce nom va être conservée pendant toute la durée du programme ou bien seulement pendant une partie du programme (le chapitre 7 **Classes de mémorisation** traite ce thème de manière approfondie).

Instructions

La partie instructions de **main** dans notre programme n'est pas très grosse. Elle se compose d'une seule instruction sur la troisième ligne :

```
printf("Voici un programme C.");
```

Mais elle suffit à exécuter la tâche dévolue au programme, à savoir afficher une certaine phrase à l'écran. Le langage C utilise, pour ses opérations d'entrée-sortie, des fonctions spécifiques. **printf** en est une. Elle permet d'afficher des données. Le chapitre 2 **Entrée et sortie** présente la fonction **printf** de manière approfondie. Dans notre cas, les données à afficher sont représentées par la phrase :

```
Voici un programme C.
```

Cette phrase, placée entre les parenthèses de fonction, sert de paramètre. Le fait de donner le nom d'une fonction dans une instruction active cette fonction : vous l'appelez. La fonction exécute sa mission, puis le programme continue à l'instruction suivante. Dans notre exemple, le programme se termine car il n'y a pas d'autres instructions.

Les instructions de la fonction principale **main** sont écrites dans notre programme. Mais **printf** est aussi une fonction utilisée dans ce programme. On peut alors se poser la question de savoir où se trouvent les instructions composant **printf**. Une différence entre **main** et **printf** est que vous devez réécrire vous-même **main** dans chaque programme. **printf**, en revanche, est une fonction prédéfinie fournie avec le compilateur. Elle se trouve dans un fichier spécial appelé bibliothèque. Lorsque vous utilisez une fonction d'une bibliothèque, ses instructions (son code) sont automatiquement intégrées par le compilateur à votre programme. Vous n'avez donc pas besoin d'écrire vous-même les instructions de la fonction dans votre texte source.

L'instruction **printf** se termine par un point-virgule. C'est la règle générale pour toutes les instructions du C à l'exception des instructions du préprocesseur. Nous vous renvoyons ici à la suite du chapitre, ainsi qu'au chapitre 8 intitulé **Le préprocesseur C**.

 Les instructions C se terminent par un point-virgule.

Ainsi s'achève l'analyse de notre programme UN.C. Pour le faire exécuter par l'ordinateur, il faut le convertir en langage machine. C'est le rôle du compilateur qui est un programme de traduction qui produit, à partir de notre texte source, une version du programme en langage machine : le fichier UN.C est compilé. Le terme **compilateur** a d'ailleurs plusieurs significations. Il désigne, en effet, non seulement le programme de traduction proprement dit (qui convertit en langage machine le code source), mais aussi tout l'ensemble constitué par le compilateur, par l'éditeur de liens et par tous les autres utilitaires.

Compilation et édition de liens

La version en langage machine d'un programme s'appelle aussi le code objet du programme. Elle est rangée à part dans un fichier objet dont l'extension est **obj**. Dans notre cas, cela créera le fichier UN.OBJ. Le fichier contenant le texte source reste naturellement conservé en tant que fichier. Vous voudrez peut-être, en effet, modifier votre programme. ou corriger les erreurs contenues dans le code source. Nombre de compilateurs produisent, comme étape intermédiaire avant la génération du code objet, une version du programme en assembleur (lisible). Cette dernière est ensuite, dans une seconde phase, convertie en code objet. Par **assembleur**, on désigne un langage de programmation qui ne modifie pas fondamentalement les commandes du langage machine, mais les représente en symboles mnémotechniques et non pas en binaire. Par exemple, l'instruction machine :

```
00011010    0001    0010
```

qui signifie " additionner les nombres 1 et 2 " donne en code assembleur :

```
ADD   1,2
```

ADD représente ici une abréviation symbolique pour l'opération d'addition. Notre programme, une fois traduit en langage machine, n'est pas encore exécutable. Cela tient à ce qu'il n'est pas tout à fait complet. Nous avons déjà mentionné que la fonction **printf** réside dans une bibliothèque et que son code doit être intégré à notre programme. Cela est la tâche de l'éditeur de liens.

L'éditeur de liens (linker ou binder) est un programme auxiliaire qui intègre, après la compilation du fichier source, le code machine de toutes les fonctions utilisées dans le programme, mais non définies dedans. A partir du fichier objet d'extension obj, l'éditeur de liens génère un fichier exécutable d'extension exe. Le fichier objet lui-même reste conservé, de sorte qu'après une traduction réussie il existe trois fichiers pour notre programme :

```
UN.C
UN.OBJ
UN.EXE
```

Le fichier UN.EXE renferme le programme exécutable qui peut maintenant être chargé dans la mémoire de l'ordinateur et exécuté. L'image qui suit illustre les diverses phases du programme :

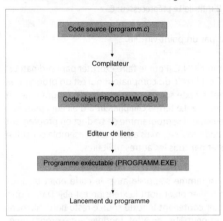

Fig. 1.3 : Phases du programme

Les environnements de programmation pilotés par menus permettent de créer le texte source avec un éditeur de texte intégré, puis d'appuyer sur une certaine combinaison de touches pour compiler, linker et exécuter le programme. (Néanmoins, ces environnements permettent toujours d'entrer à la main les commandes de compilation). D'autres environnements exigent que la saisie des commandes de compilation et d'édition de liens se fasse au niveau de la ligne de commande du système d'exploitation. Sur les systèmes UNIX, la commande de compilation et d'édition de liens d'un programme ressemble habituellement à :

```
cc  program.c <Entrée>
```

Les compilateurs qui ont été développés pour les PC ont des commandes similaires. Le compilateur C Microsoft, par exemple, est lancé par :

```
cl  program.c <Entrée>
```

1.2 Fichiers Include

Si vous faites traduire le programme UN.C dans sa forme actuelle, il se peut que le compilateur émette un message d'avertissement relatif à la fonction **printf**. Le compilateur, en effet, essaie de vérifier si l'appel de la fonction **printf** est correct, pour ce qui est de la syntaxe et des paramètres. Mais lorsque le compilateur arrive sur l'appel de **printf**, il ne possède, dans la version actuelle de UN.C, aucune information sur cette fonction. Il ne peut donc décider si la fonction est employée correctement par le programmeur. Vous obtiendrez ce type de message si vous avez réglé le compilateur avec un niveau d'avertissement élevé.

Les compilateurs C disposent habituellement de plusieurs niveaux d'avertissement. Un niveau peu élevé occulte en pareil cas les messages jugés peu important par le compilateur. En revanche, si vous avez choisi un niveau d'alerte élevé, alors vous obtiendrez des messages relatifs aux sources d'erreur, même si celles-ci ne sont que potentielles.

Un avertissement ne signifie pas que le programme est vraiment erroné. Avec un niveau d'avertissement faible, notre programme UN.C est traduit sans difficulté et tourne sans problème. Les messages du compilateur en cas de niveau d'alerte élevé vous informent qu'il manque d'éléments pour vérifier des erreurs potentielles. La conformité du programme n'est donc pas garantie.

Les informations dont le compilateur a besoin pour les fonctions prédéfinies telles que **printf** se trouvent dans des fichiers dits **fichiers include**. Ce terme découle du mot anglais **include** qui signifie **inclure**. Comme nous le précisons dans ce qui suit, ces fichiers sont inclus dans le fichier du programme (donc ajoutés au texte source) via une commande INCLUDE. On les appelle aussi fichiers de définitions, fichiers d'en-tête ou headers. Ce dernier nom explique pourquoi ces fichiers sont munis de l'extension H.

Les fichiers INCLUDE se trouvent normalement dans un répertoire nommé INCLUDE et possèdent l'extension H. Ils renferment, entre autres, les déclarations des fonctions du système. Les déclarations de fonctions servent à fournir au compilateur des informations sur les fonctions, par exemple leur nature et leur nombre de paramètres (cf. Chapitre 10 **Fonctions**). Les différents fichiers headers sont organisés de manière thématique. Ainsi, le fichier MATH.H contient les déclarations des fonctions mathématiques, le fichier GRAPH.H est nécessaire si le programme travaille avec des fonctions graphiques. Le header le plus utilisé est STDIO.H qui renferme les déclarations des fonctions standard d'entrée-sortie, et donc la déclaration de la fonction **printf**.

L'instruction #include

Si vous incorporez dans votre programme le fichier STDIO.H et, ce faisant, la déclaration de **printf**, alors le compilateur dispose des informations nécessaires et peut vérifier si l'appel de la fonction est correct. Cette incorporation de fichier s'effectue au moyen de l'instruction du préprocesseur :

```
#include
```

Le préprocesseur C est un programme qui modifie, avant la compilation, le texte source d'un programme, par exemple en y incluant le contenu d'un fichier header. Pour plus de détails sur le préprocesseur, reportez-vous au chapitre 8 **Le préprocesseur C**. L'instruction

```
#include   <stdio.h>
```

a pour effet que le fichier STDIO.H est ajouté au texte source du programme, et cela à l'emplacement de la commande #include. La syntaxe générale d'une instruction #include est :

```
#include  <nom de fichier>
```

Entre les signes supérieur et inférieur doit figurer le nom du fichier que l'on souhaite ajouter au texte du programme. Dans l'annexe, vous trouverez un panorama des divers fichiers INCLUDE avec les projets correspondants. Bien que les commandes #include puissent être placées n'importe où dans le programme, on les met habituellement tout au début afin que le compilateur dispose de toutes les informations nécessaires avant le début du programme proprement dit. Contrairement aux instructions normales du C, les commandes du préprocesseur ne finissent pas par un point-virgule. Vous pouvez maintenant compléter comme il faut le programme UN.C :

```
#include    <stdio.h>
main()
{
    printf("Voici  un  programme  C.");
}
```

Grâce à la nouvelle instruction :

```
#include    <stdio.h>
```

le programme UN.C dispose de toutes les déclarations de fonctions requises par les opérations d'entrée-sortie. La compilation du programme (après réglage d'un niveau d'avertissement élevé) avec et sans #include vous convaincra aisément. Le message d'alerte du compilateur relatif à la fonction **printf** disparaît lorsque le programme renferme l'instruction #include. Comme les fonctions d'entrée-sortie sont toujours utilisées, presque tous les programmes C contiendront la commande :

```
#include    <stdio.h>
```

Outre l'instruction include, il existe d'autres commandes du préprocesseur. Elles ne sont pas indispensables pour l'instant et seront détaillées dans le chapitre 8 intitulé **Le préprocesseur C**.

1.3   Commentaires

Le programme UN.C est simple et très court. Même pour un novice en C, il est facile de comprendre immédiatement le texte source. Mais qu'en est-il lorsque le programme est plus long et plus compliqué ? En pareil cas, il serait agréable que le programme contienne des explications aux endroits critiques, afin d'en faciliter la compréhension. Effectivement, le C vous donne la possibilité d'insérer des explications dans le texte d'un programme. Cela se fait au moyen de commentaires. Un commentaire est une suite de caractères placés entre délimiteurs :

```
/*    et    */
```

Par exemple :

```
/*   Les  commentaires  documentent  les  programmes   */
```

Les caractères placés entre délimiteurs sont ignorés par le compilateur lorsqu'il traduit le programme. On peut mettre n'importe quel signe entre délimiteurs, à l'exception du délimiteur de fin de commentaire (*/).

Il s'ensuit que les commentaires ne peuvent être imbriqués. Syntaxiquement faux serait donc le commentaire suivant :

```
/*   Ce commentaire est /* syntaxiquement /* faux   */
```

Les commentaires peuvent s'étaler sur plusieurs lignes :

```
/*   Ce commentaire
     s'étend
     sur plusieurs
     lignes   */
```

Les commentaires peuvent être écrits n'importe où dans le programme. D'une manière plus précise, on peut les placer partout où on peut avoir des blancs (espaces, tabulations, sauts de ligne).

Montrons cela sur notre programme UN.C qui est muni de trois commentaires, à des fins de meilleure lisibilité. En outre, nous donnerons à cette version un nom différent qui précise l'utilité de ce programme :

▶ COMMENT.C

```
/*   Montre l'utilisation des commentaires   */
#include <stdio.h>                                    /*   pour printf */
main()
{
                                         /*   La commande qui suit affiche une
phrase */
    printf("Voici un programme C.");
}
```

Le programme COMMENT.C possède un commentaire d'introduction qui avertit le lecteur de l'utilité du programme. Le second commentaire justifie l'instruction #include. Le troisième explicite l'unique instruction de la fonction principale **main**.

Tous les commentaires sont syntaxiquement corrects, entre deux mots C ou avant le premier mot. Par exemple, le troisième commentaire se trouve entre le mot C { et le mot C **printf**.

Par contre, un commentaire ne peut pas être mis dans un mot C et le couper en deux. Le programme FAUXCOMM.C montre un commentaire erroné qui tronçonne le mot C **main**.

Lors de la traduction du programme, on obtient donc un message d'erreur de la part du compilateur :

▶ FAUXCOMM.C

```
/*   Commentaire faux   */
#include <stdio.h>                                    /*   pour printf */
ma/* commentaire mal placé, car situé dans le mot main */in()
{
                                     /*   La commande qui suit affiche une phrase */
    printf("Voici un programme C.");
}
```

Nos programmes, jusqu'alors, ne font rien d'autre qu'afficher des messages. Les données manipulées sont la phrase **Voici un programme C.**, autrement dit une chaîne de caractères (cf. la section consacrée aux constantes dans le chapitre 1.5). Mais nous pouvons, via un programme C, communiquer à la machine d'autres types de données à traiter. Par exemple, des caractères isolés ou des nombres permettant d'effectuer toutes sortes de calculs. Pour manipuler des types de données différents, le langage C dispose du concept de type. Cela signifie que chaque valeur (les caractères aussi) traitée par le programme se voit affecter un certain type de données. On peut séparer ces types de données en deux groupes : les types élémentaires (scalaires) et les types composés (agrégats). Qui plus est, on peut définir ses propres types de données. Occupons-nous, pour commencer, des types de données élémentaires.

1.4   Types de données élémentaires

Toute donnée en C appartient à un certain type. Toutes les valeurs (constantes et variables) que vous utilisez dans vos programmes sont classées selon cette typologie. Si donc vous vous servez d'une variable nommée **x**, cette variable a non seulement un nom, mais aussi un des types de données décrits un peu plus loin.

Ce type décide de l'occupation mémoire (en octets) de la donnée, ainsi que du format de sa représentation.

Les types élémentaires se divisent en deux groupes. Pour représenter des nombres entiers (sans chiffres décimaux), on emploie des types entiers. Pour les nombres réels (avec positions décimales), il y a des types à virgule flottante.

Il existe, en outre, un autre type de données faisant partie des types simples (non composés) : le type pointeur (anglais : **pointer**). Les pointeurs peuvent stocker l'adresse d'une autre donnée. On dit aussi qu'ils **pointent** vers une certaine donnée. Les pointeurs seront traités au chapitre 9.

Types entiers

En C, on trouve les types entiers :

▶ char

int

▶ short

▶ long

Selon qu'on veut stocker la donnée correspondante avec ou sans signe, on pourra compléter ces types de données avec la clause **signed** (avec signe) ou **unsigned** (sans signe).

Si ces clauses sont omises, le compilateur suppose que les données sont signées.

De ce fait, cela revient au même d'écrire :

char	et	*signed char*
int	et	*signed int*
short	et	*signed short*
long	et	*signed long*

Inversement, si une donnée entière ne doit pas avoir de signe, on prendra un des types suivants : unsigned char, unsigned int, unsigned short ou unsigned long.

Qui plus est, **signed** équivaut à **signed int** et **unsigned** à **unsigned int**. L'image suivante récapitule les spécifications de types entiers avec les mots clés correspondants :

Type d'entrée	Mots clé
signed char	char
signed int	signed, int
signed short int	short, signed short
signed long int	long, signed long
unsigned char	-
unsigned int	unsigned
unsigned short int	unsigned short
unsigned long int	unsigned long

Fig. 1.4 :   Types de données entières

Type char

Le type char (du mot anglais character qui signifie caractère) est utilisé pour représenter un caractère, plus précisément la valeur entière d'un élément de l'ensemble des caractères représentables. Ce nombre entier est le code ASCII (American Standard Code for Information Interchange) du caractère.

Un caractère unique occupe 1 octet. Voici un extrait de la table ASCII (la table complète figure à l'annexe D) :

Décimal	Hexadécimal	Caractère
0	00	NULL
....		
65	41	A
66	42	B
67	43	C
...		
255	FF	ESPACE 'FF'

La colonne de gauche contient le code ASCII décimal du caractère correspondant. La colonne du milieu renferme l'équivalent hexadécimal. Si donc le caractère A est stocké sous forme de char, l'ordinateur n'écrit pas le signe A, mais le nombre 65 (valeur ASCII du caractère) sur un octet (sous forme binaire naturellement).

L'image mémoire de cet octet contenant le codage du caractère A ressemblerait donc à :

Fig. 1.5 :   Le caractère A rangé sur un octet
sous forme de char (avec signe)

La combinaison binaire 01000001 correspond à la valeur décimale 65. Cette dernière, à son tour, représente le caractère A. Le bit tout à gauche est le bit de signe qui indique si la donnée est positive ou négative. Le fait que le caractère A soit stocké en tant que donnée signée ne veut pas dire que A est positif ou négatif.

Il signifie simplement que notre donnée (la lettre A) est codifiée par l'ordinateur sous la forme d'un nombre muni d'un signe.

Si le bit de signe est positionné, c'est-à-dire égal à 1, alors le nombre est négatif.
Si ce bit n'est pas positionné, c'est-à-dire égal à 0, alors le nombre est positif.

Cette règle est basée sur le fait qu'en général les ordinateurs utilisent le complément à deux pour représenter les nombres signés.

Complément à un et complément à deux

Dans un nombre binaire, si on remplace chaque bit valant 1 par 0 et chaque bit valant 0 par 1, on obtient le complément à un de ce nombre. Par exemple, le nombre binaire :

```
1010
```

aurait pour complément à un le nombre :

```
0101
```

Le complément à deux d'un nombre binaire est donné par l'addition de 1 au complément à un.

Dans notre exemple, le calcul du complément à deux du nombre 1010 est obtenu en formant d'abord son complément à un, puis en y ajoutant 1 :

```
 010 1
+    1
-- -
 011 0    <= complément à deux de 1010
```

La représentation binaire des nombres positifs et négatifs dans l'ordinateur repose sur une convention dont la base est le complément à deux.

Nous allons illustrer cela sur un exemple de nombres entiers sur 8 bits :

Binaire	Valeur	Complément à 2	Complément à 1
00000000	0	0	0
00000001	1	1	1
00000010	2	2	2
00000011	3	3	3
00000100	4	4	4
...	...	...	...
...	...	...	...
...	...	...	...
...	...	...	...
01111011	123	123	123
01111100	124	124	124
01111101	125	125	125
01111110	126	126	126
01111111	127	127	127
10000000	128	-128	-127
10000001	129	-127	-126
10000010	130	-126	-125
10000011	131	-125	-124
10000100	132	-124	-123
...	...	...	...
...	...	...	...
...	...	...	...
...	...	...	...
11111011	251	-5	-4
11111100	252	-4	-3
11111101	253	-3	-2
11111110	254	-2	-1
11111111	255	-1	-0

Fig. 1.6 :   Représentation par complément de nombres
            entiers sur 8 bits (1ère partie)

Type unsigned char

Les symboles 0 et 1 permettent de représenter sur huit positions binaires 256 (2^8) combinaisons binaires différentes. On peut donc coder en binaire les nombres de 0 à 255. Ces combinaisons se trouvent dans la colonne gauche du tableau.

Si nous n'utilisions que des nombres d'un octet et sans signe (positifs), par exemple les codages décimaux des 256 signes du jeu (étendu) de caractères ASCII (qui permettent d'affecter à chaque caractère un nombre compris entre 0 et 255), alors nous pourrions choisir pour ces nombres le type **unsigned char**. La première et la seconde colonne de gauche montrent la relation entre la combinaison binaire et le nombre non signé.

Si on stockait, par exemple, le caractère Ç sous forme **unsigned char**, l'octet correspondant recevrait le contenu que voici :

Fig. 1.7 :   Le caractère ç rangé sous forme unsigned char (sans signe)

L'ordinateur interprète cette combinaison binaire comme le nombre 128, à cause du type **unsigned char**, ce qui correspond au codage ASCII du caractère Ç. Il en irait autrement si la donnée représentée par 10000000 était un nombre signé.

Représentation d'un nombre entier positif et négatif

Pour représenter des entiers positifs et négatifs, on partage en deux moitiés l'ensemble des combinaisons binaires disponibles. On utilise l'une des moitiés pour représenter les nombres positifs et l'autre moitié pour coder les nombres négatifs. Dans notre tableau (cf. l'image précédente sur la représentation par complément des entiers sur 8 bits, colonnes 1 et 3 à partir de la gauche), les 128 premières des 256 combinaisons (00000000 à 01111111) correspondent aux nombres 0 à 127. Les combinaisons 10000000 à 11111111 représentent les nombres -128 à -1.

On constate donc qu'il est très facile de lire le premier bit (à gauche) de la représentation binaire pour savoir si on a devant soi un nombre positif ou négatif : le bit vaut 0 pour les nombres positifs et 1 pour les négatifs. En outre, on passe de la représentation binaire d'un nombre N à la représentation binaire du nombre -N en formant le complément à 2 de N. Le nombre 3, par exemple, est représenté (avec la convention du complément à deux) par :

00000011

Pour représenter le nombre -3, on forme le complément à deux de 3 :

```
00000011  (3)
=>   11111100 (complément à un de 3)
=>   11111101 (complément à deux de 3 = -3)
```

Si l'ordinateur travaille avec la représentation par complément à deux (par exemple si une donnée est rangée sous forme de **char**), alors la combinaison binaire :

```
0 1 0 0 0 0 0 0
```

ne représente plus le nombre 128 (qui correspondrait au codage ASCII du caractère Ç en tant que **unsigned char**), mais le nombre -128 (non utilisé pour le codage d'un caractère). A titre d'exercice, convertissez les nombres binaires :

```
10101110
11111111
10001010
```

en nombres décimaux. On supposera successivement que les nombres binaires sont interprétés comme suit :

a) non signés
b) représentation par complément à deux
c) représentation par complément à un

Le type **char** est approprié aux données qui occupent un octet. Pour des données plus volumineuses, on a les types **short**, **int** et **long** (ou **unsigned short**, **unsigned int** et **unsigned long**).

Les types short, int et long

Le type **short** permet de stocker des données sur 2 octets, le type **long** sur 4 octets. Sur 2 octets (= 16 bits), on peut former :

$256 \times 256 = 65536$

combinaisons (nombres) différentes. Cela signifie que le type short permet de coder les nombres signés entre -32768 et 32767 et que le type unsigned short permet de coder les nombres non signés entre 0 et 65535. De manière similaire, le type long (32 bits) peut représenter :

$2^{32} = 4\ 294\ 967\ 296$

combinaisons et donc couvrir les plages de valeurs :

```
-2 147 843 648 à 2 147 843 647     (signés)
0 à 4 294 967 295     (non signés)
```

Le nombre 1000 (décimal) rangé sous forme de **short** (2 octets) ressemblerait à :

00000011	11101000

00000000	00000000	00000011	11101000

Contrairement aux types **short** et **long**, le type **int** n'occupe pas un nombre figé d'octets. Son occupation mémoire dépend de l'ordinateur utilisé et peut valoir 2 ou 4 octets, donc correspondre soit au **short**, soit au **long**.

Nous supposerons ici que le type **int** occupe 2 octets, ce qui est le cas le plus fréquent.

Types réels

Les nombres décimaux (nombres réels) sont en C stockés autrement que les nombres entiers. Ils sont dits à **virgule flottante**. Les nombres à virgule flottante sont des nombres dans lesquels la position de la virgule en tant que séparateur entre partie entière et partie décimale n'est pas figée (contrairement aux nombres à virgule fixe). La grandeur d'un tel nombre est donnée par un exposant adéquat. Par exemple, le nombre 13,5 peut être écrit sous les formes :

$$1{,}35 \quad * \quad 10^1$$
ou $$0{,}135 \quad * \quad 10^2$$
ou $$135{,}0 \quad * \quad 10^{-1}$$

Sa virgule se déplace vers la droite ou vers la gauche selon la valeur de l'exposant. Dans l'ordinateur, les nombres à virgule flottante se composent d'une suite de chiffres binaires (mantisse) donnant la valeur du nombre, d'un exposant et d'un signe. C dispose des deux types **float** (4 octets) et **double** (8 octets) pour représenter les nombres en virgule flottante. Les compilateurs ANSI les plus récents connaissent aussi le type **long double** (10 octets).

Type float

Un nombre du type float est habituellement rangé en mémoire sous la forme suivante : mantisse sur 23 bits, exposant sur 8 bits et signe sur 1 bit. Par exemple, le nombre 13,5 serait codé en float avec le format que voici :

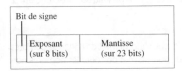

Fig. 1.8 :   Codage d'un nombre à virgule
flottante de type float

La mantisse contiendrait ici l'équivalent binaire de 135. Cela tient au fait que le nombre 13,5 est représenté par :

$$0,135 \quad * \quad 10^2$$

Ce qui donne en binaire :

$$0,11011 \quad * \quad 2^4$$

car l'ordinateur, en interne, ne connaît que le système binaire. La suite 11011 est stockée comme mantisse. A l'aide de l'exposant 4 et de la base 2, on peut alors déterminer la valeur réelle du nombre. Comme pour les entiers, le nombre est positif si le bit de signe vaut 0. Autrement, il est négatif.

Le type double

Le type **double** est stocké sur 8 octets et il est codé comme le type **float**, à ceci près que sa mantisse est sur 52 bits et son exposant sur 11 bits.

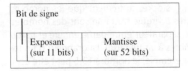

Fig. 1.9 :   Codage d'un nombre en virgule
flottante de type double

De manière analogue, le type long double possède une mantisse de 64 bits et un exposant de 15 bits.

Les nombres à virgule flottante sont des nombres approchés

Les nombres à virgule flottante sont des valeurs approchées. Cela veut dire que leur précision est donnée par le nombre de leurs positions décimales. Cette précision dépend de la machine. Dans tous les cas, le type **float** garantit une précision d'au moins 6 chiffres après la virgule, le type **double** une précision d'au moins 15 chiffres après la virgule et le type **long double** une précision d'au moins 17 chiffres après la virgule. Les nombres qui dépassent le nombre de positions disponibles sont arrondis. Cela peut entraîner des erreurs d'arrondis, par exemple lorsqu'on additionne des nombres ayant une grande quantité de décimales. L'image suivante donne l'occupation mémoire et les plages de valeurs des types élémentaires :

Type	Occupation mémoire	Plage de valeur
char	1 octet	-128 à 127
unsigned char	1 octet	0 à 255
int	(2 ou 4 octets) selon implémentation	
unsigned int	(2 ou 4 octets) selon implémentation	
short	2 octets	-32768 à 32767
unsigned short	2 octets	0 à 65535
long	4 octets	-2 147 483 647 à 2 147 483 648
unsigned long	4 octets	0 à 4 294 967 295
Type à virgule flottante		
float	4 octets	$3,4*10^{-38}$ à $3,4*10^{38}$
double	8 octets	$1,7*10^{-308}$ à $1,7*10^{308}$
long double	10 octets	$3,4*10^{-4932}$ à $3,4*10^{4932}$

Fig. 1.10 :   Occupation mémoire et plages de valeurs des types élémentaires

1.5   Constantes

Les données les plus simples à classer selon le schéma de types précédemment présenté sont les constantes.

On définit une constante de la façon suivante :

Une constante est une donnée dont la valeur ne peut varier. Cette donnée peut être un nombre, un caractère ou une chaîne de caractères. C distingue les constantes entières, les constantes à virgule flottante, les constantes de type caractère et les constantes de type chaîne.

Constantes entières

Les constantes entières se composent d'un ou de plusieurs chiffres et peuvent être transmises à l'ordinateur sous forme décimale, octale ou hexadécimale. Les nombres négatifs sont précédés d'un signe moins. Si on opte pour la forme décimale, alors le premier chiffre ne doit pas être nul. Au contraire, les chiffres octaux doivent commencer par un zéro et les constantes hexadécimales par 0x ou 0X.

Constantes		
Décimal	Octal	Hexadécimal
12	014	0xC, 0xc, 0XC
144	0220	0x90
1729	03301	0x6C1, 0x6c1

Fig. 1.11 :   Constantes entières

Le tableau montre les nombres 12, 144 et 1729 sous forme décimale, octale et hexadécimale. Les constantes entières sont de type **int** ou (au cas où la valeur de la constante est trop grande pour le type **int**) de type **long**. Si on veut qu'une constante entière quelconque reçoive explicitement le type **long**, on ajoute à la fin la lettre **L** ou **l** :

Constantes		
Décimal	Octal	Hexadécimal
12L	014L	0xCL
144l	0220l	0x90l

Fig. 1.12 :   Constantes entières de type Long

Constantes à virgule flottante

Les constantes à virgule flottante sont des nombres décimaux et représentent des nombres réels signés. Ces constantes peuvent présenter diverses formes syntaxiques :

	Format	Exemple
Syntaxe 1	Chiffres.[Exposant]	150., 1500.e-1, 15.E1, -16
Syntaxe 2	.Chiffres[Exposant]	.179, -.0567, .0089e2
Syntaxe 3	ChiffresExposant	21E-4, 418e2, -4005E3
Syntaxe 4	Chiffres.Chiffres.[Exposant]	3.141, 314.1E-2, 0.3141e1

Fig. 1.13 :   Constantes en virgule flottante

Les indications entre crochets sont facultatives et ne doivent pas être obligatoirement spécifiées. On voit que l'on peut écrire des constantes à virgule flottante comme des nombres décimaux classiques avec un point pour séparer la partie entière de la partie décimale. On peut aussi utiliser la notation scientifique avec mantisse et exposant. L'exposant se compose de la lettre E ou e et d'un nombre entier qui peut aussi être négatif. Une constante telle que :

15.E1

doit ici être interprétée comme :

$$15.0 \quad * \quad 10^1$$

De même :

314.1E-2

est là pour :

$$314.1 \quad * \quad 10^{-2}$$

ou

$$314.1 \quad * \quad 1/100$$

De la syntaxe 1 et 2 découle le fait que la partie entière ou la partie décimale n'est pas obligatoire. Le point décimal ne peut être omis que s'il y a un exposant (syntaxe 3). Comme les constantes entières, les constantes à virgule flottante peuvent être munies d'un suffixe déterminant leur type.

Si on ajoute à une constante réelle un f ou un F, alors elle est de type **float**. Si on ajoute l ou L, la contante est traitée comme une valeur **long double**. Une constante dépourvue de suffixe est de type **double**.

Constantes de type caractère

Une constante caractère est un symbole appartenant à l'ensemble des caractères représentables, symbole inclus, entre des apostrophes. Les constantes :

'a'   'A'   '?'   '1'

par exemple représentent les signes qui apparaissent à l'écran comme a, A, ? et 1. Il faut ici ne pas confondre le caractère '1' avec le nombre 1. Les constantes caractère sont de type **char** (1 octet) et sont codées en interne à l'aide de leur valeur ASCII. Ainsi, le caractère 'A' est rangé dans la machine en tant que nombre 65 (code ASCII de A) et le caractère '1' en tant que nombre 49 (code ASCII de 1).

| 00110001 | = '1'

Le nombre 1, par contre, n'est pas un caractère, mais une contante numérique entière de type **int**, rangée en mémoire sous la forme :

| 00000000 | 00000001 | = 1

Les symboles ' (apostrophe), " (guillemet) et \ (antislash) font exception à la notation normale des constantes caractère. Pour les utiliser comme constante, on doit les faire précéder d'un antislash ce qui a pour effet de générer une séquence d'échappement (cf. plus bas dans le texte) :

'\''	donne	' (apostrophe)
'\"'	donne	" (guillemet)
'\\'	donne	\ (antislash)

Séquences d'échappement

Les constantes caractère permettent aussi de représenter des caractères non imprimables. Il existe une série de signes non représentables qu'on peut produire à l'aide de séquences d'échappement.

Les séquences d'échappement sont des suites de caractères qui commencent par un antislash suivi d'un ou de plusieurs symboles. Le nom séquence d'échappement provient de ce que nombre de ces séquences débutent par le code du caractère de contrôle ECHAP (ASCII : 27 décimal ou 33 octal).

Bien que les séquences d'échappement soient composées de plusieurs signes, elles sont interprétées comme un caractère unique et peuvent être aussi des constantes caractère.

L'image qui suit montre une liste des séquences d'échappement les plus courantes :

Séquence	Signification
\n	génère une nouvelle ligne (new line)
\t	pose une tabulation horizontale
\v	pose une tabulation verticale
\b	retour d'un caractère en arrière (backspace)
\r	provoque un "retour chariot" (carriage return)
\f	provoque un saut de page (form feed)
\a	déclenche un signal sonore (alarm)
\'	affiche une apostrophe
\"	affiche un guillemet
\\	affiche une barre oblique inverse (backslash)
\ddd	affiche des codes ASCII en notation octale
\xddd	affiche des codes ASCII en notation hexadécimale

Fig. 1.14 :   Séquences d'échappement

Les séquences d'échappement de cette liste peuvent apparaître dans nos programmes en tant que constantes caractère. Mais elles sont surtout employées à l'intérieur de chaînes de caractères. Nous expliciterons donc leur utilisation au 1.5.4 (**Constantes de type chaîne**). Il existe en outre des séquences d'échappement qui n'agissent qu'en relation avec un pilote d'écran et de clavier. Ce pilote qui gère l'écran et le clavier n'est autre que le fichier ANSI.SYS pour le système d'exploitation DOS. Les séquences d'échappement ANSI commencent par la combinaison \033 qui représente la valeur octale du caractère ECHAP dans le code ASCII. Ainsi, la séquence d'échappement :

`\033[2J`

combinée avec notre bonne vieille fonction **printf** efface l'écran :

```
printf("\033[2J");                                          /* efface l'écran */
```

Constantes de type chaîne

Une constante chaîne ou **string** (du mot anglais **string** signifiant chaîne de caractères) est une suite de caractères (séquences d'échappement comprises) placée entre guillemets.

Les apostrophes qui délimitent un caractère lorsqu'il est utilisé en tant que constante caractère disparaissent dans une chaîne de caractères. La phrase :

`"Voici un programme C.",`

affichée par notre programme initial UN.C est une constante de type chaîne constituée de lettres, d'espaces et de signes de ponctuation. Si la chaîne doit contenir des caractères non affichables, on les représente par les séquences d'échappement correspondantes. Dans une chaîne, une séquence d'échappement compte également pour un caractère unique.

Saut de ligne (line feed)

La séquence d'échappement \n, par exemple, provoque un saut de ligne. Les caractères qui suivent sont donc affichés au début de la ligne suivante. Nous pouvons utiliser cette séquence dans notre programme initial UN.C avec l'instruction **printf**, afin d'éclater sur plusieurs lignes la chaîne de caractères à afficher (**Voici un programme C.**). La fonction **printf**, en effet, ne traite pas que les caractères affichables, mais aussi les caractères non affichables tels que les séquences d'échappement.

Ces dernières sont d'ailleurs des données formelles dont on peut afficher le résultat. Cet **affichage**, à vrai dire, ne montre en général aucun caractère sur l'écran ou sur d'autres périphériques de sortie, mais consiste à effectuer une certaine action, par exemple à sauter à la ligne. Notre nouvelle version du programme s'appellera NEWLINE.C :

▶ NEWLINE.C
```
#include <stdio.h>                                          /* pour printf */
main()
{
    printf("Voici\nun\nprogramme  C.");
}
```

L'affichage de tout à l'heure :

```
Voici un programme C.
```

donne maintenant :

```
Voici
un
programme  C.
```

Tabulations

La séquence d'échappement \t place des tabulations horizontales. Remplaçons dans notre programme NEWLINE.C les caractères de saut de ligne par des caractères de tabulation et appelons-le TAB.C :

▶ TAB.C

```
#include <stdio.h>                                          /*  pour printf  */

main()
{
        printf("Voici\tun\tprogramme C.");
}
```

Maintenant, la chaîne de caractères est affichée avec des tabulations entre les différents mots :

Voici   un   programme C.

Les tabulations verticales sont devenues inusitées et ne sont plus interprétées comme tabulations par la plupart des périphériques de sortie actuels. La séquence d'échappement \v donne habituellement non pas une tabulation verticale, mais le caractère ASCII ######### (valeur décimale ASCII : 11).

Positionnement du curseur

La séquence \b fait reculer sur l'écran le curseur d'un caractère, mais n'efface pas le caractère précédant le curseur.

▶ BACKSPAC.C

```
#include <stdio.h>                                          /*  pour printf  */

main()
{
    printf("Voici  un  brogramme  C.\b\b\b\b\b\b\b\b\b\bp");
}
```

Le programme BACKSPAC.C affiche la phrase :

Voici un programme C.

Voici l'explication. Si la fonction **printf** rencontre la séquence d'échappement \b dans la chaîne à afficher, elle recule le curseur d'une position et passe ensuite à l'affichage des caractères qui suivent. Il y a en tout douze séquences \b à la queue-leu-leu, ce qui fait reculer le curseur de douze positions et le ramène donc sur la lettre b (déjà affichée) du mot **brogramme**. Ce b est ensuite écrasé par la lettre p, dernière lettre de la chaîne à afficher. D'où le résultat précédent.

Retour-chariot (carriage return)

Contrairement à la séquence d'échappement \n qui exécute un saut de ligne et positionne le curseur au début de la ligne suivante, la séquence \r ramène le curseur au début de la ligne courante.

Là l'affichage reprend, sur la même ligne. Montrons cela avec le programme CARRIAGE.C :

> CARRIAGE.C
```
#include <stdio.h>                                          /*  pour printf  */
main()
{
    printf("Voici un programme C.\rVoici un programme C.");
}
```

Ce programme affiche :

    Voici un programme C.

Mais en réalité le texte **Voici un programme C.** est écrit deux fois sur l'écran. La phrase est affichée une première fois. La séquence d'échappement \r fait alors afficher la phrase une seconde fois, à partir de l'emplacement exact où avait commencé la première phrase, à savoir le début de la ligne. La première phrase est donc complètement écrasée par la seconde. Comme l'ordinateur exécute ces opérations successives très rapidement, on a l'impression que la phrase n'est écrite qu'une seule fois sur l'écran.

Saut de page (form feed)

Avec la séquence \f, on obtient que l'impression continue à la page suivante :

> PAGES.C
```
#include <stdio.h>                                          /*  pour printf  */
main()
{
    printf("Voici\fun\fprogramme C.");
}
```

Si on sort la phrase **Voici un programme C.** non pas à l'écran, mais sur l'imprimante, la séquence d'échappement \f entraîne que chaque mot se termine par un saut à la page suivante. On aura donc en tout trois pages, chacune comprenant un mot (l'impression des données vers l'imprimante ou vers des fichiers est traitée au chapitre 11 intitulé **Gestion de fichiers**).

Signal sonore

La séquence d'échappement \a émet un signal sonore. Dans le programme SOUND.C, un signal sonore est produit par les séquences d'échappement insérées dans la chaîne avant et après l'affichage de la phrase **Voici un programme C.**.

> SOUND.C
```
#include <stdio.h>                                          /*  pour printf  */
main()
{
    printf("\a Voici un programme C. \a");
}
```

Si vous voulez que la phrase **Voici un programme C.** soit affichée entre guillemets, ces derniers doivent être représentés par une séquence d'échappement car ils ont en C une signification spéciale en tant que délimiteurs de chaînes de caractères. Vous devrez donc les masquer avec un antislash afin de leur rendre leur signification d'origine et les afficher.

L'instruction :

```
printf("\"Voici  un  programme  C.\"");
```

affiche :

```
"Voici un programme C."
```

Si vous vouliez afficher :

```
\ " Voici un programme C." \
```

vous devriez compléter comme suit l'instruction de tout à l'heure :

```
printf("\\ \" Voici un programme C.\" \\");
```

Représentation octale et hexadécimale des caractères

La séquence d'échappement \ddd, où ddd correspond à un nombre octal de un, deux ou trois chiffres, permet de représenter n'importe quel caractère du jeu ASCII. Le nombre octal correspond à la valeur ASCII du caractère, exprimée en octal. De manière similaire, \xddd représente un caractère par son code hexadécimal.

Le programme suivant représente les mots **est** et **un** de la phrase exemple **Cela est un programme C.** sous la forme de séquences d'échappement avec codage octal ou hexadécimal :

▶ HEXOCT.C
```
#include <stdio.h>                                        /*  pour printf  */
main()
{
    printf("Cela \145\163\164 \x75\x6E programme  C.");
}
```

Constante caractère ou constante chaîne

Les constantes de type chaîne peuvent être d'une longueur quelconque. La chaîne la plus courte est la chaîne vide "", sans aucun caractère entre les délimiteurs " et ". On pourrait penser que la chaîne C contient la lettre C. Mais rappelons-nous qu'il existe aussi une constante caractère 'C'. On peut alors se demander quelle est la différence entre les deux représentations du caractère **C** :

```
'C'    et    "C"
```

Si vous affichez la constante caractère et la constante chaîne avec une instruction appropriée, c'est toujours la lettre **C** qui apparaît sur l'écran. La différence ne devient visible que si on examine le stockage en mémoire des données 'C' et "C" :

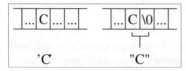

Fig. 1.15 : Le caractère C en mémoire, sous forme de constante caratère et de chaîne

L'image montre une portion de la mémoire. Les cases représentent des positions mémoire d'un octet. Les données se trouvent naturellement sous forme binaire en mémoire, mais nous les représentons ici avec leur forme **naturelle**. Comme on le voit, une constante caractère occupe un octet en mémoire. Les chaînes de caractères, par contre, occupent autant d'octets qu'elles ont de caractères, plus un octet pour un caractère supplémentaire, à savoir le caractère nul \0 qui matérialise en mémoire la fin de chaque chaîne de caractères (cf. chapitre **Types de données complexes**). La constante chaîne "C" occupe donc deux octets en mémoire, alors que la constante caractère 'C' n'en occupe qu'un seul.

Le caractère nul, de code ASCII 0, est un caractère de contrôle qu'il ne faut pas confondre avec le caractère affichable '0', lequel est codé par le nombre ASCII 48. Lorsqu'une chaîne de caractères est générée en mémoire, l'ordinateur ajoute automatiquement le caractère nul (null terminator) à la fin de la chaîne. Ainsi s'achève notre étude des constantes du C. Nous allons maintenant aborder une autre grande catégorie de données, à savoir les variables.

1.6 Variables

Les variables, en tant que données, se différencient des constantes par le fait qu'on peut leur affecter des valeurs qui se laissent modifier pendant l'exécution du programme. Contrairement aux constantes, elles ont aussi un nom par lequel on peut les manipuler. Qui plus est, elles possèdent un type de données et une adresse en mémoire. Pendant l'exécution du programme, elles occupent de la place mémoire. Nous pouvons donc définir ainsi une variable :

Une variable est une donnée dont la valeur est modifiable, qui possède un nom et un type et qui est rangée en mémoire à partir d'une certaine adresse.

Supposons qu'un de nos programmes contienne, par exemple, des variables nommées **c**, **i** et **f**, où **c** est de type **char** (1 octet), **i** de type **int** (2 octets) et **f** de type **float** (4 octets). On peut alors se représenter ces données en mémoire de la façon suivante :

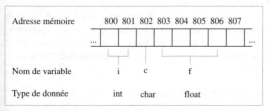

Fig. 1.16 :   Variables de différents types en mémoire

On peut imaginer la mémoire d'un ordinateur comme une suite de cellules, chacune occupant un octet, ainsi que le montre l'image précédente. Les cellules mémoire ont des numéros croissants dont le premier vaut zéro. Ces numéros sont les adresses des cellules mémoire. L'adresse à partir de laquelle une donnée est rangée en mémoire est l'adresse de l'objet, plus précisément l'adresse du début de la donnée. Notre diagramme montre une portion de mémoire contenant les adresses 800 à 807. La variable **i** occupe, à cause de son type **int**, deux octets, dans notre exemple les octets d'adresses 800 et 801. 800 est donc l'adresse de **i**. La variable **c** occupe un octet en mémoire, à savoir l'octet d'adresse 802. Son adresse est donc 802. La variable **f** occupe les octets 803 à 806 et a donc l'adresse 803. (Beaucoup d'ordinateurs alignent les données en mémoire sur des adresses paires. Cela signifie qu'une donnée commence toujours à une adresse paire. Dans notre cas, la variable **f** n'aurait donc pas l'adresse 803, mais 804). Dans notre exemple, les adresses des variables sont prises arbitrairement. En fait, c'est le compilateur et non le programmeur qui détermine l'emplacement d'une variable en mémoire.

Définition des variables

Avant qu'une variable ne soit utilisée dans le programme, il faut la définir. Une telle définition détermine le nom et le type de la variable et lui réserve de l'espace mémoire conformément à son type. Avec la syntaxe :

```
type varnom1 [, varnom2, ...];
```

on définit une ou plusieurs variables d'un certain type. Avec :

```
int i;
```

on définit donc une variable de type **int** et de nom **i**. L'espace mémoire alloué à la variable est de 2 octets. De manière similaire, l'instruction :

```
float a, b, c;
```

définit trois variables de type **float** nommées **a**, b et **c**. L'espace mémoire réservé ici est 3 x 4 = 12 octets.

Lors de l'attribution de noms aux variables (ou à d'autres éléments du programme, par exemple les fonctions ou les types de données personnalisés), il faut observer certaines règles. Un nom est une suite d'un ou plusieurs caractères qui peuvent être des lettres, des chiffres ou le caractère de soulignement (_), avec une restriction : le nom ne doit pas commencer par un chiffre. Les noms peuvent être de longueur quelconque, mais le compilateur ne tient compte que des 32 premiers caractères, souvent même des 8 premiers. Afin d'éviter des confusions, les noms devraient donc toujours se différencier sur les 8 premiers caractères. Le résumé suivant montre quelques exemples de noms corrects, erronés et éventuellement ambigus.

Correcte	z, z_1, nombre, NOMBRE, Nombre1, nombre_A, XYZ99a
Faux	1z, nombre-A, Z?_9, 999
Problématique	Nombreprem_1, Nombreprem_2

Fig. 1.17 :   Noms de variables corrects, faux et problématiques

La rubrique **correct** du tableau précédent contient des noms de variables licites.

Comme nous l'avons déjà mentionné dans la section **Eléments fondamentaux**, les compila-teurs C font la distinction entre les majuscules et les minuscules. De ce fait, les noms **nombre** et **NOMBRE** sont considérés comme distincts. Non valides sont les noms comme **1z** ou **999**, car ils commencent par un chiffre, les libellés **nombre-A** et **Z?_9** qui renferment les caractères non autorisés - et **?**. Si vous utilisez des variables nommées **Nombreprem_1** et **Nombreprem_2**, vous devrez compter sur le fait que le compilateur ne peut distinguer ces désignations car elles ne se différencient qu'au douzième caractère, alors que pour le compilateur seuls les huit premiers caractères sont significatifs.

Mots réservés

L'attribution des noms est soumise à une autre limitation due au groupe des mots dits réservés (keywords). Les mots réservés sont des noms prédéfinis qui ont une signification particulière. Ils sont réservés au système et ne doivent pas être employés pour la désignation des variables personnelles.

Le langage C contient les mots réservés standard suivants :

auto	double	int	struct
break	else	long	switch
case	enum	register	typedef
char	extern	return	union
const	float	short	unsigned
continue	for	signed	void
default	goto	sizeof	volatile
do	if	static	while

Vous connaissez déjà les désignations des types propres au système : char, double, float, int, long et short. Vous découvrirez l'usage des autres mots réservés à travers les différents chapitres.Outre les mots réservés standard, il en existe d'autres propres aux diverses implémentations du langage. Voici quelques exemples : les termes **fortran** et **pascal** identifient des sous-programmes écrits dans les langages Fortran et Pascal et devant être utilisés dans un programme C.

Les libellés **near** et **far** servent à adresser des données situées à l'intérieur (near) et à l'extérieur (far) d'une zone de 64 kilo-octets (cf. chapitre 9 **Pointeurs**). Le mot réservé **huge** est parfois nécessaire pour utiliser des plages de données extrêmement volumineuses.

Un premier exemple avec des variables

Nos programmes précédents ne comportaient aucune variable, car il n'y avait aucune donnée modifiable à traiter. Le programme suivant VARIABLE.C définit quelques variables et exécute sur elles des opérations simples.

▶ VARIABLE.C

```
/*   Ce programme montre comment définir et utiliser des variables.
     Le programme n'affichant rien, on omet ici l'inclusion du header
     d'entrée-sortie STDIO.H via l'instruction préprocesseur :
        #include <stdio.h>   */
main()
{
   char c;                             /*   Définition d'une variable char */
   int i, j;                           /*   Définition de deux variables int */
   float f;                            /*   Définition d'une variable float */
   c = 'Z';         /*   la  variable c reçoit comme valeur le code ASCII du caractère
                    'Z', donc la valeur 90   */
   i = 1;                              /*   la variable i prend la valeur 1   */
   j = 2;                              /*   la variable j prend la valeur 2   */
   f = 3.14;                           /*   la variable f prend la valeur 3.14   */
   c = 'A';  /*  la variable c prend comme nouvelle valeur le code ASCII du caractère
                    'A', donc la valeur 65. L'ancienne valeur de la variable
                    c, à savoir 65, est écrasée et définitivement perdue.   */
   i = j;       /*  la variable i reçoit comme nouvelle valeur la valeur actuelle de
                    la variable j, donc 2. L'ancienne valeur 1 de la variable i est
                    écrasée et définitivement perdue.   */
   f = -3.14;       /*  la variable f prend comme nouvelle valeur -3.14. L'ancienne
                    valeur 3.14 est écrasée et définitivement perdue.   */
}
```

Analysons le programme. Tout d'abord, les variables c, i, j et f sont définies. Ces définitions se font à l'intérieur de **main** après l'accolade ouvrante, mais avant la première instruction de **main**. Fondamentalement, on peut définir des variables à l'intérieur de chaque bloc, à condition que ces définitions soient placées avant la première instruction du bloc. Mais on peut aussi définir des variables hors de toute fonction, donc hors de tout bloc, par exemple avant la fonction **main**.

```
   .
   .
   .
   char c;
   int i, j;
   float f;

   main
   {
       .
       .
       .
   }
```

*Fig. 1.18 :   Définition de variables hors de toute
              fonction (définition globale)*

Les variables définies comme sur l'image précédente sont dites globales. Les variables globales, contrairement aux variables définies dans une fonction, sont utilisables dans tout le programme. La définition d'une variable au sein d'un bloc entraîne que cette variable ne peut être utilisée que dans ce bloc. On dit aussi que la variable n'est connue ou visible qu'à l'intérieur du bloc. Cette sorte de variable est dite variable locale. Les variables du programme VARIABLE.C sont des variables locales, donc valables seulement entre les accolades ouvrante et fermante de **main**, bref connues uniquement de **main**.

Affectations

La première instruction du programme VARIABLE.C :

```
c = 'Z';
```

est une affectation. Nous l'interprétons ainsi : à la variable **c** (à gauche du signe d'égalité), on attribue la valeur à droite du signe d'égalité. Cela veut dire que la variable char **c** prend la valeur 90 (décimal) correspondant au code ASCII du caractère 'Z'. D'une manière moins précise mais plus usuelle, nous pouvons dire également que la constante caractère 'Z' est affectée à la variable **c**. Le caractère 'Z' est ainsi rangé dans la variable char " c " longue d'un octet. Une instruction appropriée suffirait donc à afficher le caractère 'Z' comme contenu actuel de la variable.

L'affectation d'une variable se fait au moyen d'un opérateur symbolisé par le caractère = (cf. chapitre 3 **Expressions et opérateurs**). Ce signe d'égalité, de par sa signification, n'est donc pas identique au signe d'égalité tel qu'on l'utilise en mathématiques. Il n'exprime pas, par exemple, l'égalité de deux données et ne veut donc pas dire :

```
c est égal à 'Z'
```

Au contraire, en tant qu'opérateur d'affectation, il fait en sorte que la valeur située à sa droite soit mise dans la variable située à sa gauche. Nous pouvons donc décrire en langage courant l'affectation :

```
c = 'Z';
```

par " c reçoit comme contenu le caractère 'Z' ". La variable **c** conservera cette valeur affectée jusqu'à ce que sa valeur soit à nouveau modifiée. Avant cette affectation, la valeur de la variable **c** était indéfinie. Cela signifie que la simple définition :

```
char c;
```

ne confère à la variable **c** aucune valeur déterminée. Bien plus, à cet instant précis, sa valeur n'est autre que le contenu aléatoire de l'adresse mémoire que le compilateur a réservé à la variable **c**. Ce contenu mémoire aléatoire est appelé aussi **garbage** (=détritus) et peut provenir, par exemple, d'un programme qui vient d'être exécuté.

Initialisation

Pour qu'une variable, dès sa définition, possède une certaine valeur, il faut l'initialiser. Par initialisation d'une variable, on entend l'affectation d'une valeur initiale à cette variable. On pourrait ainsi affecter le caractère 'Z' à la variable **c** dès sa définition :

```
char c = 'Z';
```

De manière similaire, on pourrait initialiser les autres variables de notre programme :

```
int i = 1, j = 2;
float f = 3.14;
```

qui auraient ainsi des valeurs définies. Qui plus est, le mot réservé **const** permet de s'assurer qu'une variable prendra une valeur unique et ne pourra plus être changée en cours de programme. Par exemple, l'instruction :

```
const char c = 'Z';
```

entraînerait la définition d'une variable c non modifiable et conservant en permanence la valeur 'Z'.

Égalité des types

Dans notre version du programme, les variables ne prennent leurs valeurs que par des affectations spécifiques survenant après leur définition. Les variables int i et j reçoivent les valeurs 1 et 2, alors que la variable float f reçoit la valeur 3.14. Notez bien qu'il faut, dans toutes les affectations, que le type de la valeur affectée corresponde au type de la variable réceptacle. Nous avons ainsi attribué une constante caractère de type char à une variable char, deux valeurs entières à des variables entières et une valeur à virgule flottante à une variable float. Si les types de données des membres gauche et droite de l'affectation ne concordent pas, il peut en résulter des erreurs. Cette problématique est traitée au chapitre 3 **Expressions et opérateurs** dans la section **Conversions de types**.

Égalité des variables

L'instruction :

```
c = 'A';
```

modifie la valeur de la variable c. Elle ne contient plus le caractère 'Z', mais le caractère 'A' (autrement dit, son code ASCII 65). L'ancien contenu 'Z' a été écrasé par l'affectation précédente et est définitivement perdu. L'affectation :

```
i = j;
```

montre que le contenu d'une variable peut aussi être affecté à une autre variable. Ici, la valeur de la variable j (=2) est attribuée à la variable i. La nouvelle valeur de i est donc 2. Ici aussi, l'ancien contenu 1 est écrasé par la nouvelle valeur 2. De manière similaire, dans la dernière instruction du programme la valeur de la variable à virgule flottante f passe de 3.14 à -3.14.

Le programme VARIABLE.C manipule certes des données, mais le fait qu'on ne visualise pas les résultats peut parfois présenter un inconvénient. Il faut donc des instructions avec lesquelles on puisse sortir les résultats de certaines opérations, par exemple les afficher à l'écran. L'écran est le périphérique de sortie par défaut. Mais on peut sortir les données sur d'autres périphériques, par exemple sur une imprimante ou même dans un fichier.

Il peut aussi advenir que les valeurs à traiter par le programme doivent être saisies par l'utilisateur seulement en cours d'exécution. Pour cela, il faudra des commandes permettant à l'utilisateur d'entrer des données.

Mais avant de nous occuper de l'entrée et de la sortie des données (cf. chapitre 2), nous terminerons par quelques considérations sur l'apparence extérieure des fichiers source.

1.7   Allure d'un programme

A la section **Eléments fondamentaux**, nous avons décomposé un texte de programme en composants élémentaires que nous avons baptisés **mots C**. La caractéristique fondamentale de ces mots C était qu'on ne pouvait pas les décomposer plus avant, même s'ils comportaient plusieurs caractères : tel était le cas de la fonction **main**. Font partie de ces mots (appelés aussi **tokens**) les noms, les mots réservés et les constantes, et aussi des opérateurs tels que = ou + et des signes de ponctuation comme la virgule ou les parenthèses. La contrainte d'indivisibilité entraîne que les noms, les mots réservés ou les constantes ne peuvent contenir aucun blanc (espace, tabulation, saut de ligne). Si vous aviez donc une définition de variable du style :

```
float  somme  = 1000.00;
```

vous ne pourriez pas l'écrire ainsi :

```
flo at   s o m m e  = 1   000.00;
```

En effet, les mots **float**, **somme** et 1000.00 ne peuvent contenir de blanc. Entre les mots de base, les blancs ne sont pas indispensables. Ainsi, les instructions :

```
somme  = 1000.00;
difference = 0.00;
```

pourraient aussi s'écrire :

```
somme=1000.00;difference=0.00;
```

L'inconvénient d'une telle écriture saute aux yeux : la lisibilité du texte source, particulièrement avec les programmes volumineux, est fortement compromise. En outre, de mauvaises interprétations du compilateur provoqueraient, dans bien des cas, des erreurs. Le programme suivant définit une variable float nommée **somme** et l'initialise à la valeur 1000.00. Ensuite, la valeur de la variable **somme** est changée en 0.00 via une affectation :

```
main()
{
    float  somme  = 1000.00;
    somme  = 0.00;
}
```

Ecrit sans aucun blanc entre les mots élémentaires, ce programme ressemblerait à :

```
main(){floatsomme=1000.00;somme=0.00;}
```

Ce programme est correct syntaxiquement. Mais le compilateur signalera que les variables **floatsomme** et **somme** n'ont pas été définies.

Cela tient au fait qu'en raison du manque d'espaces entre la définition de type **float** et le nom de la variable **somme**, le compilateur suppose que **floatsomme** est le nom d'une variable qui se voit affecter la valeur 1000.00.

Il regrette donc l'absence de définition de cette variable. De plus, l'interprétation de **float somme** comme floatsomme supprime la définition de la variable somme. Le compilateur affiche une seconde erreur. Il est donc souhaitable que les textes source soient rédigés de manière lisible et non ambiguë, en y insérant des blancs. Ne tombez pas non plus dans l'excès inverse. Le compilateur, en effet, traite tous les blancs de la même manière, quelle que soit leur dimension.

Ainsi, notre programme UN.C :

```
main()
{
    printf("Voici un programme C.");
}
```

pourrait ressembler à :

```
main    /* nom de fonction indivisible */
(
)
{
printf    /* nom de fonction indivisible */
(
" Voici un programme C. "    /* constante chaîne, non divisible */
)
;
}
```

Le second source, lui aussi, est tout à fait correct syntaxiquement. Mais de si larges blancs (une nouvelle ligne pour chaque mot) rendent le programme peu facile à comprendre. Ecrivez donc votre code source d'une manière qui prenne en compte la lisibilité du texte du programme.

2   Entrée et sortie

Pour transmettre des données saisies au clavier à un programme ou pour faire afficher des données par un programme, il faut des commandes adéquates. Le vocabulaire de base du langage C ne contient pas directement ce genre de commandes. Mais chaque compilateur dispose de bibliothèques qui renferment des commandes d'entrée-sortie cataloguées sous forme de fonctions. Ces bibliothèques sont des fichiers spéciaux, habituellement munis de l'extension LIB, qui contiennent le code objet des fonctions correspondantes. Après la compilation, le linker lit le code de ces fonctions dans les bibliothèques et l'incorpore dans le programme. Les programmes qui utilisent les fonctions d'entrée-sortie des bibliothèques doivent contenir l'instruction préprocesseur (cf. 1.2 **Fichiers Include** dans le chapitre **Structure des programmes**) :

```
#include   <stdio.h>
```

Nous avons déjà employé une de ces fonctions, à savoir la fonction d'affichage **printf**. Qui plus est, il existe toute une série d'autres fonctions d'entrée-sortie pouvant recueillir ou afficher des données formatées ou non.

2.1   Sortie formatée

Pour l'affichage formaté des données, on utilise la fonction **printf**. Formaté signifie ici que vous pouvez contrôler la forme et le format des données affichées. Jusqu'à présent, nous avions employé la fonction **printf** uniquement pour afficher des chaînes de caractères constantes, par exemple le libellé **Voici un programme C.**. Mais on peut aussi afficher des valeurs numériques, par exemple les valeurs du programme VARIABLE.C. La fonction **printf** admet la syntaxe suivante :

```
printf("string_format", [ argument_1, argument_2, ..., argument_n ]);
```

Comme vous le savez déjà, string est un synonyme de chaîne de caractères. Le paramètre string_format (appelé : control string ou chaîne de contrôle) est donc une chaîne de caractères qui indique sous quelle forme doit s'effectuer l'affichage. Ce paramètre de formatage est placé entre guillemets et évalué de la gauche vers la droite. Il peut contenir des spécifications de format aussi bien que des caractères usuels. Les spécifications de format contrôlent le formatage et l'affichage des arguments dont le nombre est variable. Les crochets signifient que les arguments ne sont pas absolument nécessaires. L'appel de fonction :

```
printf("Voici un programme C.");
```

de notre programme UN.C ne renferme ni spécifications de formatage dans la chaîne de contrôle, ni arguments (voir plus avant dans le texte pour cela).

Affichage formaté des entiers

Les spécifications de format commencent par le caractère %, suivi d'une lettre clé qui identifie le type de l'argument correspondant. Ainsi, pour afficher le nombre décimal entier 5, on pourrait utiliser le programme suivant :

```
▶  INTOUT.C
/*   intout affiche un entier décimal    */
#include   <stdio.h>
main()
{
    printf("%d", 5);
}
```

La spécification **%d** (**d** est la lettre clé correspondant aux entiers décimaux) un nombre entier décimal est mis lors de l'affichage, dans la chaîne de contrôle à l'emplacement de cette spécification. Il s'agit ici du premier argument situé après la chaîne de contrôle, donc de la valeur 5. Les spécifications de format précisent donc les endroits où il faut faire apparaître les arguments de la fonction **printf**.

Vous obtiendriez le même affichage si vous n'utilisiez pas la constante entière 5 comme argument, mais une variable pouvant prendre une valeur entière :

```
▶  INTOUT2.C
/*   intout2 affiche une variable int    */
#include   <stdio.h>
main()
{
    int i = 5; /* définition de la variable " i " et initialisation simultanée à 5 */
    printf("%d", i);                    /*  affichage de la variable int " i " */
}
```

La différence avec le programme précédent n'est pas énorme. Nous avons défini la variable entière **i** à l'aide d'une instruction supplémentaire et nous l'avons utilisée comme argument de **printf** à la place de la constante entière 5. Comme i a reçu la valeur 5 de par son initialisation, cette valeur est affichée. Ce n'est donc pas la forme de la donnée à afficher qui compte vraiment, mais sa valeur et le fait que le type de cette valeur corresponde à la spécification de formatage. Vous pourriez afficher la valeur entière 5 par une troisième méthode :

```
▶  INTOUT3.C
/*   intout3 affiche la valeur d'une expression entière    */
#include   <stdio.h>
main()
{
    printf("%d", 2 + 3);
}
```

Dans cette variante de INTOUT.C, l'argument possédant la valeur 5 n'est pas représenté par une constante ou par une variable, mais par une somme (expression). Cette expression se compose de deux nombres (opérandes) et de l'opérateur d'addition +. Dans l'instruction

printf, on commence par calculer la somme 2 + 3 (donc l'entier 5) qu'on passe ensuite à la chaîne de contrôle.

Dans les trois derniers programmes, la chaîne de contrôle se composait purement et simplement de la spécification **%d**. Mais on peut aussi placer des caractères normaux dans cette chaîne de formatage. Ces derniers sont alors affichés tels quels. Le programme INTOUT4.C complète la chaîne de contrôle en lui ajoutant un message d'explication :

> **INTOUT4.C**
```
/*   intout4 affiche un entier décimal avec un message d'explication   */
#include  <stdio.h>
main()
{
    printf("La somme  2 + 3  donne %d", 2 + 3);
}
```

Tous les caractères de la chaîne de contrôle placés avant la spécification % sont affichés tels quels. Sur l'écran apparaît donc :

```
La somme  2 + 3  donne 5
```

Notez bien ici qu'à l'intérieur de la chaîne de contrôle le signe + n'est pas compris comme un opérateur d'addition, mais comme une constante classique de type caractère. De la même façon, les symboles 2 et 3 dans la chaîne de formatage ne représentent pas des constantes entières. Ce ne sont pas des nombres sur lesquels on pourrait faire des opérations, mais des caractères (constantes de type caractère) avec lesquels on ne peut pas procéder aux calculs classiques. (Les constantes caractère autorisent cependant, dans une certaine mesure, les opérations de calcul. Cf. chapitre 3.2.1 **Expressions et opérateurs** à la rubrique **Opérateurs arithmétiques**.) Au contraire, l'argument de la fonction **printf** à droite de la chaîne de formatage, à savoir l'expression 2 + 3, est une donnée entière, donc une valeur numérique entière dans laquelle le signe + est utilisé en tant que symbole de calcul (opérateur d'addition). Les deux données 2 et 3 sont maintenant des constantes entières sur lesquelles on peut procéder aux calculs habituels.

Nombre variable de paramètres

La syntaxe générale de **printf** montre que la fonction peut traiter un nombre variable de paramètres. Montrons cela sur le programme INTOUT5.C, lequel affiche plusieurs valeurs entières en une seule instruction :

> **INTOUT5.C**
```
/*   intout5 affiche des valeurs décimales */
#include  <stdio.h>
main()
{
    int i = 5;
    printf("%d plus %d donne : %d.", 1000, i, i+1000);
}
```

La chaîne de contrôle contient trois spécifications de format pour des entiers décimaux, séparées par du texte normal. A chacune de ces spécifications de format, on affecte un des trois arguments, l'évaluation se faisant de la gauche vers la droite. La première spécification %d correspond donc au premier argument 1000, la seconde spécification %d à l'argument i (possédant la valeur 5) et la troisième spécification %d à l'expression entière i + 1000 (de valeur 1005). Il est essentiel qu'à chaque argument corresponde une et une seule spécification de formatage. En d'autres termes, le nombre d'arguments de **printf** doit correspondre au nombre de spécifications de format. L'image suivante illustre cela :

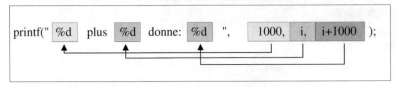

Fig. 2.1 : Affectation des arguments de printf aux spécifications de format

Lors de l'exécution de l'instruction précédente, les arguments sont insérés à la place des spécifications de formatage et le programme affiche :

```
1000 plus 5 donne 1005
```

Selon votre version de C, les entiers décimaux admettent aussi la spécification de format %i (mais %d est plus courant). Les instructions :

```
printf("%d + %d = %d", 1, 1, 2);
printf("%i + %i = %i", 1, 1, 2);
```

sont donc équivalentes et donnent toutes deux :

```
1 + 1 = 2
```

Rappelons encore une fois que les symboles + et = à l'intérieur de la chaîne de format ne représentent pas des opérateurs, mais des caractères habituels.

Affichage formaté des nombres signés ou non

La spécification %d permet aussi d'afficher des entiers négatifs :

> **INTOUT6.C**
```
/*   intout6 affiche un entier négatif   */
#include  <stdio.h>
main()
{
    printf("%d est un nombre négatif.", -4);
}
```

Le programme affiche la valeur décimale -4. Si nous avions voulu, par contre, n'afficher que des nombres positifs ou non signés, nous aurions pu employer le format %u (pour les entiers décimaux sans signe) :

> **INTOUT7.C:**
```
/*   intout7 affiche des entiers négatifs non signés    */
#include  <stdio.h>
main()
{
    printf("%u et %u sont des nombres sans signe.", 4, 65532);
}
```

Nous obtenons sur l'écran :

```
4 et 65532 sont des nombres sans signe.
```

Pour montrer la différence entre les spécifications %d et %u, nous compléterons le programme INTOUT7.C et le nommerons INTOUT8.C :

> **INTOUT8.C**
```
/*   intout8 montre la différence entre %d et %u.   */
#include  <stdio.h>
main()
{
    printf("4 et 65532 en tant que nombres sans signe : %u %u\n\n", 4, 65532);
    printf("4 et 65532 en tant que nombres avec signe : %d %d", 4, 65532);
}
```

A cause des caractères de saut de ligne \n\n, le premier affichage est suivi d'une ligne vide puis du second affichage :

```
4 et 65532 en tant que nombres sans signe : 4 65532
4 et 65532 en tant que nombres avec signe :   4 -4
```

Que s'est-il passé ? La première ligne est aisée à comprendre : 4 et 65532 sont des constantes entières de type **int** et doivent être interprétées comme des nombres non signés. Rappelons que le type **int** (2 octets) sans signe ((unsigned int) permet de représenter les entiers entre 0 et 6553. Les valeurs 4 et 65532 sont dans cet intervalle et sont donc affichées sans problème. La seconde ligne donne pour les nombres 65532 les valeurs 4 et -4, bien que nous ayons demandé dans l'instruction **printf** l'affichage des arguments 4 et 65532. Voici la raison du phénomène : le type **int** avec signe (int ou signed int) peut représenter des valeurs positives et négatives sur les intervalles 0 à 32767 et -1 à -32768. Cela ne pose aucun problème pour le nombre 4, car il appartient à l'intervalle positif. Le nombre 65532, assurément, sort du cadre de cet intervalle. En raison de la spécification %d demandée, le compilateur interprète alors la représentation binaire en mémoire du nombre 65532 (1111 1111 1111 1100) comme un nombre signé codifié selon la convention du complément à deux. La représentation qui en résulte n'est donc pas celle d'un nombre positif : c'est la représentation binaire du nombre -4.

Seules les spécifications de format contrôlent comment les données seront affichées (voir aussi plus loin dans le texte).

Affichage formaté des nombres octaux et hexadécimaux

Pour l'affichage des données octales ou hexadécimales, il existe les formats %o (octal) et %x ou %X (hexadécimal). Le programme INTOUT9.C affiche la valeur décimale 90 sous forme décimale, octale et hexadécimale :

▶ **INTOUT9.C**

```
/*   intout9 affiche des nombres octaux et décimaux   */

#include   <stdio.h>
main()
{
    printf("%d décimal donne l'octal %o et l'hexadécimal %x ou %X.", 90, 90, 90, 90);
}
```

Le programme affiche :

```
90 décimal donne l'octal 132 et l'hexadécimal 5a ou 5A.
```

La différence entre les deux spécifications %x et %X réside simplement dans la graphie des lettres A-F qui, dans le système hexadécimal correspondant aux valeurs décimales 10 à 15. %x, affiche les chiffres A-F en minuscules, alors que %X les affiche en majuscules. Contrairement aux nombres décimaux, l'affichage des entiers octaux et hexadécimaux opère toujours sur des nombres non signés (unsigned). Le programme INTOUT10.C montre tout cela :

▶ **INTOUT10.C**

```
/*   intout10 montre que les affichages d'octaux ou d'hexadécimaux sont basés sur
     des valeurs non signées.   */
#include   <stdio.h>
main()
{
    printf("%d donne en octal %o et en hexadécimal %x", -4, -4, -4);
}
```

Nous obtenons sur l'écran :

```
-4 donne en octal 177774 et en hexadécimal fffc.
```

La valeur -4 est une constante entière de type **int**. Sa représentation binaire en mémoire est 1111 1111 1111 1100. Si le compilateur interprète cette combinaison binaire comme un nombre entier signé (signed), il utilise pour sa représentation le complément à deux, ce qui donne -4. Mais comme les affichages octaux et hexadécimaux se font toujours sur des valeurs non signées (unsigned), le nombre binaire 1111 1111 1111 1100 est interprété comme un nombre sans signe (décimal 65532), ce qui donne en octal la valeur 177774 et en hexadécimal la valeur fffc.

Pour afficher plus distinctement des nombres octaux et hexadécimaux, on peut utiliser le caractère #. Dans une spécification de format, combiné avec les lettres clés o et x (ou X), il entraîne que les valeurs octales sont précédées de 0 et les valeurs hexadécimales de 0x ou 0X. Appliqué au programme INTOUT9.C, l'instruction :

```
printf("% décimal donne l'octal %#o et l'hexadécimal %#x ou %#X.", 90, 90, 90, 90);
```

donne :

```
90 décimal donne l'octal 0132 et l'hexadécimal 0x5a ou 0X5A.
```

Affichage formaté des caractères

On sait que les nombres (décimaux) 0-255 peuvent aussi être interprétés comme représentation des caractères ASCII. Pour que **printf** affiche un tel caractère en tant que caractère (et non comme valeur numérique), on utilise la spécification de format **%c**. Le programme suivant affiche les caractères 'a' et 'A' :

> **INTOUT11.C**
```
/*   intout11 affiche des caractères   */
#include   <stdio.h>
main()
{
    printf("%c et %c sont des  caractères.", 'a', 'A');
}
```

Le résultat sur l'écran est :

```
a et A sont des  caractères.
```

Comme dans le programme INTOUT2.C, les arguments pourraient être des variables de type **char** et non des constantes caractère. Le résultat du programme qui suit est identique à celui de INTOUT11.C.

> **INTOUT12**
```
/*   intout12 affiche des caractères   */
#include   <stdio.h>
main()
{
    char k = 'a', g = 'A';                    /* définition et Initialisation des variables
                                               char g et k */
    printf("%c et %c sont des caractères. ", k, g);
}
```

Pour afficher non pas les caractères eux-mêmes mais leurs codes ASCII (nombre entier), vous prendrez le format **%d**.

> **INTOUT13.C**
```
/* intout13 affiche des caractères sous forme de caractères ainsi que leurs
   codes ASCII*/
#include   <stdio.h>
main()
{
    printf("%c et %c ont les codes ASCII %d et %d.", 'a', 'A', 'a', 'A');
}
```

Le programme affiche :

```
a et A ont les codes ASCII 97 et 65.
```

Ici aussi, vous constatez que seule la spécification de format contrôle l'aspect de la donnée affichée. Le format **%c** affiche les constantes caractère 'a' et 'A' en tant que a et A, alors que le format **%d** les affiche en tant que 97 et 65. Comme les symboles 'a' et 'A' équivalent pour le compilateur à leurs codes ASCII 97 et 65, l'instruction :

```
printf("%c et %c ont les codes ASCII %d et %d.", 97, 65, 97, 65)
```

afficherait :

```
a et A ont les codes ASCII 97 et 65.
```

Dans ce cas, le format **%c** entraînerait l'affichage de constantes entières 97 et 65 sous la forme des caractères correspondant aux codes ASCII 97 et 65. Le format **%d**, par contre, les fait interpréter et afficher comme des nombres.

Affichage formaté des valeurs à virgule flottante

Quand la fonction **printf** manipule des arguments, il ne faut pas seulement que leur nombre concorde avec le nombre des spécifications d'affichage. Il faut aussi vérifier que l'argument s'accorde avec le format du type de données. En ce qui concerne l'affichage des nombres à virgule flottante par exemple, un format pour nombre entier tel que **%d** est inadéquat.

Le programme suivant montre ce qui arrive lorsque l'argument ne s'accorde pas avec la spécification de formatage :

▶ NOMATCH.C
```
/*  nomatch démontre les erreurs qui résultent d'un format d'affichage erroné.  */
#include  <stdio.h>
main()
{
    printf("%d est un nombre réel.", 3.14);
}
```

Le programme fournit le résultat insensé :

```
-31457 est un nombre réel.
```

En effet, une donnée à virgule flottante (type **double**) de 8 octets de long (à savoir la constante réelle 3.14) a été présentée comme une donnée entière de 2 octets. Pour afficher des valeurs à virgule flottante, vous disposez des formats **%f**, **%e** (**%E**) et **%g** (**%G**). Ces formats valent aussi bien pour le type **float** que pour le type **double**. En ce qui concerne le type **long double**, on utilise **%Lf**. La spécification la plus usuelle est **%f**. Le programme FLOOUT.C s'en sert pour afficher plus correctement la constante flottante 3.14 :

▶ FLOOUT.C
```
/*  floout affiche un réel.  */
#include  <stdio.h>
main()
{
    printf("%f est un réel.", 3.14);
}
```

Le programme affiche :

```
3.140000 est un réel.
```

Le résultat est affiché avec six chiffres après la virgule. C'est le format standard (par défaut). Dans ce chapitre, nous verrons notamment comment régler le nombre de décimales. La valeur est affichée en tant que nombre à virgule fixe, c'est-à-dire sous la forme classique avec un point comme séparateur décimal.

Formats E et G

Les formats %e ou %E entraînent l'affichage d'un nombre réel sous forme exponentielle. La différence entre les deux spécifications consiste dans la graphie de la lettre e qui représente l'exposant : %e affiche le symbole exponentiel en minuscule tandis que %E l'affiche en majuscule.

▶ EFORMAT.C

```
/*   eformat affiche des valeurs à virgule flottante sous forme exponentielle.  */
#include  <stdio.h>
main()
{
    printf("%e   %E   %e   %E", 314.0, 0.00314, 0.0314E4, 314.0e-5);
}
```

EFORMAT.C affiche les valeurs suivantes :

3.001400e+002   3.140000E-003   3.140000e+002   3.140000E-003

Les valeurs sont affichées au format standard, avec un chiffre avant la virgule et six chiffres après la virgule. Il s'avère que la forme extérieure des arguments n'est pas décisive en ce qui concerne l'affichage, ce dernier dépendant seulement du format. Peu importe donc, par exemple, que les arguments soient donnés sous forme décimale ou exponentielle. Il n'est pas important non plus que l'exposant dans le troisième argument soit représenté par la majuscule E : le format %e l'affiche avec la lettre e.

Les formats %g et %G sont moins courants. Ils affichent une valeur à virgule flottante sous forme décimale (comme avec %f) ou sous forme exponentielle (comme avec %e). Cela dépend de la précision demandée à la valeur. La représentation exponentielle est prise lorsque l'exposant de la valeur est inférieur à -4 (mesuré à l'aune du format d'affichage par défaut avec un chiffre avant la virgule) ou bien supérieur à la précision de la valeur. La précision d'une valeur flottante au format %g n'est autre que le nombre maximal de chiffres significatifs à afficher. Avec les formats %f et %e, la précision désigne le nombre de décimales à afficher. Les spécifications %g et %G se différencient par le fait que %g affiche un e dans le format exponentiel et %G affiche un E. Le programme GFORMAT.C donne quelques valeurs au format g :

▶ GFORMAT.C

```
/*   gformat affiche des valeurs à virgule flottante.   */
#include  <stdio.h>
main()
{
    printf("%g   %G   %g   %G", 314.0, 0.0000314, 3.14E6, 314.0e-5);
}
```

Le programme donne les valeurs suivantes :

```
314    3.14E-005    3.14e+006  0.00314
```

La première valeur 314 résulte de ce que l'argument correspondant 314.0 aurait l'exposant 2 (3.14e2) s'il était affiché au format exponentiel standard. Ce dernier n'est ni trop petit ni trop grand. Le résultat est donc celui que donnerait le format %f au lieu du format %g. A vrai dire, le format g supprime les zéros qui suivent et n'affiche de point décimal que si celui-ci est suivi de chiffres non nuls. C'est pourquoi c'est 314 qui est affiché et non 314.0. La seconde valeur est au format exponentiel car l'exposant de l'argument correspondant dans le format exponentiel standard serait -5 (3.14e-5), donc inférieur à -4. Le troisième argument contient un exposant supérieur à la précision standard et il est donc affiché au format exponentiel. Le dernier argument 314.0e-5 aurait l'exposant -3 dans le format exponentiel standard (3.14e-3). Celui-ci n'est pas assez petit et la valeur est donc affichée classiquement avec un point décimal.

Affichage formaté des chaines de caractères

Outre les formats déjà présentés, les spécifications %s , %p et %n sont intéressantes pour nous. Le format %s sert à afficher des chaînes de caractères, notamment des variables de type chaîne (variables string). Ces dernières ont pour caractéristique d'être des types de données composés et ne seront donc présentées qu'au chapitre Types de données complexes : tableaux et structures . Mais vous pouvez déjà afficher des constantes de type chaîne à l'aide du format %s.

▶ STROUT.C
```
/*   strout affiche une constante chaîne de caractères   */
#include   <stdio.h>
main()
{
    printf("%s", "Voici une chaîne de caractères.");
}
```

La chaîne de caractères **Voici une chaîne de caractères.** (entre guillemets) est ici l'argument de **printf** et sera transmise, lors de l'affichage, à la spécification %s. Est affiché le texte :

```
Voici une chaîne de caractères.
```

Nous savons déjà que nous aurions pu arriver au même résultat par l'instruction :

```
printf("Voici une chaîne de caractères.");
```

non par l'affichage d'un argument, mais par l'affichage d'une chaîne de contrôle dépourvue de spécification de format. La fonction **printf**, dans l'exemple précédent, n'aurait aucun argument. On tient compte ici de ce que la chaîne de contrôle affiche tels quels les caractères usuels et on écrit donc le texte à afficher en tant que chaîne de formatage sans aucune spécification de format entre les parenthèses de la fonction **printf**.

Les chaînes de caractères peuvent être transmises à la fonction **printf**, étalées sur plusieurs lignes, mais à l'affichage on n'obtient cependant qu'une seule ligne :

▶ STROUT2.C

```
/*   strout2 affiche des chaînes de caractères   */
#include  <stdio.h>
main()
{
    printf("Cette");
    printf(" chaîne de caractères");
    printf(" tient");
    printf(" sur");
    printf(" une");
    printf(" ligne.");
}
```

Voici le résultat correspondant :

```
Cette chaîne de caractères tient sur une ligne.
```

Une autre technique pour transmettre à la fonction **printf** des chaîne de caractères sur plusieurs lignes consiste à placer les portions de chaîne entre guillemets. L'instruction :

```
printf("Cette  chaîne  de  caractères"
```

```
" tient"
" sur une ligne.");
```

produit aussi à l'écran :

```
Cette chaîne de caractères tient sur une ligne.
```

Une troisième possibilité pour éclater une chaîne de caractères est de la couper par le symbole "\" :

```
printf("Cette  chaîne  de  caractères  tient\sur  une  ligne.");
```

L'instruction donne le même résultat que précédemment. Il faut faire attention ici à ne pas indenter la seconde portion de la chaîne de caractères. Autrement, les espaces ainsi insérés feraient partie du résultat affiché.

Les formats **%p** et **%n** sont prévus pour le type de données **pointeur** (pointer) qui sera traité lui aussi ultérieurement. Sont de type pointeur les données pouvant recevoir les adresses d'autres données. **%p** permet d'afficher des adresses (comme les adresses sont des données entières, **%d** ou **%x** marche aussi). **%n** est utilisé pour stocker le nombre de caractères déjà affichés par **printf** avant que n'arrive le format **%n**. Le tableau suivant résume les spécifications de format que nous venons d'exposer pour **printf**.

Format	Objet de donnée
%d	Nombre Entier
%i	Nombre Entier
%u	Nombre Entier non signé
%o	Nombre Entier octal
%x, %X	Nombre Entier hexadécimal
%c	Caractère ASCII

Format	Objet de donnée
%f	Nombre à virgule flottante
%e, %E	Nombre à virgule flottante en Format exponentiel
%g, %G	Nombre à virgule flottante aux formats %f ou %e
%s	Chaîne de caractères
%p	Pointeur
%n	Pointeur (nombre des caractères déjà donnés)

Tab. 2.1 : Formats de printf

Affichage du symbole de pourcentage

Un caractère % placé dans une chaîne de contrôle provoque le test du caractère qui suit. Si ce dernier ne figure pas dans la liste des caractères de formatage (les lettres du tableau précédent), alors le signe % est ignoré et le caractère qui suit est affiché tel quel. Il s'ensuit que pour afficher le caractère % lui-même on utilisera la combinaison :

```
%%
```

L'instruction :

```
printf("50%% de 100 donne 50.");
```

affiche donc le message :

```
50% de 100 donne 50.
```

Affichage formaté de valeurs, long, double et short

Entre le symbole de pourcentage et la lettre clé identifiant le format d'affichage, on peut encore placer d'autres caractères de formatage.

Pour les types entiers, le caractère h placé devant une des lettres d, i, o, x, X, u permet d'afficher un argument de type short ou unsigned short. De manière analogue, le caractère l sert à représenter des arguments de type long ou unsigned long. Avec des valeurs réelles, le caractère l placé devant une des lettres f, e, E, g, G indique que l'argument est de type double. (Naturellement, le format **%f** suffit aussi pour une valeur **double**). Pour le type **long double**, on utilise **%Lf**. Le programme PREFIX.C affiche quelques variables de type **short**, **long** et **double**.

➤ PREFIX.C

```c
/*  prefix affiche des variables short, long et double  */
#include  <stdio.h>
main()
{
    short s = 123;
    long l = 123456;
    double d = 0.123456789;
    printf("short :\t déc = %hd\t\t   unsigned = %hu\n\t"
           " oct = %ho\t\t   hex = %hx\n\n", s, s, s, s);
    printf("long :\t déc = %ld\t\t   unsigned = %lu\n\t"
           " oct = %lo\t\t   hex = %lx\n\n", l, l, l, l);
    printf("double :\t normal = %lf\t   exponentiel = %le",
    d, d, d, d);
}
```

Vous obtiendrez à l'écran :

```
short:      déc = 123                unsigned = 123
            oct = 173                hex = 7b

long:       déc = 123456             unsigned = 123456
            oct = 361100             hex = 1e240

double:     normal = 0.123457        exponentiel = 1.234568e-001
```

Les valeurs **double** sont affichées avec six chiffres après la virgule, ce qui correspond au format standard (par défaut). La dernière décimale est arrondie ce faisant. Mais comme notre valeur **double** a neuf décimales, les trois derniers chiffres après la virgule ne sont pas pris en compte par le format standard qui s'arrête à six. Il existe cependant des caractères spéciaux de formatage qui permettent de régler le nombre de décimales affichées (précision) ou la largeur d'affichage ou d'autres choses encore (par exemple l'alignement du résultat).

Largeur minimale

La largeur d'une valeur détermine le nombre de caractères ou de chiffres minimaux qu'il faudra afficher (largeur de champ minimale). Pour spécifier la largeur minimale, on place un nombre entier entre le caractère % et la lettre clé de formatage. Si la représentation d'une valeur nécessite moins de positions que n'en indique la largeur minimale, les positions restant avant la valeur sont complétées par des espaces. Si la représentation nécessite plus de positions que n'indique la largeur minimale, l'espace supplémentaire exigé est occupé par **printf**. La largeur minimale peut être utilisée indépendamment du type de données de l'argument à afficher. Pour les nombres à virgule flottante, le point décimal compte pour la largeur du champ. Nous afficherons ici quelques valeurs de différents types.

▶ WIDE.C

```c
/*  wide affiche des valeurs avec spécification de largeur d'affichage.    */
#include  <stdio.h>
main()
{
    printf("%d\n%1d\n%4d\n\n", 17, 17, 17);
    printf("%f\n%4f\n%16f\n\n", 3.141593, 3.141593, 3.141593);
    printf("%s\n%4s\n%12s\n\n", "string", "string", "string");
}
```

Le programme affiche :

```
17
17
  17
3.141593
3.141593
        3.141593
string
string
      string
```

Le premier argument de chacune des trois instructions **printf** est affiché dans le format standard car aucune largeur minimale n'est indiquée. En ce qui concerne le second argument, la largeur minimale est inférieure au nombre de positions requis par la valeur et l'on constate que la place supplémentaire nécessaire est remplie. Pour ce qui est du troisième argument, la largeur minimale proposée est le double de la largeur standard, ce qui entraîne l'insertion d'espaces pour obtenir le nombre de positions requis. Si on souhaite que le remplissage se fasse à l'aide de zéros et non d'espaces, alors on place un zéro avant la spécification de largeur d'affichage.

> **ZERO.C**

```
/*   zero remplace les espaces de complétion par des zéros.   */
#include  <stdio.h>
main()
{
    printf("%04d   %016f   %012s", 17, 3.141593, "string");
}
```

L'affichage donne :

```
0017   000000003.141593   000000string
```

Précision

Outre la largeur minimale, on peut spécifier la précision des valeurs à afficher. La spécification de précision est un nombre entier qui suit la largeur minimale et est séparé de cette dernière par un point. Selon le type de données, le terme précision peut prendre différentes significations.

Pour les nombres réels, il indique le nombre de chiffres après la virgule. Avec des nombres entiers, il donne en revanche le nombre minimal de chiffres à afficher (à ne pas confondre avec la largeur minimale qui indique le nombre de positions à afficher). en ce qui concerne les chaînes de caractères, la précision détermine le nombre maximal de caractères à afficher.

S'il le faut, les nombres à virgule flottante sont arrondis à l'affichage et les positions après la virgule sont complétées avec des zéros. Les valeurs entières sont éventuellement complétées avec des zéros placés devant. Nous illustrerons cette notion de précision avec le programme suivant.

> **ACCURACY.C**

```
/*   accuracy affiche des valeurs de différents types avec des spécifications
     de précision*/
#include  <stdio.h>
main()
{
    printf("%5.3f\n%11.6f\n\n", 3.1415, 3.1415);
    printf("%5.5d\n%8.5d\n\n", 314, 314);
    printf("%6.6s\n%6.3s", "string", "string");
}
```

Les valeurs suivantes sont affichées :

```
3.142

    3.141500
00314
    00314
string
    str
```

La spécification de précision pour le premier nombre réel exige trois chiffres après la virgule, ce qui entraîne que la troisième des quatre décimales est arrondie. La largeur minimale de 5 (point décimal inclus) exigée par la spécification de largeur est obtenue sans qu'il faille insérer des espaces. La seconde valeur est représentée avec trois espaces avant et deux zéros après, afin d'arriver à une largeur minimale de onze positions en tout dont six chiffres après la virgule.

L'affichage des valeurs entières montre que le nombre minimal de chiffres à afficher est réalisé à l'aide de zéros placés devant, si le nombre lui-même ne contient pas suffisamment de chiffres significatifs. En outre, on ajoute ici à la seconde valeur trois espaces de complétion placés devant afin d'obtenir la largeur minimale exigée. La première chaîne de caractères est entièrement affichée car la spécification de précision autorise six caractères au maximum. Pour la seconde chaîne de caractères, trois caractères au plus sont autorisés. Ainsi seuls les trois premiers caractères sont affichés, avec trois espaces de complétion placés devant car la spécification de largeur requiert six positions au moins. EN ce qui concerne la précision des nombres réels, il faut faire attention au point suivant : si la spécification de précision est zéro, alors aucun point décimal ne sera affiché. Des instructions telles que :

```
printf("%5.0f",   314.0);
printf("%5.f",    314.0);
printf("%5.0f",   314.);
printf("%5.f",    314.);
```

entraînent que le nombre 314.0 sera affiché sans point décimal, sous la forme 314. Le même effet serait obtenu par la spécification **%g** ou **%5.0f** ou **%5.f.1**. La disparition du point décimal est fort utile lorsqu'on travaille avec des valeurs énormes que les types **long** ou **unsigned long** ne peuvent représenter (nombres supérieurs à 4 294 967 296). Dans ce cas, on peut traiter les valeurs entières comme des nombres réels (avec point décimal et sans chiffres après la virgule) qu'on affichera ensuite en se débarrassant du point décimal superflu via la spécification de précision explicite 0 ou via le format **%g**. Si en revanche on veut que le point décimal soit systématiquement affiché, on ajoute le caractère **#** à la spécification de formatage. L'instruction :

```
printf("%#5.0f",   314.0);
```

assure que le nombre 314.0 sera affiché avec le point décimal sous la forme 314. bien qu'il n'ait pas de chiffres après la virgule.

Alignement et signe

La fonction **printf** affiche par défaut des résultats alignés sur la droite. Cela signifie qu'en cas de besoin, ce sont les emplacements à gauche de la valeur qui seront complétés avec des espaces ou des zéros. Un signe moins placé dans la spécification de format renverse l'alignement de la valeur.

▶ JUSTIFY.C
```
/*  justify affiche des valeurs cadrées à gauche et à droite   */
#include   <stdio.h>
main()
{
printf("alignement  à  droite  :\t*%9.4f*\nà gauche  :\t*%-9.4f*\n\n",  3.1415,  3.1415);
printf("alignement  à  droite  :\t*%6d*\nà  gauche  :\t*%-6d*\n\n", 314,  314);
printf("alignement  à  droite  :\t*%9s*\nà  gauche  :\t*%-9s*", "string",  "string");
}
```

Le programme affiche des résultats cadrés à gauche et à droite. Le symbole * délimite ici le début et la fin du champ d'affichage, mais ne fait pas partie du format.

```
alignement à droite :        *   3.1415*
à gauche :                    *3.1415   *
alignement à droite :        *   314*
à gauche :                    *314   *
alignement à droite :        *   string*
à gauche :                    *string   *
```

Un signe plus dans la spécification de format fait afficher un signe aussi bien pour les valeurs négatives que positives.

▶ SIGNOUT.C
```
/*  signout affiche des nombres avec les signes   */
#include   <stdio.h>
main()
{
    printf("Le nombre %+d est positif.\n", 100);
    printf("Le nombre %+d est négatif.", -100);
}
```

Nous obtenons l'affichage :

```
Le nombre +100 est positif.
Le nombre -100 est négatif.
```

2.2   Saisie formatée

La fonction **scanf** autorise la saisie formatée de données (depuis le clavier du terminal) et on la désigne souvent comme le pendant de **printf**. Au premier coup d'oeil, sa syntaxe est pratiquement identique à celle de **printf** :

```
scanf("string_format", [argument_1, argument_2, ..., argument_n])
```

La chaîne de format peut contenir ici aussi bien des caractères usuels que des spécifications de format, ces dernières commençant par le caractère % comme avec

printf. Une différence fondamentale entre **scanf** et **printf** réside dans la nature des arguments manipulés par la fonction.

La fonction **printf** affiche les valeurs de constantes et de variables. Mais en fait, **printf** opère non pas sur l'original de la donnée, mais avec une copie de celle-ci. Si donc **printf** affiche la valeur de la variable x, la fonction travaille avec un duplicata du contenu mémoire affecté à cette variable. Supposons que la variable x doive être affichée avec la valeur 10. Dans ce cas, le compilateur stocke une copie du contenu 10 dans un emplacement mémoire disponible et informe ensuite la fonction **printf** de l'endroit où se trouve la copie. De cette façon, la fonction **printf** apprend la valeur de la variable x, à savoir 10, sans obtenir son adresse, donc sans savoir où se trouve l'original de la variable. De toute façon, cela n'a pas d'importance car la fonction **printf** ne modifie pas la valeur de ses arguments et n'a donc pas besoin de connaître l'adresse réelle de la variable x.

Il en va autrement avec la fonction **scanf**. La fonction **scanf** lit des valeurs sur le périphérique d'entrée standard (en principe le clavier), les interprète à l'aide de la chaîne de format et les range dans les arguments spécifiés. Ces opérations de stockage en mémoire entraînent donc une modification des valeurs originelles des arguments. Cela n'est possible que si la fonction manipule les originaux des données et non des copies. Supposons que l'utilisateur veuille que la variable x reçoive la valeur 20. Il faut alors que l'original de x soit changé, la modification d'une quelconque copie ne présentant ici aucun intérêt. La fonction **scanf** doit donc connaître les emplacements mémoire (c'est-à-dire les adresses) dans lesquels sont rangés ses arguments (originaux). La connaissance de ces adresses et donc la possibilité d'accéder à celles-ci est réalisée grâce à un opérateur particulier : l'opérateur d'adressage **&**. Ce dernier fournit l'adresse mémoire de son opérande. Une expression telle que **&x** donne l'adresse de la donnée baptisée **x** (et non sa valeur), plus précisément l'adresse du début de la donnée, donc l'adresse de l'emplacement mémoire à partir duquel l'objet est rangé. Il s'ensuit que l'opérateur d'adressage ne peut être appliqué qu'à des objets possédant une adresse mémoire, donc à des variables. Mais pas à des constantes, par exemple, pour lesquelles le compilateur ne réserve pas d'espace en mémoire. De plus, l'opérateur d'adressage ne peut être utilisé ni sur des données ayant la classe de mémorisation **register**, ni sur des composants de champs de bits. La portion de programme qui suit définit la variable entière **x** et l'initialise à la valeur 10.

```
#include   <stdio.h>
main()
{
    int x = 10;
    .
    .
    .
```

La position de cette variable x en mémoire peut se représenter ainsi :

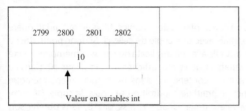

Fig. 2.2 :   Valeur et adresse d'une variable int en mémoire

La variable x vaut actuellement 10, alors que l'expression &x donnant l'adresse de la variable vaut 2800. Nous pouvons aussi afficher cette adresse. Les adresses sont des données entières et sont habituellement affichées en notation hexadécimale. Nous utiliserons donc le format %x pour l'affichage :

> ADDRESS.C

```
/*   address  affiche des valeurs avec leurs adresses   */
#include  <stdio.h>
main()
{
    int x = 10;
    float f = 3.14;
    char c = 'A';
    printf("integer x = %d\tAdresse de x = %x (hex)\n\n", x, &x);
    printf("float f = %.2f\tAdresse de f = %x (hex)\n\n", f, &f);
    printf("char c = %c\tAdresse de c = %x (hex)\n\n", c, &c);
}
```

On voit d'après l'écran :

```
integer x = 10          Adresse de x = 110a (hex)
float f = 3.14          Adresse de f = 1106 (hex)
char c = A              Adresse de c = 1104 (hex)
```

que les adresses sont des données de nature identique, quel que soit le type des données correspondantes. En effet, les adresses ont un format indépendant du type de données. Cela signifie que l'adresse d'un objet ne renseigne pas sur le type de données qui se cache derrière. Les adresses 10a, 1106 et 1104 de notre exemple sont des adresses que le compilateur a affecté aux variables lors de l'exécution du programme ADDRESS.C. Lors d'une autre exécution ou sur un autre système, ces adresses peuvent avoir d'autres valeurs, selon l'emplacement mémoire du programme à exécuter.

Les adresses, selon la machine, occupent 2 ou 4 octets en mémoire. Nous supposerons ici que les adresses sont rangées sur 2 octets, ce qui est habituellement le cas sur les compatibles PC. On parle d'adresses d'offset. L'offset donne la distance d'une donnée ou de son adresse par rapport au début d'une certaine plage de mémoire contenant la donnée. Sur les PC équipés de DOS par exemple, les variables sont rangées dans le segment de données. Cette zone de 64 Ko héberge les données manipulées par le programme. On peut considérer ce segment comme une suite de cases mémoire d'un octet, numérotées à partir de zéro. Chaque numéro exprime une adresse relative par rapport au début du segment. Ainsi, l'adresse offset 2800 de la variable x dans notre exemple est la 2801-ème adresse calculée à partir du début du segment des données. Bien évidemment, le segment lui-même a une adresse en mémoire. On peut donc exprimer l'adresse complète d'une donnée en combinant l'adresse de segment avec l'offset correspondant. Au lieu d'afficher uniquement l'adresse d'offset :

```
2800
```

on afficherait par exemple:

```
0460:2800
```

où 0460 représente l'adresse de segment et 2800 l'offset correspondant. Mise sous cette forme, une adresse exige 4 octets au lieu de 2 (cf. chapitre 9 Pointeurs).

Spécifications de format pour scanf

L'opérateur d'adressage & appliqué au nom de la variable informe donc la fonction scanf de l'emplacement de stockage de la valeur saisie. scanf attend donc comme argument non pas le nom (donc la valeur) d'une variable, mais au contraire son adresse. L'instruction :

```
scanf("%d", &x)
```

permet donc de transmettre à la fonction scanf une valeur saisie au clavier et qui sera rangée dans la variable x. La spécification de format %d dit que cette valeur doit être un entier décimal. Naturellement, la variable x doit avoir été préalablement définie et son type doit être compatible avec le format, donc int dans ce cas.

Outre la lettre d pour les nombres entiers décimaux, il existe ici, comme avec printf, une liste de lettres clés permettant d'annoncer à la fonction le type de la donnée à lire. Qui plus est, il y a encore d'autres caractères de formatage. Les spécifications de format introduites par le caractère % ont en partie la même signification que sous printf :

Format	Valeur de saisie
%d	Entier décimal de type *int*
%hd	Entier décimal de type *short*
%ld	Entier décimal de type *long*
%i	Entier de type *int* (saisie entière)
%u	Entier décimal de type *int* non signé
%hu	Entier décimal de type *short* non signé
%lu	Entier décimal de type *long* non signé
%o	Entier octal de type *int*
%ho	Entier octal de type *short*
%lo	Entier octal de type *long*
%x	Entier hexadécimal de type *int*

Format	Valeur de saisie
%hx	Entier hexadécimal de type *short*
%lx	Entier hexadécimal de type *short*
%c	Caractères ASCII (type *char*)
%f	Nombre à virgule flottante de type *float*
%lf	Nombre à virgule flottante de type *double*
%e, %E	Nombre à virgule flottante de type *float*
%le, %LE	Nombre à virgule flottante de type *double* (exponentiel)
%g, %G	Nombre à virgule flottante de type *float* (exponentiel ou décimal)
%Lg, %LG	Nombre à virgule flottante de type *long double* (exponentiel ou décimal)
%s	Chaîne de caractères
%p	Pointeur
%n	Aucune donnée utilisateur (montre le nombre des caractères déjà lus)

Tab. 2.2 : Spécifications de format de scanf

Une opération simple d'entrée-sortie

Nous allons essayer d'écrire un programme qui lit une valeur saisie par l'utilisateur et ensuite l'affiche. Cette valeur doit être décimale, entière et positive, et non supérieure à 1000. Nous diviserons ce travail en trois phases :

1. l'utilisateur est informé qu'il doit entrer une valeur, qui plus est d'un certain type.
2. la valeur entrée est récupérée et rangée dans une variable appropriée.
3. la valeur stockée est affichée.

La première partie du travail sera réalisée par quelques instructions **printf**:

```
printf("Entrez un entier décimal compris entre 1 et 1000.\n");
printf("Puis validez par <Entrée>.\n");
printf("Votre nombre ? ");
```

Pourquoi la confirmation par <Entrée> car la fonction **scanf** ne lit pas la valeur qui lui est destinée directement depuis le périphérique d'entrée-sortie standard (habituellement le clavier), mais depuis un tampon de lecture dans lequel sont rangées toutes les valeurs saisies par l'utilisateur. Ce n'est qu'après réception d'un certain caractère marquant la fin de la saisie que ces valeurs sont récupérables par la fonction **scanf** pour un traitement ultérieur. Ce caractère de fin de saisie est produit par l'activation de la touche <Entrée> : c'est le caractère de saut de ligne qui fait partie des caractères de contrôle invisibles et est représenté dans les programmes par la séquence d'échappement '\n'. Nous devons donc informer l'utilisateur du programme, via une des instructions **printf** précédant l'instruction **scanf**, qu'il doit conclure sa saisie par <Entrée>.

Une saisie telle que celle que nous venons de décrire est dite saisie bufférisée. Elle présente un avantage : l'utilisateur peut modifier ce qu'il vient d'entrer tant qu'il n'a pas appuyé sur la touche <Entrée>. Il peut ainsi, par exemple, corriger une faute de frappe. Mais la saisie bufférisée (tamponnée) a aussi des inconvénients. Maintes fonctions, dont **scanf**, qui lisent et manipulent les caractères depuis le tampon de lecture laissent les caractères non traités (notamment le <Entrée> final) dans le tampon. Ces caractères restent alors disponibles dans le tampon clavier et sont récupérés intempestivement par le prochain appel de fonction accédant au tampon à la place d'un caractère saisi par l'utilisateur. Cela entraîne généralement une erreur (cf. chapitre 2.3 **Saisie non formatée**). Pour ce qui est de la seconde phase de l'exercice, à savoir la saisie et le rangement de la valeur, nous utiliserons la fonction **scanf**. Comme la valeur doit être comprise entre 1 et 1000, nous prendrons le format **%d** utilisable avec les valeurs **int** de -32768 à 32767. Au préalable, nous devons définir une variable **int** pour recevoir la valeur saisie au clavier. Nous la nommerons iNb. L'instruction **scanf** aura donc l'allure suivante :

```
scanf("%d", &iNb)
```

Pour la troisième phase de l'exercice, à savoir l'affichage de la valeur saisie, nous reprendrons **printf** :

```
printf("Le caractère lu est : %d", iNb);
```

Cet affichage se fait sur une nouvelle ligne car la saisie réalisée via l'instruction précédente a été terminée par <Entrée>, donc par un saut de ligne. Il est maintenant aisé de rassembler les trois portions pour en faire un seul programme :

> ISCAN.C

```
/*   iscan lit une valeur décimale entière et l'affiche   */
#include <stdio.h>                        /*   pour printf et scanf   */
main()
{
    int iNb;                    /*   variable int pour recevoir la valeur lue   */
    printf("Entrez un entier décimal compris entre 1 et 1000.\n");
    printf("Puis validez par <Entrée>.\n");
    printf("Votre nombre ? ");
    scanf("%d", &iNb);   /*   rangement de la valeur saisie dans la variable iNb   */
    printf("Le caractère lu est : %d", iNb);
}
```

Suivez bien le déroulement du programme. Au début, les premières instructions **printf** font apparaître l'invite :

```
Entrez un entier décimal compris entre 1 et 1000.
Puis validez par <Entrée>.
Votre nombre ?
```

sur l'écran. Suite à l'instruction **scanf**, le curseur clignote ensuite après le point d'interrogation sur la troisième ligne. L'utilisateur doit entrer une donnée. Saisissez par exemple, le nombre 729. Vous avez alors l'écran suivant :

```
Entrez un entier décimal compris entre 1 et 1000.
Puis validez par <Entrée>.
Votre nombre ? 729
```

Appuyez maintenant sur la touche <Entrée>. Cela termine la saisie pour la fonction **scanf** et l'instruction suivante est exécutée. Qui plus est, l'activation de <Entrée> engendre un saut de ligne. L'affichage qui suit commence ainsi sur une nouvelle ligne. Nous avons donc en tout :

```
Entrez un entier décimal compris entre 1 et 1000.
Puis validez par <Entrée>.
Votre nombre ? 729
Le caractère lu est : 729
```

Nombre variable de paramètres

Comme **printf**, **scanf** peut aussi opérer sur plusieurs valeurs en une seule instruction. Par exemple, l'instruction :

```
scanf("%d %d %d", &a, &b, &c)
```

lit successivement plusieurs entiers qui sont rangés respectivement dans les variables (int) **a, b, c**. Les espaces entre les spécifications de formatage ne sont pas absolument nécessaires, car **scanf** ignore les blancs dans la chaîne de contrôle. L'instruction :

```
scanf("%d%d%d", &a, &b, &c)
```

aurait ainsi le même effet que :

```
scanf("%d %d %d", &a, &b, &c)
```

ou que :

```
scanf("%d    %d    %d", &a, &b, &c)
```

Il faut cependant noter certaines points pour lire plusieurs valeurs en une seule instruction. Comme la fonction **printf** qui relie chaque spécification de format à un argument, **scanf** affecte à chaque indication de formatage, de la gauche vers la droite, la valeur saisie qui est ensuite rangée dans l'argument adéquat.

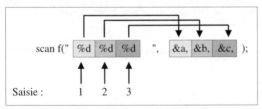

Fig. 2.3 :   Saisie de plusieurs valeurs en un seul scanf

Comme dans **printf**, les spécifications de format, les valeurs saisies et les arguments doivent correspondre en nombre et en type. S'il y a plus de valeurs saisies, par exemple, que de formats et d'arguments, les valeurs en trop sont ignorées. Les arguments pour lesquels il n'y a pas de spécification de format ont une valeur indéfinie. Si le type de la valeur saisie ne convient pas à l'indication de formatage, la fonction **scanf** s'arrête sans s'occuper des éventuelles saisies qui restent en attente.

Pour distinguer les diverses valeurs saisies, il faut les séparer par des blancs (sauts de ligne, tabulations ou espaces). Ces caractères de séparation sont sautés par **scanf**. Une saisie par l'instruction :

```
scanf("%d %d %d", &a, &b, &c)
```

pourrait donc ressembler à ce qui suit (pour une meilleure illustration, nous avons représenté les caractères **invisibles**) :

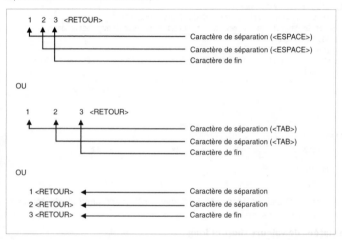

Notez bien que ce n'est que le dernier <Entrée> qui met fin à la saisie lorsqu'on utilise des sauts de ligne comme séparateurs. Les blancs initiaux sont également ignorés par **scanf**. Cela signifie que des saisies du style :

```
<TAB> 1 <TAB> 2 <TAB> 3 <Entrée>
```

donnent le même résultat que :

```
1 <TAB> 2 <TAB> 3 <Entrée>
```

Qu'arrive-t-il lorsque l'utilisateur appuie sur <Entrée> sans avoir saisi de valeur ? Dans ce cas, la fonction ignore ce caractère et attend la saisie d'une valeur. En d'autres termes, seule la saisie d'un caractère différent d'un blanc met fin à la fonction **scanf**.

Saisies formatées de nombres octaux et hexadécimaux

La dernière instruction scanf lisait trois nombres de type int sous forme de valeurs décimales. Pour la saisie des valeurs octales et hexadécimales, on dispose des spécifications %o, %x et %i. Ce faisant, %o et %x signifie que les saisies se font sous forme octale ou hexadécimale, alors que %i demande à ce que les valeurs octales soient munies d'un zéro placé en tête et que les valeurs hexadécimales soient dotées des caractères 0x placés devant. En l'absence de ces préfixes, la valeur formatée en %i est considérée comme décimale. Le programme OHSCAN.C lit des valeurs octales et hexadécimales dans les trois formats, et les affiche ensuite.

▶ OHSCAN.C

```
/*    ohscan lit des valeurs octales et hexadécimales et les affiche    */
#include <stdio.h>                                    /*  pour printf, scanf  */
main()
{
    int oct1, oct2, hex1, hex2, dec:
    scanf("%o %i %x %i %i", &oct1, &oct2, &hex1, &hex2, &dec);
    printf("\noct1:%o \t oct2:%o \t hex1:%x \t hex2:%i \t dec:%d\n\n", oct1, oct2,
        hex1, hex2, dec);
    printf("Toutes valeurs décimales :\n\n");
    printf("oct1:%d \t oct2:%d \t hex1:%d \t hex2:%d \t dec:%d\n\n", oct1, oct2, hex1,
        hex2, dec);
}
```

Saisissez :

```
12 012 12 0x12 12
```

L'affichage résultant :

| oct1:12 | oct2:12 | hex1:12 | hex2:12 | dec:12 |

Toute valeur décimale :

| oct1:10 | oct2:10 | hex1:18 | hex2:18 | dec:12 |

prouve l'effet des spécifications de format. La dernière instruction **printf** affiche toutes les valeurs saisies sous forme décimale, à des fins de contrôle.

Saisies formatées de valeurs short et long

Pour le type short , **scanf** utilise (comme printf) les formats %hd, %hi, %ho, %hx et %hu. Pour la saisie de valeurs long , certains compilateurs acceptent les spécifications suivantes :

```
%D      %I      %O      %X      %U
```

équivalentes à :

```
%ld      %li      %lo      %lx      %lu
```

Les formats %f, %e (%E) et %g (%G) sont (contrairement à **printf**) uniquement adaptés au type float. Pour le type double, on exige les formats %lf, %le (%lE) et %lg (%lG). Commençons par manipuler quelques valeurs **float** :

▶ FSCAN.C

```
/*    fscan lit des valeurs à virgule flottante et affiche leur somme    */
#include <stdio.h>                                  /*   pour printf, scanf  */
main()
{
    float f, e, g;
    printf(  "Ce programme lit trois réels saisis par vous et affiche leur somme.\n"
        "Validez chaque saisie par <Entrée>.\n\n\n");
    printf(  "Entrez maintenant le premier nombre.\n"
        "écrit sous forme décimale (x.x) :\n");
```

```
    scanf("%f", &f);                            /*    lecture du premier nombre au format f   */
     printf("\nEntrez le second nombre sous forme exponentielle (x.xEx) :\n");
    scanf("%e", &e);                            /*    lecture du second nombre au format e    */
     printf("\nEntrez le troisième nombre sous forme décimale ou exponentielle :\n");
    scanf("%g", &g);                            /*    lecture du troisième nombre au format g    */
     printf("\n\n\nLa somme des nombres est : %f", f+e+g);
}
```

L'exécution du programme pourrait ressembler à :

```
Ce programme lit trois réels saisis par vous et affiche leur somme.
Validez chaque saisie par <Entrée>.
Entrez maintenant le premier nombre
écrit sous forme décimale (x.x) :
3.1415
Entrez le second nombre sous forme exponentielle (x.xEx) :
0.027E2
Entrez le troisième nombre sous forme décimale ou exponentielle :
5.0
La somme des nombres est : 10.841500
```

Pour saisir des nombres très grands ou avec une double précision, nous prendrons des variables de type **double** (ou **long double**) avec le format %lf (ou %le ou %lg) au lieu de %f. Pour le type **long double**, on utilisera le format %Lf :

> **DSCAN.C**
```
/*    dscan lit un nombre " double "    */
#include <stdio.h>                                          /*    pour printf, scanf    */
main()
{
    double d;
    printf("Entrez un réel avec 8 chiffres après la virgule :\n");
    scanf("%lf", &d);
    printf("Votre nombre est : %.8f", d);
}
```

Un déroulement possible de programme serait :

```
Entrez un réel à avec 8 chiffres après la virgule :
9.87654321
Votre nombre est : 9.87654321
```

Outre les valeurs numériques, **scanf** permet de saisir des données non numériques ou alphanumériques telles que des caractères ou des chaînes de caractères. Comme nous l'avons déjà signalé dans la section précédente consacrée à **printf**, les chaînes de caractères sont des données de type complexe. C'est pourquoi la saisie et l'affichage des chaînes de caractères seront traités seulement au chapitre 5 **Types de données complexes : tableaux et structures**. Nous y verrons, en particulier, comment définir une variable chaîne de caractères et comment saisir une chaîne de caractères via le format %s.

Saisie formatée de caractères

Le format %c autorise la saisie d'un unique caractère (ASCII) en tant que valeur alphanumérique. Nous écrirons, à titre d'exemple, le programme CSCAN.C.

▶ **CSCAN.C**

```
/*   cscan lit des caractères   ASCII     */
#include <stdio.h>                              /*   pour printf, scanf   */
main()
{
    char z1, z2, z3;    /* 3 variables char pour recevoir les caractères saisis */
    printf("Le système décimal contient les chiffres: 0 - 9.\n");
    printf("Complétez la phrase suivante avec 3 caractères adéquats.\n");
    printf("(N'oubliez pas les séparateurs entre les valeurs.)\n");
    printf("L'alphabet contient les lettres : ");
    scanf("%c %c %c", &z1, &z2, &z3);
    printf("\nVotre phrase donne :\n");
    printf("L'alphabet contient les lettres : %c %c %c", z1, z2, z3);
}
```

On doit raisonnablement obtenir le déroulement suivant :

```
Le système décimal contient les chiffres: 0 - 9.
Complétez la phrase suivante avec 3 caractères adéquats.
(N'oubliez pas les séparateurs entre les valeurs.)
L'alphabet contient les lettres : A - Z
Votre phrase donne :
L'alphabet contient les lettres : A - Z
```

Pour la lecture de caractères isolés, on n'utilise pas en principe la fonction **scanf** (avec le format %c), mais la macro **getchar** ou bien les fonctions **getche** ou **getch** qui seront traitées dans la section 2.3.1 qui suit. Du reste, une macro n'est qu'un nom derrière lequel se cache un certain nombre d'instructions ou d'expressions. Comme une fonction, une macro peut être appelée par son nom et exécutée (cf. la section suivante ou bien le chapitre 8 **Le préprocesseur C**.)

scanf avec le format %c sera utilisé pour lire des caractères mélangés avec des données d'autres types dans une même instruction. Par exemple, vous pourriez saisir par :

```
scanf("%d %c %d", &a, &carlu, &b)
```

deux entiers et un caractère les reliant entre eux. Si l'utilisateur entre, par exemple :

```
1 + 1
```

on pourrait faire en sorte que le programme calcule la somme des valeurs numériques saisies.

Formats %n et %p

Avec **printf**, nous avions brièvement mentionné le format %n. Il permet de déterminer le nombre de caractères qui ont déjà été affichés (printf) ou saisis (scanf) avant l'apparition de %n dans la chaîne de format. Ce nombre est rangé dans une variable dont l'adresse est fournie comme argument aux deux fonctions. Si l'argument ou le paramètre d'une fonction est l'adresse d'une donnée, on dira que l'argument (paramètre) est de type pointeur. Un pointeur est une donnée pouvant recevoir l'adresse d'une autre donnée. On pourrait donc utiliser ce pointeur comme argument pour remplacer l'opérateur d'adressage explicite (par exemple &variable), une fois l'adresse de la donnée correspondante rangée dans le pointeur. (cf. chapitre 9 **Pointeurs** et chapitre 10 **Fonctions**.)

Le programme qui suit montre comment utiliser la spécification de format %n :

> **PRINSCAN.C**

```
/*    prinscan montre comment utiliser le format %n avec printf et scanf    */
#include <stdio.h>    /*    pour printf, scanf    */
main()
{
    long number;                            /* nombre entier de type long, au cas où
                                               l'utilisateur entre une valeur élevée    */
    int printcount;                         /* nombre de caractères déjà affichés    */
    int scancount;                          /* nombre de caractères déjà saisis    */
    printf("Compter les caractères avec %%n :\n");
    printf("123456%n789\n", &printcount);
    printf("Jusqu'au chiffre 6, %d caractères ont été affichés.\n\n", printcount);
    printf("Entrez maintenant un nombre entier : ");
    scanf("%ld%n", &number, &scancount);
    printf("\n%ld a %d chiffres.", number, scancount);
}
```

Par la seconde instruction, le programme affiche les chiffres 1 à 9. Le format %n placé après le sixième chiffre compte les caractères déjà affichés et range le résultat dans la variable int nommée **printcount** dont l'adresse sert d'argument à **printf**. L'instruction **printf** qui suit affiche la valeur de cette variable. L'instruction **scanf** lit un nombre entier. En outre, elle mémorise, via %n, le nombre de caractères lus. La dernière instruction affiche la valeur lue et le nombre de ses chiffres (=nombre de caractères lus).

Voici un exemple de déroulement du programme :

```
Compter les caractères avec %n :
123456789
Jusqu'au chiffre 6, 6 caractères ont été affichés.
Entrez maintenant un nombre entier : 1234567
1234567 a 7 chiffres.
```

Le format %p est rarement utilisé car on n'a pas souvent l'occasion de saisir des adresses. Une telle saisie devrait se faire sous la forme :

```
SSSS.FFFF
```

SSSS désignant ici l'adresse du segment et FFFF l'offset (adresses hexadécimales et en majuscules).

Largeur de champ maximale

Comme pour **printf**, on peut spécifier une largeur maximale de champ. Cette spécification est un nombre entier qui détermine le nombre maximum de caractères à saisir dans l'argument correspondant. Il n'est absolument pas nécessaire de séparer les différentes valeurs par des espaces.

Le programme qui suit sépare les caractères identiques et les affiche sur des lignes distinctes :

▶ SCANDIGT.C

```
/*    scandigt lit une saisie sans espaces de séparation
      et range les caractères identiques, via une spécification de largeur,
      dans différentes variables    */
#include <stdio.h>                                    /*    pour printf, scanf    */
main()
{
    long one, two, three, four, five;
    printf("Entrez un nombre entier selon le modèle \n");
    printf("        abbcccddddeeeee\n");
    printf("les lettres a, b, c, d, e désignant\n");
    printf("des chiffres identiques.\n");
    scanf("%1ld %2ld %3ld %4ld %5ld", &one, &two, &three, &four, &five);
    printf("%ld\n%ld\n%ld\n%ld\n%ld\n", one, two, three, four, five);
}
```

Montrons un déroulement possible du programme :

```
Entrez un nombre entier selon le modèle
            abbcccddddeeeee
les lettres a, b, c, d, e désignant
des chiffres identiques.
122333444455555
1
22
333
4444
55555
```

Comme vous le voyez, la fonction **scanf** a su interpréter la saisie effectuée sans espaces de séparation, conformément aux spécifications de largeur attribuées aux diverses variables : la variable **one** reçoit le premier caractère entré, la variable **two** les deux suivants, etc.

Sauter les valeurs saisies

Le symbole * dans une chaîne de format indique que la donnée correspondante sera lue, mais non mémorisée. Le programme SCANSKIP.C montre cela :

▶ SCANSKIP.C

```
/*    scanskip lit trois valeurs saisies, mais n'en stocke que deux    */
#include <stdio.h>                                    *    pour printf, scanf    */
main()
{
    int iNb1 = 5, iNb2 = 5, iNb3 = 5;
    printf("4 = %d\t4 = %d\t4 = %d\n\n", iNb1, iNb2, iNb3);
    printf(    "Entrez trois valeurs\n"
        "pour corriger le membre DROIT des équations précédentes :\n");
    scanf("%d %*d %d",                            /*    "*" dans le second format    */
        &iNb1, &iNb3);                            /*    saute la seconde valeur saisie    */
                                                  /*    et continue par l'affectation    */
                                                  /*    de la troisième valeur à la    */
```

```
                                                      /*   variable iNb3    */
    printf("\n4 = %d\t4 = %d\t4 = %d\n\n", iNb1, iNb2, iNb3);
}
```

L'exécution du programme doit donner quelque chose comme :

```
4 = 5          4 = 5          4 = 5

Entrez trois valeurs pour corriger le membre DROIT des équations précédentes :
4 4 4
4 = 4          4 = 5          4 = 4
```

Ces opérations de saisie ont pour effet de modifier les variables iNb1 et iNb3. La variable iNb2, par contre, a conservé sa valeur d'origine car elle ne figure pas dans l'instruction **scanf** et n'est donc pas altérée. Le caractère * dans la seconde spécification de format assure que la seconde valeur saisie n'est pas prise en compte et que la troisième valeur est transmise à la variable iNb3.

Autres caractères de la chaîne de format

Jusqu'à présent, les chaînes de format de **scanf** ne contenaient rien d'autre que des spécifications de format et des espaces de séparation. Mais il est tout à fait possible d'y inclure d'autres caractères, à condition de respecter la règle suivante : les caractères d'une chaîne de format (à l'exception du caractère %) qui ne sont pas des spécifications de formatage ou des espaces de séparation doivent figurer aussi dans la saisie à l'emplacement adéquat. Si le caractère saisi ne correspond pas au caractère spécifié dans la chaîne de format, alors **scanf** s'arrête.

En revanche, les caractères qui coïncident sont lus, mais non mémorisés. On peut utiliser cette spécificité de **scanf** pour obliger l'utilisateur, via ces caractères additionnels, à entrer des données devant normalement contenir des caractères prédéfinis complétant les valeurs proprement dites. Pour ne saisir que les portions souhaitées, cette technique remplace l'affichage d'explications circonstanciées.

Par exemple, les heures ou les dates sont souvent munies de caractères de séparation placés entre les différents composants. Une heure peut être saisie au format :

```
HH:MM:SS
```

HH désignant les heures, MM les minutes et SS les secondes. Dans ce cas, le caractère de séparation serait un :. Les composants d'une date au format européen pourraient être séparés par ., / ou - :

```
12.12.1874
12/12/1874
12-12-1874
```

Le programme TIMEDATE.C lit l'heure et la date. Il propose ici un des formats usuels à l'utilisateur :

> ▶ TIMEDATE.C

```
/*    timedate lit date et heure dans un format pourvu de caractères additionnels,
      puis affiche les valeurs   */
#include <stdio.h>   /*   pour printf, scanf   */
main()
{
    int hour, min, sec;                                  /*   variables d'heure */
    int day, mon, year;                            /*   variables de date   */
    printf("Entrez l'heure sous la forme HH:MM:SS :\n");
    scanf("%d:%d:%d", &hour, &min, &sec);
    printf("\nPuis la date au format JJ/MM/AAAA :\n");
    scanf("%d/%d/%d", &day, &mon, &year);

    printf("\n\nHeure :\t%d:%d:%d\n", hour, min, sec);
    printf("Date :\t\t%d/%d/%d\n", day, mon, year);
}
```

Un déroulement possible du programme :

```
Entrez l'heure sous la forme HH:MM:SS :
13:10:20
Puis la date au format JJ/MM/AAAA :
20/12/1874
Heure :        13:10:20
Date :         20/12/1874
```

Lecture du signe de pourcentage

Comme avec **printf**, le caractère % a une signification particulière avec scanf . Pour qu'il soit accepté comme faisant partie de la saisie, il faut le doubler (%%) dans la chaîne de format à l'emplacement adéquat. Le caractère % est alors lu, mais non mémorisé. L'instruction :

```
scanf("%d%%", &prcent)
```

autorise une saisie du style :

```
100%
```

la valeur 100 seule étant rangée dans la variable **prcent**, mais pas le % qui l'accompagne.

2.3   Entrée et sortie non formatées

Les fonctions **printf** et **scanf** transforment, par le biais de spécifications particulières, en un certain format les valeurs qu'elles manipulent, avant que ces valeurs ne soient mémorisées ou affichées. Ainsi, le format %d signale que la valeur à saisir ou à afficher doit être interprétée comme un nombre entier décimal. Il existe, à côté de cela, une série de fonctions (et de macros) avec lesquelles on peut entrer et afficher des données sans que ces dernières ne soient préalablement transformées en un certain format. Cette technique d'entrée-sortie est dite non formatée.

L'entrée-sortie non formatée manipule des caractères isolés et des chaînes de caractères. L'entrée-sortie des chaînes de caractères, en raison du type particulier de ces dernières, sera reportée au chapitre 5 **Types complexes : tableaux et structures**.

Saisie en mode caractère

Pour la lecture des caractères isolés (type **char**) depuis le périphérique d'entrée standard (clavier), on utilise habituellement la macro getchar. Une macro est un nom qui représente une ou plusieurs instructions ou expressions (la création de macros sera présentée au chapitre intitulé **Le préprocesseur C**).

Lorsque ce nom surgit dans le texte d'un programme, alors le préprocesseur, avant la compilation, remplace ce nom par les instructions ou expressions qui se cachent derrière. Bien que l'appel d'une macro puisse ressembler à un appel de fonction (voir plus loin dans le chapitre), la technique que nous venons de décrire consiste purement et simplement en du remplacement de texte. Ce mécanisme demande moins de temps qu'un véritable appel de fonction. Les macros doivent être définies comme des fonctions. La définition des macros devant être utilisées comme routines standard d'entrée-sortie est écrite dans le header STDIO.H, à l'instar des déclarations des fonctions d'entrée-sortie. Il faut donc inclure ce dernier, via l'instruction :

```
#include  <stdio.h>
```

non seulement à cause des fonctions d'entrée-sortie mais aussi à cause des macros d'entrée-sortie. La macro **getchar** lit un caractère isolé depuis le clavier et le met à la disposition du programme. Après l'instruction :

```
getchar();   /*  appel de la macro getchar   */
```

le programme attend une saisie de l'utilisateur. L'instruction précédente lit certes un caractère, mais ne s'occupe pas de sa mémorisation. La saisie effectuée par cette instruction serait donc perdue. Pour mémoriser le caractère lu, il faut l'affecter à une variable de type ad hoc (char ou int). Le programme qui suit lit un caractère à l'aide de **getchar**, puis l'affiche.

▶ GETACHAR.C
```
/*   getchar lit un caractère et l'affiche   */
#include <stdio.h>                                      /*   pour printf, getchar   */
main()
{
    char carlu; /* définition d'une variable char pour stocker le caractère lu    */
    printf("Entrez un caractère.\n");
    printf("Validez votre saisie par <Entrée> : ");
    carlu = getchar();        /* lecture d'un caractère via getchar et
                                 affectation du caractère à la variable carlu   */
    printf("\nLe caractère saisi est %c.", carlu);
}
```

Voici un exemple de déroulement :

```
Entrez un caractère.
Validez votre saisie par <Entrée> : a
Le caractère saisi est a.
```

Affichage en mode caractère

Dans le programme GETACHAR.C un caractère a été saisi de façon non formatée certes, mais l'affichage s'effectue toujours par la fonction **printf**. Il existe naturellement une routine d'affichage correspondant à **getchar**.

La macro **putchar** affiche un caractère non formaté sur le périphérique de sortie standard (normalement l'écran). La donnée à afficher est écrite sous forme de paramètre entre les parenthèses de la macro. L'instruction :

```
putchar('a');                    /*  appel de la macro putchar avec le paramètre 'a'  */
```

entraîne l'affichage de la lettre **a**. Vous pouvez remplacer la constante caractère elle-même par le code ASCII du caractère entre les parenthèses de **putchar** :

```
putchar(97);                     /*  appel de la macro putchar avec le paramètre 97  */
```

Dans ce cas-là également, **putchar** affiche la lettre **a**. Qui plus est, **putchar** peut traiter des séquences d'échappement (on sait qu'elles sont considérées comme des caractères uniques, cf. chapitre 1 **Structure des programmes : Constantes de type caractère**) ou le contenu d'une variable **char**. Nous montrerons les diverses possibilités d'affichage en modifiant quelque peu notre programme GETACHAR.C. Nous appellerons cette variante GETPUT.C.

▶ GETPUT.C

```
/* getput lit un caractère via getchar et l'affiche avec d'autres via putchar    */
#include <stdio.h>                            /*    pour getchar, putchar    */
main()
{
    char carlu;    /* définition d'une variable char pour stocker le caractère lu    */
    printf("Entrez la lettre " a ".\n");
    printf("Validez votre saisie par <Entrée> : ");
    carlu = getchar();              /* lecture du caractère " a " via getchar et
                                       affectation du caractère à la variable carlu    */
    putchar(carlu);                       /* affiche la lettre saisie " a "    */
    putchar('\n');                        /* saut de ligne via la séquence '\n'.    */
    putchar(97);                /* affichage de la lettre " a " via son code ASCII    */
    putchar('\n');                                        /* saut de ligne    */
    putchar('a');              /* affichage de la lettre " a " en tant que constante    */
}
```

Déroulement du programme :

```
Entrez la lettre " a ".
Validez votre saisie par <Entrée> : a
a
a
a
```

montre comment la lettre **a** peut être affichée avec **putchar** par l'intermédiaire de trois paramètres différents.

Élimination des erreurs

Considérez le programme suivant :

▶ GETERROR.C

```
/*    geterror montre des erreurs de programme avec getchar    */
#include <stdio.h>                                    /*    pour printf, getchar    */
main()
{
    char c;     /* définition d'une variable char pour stocker le caractère lu    */
    printf("Entrez un caractère.\n");
    printf("Validez la saisie par <Entrée> : ");
    c = getchar();               /* lecture d'un caractère avec getchar et affectation du
                                    caractère à la variable c    */
    printf("\nLe caractère lu est %c.\n\n", c);
    printf("Entrez encore un caractère :\n");
    c = getchar();
    printf("\nLe caractère est %c.\n\n", c);
}
```

Lors du déroulement du programme, nous obtiendrons ce qui suit :

```
Entrez un caractère.
Validez la saisie par <Entrée> : a

Le caractère lu est a.

Entrez encore un caractère :
Le caractère est

.
```

Après la seconde invite, l'utilisateur n'a pas l'occasion d'entrer un caractère car le programme ne s'arrête pas. Au lieu de cela, la dernière instruction **printf** est exécutée. Elle n'affiche pas de caractère visible certes, mais le point qui marque la fin de la phrase est affiché sur une nouvelle ligne. Pourquoi ce déroulement curieux ?

Bufférisation de la saisie

La raison en est que **getchar**, comme **scanf** (cf. le passage consacré à cette fonction), travaille avec une saisie tamponnée. Cela signifie que les caractères saisis arrivent d'abord dans un tampon de lecture (tampon = zone mémoire) et ne sont mis à la disposition de la fonction **scanf** et de la macro **getchar** qu'après activation de la touche <Entrée>. La fonction **scanf** et la macro **getchar** ont la particularité de laisser dans le tampon de lecture les caractères <Entrée> (='\n') nécessaires à la validation de la saisie. Une conséquence : la prochaine fonction de saisie qui lira un caractère dans le tampon rencontrera <Entrée> provenant de l'appel de fonction précédent et remplaçant la saisie de l'utilisateur.

Dans notre exemple, le caractère **a** est lu par le premier appel de **getchar** et validé par <Entrée>. Ce faisant, le tampon de lecture reçoit non seulement le caractère **a**, mais aussi le caractère '\n'. Au deuxième appel de **getchar**, la macro lit alors le caractère '\n' et non la saisie de l'utilisateur. Ce caractère est affecté à la variable **c** et **getchar** se termine car '\n' est aussi le caractère de fin de saisie.

Après le second appel de **getchar**, le contenu de la variable **c** est donc le caractère '\n'. Comme **getchar** a rencontré <Entrée> dans le tampon de lecture et a donc été validée, l'utilisateur n'a pas eu l'occasion de saisir quoi que ce soit. La dernière instruction **printf** affiche un message suivi du contenu actuel de la variable **c** : le caractère '\n' qui provoque un saut de ligne. Ce faisant, le point qui représente le dernier caractère à afficher apparaît sur une nouvelle ligne.

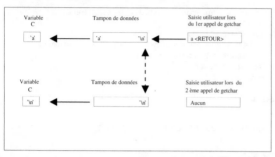

Fig. 2.4 :   Erreur de programme due à des résidus dans le tampon de lecture

Vous pouvez résoudre le problème précédemment décrit de plusieurs façons. Fondamentalement, il faut supprimer le <Entrée> superflu dans le tampon de lecture ou bien on fait en sorte qu'aucun <Entrée> n'apparaisse dans le tampon.

La méthode la plus simple pour supprimer le <Entrée> superflu dans le tampon consiste à insérer, après chaque instruction **getchar** (hormis la dernière), une instruction **getchar** supplémentaire. Cette méthode utilise le fait que les caractères traités ne restent pas dans le tampon de lecture (mais en sont extraits par la lecture). La première instruction **getchar** traite donc le caractère proprement dit et l'instruction nouvellement insérée traite le <Entrée> qui est donc éliminé du tampon. L'instruction **getchar** qui suit lit derechef un caractère **régulier**, etc. Pour notre programme GETERROR.C, cela signifierait que la première instruction **getchar** doit être complétée par une autre. Nous appellerons le programme modifié GETOKAY.C.

▶ GETOKAY.C

```
/* getokay lit des caractères avec getchar et prévient des erreurs dues
    à des résidus restant dans le tampon, grâce à une double instruction getchar   */
#include <stdio.h>                              /*   pour printf, getchar   */
main()
{
   char c;                    /* définition d'une variable char pour le caractère lu */
    printf("Entrez une caractère.\n");
    printf("Validez la saisie avec <Entrée> : ");
   c = getchar();                    /* lecture d'une caractère avec getchar et
                                affectation du caractère à la variable c    */
    printf("\nLe caractère lu est %c.\n\n", c);
```

```
    printf("Entrez encore un caractère : ");

    getchar();   /* traite le <Entrée> résultant de la dernière
                    instruction getchar et le supprime ainsi du tampon
                    de lecture. Comme ce caractère n'est pas utilisé,
                    point besoin de l'affecter à une variable et il est donc perdu   */
    c = getchar();   /* ce n'est que maintenant que le caractère
                        /* " régulier " suivant est lu et affecté à " c "   */
    printf("\nLe caractère est %c.", c);
}
```

Nous obtenons alors le résultat souhaité :

```
Entrez un caractère.
Validez la saisie par <Entrée> : a
Le caractère lu est a.
Entrez encore un caractère : b
Le caractère est b.
```

Au chapitre 4 intitulé **Structures de contrôle de flux**, nous présenterons une variante plus sophistiquée de vidage du tampon au moyen d'une boucle qui supprime d'ailleurs non pas un seul caractère, mais plusieurs caractères dans le tampon.

Lecture directe de caractères depuis le clavier

Une alternative pour la suppression du caractère <Entrée> dans le tampon de lecture serait d'utiliser une fonction (ou une macro) n'employant pas de <Entrée> en guise de caractère final. En fait, il y a les fonctions **getch** et **getche** qui lisent aussi des caractères individuels. Mais contrairement à **getchar** , ces fonctions ne lisent pas dans le tampon de saisie, mais directement sur le clavier. Elles ne requièrent donc pas la validation de la saisie via <Entrée>.

La fonction **getche** lit un caractère isolé et en plus affiche ce caractère lu (écho). La fonction **getch** lit un caractère sans l'afficher. Les déclarations des deux fonctions se trouvent dans le header CONIO.H que l'on ajoutera au programme via :

```
#include    <conio.h>
```

Une autre version correcte de GETERROR.C pourrait donc ressembler à :

> **GETCHEOK.C**

```
/* getcheok lit avec deux appels de fonction getche deux caractères et évite
   ainsi les problèmes dus aux résidus du tampon de lecture    */
#include <stdio.h>                              /*     pour printf   */
#include <conio.h>                              /*     pour getche   */
main()
{
    char c;                          /* définition d'un char pour le caractère lu   */
    printf("Entrez une caractère :\n");
    c = getche();   /* lecture d'un caractère avec getche et
                       affectation du caractère à la variable c.
                       La validation de la saisie par <Entrée> n'est pas exigée   */
    printf("\nLe caractère lu est %c.\n\n", c);
```

```
   printf("Entrez encore une caractère : ");
  c = getche();                              /* lecture du second caractère  */
   printf("\nLe caractère est %c.", c);
}
```

Le déroulement du programme :

```
Entrez une caractère : a
Le caractère lu est a.
Entrez encore une caractère : b
Le caractère est b.
```

3 Expressions et opérateurs

3.1 Expressions

Au cours des opérations d'entrée-sortie du précédent chapitre, nous avons manipulé des variables et des constantes isolées, et parfois des données de nature plus complexe, par exemple des combinaisons de caractères :

```
2 + 3
```

dans l'instruction

```
printf("%d", 2 + 3);
```

ou

```
&x
```

dans l'instruction

```
scanf("%d", &x);
```

Des morceaux tels que 2 + 3 ou &x s'appellent des expressions. Fondamentalement, toute représentation de valeur en C est une expression. Les désignations du style :

```
13      x      'a'
```

avec une constante entière, une variable et une constante caractère en sont déjà. Mais la plupart du temps, outre des nombres ou des noms, elles englobent d'autres signes appelés opérateurs. L'expression :

```
2 + 3
```

par exemple contient les deux constantes entières 2 et 3 avec l'opérateur + par lequel les deux valeurs (opérandes) sont additionnées. La valeur du résultat est 5.

Les opérateurs indiquent la nature des opérations à effectuer sur les opérandes. Les opérandes, ce faisant, peuvent être des valeurs constantes ou variables. Si nous avions, par exemple, les variables entières x et y, alors elles se laisseraient additionner par l'opérateur + exactement comme une combinaison de variables et de constantes :

```
x + y
x + 2
x + 2 + y
x + y + 2 + 1
etc.
```

Supposons que les variables x et y contiennent chacune la valeur 1. Les expressions précédentes donneraient les résultats successifs suivants : 2, 3, 4 et 5. Les exemples montrent de plus que des expressions peuvent contenir plus de deux opérandes et plus de deux opérateurs.

Seules les les expressions arithmétiques courantes et aisément compréhensibles possèdent une valeur. En fait, dans le langage C, toute expression possède une valeur.

Par exemple, si **x** est une variable, l'expression :

&x

utilisant l'opérateur d'adressage **&** bien connu a pour valeur l'adresse de la variable **x**, par exemple 2800 si le compilateur a prévu cette adresse pour la variable **x**. L'opérateur d'affectation = que nous avons déjà utilisé est un autre opérateur. L'expression :

x = 2

possède la valeur 2, la valeur affectée à la variable **x**. Plus généralement, la valeur d'une opération d'affectation est égale à la valeur prise par le membre de droite (ici la variable **x**) après réussite de l'opération d'affectation. La valeur de l'expression **x = 2** est donc égale à la valeur de **x** après l'affectation. Il faut ici distinguer trois entités :

► la constante 2 (valeur 2)
   la variable **x** (qui vaut 2 après affectation)

► l'expression **x=2** (valeur : 2, égale à la valeur du membre gauche de l'expression).

Constante, variable et expression dans notre dernier exemple sont trois entités différent les qui possèdent la même valeur. Un programme permet de vérifier cela. Nous utiliserons ici le point important suivant :

En C une expression peut figurer partout où on peut mettre une valeur.

Un cas particulier de cette règle était déjà fourni par l'instruction :

printf("%d", 2 + 3);

dans laquelle l'argument de **printf** est constitué par une expression arithmétique (au lieu d'une variable ou d'une constante). Le programme SHOWEXPR.C applique cette règle à l'instruction d'affectation **x=2** :

► SHOWEXPR.C

```
/* showexpr montre comment utiliser une affectation comme argument de printf    */

#include <stdio.h>                                      /*    pour printf  */
main()
{
    int x = 0;
    printf("%d ", x=2);              /*     affectation x=2 comme argument    */
    printf("%d ", x);               /*       variable x comme argument       */
    printf("%d", 2);                /*       constante 2 comme argument      */
}
```

Le résultat affiché :

2 2 2

prouve que l'expression **x=2** a la valeur 2. Elle est acceptée par la fonction **printf** en tant qu'argument pour la spécification de format %d. Il existe d'autres types d'expressions. Nous les étudierons tout au long de ce chapitre.

Expressions typées

En C les expressions ont non seulement une valeur, mais aussi (comme toutes les valeurs) un type de données. Le type d'une expression dépend du type des opérandes. Dans l'expression :

2 + 3

les opérandes 2 et 3 sont des constantes de type int. L'expression complète est donc de type int :

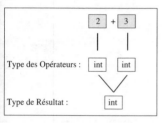

Fig. 3.1 :   Type d'une expression arithmétique

Plus généralement : si les opérandes d'une expression sont de même type, alors l'expression est aussi de ce type. Se pose alors la question de savoir ce qui se passe si une expression contient des opérandes de types différents. Nous reviendrons sur cette question dans le chapitre suivant. Commençons par résumer ce que nous savons déjà sur les expressions :

► Une expression est construite à partir d'opérandes et d'opérateurs et possède une valeur et un type.

Un opérande isolé est déjà une expression par lui-même.

Toute expression en C possède une valeur.

► Une expression peut donc se mettre partout où on peut placer une valeur.

► Le type d'une expression dépend du type de ses opérandes.

3.2   Opérateurs

Le langage C dispose de plus de quarante opérateurs. Un critère de classification de ces derniers pourra être le nombre d'opérandes manipulés par un opérateur :

► les opérateurs unaires (unary operators) admettent un unique opérande
Exemple : &x
L'opérateur d'adressage & fournit l'adresse d'une donnée.

► les opérateurs binaires (binary operators) possèdent deux opérandes. Le terme **binaire** ici se réfère au nombre d'opérandes manipulés, c'est-à-dire deux. Il ne signifie pas que l'opérateur manipule des données binaires.
Exemple : a + b
L'opérateur + additionne deux valeurs.

► Les opérateurs ternaires (ternary operators) traitent trois opérandes.

L'unique opérateur ternaire en C est l'opérateur conditionnel.

Mais on peut aussi classer les opérateurs selon la nature des opérations qu'ils exécutent ou selon la nature de leurs opérandes.

- Opérateurs arithmétiques
- Opérateurs de comparaisons
- Opérateurs de logiques
- Opérateurs de bits
- Opérateurs d'affectation

Restant :   - Opérateur conditionnel
             - Opérateur séquentiel
             - Opérateur de taille
             - Opérateur d'adresse
             - Opérateur de cast
             - Opérateur parenthèse
             - Opérateur pour la sélection des composants (sélecteur de structure)
             - Opérateur de renvoi (opérateur d'indirection)

Fig. 3.2 :   Opérateurs

Opérateurs arithmétiques

Les opérateurs de cette catégorie procèdent à des opérations arithmétiques sur leurs opérandes. Outre les opérateurs de calculs élémentaires, il existe aussi un opérateur de changement de signe et un opérateur pour calculer le reste entier d'une division. Le résumé suivant affiche les opérateurs arithmétiques groupés selon le nombre de leurs opérandes.

	BINAIRE		
	Opérateur	Signification	Exemple
OPERATEURS ARITHMETIQUES	+	Addition	X+Y
	-	Soustraction	X-Y
	*	Multiplication	X*Y
	/	Division	X/Y
	%	modulo	X%Y
	UNAIRE		
	-	Négation	-X

Tab. 3.1 :   Opérateurs

Opérateurs de calcul élémentaires

Les opérateurs binaires + (addition), - (soustraction), * (multiplication) et / (division) fonctionnent comme en mathématiques. Le programme suivant calcule et affiche la somme, la différence, le produit et le quotient de deux nombres entiers :

▶ AROPS1.C

```
/*         arops1 calcule et affiche des expressions arithmétiques basées sur des
                                                                     constantes  */
#include <stdio.h>                                           /*   pour printf  */
main()
{
      printf("Somme = %d\tDifférence = %d\tProduit"
                                " = %d\tQuotient = %d", 4+2, 4-2, 4*2, 4/2);
}
```

Comme résultat, on obtient :

```
Somme = 6      Différence = 2      Produit = 8      Quotient = 2
```

Naturellement, on peut aussi faire afficher ces valeurs par le biais d'expressions utilisant des variables.

▶ AROPS2.C

```
/*   arops2 calcule et affiche des expressions arithmétiques basées sur des
                                    constantes et sur des variables  */
#include <stdio.h>                                           /*   pour printf  */
main()
{
      int x = 4, y = 2;           /*  définition et initialisation des opérandes   */
                                  /*   variables comme opérandes :   */
      printf("Somme = %d\tDifférence = %d\tProduit = %d\tQuotient =
                            %d\n\n", x+y, x-y, x*y, x/y);
                          /*  variables et constantes comme opérandes :  */
      printf("Somme = %d\tDifférence = %d\tProduit = %d\tQuotient = %d", x+2, 4-y, x*2, 4/y);
}
```

On obtient :

```
Somme = 6      Différence = 2      Produit = 8      Quotient = 2
Somme = 6      Différence = 2      Produit = 8      Quotient = 2
```

Arithmétique entière

Dans les expressions affichées par nos derniers programmes, le premier opérande était plus grand que le second. Echangeons maintenant les valeurs des deux opérandes 2 et 4 dans notre programme AROPS1.C.

▶ AROPS3.C

```
/* arops3 calcule et affiche les mêmes expressions que arops1 avec des opérandes permutés */
#include <stdio.h>                                           /*   pour printf  */
main()
{
      printf("Somme = %d\tDifférence = %d\tProduit = %d\tQuotient =
                            %d", 2+4, 2-4, 2*4, 2/4);
}
```

Le programme donne l'affichage suivant :

```
Somme = 6    Différence = -2    Produit = 8    Quotient = 0
```

D'où provient ce résultat ? La différence correspond au résultat escompté -2. Mais le quotient affiché est 0, ce qui ne correspond pas à la valeur 2/4 (= 0.5). Après permutation des opérandes, le résultat mathématique de l'expression n'est plus considéré comme un nombre entier. Mais le format %d signale cependant que la fonction **printf** attend une valeur entière.

Examinons les opérandes de l'opérateur / dans l'expression 2/4. Ce sont deux constantes entières de type int. D'après la règle formulée précédemment, le type d'une expression est celui de ses opérandes lorsqu'ils sont de même type. D'un côté l'expression 2/4 est donc de type **int**, d'un autre côté sa valeur théoriquement calculée vaut **0.5**, fraction décimale avec des chiffres après la virgule que le compilateur ne peut représenter qu'en format virgule flottante.

Le compilateur résout ce problème de la manière suivante : il calcule la partie entière du résultat de la division 2/4 et ignore le reste qui en résulte.

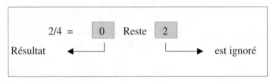

Fig. 3.3 :   Division entière avec reste

De manière analogue, des divisions comme 7/3 ou -18/4, du fait que :

```
    7 : 3 = 2 avec un reste  1
```

et

```
-18: 4 = -4 avec un reste -2
```

donnent les résultats 2 et -4. Cette manière de calculer dans laquelle on ne tient compte que des nombres entiers est appelée arithmétique entière. Des erreurs de programme arrivent fréquemment lorsque le programmeur oublie que certaines opérations de calcul, surtout la division des nombres entiers, sont exécutées en arithmétique entière.

Arithmétique réelle

Les problèmes avec l'opérateur de division ne surviennent naturellement pas si on utilise des valeurs réelles au lieu de nombres entiers. On pourrait programmer notre dernier exemple en arithmétique réelle, de la façon suivante :

▶ AROPS4.C

```
/*   arops4 calcule et affiche les expressions de AROPS1 avec des opérandes
                                                    réels permutés  */
#include <stdio.h>                               /*   pour printf  */
main()
```

```
{
        printf("Somme = %.2f\tDifférence = %.2f\tProduit = %.2f\tQuotient =
                                          %.2f", 2.+4., 2.-4., 2.*4., 2./4.);
}
```

Cette fois, on obtient sur l'écran :

```
Somme = 6.00    Différence = -2.00    Produit = 8.00    Quotient = 0.50
```

ou

```
Somme = 6    Différence = -2    Produit = 8    Quotient = 0.5
```

si on utilise le format %g au lieu du format %f.

Opérateurs numériques avec constantes caractère

Il apparaît naturel d'appliquer des opérateurs arithmétiques à des entités numériques. Dans nos exemples, les opérandes sont des nombres entiers ou des valeurs à virgule flottante. Mais d'une certaine façon, les constantes caractère font aussi partie des valeurs entières. Ce sont en effet des objets de type **char** qui, en interne, sont mémorisés à l'aide de leur code ASCII (ou sous le code de la table des caractères utilisée par l'ordinateur concerné), donc en tant que nombre entier. Par exemple, le caractère 'A' est rangé en mémoire avec la valeur 65 (décimale). On peut tirer profit de cette caractéristique pour effectuer une espèce d'arithmétique sur des constantes caractère. Dans l'expression :

```
'A' + 1
```

on ajoute à la constante caractère 'A' (type **char**) la valeur numérique 1 (type **int**). Cette opération est possible parce que le compilateur, pour le calcul de l'expression, utilise pour le caractère 'A' son code ASCII 65. De ce fait, l'expression :

```
'A' + 1
```

est transformée en :

```
65 + 1
```

ce qui donne la valeur 66. Celle-ci, de son côté, peut être interprétée comme code ASCII du caractère 'B'. L'instruction :

```
printf("%c", 'A'+1);
```

affiche donc le caractère 'B'. De manière analogue, des expressions comme :

```
'$' + 30    =>    36 + 30    =>    66
'c' - '!'   =>    99 - 33    =>    66
'a' / 3     =>    198 / 3    =>    66
```

représentent la lettre 'B'. En effet, les opérations de calcul sur des caractères cachent les opérations correspondantes avec les codes ASCII des caractères. Cela donne ici la valeur 66. Du reste, sur les ordinateurs utilisant les codes ASCII, on peut générer chaque caractère par la combinaison clavier :

```
ALT + <code ASCII décimal du caractère>
```

Ainsi, par exemple, ALT + 198 donne le caractère 'õ', le nombre 198 ne devant pas être tapé sur les touches du pavé alphanumérique, mais sur le pavé numérique (numeric keypad.) L'instruction :

```
printf("%c %c %c %c", 'A'+1, '$' + 30, 'c' - '!', 'õ' / 3);
```

produirait de ce fait l'affichage :

```
B B B B
```

Est-il intéressant de procéder à ce genre de calcul ? Imaginez que vous deviez écrire un programme qui transforme une lettre minuscule saisie par l'utilisateur en la majuscule correspondante et l'affiche ensuite. Ce programme devrait remplir deux tâches :

1. saisie de la lettre
2. conversion et affichage de la lettre

La première phase ne contient pas de difficultés particulières car vous avez déjà bien souvent rencontré des saisies utilisateur dans les chapitres précédents. Vous devez, cette fois, lire un caractère et donc employer la macro getchar. Les instructions correspondantes du programme donnent :

```
printf("Entrez une lettre minuscule" : );
c = getchar();
```

Vous avez préalablement défini une variable **char** nommée **c**. Pour la seconde phase du programme, un coup d'oeil sur la table ASCII pourrait peut-être vous aider.

DEC	HEX	CARACTERES
.	.	.
.	.	.
.	.	.
65	41	A
66	42	B
67	43	C
.	.	.
.	.	.
.	.	.
88	58	X
89	59	Y
90	5A	Z
.	.	.
.	.	.

DEC	HEX	CARACTERES
.	.	.
97	61	a
98	62	b
99	63	c
.	.	.
.	.	.
.	.	.
120	78	x
121	79	y
122	80	z
123	81	{
.	.	.
.	.	.

Tab. 3.2 : Extrait de la table ASCII

Les majuscules A-Z occupent dans la table les places (codes) 65 à 90. Les minuscules a-z commencent à 97 et finissent à 122. On voit donc que les lettres sont rangées dans la table d'une façon telle que la distance entre une majuscule et la minuscule correspondante est toujours de 32, par exemple :

```
'a' - 'A' = 32

'b' - 'B' = 32
'c' - 'C' = 32
etc.
```

Pour obtenir la majuscule correspondante à partir d'une lettre minuscule, il suffit donc de retrancher 32 à la valeur de la minuscule. A partir de la minuscule **m, par exemple, vous obtiendrez avec :**

```
'm' - 32
```

Si le programme doit tourner sur des systèmes qui utilisent d'autres tables de codes, la distance entre les majuscules et les minuscules peut différer (64 par exemple avec EBCDIC). Mais vous pourrez toujours obtenir la majuscule souhaitée si vous retranchez à la minuscule la différence entre un couple quelconque de lettres correspondantes. En effet, une expression telle que :

```
'a' - 'A'
```

ou

```
'x' - 'X'
```

indique la distance entre les majuscules et les minuscules. Pour notre exemple avec la lettre m, on obtient alors la majuscule M par :

```
'm' - ('a' - 'A')
```

ce qui équivaut à :

```
'm' - 'a' + 'A'
```

Nous voilà ainsi en mesure de concevoir notre programme de conversion, appelé UPPERLET.C

▶ UPPERLET.C

```
/* upperlet lit une minuscule saisie au clavier et la convertit en majuscule   */
#include <stdio.h>                                     /*  pour printf, getchar  */
main()
{
    char c;                                           /* pour le caractère lu */
    printf("\033[2J");                                    /*  efface l'écran  */
      printf(     "Ce programme transforme une minuscule en une majuscule.\n");
     printf("tapez une minuscule : ");
     c = getchar();             /* lecture de la minuscule dans la variable c  */
       printf("\n\nMinuscule : %c\tMajuscule : %c", c, c-'a'+'A');
}
```

L'instruction **printf** affichant la lettre convertie a comme argument, à la place de :

```
c - 'a' + 'A'
```

l'expression :

```
c - 32
```

si la machine codifie les caractères selon le code ASCII.

```
printf("\n\nMinuscule : %c\tMajuscule : %c", c, c - 32);
```

Conversion de majuscules en minuscules

La conversion de lettres majuscules en minuscules fonctionne selon le principe de l conversion des minuscules en majuscules. Partant d'une majuscule donnée, nous n retranchons plus la valeur 32 ou la différence 'a'- 'A', mais nous ajoutons cette valeur à celle de la majuscule afin de produire la minuscule correspondante. Inspiré par UPPERLET.C le programme s'appelle LOWERLET.C :

▶ LOWERLET.C

```
/* lowerlet lit une majuscule saisie au clavier et la convertit en minuscule   */
#include <stdio.h>                                     /*  pour printf, getchar  */
main()
{
    char c;                                           /* pour le caractère lu */
    printf("\033[2J");                                    /*  efface l'écran  */
      printf(     "Ce programme transforme une majuscule en une minuscule.\n");
     printf("tapez une majuscule : ");
     c = getchar();             /* lecture de la majuscule dans la variable c  */
       printf("\n\nMajuscule : %c\tMinuscule : %c", c, c+'a'-'A');
}
```

A priori, nos programmes de conversion paraissent satisfaisants. Mais si on les examine de plus près, on y trouve quelques faiblesses. Qu'arrive-t-il, par exemple, si l'utilisateur saisit des trémas ? La frappe de la minuscule **ä**, par exemple, donne dans le programme UPPERLET.C non pas la majuscule **Ä** , mais le caractère **ñ**.

En effet, les lettres avec trémas ä, ö, ü, Ä, Ö, Ü ne sont pas distantes les unes des autres selon une valeur constante comme pour les autres lettres (cf. la table ASCII). Ainsi, les caractères ä (ASCII : 132) et Ä (ASCII : 142) sont distants de 10, les caractères ü (ASCII : 129) et Ü (ASCII : 154) par contre sont distants de 25.

Il en va de même lorsque l'utilisateur entre d'autres signes que des lettres (par exemple des chiffres). Par ailleurs, il peut s'avérer gênant que le programme ne transforme qu'une seule lettre à la fois puis s'arrête alors qu'il y a peut-être d'autres lettres à convertir. Pour résoudre ce genre de problèmes (par exemple la vérification de la saisie de l'utilisateur ou la réutilisation du programme pour plusieurs opérations de même nature), nous avons besoin d'instructions spéciales, dites structures de contrôle, que nous traiterons au chapitre 4.

Expressions composées

Les expressions peuvent être de longueur quelconque et combiner à volonté opérateurs et opérandes. Considérez l'expression :

```
1 + 2 + 3 + 4
```

Il contient quatre opérandes de type int et trois opérateurs d'addition. Si vous calculez cette expression à l'aide d'un programme et la faites afficher, par exemple avec l'instruction :

```
printf("%d",   1+2+3+4);
```

alors vous obtiendrez le résultat que vous pouvez escompter à priori, soit 10. Remplacez maintenant le second opérateur d'addition par l'opérateur de multiplication :

```
1 + 2 * 3 + 4
```

L'expression d'affichage correspondante :

```
printf("%d",   1+2*3+4);
```

donne alors la valeur 11. Le programme n'a donc pas effectué les calculs dans l'ordre d'écriture :

► calcul du morceau 1 + 2 (=3)

► multiplication du résultat intermédiaire par 3, ce qui donne 9
   enfin, ajout de 4.

► d'où le résultat (erroné) 13.

Au contraire, le programme a respecté les règles mathématiques :**la multiplication est prioritaire par rapport à l'addition. Il** et a ainsi déterminé le résultat correct 11. En d'autres termes : le compilateur a fixé des priorités relatives aux opérateurs + et *. L'opérateur de multiplication * a une priorité plus élevée que l'opérateur d'addition + et il est donc évalué avant ce dernier.

Cela signifie que l'expression partielle :

2 * 3

est calculée en premier et que les additions sont effectuées ensuite. L'image suivante explicite les différentes étapes :

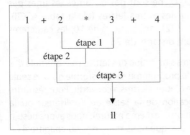

Fig. 3.4 :   Evaluation d'une expression avec opérateurs de priorité différente

Phase 1 : calcule le résultat partiel 6. Phase 2 : additionne le résultat partiel à la valeur 1. Phase 3 : ajoute enfin 4 au résultat partiel 7, ce qui donne le résultat final 11.

Priorités

En fait, les opérateurs du C sont classés selon 15 niveaux de priorité, la plus haute priorité valant 15 et la plus faible valant 1. Nous construirons et expliciterons pas à pas le tableau des priorités. Parmi les opérateurs binaires arithmétiques, les opérateurs / et * ont une priorité plus élevée que + et - :

Opérateurs binaires			
Description	Symbol de l'opérateur	Priorité	Ordre
Opérateur	*/	13	de gauche à droite
Arithmétique	+-	12	de gauche à droite

Tab. 3.3 :   Tableau des priorités des opérateurs C (1)

Priorité plus haute signifie exécution prioritaire de l'opérateur. La colonne **Associativité** sur l'image précédente indique dans quel sens il faut évaluer les opérateurs lorsqu'ils ont la même priorité, par exemple dans l'expression :

1 + 2 - 3 + 4

qui est évaluée de la gauche vers la droite et a la valeur 4 :

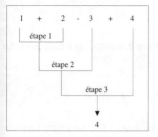

Fig. 3.6 :   Evaluation d'une expression avec des
opérateurs de priorité identique

En ce qui concerne les opérateurs binaires arithmétiques de même priorité, on les évalue de la gauche vers la droite.

Parenthésage d'expressions

On peut influencer l'ordre d'évaluation en parenthésant comme il faut les expressions, par exemple pour faire exécuter les opérations intermédiaires dans un certain ordre. Si vous voulez que dans l'expression :

```
1 + 2 * 3 + 4
```

la multiplication 2 * 3 ne soit pas exécutée en premier, mais les sommes partielles 1 + 2 et 3 + 4 qui seront ensuite multipliées entre elles, alors vous utiliserez un parenthésage adéquat.

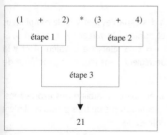

Fig. 3.5 :   Parenthésage d'une expression

Les opérateurs arithmétiques + et * (ainsi que les opérateurs de bits &, | et ^) sont commutatifs et associatifs. Mathématiquement parlant, commutatif signifie qu'une expression comme a + b ou a * b donne un résultat inchangé en cas de permutation les opérandes. On a donc :

```
a + b = b + a
```

et

`a * b = b * a`

De manière similaire, associatif signifie que la valeur d'une expression ne bouge pas si on groupe différemment les opérandes. On a donc :

`(a + b) + c = a + (b + c)`

et .

`(a * b) * c = a * (b * c)`

Pour cette raison, on laisse le soin à beaucoup de compilateurs C d'évaluer dans un ordre quelconque les opérandes des opérateurs commutatifs ou associatifs. Pour des opérandes dont la valeur ne change pas pendant le traitement, cela ne pose aucun problème, car des expressions comme :

`2 + 3`   et   `x * y`

ont la même valeur que :

`3 + 2`   et   `y * x`

Mais si les opérandes sont des expressions qui modifient la valeur d'une variable pendant le traitement de l'expression, par exemple par l'affectation d'une valeur, alors des complications peuvent survenir. Après la définition de variable :

`int x = 5, y;`

et après l'affectation :

`y = (x = 2) + (x = x - 1);`

il n'est pas évident de savoir quelles sont les valeurs des variables x et y. **Si le compilateur évalue d'abord l'expression x = 2, alors x** a la valeur 2 et donc y a la valeur : 2 + 1, soit 3. Si le compilateur évalue d'abord l'expression partielle **x = x - 1, alors x** a la valeur 4 et y la valeur 2 + 4, donc 6 (voir le chapitre **Incrément et décrément** dans lequel le problème de tels **effets de bord** est traité).

Les parenthèses sont également recommandées pour accroître la lisibilité des expressions. L'exemple suivant montre une expression qui doit calculer la somme de trois produits. Il n'est pas nécessaire de placer des parenthèses, mais le parenthésage :

`(1 * 2) + (3 * 4) + (5 * 6)`

rend plus lisible l'expression non parenthésée :

`1 * 2 + 3 * 4 + 5 * 6`

Pour ces deux expressions, le compilateur calcule la valeur 44. Les parenthèses sont aussi des opérateurs. Afin que le programmeur puisse réguler à sa convenance la priorité dans des expressions (par exemple comme le montre l'image précédente), les parenthèses doivent posséder le niveau de priorité le plus élevé. Elles ont la priorité 15. Nous complétons notre tableau des priorités comme il se doit :

Description	Symbole de l'opérateur	Priorité	Ordre
Parenthèses	()	15	de gauche à droite
Opérateurs binaires			
Opérateur Arithmétique	*/	13	de gauche à droite
	+-	12	de gauche à droite

Tab. 3.4 :   Tableau des priorités des opérateurs C (2)

Conversions de type

Jusqu'à présent, nous avons considéré des expressions dont les opérateurs étaient de type identique. Qu'arrive-t-il si des expressions renferment des opérateurs de types différents ou si on affecte la valeur d'une expression d'un certain type à une variable d'un autre type ?

Le langage C dispose en pareil cas d'une série de règles de conversion qui guident les changements (conversions, harmonisations) de types. Ces conversions de types sont nécessaires, entre autres, parce que des opérations internes à la machine ne sont réalisables qu'avec des opérandes de même type ou parce que des valeurs doivent être adaptées à la taille de données utilisée en interne par le processeur. Nous distinguerons ici entre les conversions de type implicites et explicites.

Conversions de type implicites

Les conversions implicites sont automatiquement entreprises, en cas de besoin, par le compilateur sans que le programme intervienne. Cela peut se produire lorsque :

a.   des expressions sont évaluées ou

b.   des affectations sont réalisées.

Les appels de fonction peuvent aussi donner lieu à des conversions implicites (des paramètres réels de la fonction - cf. chapitre 10 **Fonctions**).

Conversion de type lors de l'évaluation d'expressions

Dans l'évaluation des expressions, les conversions de type obéissent aux règles suivantes concernant tous les opérateurs binaires :

1.   Les opérandes de type char ou short sont convertis en int. De manière analogue, les opérandes de type unsigned char ou unsigned short sont transformés en **unsigned int**.

2.   Sur les anciens systèmes, les opérandes de type float étaient convertis automatiquement en double. En effet, les opérations en virgule flottante en C devaient être exécutées avec une double précision. Il n'en est plus ainsi avec la dernière norme ANSI qui autorise le calcul en virgule flottante avec simple précision. Sur les nouveaux systèmes, le type float n'est donc plus automatiquement converti en **double**.

3.   Si un des opérandes est de type **long double**, l'autre est aussi converti en **long double**. Le résultat de l'opération est également de type **long double**.

4. Si aucun des opérandes n'est de type **long double**, alors on a la règle suivante : si un des opérandes est de type **double**, l'autre est transformé en **double**. Le résultat de l'opération est également de type **double**.

5. Si aucun des opérandes n'est de type **long double** ou **double**, alors on a la règle suivante : si un des opérandes est de type **float**, l'autre est transformé en **float**. Le résultat de l'opération est également de type **float**.

6. Si aucun des opérandes n'est de type **long double**, **double** ou **float**, alors on a la règle suivante : si un des opérandes est de type **unsigned long**, l'autre est transformé en **unsigned long**. Le résultat de l'opération a le type unsigned **long**.

7. Les deux opérandes ne sont ni d'un type réel ni du type **unsigned long** : si un des opérandes est de type **long**, l'autre est converti en **long** et le résultat de l'opération est aussi de type **long**.

8. Les deux opérandes ne sont ni d'un type réel, ni du type **unsigned long** ou **long** : si un des opérandes est de type **unsigned int**, l'autre est converti en **unsigned int**. Le résultat de l'opération est aussi de type **unsigned int**.

9. Dans tous les autres cas, les deux opérandes sont de type **int** et le résultat de l'opération est de type **int**.

Les règles pour la conversion de type implicite sont appliquées aux divers opérateurs en séquence, selon la priorité des opérateurs. Si nous avons, par exemple, les variables :

```
char    charvalue;
long    longvalue;
double  doublevalue;
```

alors dans l'instruction :

```
charvalue * longvalue - doublevalue;
```

les conversions suivantes auront lieu :

1. la variable **charvalue** est convertie en type **int** (règle 1).

2. la multiplication est exécutée. La variable **charvalue** est convertie en **long**. Le résultat de la multiplication est de type **long** (règle 5).

3. la soustraction est exécutée. L'expression partielle **charvalue * longvalue** est alors convertie en type **double**. Le résultat de la soustraction est de type **double** (règle 3).

Conversion de type lors des affectations

Dans les affectations, le type de la valeur du membre droit est harmonisé avec le type du membre gauche lorsque les valeurs des deux membres sont de types différents. Si vous avez, par exemple, deux variables :

```
int ival = 3;
double dval = 3.14;
```

et affectez à la variable **dval** la valeur de la variable **ival** :

```
dval = ival;
```

alors la valeur **int** qui doit être passée à la variable **dval** est convertie dans le type **double**. Quelles sont les conséquences de la transformation d'une valeur entière sans décimales en une valeur à virgule flottante avec décimales ? Si nous affichons la variable **dval** après l'affectation via :

```
printf("%f",  dval);
```

c'est la valeur :

```
3.000000
```

qui apparaît. L'ancienne valeur de la variable **dval** (3.14) a été écrasée par la nouvelle valeur 3.000000. Le nombre entier 3 est désormais représenté en format à virgule flottante avec des décimales, mais sa valeur n'a pas changé. Si vous affectez, en sens inverse, à la variable **ival** la valeur de la variable **dval**, cela a des conséquences seront plus graves. Le résultat de l'affectation :

```
ival = dval;
```

affiche via :

```
printf("%d",  ival);
```

la valeur :

```
3
```

La transformation du type **double** en **int** a fait disparaître les chiffres après la virgule. Qui plus est, en pareil cas, il peut advenir d'autres pertes de données si la valeur réelle à convertir en nombre entier est trop grande pour le type entier auquel elle est affectée. Le résumé qui suit rassemble les précautions à observer lors des conversions de type implicites (et aussi explicites).

Conversion	Phénomène concomitant
double -> float	Perte éventuelle de précision (erreur d'arrondi)
float -> double	Aucune modification de la valeur
float -> long float -> int float -> short float -> char	Tout d'abord, conversion en long puis, si disponible, conversion dans le type de données correspondant au plus petit. Les chiffres après la virgule sont perdus. Le résultat est indéfini si la valeur à virgule flottante est trop importante pour le type de données long
long -> float int -> float short -> float char -> float	Pour int, short, char, tout d'abord conversion en long, éventuellement perte de précision si la valeur long est trop importante pour la mantisse de la valeur float

Conversion	Phénomène concomitant
long -> int long -> short long -> char int -> short int -> char short -> char	Les bits à gauche excédentaires qui ne peuvent être pris en compte par le nouveau type de données sont coupés
int -> long short -> long char -> long short -> int char -> int char -> short	Aucune modification de valeur

Tab. 3.5 :   Précautions relatives aux conversions de type

Conversion de type explicite

Outre les conversions de type implicites faites par le compilateur, il existe des conversions explicites que le programmeur peut effectuer lui-même à l'aide de l'opérateur unaire cast. L'opérateur cast se compose de deux parenthèses entre lesquelles figure le libellé du type de données dans lequel il faut convertir. Une transformation de type explicite a la syntaxe suivante :

```
(<type>)   <expression>
```

où <expression> désigne l'opérande dont il faut convertir la valeur en type de données représenté par <type>. Ainsi, l'expression :

```
(int) 1.234
```

convertit le réel 1.234 (type double) en une valeur entière de type **int**. Comme pour la conversion de type implicite la transformation d'un réel en un entier fait perdre les chiffres après la virgule. La valeur de l'expression :

```
(int) 1.234
```

est donc 1, ce qu'on peut facilement vérifier par l'instruction d'affichage :

```
printf("%d",   (int)1.234);
```

Inversement, si vous aviez les variables :

```
int intval1 = 3, intval2 = 2;
double  doubval;
```

alors vous pourriez par l'instruction :

```
doubval = (double) (intval1 * intval2);
```

transformer le produit des deux entiers en type **double** et affecter le résultat à la variable **doubval**.Ici La conversion du produit n'est pas indispensable car le compilateur, lors d'une affectation, adapte automatiquement le type de la valeur du membre droit au type du membre gauche. En d'autres termes, même sans conversion de type explicite, le résultat de la multiplication convertie serait toujours 6.000000.

Priorité de " Cast "

L'opérateur cast possède le niveau 14 dans l'échelle des priorités des opérateurs. Il a donc une priorité plus élevée que l'opérateur de multiplication * qui possède le niveau de priorité 13. Otez les parenthèses autour du produit intval1 * intval2 de telle sorte que l'affectation devienne :

```
doubval = (double) intval1 * intval2;
```

L'opérateur **cast** maintenant ne s'applique plus qu'à l'opérande intval1. En effet, la priorité de l'opérateur cast est plus élevée. Ce dernier est évalué en premier. L'opérande intval1 est donc plus fortement lié à l'opérateur cast qu'à l'opérateur *. Seul l'opérande intval1 est converti en type **double** par l'opérateur cast. Mais la conversion implicite de type (règle 3) qui est ensuite effectuée fait que dans la multiplication l'opérande **intval2** est aussi converti en double. L'utilisation de l'opérateur **cast** amène donc dans les deux cas (avec ou sans parenthèses) au même résultat, à savoir 6.000000.

Il en va autrement si vous remplacez la multiplication entière par une division entière. Si vous attachez de la valeur à un résultat correct, alors l'expression :

```
doubval = intval1 / intval2;
```

requiert une conversion des opérandes du membre droit de l'affectation. En effet, dans notre exemple, la division :

```
3 / 2
```

est effectuée en arithmétique entière. Cela donne non pas la valeur correcte 1.5, mais la valeur 1 car les décimales seraient tronquées. Vous pourriez donc essayer ce qui suit, inspiré par l'exemple de la multiplication :

```
doubval = (double) (intval1 / intval2);
```

Est-ce futé ? Pas particulièrement, car l'opérateur **cast** est appliqué ici à la parenthèse toute entière dont la division est effectuée en arithmétique entière.

Le résultat de cette division est derechef la valeur (fausse) 1 qui donnerait alors après conversion par **cast** la valeur **double** :

```
1.000000
```

Pour arriver au résultat correct, il faut renoncer au parenthésage des opérandes de la division :

```
doubval = (double) intval1 / intval2;
```

Maintenant, comme dans l'exemple de la multiplication, l'opérateur **cast** n'est appliqué qu'à l'opérande intval1, qui est converti en double. Comme désormais un des deux opérandes de la division est de type double, l'autre opérande (intval2) est aussi converti en double (règle 3). La division s'effectue ensuite en arithmétique flottante et livre donc le résultat exact 1.5 ou 1.50000 dans le format d'affichage standard.

Nous terminerons par le placement de l'opérateur **cast** dans notre tableau des priorités.

Description	Symbole de l'opérateur	Priorité	Ordre
Parenthèses	()	15	de gauche à droite
Opérateur maire			
Opérateur cast	Type de données	14	de droite à gauche
Opérateur binaire			
Opérateur arithmétiques	*/ +-	13 12	de gauche à droite de gauche à droite

Tab. 3.7 :   Tableau des priorités des opérateurs C (3)

Reste de division entière

L'opérateur de reste ou de modulo %, à ne pas confondre avec le symbole de formatage %, calcule le reste entier de la division de deux nombres entiers. Il n'est donc pas adapté aux valeurs réelles :

La valeur de l'expression :

```
7 % 3
```

par exemple (en langage parlé : **7 modulo 3** ou **le reste de la division de 7 par 3**) est 1, car 7 divisé par 3 donne le reste 1.

```
7 : 3 = 2 reste 1
```

Plus généralement, le reste entier d'une division entière est donné par la formule suivante :

```
x % y = x - ((x / y) * y)
```

Si nous utilisons nos valeurs exemple 7 et 3, cela donne :

```
7 % 3 = 7 - ((7 / 3) * 3)
```

L'expression du membre droit est évaluée comme suit :

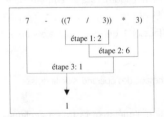

Fig. 3.7 :   Calcul du reste d'une division entière

Phase 1 : effectuer une division entière dont le résultat est 2 (et non pas 2.333...).

Phase 2 : multiplier le résultat partiel 2 par la valeur 3, ce qui donne 6.

Phase 3 : soustraire le résultat intermédiaire 6 du nombre 7, ce qui donne le résultat final

1, correspondant effectivement au reste de la division que vous obtiendriez avec le calcul mathématique habituel :

```
7 : 3  =  2 reste 1
```

L'expression :

```
x - ((x / y) * y)
```

ou :

```
7 - ((7 / 3) * 3)
```

n'a pas besoin d'être parenthésée. Les priorités des opérateurs arithmétiques qui participent au calcul garantissent un résultat correct même sans parenthèses.

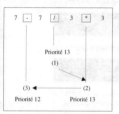

Fig. 3.8 : Priorités lors du calcul du reste de la division

Priorité de / et de *

Les opérateurs / et * possèdent une priorité plus élevée que l'opérateur -. Ils sont donc évalués en premier. Lorsque les opérateurs arithmétiques binaires ont la même priorité, ils sont évalués de la gauche vers la droite. Cela veut dire que l'opérateur / est traité avant l'opérateur * (résultat : 2). La multiplication qui suit donne 6. La dernière opération partielle est la soustraction qui produit le résultat final 1. Le programme suivant utilise l'opérateur modulo pour afficher le reste de la division de deux entiers :

▶ DIVMOD.C

```
/* divmod lit deux entiers, les divise et affiche le résultat ainsi que le reste
                                                          de la division */
#include <stdio.h>                          /*  pour printf, scanf  */
main()
{
    long x, y;                              /*  en cas de valeurs élevées */
    printf("\033[2J");                      /*  efface l'écran */
      printf("Ce programme divise des entiers.\n");
      printf("Entrez deux nombres entiers.\n");
                                            /* division par 0 interdite, d'où */
    printf("Le second doit être non nul : ");
    scanf("%ld %ld", &x, &y);              /*  saisie des valeurs */
      printf("\n\n%ld divisé par %ld donne %ld reste %ld", x, y, x/y, x%y);

}
```

Notez bien que vos connaissances actuelles ne vous permettent pas d'empêcher la saisie d'une valeur nulle en dépit de l'avertissement. Cela produirait un résultat imprévisible ou bien une erreur d'exécution. Pour ce genre de contrôle, vous aurez besoin des structures de programmation traitées au chapitre 4.

Priorité de modulo

L'opérateur modulo a la priorité 13. Il est donc égal en rang aux opérateurs * et /. Nous compléterons donc, comme il se doit, notre tableau des priorités.

Description	Symbole de l'opérateur	Priorité	Ordre
Parenthèses	()	15	de gauche à droite
Opérateur unaire			
Opérateur cast	Type de données	14	de droite à gauche
Opérateur binaire			
Opérateur arithmétiques	*/%	13	de gauche à droite
	+-	12	de gauche à droite

Tab. 3.8 :   Tableau des priorités des opérateurs C (4)

Nombres opposés

L'opérateur -, à l'instar de quelques autres opérateurs, peut être utilisé dans deux cas de figure. Soit il sert d'opérateur de soustraction pour former la différence de deux valeurs, par exemple dans les expressions :

```
x - y
17.83 - 3.5
255  - ('a' - 'A')
```

et fait alors partie des opérateurs binaires. Soit il est employé comme opérateur unaire pour représenter des valeurs opposées telles que :

```
-x
-17.83
- ('A' + 1)
```

Dans ce cas, ce n'est pas un symbole opératoire, mais un préfixe.

Au contraire, l'opérateur + est utilisé uniquement comme opérateur binaire. Comme opérateur unaire, il n'est implémenté que syntaxiquement et non sémantiquement. En d'autres termes, il n'a aucune signification particulière.

Une instruction comme :

```
x = 5;
```

qui affecte à une variable int la valeur positive 5 donne le même résultat que l'instruction :

x = +5;

acceptée également par le compilateur.

L'opérateur de changement de signe - a la plus haute priorité parmi les opérateurs arithmétiques, à savoir 14 :

Description	Symbole de l'opérateur	Priorité	Ordre
Parenthèses	()	15	de gauche à droite
Opérateur unaire			
Opérateur cast	(Type de données)	14	de droite à gauche
Opération de négation		14	de droite à gauche
Opérateur binaire			
Opérateur	*/%	13	de gauche à droite
arithmétiques	+-	12	de gauche à droite

Tab. 3.9 : Tableau des priorités des opérateurs C (5)

Opérateurs de comparaison (opérateurs relationnels)

Les opérateurs de comparaison en C font partie des opérateurs binaires et comparent les valeurs de leurs opérandes. Ils testent, ce faisant, la nature de la relation entre les deux opérandes.

Opérateur	Liens (Relations)	Exemple
==	Opérateur 1 égal Opérateur 2 ?	x == y
!=	Opérateur 1 différent Opérateur 2 ?	x != y
<=	Opérateur 1 inférieur ou égal Opérateur 2 ?	x <= y
>=	Opérateur 1 supérieur ou égal Opérateur 2 ?	x >= y
<	Opérateur 1 inférieur Opérateur 2 ?	x < y
>	Opérateur 1 supérieur Opérateur 2 ?	x > y

Tab. 3.10 : Opérateurs de comparaison

Les opérandes d'une comparaison n'ont pas besoin d'être du même type. Sont autorisés, outre les types entiers et réels, des valeurs de type pointeur, c'est-à-dire des adresses. Le résultat d'une comparaison telle que :

x == y   /* x est-il égal à y? */

est, d'un point de vue logique, une assertion de type **vrai** ou **faux**, selon que x est égal ou non à y. Il n'existe pas en C de type spécifique pour la représentation des valeurs de vérité **vrai** (TRUE) ou **faux** (FALSE). Les constantes logiques TRUE et FALSE sont plutôt formées à partir de grandeurs numériques, en général des entiers de type int. Ce faisant, la valeur 0 correspond au résultat logique FALSE (faux) et toute valeur différente de 0 correspond au résultat logique TRUE (vrai).

D'autres langages de programmation (par exemple Pascal ou Fortran) disposent de ce type de données, habituellement désigné par **booléen** (boolean - en Fortran : logical) et conçu pour accepter les valeurs logiques TRUE et FALSE. Le terme **booléen** vient du nom du mathématicien et logicien anglais George Boole (1815 -1864) qui développa une algèbre que l'on appela ensuite, en son honneur, algèbre de Boole (logique des prédicats).

Valeurs logiques et numériques des expressions

En C, l'évaluation logique des expressions obéit à la règle fondamentale que voici :

► Une expression est logiquement fausse (FALSE), si sa valeur numérique est 0.

► Une expression est logiquement vraie (TRUE), si sa valeur numérique est différente de 0.

Toute expression en C peut donc être testée sur sa valeur logique et sur sa valeur numérique. L'expression :

1 + 2

par exemple a la valeur numérique 3 et la valeur logique TRUE car sa valeur numérique diffère de 0. Un opérande isolé, par lui-même, représente déjà une expression. La constante :

2

par exemple, en tant qu'expression, a la valeur numérique 2. Sa valeur logique est donc TRUE. En revanche, les expressions :

0   x = 0   5 - 5   y * 0

ont toutes la valeur numérique 0. De ce fait, elles sont fausses et possèdent la valeur logique FALSE.

La nécessité de juger des expressions (et surtout des expressions de comparaison, bien évidemment) d'après leur valeur logique se produit lorsqu'elles doivent servir à formuler des conditions dont l'état (TRUE ou FALSE) détermine l'exécution ou non d'instructions bien précises dans un programme. Nous étudierons cela de manière plus approfondie dans le chapitre 4 sur les structures de contrôle du C.

Vérification des expressions de comparaison

Les opérateurs de comparaison vérifient l'existence d'une certaine relation entre leurs opérandes. Le résultat de cette vérification est une des deux valeurs 0 et 1 (valeur de l'expression), selon que la relation testée est vraie ou fausse. Dans notre exemple initial :

x == y

si **x** est effectivement égal à **y**, alors l'expression **x == y** vaut TRUE. L'opérateur de comparaison, dans ce cas, donne la valeur 1 comme valeur de l'expression.

Dans l'exemple précédent, si x n'était pas égal à y (par exemple parce que x vaut 4 et y vaut 783), alors l'expression x == y vaudrait FALSE et l'opérateur de comparaison donnerait la valeur 0 comme valeur de l'expression.

Vous récupérerez donc comme valeur d'une expression de comparaison :

0   si la relation à vérifier n'existe pas, l'opérateur de comparaison ayant donc le résultat logique FALSE.

1   si la relation à vérifier existe, l'opérateur de comparaison ayant donc le résultat logique TRUE.

Ainsi, l'expression :

```
5 == 10
```

a la valeur 0 et elle vaut donc FALSE, car 5 n'est pas égal à 10. La relation d'égalité n'existe pas. Si nous avons une variable :

```
int x;
```

et l'affectation :

```
x = (5 == 10);
```

alors la variable x reçoit la valeur 0, car la valeur de l'expression du membre droit de l'affectation est FALSE, donc égale à 0. (Notez bien ici qu'il ne faut pas confondre l'opérateur de comparaison == avec l'opérateur d'affectation =) Remplacez dans l'expression :

```
5 == 10
```

l'opérateur d'égalité == par l'opérateur d'inégalité !=, et la valeur de l'expression change. L'instruction :

```
x = (5 != 10);
```

affecte maintenant à la variable x la valeur 1, car 5 est effectivement différent de 10. La relation d'inégalité entre les deux opérandes 5 et 10 existe et vaut TRUE (vrai). L'expression du membre de droite prend donc la valeur 1.

Le programme suivant COMPVALS.C affiche, à des fins de démonstration, les relations de comparaison existant entre deux nombres saisis par l'utilisateur. Notez ici que les expressions de comparaison peuvent elles-mêmes servir d'arguments à la fonction **printf**. En effet, toute expression en C possède une valeur. On pourrait naturellement affecter les résultats des opérations de comparaison à des variables spécifiques. En ce qui concerne l'information (1 = OUI 0 = NON) destinée à l'utilisateur, OUI correspond à la valeur de vérité TRUE et NON à la valeur de vérité FALSE.

▶ COMPVALS.C

```
/*          compvals affiche les valeurs d'expressions de comparaison          */
#include <stdio.h>                                /* pour printf, scanf */
main()
{
```

```
    long x, y;                                  /*  en cas de valeurs élevées */
    printf("\033[2J");                               /*  Efface l'écran    */
                                                     /*  lecture des nombres :  */
      printf("Ce programme compare les valeurs de deux nombres.\n");
      printf("Entrez deux nombres entiers :\n");
    printf("x = ");
    scanf("%ld", &x);
    printf("\ny = ");
    scanf("%ld", &y);
                                            /*  affichage des résultats :  */
    printf("\n\nRésultat de la comparaison pour x = %ld  et y = %ld r
                        (1 = OUI  0 = NON):\n\n", x, y);
    printf("x égal à y ?\t\t\t%d\n", x==y);
    printf("x différent de y ?\t\t\t%d\n", x!=y);
    printf("x plus grand que y ?\t\t\t%d\n", x>y);
    printf("x plus grand ou égal à y ?\t\t%d\n", x>=y);
    printf("x plus petit que y ?\t\t\t%d\n", x<y);
    printf("x plus petit ou égal à y ?\t%d\n", x<=y);
}
```

Si l'utilisateur, pour x et y, entre par exemple les valeurs 93 et 700000, alors le programme produit l'affichage :

```
 Résultat de la comparaison pour x = 93 et y = 7000 (1 = OUI   0 = NON)
x égal à y?                       0
x différent de y ?                1
x plus grand que y ?              0
x plus grand ou égal à y ?        0
x plus petit que y ?              2
x plus petit ou égal à y ?        1
```

Les opérateurs de comparaison sont classés dans l'échelle des priorités selon différents degrés :

Les opérateurs.

```
 >   >=   <   <=
```

ont la priorité 10 ; les opérateurs

```
 ==   !=
```

la priorité 9.

Description	Symbole de l'opérateur		Ordre
Parenthèses	()	15	de gauche à droite
Opérateur unaire			
Opérateur cast	(Type de données)	14	de droite à gauche
Opération de négation		14	de droite à gauche

Opérateur binaire			
Opérateurs	*/%	13	de gauche à droite
arithmétiques	+-	12	de gauche à droite
Opérateurs de	> >= < <=	10	de gauche à droite
comparaison	== !=	9	de gauche à droite

Tab. 3.11 : Tableau des priorités des opérateurs C

Opérateurs logiques

Les opérateurs logiques en C effectuent les opérations classiques de la logique des prédicats : ET (AND), OU (OR) et NON (NOT). Grâce à eux, il est possible de relier logiquement des instructions. Il y a trois opérateurs logiques. Deux d'entre eux sont binaires et l'un est unaire.

Opérateur		Liaison (Relation)	Exemple
Binaire	&&	Connexion ET	x && y
	||	Connexion OU	x || y
Unaire	!	NON logique (Négation)	!x

Tab. 3.12 : Opérateurs logiques

Comme avec les opérateurs de comparaison, l'évaluation des expressions comportant des opérateurs logiques donne un résultat de type **vrai** (TRUE) ou **faux** (FALSE), exprimé en tant que grandeur numérique de type **int** (cf. la section précédente). Ce résultat peut prendre les valeurs 0 ou 1, selon que l'expression vaut FALSE ou TRUE :

0   l'expression évaluée est logiquement fausse (FALSE).

1   l'expression évaluée est logiquement vraie (TRUE).

ET logique

La connexion logique ET entre deux expressions a le résultat 1 (TRUE) lorsque les deux expressions valent TRUE, c'est-à-dire ont toutes deux la valeur 1. Dans tous les autres cas, le résultat de la connexion est FALSE, donc égal à 0. L'expression :

```
(5 < 7) && (3 > 2)
```

a la valeur 1 (TRUE), étant donné que les deux expressions partielles ((5 < 7) et (3 > 2)) valent TRUE et ont donc la valeur 1. En effet, il est vrai que 5 est inférieur à 7, comme il est également vrai que 3 est plus grand que 2. L'expression totale vaut aussi TRUE.

L'image suivante explicite tout cela.

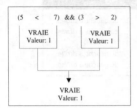

Fig. 3.9 :   Connexion ET avec la valeur de vérité TRUE

L'expression :

`(5 < 7) && (3 > 2)`

n'a pas besoin d'être parenthésée car l'opérateur **&&** n'a que la priorité 5, alors que les opérateurs **>** et **<** ont la priorité 10. C'est pourquoi, dans l'expression :

`5 < 7 && 3 > 2`

l'évaluation de la gauche vers la droite commence par les opérateurs **>** et **<** ou par les expressions partielles $5 < 7$ et $3 > 2$. Ce n'est qu'ensuite que l'opérateur **&&** est évalué. Si vous permutez dans l'exemple précédent les opérateurs **<** et **>**, alors la nouvelle expression :

`5 > 7 && 3 < 2`

prend le résultat logique FALSE, et vaut 0. En effet, les deux expressions partielles sont égales à FALSE : 5 n'est pas plus grand que 7 et 3 n'est pas plus petit que 2. Il suffit qu'une seule des deux expressions partielles soit FALSE pour que l'expression complète soit aussi égale à FALSE :

`5 > 7 && 3 > 2`

Comme l'expression partielle de gauche $5 > 7$ vaut FALSE, l'expression totale vaut aussi FALSE et a donc la valeur 0. Nous rassemblerons les tables de vérité du connecteur logique ET**&&** dans un tableau :

Résultat 1	Résultat 2	Résultat 1 && Résultat 2
VRAI	VRAI	VRAI Valeur : 1
VRAI	FAUX	FAUX Valeur : 0
FAUX	VRAI	FAUX Valeur : 0
FAUX	FAUX	FAUX Valeur : 0

Tab. 3.13 :   Valeur logique et valeur numérique du connecteur &&

Ordre d'évaluation

Les expressions comportant l'opérateur&& sont évaluées de la gauche vers la droite. L'évaluation ici se poursuit tant que la valeur de vérité de l'expression n'est pas déterminée. Cela signifie qu'il n'y a pas systématiquement évaluation des deux expressions partielles. Si par exemple l'expression partielle de gauche d'une connexion logique ET vaut FALSE, alors le compilateur interrompt l'évaluation de l'expression entière car sa valeur logique, à savoir FALSE, est maintenant connue. Cela est facile à comprendre d'après le tableau de l'image qui précède. En effet, si l'opérande de gauche (expression 1) d'une connexion ET vaut FALSE, alors on sait dès ce moment-là que l'expression complète vaut également FALSE, cela quelle que soit la valeur logique de l'opérande de droite (expression 2).

Ce fait a son importance, surtout si l'expression partielle de droite qui n'est plus évaluée contient des variables dont la valeur est modifiée. Ces modifications sont dites **effets de bord**.Les modifications de valeurs, en pareil cas, ne sont plus effectuées. Considérons pour cela le programme suivant :

▶ LOGOPS.C

```
/*logops montre les effets des règles d'évaluation concernant l'opérateur && */

#include <stdio.h>                                        /*  pour printf  */
main()
{
    int x = 4, y;
    printf("\033[2J");                                    /*  Efface l'écran  */
    y  =  (x > 5)  &&  (x = x + 1);
                    /* x a la valeur 4, donc x > 5 est FALSE, ainsi que (x > 5)
                                      && (x = x + 1). x n'est donc pas augmenté
                                            de 1 et y reçoit la valeur 0.  */
    printf("Première évaluation :\tx = %d    y = %d\n\n", x, y);
    x = 6;                          /* accroissement de x pour que x > 5 soit vrai */
    y  =  (x > 5)  &&  (x = x + 1);
                    /* x > 5 est maintenant TRUE, ainsi que (x > 5) && (x = x + 1).
                        (x=x+1) est évalué, x augmente de 1 et y reçoit la valeur 1.  */
    printf("Seconde évaluation :\tx = %d    y = %d", x, y);
}
```

Le programme affiche :

```
Première évaluation :    x = 4    y = 0
Seconde évaluation :     x = 7    y = 1
```

Dans le premier cas, x avait la valeur 4. L'expression partielle de gauche x > 5, évaluée en premier dans l'expression :

```
(x > 5) && (x = x + 1)
```

vaut FALSE. Il s'avère que l'expression complète (x>5) && (x=x+1) vaut également FALSE et a donc la valeur 0. L'évaluation de l'expression complète est donc interrompue sans qu'il soit procédé à l'évaluation de la seconde expression partielle. Conséquence : l'instruction (x=x+1) n'est pas effectuée et la variable x n'est pas augmentée de 1. x conserve donc son ancienne valeur 4 et y prend la valeur 0.

Dans le second cas en raison de l'augmentation préalable de **x** qui passe à 6 l'expression partielle de gauche x > 5 prend la valeur logique TRUE. La seconde partie de l'expression

`(x>5 && (x=x+1)`

est donc aussi évaluée : la valeur de **x** s'accroît de 1 et **x** contient 7. Ce faisant, l'expression partielle (x=x+1) est différente de 0 (à savoir 7) et vaut TRUE. En tout, l'expression :

`(x > 5) && (x = x + 1)`

a pris la valeur TRUE et vaut 1. Cette dernière valeur est affectée à la variable **y.**

OU logique

La connexion logique OU de deux expressions par l'opérateur || est logiquement fausse (FALSE) si et seulement si les deux expressions sont fausses. La valeur de la connexion est dans ce cas 0. Dans tous les autres cas, le résultat de la connexion est TRUE, et prend la valeur 1. L'expression :

`5 < 7 || 3 > 2`

est vraie et a la valeur 1, comme les expressions :

`5 > 7 || 3 > 2`

et

`5 < 7 || 3 < 2`

En effet, dans les trois cas, une au moins des deux expressions partielles vaut TRUE, ce qui confère la même valeur logique à l'expression complète. Par contre, l'expression :

`5 > 7 || 3 < 2`

serait FALSE et aurait la valeur 0, étant donné que les deux expressions partielles valent FALSE. L'expression précédente n'a pas besoin d'être mise entre parenthèses car l'opérateur ||possède seulement la priorité 4, alors que les opérateurs > et < sont traités en premier à cause de leur priorité plus élevée. Nous rangerons également les tables de vérité du connecteur OU dans un tableau :

Résultat 1	Résultat 2	Résultat 1 || Résultat 2
VRAI	VRAI	VRAI Valeur : 1
VRAI	FAUX	VRAI Valeur : 0
FAUX	VRAI	VRAI Valeur : 0
FAUX	FAUX	FAUX Valeur : 0

Tab. 3.14 : Valeur de vérité et valeur numérique du connecteur //

Ordre d'évaluation

Comme avec le connecteur ET (&&), les deux expressions partielles ne sont pas systématiquement évaluées par l'opérateur OU. En effet, si l'expression partielle de gauche d'une
connexion OU vaut TRUE, alors le résultat de l'évaluation donne aussi TRUE pour l'expression toute entière, quelle que soit la valeur de vérité de l'expression partielle de droite (cf.
le tableau précédent). Le compilateur, ici aussi, interrompt donc l'évaluation de l'expression
complète dès que sa valeur de vérité est clairement déterminée. Là aussi, des effets de bord
peuvent en résulter. Après la définition :

```
int x = 6;
```

l'évaluation de l'expression :

```
(x > 5)  ||  (x = x + 1)
```

est interrompue après l'évaluation de l'expression partielle de gauche :

```
x > 5
```

En effet, cette dernière vaut TRUE qui est également la valeur logique de l'expression toute
entière. L'expression complète prend la valeur 1. L'expression partielle de droite n'est plus
évaluée et l'effet de bord qui s'y trouve (l'augmentation de la variable x) n'est plus réalisé.
x conserve donc l'ancienne valeur 6.

De tout cela, il ressort qu'il n'est guère recommandé de programmer des opérations qui
modifient des valeurs (effets de bord) avec les opérateurs logiques, lorsque l'exécution de
ces opérations dépend de la valeur de vérité du premier opérande.

NON logique

L'opérateur de négation unaire exécute une opération consistant à inverser logiquement l'opérande concerné. Le résultat de l'expression vaut 0 (FALSE) si l'opérande est différent de 0, donc
TRUE. Il vaut 1 (TRUE) si l'opérande est égal à 0, vaut FALSE. L'expression

```
!(2 > 0)
```

a la valeur 0 et vaut FALSE, étant donné que l'opérande de l'opérateur, à savoir l'expression
2 > 0, vaut TRUE : en effet, 2 est supérieur à 0. La valeur de l'expression 2 > 0 est donc
1, donc différente de 0. La négation logique donne alors la valeur 0 (FALSE) :

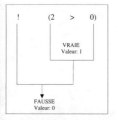

*Fig. 3.10 :   Négation logique avec un opérande
de valeur logique TRUE*

Inversement, l'évaluation de l'expression :

`!(2 < 0)`

donne la valeur 1, ce qui signifie que l'expression !(2 < 0) vaut TRUE car 2 < 0 est FALSE et a, de ce fait, la valeur 0.

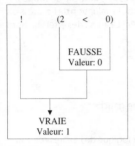

Fig. 3.12 :   Négation logique avec un opérande
de valeur logique FALSE

L'opérateur de négation logique a la priorité 14. Les parenthèses autour des expressions précédentes sont donc obligatoires lorsque l'opérateur doit porter sur l'expression complète. Si vous omettez les parenthèses, l'expression

`!2 < 0`

prendra, au contraire, la valeur FALSE, car l'opérateur de négation, de par sa priorité plus élevée (14), est évalué avant l'opérateur de comparaison < (10). La négation ne s'appliquera alors qu'au seul opérande 2. L'expression :

`!2`

vaut FALSE et a donc la valeur 0, étant donné que l'opérande de l'opérateur de négation, la constante 2, est différente de 0 et a la valeur TRUE. De ce fait, l'opération de comparaison qui suit vaut également FALSE car 0 n'est pas inférieur à 0.

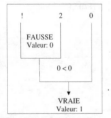

Fig. 3.11 :   Effet de l'opérateur de négation sur
une expression non parenthésée

Une relation équivalente fort utile

La relation qui suit est des plus utiles et elle est fréquemment employée avec les structures de contrôle du C (cf. chapitre 4 Structures de contrôle). Quelle que soit la variable x, l'expression :

```
!x
```

équivaut à l'expression :

```
x == 0
```

En effet, si x est égal à 0, alors l'expression :

```
x == 0
```

vaut TRUE, c'est-à-dire a la valeur 1. Mais de même l'expression :

```
!x
```

vaut TRUE et a donc la valeur 1 si x est différent de 0. Il est donc vrai que l'opérateur de négation redonne la valeur 1 comme valeur de l'expression !x. Si vous définissez une variable :

```
int x = 0;
```

alors l'instruction :

```
printf("%d %d", !x, x == 0);
```

affiche deux fois la valeur 1.

Modifiez la valeur de x en y rangeant une valeur différente de 0, par exemple via l'instruction :

```
x = 5
```

Maintenant, l'expression :

```
!x
```

devient FALSE, c'est-à-dire prend la valeur 0, car x est différent de 0 et l'opérateur de négation fournit 0 comme valeur de l'expression !x. Mais de même, l'expression :

```
x == 0
```

vaut FALSE si x diffère de 0. Elle a alors la valeur 0. L'instruction :

```
printf("%d %d", !x, x == 0);
```

donnerait maintenant :

```
0 0
```

comme résultat. Les deux formulations :

```
!x
```

et

```
x == 0
```

donnent toujours la même valeur logique, que x soit ou non égal à 0. Elles sont logiquement et numériquement équivalentes. On peut donc les employer l'une pour l'autre. La première formulation est plus concise, mais la seconde est plus claire, surtout pour le débutant. Une relation d'équivalence analogue à celle entre :

```
!x
```

et

```
    x == 0
```

existe aussi pour les deux expressions :

```
x
```

et

```
x != 0
```

Toutes les deux sont logiquement mais pas forcément numériquement équivalentes. Si x, par exemple, est égal à 0, alors l'expression :

```
x != 0
```

vaut FALSE, c'est-à-dire a la valeur 0. Il en est de même pour l'expression :

```
x
```

qui vaut FALSE, étant donné que toute expression de valeur nulle est considérée comme logiquement fausse.

Si x est différent de 0, par exemple égal à 5, alors l'expression :

```
x != 0
```

vaut TRUE et a donc la valeur 1. L'expression :

```
x
```

vaut également TRUE, étant donné qu'elle possède une valeur non nulle. Sa valeur numérique est naturellement égale à 5, car égale à la valeur de la variable x. L'affectation à une expression de la valeur **1** pour **TRUE** et **0** pour **FALSE** est réalisée par l'opérateur logique ou de comparaison concerné. Dans l'expression :

```
x
```

aucun opérateur n'intervient. Cependant, l'expression vaut TRUE, car elle diffère de 0. Mais la valeur TRUE, dans ce cas, n'est pas exprimée par la valeur numérique 1. Les deux expressions, néanmoins, possèdent toujours les mêmes valeurs logiques (les valeurs de vérité TRUE ou FALSE), indépendamment de la valeur de la variable x.

Priorités

Pour conclure le thème des opérateurs logiques, mettons à jour notre tableau des priorités :

Description	Symbole de l'opérateur	Priorité	Ordre
Parenthèses	( )	15	de gauche à droite
Opération unaire			
Opérateur Cast	(Type de données)	14	de droite à gauche
Opérateurs de négation arithmétiques logiques	- !	14 14	de droite à gauche de droite à gauche
Opérateurs binaires			
Opérateurs arithmétiques	* / % + -	13 12	de gauche à droite de gauche à droite
Opérateurs de comparaison	> >= < <= == !=	10 9	de gauche à droite de gauche à droite
Opérateurs logiques	&& ||	5 4	de gauche à droite de gauche à droite

Fig. 3.14 :   Tableau des priorités des opérateurs C(7)

Opérateurs de bits

Des opérations de connexion, semblables à celles qu'effectuent les opérateurs logiques sur des expressions, sont également réalisables sur les bits de deux données. Ici, l'opération correspondante est appliquée en parallèle (donc en même temps) sur chaque bit individuel des données. Outre les opérations logiques ET, OU et NON sur les bits, on peut également effectuer des opérations de décalage. Toutes les opérations de bits exigent des opérandes entiers.

Opérateur		Opération	exemple
Opérateurs logiques de bits			
Binaire	&	Connexion binaire ET	x & y
	|	Connexion binaire OU (OU inclusif)	x | y
	|	Connexion binaire OU (OU exclusif)	x ^ y
unaire	~	Non binaire (Complément à 1 de x)	~ x
Opérateurs de décalage			
Binaire	>>	Décalage de y bits vers la droite	x >> y
	<<	Décalage de y bits vers la gauche	x << y

Fig. 3.13 :   Opérateurs de bits

Opérateurs logiques de bits

Les opérateurs de bits exécutent les opérations logiques ET, OU, OU exclusif et NON sur tous les bits, pris un à un, de leurs opérandes entiers. Ce faisant, les règles de connexion suivantes sont appliquées :

bit1	bit2	~bit1	bit1 & bit2	bit1 I bit2	bit1 ^ bit2
0	0	1	0	0	0
0	1	1	0	1	1
1	0	0	0	1	1
1	1	0	1	1	0

Fig. 3.15 :   Règles pour la connexion logique bit à bit

ET binaire

On s'aperçoit que le connexion ET de deux bits ne donne un bit activé, donc un 1, que si les deux bits de départ ont la valeur 1 et sont positionnés. Dans tous les autres cas, la connexion ET donne la valeur 0 pour le bit résultant. Le bit n'est donc pas positionné. Il est aisé de voir que les valeurs 1 et 0 utilisées par les opérateurs de bits correspondent aux valeurs logiques TRUE et FALSE qui vous sont familières depuis les opérateurs logique et de comparaison. Par exemple, avec les variables **char** :

```
char x = 10, y = 50;
```

on range dans **x** et **y**, par initialisation, les séries de bits :

```
00001010    /*  Décimal : 10  */
00110010    /*  Décimal : 50  */
```

Le ET binaire de **x** et **y** :

```
x & y
```

donne au niveau du bit :

```
  00001010
& 00110010
  ────────
  00000010
```

Le résultat de la connexion & est la combinaison binaire :

```
00000010
```

qui correspond à la valeur décimale 2 que vous pourrez afficher via :

```
printf("%d", x & y);
```

(Vous découvrirez ultérieurement des méthodes par lesquelles vous pourrez afficher des valeurs binaires également sous forme binaire). Notez ici que l'opération précédente avec l'opérateur & ne représente pas une addition binaire (laquelle aurait d'ailleurs le résultat numérique 60), mais au contraire la connexion logique ET appliquée à deux valeurs.

OU binaire

Le OU binaire existe sous deux variantes. Le OU non exclusif (inclusif) donne un bit résultat égal à 0 seulement si les deux bits de départ ne sont pas positionnés ont la valeur 0. Dans tous les autres cas, le résultat de la connexion donne un bit positionné, c'est-à-dire un bit ayant la valeur 1. C'est le connecteur OU, analogue à celui que vous connaissez pour les valeurs logiques TRUE et FALSE des opérateurs logiques. Avec ces derniers, une connexion OU ne donne FALSE (valeur 0) que si les deux expressions partielles (opérandes) valeur FALSE.

Le concept OU non exclusif signifie que la connexion OU retourne un résultat vrai (TRUE - bit avec la valeur 1), même si les deux opérandes de départ valent TRUE (sont égaux à 1).

Nous illustrerons cela par un exemple tiré du langage courant. Des deux assertions :

```
Il pleut le matin.
```

et

```
Il pleut l'après-midi.
```

l'une peut être vraie (sans que la seconde le soit), la seconde peut être vraie (sans que la première le soit) ou les deux peuvent être vraies en même temps. Il est en effet tout à fait possible qu'il pleuve aussi bien le matin que l'après-midi.

```
Il pleut le matin OU il pleut l'après-midi.
```

Les deux assertions ne s'excluent pas mutuellement, en ce sens qu'elles peuvent être vraies (TRUE) toutes les deux.

Il en va autrement avec le OU exclusif. Les assertions :

```
Il pleut.
```

et

```
Il ne pleut pas.
```

se contredisent si elles doivent être vraies toutes les deux en même temps. Dans l'assertion liée :

```
Il pleut OU il ne pleut pas.
```

soit la première assertion est vraie, soit la seconde. Mais pas les deux à la fois : les deux assertions s'excluent mutuellement.

De manière analogue, le OU binaire exclusif ne donne un bit résultant égal à 1 que si un et un seul des deux bits de départ a la valeur 1. Si les deux bits sont positionnés (égaux à 1) ou bien si aucun n'est positionné (égal à 0), le bit résultant a la valeur 0. Pour nos variables exemple :

```
int x = 10, y = 50;
```

le OU binaire inclusif :

```
x | y
```

donne le résultat :

```
     00001010
|    00110010
     _____
     00111010
```

ce qui correspond à la valeur décimale 58. Le OU binaire exclusif :

x ^ y

donne par contre :

```
     00001010
|    0110010
     _____
     00111000
```

la valeur décimale 56 comme résultat.

NON binaire

Le NON binaire, symbolisé par l'opérateur unaire ~, produit enfin le complément à 1 d'un nombre entier. Chaque bit ayant la valeur 1 est converti en un bit de valeur 0, et vice-versa. La variable **x** contenant la valeur décimale 10 contient la série binaire :

00001010

La négation logique :

~x

donne la combinaison binaire :

11110101

qui représente la valeur décimale 245.

Positionnement et désactivation de bits

Les opérateurs de bits & et | permettent de désactiver ou de positionner, de manière ciblée, les divers bits d'une donnée. Désactiver un bit signifie lui donner la valeur 0. Positionner un bit veut dire lui attribuer la valeur 1. Quelle est donc l'application de ces techniques ?

On a souvent besoin d'informations disponibles sous une simple forme OUI/NON. A titre d'exemple, les attributs d'un fichier indiquent comment le fichier doit être géré et si certaines opérations sont permises. Ainsi, l'attribut READ ONLY signifie que le fichier ne peut être modifié ou effacé. Habituellement, on doit tenir compte, dans ce genre de contexte, de plusieurs informations de type OUI/NON. En ce qui concerne chaque information en particulier, on remplacera par exemple la question :

    Quels sont les attributs du fichier ?
par les questions :
    Le fichier a-t-il l'attribut R (pour READ ONLY) ?
    Le fichier a-t-il l'attribut H (pour HIDDEN = caché) ?
    Le fichier a-t-il l'attribut A (pour ARCHIV) ?
    etc.

A chacune de ces questions, on peut répondre par OUI ou par NON. L'information résultant de cette réponse peut-être représentée par un bit unique. Celui-ci, en effet, peut prendre deux états, 0 et 1. Vous pourriez, par exemple, faire correspondre 0 à NON et 1 à OUI. Qu'on se rappelle, le bit de signe des types entiers **char**, **short**, **int** et **long** sur lequel on peut lire si un nombre est positif ou négatif. Si ce bit est positionné, égal à 1, alors le nombre est négatif. S'il n'est pas activé, égal à 0, le nombre n'est pas négatif (donc positif). Les bits qui affichent ce type d'informations sont aussi appelés **flags**. (Le concept de **flag** s'emploie fréquemment non seulement pour des bits isolés, mais aussi pour des variables complètes lorsque celles-ci remplissent une fonction de signalisation d'état.) Les flags sont très économiques lorsqu'ils renferment plusieurs informations de type OUI/NON, rangées sur les bits d'une variable **char** ou **int**. (Pour mémoriser une simple information de type OUI/NON, on pourrait tout aussi bien utiliser la variable toute entière comme flag.)

Revenons à notre exemple des attributs de fichier. Vous pourriez maintenant définir une variable spécifique dont les bits indiquent les attributs du fichier. Pour simplifier le problème, nous ne considérons ici que les attributs R, H et A. En d'autres termes, nous nous intéressons aux trois bits par le biais desquels sont indiqués les attributs positionnés. Pour ce qui est des autres bits, nous prendrons la valeur 0. Nous définirons une variable **unsigned char** dont les huit bits suffisent pour notre problème.

```
unsigned char flags;
```

Nous supposons ici que les troisième, quatrième et cinquième bits de droite montrent si les attributs R, H et A sont positionnés, c'est-à-dire si les bits correspondants ont la valeur 1. La variable **flags** pourrait se trouver dans l'état suivant :

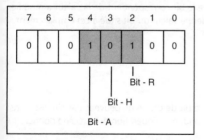

Fig. 3.16 :   Bits flag pour attributs de fichier (1)

l'image montre que les bits des attributs R (READ ONLY) et A (ARCHIVE) sont déjà activés. Si un utilisateur souhaite connaître les attributs d'un certain fichier, un programme pourrait vérifier la variable **flags** et informer l'utilisateur que le fichier concerné est protégé contre l'écriture et sera pris en compte par les opérations de sauvegarde.

Si nous voulons, de plus, inscrire dans la variable **flags** que le fichier a également l'attribut H (HIDDEN), il faut alors basculer le quatrième bit de droite dans l'état 1, c'est-à-dire le

positionner. Tous les autres bits, ce faisant, conservent leur état antérieur. Pour le
positionnement des bits, vous utiliserez la connecteur binaire OU (opérateur |).

Positionnement de bits

Le connecteur OU (inclusif) appliqué à deux bits produit un bit de valeur 1 si au moins un
des deux bits initiaux est égal à 1. Pour nous assurer que, dans notre exemple, le quatrième
bit de droite prend la valeur 1, nous devrons le connecter avec un bit à 1. Quelle que soit
la valeur du premier bit, le bit résultant vaut alors 1.

Au contraire, tous les autres bits doivent conserver leur ancienne valeur. Vous arriverez à
ce résultat en connectant chacun de ces autres bits avec un bit valant 0, car cela ne modifie
pas la valeur antérieure du bit. Pour notre variable **flags** comportant la série de bits :

```
00010100
```

cela signifie que vous devrez la connecter avec le champ de bits :

```
00001000
```

qui correspond d'ailleurs au nombre décimal 8 :

```
   00010100      /*  champ de bits de la variable flags */
|  00001000      /*  Décimal : 8  */

   00011100      /*  résultat : activation du 4ème bit de droite  */
```

Le quatrième bit de droite est maintenant bien positionné : il a la valeur 1. Tous les autres
bits, par contre, ont conservé leur valeur d'origine. Les champs de bits que l'on connecte
avec des valeurs à placer dans un état déterminé s'appellent des masques de bits. Lors du
OU binaire, un 1 dans le masque assure que le bit correspondant de la valeur à modifier
est positionné, alors qu'un 0 conserve l'ancienne valeur du bit situé à cet emplacement.

Ces opérations de connexion :

```
      00010100
|     00001000

      00011100
```

par lesquelles nous avons activé le quatrième bit de droite ne peuvent pas s'utiliser ainsi
dans un programme. L'instruction C correspondant à l'opération qui précède donnerait :

```
flags = flags | 8      /* dans la variable flags, on active
                          le 4ème bit de droite */
```

Cette instruction connecte les bits de la variable **flags** avec les bits de la constante 8 via
l'opérateur OU (|) et active ainsi le quatrième bit de droite. Le résultat de cette connexion
est affecté à la variable **flags** : l'ancien contenu de la variable est donc écrasé. Il faut ici
signaler que l'expression :

```
flags | 8
```

a certes la valeur (binaire) :

00011100

mais ne modifie pas en elle-même la variable **flags**. C'est seulement l'affectation du résultat de la connexion à la variable **flags** qui modifie l'ancienne valeur. La variable **flags**, au niveau du bit, ressemble désormais à :

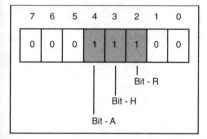

Fig. 3.17 : Bits flag pour attributs de fichier (2)

Les trois bits d'attribut sont maintenant tous positionnés et informent que le fichier concerné est protégé contre l'écriture, caché et archivable.

Désactivation de bits

L'opération inverse du positionnement d'un bit est la désactivation d'un bit. On emploie pour cela le connecteur binaire ET (opérateur **&**). Etant donné que le ET binaire appliqué à deux bits ne donne un bit à 1 que si les deux bits initiaux sont égaux à 1, alors tout 0 du masque de bits désactive le bit correspondant de l'autre valeur. Au contraire, un 1 dans le masque conserve la valeur d'origine.

Supposons, par exemple, que vous vouliez désactiver dans la variable flags le cinquième bit de droite (bit A) afin de montrer que le fichier ne doit pas être traité lors des opérations de sauvegarde. Vous devez alors connecter ce cinquième bit de droite avec un bit de valeur 0, par l'intermédiaire de l'opérateur &. Comme tous les autres bits doivent garder leur valeur antérieure, il faut absolument les connecter avec des bits positionnés. Le masque binaire qui désactive le cinquième bit de droite de la variable flags doit donc ressembler à :

```
11101111      /* Décimal : 239 */
```

Après la connexion :

```
    00011100      /* plage de bits de la variable flags */
&   11101111      /* masque : Décimal 239 */
    _____

    00001100      /* résultat: 5ème bit de droite désactivé */
```

réalisée par programme via l'affectation du résultat de cette connexion à la variable flags , cela grâce à l'instruction :

```
flags = flags & 239;     /*désactive le 5ème bit de droite dans variable flags */
```

la variable **flags** contient :

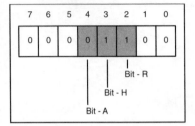

Fig. 3.18 : Bits flag pour attributs de fichier (3)

Comme le cinquième bit de droite n'est maintenant plus positionné, la variable **flags** mémorise grâce à ses bits d'attribut l'information suivante : le fichier est caché et protégé contre l'écriture, mais ne doit plus être sauvegardé.

Opérateurs de décalage

Les opérateurs de décalage >> et << connectent deux valeurs entières et décalent vers la gauche (<<) ou vers la droite (>>) tous les bits de l'opérande de gauche, d'un nombre de positions égal à la valeur de l'opérande de droite. Le résultat de l'opération a le type de l'opérande de gauche : si est entier. Pour l'opérande de droite, il faut faire attention : s'il est négatif, le décalage produira un résultat indéfini.

Décalage vers la gauche

L'opérateur << décale vers la gauche tous les bits de l'opérande de gauche, d'un nombre de positions correspondant à la valeur de l'opérande de droite. Les positions binaires laissées libres sur la droite par le décalage sont mises à 0.

La constante décimale 15, par exemple, est une donnée de type **int**. Ses deux octets peuvent être distingués l'un de l'autre par des appellations telles que **octet de poids fort** (High-order Byte) et **octet de poids faible** (Low-order Byte). Dans la représentation graphique, c'est l'octet de gauche qui possède le poids le plus fort. La constante 15 possède la représentation binaire suivante :

Octet fort	Octet faible	
00000000	00001111	/* Valeur décimale 15 */

Fig. 3.19 : Représentation binaire de la constante décimale 15

L'expression :

```
15  <<  4
```

décale tous les bits de la constante 15 de quatre position vers la gauche et met à zéro les positions libres sur la droite. Au niveau du bit, la valeur de l'expression donne :

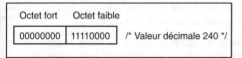

Octet fort	Octet faible
00000000	11110000	/* Valeur décimale 240 */

Fig. 3.20 :   Représentation binaire de l'expression 15 << 4

Cela correspond à la valeur décimale 240. L'instruction :

```
printf("%d", 15 << 4);
```

afficherait la valeur :

```
240
```

Définissons une variable :

```
unsigned int x = 15;
```

Alors, l'expression :

```
x << 4
```

a aussi la valeur 240, tandis que la variable x contient toujours la valeur 15. Avec l'instruction :

```
x = x << 4;    /* décalage de 4 positions vers la gauche et
                  affectation du résultat à la variable x */
```

nous arrivons à mémoriser le résultat du décalage dans la variable **x** qui contient ensuite la valeur 240.

Mathématiquement parlant, dans le système à base deux (système binaire) le décalage des bits d'une position vers la gauche correspond à une multiplication de la valeur concernée par 2. Le fait de décaler de quatre positions revient donc à multiplier par :

```
2 * 2 * 2 * 2
```

ou :

2^4

En effet :

$15 * 2^4 = 15 * 16 = 240$

Plus généralement, dans le système à base deux un décalage de N positions vers la gauche correspond à une multiplication par $2 \wedge N$.

Décalage vers la droite

Semblable à l'opérateur << , l'opérateur >> décale vers la droite tous les bits de l'opérande de gauche, d'un nombre de positions correspondant à la valeur de l'opérande de droite. Lors d'un décalage vers la droite, les positions binaires laissées libres sur la gauche par le décalage sont mises à 0 si l'opérande de gauche est non signé (donc de type unsigned). Si l'opérande de gauche est signé, les positions binaires laissées libres sur la gauche sont occupées par des copies du bit de signe.

Nous appliquerons l'opération de décalage vers la droite à la variable x de notre dernier exemple. La variable, à la fin, avait la valeur 240. Sa représentation binaire était :

Octet fort	Octet faible	
00000000	11110000	/* Valeur décimale 240 */

L'instruction :

```
x = x >> 4;                    /* décalage de 4 positions vers la droite. Mémorisation
                                  du résultat dans la variable x */
```

décale tous les bits de la variable x de quatre positions vers la droite et affecte le résultat de cette opération à x elle-même. Au niveau du bit, la valeur de la variable donne :

Octet fort	Octet faible	
00000000	00001111	/* Valeur décimale 15 */

Comme résultat du décalage vers la droite, la variable x a retrouvé sa valeur d'origine 15. Le décalage correspond donc à une division de l'opérande gauche par la valeur $2 \char94 4$:

$$240 : 2^4 = 240 : 16 = 15$$

Plus généralement, dans le système à base deux un décalage de N positions vers la droite correspond à une division par $2 \char94 N$.

Exemple d'application des opérateurs binaires

Bien que cela ne ressorte pas du standard ANSI, la plupart des compilateurs disposent d'une fonction qui permet de connaître la touche du clavier sur laquelle on vient d'appuyer. Une de ces fonctions (entre autres variantes) est la fonction _bios_keybrd (Microsoft C). Celle-ci lit un caractère au clavier et donne le résultat sous la forme d'une valeur de type unsigned int (2 octets) que le programme peut ensuite retraiter, par exemple pour l'afficher. Cette valeur indique la touche qui a été enfoncée et le caractère qui a été saisi.

L'octet de gauche (fort) de la valeur donne le scancode de la touche. Le scancode d'une touche est un numéro qui permet d'identifier chaque touche du clavier. Par exemple, la touche a le scancode 59 (décimal). L'octet de droite (faible) de la valeur contient le code ASCII du caractère.

Si l'utilisateur a, par exemple, entré un grand X, alors la fonction **_bios_keybrd** fournit au programme la valeur suivante :

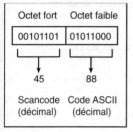

Fig. 3.21 : Valeur retournée par la fonction
" _bios_keybrd " après saisie de " X

La valeur décimale 45 est le scancode de la touche portant le signe **x**, alors que la valeur décimale 88 représente le code ASCII du caractère X.

Si on a appuyé sur une touche de fonction ou sur une flèche directionnelle, alors l'octet faibleByte contient la valeur 0. Dans l'image suivante, c'est ainsi que la valeur retournée indique que l'utilisateur a enfoncé la touche <F1> (scancode : 59 décimal) :

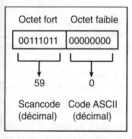

Fig. 3.22 : Valeur de retour de la fonction
" _bios_keybrd " après appui sur "F1"

La fonction **_bios_keybrd** donne deux informations (scancode et code ASCII en une seule valeur). (Une autre possibilité pour connaître le scancode des touches de fonction et des touches de curseur est offerte par les fonctions **getch** ou **getche**. Reportez-vous pour cela au chapitre 10 **Fonctions : Passage des paramètres**. Mais, il est souvent nécessaire de traiter séparément le scancode et le code ASCII. On doit donc isoler les deux valeurs. Cela peut se faire à l'aide des opérateurs de bits. Le programme WHICHKEY.C invite l'utilisateur à appuyer sur une touche, puis affiche le scancode de la touche et le code ASCII du caractère (s'il existe).

▶ WHICHKEY.C

```
/*     whichkey montre, via scancode et code ASCII, la touche enfoncée      */
#include <stdio.h>                                          /* pour printf  */
#include <bios.h>                                    /* pour _bios_keybrd   */
main()
{
    unsigned int saisie;                    /* pour le résultat de _bios_keybrd */
    int carlu, scancode;                        /* pour code ASCII et scancode  */
    printf("\033[2J");                                    /* Efface l'écran  */
    printf("Appuyez sur une touche :");
    saisie = _bios_keybrd(_keybrd_read);         /*prise en compte de la saisie */
    carlu = saisie & 255;                                /* isole Low Byte  */
    scancode = saisie > 8;                               /* isole High Byte */
    printf("\nScancode : %d   Caractère : %c", scancode, carlu);
}
```

Commentaires

Comment fonctionne ce programme ? Après que l'utilisateur ait été invité à appuyer sur une touche, la fonction **_bios_keybrd**, via l'instruction :

```
saisie = _bios_keybrd(_KEYBRD_READ);
```

reçoit la saisie de ce dernier. Avec le paramètre _KEYBRD_READ, la fonction lit le caractère entré ou détecte la touche sur laquelle on a appuyé. Le résultat de cette vérification est stocké dans les deux octets de la variable **saisie** : le scancode dans l'octet fort et (s'il existe) le code ASCII dans l'octet faible. Après quoi :

```
carlu = saisie & 255;
```

isole l'octet faible de la variable **saisie** et le mémorise dans la variable **carlu**. Si l'utilisateur, par exemple, a entré X en appuyant sur <Maj> et sur la touche **x** , alors la connexion avec la valeur 255 via l'opérateur **&** donne au niveau du bit :

```
      00101101 01011000         /* valeur de la variable " saisie "      */
  &   00000000 11111111         /* masque pour mettre à 0 l'octet fort   */
      ─────────────────
      00000000 01011000         /* résultat : octet fort effacé          */
```

Le ET binaire met à 0 tous les bits de l'octet fort. En effet, les zéros du masque binaire désactivent les bits correspondants de la variable **saisie**. L'octet faible de la variable reste par contre inchangé par la connexion avec les bits positionnés du masque. Donc la variable **carlu** se voit affecter la valeur :

qui correspond au nombre décimal 88, à savoir le code ASCII du caractère X.

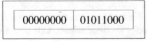

| 00000000 | 01011000 |

L'instruction :

```
scancode = saisie >> 8;
```

entraîne que dans le champ de bits de la variable **saisie** :

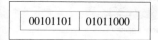

tous les bits de l'octet fort (qui renferme le scancode) sont décalés de huit positions vers la droite et que le résultat du décalage est affecté à la variable **scancode**. Il s'ensuit que la variable **scancode** contient maintenant la valeur :

étant donné que les positions binaires laissées libres sur la gauche par le décalage sont remplies par des zéros. De cette façon, l'octet faible, et donc le scancode de la touche **x**, est isolé dans la variable **scancode**. On peut alors afficher séparément les deux valeurs.

Priorités

Les opérateurs de bits ont différentes priorités. Le NON binaire ~ a la priorité 14, les deux opérateurs de décalage << et >> ont la priorité 11 et les connecteurs logiques binaires &, ^ et | ont respectivement les priorités 8, 7 et 6. Après les définitions :

```
unsigned int x = 0, y = 0;
```

dans l'expression :

```
~x >> 8 & 15 ^ 15 | y
```

les opérateurs, en raison de leur priorité, sont évalués dans l'ordre de leur apparition, de la gauche vers la droite. La valeur de l'expression est 0 :

```
0000 0000 0000 0000    /*    x                      */
1111 1111 1111 1111    /*    ~x                     */
0000 0000 1111 1111    /*    ~x >> 8                */
0000 0000 0000 1111    /*    ~x >> 8 & 15           */
0000 0000 0000 0000    /*    ~x >> 8 & 15 ^ 15      */
0000 0000 0000 0000    /*    ~x >> 8 & 15 ^ 15 | y  */
```

Pour conclure, complétons notre tableau des priorités :

Désignation	symbole d'opérateur	Priotité	Ordre
parenthèse	()	15	de gauche à droite
Opérateurs unaires			
Opérateur Cast	(type de donnée)	14	de droite à gauche
Opérateurs de négation			de droite à gauche
arithmétique	-	14	de droite à gauche
logique	!	14	de droite à gauche
logique de bit	~	14	de droite à gauche
Opérateurs binaires			
Opérateurs arithmétique	*/%	13	de gauche à droite
	+ -	12	de gauche à droite
Opérateurs de décalage	<<>>	11	de gauche à droite
Opérateurs de comparaison	>>=>>=	10	de gauche à droite
	== ! ==	9	de gauche à droite
Opérateurs de bit	&	8	de gauche à droite
	^	7	de gauche à droite
	|	6	de gauche à droite
Opérateurs logiques	&&	5	de gauche à droite
	||	4	de gauche à droite

Fig. 3.23 :   Tableau des priorités des opérateurs C (8)

Opérateurs d'affectation

Les opérateurs d'affectation mettent dans leur opérande de gauche la valeur de leur opérande de droite. L'opérande de gauche doit être ce qu'on appelle une Lvalue : une expression désignant une adresse dans la mémoire de l'ordinateur, par exemple le nom d'une variable. Une constante ne peut donc pas être une Lvalue et figurer dans la partie gauche d'une affectation. L'opérande de droite peut être n'importe quelle expression.

Bien que les opérations d'affectation concernent systématiquement deux opérandes, à savoir celui auquel on affecte et celui qui est affecté, le langage C possède des opérateurs d'affectation unaires et binaires. Nous verrons cependant que les opérations avec les opérateurs d'affectation unaires ne représentent que des notations abrégées d'opérations binaires.

Les affectations sont évaluées de la droite vers la gauche. Le type des données de la valeur du membre de droite est converti en type de la valeur du membre de gauche lorsque les types des deux côtés ne coïncident pas (cf.**Conversions de types**). C dispose des opérateurs d'affectation suivants :

opérateur	opération		exemple
unaire (incrément et décrément)			
++	Augmentation de 1		x++ (postfixé) x-- (préfixé)
--	Diminution de 1		x-- (postfixé) x++ (préfixé)
binaire			
=	Affectation simple		x=y
+=	Affectation avec addition		x+=y
-=	Affectation avec soustraction		x-=y
*=	"	" multiplication	x*=y
/=	"	" division	x/=y
%=	"	" opération de reste	x%=y
>>=	"	" déplacement vers la droite	x>>=y
<<=	"	" déplacement vers la gauche	x<<=y
&=	"	" connexion binaire ET	x&=y
|=	"	connexion binaire OU inclusif	x|=y
^=	"	" connexion binaire OU exclusif	x-=y

Fig. 3.24 : Opérateurs d'affectation

Affectation simple

Les affectations simples sont réalisées par l'opérateur = que vous avez déjà rencontré. Une fois défini :

```
int x;
```

l'affectation :

```
x = 1;
```

entraîne que la variable x du membre droit de l'affectation reçoit la valeur 1. L'opération d'affectation précédente peut être découpée en deux étapes :

1. D'abord, le membre droit de l'affectation est évalué et donne la valeur 1.

2. La valeur du membre droit est attribuée à la variable du membre gauche.

Bien évidemment, une variable peut également figurer sur le côté droit de l'affectation. Avec les variables :

```
int x = 0, y = 1;
```

x après l'affectation :

```
x = y;
```

a la valeur de y, à savoir 1. La variable y reste inchangée. On aurait le même résultat avec :

```
x = x + 1;
```

si x avait la valeur initiale 0.

Toute expression du C a une valeur. Pour conséquent, une affectation possède aussi une valeur. D'après la section **Expressions**, nous savons déjà que la valeur d'une affectation est la valeur de son membre gauche, après exécution de l'opération d'affectation. Si par exemple la variable entière x a la valeur 1, alors l'expression :

```
x = x + 1;
```

a la valeur 2, à savoir la valeur du membre gauche, en d'autres termes la valeur de la variable x après qu'ait été réalisée l'affectation. Vous pouvez naturellement réaffecter cette valeur à une variable. On peut ainsi réaliser des affectations multiples. Après les définitions :

```
int x, y;
```

l'instruction :

```
x = y = 1;
```

affecte la valeur 1 aux deux variables. Pour commencer, l'affectation :

```
y = 1;
```

est exécutée, y recevant ici la valeur 1. Ensuite, la valeur de l'affectation **y = 1**, à savoir 1, **est repassée à la variable** x qui prend ensuite la valeur 1, elle aussi. L'affectation multiple précédente est donc équivalente aux instructions :

```
x = 1;
y = 1;
```

ou :

```
x = 1;
y = x;
```

Comme les affectations sont traitées de la droite vers la gauche, un parenthésage n'est pas nécessaire. Avec les variables :

```
int a, b, c, d;
```

les instructions :

```
a = b = c = d = 0;
```

et

```
a = (b = (c = (d = 0)));
```

sont équivalentes. Dans les deux cas, les quatre variables prennent la valeur 0.

Affectation combinée

Les affectations combinées mélangent une opération d'affectation avec une opération arithmétique ou de bits (logique ou décalage). Dans le récapitulatif suivant, pour les deux opérandes x et y les expressions de la colonne de gauche équivalent aux expressions de la colonne de droite.

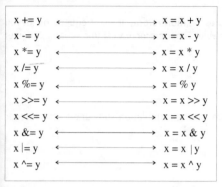

Fig. 3.25 : Affectations combinées

Chaque affectation combinée relie ses deux opérandes avec un opérateur arithmétique ou de bits, puis affecte le résultat de cette relation à l'opérande de gauche. Pour les variables :

```
int x = 10, y = 3;
```

l'instruction donne :

```
x += y;
```

la valeur 13 pour la variable x, ce qui est aisé à comprendre si on considère l'instruction équivalente :

```
x = x + y;
```

De manière analogue, l'affectation combinée avec l'opération modulo :

```
x %= y;
```

donne pour x la valeur 1, comme on peut le constater immédiatement sur la formulation équivalente :

```
x = x % y;
```

Des instructions comme :

```
x = x & 255;                        /* connexion de X avec le masque 255      */
```

et :

```
x = x >> 8;      /* décalage de 8 pos. vers la droite de tous les bits de x */
```

s'abrègent en :

```
x &= 255;
```

ou :

```
x >>= 8;
```

Incrément et décrément

Comme nos manipulations ultérieures le montreront, il est fréquent de devoir augmenter ou diminuer de 1 une variable. Si par exemple **x** est une variable, on peut le faire avec les instructions :

```
x = x + 1;
```

ou :

```
x = x -1;
```

La section qui précède nous a montré qu'une formulation sous une forme abrégée est possible :

```
x += 1;
x -= 1;
```

Mais on peut faire encore plus bref.

Fonction d'affectation des opérateurs unaires

Les opérateurs d'incrément et de décrément unaires ++ et — augmentent (incrémentent) ou diminuent (décrémentent) la valeur d'une variable de la quantité 1. Ils renferment donc une opération d'affectation, bien que l'opérateur = ne soit pas utilisé ici. Les opérateurs d'incrément et de décrément ne sont pas utilisables sur des données constantes. Ils peuvent être placés devant leur opérande (préfixe) ou après leur opérande (postfixe). Si notre variable **x** a par exemple la valeur 1, alors les instructions :

```
x++;
```

ou :

```
++x;
```

accroissent la valeur de la variable **x** de 1. La nouvelle valeur de **x** est donc 2. Les instructions précédentes ont donc le même effet que l'instruction :

```
x =  x +1;
```

De même, les instructions :

```
x-;
```

ou :

```
-x;
```

diminuent la valeur originale 1 de la variable pour la faire passer à 0, donc conduisent au même résultat que :

```
x  =  x - 1;
```

Dans les exemples que nous venons de présenter, peu importe que l'opérateur soit placé avant ou après. Toutefois, la position de l'opérateur fait une grande différence. Cela se remarque de manière évidente si les opérateurs d'incrément et de décrément sont utilisés dans des instructions plus complexes :

Préfixe et postfixe

Si on définit par :

```
int x = 1, y;
```

deux variables entières x et y, alors l'instruction :

```
y = x++;
```

entraîne deux effets :

Tout d'abord, à la variable y est affectée la valeur de la variable x, avant que celle-ci ne soit incrémentée. y prend donc la valeur 1.

Ensuite, la valeur de la variable x augmente de 1. Sa nouvelle valeur est 2.

Une fois l'instruction :

```
y = x++;
```

effectuée x a donc la valeur 2 et y la valeur 1. L'instruction précédente équivaut donc aux deux instructions :

```
y = x;
x++;
```

De même :

```
y = x-;
```

affecterait à y la valeur 1, puis ferait passer x de 1 à 0. Nous pouvons donc formuler la règle générale.

Un opérateur de post-incrémentation ou de post-décrémentation entraîne que son opérande est d'abord utilisé, puis incrémenté ou décrémenté.

Inversement :

Un opérateur de pré-incrémentation ou de pré-décrémentation entraîne que son opérande est incrémenté ou décrémenté avant d'être utilisé.

Appliquons cela à notre exemple (avec x égal à 1). Cela signifie que l'instruction :

```
y = ++x;
```

commence par faire augmenter la valeur de x de 1 à 2. Ensuite, cette nouvelle valeur est affectée à la variable y. y ne prend donc pas la valeur d'origine de x, mais la valeur accrue de 1 et vaut donc 2 comme x. La décrémentation :

```
y = -x;
```

entraîne, en supposant que x soit égal à 1, que la valeur de x est d'abord abaissée de 1 à 0, puis affectée à la variable y. Le résultat : x et y ont la valeur 0.

Incrémentation et décrémentation des variables réelles

Les opérateurs d'incrément et de décrément peuvent aussi s'appliquer aux variables à virgule flottante. Après la définition :

```
float f = 3.14;
```

l'instruction :

```
f++;
```

augmente de 1 la valeur de la variable f qui passe à 4.14. Les cas où une variable réelle est incrémentée ou décrémentée de 1 sont bien plus rares qu'avec les variables de types entiers. Un exemple très fréquent est la réalisation d'opérations de comptage, notamment dans les instructions répétitives (boucles), habituellement effectuées à l'aide de variables entières (cf. chapitre 4 **Structures de contrôle**).

Nous récapitulerons ici les résultats de nos exemples d'opérations :

Valeur de variable avant l'instruction		Instruction	Valeur de variable après l'instruction	
x:1	y:0	y = x++;	x:2	y:1
x:1	y:0	y = x--;	x:0	y:1
x:1	y:0	y= ++x;	x:2	y:2
x:1	y:0	y = --x;	x:0	y:0

Fig. 3.26 : Résultats des opérations d'incrémentation et de décrémentation

Effets de bord (side effects)

les opérateurs d'incrément et de décrément sont des opérateurs avec effets de bord. Un effet de bord consiste à modifier la valeur d'un opérande pendant le traitement d'une expression. Ainsi, toutes les affectations sont des opérations avec effets de bord car elles changent la valeur du membre gauche. Après les définitions :

```
int x = 2, y = 2, z = 3;
```

l'instruction :

```
z = x + y;
```

fait passer la valeur de la variable z de 3 à 4. La valeur des variables x et y reste, par contre, inchangée. Ce genre d'instruction ne pose pas de problème si on le compare avec l'instruction :

```
y = (x = 2) + (x = x-1);
```

où **x** et **y** sont ainsi définis :

```
int x = 5, y;
```

En raison de la commutativité de l'opérateur + qui permet normalement au compilateur d'évaluer les opérandes concernés dans un ordre quelconque, la variable y de l'exemple précèdent se voit affecter soit la valeur 3, soit la valeur 6. Les deux opérandes de l'opérateur + du membre droit de l'affectation sont eux-mêmes des affectations (parenthésées) qui changent la valeur de la variable **x**. Si le compilateur évalue d'abord l'expression :

```
(x = 2)
```

alors **x** prend la valeur 2. Il en est de même pour l'opérande (x = 2), car la valeur d'une affectation est toujours la valeur de son membre gauche, une fois la transmission de la valeur du membre droit effectuée. L'autre opérande de l'opérateur + :

```
(x = x-1)
```

modifie derechef la valeur actuelle 2 de la variable **x**, cette fois en y retranchant 1 pour donner 1. Ce faisant, l'expression complète (x = x-1) prend la valeur 1. L'addition des deux opérateurs donne la valeur 3 qui est affectée à la variable **y**.

Dans l'autre cas, le compilateur évalue d'abord le second opérande, l'expression :

```
(x = x-1)
```

Cela affecte à la variable x la nouvelle valeur 4 et la valeur de l'expression (x = x-1) est alors 4. L'évaluation de l'autre opérande :

```
(x = 2)
```

donnerait cette fois une nouvelle valeur pour la variable **x** et pour l'opérande complet, à savoir 2. L'addition des deux opérandes (4 + 2) aurait donc pour résultat 6, ce qui serait reporté dans la variable **y**.

Effet de bord dans les opérations d'incrémentation et de décrémentation

Comme les opérations d'incrément et de décrément des opérateurs ++ et — contiennent aussi des affectations, elles ont donc des effets de bord. L'exemple qui suit utilise une expression d'incrémentation comme paramètre de fonction. Il faut savoir qu'en langage C les paramètres d'une fonction peuvent être évalués par le compilateur dans un ordre quelconque. Cela ne pose aucun problème si les opérandes sont des constantes ou des variables normales. Avec les variables :

```
int x = 1, y = 1;
```

par exemple, peu importe que dans l'instruction :

```
printf("%d %d", x, y);
```

x ou **y** soit d'abord évalué. Dans tous les cas, on affiche les valeurs :

```
1 1
```

Si vous utilisez en revanche, comme paramètres de fonction, des expressions renfermant des opérateurs d'incrément ou de décrément (ou des affectations), il peut advenir des résultats imprévisibles. L'instruction :

```
printf("%d %d", ++x, y = x);
```

peut produire des affichages différents selon que le paramètre y = x ou le paramètre ++x est évalué en premier. Si les deux variables valent 1 au départ, l'instruction **printf** affiche les valeurs :

2 1

si l'argument :

y = x

est évalué en premier. La variable y et donc l'expression y = x prennent la valeur de x, donc 1. Cette valeur est fixée pour l'affichage. Ensuite, l'argument :

++x

est évalué. La valeur de x est incrémentée avant l'utilisation de x et passe de 1 à 2. Ensuite, les valeurs sont affichées :

Mais si le compilateur évalue d'abord l'expression :

++x

alors x est incrémenté et a maintenant la nouvelle valeur 2. Lors de l'évaluation du second argument, y prend la valeur 2, ainsi que l'expression y = 2. Vous obtenez alors l'affichage :

2 2

Les considérations qui précèdent suggèrent que la portabilité des programmes doit vous faire renoncer aux instructions dont les résultats dépendent de l'ordre d'évaluation d'opérandes à effet de bord.

Priorités

Les opérateurs d'affectation ont des priorités différentes. Les opérateurs unaires d'incrémentation et de décrémentation ont la priorité 14, alors que les opérateurs binaires d'affectation ont tous la priorité 2. Cette faible priorité permet d'affecter à une variable, sans aucun parenthésage, la valeur d'expressions ne contenant pas d'opérateurs d'affectation. Avec les variables :

```
int x = 1, y = 10;
```

l'instruction :

```
y = x * 3 +y;
```

affecte la valeur de l'expression :

```
x * 3 + y     /* valeur : 1 * 3 +10 = 13     */
```

à la variable **y**, **y** prenant ici la valeur 13. Mais si l'opérateur d'affectation avait une priorité plus élevée que les opérateurs * et +, alors l'expression :

```
x * 3 + y
```

devrait être parenthésée pour obtenir ce résultat. Autrement, c'est d'abord l'affectation :

```
y = x
```

qui serait exécutée, ce qui donnerait à **y** la valeur 1.

Complété par les opérateurs d'affectation, notre tableau des priorités ressemble maintenant à :

désignation	symbole d'opérateur	Priorité	Ordre
parenthèse	()	15	de gauche à droite
Opérateurs unaires			
Opérateur Cast	(type de donnée)	14	de droite à gauche
Opérateurs de négation			de droite à gauche
- arithmétique	-	14	de droite à gauche
- logique	!	14	de droite à gauche
- binaire	~	14	de droite à gauche
Opérateurs binaires et terciaire			
Opérateurs arithmétique	*/%	13	de gauche à droite
	+ -	12	de gauche à droite
Opérateurs de décalage	<< >>	11	de gauche à droite
Opérateurs de comparaison	>> >= >> =	10	de gauche à droite
	== != ==	9	de gauche à droite
Opérateurs de bit	&	8	de gauche à droite
	^	7	de gauche à droite
	|	6	de gauche à droite
Opérateurs logiques	&&	5	de gauche à droite
	||	4	de gauche à droite
Opérateurs d'affectation	= + = - = * = / = % = >> = << = & = ^ = | =	2	de gauche à droite

Fig. 3.27 : Tableau des priorités des opérateurs C (9)

Autres opérateurs

Dans l'exposé qui va suivre, nous présenterons les autres opérateurs du C, entre autres l'opérateur conditionnel ternaire ? et l'opérateur **virgule**.

Opérateur conditionnel

L'opérateur conditionnel ? est l'unique opérateur ternaire du C. Ses trois opérandes sont des expressions. Une instruction utilisant l'opérateur conditionnel obéit à la syntaxe suivante :

```
Expression1 ? Expression2 : Expression3
```

Expression1 représente la partie conditionnelle de l'instruction complète. On vérifie sa valeur de vérité, si elle vaut TRUE ou FALSE. Comme vous le savez déjà, la valeur logique TRUE signifie que l'expression a une valeur numérique différente de 0. Inversement, la valeur logique FALSE équivaut à la valeur numérique 0.

Si **Expression1** vaut TRUE, donc si la condition est remplie, alors **Expression2** est évalué et l'expression complète prend la valeur de **Expression2**.

Si **Expression1** vaut FALSE, donc si la condition n'est pas remplie, alors **Expression3** est évalué et l'expression complète prend la valeur de **Expression3**.

Avec les deux variables :
```
int x = 10, y = 5;
```
l'expression :
```
x != y ? x : y
```
vaut 10, car **x** est effectivement différent de **y**. Par conséquent, la condition :
```
x != y
```
vaut TRUE. L'expression toute entière prend donc la valeur de **x**, à savoir 10. Inversement, dans l'expression :
```
x == y ? x : y
```
la condition vaudrait FALSE, car **x** diffère de **y**. L'expression toute entière recevrait donc la valeur de **y**, à savoir 5. L'opérateur conditionnel a la priorité 3. De ce fait, dans notre exemple la condition :
```
x == y
```
n'a pas besoin d'être parenthésée, étant donné que l'opérateur == possède une priorité supérieure, ce qui fait que l'expression partielle **x == y** est évaluée en premier. Mais si on remplace la condition :
```
x == y      /* opérateur de comparaison */
```
par :
```
x = y       /* opérateur d'affectation  */
```
alors dans l'expression :
```
x = y ? x : y
```
sans parenthésage, c'est d'abord l'expression partielle :
```
y ? x : y
```
qui est évaluée, étant donné que l'opérateur conditionnel possède une priorité plus haute (3) que l'opérateur d'affectation (2). Le résultat de cette expression partielle serait alors affecté à la variable **x**. **x** contiendrait dans ce cas la valeur 10 parce que l'expression **y** est différente de 0, donc vaut TRUE. Mais si c'est l'expression :
```
x = y
```
qui doit faire office de condition, alors il faut la parenthéser :
```
(x = y) ? x : y
```
Cela donne pour **x** la valeur 5. En effet, en raison du parenthésage, **y** est d'abord affecté à **x** et ce n'est qu'ensuite que l'opérateur conditionnel est évalué. L'expression toute entière prendrait la valeur 10 car l'expression d'affectation a la valeur de **x** après affectation, donc est différente de 0 (TRUE).

Avec une instruction telle que :

```
printf("%d", x != y ? x:y);
```

on peut afficher directement la valeur (ici 10) d'une expression conditionnelle. Il faut faire attention ici à ce que le format corresponde au type de la valeur prise par l'expression. Si on remplaçait les variables entières **x** et **y** par deux variables **float** :

```
float p = 10.5, q = 5.5;
```

alors il faudrait utiliser le format **%f** :

```
printf("%f", p != q ? p:q);
```

Il en va de même si vous voulez affecter à une variable la valeur d'une expression conditionnelle. Le type de la variable **absvalue** dans l'instruction :

```
absvalue = x < 0 ? -x : x;
```

qui calcule la valeur absolue d'un nombre devrait correspondre au type de **x**. Si les types de **Expression2** et **Expression3** diffèrent, les conversions implicites usuelles sont effectuées - cf. chapitre 3.2.1.3 Conversions de types.

Opérateur séquentiel

L'opérateur séquentiel ou opérateur **virgule** (,) permet de rassembler syntaxiquement deux expressions en une seule. Les deux instructions :

```
++x;
++x;
```

pourraient aussi s'écrire :

```
++x, ++y;
```

Les deux opérandes de l'opérateur séquentiel sont évalués de la gauche vers la droite. La valeur et le type de l'expression complète sont ceux du second opérande. Si dans notre exemple **x** et **y** sont des variables entières valant respectivement 1 et 2, alors l'expression :

```
++x, ++y
```

a la valeur de ++y, soit 3. L'opérateur séquentiel est très utile pour placer deux (ou plusieurs) expressions, là où une seule est permise. Vous découvrirez une application très courante de cette possibilité dans le chapitre 4 à propos des structures de contrôle. L'opérateur séquentiel a la priorité la plus faible de tous les opérateurs, à savoir 1.

Rappelez-vous ici que la virgule possède déjà une autre fonctionnalité. Dans des définitions de variables comme :

```
int x = 1, y = 2, z = 3;
```

ou dans des appels de fonction tels que :

```
printf("%d %d %d", x, y, z);
```

la virgule sert simplement à séparer les divers éléments d'une liste (de noms, de paramètres, etc.) Dans l'instruction précédente, le séparateur virgule n'indique aucunement un ordre d'évaluation. Comme nous l'avons déjà signalé à la rubrique **Effets de bord**, c'est le compilateur qui décide librement de l'ordre d'évaluation des paramètres dans un appel de fonction (par exemple, les arguments de la fonction **printf**). Le parenthésage des arguments dans l'appel de fonction :

```
printf("%d %d", (x, y), z);
```

entraîne cependant que le compilateur interprète la virgule entre les arguments **x** et **y** comme opérateur séquentiel. La fonction **printf**, dans ce cas, n'a que deux arguments, à savoir **(x,y)** et **z**. Dans l'expression parenthésée **(x,y)**, c'est d'abord **x** qui est évalué, puis **y**. L'argument :

```
(x, y)
```

a la valeur de **y**, donc vaut 2.

Opérateur de dimension

L'opérateur unaire de dimension **sizeof** calcule l'occupation mémoire en octets requise par une variable ou par un type de données. Voici la syntaxe de l'opérateur **sizeof** :

```
sizeof(<expression>)
```

ou :

```
sizeof  (<type>)
```

Les parenthèses peuvent être omises lorsque l'opérande est une expression. Mais la tradition est de les laisser systématiquement. Après les définitions :

```
short s;
long l;
double d;
```

les expressions :

```
sizeof(s)
sizeof(l)
sizeof(d)
```

ont les valeurs 2, 4 et 8, car les variables occupent justement ces nombres d'octets en mémoire. L'opérateur **sizeof** manipule également les intitulés des types de données. Ainsi, les expressions :

```
sizeof(short)
sizeof(long)
sizeof(double)
```

valent aussi 2, 4 et 8, ce qui correspond à la place mémoire prise par ces types de données. L'expression :

```
sizeof(int)
```

en revanche prend la valeur 2 ou 4 selon l'occupation mémoire du type **int** sur l'ordinateur concerné.

L'opérateur **sizeof** a la priorité 14.

Opérateur d'adressage

L'opérateur unaire d'adressage **&** ne doit pas être confondu avec l'opérateur binaire ET qui manipule les bits. Vous l'avez déjà rencontré au chapitre 2 **Entrée et sortie**. Il fournit l'adresse de son opérande qui doit être une Lvalue (cf. la rubrique **Opérateurs d'affectation**), donc par exemple un nom de variable. Si **x** est une variable, alors l'expression :

```
&x
```

donne l'adresse de la variable **x**. L'opérateur d'adressage a la priorité 14. Pour plus de détails, reportez-vous aux chapitres 2 **Entrée et sortie : Saisie formatée** et 9 **Pointeurs**.

Opérateur de moulage (cast)

L'opérateur unaire **cast** a déjà été traité. Il a la priorité 14. C'est lui qui permet de convertir explicitement le type d'une donnée en un autre type. Ainsi, l'expression :

```
(double) x
```

transforme le type d'une variable **int** en **double**. Pour plus de détails sur l'opérateur de moulage, reportez-vous au chapitre 3.2.1.3 **Conversions de types**.

Opérateurs de parenthésage

Les parenthèses ont la priorité la plus élevée (15). C'est logique, car une de leurs fonctionnalités essentielles consiste à permettre de regrouper librement des expressions comportant d'autres opérateurs. En d'autres termes, cet opérateur détermine l'ordre d'évaluation au sein d'une expression.

Par exemple, l'évaluation de l'expression :

```
5 * 7 + 3
```

donne une autre valeur (38) que l'évaluation de l'expression :

```
5 * (7 + 3)
```

qui donne le résultat 50.

Les parenthèses sont aussi utilisées comme parenthèses de fonction. Elles délimitent ainsi les paramètres d'une fonction C, donnés après le nom de la fonction. Cela aussi bien lors de l'appel que de la déclaration ou de la définition de la fonction. Les parenthèses sont requises même si la fonction est dépourvue d'arguments.

Les crochets [et] sont utilisés avec le type de données complexes **tableau** (Array). Ils seront donc présentés au chapitre 5 **Types de données complexes**. Les crochets ont également la priorité 15.

Opérateurs de champ et d'indirection

Les opérateurs **.** et **->** servent à sélectionner des composants dans les données complexes de type struct (structures). Ils seront donc explicités aux chapitres 5 **Types de données complexes : Tableaux et structures** et 9 **Pointeurs**. Les opérateurs **.** et **->** ont la priorité 15.

L'opérateur unaire d'indirection ***** (à ne pas confondre avec l'opérateur de la multiplication) sera traité au chapitre 9 **Pointeurs**. Il a la priorité 14.

Priorités

Nous voilà désormais en mesure de dresser une liste complète des opérateurs du C, avec leurs priorités.

Désignation	Symbole d'opérateur	Priorité	Ordre
parenthèse	()[]	15	de gauche à droite
Opérateur de champ	. ->	15	de gauche à droite
Opération unaire			
Opérateur Cast	(type de données)	14	de droite à gauche
Opérateur de taille	sizeof	14	de droite à gauche
Opérateur d'adresse	&	14	de droite à gauche
Opérateur d'indirection	*	14	de droite à gauche
Opérateur de négation - arithmétique - logique - binaire	- ! ~	14 14 14	de droite à gauche de droite à gauche de droite à gauche
Incrément	+	14	de droite à gauche
Décrément	—	14	de droite à gauche
Opération binaire et ternaire			
Opérateurs	*/%	13	de gauche à droite
arithmétiques	+-	12	de gauche à droite
Opérateurs de décalage	<<>>	11	de gauche à droite
Opérateurs de comparaison	>>=<<= ==!=	10 9	de gauche à droite de gauche à droite
Opérateurs de bit	& ^ |	8 7 6	de gauche à droite de gauche à droite de gauche à droite
Opérateurs logiques	&& ||	5 4	de gauche à droite de gauche à droite
Opérateurs conditionnels (ternaire)	?:	3	de droite à gauche
Opérateurs d'affectation	=+=-=*=/= %=>>=<<=&= ^=|=	2	de droite à gauche
Opérateurs séquentiels	,	1	de droite à gauche

Tab. 3.15 : Tableau des priorités des opérateurs C (10)

4 Structures de contrôle de flux

Le langage C met à votre disposition des structures dites de contrôle de flux. Il s'agit d'instructions par lesquelles on peut piloter (contrôler) le déroulement du programme. Nous distinguerons trois groupes de structures de contrôle de flux :

▶ instructions alternatives (tests)

▶ instructions répétitives (itérations)

▶ instructions de branchement

4.1 Instructions alternatives (tests)

Les structures alternatives permettent de ne pas exécuter systématiquement certaines instructions, mais seulement dans certains cas bien prévus par le programmeur. Dans ce contexte, nous étudierons les instructions **if** (test), **if else** (test avec alternative) et **switch** (test multiple).

Test if

L'instruction de test ou instruction **if** permet de ne faire exécuter certaines instructions que dans le cas où une condition est remplie. Voici la syntaxe de l'instruction **if** :

```
if (<expression>)
    <instruction>;
```

La partie parenthésée de l'expression représente la condition de l'instruction **if**. C'est d'elle que dépend l'exécution ou non de l'instruction qui suit. Si <expression> a une valeur non nulle, alors la condition de l'instruction **if** est considérée comme valant TRUE (vraie) et l'instruction concernée est exécutée. Si en revanche <expression> a une valeur nulle, alors la condition est considérée comme FALSE (fausse) et l'instruction n'est pas exécutée. Avec les deux variables :

```
int x = 5, y = 3;
```

par exemple, l'instruction **if** dans ce fragment de programme :

```
.
.
.
if (x > y)
    printf("x est plus grand que y.");
printf("\nC'est moi qui suis l'instruction suivant l'instruction if.")
.
.
.
```

fait que le message "x est plus grand que y." n'est affiché que si la variable "x" a une valeur supérieure à la variable "y". La condition du **if**, à savoir l'expression de comparaison :

```
x > y
```

est donc TRUE, donc différente de 0. La portion de programme précédemment schématisée produit donc l'affichage :

```
x est plus grand que y.
C'est moi qui suis l'instruction suivant l'instruction if.
```

Prenons pour "x" et "y" les définitions :

```
int x = 3, y = 5;
```

La condition du **if** n'est alors pas remplie, donc vaut FALSE. En effet, "x" étant inférieur à "y", l'expression :

```
x > y
```

retourne la valeur 0. De ce fait, le message "x est plus grand que y." n'est pas affiché et le programme poursuit son exécution à l'instruction qui suit le if. On obtient ici comme affichage :

```
C'est moi qui suis l'instruction suivant l'instruction if.
```

L'indentation de l'instruction dépendante n'est là que pour des raisons de lisibilité et n'a aucune influence sur l'exécution du **if**. Il serait syntaxiquement correct (mais beaucoup moins lisible) d'écrire :

```
if (x > y) printf("x est plus grand que y.");
```

ou :

```
if (x > y)
printf("x est plus grand que y.");
```

Dans ce dernier test, il n'est pas évident à première vue que l'instruction **printf** dépende de la condition du **if**.

Conditions plus complexes

La condition du **if** peut comporter plusieurs conditions partielles. Supposons que vous vouliez lier l'affichage de "x est plus grand que y." au fait que "x" est supérieur à zéro. Il faut alors écrire :

```
if (x > y  &&  x > 0)
    printf("x est plus grand que y.");
```

La phrase "x est plus grand que y" n'est affichée que si "x" est plus grand que "y" et plus grand que zéro. Les variables pourraient être définies ainsi :

```
int x = 5, y = 3;
```

Si vous attribuiez aux variables "x" et "y" les valeurs suivantes :

```
x = -2;
y = -3;
```

avant l'exécution du if, alors "x" serait certes plus grand que "y", mais inférieur à zéro. La condition :

```
(x > y  &&  x > 0)
```

ne vaudrait pas TRUE, ce qui signifie que son évaluation donnerait la valeur 0 (pour FALSE) et donc que le message ne serait pas affiché.

Condition représentée par des expressions constantes

Il n'est pas indispensable que la condition d'un **if** soit une opération logique ou comparative (comme dans nos exemples précédents). Etant donné que chaque expression dont la valeur diffère de 0 vaut TRUE et que chaque expression de valeur nulle vaut FALSE, certaines expressions dont :

```
(3+4)          (5)        (0)      etc.
```

sont utilisables comme conditions d'instructions **if**. Dans le cas de :

```
if (5)
     printf("La condition vaut TRUE.");
```
la phrase "La condition vaut TRUE." sera affichée car l'expression (5) est différente de 0 et vaut TRUE.

En revanche, dans la structure conditionnelle :

```
if (0)
     printf("Cette phrase n'est pas affichée.");
```

la condition du **if** a la valeur 0 et vaut FALSE. L'instruction **printf** n'est pas exécutée.

Dans la formulation des conditions, vous pouvez aussi employer l'écriture abrégée pour les expressions de comparaison, écriture que nous avons étudiée en relation avec la négation logique ! (cf. chapitre 3.2.3 **Expressions et opérateurs : Opérateurs logiques**). Si "x" est une variable, alors on sait que les expressions :

```
x      et     x != 0
```

ont toujours les mêmes valeurs de vérité et sont logiquement équivalentes. Les deux expressions, en effet, valent TRUE lorsque "x" est différent de 0 et valent FALSE lorsque "x" est égal à 0. Il en va de même pour les expressions :

```
!x       et      x == 0
```

Si "x" est égal à 0, les deux expressions valent TRUE car les opérateurs ! et == donnent dans ce cas la valeur 1 pour l'expression concernée. De même, les deux expressions prennent la valeur 0 et valent FALSE, si "x" diffère de 0. Les équivalences précédentes permettent donc d'abréger la formulation des conditions d'un **if**. Au lieu d'écrire :

```
if(x == 0)
```

vous raccourcirez par :

```
if(!x)
```

Au lieu de :

```
if(x != 0)
```

vous prendrez :

```
if(x)
```

Dans le programme qui suit, la valeur d'une certaine variable conditionne l'interruption ou la poursuite du programme (qui consiste en un simple calcul). Pour interrompre le programme, on emploie la fonction C nommée "exit".

> RECIP1.C

```
/* recip1 calcule l'inverse d'un nombre. Le programme est interrompu par la
                         fonction exit si c'est la valeur 0 qui est saisie. */

#include <stdio.h>                                    /* pour printf, scanf */
#include <stdlib.h>                                          /* pour exit */
main()
{
  float x;

   printf("\033[2J");
   printf("Calcul de la valeur inverse pour tous les nombres non nuls.\n");
   printf("Votre nombre : ");
   scanf("%f", &x);

  if (!x)                                              /* si x vaut 0 : */
    exit(1);                  /* fin du programme pour éviter une division par 0. */

   printf("\nL'inverse du nombre saisi est %f", 1/x);
}
```

Commentaires

Le programme RECIP1.C calcule l'inverse d'un nombre et montre, ce faisant, l'élimination d'une erreur grossière. Comme une division par zéro est mathématiquement impossible, le programme s'arrête si l'utilisateur, en dépit de l'avertissement, entre la valeur 0. Dans ce cas, la condition du **if** vaut effectivement TRUE car l'expression :

!x

vaut TRUE lorsque "x" est égal à 0 (donc FALSE). Au lieu de la formulation "normale" :

if (x == 0)

le programme utilise l'écriture abrégée équivalente :

if (!x)

Pour interrompre le programme, la fonction "exit" est tout à fait indiquée. Elle met fin à un programme (par exemple en cas d'erreur) et informe le système d'exploitation, via un paramètre, des circonstances qui ont provoqué la fin du programme. Le paramètre 0 dans l'instruction :

exit(0);   /* exécution sans erreurs */

indique ici que le programme s'est déroulé sans erreur. La valeur 1 ou toute autre valeur supérieure à 1 annonce qu'une certaine erreur est survenue. Ce genre de valeur d'état peut être récupéré par le système d'exploitation (par exemple dans un fichier batch). Sous DOS, par exemple, on a la commande :

IF ERRORLEVEL

Notez bien que la fonction "exit" requiert l'incorporation du fichier "include" STDLIB.H.

On pourrait éviter la division par 0, même sans la fonction "exit" :

▶ **RECIP2.C**

```
/* Recip2 calcule l'inverse d'un nombre.
              La division par 0 est empêchée via une construction if adéquate. */

#include <stdio.h>                                      /* pour printf, scanf */

main()
{
    float x;

    printf("\033[2J");
    printf("Calcul de l'inverse d'un nombre non nul.\n");
    printf("Votre nombre : ");
    scanf("%f", &x);
    if (x)                                     /* si x est différent de 0 */
        printf("\nL'inverse du nombre est %f", 1/x);
}
```

Contrairement à RECIP1.C, on ne teste pas dans le **if** si le nombre saisi est égal à 0, mais s'il est différent de 0. C'est seulement dans ce cas que le calcul est effectué. Il n'est donc plus nécessaire d'interrompre le programme. Si le nombre entré vaut 0, alors la condition du **if** est FALSE, et l'instruction :

```
printf("\nL'inverse du nombre est %f", 1/x);
```

n'est pas exécutée. Comme le programme ne contient pas d'autres instructions, il se termine après le **if**.

Blocs instruction (compound statements)

Qu'en est-il lorsqu'une condition doit déterminer l'exécution non pas d'une seule instruction, mais de plusieurs ? Imaginons que dans notre programme RECIP1.C il faille, outre l'interruption du programme, afficher un message d'explications. Si on essaie :

```
if (!x)

    printf("Division par zéro interdite. Sortie du programme.");

exit(1);
```

on n'obtient pas le résultat escompté. Dans la construction précédente, seule l'instruction :

```
printf("Division par zéro interdite. Sortie du programme.");
```

dépend de la condition du **if**. C'est d'ailleurs la règle générale : la condition détermine l'exécution de la seule instruction suivant immédiatement la condition. L'instruction :

```
exit(1);
```

ne dépendrait donc pas de la condition du **if** et serait systématiquement exécutée. Le programme s'arrêterait même si l'utilisateur entrait un nombre différent de 0.

Pour résoudre le problème, vous placerez les instructions concernées entre accolades (accolades de bloc) :

```
if (!x)
 {
   printf("Division par zéro interdite. Sortie du programme.");
   exit(1);
 }
```

Les instructions :

```
{
  printf("Division par zéro interdite. Sortie du programme.");
  exit(1);
}
```

forment un bloc. L'ensemble constitué par plusieurs instructions entre accolades est appelé aussi "bloc instruction" (compound statement). Syntaxiquement, un bloc instruction compte pour une seule instruction. Cela permet de faire exécuter, de manière condition-nelle, non pas une seule instruction, mais un nombre quelconque d'instructions. Le seul impératif est de les placer entre accolades. Ce faisant, on respecte formellement l'exigence relative à l'unicité de l'instruction dépendante.

Nous pouvons donc remplacer la syntaxe primitive :

```
if  (<expression>)
    <instruction>;
```

par une seconde syntaxe équivalente :

```
if  (<expression>)
 {
     <instruction1>;
     <instruction2>;
.
.
.
     <instructionN>;
}
```

Appliqué au problème du calcul de l'inverse, cela donne un programme correct dont l'exécution s'arrête lorsque la variable "x" a la valeur 0.

▶ RECIP3.C
```
/* recip3 calcule l'inverse d'un nombre.
   Le programme est interrompu par la fonction exit si c'est la valeur 0 qui est
                                                                        saisie. */

#include <stdio.h>                                      /* pour printf, scanf */
#include <stdlib.h>                                     /* pour exit */

main()
{
   float x;
```

```
 printf("\033[2J");
 printf("Calcul de la valeur inverse pour tous les nombres non nuls.\n");
 printf("Votre nombre : ");
 scanf("%f", &x);
 if (!x)                                        /* si x vaut 0 : */
   {                                            /* début de bloc */
     printf("Division par zéro interdite. Sortie du programme.");
 exit(1);                   /* fin du programme pour éviter une division par 0. */

   }                                            /* fin de bloc */
 printf("\nL'inverse du nombre saisi est %f", 1/x);
}
```

Diagramme de l'instruction if

On peut représenter l'instruction if par un schéma. Une des formes de représentation les plus courantes est constituée par les diagrammes de Nassi-Shneiderman (en l'honneur de I. Nassi et B. Shneiderman) :

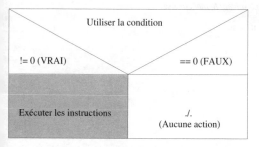

Fig. 4.1 :   Diagramme de Nassi-Shneiderman pour l'instruction " if "

Sur la moitié gauche du diagramme, dans la branche OUI (OUI comme réponse à la question : "La condition est-elle remplie ?"), on note ce qu'il faut faire lorsque la condition du if vaut TRUE (donc est différente de 0). La moitié droite, ou branche NON, montre que rien ne se passe dans la structure if si l'évaluation de la condition a donné le résultat FALSE (donc 0). Dans la langue de tous les jours, on pourrait donc décrire ainsi l'instruction if :

Si la condition est remplie, exécuter l'instruction qui suit.
Sinon ne rien faire.

Dans la section suivante, vous verrez qu'il est possible de "faire quelque chose", c'est-à-dire exécuter des instructions lorsque la condition du if vaut FALSE.

Test avec alternative (if else)

Dans certains cas, on souhaitera que des instructions soient exécutées non seulement si la condition du "if" est TRUE, mais également si elle est FALSE. Etant donné deux variables "x" et "y", supposons qu'on veuille afficher le message "x est plus grand que y" si "x" est supérieur à "y" ou le message "x n'est pas plus grand que y" sinon.

Vous pourriez naturellement obtenir cela avec deux **if** :

```
if (x > y)
    printf("x est plus grand que y.");
if !(x > y)
    printf("x n'est pas plus grand que y.");
```

Pour avoir le même résultat avec une seule instruction, vous remplacerez les deux **if** par une instruction **if...else**. La structure **if...else** fonctionne selon le principe suivant :

si la condition est remplie, exécute l'instruction (les instructions) venant immédiatement après, sinon exécute l'instruction (les instructions) suivant le mot clé else.

Voici la syntaxe de la structure **if...else** :

```
if  (<expression>)
        <instruction>;
else
        <instruction>;
ou :
if  (<expression>)
    {
        <instruction(s)>;
    }
else
    {
        <instruction(s)>;
    }
```

Appliqué à notre exemple, cela donne :

```
if (x > y)
    printf("x est plus grand que y.");
else
    printf("x n'est pas plus grand que y.");
```

Contrairement au **if** simple, on exécute ici une instruction alternative dans le cas où la condition vaut FALSE. Le diagramme de Nassi-Shneiderman correspondant fait ressortir le fait que la structure **if...else** réalise, plus généralement, un choix entre deux alternatives concrètes. Le diagramme renferme des instructions aussi bien dans sa moitié gauche (branche OUI ou branche **if**) que dans sa moitié droite (branche NON ou branche **else**).

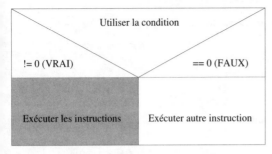

Fig. 4.2 :   Diagramme de Nassi-Shneiderman pour la structure " if...else "

Structure "if...else" contre opérateur conditionnel

Dans bien des cas, la structure **if...else** se laisse remplacer par l'opérateur conditionnel, ce qui diminue un peu la quantité de code source. Prenons un exemple. Soient les variables "x", "y" et "minimum". L'instruction :

```
if (x > y)
    minimum = y;
else
    minimum = x;
```

équivaut à :

```
minimum = x > y ? y : x;
```

Ces deux portions de code calculent le plus petit des deux nombres.

Tests imbriqués

Il peut arriver que des instructions englobent d'autres instructions de même nature. On parle alors d'instructions imbriquées. Si "a", "b", "c" et "d" sont quatre variables, alors l'instruction :

```
d = (c = (a = b));
```

renferme trois affectations imbriquées. La valeur affectée à la variable "d" est elle-même une expression contenant une affectation (à la variable "c") et cette valeur affectée à "c" est à nouveau une affectation (à la variable "a").

Des constructions semblables sont possibles avec les instructions conditionnelles, étant donné qu'un **if** ou un **if...else** peut lui-même contenir un autre **if** ou **if...else** en tant qu'instruction dépendante. Le programme suivant doit laisser saisir un numéro de mois entre 1 (janvier) et 12 (décembre), puis dire si le mois est "février" ou si le mois fait partie du second semestre. Pour cela, on utilise une structure **if** imbriquée. Ainsi que vous le verrez, le programme contient une erreur de logique fort instructive.

▶ BADMONTH.C

```
/* badmonth montre une erreur de logique lors de l'utilisation de if imbriqués*/

#include <stdio.h>                                    /* pour printf, scanf */

main()
{
   int mois;

   printf("\033[2J");
   printf("Entrez un numéro de mois (1 - 12) : ");
   scanf("%d", &mois);

if (mois <= 6)                                     /* si premier semestre */
if(mois == 2)                          /* si premier semestre et février */
   printf("\n1er semestre : février");
   else
printf("\n2ème semestre");                           /* si second semestre */
}
```

Le programme contient une structure **if...else** dont la branche **if** renferme une autre instruction **if**. L'intention ici est de vérifier, dans un premier test, si on a entré un mois entre 1 et 6. Ensuite, à l'intérieur de ce groupe de mois, on doit contrôler, au moyen du second **if**, s'il s'agit du mois de février. Tel est le cas si le numéro saisi est 2. Si le nombre est supérieur à 6, alors la branche **else** doit afficher le message "2ème semestre". Après l'invite :

Entrez un numéro de mois (1 - 12) :

tapez la valeur 3 (pour " mars ") :

Entrez un numéro de mois (1 - 12) :
    3

Vous obtenez sur l'écran :

2ème semestre

ce qui, de toute évidence, est faux. Voici l'explication :

dans une instruction **if...else**, le compilateur rattache une branche **else** systématiquement à la première branche **if** la précédant et ne possédant pas de branche **else**.

Pour notre programme, cela signifie que le compilateur, dans l'instruction :

```
if (mois <= 6)                                     /* si premier semestre */
   if (mois == 2)                       /* si premier semestre et février */
        printf("\n1er semestre : février");
   else
        printf("\n2ème semestre");                  /* si second semestre */
```

fait correspondre la branche **else** (malgré nos indentations qui font ressortir le rattachement de la branche **else** au **if** ayant le plus haut niveau) au "if" immédiatement précédent :

```
if (mois == 2)
```

Une conséquence : le message "2ème semestre" est systématiquement et intempestive-
ment affiché lorsque le numéro saisi est inférieur à 7 et différent de 2. Si vous tapiez un
numéro supérieur à 6, aucun affichage n'aurait lieu car ce cas n'est pas traité dans la
structure **if...else** en raison de cette erreur de logique. Pour éviter ce genre d'erreur,
respectez la règle qui suit :

Pour rattacher une branche **else** à un autre **if** que le premier **if** la précédant et dépourvu de
branche **else**, utilisez des accolades judicieuses en créant un ou plusieurs blocs.

Dans notre cas, cela signifie que vous devez mettre entre accolades la seconde
instruction **if** :

```
if (mois <= 6)                                      /* si premier semestre */
   {                                                /* début de bloc du if interne */
    if(mois == 2)                                   /* si premier semestre et février */
      printf("\nler semestre : février");
   }                                                /* fin de bloc du if interne */
else                                                /* rattaché désormais au if externe */
    printf("\n2ème semestre");                      /* si second semestre */
```

Le second **if** à partir du haut est placé dans un bloc à part et n'est donc plus disponible
pour se marier avec la branche **else** située à l'extérieur de ce bloc. Pour cette raison, le
compilateur interprète désormais l'instruction **if...else** comme on le veut : si c'est le numéro
de mois 3 qui est saisi, alors la condition du **if** externe est remplie. Ce qui signifie qu'on
exécute le second **if**. Mais comme le numéro diffère de 2, on n'affiche pas le message "1er
semestre : février". La branche **else**, dans ce cas, n'est absolument pas traitée, chose tout
à fait conforme à la logique de l'instruction **if...else**. Aucun affichage n'a donc lieu. Par
contre, si vous tapez le nombre 2, vous obtenez le message :

```
1er semestre : février
```

Si vous entrez une valeur supérieur à 6, vous obtenez le message tout à fait correct :

```
2ème  semestre
```

Corrigeons donc le programme BADMONTH.C comme il se doit et nommons-le OKMONTH.C.

▶ **OKMONTH.C**

```
/* okmonth montre comment manipuler des if imbriqués */

#include <stdio.h>                                  /* pour printf, scanf */

main()
  {
   int mois;
   printf("\033[2J");
   printf("Entrez un numéro de mois (1 - 12) : ");
   scanf("%d", &mois);
   if (mois <= 6)                                   /* si premier semestre */
     {                                              /* début de bloc du if interne */
      if(mois == 2)                                 /* si premier semestre et février */
          printf("\nler semestre : février");
```

```
      }                                    /*  fin de bloc du if interne  */
    else                             /*  rattaché désormais au if externe  */
      printf("\n2ème semestre");                    /*  si second semestre  */
}
```

Instruction conditionnelle dans une branche "else"

Naturellement, la branche **else** d'une structure **if...else** peut contenir d'autres instructions conditionnelles. Un de nos précédents exemples affichait la somme de deux nombres. A l'aide d'un **if...else**, l'utilisateur pourra choisir le type de calcule qui sera effectué par le programme à savoir la somme, la différence, le produit ou le quotient.

▶ CALCUL.C

```
/* Calcul détermine au choix, la somme, la différence, le produit ou le quotient
   de deux nombres. Le programme prévient, par une instruction adéquate, une erreur
                                            résultant d'une division par 0. */

#include <stdio.h>                                   /* pour printf, scanf */
#include <stdlib.h>                                          /* pour exit */
#include <conio.h>                                          /* pour getche */

main()
 {
  float x, y;                                        /* valeurs saisies */
  char selection;                                /* choix de l'opération */
   printf("\033[2J");
   printf("Le programme calcule au choix la somme, la différence, le produit\n");
   printf("ou le quotient de deux nombres. Entrez les deux nombres :\n");
   scanf("%f %f", &x, &y);
   printf("\nQuelle opération désirez-vous ?\n\n");
     printf("\t\ta\tpour\tAddition\n");
     printf("\t\ts\tpour\tSoustraction\n");
     printf("\t\tm\tpour\tMultiplication\n");
     printf("\t\td\tpour\tDivision\n\n");
   printf("Votre choix : ");
   selection = getche();            /* getche et non getchar ou scanf, pour sauter le
                          <Entrée> résultant du scanf qui se trouve encore
                                            dans le tampon de lecture */
/* vérification de la saisie et affichage du résultat : */
   if (selection == 'a' || selection == 'A')          /*    Addition ? */
      printf("\n\nLa somme des nombres est : %f", x+y);
   else     if (selection == 's' || selection == 'S')        /* Soustraction */
      printf("\n\nLa différence des nombres est : %f", x-y);
   else     if (selection == 'm' || selection == 'M')       /* Multiplication ? */
      printf("\n\nLe produit des nombres est : %f", x*y);
   else     if (selection == 'd' || selection == 'D')          /* Division ? */
      if (y == 0)                          /* 2ème nombre égal à 0 ? */
        {
           printf("\n\nDivision par zéro. Sortie du programme.");
        exit(1);                                /* arrêt du programme */
        }
      else                            /* 2ème nombre différent de 0 ? */
          printf("\n\nLe quotient des nombres : %f", x/y);
```

```
        else                                        /* saisie erronée */
            printf("\n\nChoix erroné");
}
```

Le programme CALCUL.C vous laisse saisir deux nombres, puis présente un petit menu dans lequel vous pourrez choisir l'opération désirée (pour les nombres on a pris le type "float" afin de pouvoir traiter des valeurs quelconques). Le choix de l'utilisateur est mémorisé dans la variable "selection". On utilise non pas **getchar** ou **scanf**, mais la fonction **getche** qui lit directement le clavier. On économise ainsi une instruction supplémentaire pour ôter du tampon de lecture le <Entrée> que la fonction **scanf** laisse derrière elle après son appel. Avec **scanf** (format %c) ou **getchar** à la place de **getche**, cette instruction supplémentaire serait obligatoire. Autrement, <Entrée> serait lu à la place de la saisie de l'utilisateur dans la variable "selection". Rappelez-vous que ce problème survient toujours lorsqu'une première saisie validée par <Entrée> est suivie d'une autre opération de saisie effectuée par une fonction qui lit le tampon de lecture. En effet, si c'est un caractère (donc une donnée de type **char**) qui doit être traité, alors le <Entrée> du tampon sera intempestive-ment interprété comme étant la saisie de l'utilisateur (cf. Chapitre 2 "Entrée et sortie : Elimination des erreurs").

L'évaluation de la variable "selection" est à la base des **if...else** imbriqués qui suivent. Le premier **if** vérifie si l'addition a été choisie. Ici on utilise dans la condition le connecteur logique OU :

```
if (selection == 'a' || selection == 'A')
```

et non le simple :

```
if (selection == 'a')
```

afin de prendre en compte le cas où l'utilisateur taperait par mégarde une majuscule au lieu d'une minuscule. Si l'addition n'a pas été choisie, la branche **else** qui suit, à l'aide d'un second **if**, vérifie si la soustraction a été sélectionnée parmi les trois autres opérations. Si tel n'est pas le cas, ce second **if** dispose d'un second **else** qui, par le biais d'un troisième **if**, teste si c'est la multiplication qui, parmi les deux opérations restantes, a été choisie. Là aussi, un autre (troisième) **else** gère la dernière possibilité, à savoir la division.

Ce troisième **else** renferme deux autres **if**. Le premier de ceux-ci serait superflu si vous ne vouliez pas tenir compte du fait que, outre les quatre choix "officiels" de l'utilisateur, ce dernier puisse entrer un caractère autre que "a", "A", "s", "S", "m", "M", "d" ou "D". Le dernier **else** est là pour gérer le cas d'une saisie erronée. Si nous renoncions à cette gestion d'erreur (et donc au dernier **else**), alors le troisième else serait simplifié :

```
else if (y == 0)                                /* Nombre égal à 0 ? */
        {
            printf("\n\nDivision par zéro. Sortie du programme.");
          exit(1);                              /* arrêt du programme */
        }
    else                                /* 2ème nombre différent de 0 */
            printf("\n\nLe quotient des nombres est : %f", x/y);
```

Il n'est pas nécessaire, dans ce cas, de tester explicitement l'alternative "Division " par :

```
else if (selection == 'd' || selection == 'D')
```

En effet, la division est la possibilité. Un inconvénient est cependant : d'autres réponses que "d" ou "D" déclenchent l'opération de division, même si l'utilisateur ne se tient pas aux saisies prévues et entre, par exemple, le caractère "p". La partie :

```
if (y == 0)                                      /* Nombre égal à 0 ? */
    {
        printf("\n\nDivision par zéro. Sortie du programme.");
        exit(1);                                 /* arrêt du programme */
    }
else                                             /* 2ème nombre différent de 0 */
        printf("\n\nLe quotient des nombres est : %f", x/y);
```

teste si le second nombre saisi est nul et interrompt le programme si tel est le cas.

Sinon, le résultat de la division est affiché.

Disposition des instructions

La disposition du **if...else** a été choisie afin qu'on puisse distinguer, du premier coup d'oeil, qu'il y a cinq possibilités de choix (y compris une saisie erronée). Egalement correcte, mais peut-être moins lisible, serait l'écriture suivante :

```
if (selection == 'a' || selection == 'A')
    printf("\n\nLa somme des nombres est : %f", x+y);
else
    if (selection == 's' || selection == 'S')
        printf("\n\nLa différence des nombres est : %f", x-y);
else
    if (selection == 'm' || selection == 'M')
        printf("\n\nLe produit des nombres est : %f", x*y);
else
    if (selection == 'd' || selection == 'D')
        if (y == 0)
            {
                printf("\n\nDivision par zéro. Sortie du programme.");
                exit(1);
            }
        else
            printf("\n\nLe quotient des nombres est : %f", x/y);
    else
        printf("\n\nChoix erroné ");
}
```

Ici les **if** et **else** syntaxiquement correspondants sont indentés de telle sorte qu'ils sont alignés verticalement. Un parenthésage supplémentaire serait possible, mais n'est pas indispensable. En effet, et on le voit aisément, même sans parenthésage chaque **else** est correctement rattaché au **if** adéquat.

Elimination des erreurs

On pourrait croire qu'une condition comme :
```
if (selection == 'a' || selection == 'A')
```

équivaut à la condition (non équivalente en fait) :
```
if (selection == 'a' || 'A')
```

Dans le premier cas, la condition vaut TRUE si la variable "selection" contient le caractère "a" ou "A", c'est-à-dire la valeur décimale 97 (code ASCII de "a") ou 65 (code ASCII de "A").

Dans le second cas, la condition est toujours TRUE, car dans l'expression :
```
(selection == 'a' || 'A')
```

la priorité plus élevée de l'opérateur "==" (9) par rapport à l'opérateur "||" (4) fait qu'on évalue d'abord l'expression partielle :
```
selection == 'a'
```

puis la seconde expression partielle :
```
'A'
```

constituant l'opérande de droite de la connexion OU. Mais l'expression :
```
'A'
```

est une constante (caractère) de valeur décimale 65. Sa valeur est donc toujours différente de 0 et vaut TRUE. Ce faisant, la connexion OU :
```
selection == 'a' || 'A'
```

avec les deux opérandes :
```
selection == 'a'      et      'A'
```

est toujours TRUE, car il suffit ici qu'un des opérandes soit TRUE :

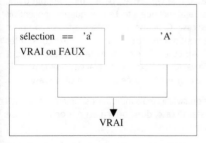

Fig. 4.3 : Une connexion OU qui est toujours TRUE

Le fait que la condition :
```
if (selection == 'a' || 'A')
```

soit toujours remplie aurait pour conséquence que l'instruction qui en dépend :
```
printf("\n\nLa somme des nombres est : %f", x+y);
```

serait systématiquement exécutée, quel que soit le caractère saisi par l'utilisateur. En outre, comme on ne peut exécuter qu'une seule des alternatives d'un if...else, cela aurait pour conséquence indésirable que les opérations " soustraction", "multiplication" et "division" ne seraient jamais effectuées. En effet, n'importe quelle saisie, même "s", "m" ou "d", entraînerait systématiquement l'exécution d'une addition.

Test multiple (switch)

Une unique instruction **if** autorise deux choix. L'écriture du programme CALCUL.C a cependant montré que l'imbrication d'une structure **if...else** permet d'étendre quasiment à volonté le nombre de choix. Ainsi, la construction **if...else** de CALCUL.C traitait en tout cinq cas possibles pour la saisie de l'utilisateur. L'inconvénient d'une imbrication multiple de structures **if...else** est évident : plus il y a de niveaux d'imbrication (et donc plus il y a d'alternatives) et plus la lisibilité du programme diminue. De plus, le manque de place pour une indentation conforme des diverses alternatives se fait sentir. En fait, il existe une instruction spécifique pour le cas où il faudrait choisir entre plusieurs alternatives : cette instruction est nommée **switch**. Voici sa syntaxe :

```
switch(<expression>)
{
  case  constante_1      : [<instruction(s)>;]
  case  constante_2      : [<instruction(s)>;]
  .
  .
  .
  case  constante_N      : [<instruction(s)>;]
  [default       : [<instruction(s)>;]]
}
```

Le mot clé **switch** doit être suivi d'une expression de type entier, par exemple le nom d'une variable de type correspondant, une expression arithmétique, etc. Le bloc qui suit contient un nombre quelconque d'étiquettes (ou branches) **case**. Chacune de ces étiquettes se compose du mot clé **case**, d'une constante obligatoirement différente de toutes les autres constantes **case** de la structure **switch** et du symbole ":". Après le ":" de chaque branche **case**, on peut spécifier les instructions à exécuter lorsque la valeur de l'expression placée après le mot clé **switch** coïncide avec la valeur de la constante concernée située après le mot clé **case**.

Les crochets ne font pas partie de l'instruction **switch**, mais indiquent simplement que les instructions sont facultatives après une constante **case**, donc qu'il n'est pas obligatoire de spécifier quelque chose (voir plus loin dans le chapitre).

Le mot clé **default** (anglais : standard) peut être suivi d'instructions qui sont exécutées si aucune des constantes **case** ne concorde avec la valeur de l'expression placée après le **switch**. La branche **default** est facultative. Si elle est omise et qu'il n'y a pas égalité entre l'expression située après le **switch** et l'une des constantes **case**, alors la structure **switch** n'exécutera aucune instruction du tout. En principe, on place l'étiquette **default** en dernier bien qu'elle puisse figurer n'importe où dans le **switch**.

Une particularité dans l'exécution du "switch"

Lorsque la valeur de l'expression située après le switch coïncide avec l'une des constantes case, attention au piège suivant : le programme ne se contente pas d'exécuter l(es) instruction(s) de la branche case concerné, mais exécute aussi toutes les instructions suivantes jusqu'à la fin du **switch** (A moins que la structure switch soit quittée à l'aide d'une commande adéquate - voir plus loin dans le chapitre). Considérons, à titre d'exemple, le programme suivant. Il a pour simple mission d'afficher un nombre entre 1 et 5 saisi par l'utilisateur. Plutôt qu'une structure if...else imbriquée, nous utilisons cette fois l'instruction **switch**.

> **SWTCHNR1.C**

```
/* swtchnr1 montre comment utiliser le switch */

#include <stdio.h>                                    /* pour printf, scanf */

main()
 {
  int nombre;
  printf("Entrez un nombre entier entre 1 et 5 : ");
  scanf("%d", &nombre);
  switch (nombre)                                  /* quel est le nombre saisi ? */
   {
    case 1:      printf("\nVotre nombre est 1.");
    case 2:      printf("\nVotre nombre est 2.");
    case 3:      printf("\nVotre nombre est 3.");
    case 4:      printf("\nVotre nombre est 4.");
    case 5:      printf("\nVotre nombre est 5.");
    default:     printf("\nNombre erroné.");          /* nombre pas entre 1 et 5 */
   }
}
```

l'instruction **switch** évalue la variable "nombre" et continue l'exécution du programme à la branche **case** concerné ou à la branche **default**, selon le contenu de cette variable. A l'invite de saisie, tapez par exemple le nombre 2. Vous n'obtiendrez certainement pas l'affichage souhaité :

```
Votre nombre est 2.
```

Mais au contraire :

```
Votre nombre est 2.
Votre nombre est 3.
Votre nombre est 4.
Votre nombre est 5.
Nombre  erroné.
```

La raison en est que le **switch** fait certes continuer le programme à la bonne étiquette "case", mais qu'à partir de cet endroit-là (comme précédemment mentionné) il fait aussi exécuter toutes les instructions incluses dans le **switch**. Mais normalement, on ne veut pas que soient exécutées les instructions des autres branches suivantes. Il faut donc une instruction spéciale pour assurer que seules les instructions souhaitées seront effectuées. Cette instruction spéciale est l'instruction **break** (cf. le chapitre 4.3 "**instructions de branchement**").

Sortie d'une structure "switch"

A l'intérieur d'une structure **switch**, une instruction **break** fait sortir (avant terme) du **switch** et provoque un saut après la structure **switch**. Ainsi toutes les instructions éventuelles (du **switch**) placées après l'instruction **break** ne seront pas exécutées. Le programme se poursuit à l'instruction (si elle existe) placée immédiatement après la structure **switch**. La syntaxe de l'instruction **break** est des plus simples :

```
break;
```

Appliqué à notre exemple SWTCHNR1.C, cela signifie que vous devez munir chaque branche **case** d'une instruction **break** si vous désirez que soit exécutée uniquement la branche **case** concerné (et non les branches qui la suivent).

▶ SWTCHNR2.C

```
/* swtchnr2 montre comment utiliser le switch avec break */

#include <stdio.h>                                        /* pour printf, scanf */

main()
  {
   int nombre;
   printf("Entrez un nombre entier entre 1 et 5 : ");
    scanf("%d", &nombre);
   switch (nombre)                               /* quel est le nombre saisi ? */
   {
   case 1: printf("\nVotre nombre est 1.");
           break;                          /* on saute les instructions suivantes */
   case 2: printf("\nVotre nombre est 2.");
           break;                          /* on saute les instructions suivantes */
   case 3: printf("\nVotre nombre est 3.");
           break;                          /* on saute les instructions suivantes */
   case 4: printf("\nVotre nombre est 4.");
           break;                          /* on saute les instructions suivantes */
   case 5: printf("\nVotre nombre est 5.");
           break;                          /* on saute les instructions suivantes */
   default:printf("\nNombre erroné.");              /* nombre pas entre 1 et 5 */
           break;                          /* on saute les instructions suivantes */
   }
  }
```

Si maintenant vous entrez le nombre 2, vous obtiendrez bien l'affichage escompté :

```
Votre nombre est 2.
```

L'instruction **break** dans la seconde branche **case** entraîne que seule l'instruction de cette branche est exécutée. Toutes les instructions qui suivent sont sautées. L'instruction **break** de la branche **default** n'est pas vraiment indispensable car la structure **switch** se termine de toute façon après exécution de la dernière branche. Qu'on se souvienne cependant que la branche **default** peut être mise n'importe où, en tête par exemple.

Constantes caractère comme constantes "case"

Les constantes **case** ne sont pas forcément des valeurs numériques entières. Les constantes caractère, représentées dans la machine par des nombres entiers également, sont autorisées. Voici une variante du programme CALCUL.C (cf. section précédente) où pour effectuer un choix multiple on a remplacé le **if...else** imbriqué par un **switch**. Cela pourrait donner :

➤ SWITCHCA.C

```
/* swtchca.c montre comment réaliser une alternative à 5 branches via un switch */

#include <stdio.h>                                    /* pour printf, scanf */
#include <stdlib.h>                                        /* pour exit */
#include <conio.h>                                        /* pour getche */


main()
 {
  float x, y;                                        /* valeurs saisies */
  char selection;                                /* choix de l'opération */
    printf("\033[2J");
    printf("Le programme calcule au choix la somme, la différence, le produit\n");
    printf("ou le quotient de deux nombres. Entrez les deux nombres :\n");
    scanf("%f %f", &x, &y);
    printf("\nQuelle opération désirez-vous ?\n\n");
      printf("\t\ta\tpour\tAddition\n");
      printf("\t\ts\tpour\tSoustraction\n");
      printf("\t\tm\tpour\tMultiplication\n");
      printf("\t\td\tpour\tDivision\n\n");
    printf("Votre choix : ");
    selection = getche();               /* getche et non getchar ou scanf, pour sauter le
                             <Entrée> résultant du scanf qui se trouve encore
                                             dans le tampon de lecture */
/* vérification de la saisie et affichage du résultat : */
  switch (selection)                                /* quelle opération ? */
  {
  case 'a':
  case 'A':       printf("\n\nLa somme des nombres est : %f", x+y);
      break;

  case 's':
  case 'S':       printf("\n\nLa différence des nombres est : %f", x-y);
      break;
  case 'm':
  case 'M':       printf("\n\nLe produit des nombres est : %f", x*y);
      break;
  case 'd':
  case 'D':       if (y == 0)
                    {
                        printf("\n\nDivision par zéro. Sortie du programme.");
                      exit(1);
                    }
                else
                      printf("\n\nLe quotient des nombres est : %f", x/y);
```

```
                    break;
    default:        printf("\n\nSaisie erronée.");
  }
}
```

Une instruction pour plusieurs étiquettes "case"

Dans cet exemple, les constantes des diverses branches **case** sont des constantes caractère.
Le **switch** précédent montre en outre qu'on n'est pas obligé de spécifier une instruction
après chaque étiquette case. Bien au contraire, une seule instruction ou un seul groupe
d'instructions peut correspondre à plusieurs étiquettes case : dans ce cas, on écrit les instructions
après la dernière des étiquettes case concernées par les instructions. La portion :

```
case 'a':
case 'A': printf("\n\nLa somme des nombres est : %f", x+y);
          break;
```

exécute une addition et affiche le résultat aussi bien pour la minuscule "a" que pour la
majuscule "A", sans qu'il faille explicitement indiquer les instructions concernées après les
deux étiquettes **case**. Pour la branche **default**, nous renonçons cette fois au break car cette
branche est la dernière du **switch**.

Diagramme de la structure "switch"

Comme pour les structures **if** et **if...else**, la structure **switch** admet une représentation
graphique. Pour en faire une véritable structure à choix multiple, dans laquelle on n'exécute
que les instructions relatives à une branche **case**, l'instruction **break** doit en faire partie. La
désignation "structure à choix multiple" pourrait d'ailleurs être remplacée par les descrip-
tions équivalentes "structure case" ou "alternative multiple".

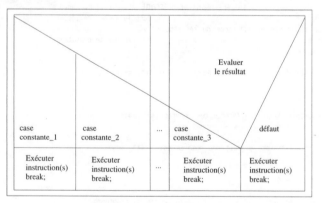

Fig. 4.4 :   Diagramme de Nassi-Shneiderman pour la structure case

4.2   Instructions répétitives (itérations)

Les itérations, appelées aussi structures répétitives ou encore boucles (loops), permettent de faire exécuter plusieurs fois certaines phases de programme, sans qu'il soit nécessaire à chaque fois de réécrire les instructions correspondantes. Le langage C dispose, avec les structures répétitives :

▶ while
▶ for
▶ do while

de trois types de boucles. Elles ont toutes en commun le fait que l'exécution des instructions à répéter dépend, comme avec les instructions alternatives, d'une condition (c'est-à-dire de la valeur de vérité (TRUE ou FALSE) de celle-ci). Ce qui les différencie, c'est le moment auquel on contrôle la valeur logique de la condition : les boucles **while** et **for** procèdent à la vérification avant que soit exécutée une quelconque instruction, donc en début de boucle. La boucle **do while**, en revanche, commence par exécuter toutes les instructions dépendant de la condition et vérifie seulement à la fin de la boucle si la condition autorise une reprise des instructions dépendantes. Cela signifie que les instructions de la boucle **do while**, contrairement à **while** et à **for**, sont exécutées au moins une fois, que la condition soit remplie ou non.

instruction "while"

La structure **while** ou boucle **while** permet de faire répéter l'exécution d'instructions tant qu'une certaine condition est remplie (TRUE). Avec la syntaxe :

```
while    (<expression>)
  <instruction>;
```

ou :

```
while    (<expression>)
{
    <instruction(s)>;
}
```

la boucle **while**, dans sa structuration formelle, fait penser à la structure **if**. Le mot clé **while** est suivi d'une expression entre parenthèses représentant la condition de la boucle (critère de bouclage). Viennent ensuite les instructions qui doivent être exécutées en fonction de cette condition. Si l'instruction est unique, les accolades sont facultatives. Sinon, on place entre les accolades les instructions concernées, ce qui permet de respecter formellement, comme pour les structures alternatives, l'unicité de l'instruction à cet emplacement-là. La portion :

```
while    (<expression>)
```

est appelée en-tête de boucle. L(es) instruction(s) venant après forment ce qu'on appelle
le corps de la boucle :

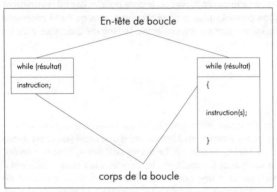

Fig. 4.5 :   Structure de la boucle while

La boucle **while**, avant chaque exécution des instructions du corps de la boucle, évalue la
condition placée dans son en-tête. Si cette évaluation donne une valeur non nulle, alors la
condition est TRUE et les instructions du corps de la boucle sont exécutées. Ensuite, on
vérifie de nouveau la condition. Si elle est toujours remplie les instructions sont derechef
exécutées. Le déroulement des deux phases :

1.   Evaluer la condition de bouclage

2.   Si condition TRUE, exécuter les instructions du corps de la boucle

se répète tant que l'expression dans l'en-tête de boucle possède une valeur différente de
0, c'est-à-dire vaut TRUE. Lorsqu'une évaluation de la condition donne la valeur 0, alors la
condition n'est plus remplie, et vaut FALSE. La boucle **while** s'arrête sans que soient
exécutées une dernière fois les instructions du corps de la boucle. Si la condition possède
la valeur 0 dès la première évaluation, donc si elle est FALSE dès le départ, alors les
instructions du corps de la boucle ne seront jamais exécutées.

Si l'on considère, par exemple, une variable :

```
int z = 3;
```

alors l'instruction :

```
while (z > 0)
  {
    printf("%d ", z);
    z-;
  }
```

affiche les nombres :

```
3 2 1
```

Voici la raison de cet affichage : on commence par vérifier la condition de bouclage et comme "z", de par son initialisation initiale, possède la valeur 3, l'expression :

```
z > 0
```

vaut TRUE, puisque "z" est effectivement supérieur à 0. La condition est donc remplie, ce qui entraîne que le bloc instruction :

```
{
  printf("%d ", z);
  z--;
}
```

est exécuté. D'où l'affichage de la valeur 3, suivi de la décrémentation de la variable "z". Celle-ci a désormais la valeur 2. La vérification de la condition :

```
z > 0
```

pour la nouvelle valeur de "z" donne encore le résultat TRUE, car 2 est supérieur à 0. Les instructions du corps de la boucle sont à nouveau exécutées. Cette fois, c'est la valeur 2 qui est affichée. La variable "z" est décrémentée et prend la valeur 1. Comme cette valeur est supérieure à 0, la condition de bouclage est toujours TRUE. Ce qui entraîne l'affichage de la valeur 1. Là-dessus, "z" est décrémenté une dernière fois. Sa valeur est égale à 0, ce qui signifie que la condition :

```
z > 0
```

n'est plus satisfaite et vaut FALSE. L'expression précédente a pour valeur 0 et les instructions du corps de la boucle ne sont plus exécutées : la boucle se termine et le programme continue à l'instruction (si elle existe) placée immédiatement après la boucle.

Une variable comme "z" dont la valeur conditionne l'exécution des instructions du corps de la boucle, donc contrôle le déroulement d'une structure répétitive, est également appelée variable de boucle ou variable de contrôle de boucle.

Mise entre accolades du corps de la boucle

Dans la structure **while** précédente, deux instructions dépendaient de la condition de bouclage. Comme un **while** n'accepte qu'une instruction dépendante, il a fallu transformer les deux instructions :

```
printf("%d ", z);
z--;
```

en bloc mis entre accolades, afin de tenir compte de cette exigence syntaxique. Le programme qui suit montre ce qui peut advenir lorsqu'on omet les accolades au cas où il y aurait plusieurs instructions dépendantes.

▶ WHIBLOCK.C

```
/* whiblock montre l'effet des accolades sur l'exécution
                                    des instructions du corps de la boucle */

#include <stdio.h>                                          /* pour printf */

main()
  {
  int a = -4;
  while (a != 0)
    {                                                    /* instructions */
    a++;                                                 /* sous forme de */
    printf("%d\t", a);                                   /*        bloc */
    }                                                    /* entre accolades */
    printf("\n\n");
    a = -4;                                              /* a est réinitialisé */

  while (a != 0)
    a++;                                                 /* instructions non placées */
    printf("%d\t", a);                                   /* entre accolades de bloc */
}
```

WHIBLOCK.C affiche ce qui suit :
```
-3      -2      -1      0

 0
```

Le premier affichage est facile à comprendre. La boucle **while** exécute le bloc instruction tant que la variable "a" possède une valeur non nulle. A chaque passage dans la boucle, "a" est donc incrémenté puis affiché. Ce faisant, la variable "a" prend les valeurs successives -3, -2, -1 et 0. Notez que contrairement à l'exemple précédent la modification de la variable a lieu avant son affichage. Après le quatrième passage, "a" possède la valeur 0. Comme la condition de bouclage n'est plus remplie, plus aucun passage dans la boucle n'est effectué.

Le programme restaure ensuite "a" à la valeur -4 afin de recréer les conditions initiales pour la boucle **while** suivante, dans laquelle les instructions du corps de la boucle ne sont pas placées entre accolades. Les accolades manquantes ont pour effet que seule l'instruction :

a++ ;

dépend de la condition de bouclage, et non l'instruction "**printf**" qui la suit. De ce fait, la boucle **while**, à chacun de ses quatre passages, n'exécute que l'instruction :

a++ ;

et accroît ainsi la valeur de "a" qui passe de -3 à 0. L'instruction "printf" qui suit ne dépend d'aucune condition et n'est donc exécutée qu'une seule fois. Le résultat en est l'affichage de la valeur actuelle de "a", à savoir 0.

Réduction du code (1)

Si vous examinez d'un peu plus près la construction de la boucle :

```
while (a != 0)
{
 a++;
 printf("%d\t", a);
 }
```

vous remarquerez rapidement qu'on peut formuler le **while** précédent de manière plus concise et plus élégante, sans nuire à son efficacité ni à sa lisibilité.

On s'aperçoit pour commencer qu'on utilise deux instructions afin d'incrémenter la variable "a" puis l'afficher. Le même résultat peut être atteint par une seule instruction si on utilise les possibilités de notation préfixée ou postfixée des opérateurs d'incrément et de décrément. Plutôt que d'incrémenter la variable "a" dans une instruction séparée, faites-le à l'intérieur de l'instruction d'affichage :

```
while (a != 0)
   printf("%d\t", ++a);
```

La position préfixée de l'opérateur "++" fait qu'ici aussi la valeur des "a" est accrue de 1 systématiquement avant d'être affichée. Comme la boucle **while** sous cette forme ne renferme plus qu'une instruction dépendante, vous pouvez en outre renoncer aux accolades. Mais ce n'est pas fini.

Avec la structure **if**, lorsque la condition est basée sur la comparaison avec 0 de la valeur d'une variable, on peut remplacer les formulations :

```
if (Variable == 0)
```

et

```
if (Variable != 0)
```

par les écritures respectivement équivalentes, mais plus concises :

```
if (!Variable)
```

et

```
if (Variable)
```

En effet, les expressions :

```
Variable == 0      et      !Variable
```

ou :

```
Variable != 0      et      Variable
```

possèdent toujours la même valeur de vérité, quelle que soit la valeur de la variable concernée. Elles sont donc toutes les deux TRUE ou toutes les deux FALSE. Vous pouvez faire de même avec toutes les structures itératives. Appliqué au **while** précédent, cela permet donc de remplacer l'en-tête de boucle :

```
while (a != 0)
```

par :

```
while (a)
```

Nous obtenons donc finalement :

```
while (a)
  printf("%d\t", ++a);
```

écriture équivalente, mais plus compacte, à :

```
while (a != 0)
  {
   a++;
   printf("%d\t", a);
  }
```

Élimination des erreurs

Signalons ici une erreur susceptible de se produire avec les conditions de bouclage. Considérez le programme qui suit :

▶ **NOINIT.C**

```
/* noinit montre des erreurs de programme produites
   par des variables non initialisées */

#include <stdio.h>                                    /* pour printf, scanf */

main()
  {
   long n;
   int cnt;                                   /* compte les nombres pairs saisis */

    printf("\033[2J");
    printf("Le programme avale les entiers pairs,\n");
    printf("jusqu'à ce que vous tapiez un nombre impair.\n");
    printf("Vous saurez alors combien de nombres pairs vous avez saisis.");

   while (!(n % 2))                           /* tant qu'un nombre pair a été entré */
     {
       printf("\n\nUn nombre pair SVP : ");
       scanf("%ld", &n);
      cnt++;
     }

    printf("\n\nVous avez entré %d nombres pairs :", cnt-1);

}
```

Le programme accepte des nombres entiers tant qu'ils sont pairs. Dès la saisie du premier nombre impair, le programme se termine par l'annonce des nombres saisis. L'opération de saisie est contrôlée par une boucle **while**. La condition :

```
!(n % 2)
```

d'ailleurs équivalente à :

```
(n % 2 == 0)
```

contrôle, via l'opérateur **modulo**, si le nombre saisi est divisible par 2 (sans reste). Elle a pour rôle de ne faire exécuter les instructions de la boucle que si un nombre pair a été tapé. La boucle finit lorsqu'on a saisi un nombre impair. La structure **while** est suivie par l'affichage des nombres pairs entrés.

Notez bien que la variable "cnt" qui sert de compteur pour les nombres pairs saisis doit être diminuée de 1 avant d'être affichée. Cela tient à ce que le nombre saisi dans le corps de la boucle n'est contrôlé, quant à sa parité, qu'avant le prochain passage. Si l'utilisateur, par exemple, entre quatre nombres pairs (quatre passages) et ensuite un nombre impair, alors la saisie du nombre impair tapé au cinquième passage fait encore augmenter de 1 le compteur "cnt". Le nombre impair est donc décompté avec les autres. Ensuite la condition est de nouveau vérifiée et la boucle est interrompue.

Si vous lancez le programme NOINIT.C tel quel, vous devez vous attendre à deux erreurs.

D'une part, la boucle **while** utilise dans sa condition, comme variable de contrôle, la variable "n" de type **long** qui doit recevoir la saisie de l'utilisateur. L'utilisateur ne peut, dans ce programme, procéder à sa saisie que si les instructions de la boucle sont exécutées. Mais celles-ci, à leur tour, ne sont exécutées que si la condition de bouclage vaut TRUE, donc si "n" est pair. A cet instant précis, la variable "n" n'a aucune valeur définie, étant donné qu'elle n'a pas été initialisée et qu'aucune saisie susceptible de l'alimenter ne peut se produire. La valeur de "n" est donc totalement aléatoire et n'est autre que le contenu actuel des quatre octets de mémoire que le compilateur a réservé pour la variable lors de sa définition. Il peut s'agir aussi bien d'une nombre pair que d'un nombre impair. Dans le dernier cas, la boucle n'est pas exécutée et l'utilisateur n'a pas l'occasion de saisir le moindre nombre.

Pour résoudre ce problème, vous initialiserez la variable "n" avant toute utilisation dans la condition de bouclage. Vous lui attribuerez donc une valeur de départ. Cette dernière devrait être paire (par exemple 2) afin que la boucle soit exécutée et que l'utilisateur puisse saisir d'autres valeurs pour "n". L'initialisation peut se faire par :

```
long n = 2;
```

dès la définition de la variable, ou bien plus tard dans le programme, via une instruction séparée, mais avant le **while**.

L'autre erreur découle également d'une initialisation absente : comme la variable "n", la variable "cnt" n'a aucune valeur initiale définie. Le décompte des nombres pairs que vous aurez entrés est donc complètement imprévisible, à moins que par un hasard miraculeux la valeur de "cnt" ne soit déjà 0. Vous devez donc initialiser la variable "cnt" avant de vous en servir comme compteur : donnez-lui la valeur 0. L'instruction :

```
cnt++;
```

lance alors l'opération de comptage avec la valeur 1 après la saisie du premier nombre. Voici à quoi ressemble une version corrigée de notre programme dévoreur de nombres :

▶ NUMEATER.C

```
/* numeater lit au moyen d'un while des nombres pairs et s'arrête dès qu'un nombre
   impair a été saisi. Ensuite, il affiche le nombre d'entiers pairs saisis. */

#include <stdio.h>                                    /* pour printf, scanf */

main()
  {
  long n = 2;                                /* initialise avec nb. pair afin que
                                               la condition de boucle soit TRUE */
  int cnt = 0;        /* pour compter les nombres pairs saisis : initialisation à 0 */

  printf("\033[2J");
  printf("Le programme avale les entiers pairs,\n");
  printf("jusqu'à ce que vous tapiez un nombre impair.\n");
  printf("Vous saurez alors combien de nombres pairs vous avez saisis.");
  while (!(n % 2))                          /* tant qu'un nombre pair a été entré */
     {
     printf("\n\nUn nombre pair SVP : ");
     scanf("%ld", &n);
     cnt++;                                 /* comptage du nombre de valeurs saisies */
     }
  printf("\n\nVous avez entré %d nombres pairs :", cnt-1);
}
```

Extension du modèle conceptuel de boucle : (ré)initialisation des variables

Ces considérations doivent nous amener à préciser ou à étendre la décomposition primitive d'une structure itérative du type de la boucle **while** :

► Evaluation de la condition de bouclage

► Exécution des instructions du corps de la boucle

Une exécution correcte de l'instruction **while** exige habituellement la prise ne compte de tout ou partie des éléments suivants :

► Initialisation des variables qui sont utilisées comme variables de contrôle dans la condition de bouclage, ainsi que des variables dont la valeur est testée dans la boucle. Ces initialisations sont, en général, obligatoires.

► Réinitilisation (c'est-à-dire modification) des variables de contrôle avant le prochain passage dans la boucle.

La réinitialisation d'une variable de contrôle n'est pas obligatoire pour chaque passage dans la boucle. Dans bien des cas, il suffit que la variable soit modifiée une seule fois pour mettre fin à la boucle.

Examinez d'abord le cas où la réinitialisation se produit à chaque passage dans la boucle. Prenons pour cela le **while** de notre dernier programme NUMEATER.C :

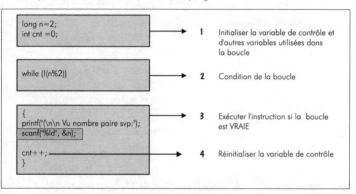

Fig. 4.6 : structure " while " avec initialisation et réinitialisation

L'instruction **while** précédente a pour but de lire et de compter des nombres pairs, et cela jusqu'à ce que la saisie d'un nombre impair marque la fin de l'opération. La variable "n" contrôle ici le nombre de passages dans la boucle. A chaque passage, elle reçoit une nouvelle valeur. Il en va autrement avec la variable de contrôle du programme suivant :

▶ THREEOUT.C

```c
/* threeout affiche les cubes d'entiers positifs. Le programme utilise un while
   dont la variable de contrôle n'est pas modifiée à chaque passage dans la boucle,
   mais seulement à la fin du programme et en cas de saisie erronée répétée. */

#include <stdio.h>                                    /* pour printf, scanf */

main()
 {
  int ok = 1;                                         /* variable de contrôle */
  int n;                                              /* nombre lu */
  int error = 0;                                      /* compteur d'erreurs */

   printf("\033[2J");
   printf("Calcul des cubes de nombres entiers entre 0 et 1000.\n");
   printf("Fin de saisie par -1.\n");
   while (ok == 1)
    {
      printf("\nVotre nombre : ");
      scanf("%d", &n);
    if (n == -1)                                      /* si fin de saisie */
       ok = 0;                                        /* pour stopper la boucle */
    else  if (n > 1000 || n < -1)                     /* nombre hors fourchette */
         {
```

```
      error++;                                  /* comptage des erreurs de saisie */
       printf("\nSaisie erronée.");
      if (error > 2)                        /* trois erreurs de saisie successives */
            {
             printf("Trois erreurs d'affilée, c'est trop. Sortie du
                  programme.");
               ok = 0;                                  /* pour stopper la boucle */
            }
         }                                                    /* fin du else if */
      else
       {
         if(error > 0)                          /* moins de 3 erreurs d'affilée */
           error = 0;                            /* on remet le compteur à 0 */
           printf("\nCube de %d : %ld",n, (long) n*n*n);
                                          /* conversion à cause de la taille */
       }                                                       /* fin du else */
   }                                                          /* fin du while */
}                                                            /* fin du main */
```

Dans ce programme, la variable "ok" pilote la boucle **while**. Elle n'est pas modifiée à chaque passage dans la boucle, mais seulement lorsque l'utilisateur veut sortir du programme ou lorsqu'il a fait trois erreurs de saisie successives. Il n'y a donc pas ici de réinitialisation après chaque passage dans la boucle. L'image suivante illustre cela :

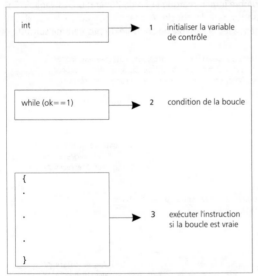

Fig. 4.7 :   Structure " while " sans réinitialisation à chaque passage dans la boucle

Réduction du code (2)

L'initialisation de la variable de contrôle du dernier **while** avait lieu hors de la boucle elle-même et la réinitialisation demandait une instruction spécifique. Vous ne serez pas particulièrement surpris d'apprendre qu'on peut souvent réduire le code requis par ce genre de construction. A cet effet, voici un autre programme.

Le nouveau programme, via les macros **getchar** et "putchar", lit au clavier et affiche un nombre quelconque de caractères isolés. La fin de la saisie est marquée par la frappe d'un caractère particulier. Comme la saisie peut comprendre plusieurs lignes, le caractère de fin de saisie n'est pas le caractère de fin de ligne '\n' (<Entrée>), ce qui permettrait de saisir une seule ligne, mais un autre caractère qui signale, en général, une fin de fichier. Ce caractère peut être utilisé dans le programme sous l'appellation EOF (End Of File = fin de fichier). Il n'y a pas que les données rangées sur des mémoires auxiliaires comme disques durs, bandes ou disquettes à pouvoir faire office de fichiers. Les "flux de données" lus sur le clavier, par exemple, sont aussi considérés comme des fichiers. Les périphériques d'entrée-sortie, en effet, sont traités comme des fichiers par le compilateur : on y lit des données en entrée et on y écrit des données en sortie (cf. chapitre 11 "Gestion des fichiers").

Le nom EOF est ce qu'on appelle une constante symbolique (un nom qui fait office de constante, qui "symbolise" donc une constante - cf. chapitre "Le préprocesseur C"). On le trouve habituellement défini avec la valeur -1 dans le fichier "include" STDIO.H. Au clavier, ce caractère n'est pas saisi par la frappe de la chaîne EOF ou de la valeur -1, mais par une combinaison de touches qui varie d'un système à un autre : sous le système UNIX, par exemple, c'est la combinaison <CTRL>+<D>, alors que sur les machines DOS c'est en principe <CTRL>+<Z>.

▶ **IOLOOP1.C**

```
/* IOLOOP1 lit, via une boucle, un nombre quelconque de caractères et les
    affiche.
      La fin de la saisie est provoquée par une certaine combinaison de touches
    générant le caractère EOF. IOLOOP1 est écrit pour des machines DOS et invite
    donc l'utilisateur à taper <CTRL>+<Z> pour mettre fin à la saisie. Sur
              d'autres systèmes, il faut adapter le programme en conséquence. */
#include <stdio.h>                          /* pour getchar, putchar et EOF */
main()
{
  int input;
  printf("Entrez un caractère. Fin de saisie par <CTRL>+<Z>.\n");

  input = getchar();   /* lit premier caractère : initialise la variable input */

  while (input != EOF)                  /* comparaison du caractère lu avec EOF */
  {
   putchar(input);                                    /* affiche le caractère */
   input = getchar();            /* lit le caractère suivant : réinitialise input */
  }
}
```

L'initialisation de la variable de contrôle de boucle **input**, dans cette version du programme, a lieu avant l'exécution de la boucle **while**, cela par le biais de la lecture du premier caractère dans la variable :

```
input = getchar();
```

Là-dessus, la condition de bouclage compare cette valeur de la variable "input" avec la valeur EOF (= -1) et lit des caractères tant que la valeur du caractère lu diffère de EOF. La réinitialisation de la variable s'effectue par la même instruction, à la fin du corps de la boucle.

Maintenant, rappelez-vous qu'en C une expression (qui représente bien une valeur) peut figurer partout où on peut mettre une valeur et qu'une expression d'affectation :

```
input = getchar()
```

possède justement la valeur affectée à son membre de gauche. La valeur de l'instruction qui précède est donc la valeur de la variable **input** après l'affectation. Il s'ensuit, chose fort logique, que l'équivalence entre expression d'affectation et variable de contrôle de l'instruction d'affectation (et d'initialisation) entraîne, dans la condition, le remplacement de la variable **input** :

```
while ((input = getchar()) != EOF)
```

Cette formulation a le même effet que :

```
input = getchar();
while (input != EOF)
```

Dans les deux cas, en effet, on commence par lire un caractère via la macro **getchar**, caractère affecté à la variable **input**. La valeur de la variable est ensuite comparée à la valeur EOF. Notez bien que l'expression d'affectation :

```
input = getchar()
```

doit être parenthésée à l'intérieur de la condition de bouclage. En effet, l'opérateur "!=" possède une priorité plus élevée (9) que celle de l'opérateur "=" (2). Si au lieu de :

```
while ((input = getchar()) != EOF)
```

vous écriviez :

```
while (input = getchar() != EOF)
```

la comparaison :

```
getchar() != EOF
```

serait effectuée avant l'affectation "=". La variable **input** recevrait alors non pas la valeur saisie escomptée, mais une des deux valeurs 0 ou 1 selon que le résultat de l'évaluation préalable de l'expression :

```
getchar() != EOF
```

vaudrait FALSE (= 0) ou TRUE (= 1). Ce qui dépendrait, en dernier ressort, de la nature du caractère lu par **getchar** : caractère normal ou caractère EOF de fin de saisie. Qui plus est, avec la condition écrite sous la forme :

```
while ((input = getchar()) != EOF)
```

la réinitialisation :

```
input = getchar();
```

qui affecte le caractère suivant à la variable de contrôle en fin du corps de la boucle est devenue superflue. Etant donné que la condition du **while** est réévaluée après chaque passage dans la boucle, à chaque fois la macro **getchar** est rappelée et lit le prochain caractère qui est ensuite rangé dans la variable "input". On arrive ainsi à une version plus compacte du programme IOLOOP1.C :

▶ **IOLOOP2.C**

```
/* IOLOOP2 lit, via une boucle, un nombre quelconque de caractères et les affiche.
   La fin de la saisie est provoquée par une certaine combinaison de touches
   générant le caractère EOF. IOLOOP2 est écrit pour des machines DOS et invite
   donc l'utilisateur à taper <CTRL>+<Z> pour mettre fin à la saisie. Sur
                d'autres systèmes, il faut adapter le programme en conséquence. */

#include <stdio.h>                        /* pour getchar, putchar et EOF */

main()
{
   int input;
   printf("Entrez un caractère. Fin de saisie par <CTRL>+<Z>.\n");

   while ((input = getchar()) != EOF)

/* lecture d'un caractère et comparaison avec EOF :
                    l'en-tête de boucle comporte :    initialisation
                                                      évaluation de la condition
                                                      réinitialisation           */

   putchar(input);                                   /* affichage du caractère */
}
```

Remarque

Le programme précédent nécessite quelques commentaires. D'une part, on peut se demander pourquoi la variable **input** n'est pas de type **char**, mais **int**. Cela est dû à la valeur -1 qui doit pouvoir être entrée en tant que caractère EOF dans la variable **input**. Le langage C n'impose pas au type **char** d'être signé ou non signé. Dans cet ouvrage, nous partons du principe (implémenté sur la plupart des systèmes) que le type **char** est signé et peut donc représenter des valeurs positives ou négatives. Nous pourrions donc définir la variable **input** également comme **char** car sa taille lui permettrait alors de recevoir sans problème la valeur **int** -1. La condition requise pour une mémorisation correcte de la valeur de la constante **int** -1 (2 octets) dans une variable **char** (1 octet) est que le bit de signe de la constante **int** soit repris dans la variable **char**.

L'image suivante représente la valeur -1 sous les formes binaires 1111111111111111 (int) et 11111111 (char) avec la convention du complément à deux :

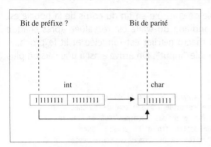

Fig. 4.8 :   Mémorisation de la valeur " int " -1
dans une variable (signée) " char "

Sur d'autres systèmes où le type **char** n'est pas signé, donc est toujours positif, la définition de la variable **input** sous forme de **char** amènerait une erreur car EOF a la valeur -1, donc est négatif et à fortiori ne peut être représenté correctement par une variable d'un type sans signe (toujours positif). Par exemple, une condition de bouclage comme :

```
while (<unsigned_var> != EOF)
```

donnera dans ce cas toujours TRUE, puisque "unsigned_var" ne pourra jamais prendre la valeur -1. La boucle, de ce fait, ne pourra pas être arrêtée. La portabilité d'un programme vers d'autres systèmes fait qu'il est donc recommandé de définir les variables de contrôle utilisées avec **getchar** et avec EOF comme variables **int** et non **char** (abstraction faite de ce que la macro **getchar** retourne au programme, comme résultat de son appel, une valeur de type **int**. Il tombe sous le sens que la variable récupérant cette valeur devrait plutôt avoir le même type. En ce qui concerne le thème "valeurs retournées", reportez-vous au chapitre 10 **Fonctions**).

Si vous exécutez les programmes IOLOOP1.C ou IOLOOP2.C, vous constaterez que l'affichage des caractères saisis n'a lieu que lorsque vous appuyez sur la touche <Entrée>. Entrez, par exemple, les caractères :

abc

puis quittez l'affichage via <CTRL>+<Z> (ou la combinaison de touches requise par votre système d'exploitation). Le programme n'affiche pas le caractère dès que vous l'avez frappé, mais au contraire affiche tous les caractères (sauf <Entrée>) saisis seulement après activation de la touche <Entrée>. La saisie précédente donnerait donc sur l'écran non pas :

aabbcc^Z

mais plutôt :

abc^Z
abc

Un tel comportement est dû au mécanisme (déjà mentionné) de la bufférisation des caractères saisis avec certaines routines de lecture du clavier (entre autres la macro **getchar**). Cette bufférisation s'effectue ligne par ligne. Cela veut dire que tous les caractères tapés vont d'abord dans une zone mémoire spéciale (tampon de lecture). Ils ne seront traités par la routine de lecture que lorsque l'utilisateur aura terminé sa saisie via le séparateur de lignes '\n' et libéré ainsi une ligne de caractères. Les caractères sont alors transmis au programme qui les range dans la variable **input** et les affiche par "putchar". Le tampon de lecture présente un avantage : qu'on peut éditer (modifier) la saisie tant qu'elle n'a pas été validée par <Entrée>. Sur bon nombre de systèmes, il est possible de désactiver la bufférisation des saisies.

instruction "for"

Comme la structure **while**, la structure **for** est une boucle qui teste une condition avant d'exécuter les instructions qui en dépendent. Les instructions sont exécutées (répétées) tant que la condition est remplie (TRUE). Voici la syntaxe de l'instruction **for** :

```
for  (<expression_I>  ;  <expression_C>  ;  <expression_R>)
    <instruction>;
```

ou :

```
for  (<expression_I>  ;  <expression_C>  ;  <expression_R>)
    {
        <instruction(s)>;
    }
```

Comme pour la boucle **while**, le morceau :

```
for  (<expression_I>  ;  <expression_C>  ;  <expression_R>)
```

représente ici l'en-tête de boucle qui est suivi par le corps de la boucle contenant les instructions à exécuter. L'en-tête de boucle contient successivement, séparées par des points-virgule :

► Une expression initialisant les variables de contrôle (et d'autres variables éventuellement) qu'il faut initialiser avant d'entrer dans la boucle (<expression_I>)

► La condition de bouclage (<expression_C>)

► Une expression permettant de réinitialiser les variables de contrôle utilisées (<expression_R>).

La structure **for** constitue donc une alternative syntaxique au **while**, dans laquelle tous les éléments relatifs au contrôle de la boucle (initialisation, condition, réinitialisation) sont rassemblés, de manière lisible et compacte, dans l'en-tête de boucle.

Déroulement du "for"

La première phase dans le déroulement du for consiste à initialiser les variables de contrôle et autres variables de la boucle. Ensuite, on teste la valeur de vérité de la condition de bouclage. Si cette vérification rend une valeur non nulle, c'est que la condition vaut TRUE. Les instructions du corps de la boucle sont alors exécutées. Après quoi, les variables de contrôle présentes sont réinitialisées (leurs valeurs sont modifiées). La condition de bouclage est alors de nouveau contrôlée. Dans le cas où elle vaut TRUE, on répète l'exécution des instructions de la boucle. Dès qu'une vérification de la condition donne la valeur 0, la condition est FALSE et la boucle s'arrête sans que soient exécutées une dernière fois les instructions du corps de la boucle. L'initialisation des variables de boucle, contrairement à ce qui se passe pour l'évaluation de la condition et pour la réinitialisation des variables de boucle, n'est exécutée qu'une seule fois, au début de la boucle.

Une fois la variable définie :
```
int i;
```

la boucle **for** que voici affiche les nombres de 1 à 10 jusqu'à ce que la condition soit FALSE et interrompe la boucle :
```
for (i = 1; i < 11; i++)
    printf("%d ", i);
```

La variable de contrôle est initialisée à la valeur 1 au début de la boucle. La condition "i < 11" est donc TRUE, et "i" est affiché. Via la réinitialisation "i++", "i" prend ensuite la valeur 2. La condition est à nouveau vérifiée : comme 2 est inférieur à 11, la condition est toujours TRUE et l'instruction d'affichage est donc exécutée une nouvelle fois. La variable "i" est réinitialisée, etc. Lorsque "i", après la dixième réinitialisation atteint la valeur 11, alors l'évaluation suivante de la condition a pour résultat FALSE et la boucle se termine.

La boucle précédente manipule, dans ses phases d'initialisation et de réinitialisation, une unique variable. Mais l'opérateur séquentiel permet, en principe, d'initialiser ou de réinitialiser autant de variables que l'on veut dans ces deux portions de l'instruction. Considérez pour cela le programme suivant qui calcule la somme des N premiers nombres impairs entre 1 et 15 000. Le programme n'emploie pas la formule classique :
```
Somme des N premiers impairs = N / 2 * (1 + N-ème nombre)
```

mais utilise la méthode un peu plus artisanale dans laquelle les nombres sont additionnés l'un après l'autre.

▶ ODD1.C
```
/* odd1 calcule la somme des N premiers nombres impairs pour N compris entre 1 et
    15000.  L'utilisateur ici ne propose pas le nombre (N) des nombres impairs à
    additionner, mais une valeur supérieure (max) jusqu'à laquelle il faut continuer
    l'addition. La somme correspondante et le nombre (N) des termes à additionner
    sont affichés. Le total " s_odd " est défini comme long pour le cas où les
    nombres seraient élevés. La variable " k " (type int) est implicitement
    convertie en long lors de la totalisation. */
#include <stdio.h>                                    /* pour printf, scanf */
main()
 {
  long s_odd;                                  /* somme des nombres impairs */
  int k;                                       /* variable de boucle */
  int max;                                     /* valeur limite */
  int n;                                       /* nombre de termes à ajouter */
    printf("\033[2J");
```

```
 printf("Ce programme calcule la somme des nombres impairs\n");
 printf("depuis 1 jusqu'à une valeur limite choisie par vous (1 - 30000).\n");
 printf("Valeur limite : ");
 scanf("%d", &max);
 s_odd = 0;                                              /* Initialise le total */
 n = 0;                                         /* Initialise le nombre de termes */
 for (k = 1; k <= max; k += 2)                            /* tant que k <= limite */
    {
      s_odd = s_odd + k;                                           /* ajouter */
      n++;                                                /* comptage des termes */
 }
 printf("\n\nOn a additionné les %d nombres impairs depuis 1 jusqu'à %d.", n, max);
 printf("\n\nLa somme de ces nombres vaut : %ld", s_odd);
}
```

Réduction du code (1)

Au lieu d'initialiser les variables " s_odd " et " n " hors de la boucle **for**, on peut le faire
dans l'en-tête de la boucle :

```
for (k = 1, s_odd = 0, n = 0; k <= max; k += 2)
 {
   s_odd = s_odd + k;
   n++;
}
```

L'opérateur séquentiel "," fait que les expressions :

```
k = 1, s_odd = 0, n = 0
```

sont syntaxiquement comptées comme une instruction unique et acceptées dans l'expression d'initialisation. Il est donc possible d'initialiser les trois variables dans le premier
morceau de l'en-tête de boucle. L'incrémentation de la variable "n", consistant à l'augmenter de 1 à chaque passage dans la boucle (quasi réinitialisation), pourrait également
être incorporée dans l'en-tête de boucle :

```
for (k = 1, s_odd = 0, n = 0; k <= max; k += 2, n++)
    s_odd = s_odd + k;
```

La partie des instructions du for se réduit ainsi à une unique instruction et les accolades peuvent
être omises.

Voici donc une seconde version de notre programme de totalisation :

▶ **ODD2.C**
```
/* odd2 calcule la somme des N premiers nombres impairs pour N compris entre 1 et
   15000.  L'utilisateur ici ne propose pas le nombre (N) des nombres impairs à
     additionner, mais une valeur supérieure (max) jusqu'à laquelle il faut continuer
     l'addition. La somme correspondante et le nombre (N) des termes à additionner
     sont affichés. Le total " s_odd " est défini comme long pour le cas où les
     nombres seraient élevés. La variable " k " (type int) est implicitement
     convertie en long lors de la totalisation. */
#include <stdio.h>                                      /* pour printf, scanf */
```

```
main()
 {
  long s_odd;                                    /* somme des nombres impairs */
  int k;                                           /* variable de boucle */
  int max;                                           /* valeur limite */
  int n;                                       /* nombre de termes à ajouter */
    printf("\033[2J");
    printf("Ce programme calcule la somme des nombres impairs\n");
    printf("depuis 1 jusqu'à une valeur limite choisie par vous (1 - 30000).\n");
    printf("Valeur limite : ");
    scanf("%d", &max);
    for (k = 1, s_odd = 0, n = 0 ; k <= max; k += 2, n++)
    s_odd = s_odd + k;
    printf("\n\nOn a additionné les %d nombres impairs depuis 1 jusqu'à %d.", n, max);
    printf("\n\nLa somme de ces nombres vaut : %ld", s_odd);
 }
```

Réduction de code (2)

Même ODD2.C peut encore maigrir. En y regardant un peu plus près, on constate en effet que l'on n'a pas vraiment besoin de la variable de contrôle "k" qui est comparée à la valeur "max" saisie par l'utilisateur à des fins de pilotage de la boucle. On peut, à la place, utiliser directement la valeur "max" pour faire exécuter les instructions de la boucle autant de fois que nécessaire. Dans ce cas, vous ne ferez pas, comme tout à l'heure, commencer l'addition par la valeur 1 :

1 + 3 + 5 + ... + max-2 + max

mais vous renverserez l'ordre des opérations :

max + max-2 + ... + 5 + 3 + 1

A chaque passage dans la boucle, la variable "max" décroît de la valeur 2 jusqu'à ce que "max" prenne une valeur inférieure à 1. De cette façon aussi, vous arrivez à additionner tous les nombres impairs entre "max" et 1 (inclus), mais vous économisez une variable. Un inconvénient en raison de la modification de la valeur de "max", vous ne disposez plus de sa valeur initiale pour l'afficher à la fin du programme. Il faudrait alors mémoriser cette valeur dans une autre variable. Comme notre programme ne l'exige pas vraiment, nous renoncerons à afficher la valeur initiale de "max".

▶ ODD3.C

```
/* odd3 calcule la somme des N premiers nombres impairs pour N compris entre 1 et
   15000.  L'utilisateur ici ne propose pas le nombre (N) des nombres impairs à
   additionner, mais une valeur supérieure (max) jusqu'à laquelle il faut continuer
   l'addition. La somme correspondante et le nombre (N) des termes à additionner
   sont affichés. Le total " s_odd " est défini comme long pour le cas où les
   nombres seraient élevés. */
#include <stdio.h>                                    /* pour printf, scanf */
main()
 {
  long s_odd;                                    /* somme des nombres impairs */
  int max;                                           /* valeur limite */
  int n;                                       /* nombre de termes à ajouter */
```

```
    printf("\033[2J");
    printf("Ce programme calcule la somme des nombres impairs\n");
    printf("depuis 1 jusqu'à une valeur limite choisie par vous (1 - 30000).\n");
    printf("Valeur limite : ");
    scanf("%d", &max);
    for (s_odd = 0, n = 0 ; max >= 1; max -= 2, n++)
        s_odd = s_odd + max;
    printf("\n\nOn a additionné les %d premiers nombres impairs.", n);
     printf("\n\nLa somme de ces nombres vaut : %ld", s_odd);
}
```

Particularités de la boucle "for"

Les deux derniers exemples ont montré comment placer plusieurs expressions dans les phases d'initialisation et de réinitialisation. Une autre particularité du **for** est que les expressions d'initialisation et de réinitialisation, comme la condition de bouclage, peuvent être complètement omises sans que le compilateur s'y oppose pour cause d'erreur syntaxique. La seule chose qui soit vraiment nécessaire dans l'en-tête de la boucle sont les deux points-virgules servant à séparer les trois morceaux.

En particulier, si la condition de bouclage (<expression_C>) manque, les instructions du corps de la boucle sont néanmoins exécutées car une condition absente est considérée comme valant TRUE. L'omission de la condition dans la boucle **for** produit le même effet qu'une condition qui serait toujours remplie : la boucle tourne indéfiniment (cf. rubrique **boucles particulières**). La boucle :

```
for (;;)
    printf("Voici une boucle infinie.\n");
```

ne contient ni initialisations, ni condition, ni réinitialisations. Le fait de n'avoir spécifié aucune condition équivaut à avoir dans l'en-tête de boucle une condition qui serait toujours TRUE. L'instruction du corps de la boucle est donc répétée indéfiniment.

Il en irait de même avec la boucle que voici :

```
for (;5;)
    printf("Voici une boucle infinie.\n");
```

La condition ici est présente, mais constituée par une constante dont la valeur diffère toujours de 0, donc est toujours TRUE. Notez que, comme avec la boucle **while**, le compilateur tolère syntaxiquement l'omission de l'initialisation et de la réinitialisation mais qu'il peut en résulter des erreurs de logique (telle l'utilisation d'une variable non initialisée dans le corps de la boucle) dont la responsabilité incombe au programmeur.

Equivalence des boucles "for" et "while"

Les boucles **for** et **while** suivent la même logique de déroulement et disposent des mêmes éléments de contrôle pour le pilotage de la boucle. En fait, les structures **while** et **for** sont équivalentes, ce qui signifie que toute boucle **for** peut être remplacée par une boucle **while** et vice-versa.

Considérons par exemple, le tableau produit par la boucle **for** que voici :

```
for (k = 0; k <= 200; k += 10)
    printf("\n%d\t %.1f", k, 1.6 * k);
```

Ce tableau affiche, pour les valeurs allant de 0 à 200 par pas de 10, les conversions des kilomètres en milles. Vous pourriez obtenir ce même tableau par une boucle **while** :

```
k = 0;
while ( k <= 200)
      {
        printf("\n%d\t %.1f", k, 1.6 * k);
        k += 10;
      }
```

L'image suivante illustre cela :

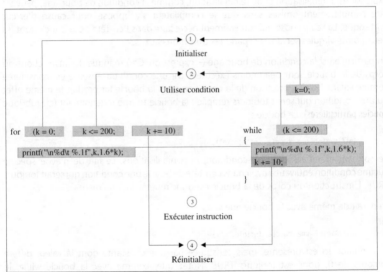

Fig. 4.9 :   Equivalence entre les boucles "for" et "while"

Le mieux est de choisir le type de boucle en fonction de chaque cas concret. On peut supposer que dans l'exemple précédent on préférera la boucle for en raison de sa formulation plus concise, alors que le même motif nous fera recourir au bon vieux while dans :

```
while ((input = getchar()) != EOF)
    printf("%c", input);
```

Diagrammes des boucles for et while

Dans la représentation de Nassi-Shneiderman, les structures répétitives **for** et **while** se représentent ainsi :

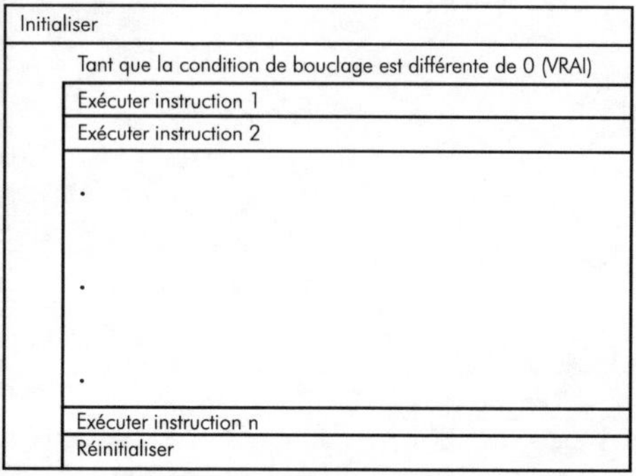

Initialiser
Tant que la condition de bouclage est différente de 0 (VRAI)
Exécuter instruction 1
Exécuter instruction 2
.
.
.
Exécuter instruction n
Réinitialiser

Fig. 4.10 :   Diagrammes de Nassi-Shneiderman pour les boucles "for" et "while"

Ici un trait horizontal entre deux traits verticaux symbolise la fin d'une instruction : l'instruction d'initialisation est suivie de la boucle proprement dite qui renferme les instructions dépendant de la condition de bouclage. Font partie de ces dernières également les instructions de réinitialisation. La vérification de la condition de bouclage a lieu au début de la boucle, avant l'exécution des instructions.

La syntaxe du **while**, contrairement à celle du **for**, ne présente formellement ni phase d'initialisation ni phase de réinitialisation. Mais le programmeur doit naturellement s'assurer que ces phases, lorsqu'elles sont requises, sont prises en compte dans la structure. On trouve donc, pour la boucle **while**, une autre représentation :

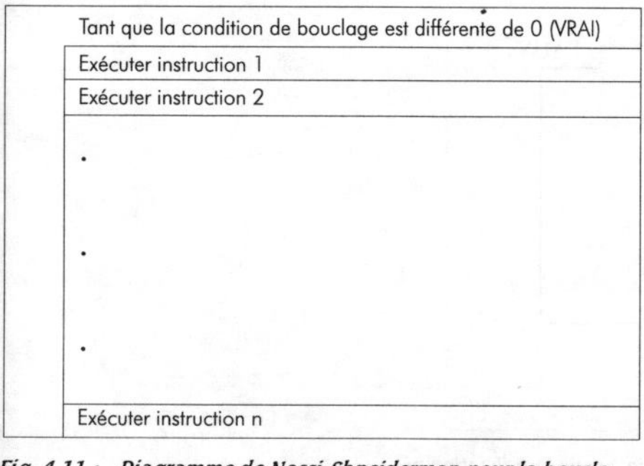

Tant que la condition de bouclage est différente de 0 (VRAI)
Exécuter instruction 1
Exécuter instruction 2
.
.
.
Exécuter instruction n

Fig. 4.11 :   Diagramme de Nassi-Shneiderman pour la boucle
"while" sans initialisation ni réinitialisation

Mais le "caractère itératif" d'une structure répétitive se traduit peut-être mieux par un organigramme :

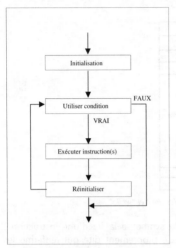

Fig. 4.12 :   Organigramme de flux pour
les boucles "for" et "while"

Nous ajouterons encore l'organigramme correspondant à une boucle **while** sans initialisation ni réinitialisation :

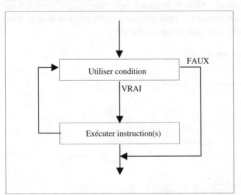

Fig. 4.13 :   Organigramme d'une boucle "while" sans initialisation ni
réinitialisation

Instruction do while

Contrairement aux structures **for** et **while**, la boucle **do while** teste sa condition après exécution des instructions du corps de la boucle. Cela ressort aussi de la syntaxe du **do while** qui, selon que le corps de la boucle renferme une ou plusieurs instructions, n'aura pas d'accolades :

```
do
   <instruction>;
while   (<expression>);
```

ou bien en aura :

```
do
   {
   <instruction(s)>;
   } while (<expression>);
```

Le mot clé "do" est suivi par une ou plusieurs instructions qui sont exécutées avant que soit évaluée la condition de bouclage <expression> placée entre parenthèses après le mot clé "while". Remarquez le point-virgule à la fin de la boucle. Si la condition vaut TRUE, donc diffère de 0, alors les instructions sont exécutées derechef. Dès que la vérification donne la valeur 0 (FALSE) pour la condition, la boucle **do while** se termine sans que les instructions soient exécutées une nouvelle fois.

L'organigramme suivant illustre le fait que, en comparaison des boucles **for** et **while**, l'ordre des phases "exécution des instructions" et "évaluation de la condition" a ici été inversé :

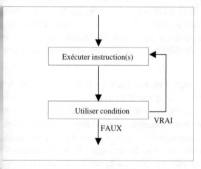

Fig. 4.14 :   Organigramme de la boucle "do while"

Le diagramme de Nassi-Shneiderman correspondant fait ressortir, d'une manière visuelle très frappante, le même comportement.

La condition de bouclage ici est évaluée à la fin de la boucle, après exécution des instructions :

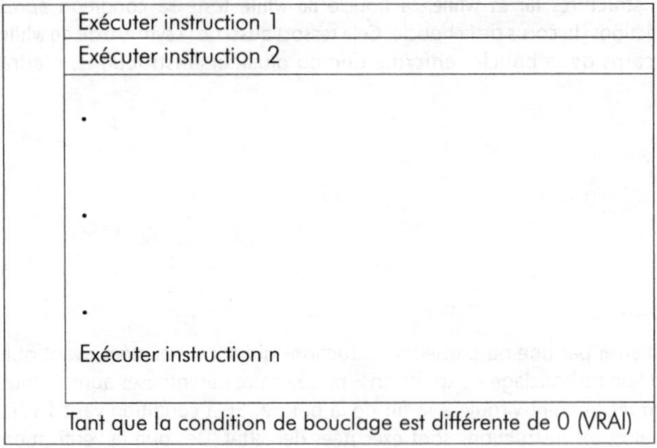

Exécuter instruction 1
Exécuter instruction 2
.
.
.
Exécuter instruction n
Tant que la condition de bouclage est différente de 0 (VRAI)

Fig. 4.15 : Diagramme de Nassi-Shneiderman pour une boucle "do while"

Les boucles "do while" sont exécutées au moins une fois

Le fait que la condition de bouclage soit vérifiée seulement lorsque les instructions du corps de la boucle ont été exécutées entraîne une conséquence très importante : contrairement aux structures **for** et **while**, les instructions du **do while** sont effectuées au moins une fois, que la condition de bouclage soit égale ou non à TRUE (différente de 0). Pour cette raison, l'initialisation peut être omise. Nous éviterons de parler de "réinitialisation" pour la modification (répétée) de la variable de contrôle, car cela a moins d'intérêt sans une initialisation préalable.

Quand donc utilise-t-on une construction répétitive qui teste sa condition seulement lorsque les instructions ont déjà été exécutées ? En général, bien évidemment, lorsque le problème exige que la boucle soit exécutée au moins une fois. Une application courante est l'affichage de menus. On affiche ici une série de commandes de menus dans lesquels l'utilisateur effectue son choix via une saisie appropriée. Après le choix d'une commande de menu et après exécution de l'action associée, une boucle assure que le menu réapparaît sur l'écran afin que l'utilisateur puisse entreprendre une nouvelle saisie. La saisie faite par l'utilisateur pilote également cette boucle par laquelle on affiche le menu. En d'autres termes, c'est d'elle que dépend le nombre de passages dans la boucle. Pour que l'utilisateur sache quelles sont ses possibilités de saisie, le menu doit lui être présenté avant même la première saisie. Ce qui veut dire que les instructions de la boucle affichant le menu doivent être exécutées au moins une fois, quelle que soit la valeur de la condition de bouclage. Cela peut être réalisé avec une boucle **do while**. Le programme suivant simule un menu simple permettant de gérer des enregistrements.

> MENUSIM.C

```c
/* menusim simule, via un do while, un menu pour gérer des enregistrements
   dans lequel l'utilisateur peut choisir entre diverses actions. */
#include <stdio.h>                                    /* pour printf */
#include <conio.h>                                    /* pour getche */
main()
{
 int sel;                                /* variable de contrôle, non initialisée */
 do                                      /* exécuter les instructions suivantes */
 {
  printf("\033[2J");
  printf("Menu de gestion des données SIM 1\n\n");
  printf("\t1 - Création\n");
  printf("\t2 - Modification\n");
  printf("\t3 - Suppression\n");
  printf("\t4 - Impression\n");
  printf("\t0 - Fin\n\n");
  printf("\tVotre choix : ");
  sel = getche();                                        /* saisie du choix */
  switch (sel)                                           /* qu'a-t-on saisi ? */
        {
            case '1':    printf("\033[2J");
                         printf("\n\nSimulation de création.\n");
                         printf("Retour au menu par une touche quelconque.");
                     getche();
                     break;
            case '2':    printf("\033[2J");
                         printf("\n\nSimulation de modification.\n");
                         printf("Retour au menu par une touche quelconque.");
                     getche();
                     break;
            case '3':    printf("\033[2J");
                         printf("\n\nSimulation de suppression.\n");
                         printf("Retour au menu par une touche quelconque.");
                     getche();
                     break;
            case '4':    printf("\033[2J");
                         printf("\n\nSimulation d'impression.\n");
                         printf("Retour au menu par une touche quelconque.");
                     getche();
                     break;
            case '0':    printf("\033[2J");                    /* fin du programme */
                         printf("\n\n\t***\tFin de la simulation\t***");
                     break;
            default:     printf("\033[2J");                    /* erreur de saisie */
                         printf("\n\nSaisie erronée\n");
                         printf("Retour au menu par une touche quelconque.");
                     getche();
                     break;
        }                                          /* fin du switch */
    } while (sel != '0');                           /* tant que la saisie n'est pas 0 */
}                                                  /* fin du main */
```

Commentaires

Le programme MENUSIM.C se compose essentiellement d'une boucle **do while**. Toutes les actions effectuées par le programme sont réalisées par des instructions dans le corps de cette boucle.

L'instruction **do while** ne se préoccupe pas, pour commencer, de savoir si la condition de bouclage est remplie (TRUE) ou pas, mais exécute d'abord une fois, conformément à sa logique, les instructions placées dans le corps de la boucle. Le menu est affiché et l'utilisateur fait son choix.

Supposons qu'il se soit décidé pour la première commande (**Création**). L'instruction "switch" qui suit évalue cette saisie et se met ensuite à exécuter les instructions placées après la constante **case** correspondante. Après l'affichage d'un message spécifique (dans un vrai programme de gestion, on effectuerait ici les actions nécessaires à la création d'un enregistrement), l'utilisateur peut retourner au menu en appuyant sur une touche quelconque. La fonction **getche** récupère cette saisie. Comme nous n'avons pas besoin du caractère saisi, nous ne le mémorisons pas dans une variable. L'instruction :

```
getche();
```

a d'ailleurs pour objectif d'arrêter le programme et de garder le message :

```
Simulation de création.
Retour au menu par une touche quelconque.
```

affiché à l'écran jusqu'à ce que l'utilisateur en ait pris connaissance et se soit décidé à revenir au menu. Si l'instruction **getche** manquait, le programme ne s'arrêterait pas et le message précédent serait certes affiché, mais disparaîtrait aussitôt car le programme continuerait et reviendrait immédiatement au menu (sans aucune pause). Comme l'écran, ce faisant, est effacé puis redessiné, le message ne serait visible que pendant quelques fractions de secondes.

L'instruction **break** fait sortir de la structure **switch** et la fin de la boucle **do while** est atteinte. C'est seulement maintenant que la condition est testée : comme c'est le caractère '1' qui a été saisi pour sélectionner la première commande de menu, la condition de bouclage est remplie (TRUE) car la variable "sel" a une valeur non nulle. Les instructions de la boucle sont exécutées à nouveau et le menu réapparaît sur l'écran.

La branche **default** du **switch** entre en jeu si la sélection est un caractère non prévu dans le menu. Si l'utilisateur entre "0", alors la boucle **do while** se termine (et donc aussi le programme).

"while" ou "do while" ?

Naturellement, le do while permet d'effectuer des itérations classiques. Comme dans le cas suivant :

```
do
  printf("%d ", x-);
while (x > 0);
```

Cette boucle affiche la valeur de "x" tant qu'il est supérieur à 0. Notez que la valeur de "x" est totalement aléatoire car la variable n'a reçu de valeur nulle part. Mais même si "x" est inférieur ou égal à 0, la boucle serait exécutée une fois puisque la condition :

```
x > 0
```

n'est vérifiée, pour la première fois, qu'à la fin du premier passage dans la boucle.

Mais si on veut, par la boucle précédente, faire afficher les valeurs :

```
10 9 8 7 6 5 4 3 2 1
```

on doit initialiser la variable "x" hors de la boucle :

```
int x = 10;
.
.
.
do
  printf("%d ", x--);
while (x > 0);
```

On peut naturellement se demander si, dans les cas où il faut initialiser, le même résultat ne peut pas être atteint par une simple boucle **for** ou **while**. En fait, cette dernière est plus concise :

```
int x = 10;
.
.
.
while (x > 0)
  printf("%d ", x--);
```

Dans le cas où le problème admet, comme dans l'exemple suivant, que la boucle ne puisse pas être exécutée, on ne choisira pas l'écriture :

```
int i;
.
.
.
printf("Combien de fois doit tourner la boucle ?");
scanf("%d", &i);
do
  printf("C'est le passage numéro %d\n", i--);
while (i > 0);
```

avec laquelle la boucle est exécutée (une fois) même si on a entré pour "i" la valeur 0. On prendra plutôt une des deux autres boucles, par exemple :

```
int i;
.
.
.
printf("Combien de fois doit tourner la boucle ?");
```

```
scanf("%d", &i);
while (i > 0)
  printf("C'est le passage numéro %d\n", i--);
```

Boucles imbriquées

Voici un exercice qui permet d'exposer de manière simple la technique des boucles imbriquées : il faut ici afficher un motif rectangulaire composé de caractères quelconques.

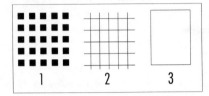

Fig. 4.16 :   Motifs à afficher

On peut interpréter les motifs précédents comme des figures qui se composent de lignes et de colonnes. Ainsi, le motif 1 contient cinq lignes et cinq colonnes faites à partir du caractère "■" (code ASCII décimal : 254). De la même façon, le motif 2 résulte de la répétition du caractère "†" (code ASCII décimal : 197). Le troisième motif se distingue des deux précédents en ce sens qu'il est fait à partir de l'assemblage de divers caractères : le cadre est réalisé avec les traits horizontaux et verticaux "-" et "|" (codes ASCII décimaux : 196, 179), alors que les coins sont dessinés via : " ", " ", " ", " " (codes décimaux ASCII : 191, 192, 217, 218). Mais on peut également se le représenter comme étant composé de lignes et de colonnes. Par exemple : la première ligne est produite par les caractères " " (coin supérieur gauche), "-" et " " (coin supérieur droit).

Motif 1

pour afficher par exemple le motif 1, vous devrez, en raison de notre interprétation par lignes/colonnes, afficher cinq fois une ligne constituée elle-même par cinq exemplaires du caractère "■" (les colonnes). Vous avez donc à effectuer la répétition d'une action complexe : l'affichage d'une ligne, action elle-même décomposable en répétitions d'une action élémentaire : l'affichage d'un unique caractère . Une action qui se répète et qu elle-même contient d'autres actions à répéter donne un bon exemple d'imbrication. Vous avez déjà rencontré des imbrications en relation avec des affectations multiples, dans lesquelles plusieurs opérations d'affectation étaient contenues (imbriquées) l'une dans l'autre. De la même façon, on peut également imbriquer des instructions répétitives autrement dit des boucles : une boucle contient une autre boucle qui, à son tour, contient une boucle, etc.

Nous utiliserons cette technique pour notre problème qui consiste à répéter des lignes et pour chaque ligne à répéter un certain nombre de caractères (colonnes). Au le cas où la traduction directe de la solution en langage de programmation poserait des difficultés, vous pouvez passe par une étape intermédiaire avant d'atteindre la solution programmée : la formulation en pseudo-code (un mélange de langage courant et de jargon de programmeur).

```
Pour chaque ligne
      Pour chaque colonne
           Affiche le caractère "  _  "
```

Il n'est guère compliqué ensuite de spécifier la construction répétitive adéquate. Prenez une boucle **for** (une boucle **while** ferait aussi l'affaire) :

```
for (ligne = 1; ligne < 6; ligne++)                           /* pour chaque ligne */
   {
     for (col = 1; col < 6; col++)                          /* pour chaque colonne */
          printf("_");                                   /* affichage du caractère */
     printf("\n");                       /* après 5 caractères : saut de ligne */
   }
```

Les variables " ligne " et " col " ont été définies par :

```
int ligne;                         /* variable de contrôle pour la boucle externe */
int col;                           /* variable de contrôle pour la boucle interne */
```

Le déroulement des structures **for** imbriquées est ainsi conçu :

1. La variable "ligne" est initialisée à 1 (pour la première ligne) dans le **for** externe.

2. Comme la condition "ligne < 6" est remplie, les instructions du corps de la boucle externe sont exécutées.

3. La première de ces instructions est la boucle **for** interne : la variable "col" est initialisée à 1 (premier caractère de la première ligne). La condition "col < 6" est donc TRUE et le caractère "■" est affiché. "Col" est incrémenté, la condition est de nouveau vérifiée et le caractère "■" est affiché pour la seconde fois. "Col" est incrémenté, etc. En tout, le caractère "■" est affiché cinq fois par ce procédé. Après quoi, "col" vaut 6, la condition "col < 6" ne vaut plus TRUE et le **for** interne se termine.

4. Un saut de ligne est effectué. Et voilà fini le premier passage dans la boucle **for** externe.

5. La variable "ligne" est incrémentée. La condition "ligne < 6" est encore TRUE, et le corps de la boucle externe est de nouveau exécuté (voir phase 3), c'est-à-dire que la seconde ligne est affichée. Après un total de cinq passages dans la boucle **for** externe, l'incrémentation suivante fait passer la variable "ligne" à 6. La condition n'étant plus TRUE, le **for** externe (et donc toute l'imbrication des **for**) se termine.

Motifs 2 et 3

Vous obtiendrez le motif 2 par la même structure. Il suffit de remplacer le caractère "■" par le caractère "†". Le troisième motif n'est pas aussi simple car il se compose de différents caractères :

```
ligne du haut    :      " ","—"," "
lignes médianes  :      " ","|"," "
ligne du bas     :      " ","—"," "
```

Formulons d'abord en pseudo-code :

```
Ligne du haut :        Affiche le coin gauche.
                        Pour chacune des trois colonnes qui suivent
                       affiche le caractère "—".
                       Affiche le coin droit.

Lignes médianes :   Pour chaque ligne
                     affiche le caractère "|"
                       pour chacune des trois colonnes suivantes
                     affiche un espace
                     affiche le caractère "|".

Ligne du haut :        Affiche le coin gauche.
                        Pour chacune des trois colonnes qui suivent
                     affiche le caractère "—".

                       Affiche le coin droit.
```

D'où le programme :

```c
/* ligne du haut : */
printf("\n ");                                          /* coin supérieur gauche */

for (col = 1; col < 4; col++)                           /* colonnes médianes */
     printf("—");
printf(" ");                                            /* coin supérieur droit */

/* lignes médianes : */
for (ligne = 1; ligne < 4; ligne++)
 {
   printf("\n|");                                       /* bord gauche */
   for (col = 1; col < 4; col++)
       printf(" ");                                     /* espace */
       printf("|");                                     /* bord droit */
 }
/* ligne du bas : */
printf("\n É");                                         /* coin inférieur gauche */
for (col = 1; col < 4; col++)                           /* colonnes médianes */
     printf("—");
printf(" Ê");                                           /* coin inférieur droit */
```

On peut faire facilement varier la taille des motifs 1 à 3 : il suffit de faire saisir par l'utilisateur la hauteur et la largeur de la figure. Le programme suivant montre cela pour le cadre. Pour qu'on puisse dessiner des cadres de différentes tailles l'un après l'autre, la boucle de dessin du cadre est incluse dans une boucle qui permet à l'utilisateur de dire s'il veut ou non dessiner un autre cadre. Pour cette boucle supplémentaire, vous choisirez une structure **do while**, ce qui vous donnera un exemple de boucles imbriquées de natures différentes.

> FRAME.C

```c
/* frame dessine, via des boucles imbriquées, des cadres de tailles différentes */
#include <stdio.h>                                           /* pour printf, scanf */
#include <conio.h>                                                 /* pour getche */
main()
 {
 char response;     /* réponse de l'utilisateur, variable de contrôle du do while */
  int high;                                                /* hauteur du cadre */
  int wide;                                                /* largeur du cadre */
  int ligne;                      /* lignes : variable de contrôle du for externe */
  int col;          /* colonnes (caractères) : variable de contrôle du for interne */
do
 {
   printf("\033[2J");
   printf("Le programme dessine un cadre de taille variable.\n\n");
   /* saisie de la taille du cadre : */
   printf("Hauteur du cadre : ");
   scanf("%d", &high);
   printf("\nLargeur du cadre : ");
   scanf("%d", &wide);
/* affichage du cadre : */
   printf("\033[2J");                           /* efface l'écran pour le cadre */
/* ligne du haut :
   Les deux bords latéraux sont compris dans la largeur qui vient d'être saisie.
   Afin de ne pas les compter deux fois, il faut diminuer de 2 la variable " wide "
                                                 dans la boucle for. */
   printf("\n`");                                      /* coin supérieur gauche */
   for (col = 1; col < wide-2; col++)                      /* colonnes médianes */
 printf("—");
   printf("·");                                          /* coin supérieur droit */
/* lignes médianes :
   Les lignes du haut et du bas sont comprises dans la hauteur du cadre.
   Afin de ne pas les compter deux fois, il faut diminuer de 2 la variable " high "
                                                 dans la boucle for. */
   for (ligne = 1; ligne < high-2; ligne++)
   {
    printf("\n|");                                              /* bord gauche */
    for (col = 1; col < wide-2; col++)
        printf(" ");                                                 /* espace */
    printf("|");                                                 /* bord droit */
}
/* lignes du bas : */
 printf("\nÉ");                                         /* coin inférieur gauche */
for (col = 1; col < wide-2; col++)                         /* colonnes médianes */
 printf("—");
   printf("È");                                          /* coin inférieur droit */
/* pour savoir si l'utilisateur veut continuer à dessiner : */
   printf("\n\nAutre cadre ? (o/n)");
   response = getche();                                     /* saisie de la réponse */
} while (response == 'o');                              /* nouveau cadre si 'o' */
}                                                              /* fin du main */
```

Boucle simple ou boucle imbriquée

On pourrait naturellement interpréter les motifs 1 à 3 non pas comme des figures formées de lignes et de colonnes, mais comme des séquences de caractères individuels, simplement disposés dans un ordre particulier. Le motif 1, par exemple, dans cette optique se compose de 25 répétitions du caractère "_". Tous les cinq caractères, un saut de ligne est effectué. Avec cette interprétation linéaire, le motif 1 se laisse en fait afficher par une boucle for simple.

```
int i;                                    /* variable de contrôle de boucle */
.
.
.
for (i = 1; i < 26; i++)
    {
      printf("_ ");
      if (i % 5 == 0)                      /* après 5 caractères */
         printf("\n");                     /* saut de ligne */
}
```

La condition du **if** de la boucle **for** assure qu'un saut de ligne est réalisé tous les cinq caractères et qu'ainsi il en résulte les cinq lignes souhaitées. On vérifie ce faisant quel est le reste dans la division de la variable "i" par 5. Si ce reste vaut 0, ce qui est le cas pour "i" égal à 5, 10, 15, etc., alors l'affichage continue sur une nouvelle ligne.

En comparaison, la version avec les boucles imbriquées qui produit le motif 1 apparaît plus élégante et, avant tout, plus logique. Cependant, la taille du code est à peu près la même dans les deux cas. En ce qui concerne ce dernier aspect voici un l'exemple.

Les chiffres d'affaires mensuels de trois entreprises A, B et C pour le premier trimestre d'une année doivent être lus, additionnés et affichés. L'action :

```
Lecture, Addition et affichage des chiffres d'affaires mensuels
```

doit se faire pour chaque entreprise, donc en tout trois fois. Mais cette action englobe une autre action à répéter, à savoir l'addition des montants mensuels. En pseudo-code, ce traitement peut s'exprimer ainsi :

```
Pour chaque entreprise
    Pour chaque mois
        Lis le CA.
            Additionne-le aux autres CA mensuels.
        Affiche le CA total de l'entreprise pour le trimestre.
```

Avec une boucle simple, la solution du problème serait laborieuse. Pour chaque entreprise, il faudrait écrire une boucle qui lit les CA mensuels et les totalise. Une solution basée sur une imbrication de boucles est ici non seulement plus proche de la structuration logique du problème, mais aussi nettement plus concise car la boucle concernée n'est écrite qu'une seule fois.

Partant de la formulation en pseudo-code, nous arrivons à la boucle suivante. Cette fois, nous prenons une boucle **while** (une boucle **for** ferait tout aussi bien l'affaire).

```
int e;                                              /* entreprise */
int m;                                              /* mois */
float ca;                                           /* CA mensuels */
float s;                                   /* total des CA mensuels */

.
.
.

e = 'A';                     /* Initialisation de "e" : A (valeur : 65 décimal)
                                pour la première entreprise */
while (e < 'D')                       /* pour chacune des entreprises A, B, C */
    {
      s = 0.0;                         /* initialise à 0 le total de l'entreprise */
      m = 1;              /* initialise la variable de contrôle du while interne */
       printf("Entreprise %c\n\n", e);
      while (m < 4)                             /* pour chacun des trois mois */
          {
            printf("\nCA du mois %d: ", m);
            scanf("%f", &ca);                          /* saisie du CA */
            s = s + ca;                           /* totalisation des CA */
            m++;                                   /* mois suivant */
          }                                   /* fin du while interne */

       printf("\nCA total de l'entreprise %c : %.2f\n\n\n", e, s);
      e++;                                        /* entreprise suivante */
    }                                             /* fin du while externe */
```

Commentaires

Une fois initialisée la variable de contrôle "e" (**while** externe) à la valeur 'A' (derrière laquelle se cache en fait le code ASCII décimal 65), la condition du **while** vaut TRUE et les instructions du corps de la boucle sont exécutées. Nous prenons ici pour la variable "e" les caractères consécutifs 'A', 'B' et 'C', car ils permettent aussi bien de compter les entreprises que de les afficher par leurs "noms". Avec :·

```
s = 0.0;
```

on initialise à la valeur 0.0 le total des CA mensuels pour chaque passage dans la boucle externe (c'est-à-dire pour chaque entreprise). Après avoir affiché un titre (nom de l'entreprise), le **while** interne lit et totalise le CA de chacun des trois mois du trimestre pour l'entreprise concernée. La boucle interne se termine et le total des CA mensuels de l'entreprise est alors affiché. La variable "e", via une incrémentation, prend la nouvelle valeur 'B' (entreprise suivante). Le **while** externe répète ses instructions jusqu'à ce que la variable "e" prenne la valeur 'D' (= décimal 68) après le troisième passage.

Une imbrication à trois niveaux

Dans le cas où on voudrait traiter non seulement les CA d'un trimestre, mais les CA de tous les trimestres d'une année, il faudrait rajouter un autre niveau d'imbrication. Ce faisant, l'imbrication ne serait plus à deux mais à trois étages.

```
Pour   chaque  trimestre
        Pour chaque entreprise
            Pour chaque mois
                Lis le CA.
                Additionne-le aux autres CA mensuels.
                    Affiche le CA total de l'entreprise pour le trimestre.
```

D'où le programme suivant :

▶ SALES.C
```c
/* sales lit les CA mensuels de 3 entreprises, par trimestres, les totalise
   et les affiche. Le programme utilise pour cela une triple imbrication
   de while. */
#include <stdio.h>                                /* pour printf, scanf*/
#include <conio.h>                                     /* pour getche */
main()
  {
int e, m, t;                                   /* variables de boucles */
float ca;                                           /* CA mensuels */
float s;                                        /* somme des CA mensuels */
t = 1;                         /* variable de la boucle la plus externe : initialisée au */
                                                   premier trimestre */
  while (t < 5)             /* boucle la plus externe : Pour chaque trimestre */
  {
  printf("\033[2J");                      /* nouvel écran pour chaque trimestre */
   printf("Trimestre %d", t);
  e = 'A';                        /* variable de la boucle médiane initialisée :
                                     'A' (= 65 décimal) pour la première entreprise */
   while (e < 'D')        /* boucle médiane: pour chacune des entreprises A, B, C */
   {
    s = 0.0;                   /* initialisation à 0 du total de chaque entreprise */
    m = 1;                          /* variable de la boucle interne initialisée */
      printf("\n\nEntreprise %c\n\n", e);
    while (m < 4)                        /* boucle interne : Pour chacun des 3 mois */
    {
      printf("\nCa du mois %d: ", m);
      scanf("%f", &ca);                                /* saisie du CA */
      s = s + ca;                              /* totalisation du CA */
      m++;                                          /* mois suivant */
    }                                          /* fin du while interne */
      printf("\nCA total de l'entreprise %c: %.2f\n\n\n", e, s);
    e++;                                         /* entreprise suivante */
   }                                            /* fin du while médian */
    if (t < 4 )                       /* pour ne pas afficher le message suivant
                                        après le quatrième trimestre */

    {
        printf("Appuyez sur une touche pour passer au trimestre suivant ");
```

```
        getche();
    }
  t++;                                          /* trimestre suivant */
 }                                             /* fin du while externe */
}                                                /* fin du main */
```

On aura peut-être remarqué que dans ce programme les différents CA sont certes lus, totalisés et affichés, mais ne sont pas mémorisés. Chaque nouvelle saisie dans la variable "ca" écrase l'ancienne valeur. Il en va de même pour la variable "s" qui repart à 0 pour chaque entreprise. Les valeurs préalablement saisies ne sont donc plus disponibles pour une éventuelle réutilisation dans le programme. Pour résoudre ce problème, reportez-vous au chapitre 5 "Types de données complexes : Tableaux et structures".

Boucles particulières

Il existe une série de constructions répétitives qui sont, en quelque sorte, des cas particuliers vis-à-vis des applications normales. Dans ce contexte, nous considérerons deux groupes de boucles :

► boucles infinies

► boucles vides

Boucles infinies

Les boucles infinies résultent souvent d'erreurs de programmation. Après la définition :

```
int i = 1;
```

la boucle :

```
while (i < 4)
    printf("%d ", i);

    i++;
```

n'est pas, comme on s'y attend, exécutée trois fois, mais tourne indéfiniment. Au lieu d'afficher les nombres :

1 2 3

elle affiche continuellement la valeur :

1

Il manque en effet les accolades de bloc autour du corps de la boucle. Seule l'instruction :

```
printf("%d ", i);
```

dépend de la condition de bouclage dans la version précédente. Mais pas l'incrémentation de la variable de contrôle "i". Comme "i" vaut 1, la condition de bouclage est TRUE et la valeur 1 est affichée pour "i". Ensuite, il n'y a pas incrémentation de la variable "i", mais seulement revérification de la condition : "i" est égal à 1, la condition est donc TRUE, "i" est affiché avec la valeur 1, et ainsi de suite jusqu'à l'infini. L'interruption d'une telle boucle involontairement infinie peut souvent être réalisée via une commande du système d'exploitation qui met fin au programme en cours d'exécution. Sur le système DOS et sur certaines versions d'UNIX par exemple, on peut déclencher cette commande par la combinaison de touches <CTRL>+>C>. Cette combinaison clavier varie d'un système à un autre.

Vous pourrez éviter la boucle infinie qui précède grâce à des accolades adéquates :

```
while (i < 4)
 {
   printf("%d ", i);
   i++;
}
```

Ce qui amène ensuite l'affichage désiré :

1 2 3

Une boucle infinie résulte d'une condition de bouclage qui est toujours remplie, par exemple dans :

```
while (1)
        printf("Sans fin");
```

ou :

```
for (;;)
        printf("Sans fin");
```

Dans la première boucle, la condition se compose seulement de la constante 1 dont la valeur est naturellement toujours différente de 0, donc TRUE. Avec la seconde boucle, on doit ici se rappeler qu'une condition manquante dans l'en-tête d'un **for** est considérée comme une condition valant toujours TRUE.

On peut, à l'occasion, tirer profit de ce comportement pour programmer une boucle volontairement infinie. Par exemple, le programme suivant FOREVER1.C, à l'aide d'une boucle infinie, affiche la phrase :

C is FUN

puis remplace chaque caractère, de la droite vers la gauche, par le signe "■" de sorte qu'il en résulte l'affichage :

■■■■■■■■

et ensuite réécrit la phrase :

C is FUN

sur l'écran, la replace à nouveau, etc. Ce genre de construction s'emploie, par exemple, dans des programmes de démonstration qui doivent répéter une certaine tâche pendant un laps de temps non défini.

> **FOREVER1.C**

```
/* forever1 montre l'utilisation d'une boucle infinie. On affiche indéfiniment
   ici une phrase dont on remplace les caractères, un à un et de la droite vers
                                      la gauche, par un autre caractère. */
#include <stdio.h>                                      /* pour printf */
main()
 {
   int i;                                               /* variable de boucle */
     printf("\033[2J\n\n\n\n\n");
     for(;;)                                            /* boucle infinie */
      {
```

```
for (i = 1; i < 31; i++)                        /* indenter le texte */
printf(" ");
printf("C is FUN ");                     /* notez l'espace à la fin de C is FUN. */
for (i = 1; i < 9; i++)               /* pour chaque caractère de C is FUN. */
   {
     printf("\b\b");                         /* deux pas en arrière */
     printf("_");                    /* affichage du caractère de remplacement */
   }
printf("\r");                  /* Pour la prochaine répétition, on place le curseur
                                              au début de la même ligne. */
   }                                          /* fin du for infini */
}                                             /* fin du main */
```

Analyse

Dans le programme précédent, avant d'afficher le texte :

`C is FUN`

la première instruction du **for** infini l'indente un peu. A la fin du texte figure un espace additionnel. En voilà la raison : le curseur doit, pour chaque remplacement de caractère, être reculé de deux positions. S'il n'était reculé que d'une seule position avant que le caractère ne soit remplacé, le curseur se retrouverait ensuite à son ancien emplacement étant donné que affichage d'un caractère fait avancer le curseur d'une position vers la droite. A chaque action de remplacement, il reculerait donc d'un pas puis avancerait d'un pas, ce qui le laisserait à la même place.

Par contre, si le curseur recule de deux postions et n'avance que d'une seule, alors à chacun des huit passages dans le second **for** interne il recule en tout d'une position vers la gauche et écrit ce faisant le caractère "_" à l'emplacement de la lettre. L'espace à la fin de la chaîne de caractères assure que le curseur, après les deux premiers pas en arrière, se retrouve sur la bonne lettre, à savoir la dernière (N). La lettre N est remplacée et le curseur avance alors d'une position. Il recule ensuite de deux positions, se trouvant alors sur la lettre U, etc.

Lorsque vous aurez ainsi écrasé la phrase depuis la droite vers la gauche, le curseur, via la séquence d'échappement '\r' (carriage return = retour chariot), sera replacé au début de la même ligne avant d'entamer le prochain passage dans la boucle infinie. Le texte est à nouveau indenté et tout recommence depuis le début.

Il manque assurément quelque chose dans la version précédente du programme : certes, elle est correcte, mais la machine exécute les diverses actions si rapidement que l'oeil ne peut pas suivre. Tout ce qu'on voit à l'écran, c'est une image double qui clignote et affiche les deux chaînes de caractères :

`C is FUN`

et :

■■■■■■■

qui semblent alors être affichées l'une sur l'autre. Nous devons donc faire en sorte que les phases visuelles du programme s'enchaînent de manière à ce que l'oeil puisse les suivre. Ce serait le cas, par exemple, si les diverses actions de remplacement étaient séparées par des pauses. La réalisation de pauses et leur incorporation dans les programmes est traitée dans la section qui suit.

Boucles vides

Il arrive que l'on s'aperçoive qu'une construction répétitive n'exige pas la présence d'instructions dans le corps de la boucle. Cela parce que les actions qui nous intéressent sont déjà exécutées dans l'en-tête de la boucle. Après la définition :

```
int i = 0
```

la boucle :

```
for (i = 0; getchar() != EOF; i++);
```

vous permet de compter le nombre de caractères saisis. La variable "i" est incrémentée jusqu'à ce que, via la combinaison clavier <CTRL>+<Z>, le caractère EOF ait été frappé.

La valeur courante de "i" donne alors le nombre de caractères entrés. Etant donné que le comptage a déjà lieu dans la partie réinitialisation de l'en-tête de boucle, aucune instruction n'est vraiment requise dans le corps de la boucle. Mais une boucle, pour des raisons syntaxiques, doit cependant contenir au moins un point-virgule (instruction "vide"). L'instruction vide ne fait rien, si ce n'est satisfaire à l'exigence syntaxique qui réclame une instruction à cet endroit-là. Au lieu de :

```
for (i = 0; getchar() != EOF; i++)
                              ;
```

on trouve aussi :

```
for (i = 0; getchar() != EOF; i++);
```

Ici, le point-virgule est placé directement derrière l'en-tête de la boucle. C'est possible syntaxiquement car le compilateur traite tous les blancs de la même façon, quelle que soit leur largeur. Peu importe donc la distance qui sépare le point-virgule de l'en-tête de boucle. Néanmoins, pour des raisons de lisibilité, on recommande de placer l'instruction vide sur une ligne à part.

Boucles de temporisation

Quel est l'intérêt d'une telle construction répétitive par rapport à notre problème d'affichage dans le programme FOREVER1.C ? L'idée ici est que la machine met un certain temps pour exécuter une boucle, même une boucle qui ne fait rien si ce n'est incrémenter une variable. Si vous ajoutez ce genre de boucle entre deux remplacements de caractères dans le programme FOREVER1.C, alors les phases visuelles seront temporellement séparées, ce qui provoquera une pause entre elles et donc un ralentissement apparent du programme. Avec ce genre de comptage, ce n'est pas le résultat qui nous intéresse, mais uniquement sa durée.

Le temps requis par l'exécution de la boucle dépend du nombre de passages dans la boucle et du type de la variable compteur (entier ou réel). Les opérations de comptage avec des variables à virgule flottante durent plus longtemps que les opérations correspondantes avec des variables entières. Dans notre version FOREVER2.C, nous utiliserons un compteur de type "float".

▶ **FOREVER2.C**

```
/* forever2 montre l'utilisation d'une boucle infinie. On affiche indéfiniment
   ici une phrase dont on remplace les caractères, un à un et de la droite vers
   la gauche, par un autre caractère. Pour des questions de présentation, le
   déroulement est ralenti par boucle de temporisation (avec instruction vide). */
#include <stdio.h>                                          /* pour printf */

main()
 {
  int i;                                              /* variable de boucle */
  float f;              /* variable de contrôle pour la boucle de temporisation */

   printf("\033[2J\n\n\n\n\n");
  for(;;)                                                  /* boucle infinie */
   {
    for (i = 1; i < 31; i++)                          /* indenter le texte */
     printf(" ");
    printf("C is FUN ");                   /* notez l'espace à la fin de C is FUN. */
    for (f = 1.0; f < 2500.0; f++);          /* Pause via boucle de temporisation */
                                                /* avec instruction vide */
    for (i = 1; i < 9; i++)               /* pour chaque caractère de C is FUN. */
        {
         printf("\b\b");                           /* deux pas en arrière */
         printf("_");                /* affichage du caractère de remplacement */
          for (f = 1.0; f < 2500.0; f++)     /* Pause via boucle de temporisation */
          ;                                       /* avec instruction vide */
        }
    printf("\r");                    /* Pour la prochaine répétition, on place le curseur
                                         au début de la même ligne. */
   }                                              /* fin du for infini */
 }                                                /* fin du main */
```

Les deux boucles de temporisation supplémentaires entraînent qu'après l'affichage du texte le remplacement des caractères se fait "au pas", ce qui donne l'effet visuel souhaité. L'image suivante montre la modification pas à pas de l'affichage sur l'écran :

Fig. 4.17 : Modification pas à pas d'un affichage via une boucle infinie avec boucle de temporisation intégrée

La durée d'exécution de la boucle de temporisation précédente dépend de la machine utilisée et bien évidemment de la limite supérieure prise pour la variable "f". Si on augmente cette valeur, le déroulement de l'affichage est ralenti. Si on la diminue, l'enchaînement des diverses phases est accéléré.

Vidage du tampon de saisie

Pour nous, il existe une autre application fort intéressante des boucles vides. Elle concerne le vidage du tampon de saisie lorsqu'il faut utiliser des routines telles que la macro **getchar** ou la fonction **scanf**. Nous avons déjà parlé, au chapitre 2.3.3 **Entrée et sortie : Élimination des erreurs**, des problèmes qui surgissent alors. Ces problèmes viennent de ce que les routines mentionnées n'ôtent pas du tampon de lecture le caractère de validation de saisie '\n' (frappé via la touche <Entrée>). Au prochain appel d'une routine lisant les caractères dans le tampon, ce caractère sera pris à la place d'un caractère normal saisi par l'utilisateur. Nous avons déjà présenté deux possibilités de solution pour ce problème : d'une part un appel supplémentaire de "getchar" (afin de supprimer le caractère '\n' du tampon), d'autre part l'utilisation des fonctions **getche** ou "getch" qui lisent directement le clavier et non le tampon de saisie (et d'autre part n'exigent pas de validation de la saisie par <Entrée>). La structure **while** qui suit offre une troisième possibilité :

```
while (getchar() != '\n');                                    /* instruction vide */
```

A chaque passage, cette boucle récupère, à l'aide de **getchar**, un caractère lu dans le tampon de saisie et ainsi le supprime du tampon. La boucle fonctionne de la manière suivante : si le caractère lu est différent du caractère de fin de saisie '\n', alors la condition de bouclage est TRUE et l'instruction vide du corps de la boucle est exécutée, c'est-à-dire que rien n'est fait. Ensuite, le caractère suivant est pris dans le tampon. Si le caractère lu est égal à '\n', alors la condition vaut FALSE et la boucle se termine. Le résultat de cette opération répétitive est que tous les caractères susceptibles de traîner dans le tampon, en particulier le caractère '\n' également, sont récupérés et supprimés du tampon. Notez que les caractères lus par **getchar** ne sont pas affectés à des variables : ils ne sont pas utilisés car ce sont, pour ainsi dire, des "résidus" (garbage) qui doivent partir. Le petit programme qui suit lit avec **getchar** deux caractères l'un après l'autre, mais ne vide pas le tampon entre-temps. Le résultat est un déroulement de programme erroné :

▶ **BUFERROR.C**

```
/* buferror montre les erreurs produites par des résidus restés dans le tampon. */
#include <stdio.h>                              /* pour getchar, printf */
main()
 {
  char c;
  printf("Entrez un caractère : ");
  c = getchar();                    /* le caractère <Entrée> reste dans le tampon */
  printf("Le caractère est %c.", c);
  printf("\nEntrez un autre caractère : ");
  c = getchar();                     /* lit le <Entrée> de la première saisie et non
                                      la deuxième saisie régulière de l'utilisateur */
  printf("Le caractère est %c.", c);
}
```

```
Voilà ce que donne l'exécution du programme :
Entrez un caractère :
x
Le caractère est x.
Entrez un autre caractère : Le caractère est.
```
.

Après la seconde invite, l'utilisateur n'a pas l'occasion de taper un caractère car le programme ne s'arrête pas pour attendre une saisie. Au lieu de cela, l'instruction "printf" qui suit est exécutée et le point de fin de phrase est affiché sur une nouvelle ligne. Voilà pourquoi : lors de la première saisie, le tampon a reçu non seulement le caractère 'x', mais aussi le caractère '\n' qui a validé la saisie. Au second appel, **getchar** lit non pas une saisie de l'utilisateur, mais le caractère '\n' resté dans le tampon. Ce caractère est rangé dans la variable "c" et **getchar** se termine car '\n' marque aussi la fin de la saisie. L'utilisateur n'a donc pas l'occasion de procéder à une seconde saisie. L'instruction "printf" qui suit affiche un message, ainsi que le contenu de la variable "c" : le caractère '\n', lequel provoque un saut de ligne. Ce faisant, le point qui correspond au dernier caractère à afficher apparaît sur une nouvelle ligne. Pour remédier à cette erreur, vous viderez le tampon après la première saisie, via l'instruction :

```
while (getchar() != '\n');
```

> **BUFOKAY**

```
/* bufokay corrige les erreurs dues aux résidus restant dans le tampon. */
#include <stdio.h>                                    /* pour getchar, printf */
main()
  {
  char c;
  printf("Entrez un caractère: ");
  c = getchar();                        /* le caractère  <Entrée> reste dans le tampon */
  printf("Le caractère est %c.", c);
  while (getchar() != '\n')                            /* vidage du tampon de saisie */
      ;                                /* et suppression du <Entrée> qui y traîne */
  printf("\nEntrez un autre caractère : ");
  c = getchar();                              /* lit correctement la seconde saisie de
                                            l'utilisateur, car le tampon a été vidé */
  printf("Le caractère est %c.", c);
}
```

Le programme maintenant se déroule comme prévu :
Entrez un caractère : x
Le caractère est x.
Entrez un autre caractère : y
Le caractère est : y

4.3   Instructions de branchement

Les instructions de branchement transfèrent le contrôle du programme d'une instruction à une autre, cette dernière n'étant pas directement écrite après l'exécution précédemment effectuée. Nous examinerons ici les instructions :

```
break
continue
goto
```

Il existe aussi l'instruction **return** que nous traiterons, à des fins de cohérence pédagogique, seulement au chapitre Fonctions.

Instruction break

L'instruction **break** admet une syntaxe très simple :

```
break;
```

Elle ne peut s'utiliser qu'à l'intérieur d'une structure **for**, **while**, "do while" ou "switch". Elle provoque l'arrêt avant terme de ces instructions. En ce qui concerne l'instruction "switch", nous avons déjà étudié ce mécanisme. Considérons, par exemple, la variable :

```
int x;
```

et la structure :

```
switch (x)
  {
  case 1: printf("x a la valeur 1");
          break;
  case 2: printf("x a la valeur 2");
          break;
```

```
  case 3: printf("x a la valeur 3");
          break;
  default: printf("x n'a aucune des valeurs 1 - 3");
}
```

Seules sont exécutées les instructions de la branche **case** dont la constante coïncide avec la valeur de "x". Ensuite, l'instruction **switch** prend fin à cause de l'instruction **break** qui y est contenue et le programme continue à l'instruction (si elle existe) qui suit la structure "switch". Notez qu'après la dernière branche de l'alternative (ici : la branche **default**) une instruction **break** n'est pas indispensable car, de toute façon, la structure **switch** se termine. Dans l'exemple précédent, si les instructions **break** avaient manqué non seulement les instructions du **case** dont la constante concorde avec la valeur de "x" auraient été exécutées, mais aussi toutes les instructions qui suivaient dans le **switch**.

Placée dans une boucle, l'instruction **break** provoque l'interruption immédiate de la boucle. Ici aussi le contrôle est rendu à l'instruction suivante : le programme se poursuit à cette instruction (si elle existe). Comme exemple, considérons une nouvelle version du programme de calcul de l'inverse, programme que nous avions créé pour expliciter le fonctionnement de la structure **if**.

▶ **RECIP4.C**

```
/* recip4 calcule avec une boucle while l'inverse d'un nombre quelconque. La boucle
   est interrompue par l'instruction break si on entre la valeur 0. */
#include <stdio.h>                                        /* pour printf, scanf */
#include <conio.h>                                        /* pour getche */
main()
 {
  float x;                                                /* valeur saisie */
  char reply = 'o';                              /* variable de boucle initialisée */
  while (reply == 'o')
      {
         printf("\033[2J");
          printf("Calcul de l'inverse des nombres non nuls.\n");
         printf("Votre nombre : ");
         scanf("%f", &x);
        if (!x)                                          /* si x vaut 0 */
          {
              printf("Division par zéro interdite.");
             break;                          /* interruption de la boucle afin d'empêcher
                                                        la division par 0 */
          }
         printf("\nL'inverse du nombre entré est %f", 1/x);
         printf("\nAutre calcul ? (o/n)");
         reply = getche();              /* réinitialisation de la variable de boucle */
      }                                                   /* fin du while */
 if (x)                                                   /* si x différent de 0 */
      printf("\n\nLe programme a fini normalement.");
 else
      printf("\n\nLe programme a fini à cause d'une erreur de saisie.");
}                                                         /* fin du main */
```

Le programme précédent contient une boucle **while** par laquelle on peut saisir un nombre autant de fois qu'on veut, nombre dont on calcule alors l'inverse. Si on entre le nombre 0 (ce qui amènerait à une division par 0, chose interdite), la boucle est interrompue via une instruction **break** sans que soient exécutées les autres instructions du corps de la boucle. Dans ce cas, le programme continue à la première instruction qui suit la boucle **while** et affiche un message de fin de programme (si le dernier **if** n'était pas contenu dans le programme, ce dernier finirait directement après le **while**).

"break" ou pas "break" ?

L'emploi systématique de l'instruction **break** dès qu'elle est syntaxiquement possible témoigne parfois d'un style de programmation quelque peu maladroit et affecté. Il vaudrait mieux dans certains cas se demander si la portion de programme concernée ne peut pas se passer de cette instruction. On pourrait ainsi remplacer la construction répétitive (néanmoins correcte) :

```
while (c = getchar())
  {
  if (c == EOF)
  break;
  printf("%c", c);
  }
```

par une boucle plus élégante et en même temps plus concise :

```
while ((c = getchar()) != EOF)
        printf("%c", c);
```

Lorsque le **break** se trouve dans une imbrication de boucles, il stoppe uniquement la boucle la plus interne qui le contient. Dans le programme IPOWER.C qui calcule, via une méthode "brutale", la puissance d'un nombre entier avec un exposant entier positif, l'instruction **break** n'arrête que le **while** interne lorsque la base saisie est 0 ou 1. Ensuite, on exécute les autres instructions du **while** externe, instructions par lesquelles on affiche le résultat du calcul et on donne à l'utilisateur la possibilité d'entrer de nouvelles valeurs. Le **break** empêche qu'avec une base (a) égale à 0 ou 1 et avec un exposant (n) supérieur à 0 les instructions de la boucle interne ne soient inutilement exécutées. Dans ces cas-là, en effet, le résultat est connu à l'avance : 0 si "a" est égal à 0 et 1 si "a" est égal à 1. Avec le **if** placé après la boucle **while** interne, on tient compte du fait que le résultat d'une puissance d'un nombre quelconque vaut 1 lorsque l'exposant vaut 0.

Bien évidemment, on pourrait remplacer l'itération précédente par une formule ou une fonction mathématique : avec

```
pow(a,n);
```

on peut calculer la valeur de a ^ n où "pow" est la fonction C adéquate, "a" représentant la base et "n" l'exposant. Les variables "a" et "n" doivent être définies avec le type "double" pour la fonction "pow". Qui plus est, "pow" exige l'incorporation du fichier "Include" MATH.H. Pour plus de détails sur les fonctions du C, reportez-vous au chapitre **Fonctions**.

> IPOWER.C

```
/* ipower calcule itérativement la puissance d'un nombre entier avec un
   exposant positif et entier. */
  #include <stdio.h>                                    /* pour printf, scanf */
  #include <conio.h>                                    /* pour getche */
  main()
    {
    int a;                                              /* Base */
    int n;                                              /* Exposant */
     long p = 1;      /* variable résultat : Base puissance exposant, initialisée */
     char reply = 'o'; /* variable de contrôle de la boucle externe, initialisée */
     int i = 1;        /* variable de contrôle de la boucle interne, initialisée */
     while (reply == 'o')                               /* boucle externe */
       {
       printf("\033[2J");
       printf("Entrez une base entière : ");
       scanf("%d", &a);
       printf("\nEntrer un exposant entier positif : ");
       scanf("%d", &n);
       while (i <= n)                        /* boucle interne; nombre de passages */
         {                                   /* donné par la valeur de l'exposant */
         if (a == 0 || a == 1)                          /* si  base 0 ou 1 */
           break;                                       /* itération inutile */
           p = p * a;                        /* autrement on élève à la puissance */
           i++;                              /* variable de contrôle réinitialisée */
           }                                            /* fin du while interne */
       if (n == 0)                                      /* si exposant 0 */
            printf("\n\n%d puissance %d vaut 1.", a, n);
       else
            printf("\n\n%d puissance %d vaut %ld", a, n, a ? p : 0);
         printf("\n\nAutre calcul ? (o/n)");
        reply = getche();
        }                                               /* fin du while externe */
}                                                       /* fin du main */
```

Observons l'opérateur conditionnel dans l'instruction :

printf("\n\n%d puissance %d vaut %ld", a, n, a ? p : 0);

Il fait en sorte que soit affichée :

pour une base "a" différente de 0, la variable résultat "p"

pour une base "a" égale à 0, la valeur 0. Comme pour cet exemple avec deux boucles imbriquées, dans une boucle qui contiendrait une structure **switch** l'instruction **break** ne mettrait fin qu'à la plus "intérieure" des deux structures, c'est-à-dire au **switch**.

Instruction "continue"

Alors que l'instruction **break** stoppe complètement une boucle simple (ou une structure **switch**), l'instruction **continue** permet de sauter un seul passage dans la boucle. L'exécution reprend alors au prochain passage dans la boucle, c'est-à-dire que l'instruction **continue** provoque un "saut" au début du prochain passage dans la boucle et là le programme reprend son cours. Pour les boucles **while** et **do while**, la première action effectuée après le **continue** est la revérification de la condition de bouclage. Pour une boucle **for**, on commence d'abord par réaliser les instructions de réinitialisation avant de contrôler la condition pour le prochain passage dans la boucle.

L'instruction **continue** n'est possible qu'au sein d'une structure **for**, **while** ou "do while", donc à l'intérieur d'une boucle. Voici sa syntaxe :

```
continue;
```

Le programme suivant RECIP5.C est une variante du programme de calcul de l'inverse. Alors que dans RECIP4.C l'instruction **break** interrompait toute la boucle en cas d'erreur de saisie puis mettait fin au programme, l'instruction **continue**, placée au même endroit dans RECIP5.C, n'interrompt que le passage actuel dans la boucle.

Au prochain passage, l'utilisateur retrouve l'occasion d'entrer une nouvelle valeur.

> **RECIP5.C**

```c
/* recip5 calcule par une boucle while l'inverse d'un nombre quelconque.
   Le passage actuel dans la boucle est interrompu par une instruction continue
   si on entre la valeur 0. Ensuite, on peut saisir une nouvelle valeur. */
#include <stdio.h>                               /* pour printf, scanf */
#include <conio.h>                               /* pour getche */
main()
 {
  float x;                                       /* valeur saisie */
  char reply = 'o';                              /* variable de boucle initialisée */
  while (reply == 'o')
    {
      printf("\033[2J");
      printf("Calcul de l'inverse des nombres non nuls.\n");
      printf("Votre nombre : ");
      scanf("%f", &x);
     if (!x)     /* si x vaut 0 */
         continue;                               /* stoppe le passage en cours pour empêcher
                                                    une division par 0 */
      printf("\nL'inverse du nombre saisi est %f", 1/x);
      printf("\nAutre calcul ? (o/n)");
     reply = getche();                           /* variable de contrôle réinitialisée */
 }                                               /* fin du while */
}                                                /* fin du main */
```

A l'instar de l'instruction **break**, une instruction **continue** placée dans une imbrication de boucles opère uniquement sur la boucle la plus interne qui la contient. En d'autres termes, on n'interrompra que le passage en cours de la boucle dans laquelle se trouve l'instruction **continue**. Comme l'instruction **break**, l'instruction **continue** peut souvent être évitée. Après la définition :

```
int x = 1;
```

la boucle :

```
while (x < 20)
```

```
    {
      printf("%d ", x);
      x += 2;
    }
```

permet d'afficher les nombres impairs entre 1 et 20, sans qu'on s'encombre de l'instruction **continue** comme c'est le cas avec la construction suivante qui fait le même travail :

```
    int x = 0;
    .
    .
    .
    while (x++ < 20)
        {
            if (x % 2 == 0)
                continue;
            printf("%d ", x);
}
```

Ce qu'il faut d'ailleurs mentionner dans la boucle précédente, c'est que l'incrémentation de la variable "x" doit se faire avant la vérification de sa parité ou de son imparité (soit comme ici dans l'en-tête de la boucle, ou bien dans la boucle avant l'instruction if). Si tel n'était pas le cas, si par exemple l'instruction d'incrémentation se trouvait dans ou après l'instruction "**printf**", l'instruction continue ferait que "x" ne serait plus modifié après avoir pris sa première valeur paire car le passage dans la boucle serait systématiquement interrompu.

Instruction "goto"

L'instruction **goto** provoque un saut à un endroit du programme repéré par une étiquette (label). Le programme continue alors à l'instruction qui se trouve à cet endroit-là. Voici la syntaxe de l'instruction **goto** :

```
goto <étiquette>;
```

où <étiquette> peut être n'importe quel libellé admis par le langage. L'instruction identifiée par <étiquette> doit avoir la forme syntaxique suivante :

```
<étiquette>:        <instruction>;
```

Contrairement à son emploi dans l'instruction **goto**, ici le libellé <étiquette> est suivi de ":". La commande de branchement **goto** et l'instruction repérée par <étiquette> doivent se trouver dans la même fonction. Un saut d'une fonction à une autre n'est donc pas permis.

L'instruction **goto** n'a pas particulièrement bonne réputation car son emploi abusif amène facilement à des programmes structurés de manière illisible. En fait, on pourrait y renoncer car toute portion de programme peut aussi s'écrire sans **goto**. Après la définition :

```
int x = 1, s = 0;
```

la "boucle" :

```
loop: s = s + x;
      x++;
```

```
     if (x <= 100)
         goto loop;
```

calcule la somme des cent premiers entiers naturels. A vrai dire, l'écriture suivante est plus élégante :

```
for (x = 1; x <= 100; x++)
    s = s + x;
```

Dans cet exemple simple, le **goto** ne nuit pas à la lisibilité du code. Mais il peut en aller autrement dès que le programme renferme plusieurs sauts (vers le haut ou vers le bas). Suivre le déroulement du programme (au sens de la programmation structurée) devient alors de plus en plus difficile. L'exemple courant d'utilisation, dans lequel l'instruction **goto** conserve un intérêt certain, est l'interruption d'une imbrication de boucles à plusieurs niveaux. Il faut ici stopper immédiatement non seulement une boucle, mais aussi toutes les boucles concernées.

Cela ne serait pas possible avec l'instruction **break**, par exemple, car elle ne permet de quitter qu'une seule boucle.

```
int x, y, z;
int error = 0;                                    /* 0 pour "aucune erreur" */
.
.
.
while (x < 100)
  while (y < x)
    while (z < y)
    {
        .
        .
        if (error == 1)                           /* si erreur, */
        goto errorhandler;                        /* quitter les 3 boucles */
        .
        .
    }
.
.
errorhandler:     printf("Erreur dans la boucle .");  /* suite du programme
                              après la boucle à l'étiquette "errorhandler" */
```

5   Types de données complexes

Au chapitre précédent, nous avons déjà pressenti, l'utilité qu'il y aurait à pouvoir ranger des valeurs logiquement rattachées, non pas dans des variables distinctes mais dans une variable commune. Supposons, à titre d'exemple, qu'on veuille mémoriser les températures journalières d'une année. Une structure de données tabulaire hébergeant ces valeurs présenterait quelques avantages par rapport à la création de 365 variables différentes (une par jour) : le programmeur aurait moins de code à rédiger, l'ordinateur gérerait plus facilement les données (une variable au lieu de 365) et , comme nous le montrerons, au lieu d'exécuter des opérations d'entrée-sortie laborieuses avec des variables distinctes nous pourrions ici à l'aide de boucles lire ou afficher toutes les valeurs rapidement et facilement. Les variables qui peuvent stocker non pas une mais plusieurs valeurs sont des variables de types complexes (composés). Complexes parce qu'on peut imaginer une telle variable comme faite d'une série de variables élémentaires. Le langage C dispose de deux types de données complexes : les tableaux et les structures. La différence entre les deux provient de la nature des éléments qu'on peut y ranger : un tableau ne contient que des données identiques, alors qu'une structure peut être composée à partir d'éléments dissemblables.

5.1   Tableaux

Un tableau est une variable qui se compose d'un certain nombre de données élémentaires de même type, rangées en mémoire les unes à la suite des autres. Chaque donnée élémentaire représente elle-même une variable. Le type des éléments du tableau peut être n'importe quel type du langage C :

► types élémentaires : char, short, int, long, float, double
► pointeur (type utilisé pour la mémorisation des adresses de données. Ce type est détaillé au chapitre **Pointeurs**)
► tableau
► structure

Le tableau est unidimensionnel lorsque ses éléments ne sont pas eux-mêmes des tableaux. Mais un élément de tableau peut lui-même être un tableau, donc un objet de type complexe. On peut ainsi arriver à des tableaux imbriqués, appelés aussi multidimensionnels. Le terme "tableau" admet comme synonymes les mots "vecteur" (tableaux unidimensionnels uniquement), "table" ou "matrice".

Tableaux à une dimension

Dans ce qui suit, nous montrerons comment manipuler des tableaux unidimensionnels, depuis leur définition, rangement en mémoire et indexation jusqu'à l'accès aux différents éléments de ces tableaux.

Définition

Un tableau unidimensionnel est composé d'éléments qui ne sont pas eux-mêmes des tableaux. On pourrait le considérer comme ayant un nombre arbitraire de colonnes, mais une seule ligne. On peut se représenter un tableau d'éléments de type **int**, par exemple, comme le montre l'image suivante :

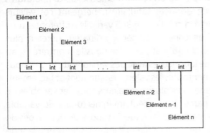

Fig. 5.1 :   Tableau d'éléments de type "int"

Ce tableau permet de ranger en mémoire N données de type **int**. Le type des éléments du tableau, le nombre de ses éléments ainsi que le nom sous lequel le programme pourra y accéder, tout cela est précisé lors de sa définition. La définition d'un tableau unidimensionnel (plus précisément : d'une variable de type "tableau") admet la syntaxe suivante :

```
<Type> <Nom du tableau> [Nombre d'éléments];
```

<Type> spécifie le type des éléments dont doit se composer le tableau. Il peut s'agir (outre le type complexe "tableau" lui-même) de n'importe quel type du C. Le nom du tableau obéit aux règles pour les noms de variables <Nombre d'éléments> est une valeur constante entière qui détermine le nombre des éléments du tableau. Les crochets autour de cette valeur ne signifient pas ici que l'indication est optionnelle : ils font partie de la syntaxe de la définition. Le fait que le nombre d'éléments est spécifié à la définition entraîne comme conséquence que ce nombre ne pourra plus être modifié dans le programme. Nous avons ici à faire à une donnée statique dont la taille n'est pas variable. Nous verrons cependant que les techniques d'allocation dynamique de mémoire permettent de faire varier la taille des tableaux (Cf. Chapitre 9.6 **Pointeurs : Allocation dynamique de tableaux**). Avec :

```
int i [4];
```

par exemple, nous définissons un tableau de nom "i" pouvant stocker quatre données de type "int". Il faut ici faire une distinction entre le type des éléments du tableau et le type de la variable tableau "i" : les éléments du tableau ont le type "int" alors que la variable tableau "i" est de type "int [4]", c'est-à-dire que "i" dans notre exemple est de type "tableau de quatre entiers". Contrairement aux types élémentaires, par exemple, il n'existe aucun mot clé désignant le type complexe "tableau" et devant être placé quelque part dans la définition du tableau. Le type d'une variable tableau s'obtient dans sa définition :

```
<Type> <Nom du tableau> [Nombre d'éléments];
```

en prenant les spécifications figurant avant et après le nom du tableau. Quelle place ce tableau occupe-t-il en mémoire ? Partant d'une taille de 2 octets pour le type "int", nous arrivons à une occupation mémoire de 4 * 2 = 8 octets :

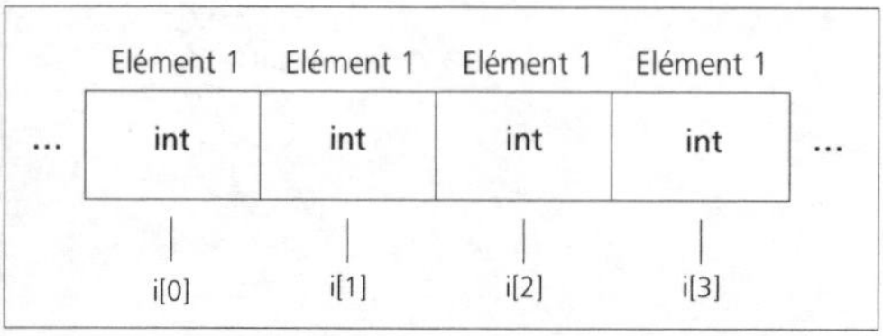

Fig. 5.2 : Occupation mémoire d'un tableau "int" à quatre éléments

Les adresses mémoire de cet exemple sont prises au hasard. L'adresse réelle du tableau est décidée par le compilateur et non par le programmeur (on peut néanmoins connaître cette adresse, comme nous le verrons plus loin). Lorsqu'il rencontre la définition :

```
int i [4];
```

le compilateur réserve, à un emplacement mémoire adéquat, huit octets pour la variable tableau "i". Si vous définissez d'une manière semblable :

```
long l [4];
```

un tableau comportant quatre éléments de type "long" (4 octets), alors l'espace mémoire requis est :

```
4 * 4 = 16 octets
```

Calcul de la taille du tableau

Généralement, l'occupation mémoire d'un tableau est donnée en octets si on multiplie la taille du type des éléments par le nombre de ces éléments. Vous pouvez vous faire confirmer cela par le compilateur via l'opérateur "sizeof". Supposons définies les variables :

```
double d [10];      /* Tableau avec 10 Eléments de type double */
float f [10];       /* Tableau avec 10 Eléments de type float */
long l [10];        /* Tableau avec 10 Eléments de type long */
int i [10];         /* Tableau avec 10 Eléments de type int */
short s [10];       /* Tableau avec 10 Eléments de type short */
char c [10];        /* Tableau avec 10 Eléments de type char */
```

alors vous pouvez escompter pour les différents tableaux l'occupation mémoire :

```
8 * 10 = 80   (double)
4 * 10 = 40   (float)
4 * 10 = 40   (long)
2 * 10 = 20   (int)
2 * 10 = 20   (short)
1 * 10 = 10   (char)
```

Le programme SHOWSIZE.C détermine l'occupation mémoire, grâce à l'opérateur **sizeof**.

▶ SHOWSIZE.C

```
/***      showsize calcule la dimension (l'occupation mémoire)              ***/

/***      de différents tableaux                                           ***/
#include <stdio.h>                                              /* pour printf */
main()
  {
    double d [10];
    float f [10];
    long l [10];
    int i [10];
    short s [10];
    char c [10];
    printf("%d %d %d %d %d %d\n",
           sizeof(d), sizeof(f), sizeof(l), sizeof(i), sizeof(s), sizeof(c));
       printf("%d %d %d %d %d %d",
              sizeof(double[10]), sizeof(float[10]), sizeof(long[10]),
                sizeof(int[10]), sizeof(short[10]), sizeof(char[10]));
  }
```

SHOWSIZE.C utilise le fait que l'opérateur "sizeof" accepte comme opérandes aussi bien des noms de variables que des libellés de types et affiche les dimensions des tableaux (les occupations mémoire requises) de deux façons : une fois via le nom de la variable concernée, une autre fois via son type. Vous obtenez comme résultat (à supposer que le type "int" ait une dimension de 2 octets) :

```
80  40  40  20  20  10
80  40  40  20  20  10
```

Opérations

Comment peut-on utiliser en tant que variables les divers éléments d'un tableau ? Comment y lit-on des valeurs et comment les affiche-t-on ? Comment calcule-t-on avec elles ? En d'autre termes : comment accède-t-on à un élément quelconque du tableau ?

Indexation

L'accès à une variable s'effectue par son nom. Un tableau est composé de plusieurs variables individuelles de même type (éléments) qu'il faut distinguer nommément si on veut pouvoir y accéder individuellement pour quelque manipulation que ce soit. Un moyen simple pour cela consiste à numéroter les éléments d'un tableau : on identifie chaque élément du tableau par un nombre spécifique appelé indice ou index : l'index de cet élément étant différent de tous les autres index. Combiné avec le nom de la variable tableau, cet index donne une description non ambiguë de chaque élément du tableau. Ce faisant, les valeurs que peut prendre l'index doivent être des entiers positifs (y compris 0). L'indexation commence toujours à 0 (et non pas à 1), ce qui signifie que le premier élément d'un tableau a l'indice 0, le second l'indice 1, le troisième l'indice 2, etc. Le nom sous lequel on peut ainsi décrire un élément quelconque du tableau doit obéir à la syntaxe suivante :

```
<Nom du tableau> [<index>]
```

où <Nom du tableau> représente le nom du tableau et <index> une expression entière positive ou nulle. Les crochets font aussi partie de la syntaxe et entourent l'index. Un tableau "i" défini par :

```
int  i  [4];
```

contient donc quatre éléments :

```
i[0]   i[1]   i[2]   i[3]
```

Chacun de ces éléments est une variable de type "int". Le n-ième élément, du fait que l'indexation commence à 0, possède l'indice (n-1) :

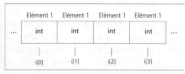

Fig. 5.3 :   Tableau " int " avec éléments indicés

Peu importe la forme sous laquelle on exprime la valeur de l'indice pour désigner un élément. L'important est qu'elle représente un entier supérieur ou égal à 0. Ainsi :

```
i[2]
i[1+1]
i[3-1]
```

désignent toutes le troisième élément du tableau "i". De même, le nom d'une variable entière peut servir d'index. Une fois défini :

```
int  k = 2;
```

les noms des éléments :

```
i[k-1]   i[k]   i[k+1]
```

équivalent successivement à :

```
i[1]   i[2]   i[3]
```

et désignent respectivement le second, le troisième et le quatrième élément du tableau "i" :

Accès au contenu des éléments du tableau

Jusqu'à présent, nous avons étudié le type de données que peut contenir un tableau et sous quel nom on peut accéder à ces données. Ce qui nous intéresse maintenant, c'est le contenu concret de ces données et comment les manipuler. Les éléments de tableau sont des variables. Avec elles, on peut effectuer les mêmes opérations qu'avec les variables élémentaires du type concerné. Supposons que vous vouliez affecter la valeur 7 au troisième élément du tableau "i". Cela peut se faire via l'instruction :

```
i[2] = 7;
```

De manière analogue, par :

```
i[0] = i[2] - 4;
```

le premier élément recevrait la valeur 3. Le résultat de ces deux opérations est que le tableau "20i" a désormais l'aspect suivant en mémoire :

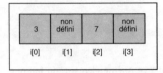

Fig. 5.4 :   Tableau "int" après affectation de valeurs
aux premier et troisième éléments

Notez bien que les éléments 2 et 4 du tableau ne possèdent aucune valeur définie car on ne leur a pas encore affecté de valeurs concrètes. Cela vaut aussi pour les variables que nous avons utilisées jusqu'alors. Au chapitre 7, vous découvrirez des variables qui sont automatiquement initialisées par le compilateur lors de leur définition. Comme les valeurs de ces deux éléments de tableau sont totalement indéterminées (en fait, leur contenu est ce qui se trouvait, au moment de la définition du tableau, dans les troisième, quatrième, septième et huitième de ces huit octets que le compilateur a alloué au tableau), on ne peut rien prédire quant à la valeur qui serait affichée par l'instruction :

```
printf("%d",  i[1]);
```

pour le second élément "i[1]". C'est pour la même raison que l'on doit s'attendre à des résultats erronés dans le programme suivant qui compte les fréquences des voyelles dans une saisie :

▶ **VOWERROR.C**

```
/***   VOWERROR montre des erreurs d'affichage dues à des valeurs indéfinies ***/
/*** dans des tableaux. Le caractère de fin de saisie EOF est produit par     ***/
/*** une combinaison de touches : VOWERROR indique à l'utilisateur de taper   ***/
/*** <CTRL>+<Z>, valable sous le système d'exploitation DOS. Pour d'autres    ***/
/*** systèmes, modifiez de manière conforme le message relatif à <CTRL>+<Z>   ***/
#include <stdio.h>                            /* pour printf, getchar, EOF */
main()
  {
    int c;
    int v [5];                          /* pour les fréquences des voyelles a à u */
     printf("Le programme compte les voyelles dans ce que vous avez saisi.\n");
     printf("Entrez un texte. Fin par <CTRL>+<Z>:\n");
    while ((c = getchar()) != EOF)
       switch (c)
          {
            case 'A':
             case 'a':  v[0]++;  break;
            case 'E':
             case 'e':  v[1]++;  break;
            case 'I':
             case 'i':  v[2]++;  break;
            case 'O':
```

```
              case 'o':  v[3]++;  break;
          case 'U':
          case 'u':  v[4]++;
        }
     printf("\nFréquences de voyelles :\n\n");
     printf("a\te\ti\to\tu\n\n");
     printf("%d\t%d\t%d\t%d\t%d", v[0], v[1], v[2], v[3], v[4]);
   }                                                    /* fin main */
```

La valeur des éléments du tableau "v", lors de sa première utilisation dans le programme (structure "switch"), n'est pas encore définie car aucune affectation préalable n'a été effectuée sur les éléments du tableau. Leurs valeurs initiales sont donc purement aléatoires. Il s'agit en fait des valeurs qui se trouvaient dans les (dix) positions mémoire que le compilateur a allouées au tableau lors de sa définition. Un comptage correct nécessiterait cependant une initialisation à 0 des éléments du tableau. Dans le cas précédent, le caractère aléatoire des valeurs fait qu'il y a fort peu de chances pour cela. Nous pouvons donc être à peu près certain que le résultat des opérations de comptage et l'affichage des fréquences seront erronés. Une exécution du programme nous en convaincra facilement. Pour résoudre le problème, on affecte des valeurs initiales aux éléments du tableau avant la première opération dans laquelle leurs valeurs jouent un rôle. En d'autres termes, on initialise le tableau. On peut faire cela de deux façons.

Initialisation

Une des deux méthodes pour initialiser un tableau consiste, après définition du tableau, à munir ses éléments des valeurs initiales souhaitées, cela au moyen d'opérations d'affectation appropriées. Ici, une technique élémentaire utiliserait l'affectation multiple :

```
v[0] = v[1] = v[2] = v[3] = v[4] = 0;
```

après laquelle tous les éléments du tableau possèdent la valeur 0.

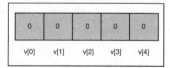

Fig. 5.5 :   Initialisation d'un tableau "int"

Cette méthode d'affectation devient cependant de plus en plus laborieuse et de plus en plus coûteuse au fur et à mesure que le nombre d'éléments du tableau croît (qu'en serait-il avec 1000 éléments par exemple ?). De plus, elle n'apporte pas d'innovation essentielle comparée à l'emploi de variables individuelles. Mais rappelons-nous que dans un tableau ce n'est pas le nom du tableau qui varie d'un élément à un autre mais seulement l'index. Il est facile de voir alors l'avantage que présentent les éléments du tableau par rapport aux variables individuelles lors des affectations ou des entrées-sorties : à l'aide d'une boucle et d'une variable de contrôle entière adéquate, on peut faire prendre à l'index toutes les

valeurs souhaitées et ainsi accéder rapidement et aisément à tous les éléments du tableau.
Une fois défini :

```
int k;                                              /* Variable de contrôle */
```

la boucle :

```
for (k = 0; k < 5; k++)
    v[k] = 0;
```

fait que l'un après l'autre les éléments v[0], v[1], v[2], v[3] et v[4] reçoivent la valeur 0. Vous
pouvez ainsi rédiger une version correcte du programme VOWERROR.C en définissant une
variable supplémentaire "k" et en ajoutant une boucle d'initialisation pour le tableau. Nous
appellerons cette nouvelle version VOWELS1.C.

> VOWELS1.C

```
/*** VOWELS1 affiche les fréquences des voyelles dans une saisie.           ***/
/*** Les fréquences sont rangées dans un tableau  qui est initialisé par    ***/
/*** une boucle. Le caractère de fin de saisie EOF est produit par une      ***/
/*** combinaison de touches : VOWELS1 indique à l'utilisateur de taper      ***/
/*** <CTRL>+<Z>, valable sous le système d'exploitation DOS.                ***/
/*** Pour d'autres systèmes, modifiez de manière conforme le message        ***/
/*** relatif à <CTRL>+<Z>.                                                   ***/
#include <stdio.h>                                  /* pour printf, getchar, EOF */
main()
    {
    int c;
    int v [5];                          /* pour les fréquences des voyelles a à u */
    int k;                                          /* variable de contrôle */
    for (k = 0; k < 5; k++)             /* initialisation des éléments du tableau */
    v[k] = 0;
        printf("Le programme compte les voyelles dans ce que vous avez saisi.\n");
        printf("Entrez un texte. Fin par <CTRL>+<Z>:\n");
        while ((c = getchar()) != EOF)
            switch (c)
                {
                case 'A':
                 case 'a': v[0]++;  break;
                case 'E':
                 case 'e': v[1]++;  break;
                case 'I':
                 case 'i': v[2]++;  break;
                case 'O':
                 case 'o': v[3]++;  break;
                case 'U':
                 case 'u': v[4]++;
                }
            printf("\nFréquences de voyelles :\n\n");
            printf("a\te\ti\to\tu\n\n");
            printf("%d\t%d\t%d\t%d\t%d", v[0], v[1], v[2], v[3], v[4]);
    }                                                          /* fin main */
```

Initialisation à la définition

L'autre méthode d'initialisation des tableaux correspond à celle que vous connaissez déjà pour les variables de type élémentaire. Ici on affecte des valeurs initiales aux éléments du tableau dès sa définition. Les diverses valeurs initiales sont séparées par des virgules et placées entre accolades. D'où la syntaxe suivante :

```
<Type> <Nom du tableau> [<Nombre d'éléments>] = {k1, k2, k3, ... , kn-1, kn};
```

Les valeurs k1 à kn doivent être des constantes. Autrement, le compilateur affichera un message d'erreur. C'est le cas également lorsque le nombre de valeurs initiales dépasse le nombre d'éléments, c'est-à-dire est supérieur à <Nombre d'éléments>. Si le nombre des valeurs initiales est inférieur au nombres d'éléments du tableau , les éléments en trop sont remplis avec des 0. Il faut, ce faisant, avoir au moins une valeur initiale. Signalons qu'on peut renoncer à la spécification du nombre des éléments d'un tableau initialisé. En effet, dans ce cas le tableau aura autant d'éléments qu'il y a de valeurs initiales.

Les valeurs initiales sont affectées aux éléments du tableau depuis la gauche vers la droite : le premier élément reçoit la première valeur, le second élément reçoit la seconde valeur, etc. supposons que vous ayez un tableau à dix éléments de type "short" que vous voulez initialiser avec les nombres 0 à 9. Après sa définition :

```
short figures [10] = {0, 1, 2, 3, 4, 5, 6, 7, 8, 9};
```

le tableau a l'aspect suivant en mémoire :

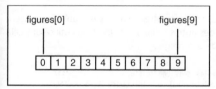

Fig. 5.6 : Tableau "short" après initialisation avec les valeurs 0 à 9

Vous obtiendriez le même résultat par l'initialisation :

```
short figures [] = {0, 1, 2, 3, 4, 5, 6, 7, 8, 9};
```

dans laquelle vous ne donnez pas le nombre d'éléments. Pour le tableau le compilateur créera et initialisera dix éléments, ce nombre correspondant à celui des valeurs initiales. Il y a cependant un petit inconvénient à prendre en considération : on ne voit pas immédiatement combien d'éléments le tableau possède. (Cf. Rubrique 5.1.3 **Strings**).

Si vous diminuez, lors de l'initialisation du tableau, le nombre des valeurs initiales, si vous indiquez non plus dix valeurs, mais seulement cinq :

```
short figures [10] = {0, 1, 2, 3, 4};
```

alors le tableau aura le contenu suivant :

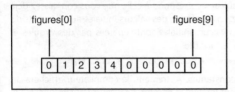

Fig. 5.7 :   Tableau "short" avec dix éléments après
initialisation par les valeurs 0 à 4

En raison d'une "initialisation implicite", les cinq derniers éléments du tableau se sont vus affecter la valeur 0. Lorsqu'il faut initialiser à 0 tous les éléments d'un tableau, on peut utiliser le fait que des éléments d'un tableau prennent la valeur 0 lorsque le nombre de valeurs initiales est inférieur au nombre des éléments. Pour le tableau "v" du programme VOWELS1.C, par exemple, vous avez besoin de la valeur initiale 0 pour chaque élément.

Outre la méthode présentée dans VOWELS1.C, vous pouvez naturellement passer aussi par :

```
int v [5] = {0, 0, 0, 0, 0};
```

Mais il y a bien plus court avec :

```
int v [5] = {0};
```

Une fois le premier élément initialisé à 0, tous les autres éléments du tableau reçoivent aussi la valeur 0 en raison de l'absence des autres valeurs initiales. Nous utiliserons cela pour une variante de notre programme de comptage :

```
▶ VOWELS2.C
/*** VOWELS2 affiche les fréquences des voyelles dans une saisie.          ***/
/*** Les fréquences sont rangées dans un tableau  qui est initialisé à sa  ***/
/*** définition. Le caractère de fin de saisie EOF est produit par une     ***/
/*** combinaison de touches : VOWELS2 indique à l'utilisateur de taper     ***/
/*** <CTRL>+<Z>, valable sous le système d'exploitation DOS. Pour d'autres ***/
/*** systèmes, modifiez de manière conforme le message relatif à <CTRL>+<Z> ***/

#include <stdio.h>                              /* pour printf, getchar, EOF */

main()
    {
    int c;
    int v [5] = {0};               /* pour les fréquences des voyelles a à u tous */
                                   /* les éléments du tableau sont initialisés à 0 */

        printf("Le programme compte les voyelles dans ce que vous avez saisi.\n");
        printf("Entrez un texte. Fin par <CTRL>+<Z>:\n");
        while ((c = getchar()) != EOF)
            switch (c)
                {
```

```
            case 'A':
             case 'a':  v[0]++;  break;
            case 'E':
             case 'e':  v[1]++;  break;
            case 'I':
             case 'i':  v[2]++;  break;
            case 'O':
             case 'o':  v[3]++;  break;
            case 'U':
             case 'u':  v[4]++;
          }
    printf("\nFréquences des voyelles :\n\n");
     printf("a\te\ti\to\tu\n\n");
     printf("%d\t%d\t%d\t%d\t%d", v[0], v[1], v[2], v[3], v[4]);
 }                                                                    /* fin main */
```

Problèmes de portabilité

Concernant la portabilité des programmes dans lesquels on initialise les tableaux dès leur définition, il faut faire attention à la chose suivante : certains compilateurs un peu anciens n'autorisent pas toujours cette technique d'initialisation d'un tableau, mais seulement lorsque le tableau est géré en mémoire d'une certaine façon (ou dans un certain domaine). Il faut savoir qu'en C les variables ne sont pas classées uniquement selon leur type : chaque variable est aussi affectée à une certaine classe de mémorisation qui détermine où et quand cette variable est générée en mémoire. C'est de la classe de mémorisation que dépend, en outre, la disponibilité de la variable dans tout le programme ou seulement dans certaines parties (en d'autre termes, l'existence de la variable pendant toute la durée du programme ou seulement à certains moments). Les classes de mémorisation sont détaillées au chapitre 7.

Toutes les variables que nous avons utilisées jusqu'à présent appartenaient à la classe de mémorisation "auto" (pour "automatic"). Les variables de cette classe sont facilement repérables dans un texte source à l'aide des caractéristiques suivantes : elles sont toujours définies à l'intérieur d'une fonction ("main" par exemple) et leur définition ne contient pas d'ordinaire de spécification explicite de classe, alors que celle-ci doit être explicitement précisée pour les variables d'autres classes définies dans les fonctions. Si la définition d'une variable dans une fonction n'est pas accompagnée d'une spécification de classe, le compilateur prend la classe "auto". Naturellement on peut aussi ajouter l'indication de classe "auto". Ainsi les définitions :

```
int i;
```

et :

```
auto int i;
```

sont équivalentes. D'anciens compilateurs n'autorisent pas l'initialisation des tableaux de classe "auto" à leur définition, mais par contre admettent (à une autre exception près) l'initialisation des tableaux d'autres classes (cf. Chapitre **Classes de mémorisation**).

Opérations d'entrée-sortie avec les éléments des tableaux

Bien que les programmes VOWELS1.C et VOWELS2.C fonctionnent, on peut regretter la manière dont les fréquences mémorisées sont affichées. Il est facile d'imaginer que cette forme d'affichage pour des tableaux ayant un grand nombre d'éléments est extrêmement pénible. Nous remplacerons donc, comme cela fut le cas pour l'initialisation du tableau dans VOWELS1.C, l'instruction d'affichage :

```
printf("%d\t%d\t%d\t%d\t%d", v[0], v[1], v[2], v[3], v[4]);
```

par une boucle ad hoc :

```
for (k = 0; k < 5; k++)
    printf("%d\t", v[k]);
```

qui nous permet d'afficher également de grands tableaux, après modification conforme de la condition de bouclage. Quand on parle ici d'un "affichage de tableau", on entend par là le fait d'afficher successivement tous ses éléments (via une boucle par exemple) et non pas le fait d'afficher le tableau "en bloc". A vrai dire, C ne possède pas directement de commandes pour accéder à un tableau globalement. Ainsi, le vocabulaire du langage ne connaît, par exemple, ni commande d'affichage susceptible d'opérer sur tout le tableau ni opérateur permettant d'affecter un tableau tout entier à un autre tableau. Cependant, il existe quelques commandes de cet ordre rangées sous forme de fonctions (ou de macros) dans les bibliothèques du système (Cf. Rubrique 5.1.3 **Strings**).

▶ VOWELS3.C

```
/*** VOWELS3 calcule et affiche les fréquences des voyelles dans une saisie.***/
/*** Les fréquences sont rangées dans un tableau   qui est initialisé à sa    ***/
/*** définition. L'affichage des fréquences se fait également par une         ***/
/*** boucle. Le caractère de fin de saisie EOF est produit par une            ***/
/**** combinaison de touches : VOWELS3 indique à l'utilisateur de taper       ***/
/*** <CTRL>+<Z>, valable sous le système d'exploitation DOS. Pour d'autres    ***/
/*** systèmes, modifiez de manière conforme le message relatif à <CTRL>+<Z> ***/
#include <stdio.h>                              /* pour printf, getchar, EOF */
main()
  {
    int c;
    int v [5];                          /* pour les fréquences des voyelles a à u */
    int k;                                      /* variable de contrôle */
    for (k = 0; k < 5; k++)             /* initialise à 0 les éléments du tableau */
        v[k] = 0;
     printf("Le programme compte les voyelles dans ce que vous avez saisi.\n");
     printf("Entrez un texte. Fin par <CTRL>+<Z>:\n");
     while ((c = getchar()) != EOF)
            switch (c)
               {
               case 'A':
                case 'a': v[0]++;  break;
               case 'E':
                 case 'e': v[1]++;  break;
               case 'I':
                  case 'i': v[2]++;  break;
```

```
                 case '0':
                  case 'o':  v[3]++;  break;
                 case 'U':
                  case 'u':  v[4]++;
              }
     printf("\nFréquences des voyelles :\n\n");
     printf("a\te\ti\to\tu\n\n");
    for (k = 0; k < 5; k++)                        /* affichage des éléments du tableau */
     printf("%d\t", v[k]);                                      /* via une boucle */
 }                                                              /* fin main */
```

Boucles de saisie

Les structures répétitives que nous avons utilisées pour l'initialisation et pour l'affichage des éléments du tableau s'appliquent aussi à la saisie des valeurs que l'utilisateur désire ranger dans un tableau. Le programme suivant SAMPLES.C simule la saisie d'un tableau de valeurs statistiques sur la circulation routière. Il faut entrer le nombre de véhicules qui sont passés, chaque jour de la semaine, dans une portion de rue à sélectionner.

▶ SAMPLES.C

```
/*** SAMPLES lit, via une boucle, quelques valeurs statistiques (fréquences ***/
/*** de véhicules par jour) qui sont rangées dans un tableau. Les valeurs    ***/
/*** sont saisies au clavier, totalisées et réaffichées pour contrôle (avec  ***/
/*** leur total).                                                            ***/
#include <stdio.h>                                /* pour printf, scanf */
main()
  {
    long vehicles [8];              /* nombre de véhicules pour chacun des sept */
                              /* jours. 8 éléments et non 7 : Pour les jours */
                              /* 1 à 7 on utilise les éléments vehicles[1] à */
                              /* vehicles[7]. vehicles[0] reste libre. */
    long s = 0;                                 /* total des véhicules comptés */
    short i;                                     /* Variable de contrôle */
     printf("\033[2J");
     printf("Entrez les nombres de véhicules pour les jours 1 - 7 :\n");
    for (i = 1; i < 8; i++)                          /* boucle de saisie */
       {
           printf("Jour %hd : ", i);
            scanf("%ld", &vehicles[i]);              /* opérateur d'adressage */
           s = s + vehicles[i];                       /* totalisation */
       }
      printf("\n\nOn a saisi les valeurs suivantes :\n\n");

    for (i = 1; i < 8; i++)
        printf("Jour %hd\t", i);

    printf("\n");
    for (i = 1; i < 8; i++)                          /* boucle d'affichage */
        printf("%ld\t", vehicles[i]);

     printf("\n\nNombre total de véhicules : %ld", s);
 }
```

Le programme SAMPLES lit et range dans chaque élément du tableau "vehicles" le nombre de véhicules comptés un certain jour. Le tableau a été créé avec huit éléments (et non sept, ce qui conviendrait aussi) afin que le numéro du jour et l'indice de l'élément correspondant concordent. L'élément "vehicles[0]" reste inutilisé. Le tableau n'est pas initialisé car la valeur d'un élément du tableau n'est utilisée dans le programme (totalisation et affichage) que lorsqu'il a déjà été initialisé par la saisie de l'utilisateur.

Elimination des erreurs

L'indexation des éléments de tableau en C donne lieu à quelques sources d'erreur. Il faut s'habituer au fait que les indexations commencent toujours à 0, mais cela ne donne pas matière à erreur. Mais le programmeur, qui plus est, doit faire attention à ne pas utiliser d'indice trop élevé lorsqu'il balaie le tableau "vers le haut". Le plus grand indice utilisable est donné par le nombre des éléments du tableau :

```
Index maximal = nombre d'éléments du tableau - 1
```

Les compilateurs C ne vérifient pas si l'index est valide, donc compris entre les bornes 0 et <Index maximal> (bornes comprises). Si on emploie des indices qui dépassent le maximum autorisé, alors on adresse des emplacements de mémoire situés hors du tableau sans que le compilateur signale systématiquement cette erreur. De semblables erreurs se produisent lorsqu'on utilise des indices négatifs, chose autorisée dans d'autres langages tels que Pascal ou Fortran. Nous allons donc examiner d'un peu plus près la manière dont le compilateur procède avec les variables de type "tableau". Soient une variable :

```
short i;
```

et un tableau :

```
short s [5];
```

que nous initialisons par :

```
for (i = 0; i < 5; i++)
    s[i] = i + 100;
```

avec les valeurs 100 à 104. Alors l'instruction :

```
printf("%hd", s[2]);
```

accède au troisième élément du tableau et affiche la valeur 102 :

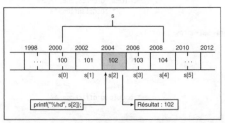

Fig. 5.8 :   Accès à un élément de tableau correctement indicé

Comment le compilateur "sait-il" de quel élément du tableau il s'agit avec s[2] et où il se trouve en mémoire ? Comment trouve-t-il un élément du tableau ? Lors de la définition d'une variable, le compilateur lui réserve une place correspondant à son type. Par exemple, sur l'image précédente montrant le tableau "s" avec ses cinq éléments de type "short" (2 octets), dix octets consécutifs (adresses 2000 à 2009) ont été pris comme emplacement mémoire pour ce tableau. L'adresse 2000 est l'adresse du début de la variable "s", c'est-à-dire l'adresse à partir de laquelle est rangée la variable en mémoire. L'adresse 2000 ici a été choisie arbitrairement, à titre d'exemple. On peut faire afficher l'adresse réelle que le compilateur a prise pour le tableau, via l'instruction :

```
printf("%d",   &s[0]);
```

qui donne l'adresse du premier élément du tableau, laquelle est bien identique à l'adresse du début du tableau (cf. Chapitre 9 **Pointeurs**). Le compilateur utilise l'adresse de début et l'index pour localiser un élément quelconque du tableau. L'index mesure ici la distance (en octets) d'un élément par rapport au début du tableau. Cette distance est aussi appelée **offset**.

Ainsi, le premier élément s[0] commence à l'adresse 2000 (identique donc au début du tableau) et a de ce fait l'offset 0. Il occupe, du fait de son type "short", deux octets de mémoire, et prend les emplacements 2000 et 2001. Le second élément s[1] commence à l'adresse 2002, a également une taille de deux octets et possède une distance de 2002 - 2000 = 2 octets par rapport au début du tableau (donc a l'offset 2). Le troisième élément s[2] commence à l'adresse 2004. Il a une distance de 2004 - 2000 = 4 octets par rapport au début du tableau (donc a l'offset 4). Les deux éléments restants s[3] et s[4] commencent respectivement aux adresses 2006 et 2008 et ont les offsets 6 et 8. On établit facilement la relation entre l'offset, l'index et la taille du type des éléments du tableau :

Elément	Index	Taille du type des éléments	Offset
1	0	2 Bytes	0 * 2 = **0**
2	1	2 Bytes	1 * 2 = **2**
3	2	2 Bytes	2 * 2 = **4**
4	3	2 Bytes	3 * 2 = **6**
5	4	2 Bytes	4 * 2 = **8**

Fig. 5.9 :   Calcul de l'offset à partir de l'index et de la taille du type

Formule générale de calcul de l'offset

On peut généraliser cette relation et arriver ainsi à une formule donnant l'offset dans des tableaux de type quelconque :

```
Offset  =   Index   *   Taille du type d'un élément du tableau
```

Voici comment, à partir de l'offset, le compilateur calcule la position d'un élément au début d'un tableau :

```
Position        Adresse de début      Offset
de         =    du               +    de
l'élément       tableau               l'élément
```

Si vous accédez par :

```
printf("%hd", s[2]);
```

au troisième élément du tableau, alors le compilateur calcule sa position via :

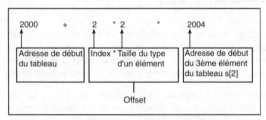

Fig. 5.10 : Détermination de la position d'un élément de tableau

Ensuite, l'opération désirée (ici un affichage) pourra être effectuée sur l'élément du tableau. Mais si vous preniez dans l'instruction :

```
printf("%hd", s[5]);
```

avec s[5] un indice qui dépasse le maximum autorisé 4 pour le tableau "s", alors le compilateur calculerait via :

```
2000 + (5 * 2) = 2010
```

une adresse mémoire (2010) qui n'appartient à aucun des éléments du tableau car ceux-ci occupent seulement les adresses entre 2000 et 2009. En fait, le compilateur accède donc à un endroit situé après le tableau (sans aucun avertissement, à moins que cette zone mémoire ne soit interdite d'accès) :

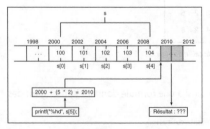

Fig. 5.11 : Accès erroné à un tableau en raison d'une mauvaise indexation

La valeur affichée dans ce cas est imprévisible. C'est la valeur qui résulte de l'interprétation en tant que donnée "short" du contenu de mémoire rangé aux adresses 2010 et 2011.

Effets de bord

L'indexation peut être cause d'erreurs dues à des effets de bord. La raison en est qu'en C on ne sait pas exactement quand un effet de bord est exécuté. Ainsi, pour les variables :

```
int x [10] = {0};                        /* initialise à 0 tout le tableau */
int n = 2;
```

il n'est pas évident dans l'affectation :

```
x[n] = n--;
```

de savoir à quel élément du tableau est affectée la valeur de "n" (2 dans notre exemple). Si le compilateur évalue effectivement l'indice avant de décrémenter la variable "n", alors l'élément x[2] reçoit la valeur 2. Mais il se peut que le compilateur n'évalue l'indice qu'après avoir décrémenté la variable "n". Dans ce cas, l'élément x[1] reçoit la valeur 2. Notez que dans les deux cas c'est la valeur 2 qui est affectée (duplicata de la valeur de la variable "n") et non pas la valeur 1 (dans le second cas). La détermination de la valeur à affecter, à savoir 2 qui est la valeur de la variable "n" au moment de son évaluation dans le membre droit de l'instruction d'affectation, a toujours lieu avant la décrémentation de "n". De ce fait, après l'instruction :

```
x[n] = n--;
```

avec :

```
printf("x[1] = %d\tx[2] = %d", x[1], x[2]);
```

nous obtiendrons suivant le compilateur utilisé soit l'affichage :

```
x[1] = 2  x[2] = 0;                      /* n fut décrémenté avant évaluation */
                                         /* de l'index : x[n] vaut x[1] */
```

soit :

```
x[1] = 0  x[2] = 2;                      /* n fut décrémenté après évaluation */
                                         */ de l'index : x[n] vaut x[2] */
```

On fera donc bien en général de renoncer aux instructions dont les résultats dépendent du moment auquel sont effectués les effets de bord.

Tableaux à plusieurs dimensions

Lorsqu'on utilise des tableaux pour répondre à certaines tâches de programmation, il peut advenir que des tableaux à une dimension ne puissent pas vraiment résoudre le problème de manière satisfaisante. Prenons un exemple. Une entreprise K possède des filiales dans trois pays, et dans chaque pays elle a une agence dans les régions Nord, Sud, Est et Ouest. Il faut mémoriser le nombre d'employés de chaque agence.

Ces données sont sous forme de tableau :

		Filiales			
	K	F0	F1	F2	F3
Entreprises	U0	700	500	200	500
	U1	900	800	400	300
	U2	600	700	900	800

Fig. 5.12 :   Tableau des effectifs

La table est à deux dimensions (matrice avec lignes et colonnes). Mais nous pourrions, malgré tout, ranger toutes les valeurs dans un tableau à une dimension préalablement défini par :

```
int k [12];
```

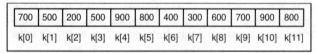

Fig. 5.13 :   Tableau à une dimension contenant les effectifs

L'inconvénient de ce tableau unidimensionnel est qu'il n'interprète pas la structure bidimensionnelle de la table des employés. Par exemple, on ne voit pas immédiatement sur le tableau précédent à quelle filiale (et pays) se rattache tel ou tel effectif. Mais il existe en C des structures de données adaptées. Les tableaux dits multidimensionnels permettent de mémoriser des ensembles à plusieurs dimensions, comme le tableau précédent, en respectant leur structure logique. Il n'y a pas cependant d'image multidimensionnelle en mémoire pour représenter ce genre d'objet. Il s'agit plutôt de transformer la structure multidimensionnelle des données à mémoriser en une structure linéaire (donc unidimensionnelle) équivalente. Mais contrairement aux tableaux unidimensionnels qui, eux aussi, sont linéaires, on pourra accéder à cette structure, depuis le programme, comme si elle était véritablement multidimensionnelle. Nous allons montrer tout cela sur notre exemple d'entreprise multinationale. Nous devons savoir, à cette fin, comment définir un tableau à plusieurs dimensions.

Définition

La définition des tableaux multidimensionnels s'effectue de manière analogue à celle des tableaux unidimensionnels. La différence consiste en ce qu'on doit spécifier non plus une mais plusieurs dimensions :

```
<Type> <Nom du tableau> [e1] [e2] ... [eN];
```

Le nombre de dimensions d'un tableau n'est pas limité. Il est donné par le nombre des valeurs entre crochets ("e1" ... "eN"). Ces valeurs sont des entiers positifs qui indiquent le nombre d'éléments dans chaque dimension du tableau. Leur produit :

```
e1 * e2 * ... * eN
```

fournit le nombre des éléments du tableau. La définition :

```
int k [3][4];
```

crée, par conséquence, un tableau bidimensionnel nommé "k" et possédant :

```
3 * 4 = 12
```

éléments de type "int". Nous pouvons nous les représenter ainsi, disposés en lignes et colonnes :

k[0] [0]	k[0] [1]	k[0] [2]	k[0] [3]
k[1] [0]	k[1] [1]	k[1] [2]	k[1] [3]
k[2] [0]	k[2] [1]	k[2] [2]	k[2] [3]

Fig. 5.14 :   Eléments d'un tableau bidimensionnel
disposés sous forme rectangulaire

L'image montre que, comme pour les tableaux unidimensionnels, les divers éléments d'un tableau multidimensionnel sont identifiés selon la syntaxe :

```
<Nom du tableau> [index1][index2] ... [indexN]
```

à l'aide du nom du tableau et d'un certain nombre d'indices. Il faut ici spécifier une valeur d'index valide pour chaque dimension, valeur qui détermine la position (les "coordonnées") de l'élément dans la dimension considérée.

Par exemple :

```
k[0][0]
```

désigne, avec la représentation précédemment utilisée, l'élément de la première colonne de la première ligne. Le premier indice ici est l'indice de ligne (première dimension) et le second indice est l'indice de colonne (seconde dimension). Comme la définition :

```
int k [3][4];
```

fait créer trois éléments dans la première dimension (lignes) et quatre dans la seconde (colonnes), notre représentation de tableau possède donc trois lignes, adressables par les valeurs d'index [0] à [2] et quatre colonnes accessibles via les valeurs d'index [0] à [3]. C'est exactement la même structure avec trois lignes et quatre colonnes que nous avons dans notre tableau des effectifs.

Vous pouvez donc attribuer à chacune des douze agences un des éléments du tableau bidimensionnel "k" et y ranger le nombre d'employés concernés :

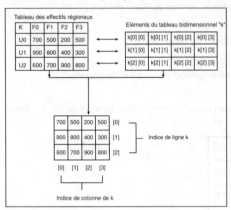

Fig. 5.15 :　Rangement des données dans un tableau à deux dimensions

Contrairement à la mémorisation dans un tableau unidimensionnel à 12 éléments, les valeurs des agences d'une même filiale sont regroupées sur une ligne du tableau bidimensionnel "k" et directement reconnaissables comme telles. Ainsi, tous les effectifs régionaux de la filiale U0 sont rangés dans des éléments ayant l'indice de ligne [0]. Ceux de la filiale U1 sont rangés dans des éléments ayant l'indice de ligne [1] et ceux de la filiale U2 dans des éléments ayant l'indice de ligne [2].

Entrée et sortie

Comment les valeurs arrivent-elles dans les tableaux ? Entre autres possibilités, on peut les saisir au clavier. Nous savons déjà, d'après les tableaux unidimensionnels, que le mieux est d'utiliser une boucle. Mais ici, avec un tableau bidimensionnel, on doit assurément gérer des lignes et des colonnes. Nous avons donc besoin d'une construction répétitive qui tienne compte de cette structure. On peut la décrire ainsi :

```
Pour chaque ligne du tableau
    Pour chaque colonne du tableau
        Lire une valeur et la ranger.
```

Il nous faut donc une boucle imbriquée qui commence par remplir la première ligne du tableau, puis la seconde et la troisième. Comme le tableau possède deux index à faire varier, il nous faudra deux variables de contrôle. Une fois définis :

```
int k [3][4];                          /* tableau 2D */
int i, j;                              /* Variable de contrôle */
```

la boucle de saisie pourrait ressembler à :

```
for (i = 0; i < 3; i++)                                          /* lignes */
  for(j = 0; j < 4; j++)                                         /* colonnes */
    scanf("%d", &k[i][j]);
```

Cette boucle permet de remplir successivement les éléments du tableau : k[0][0], k[0][1], k[0][2], k[1] [0], etc. Nous pouvons employer une construction analogue pour l'affichage des éléments du tableau. Nous ferons en sorte d'afficher les valeurs sur trois lignes et trois colonnes :

```
for (i = 0; i < 3; i++)                                          /* lignes */
  {
    for(j = 0; j < 4; j++)                                       /* colonnes */
      printf("%d\t", k[i][j]);
      printf("\n");
  }
```

Nous ajouterons ces portions de code pour la saisie et l'affichage à un petit programme avec lequel nous résoudrons, entre autres, notre exemple (mémorisation des effectifs d'une multinationale).

▶ MULTINAT.C

```
/*** MULTINAT lit des valeurs, les range dans un ***/
/*** tableau à 2 dimensions et les affiche         ***/

#include <stdio.h>                                    /* pour printf, scanf */
main()
  {
    int k[3][4];                                  /* tableau 2D pour les effectifs */
    int i, j;                                     /* Variables de contrôle */
    long s = 0;                                   /* nombre total d'employés */

     printf("\033[2J");
      printf("Saisie des effectifs d'une multinationale."
             "3 filiales ayant chacune 4 agences régionales.\n\n");
/* saisie des valeurs */
    for (i = 0; i < 3; i++)                                      /* lignes */
      for(j = 0; j < 4; j++)                                     /* colonnes */
        {
           printf("Filiale %d Agence %d : ", i+1, j+1);
           scanf("%d", &k[ i ][ j ]);
        }
/* calcul du total des effectifs */
    for (i = 0; i < 3; i++)                                      /* lignes */
      for(j = 0; j < 4; j++)                                     /* colonnes */
        s = s + k[ i ][ j ];
/* affichage des valeurs */

      printf("\n\n\tA0\tA1\tA2\tA3\n");
    for (i = 0; i < 3; i++)                                      /* lignes */
      {
         printf("F%d\t", i);
         for(j = 0; j < 4; j++)                                  /* colonnes */
```

```
                    printf("%d\t", k[ i ][ j ]);
                    printf("\n");
          }

       printf("\n\nNombre total d'employés : %ld", s);
   }
```

Rangement en mémoire

Contrairement à ce qui se passe avec les tableaux unidimensionnels, pour les tableaux multidimensionnels l'image par laquelle on les représente habituellement ne concorde plus avec leur rangement en mémoire. Ainsi, un tableau bidimensionnel (comme le tableau "k" de notre dernier exemple) est généralement représenté sous la forme d'une matrice rectangulaire lignes x colonnes. En mémoire, par contre, un tel tableau n'est nullement rangé sous forme de "rectangle". Au contraire, les éléments des tableaux même multidimensionnels sont toujours disposés en ordre linéaire, les uns à la suite des autres. Le tableau bidimensionnel "k" de notre précédent exemple peut être représenté en mémoire ainsi :

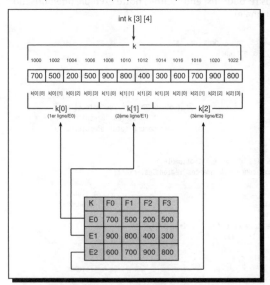

Fig. 5.16 : Tableau bidimensionnel en mémoire

Le tableau "k", à cause du type "int" (supposé ici occuper 2 octets) de ses éléments, prend 12 * 2 = 24 octets en mémoire. Il n'est pas difficile de reconnaître qu'avec ce tableau on n'a pas en fait un objet multidimensionnel. En effet, de par sa disposition en mémoire, ce tableau bidimensionnel avec ses douze éléments est aussi linéaire qu'un tableau unidimensionnel ayant douze postes. L'image montre, de plus, que la "multidimensionnalité" du tableau n'est en vérité qu'une imbrication. On pourrait effectivement interpréter le tableau bidimensionnel "k" comme un tableau unidimensionnel à trois éléments (les lignes), chacun d'entre eux étant lui-même un tableau de quatre éléments (les colonnes). Cela correspond d'ailleurs à la structure de la multinationale K de notre exemple qui se compose de trois filiales ayant chacune quatre agences régionales. En fait, vus sous cet angle-là, tous les tableaux multidimensionnels du C sont des imbrications de tableaux, le nombre des dimensions croissant au fur et à mesure que l'on descend d'un niveau dans la hiérarchie des imbrications : un tableau à N dimensions se compose d'éléments qui sont eux-mêmes des tableaux à (N-1) dimensions. Les éléments de ces tableaux à (N-1) dimensions sont à leur tour des tableaux à (N-2) dimensions dont les éléments sont eux-mêmes des tableaux à (N-3) dimensions, etc. Le niveau le plus bas (le dernier) renferme, pour terminer, des éléments qui, eux, ne sont plus des tableaux.

Dans l'image précédente, l'ordre des éléments k[i][j] (pour i = 0, 1, 2; j = 0, 1, 2, 3) en mémoire est donné par l'ordre dans lequel les tableaux partiels unidimensionnels k[i] (les "lignes") sont rangés en mémoire. Ces derniers représentent le plus haut niveau d'imbrication et sont mémorisés dans leur ordre naturel. Le début du tableau est constitué par la première ligne (k[0]), laquelle est suivie de la seconde ligne (k[1]) qui elle-même précède la troisième ligne (k[2]).

Les tableaux multidimensionnels sont donc, dans une certaine mesure, rangés sous forme de lignes, le concept de "ligne" devant être compris ici comme une description imagée du plus haut niveau d'imbrication. Avec cet arrangement des éléments du tableau, les indices évoluent à des vitesses différentes : un index varie d'autant plus vite qu'il se trouve plus à droite dans la séquence des index d'un élément. Dans notre exemple de tableau à deux dimensions, "k" évolue dans l'ordre de mémorisation des éléments, donc dans l'ordre des colonnes, plus rapidement que l'indice des lignes :

```
k[0][0]
k[0][1]
k[0][2]
k[0][3]
k[1][0]
k[1][1]
k[1][2]
k[1][3]
k[2][0]
.
.
.
```

Détermination de l'emplacement mémoire d'un élément de tableau

La disposition des éléments d'un tableau multidimensionnel en mémoire joue aussi un rôle pour le procédé par lequel le compilateur localise la position (adresse) en mémoire d'un élément de tableau lorsqu'il y accède.

Pour un élément quelconque k[i][j] du tableau bidimensionnel "k", son adresse se calcule ainsi :

```
Adresse de k[i][j]  =  adresse du début de k +
                       i * taille de k[i] (en octets)
                       + j * taille du type des éléments du tableau (en octets)
                    =  adresse du début de k +
                       i * nombre d'éléments de la seconde dimension
                       * taille du type des éléments du tableau (en octets)
                       + j * taille du type des éléments du tableau (en octets)
```

Avec les valeurs concrètes de notre tableau "k" et à supposer que le type "int" prenne 2 octets, cela donne :

```
Adresse de k[i][j]  =  &k[0][0]  +  i * 4 * 2 + j * 2 = 1000 + i * 4 * 2 + j * 2
```

Pour l'élément k[1][3] par exemple, le calcul de l'adresse donne donc :

```
& k[1][3]  =  1000   + 1 * 4 * 2 + 3 * 2
           =  1014
```

ce que l'on vérifie facilement à l'aide de la représentation précédente du tableau en mémoire. L'offset de l'élément k[1][3], c'est-à-dire sa distance (en octets) par rapport au début du tableau, est donc :

```
1014 - 1000 = 14
```

Plus généralement, pour un tableau "x" défini par :

```
<Type> x [e1][e2] ... [eN];
```

qui possède :

```
e1 * e2 * ...* eN
```

éléments de type <Type> et N dimensions, l'adresse d'un élément quelconque d'indices "i1" à "iN" peut être calculée ainsi :

```
& x[i1][i2] ... [iN]  =  adresse du début du tableau "x"
                         + i1 * taille de x[i1]
                         + i2 * taille de x[i1][i2]
                       + .
                         .
                         .
                         + iN-1 * taille de x[i1][i2] ... [iN-1]
                         + iN * taille de x[i1][i2] ... [iN-1][iN]
                      =  &x[0][0] ... [0]
                         + i1 * e2 * e3 * e4 * ...* eN * taille de <Type>
                         + i2 * e3 * e4 * ...* eN * taille de <Type>
                       + .
                         .
                         .
                         + iN-1 * eN * taille de <Type>
                         + iN * taille de <Type>
                      =  &x[0][0] ... [0]
                         + taille de <Type> * (i1 * e2 * e3 * e4 *...* eN
                         + i2 * e3 * e4 * ...* eN
```

```
          +
            .
            .
            .
          + iN-1 * eN
          + iN)
```

Prenez, à titre d'exemple, un tableau tridimensionnel. Partant de l'entreprise K, nous modifions légèrement sa structure en ne prenant que trois agences régionales par filiale. Mais chaque agence dispose désormais de trois départements. La multinationale présente alors l'aspect suivant :

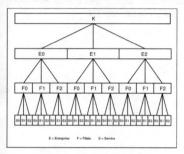

Fig. 5.17 : Structure de la multinationale

Les employés des divers départements peuvent être rangés dans le tableau à trois dimensions :

```
int  k  [3][3][3];
```

dont les éléments sont disposés ainsi en mémoire :

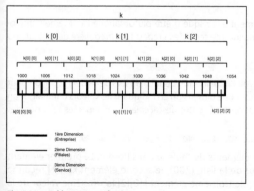

Fig. 5.18 : Tableau 3D en mémoire

Pour l'élément k[1][1][1], par exemple, le calcul de la position, d'après le mécanisme précédemment exposé, donne l'adresse suivante :

```
& k[1][1][1] = 1000 + 2 * (1 * 3 * 3 + 1 * 3 + 1)
            = 1026
```

L'offset correspondant est 1026 - 1000 = 26 (octets).

Initialisation

Les tableaux multidimensionnels, comme leurs homologues unidimensionnels, sont initialisables de diverses façons. L'affectation des valeurs initiales aux éléments du tableau peut se faire au moyen d'instructions individuelles, via une boucle appropriée ou encore en cours de définition du tableau. Supposons qu'il faille initialiser le tableau 2D :

```
int k[3][4];
```

avec les valeurs tirées du tableau des effectifs :

K	F0	F1	F2	F3
E0	700	500	200	500
E1	900	800	400	300
E2	600	700	900	800

La méthode :

```
k[0][0] = 700;
k[0][1] = 500;
k[0][2] = 200;
    .
    .
    .
k[2][3] = 800;
```

est certes utilisable, mais visiblement elle risque d'être plutôt laborieuse. Même l'emploi d'une boucle n'est pas opportun, compte tenu de la répartition irrégulière des valeurs du tableau.

Initialisation à la définition

Pour la troisième possibilité, à savoir l'initialisation du tableau lors de sa définition, on peut procéder comme pour les tableaux à une dimension en indiquant les valeurs d'initialisation à droite de l'opérateur d'affectation "=", entre des accolades et séparées les unes des autres par des virgules :

```
int k [3][4] = {700, 500, 200, 500, 900, 800, 400, 300, 600, 700, 900, 800};
```

Les valeurs sont attribuées aux éléments du tableau dans l'ordre. Le premier élément k[0][0] reçoit la première valeur de la liste (700), le second élément k[0][1] reçoit la seconde valeur de la liste (500), le troisième élément k[0][2] la troisième valeur de la liste (200), le quatrième élément k[0][3] la quatrième valeur (500), le cinquième élément k[1][0] la cinquième valeur (900), etc.

Cette séquence standard d'affectation peut être modifiée via des accolades supplémentaires. On peut ainsi explicitement définir les valeurs appartenant à une certaine ligne du tableau. Il suffit pour cela d'englober la liste d'initialisation entre une paire supplémentaire d'accolades :

```
int k [3][4] = {
                 {700, 500, 200, 500},
                 {900, 800, 400, 300},
                 {600, 700, 900, 800}
               };
```

Dans cet exemple, les valeurs d'initialisation ont été groupées de façon à correspondre aux lignes du tableau. On reconnaît donc immédiatement à quelle ligne appartient telle ou telle valeur. Comme le nombre des valeurs d'initialisation coïncide avec le nombre d'éléments du tableau, cette initialisation du tableau "k" donne le même résultat que l'initialisation sans les accolades additionnelles. Elle est simplement plus lisible. L'exemple suivant montre un cas, par contre, où le résultat n'est pas le même suivant qu'on met ou non des accolades supplémentaires. Il faut maintenant initialiser le tableau bidimensionnel "k" avec une liste de valeurs qui contient moins de valeurs que le tableau a d'éléments. Pour cela, nous supprimerons de la liste les valeurs 400 et 300 afin que la liste ne comprenne plus que dix valeurs (au lieu de douze). Maintenant, cela fait une différence selon qu'on initialise le tableau par :

```
int k [3][4] = {700, 500, 200, 500, 900, 800, 600, 700, 900, 800};
```

ou par :

```
int k [3][4] = { {700, 500, 200, 500}, {900, 800}, {600, 700, 900, 800} };
```

Dans le premier cas, le tableau a l'aspect suivant :

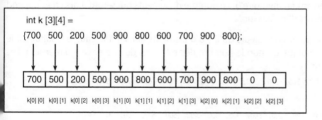

Fig. 5.19 :   Initialisation d'un tableau 2D avec groupage "par lignes" des valeurs

Le compilateur initialise avec les valeurs de la liste, dans l'ordre, autant d'éléments qu'il y a de valeurs dans la liste, donc les dix premiers éléments k[0][0] à k[2][1]. Les onzième et douzième éléments à la fin du tableau, pour lesquels il n'y a plus de valeurs d'initialisation, sont initialisés à 0 comme c'est la règle.

Dans le second cas, les accolades supplémentaires (accolades de "lignes") font que ce ne sont pas les deux derniers éléments du tableau qui reçoivent la valeur 0, mais les deux derniers éléments de la seconde ligne, à savoir les éléments k[1][2] et k[1][3] (les septième et huitième éléments du tableau) :

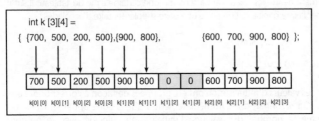

Fig. 5.20 :   Initialisation d'un tableau 2D avec groupage "par lignes" des valeurs

Les accolades de "lignes" signalent au compilateur que la seconde ligne doit être initialisée avec seulement deux valeurs. Là-dessus le compilateur affecte aux premier et second éléments de la seconde ligne les valeurs 900 et 800 et initialise à la valeur standard 0 les deux autres éléments de la seconde ligne. Les quatre dernières valeurs d'initialisation sont attribuées aux éléments de la troisième ligne.

Spécifications de dimensionnement lors de l'initialisation

Lors de l'initialisation des tableaux multidimensionnels, on peut renoncer à l'indication du nombre d'éléments de la première dimension mais pas à l'indication du nombre d'éléments des autres dimensions car le compilateur a besoin de ces valeurs pour déterminer l'emplacement mémoire d'un élément à partir de l'index multiple. (Voir plus haut à la rubrique "Rangement en mémoire"). Le nombre d'éléments qui seront alors créés dépend de la liste des valeurs d'initialisation.

Si la liste englobe autant de valeurs qu'il y a d'éléments dans le tableau, le résultat est le même, que l'on indique ou non le nombre des éléments de la première dimension. Les deux initialisations :

```
int k [3][4] = {700, 500, 200, 500, 900, 800, 400, 300, 600, 700, 900, 800};
```

et :

```
int k [][4] = {700, 500, 200, 500, 900, 800, 400, 300, 600, 700, 900, 800};
```

donnent le même résultat car le compilateur, dans le second cas, à partir du nombre d'éléments de la seconde dimension et du nombre des valeurs d'initialisation, déduit que le tableau a trois lignes et quatre colonnes. Si nous avons, par exemple, seulement dix (et non douze) valeurs d'initialisation, le compilateur avec :

```
int k [3][4] = {700, 500, 200, 500, 900, 800, 600, 700, 900, 800};
```

comme avec :

```
int k [][4] = {700, 500, 200, 500, 900, 800, 600, 700, 900, 800};
```

crée un tableau 2D avec trois lignes et quatre colonnes car dix valeurs exigent au moins trois lignes de quatre colonnes. Les deux derniers éléments du tableau sont initialisés à 0. Mais si la liste d'initialisation, par exemple, n'a que sept valeurs, alors :

```
int k [3][4] = {700, 500, 200, 500, 700, 900, 800};
```

génère le tableau :

car l'indication du nombre des éléments de la première dimension demande explicitement trois lignes. Avec :

```
int k [][4] = {700, 500, 200, 500, 700, 900, 800};
```

en revanche, on crée simplement un tableau avec deux lignes et quatre colonnes car avec sept valeurs on n'a plus besoin d'autant de lignes :

Si on omet le nombre des éléments de la première dimension, alors on ne crée pour la première dimension ("lignes") que le nombre d'éléments juste suffisant pour mémoriser les valeurs d'initialisation spécifiées. Mais vous pouvez modifier cela via les accolades additionnelles. Ainsi, avec :

```
int k [][4] = {
                {700, 500, 200, 500}, {700, 900}, {800}
              };
```

on crée tout de même un tableau de trois lignes et quatre colonnes car les accolades de lignes prescrivent trois lignes. La dernière valeur de la liste d'initialisation (800) est maintenant rangée dans le premier élément de la troisième ligne :

String (chaine de caractères)

Les chaînes de caractères ou string, d'après ce que nous savons déjà, sont des suites de caractères composées de signes faisant partie du jeu de caractères représentables de l'ordinateur. Nous avons déjà utilisé des string, le plus souvent comme paramètres de la fonction **printf**.

Par exemple, dans l'instruction :

```
printf("Belle   chaîne");
```

la fonction "printf" manipule la string :

```
"Belle   chaîne"
```

et l'affiche ainsi :

```
Belle   chaîne
```

La chaîne de caractères précédente est une chaîne constante. Mais les chaînes de caractères peuvent aussi être des variables. C'est le cas lorsque leurs divers caractères sont manipulables ou modifiables. En C les chaînes de caractères, qu'elles soient constantes ou variables, sont de par leur structure des tableaux à une dimension ayant des éléments de type "char". La définition :

```
char s [13];
```

par exemple crée un tableau "s" comportant treize éléments de type "char". Nous pouvons y ranger jusqu'à treize caractères, par exemple les douze caractères de la string :

```
"Belle   chaîne"
```

Comme la valeur de chaque élément du tableau est modifiable, les caractères de la string et donc la string elle-même sont variables. En d'autres termes, nous n'avons pas à faire ici à une chaîne constante, mais à une variable chaîne.

Apparemment il reste un élément libre (à savoir le treizième) dans le tableau précédent lorsqu'on y stocke la chaîne "Belle chaîne". C'est vrai, mais la mémorisation de la string exige non pas douze mais treize éléments. En effet, contrairement aux données des autres types, les string doivent se terminer par un caractère spécial. Ce caractère matérialisant la fin d'une string est le caractère nul '\0'. Il s'agit d'un caractère de contrôle qui, avec le code 0, est habituellement le premier caractère du jeu de caractères de l'ordinateur (il ne faut pas le confondre avec le caractère représentable '0' ayant le code décimal 48 dans la table ASCII. La fonction du caractère nul est très simple : il indique où se termine la chaîne de caractères. Dans notre exemple, le tableau "s" aurait l'aspect suivant (caractère nul compris), après mémorisation correcte de la string "belle chaîne" :

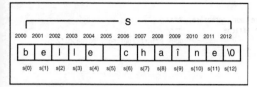

Fig. 5.21 : Mémorisation d'une string sous forme de tableau " char "

A cause du caractère nul de fin, un tableau "char" doit donc toujours être créé avec un élément (au moins) de plus que le nombre de caractères de la string à mémoriser. Selon la façon dont la chaîne de caractères est rangée, il peut incomber au programmeur d'ajouter explicitement le caractère nul à la fin de la chaîne (par exemple avec une instruction spécifique). Si on utilise, pour mémoriser une chaîne de caractères, une des fonctions de chaînes du C, en principe on n'a pas à s'en soucier.

Les chaînes de caractères sont des tableaux. Or le vocabulaire du C, à la base, ne propose aucune opération ou commande permettant de manipuler globalement les tableaux. Il en est pour les string comme pour les autres types de tableaux : on les manipule élément par élément. Il existe pourtant une série de fonctions spécifiques pour le traitement des chaînes de caractères. Ces fonctions acceptent de manipuler les string "en bloc". Les sections suivantes détailleront les opérations sur les chaînes de caractères et présenteront, ce faisant, quelques unes de ces fonctions de chaînes.

Opérations d'entrée-sortie
Comment notre string "Belle chaîne" arrive-t-elle dans le tableau "s" ? Entre autres possibilités, on peut la saisir au clavier. Cela est réalisable de différentes façons. Nous pouvons saisir individuellement chaque caractère de la string et le ranger dans le tableau, exactement comme nous avions fait pour les valeurs numériques dans un tableau "int". Pour cela, on utilise en général une boucle. Nous pourrions, d'une manière analogue, afficher la chaîne de caractères. Mais nous pouvons, à la place, faire appel à certaines fonctions qui nous permettent de saisir et d'afficher les string comme qui dirait "en bloc".

Saisie et affichage de string en mode caractère
Une string n'est qu'une suite de caractères individuels gérés en mémoire sous forme de tableau "char". Un procédé élémentaire pour saisir une chaîne de caractères consiste donc à lire, via une boucle, tous les caractères successivement et à les ranger dans les éléments adéquats du tableau. Montrons cela sur un exemple simple. Le programme NAME.C mémorise le nom de l'utilisateur dans un tableau "char" et l'affiche ensuite à des fins de contrôle. La dimension prise pour le tableau doit lui permettre d'héberger des noms même longs.

> NAME.C

```
/*** NAME lit une chaîne caractère par caractère, ***/
/*** la range dans un tableau et l'affiche        ***/
#include <stdio.h>                            /* pour printf, getchar, putchar */
main()
   {
     char name [40];
     int i = 0;
      printf("\033[2J");
      printf("Votre nom : ");
      while ((name[i] = getchar()) != '\n')          /* saisie en mode caractère */
            i++;
      name[i] = '\0';                       /* accroche le caractère nul à la chaîne. */
                                            /* Le caractère '\n' est donc écrasé */
      printf("\nVotre nom est ");
      i = 0;                                        /* réinitialise i */
      while (name[i] != '\0')                       /* affichage du nom */
            {
               putchar(name[i]);
               i++;
            }
   }
```

Notez bien que la saisie d'une chaîne de caractères sous cette forme exige que vous accrochiez explicitement le caractère nul à la fin de la chaîne, au moyen d'une instruction spécifique. Ce faisant, le caractère nul écrasera le caractère '\n' par lequel l'utilisateur a terminé sa saisie. Ce caractère était le dernier caractère lu, de sorte que le tableau "name", après saisie du nom :

Félix Lechat

par exemple, devait d'abord avoir l'allure suivante :

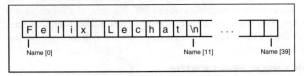

Comme vous n'avez pas besoin du caractère de saut de ligne, vous le remplacez via :

name[i] = '\0';

par le caractère nul qui, de toute façon, doit être ajouté à la chaîne. D'où le résultat final :

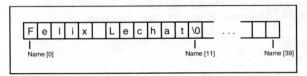

Les autres éléments du tableau "name" restent inutilisés dans cet exemple et contiennent des valeurs strictement aléatoires puisque nous n'avons pas initialisé le tableau. Peu importe, car la fin de la chaîne mémorisée est bien repérée par le caractère '\0'. La boucle d'affichage en fin de programme affiche l'un après l'autre les éléments du tableau jusqu'à ce qu'elle rencontre le caractère nul.

Saisie et affichage avec "scanf" et "printf"
Autres techniques de saisie et d'affichage de string

Si on ne veut pas saisir ou afficher un string caractère après caractère, on peut employer des fonctions auxquelles on passe seulement le nom du tableau devant recevoir ou contenant la string concernée. Tout le reste est pris en charge par la fonction. Ainsi, les fonctions **scanf** et **printf** possèdent une spécification de format **%s** qui permet de manipuler des string. Avec :

```
char a [41];
```

nous définissons un tableau "char" pouvant recevoir 40 caractères plus le caractère nul. L'instruction :

```
scanf("%s", a); /* pas d'opérateur d'adressage devant la variable a */
```

permet de saisir une string de longueur maximale 40 et de la ranger dans le tableau "a". On remarque ici que l'opérateur d'adressage habituel avec "scanf" manque devant la variable tableau "a". La raison en est que, pour le compilateur, le nom d'un tableau (quel que soit le type des éléments) équivaut à l'adresse du début du tableau en mémoire, c'est-à-dire à l'adresse du premier élément du tableau. En d'autres termes :

```
a        équivaut à        &a[0]
```

De ce fait, un opérateur d'adressage devant le tableau "a" dans l'instruction :

```
scanf("%s", a);
```

serait superflu. En pareil cas, on doit s'attendre à un message du compilateur. Cependant, l'opérateur d'adressage superflu est en principe ignoré et n'affecte pas le bon déroulement du programme. En raison de l'équivalence entre le nom du tableau et l'adresse de son premier élément, vous pourriez également saisir une chaîne dans le tableau "a" par l'instruction :

```
scanf("%s", &a[0]);
```

dans les deux cas, la fonction "scanf" range les caractères de la string, à partir de l'adresse indiquée, dans les éléments contigus du tableau. Si vous tapez, par exemple, le libellé "Caractère nul", alors l'instruction :

```
scanf("%s", a);
```

ainsi que l'instruction :

```
scanf("%s", &a[0]);
```

donneront le résultat suivant en mémoire :

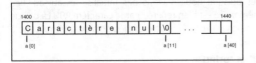

Comme vous le voyez, la fonction "scanf" ajoute d'elle-même le caractère nul '\0' à la fin de la string. Vous n'avez donc pas à vous en soucier. Pour afficher la chaîne de caractères saisie, vous pouvez passer par la fonction "printf" avec le format %s. Via l'instruction :

```
printf("%s", a);
```

la chaîne de caractères mémorisée est affichée à l'écran. Comme pour la saisie avec "scanf", vous pouvez aussi afficher la chaîne par :

```
printf("%s", &a[0]);
```

Dans les deux cas en effet, la fonction "printf" reçoit l'adresse du début du tableau "char" contenant la string, cela à cause de son format %s. Elle affiche la string jusqu'à ce qu'elle rencontre le caractère nul marquant la fin de la string. Le format %s peut être complété, aussi bien pour "scanf" que pour "printf", par un nombre entier qui indique le nombre maximal de caractères à lire ou a afficher. Ainsi :

```
scanf("%10s", a)
```

lit au plus dix caractères et les range dans le tableau "a" (les autres caractères saisis sont perdus). De même :

```
printf("%.10s", a); /* Point avant le nombre 10 */
```

affiche dix caractères au plus de la chaîne de caractères rangée dans "a".

Les chaines constantes sont des tableaux "char"

On sait que la fonction "printf" permet également d'afficher des chaînes de caractères constantes (constantes string). Au début du chapitre 5.1.3 "String", nous avons affirmé que les constantes string sont aussi gérées comme des tableaux "char". On peut donc se demander, lorsqu'on examine le programme suivant, où est localisé le tableau contenant la chaîne de caractères "Belle chaîne" :

```
#include <stdio.h>                                    /* pour printf */

main()
    {
        printf("Belle chaîne");
    }
```

Ce programme ne fait aucune allusion explicite à un tableau qui contiendrait la string "Belle chaîne". Pourtant le compilateur, lorsqu'il rencontre une constante string (par exemple lors de l'appel d'une fonction), crée un tableau char de taille conforme et y range la chaîne (avec le caractère nul). L'adresse initiale de ce tableau "sans nom" est ensuite communiquée à la fonction concernée qui doit traiter la string, ici la fonction "printf". Cette dernière peut alors afficher la chaîne de caractères à partir de l'adresse indiquée.

L'affichage se termine lorsque la fonction rencontre le caractère nul, donc la fin de la chaîne :

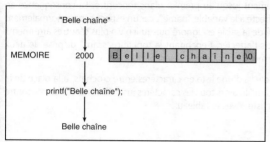

Fig. 5.22 : Affichage d'une constante string

Après mémorisation de la constante sous forme de tableau "char" par le compilateur, la fonction "printf" reçoit l'adresse initiale du tableau et affiche celui-ci.

L'adresse initiale 2000 sur l'image qui précède est naturellement prise arbitrairement. C'est le compilateur seul qui détermine l'emplacement du tableau en mémoire.

Spécificités du formatage des chaines de caractères avec "scanf"

Si vous utilisez les deux fonctions "scanf" et "printf" pour écrire une variante du programme NAME.C, vous obtiendrez peut-être des résultats inattendus avec la version que voici :

▶ NAME2.C

```
/***    NAME2 range une chaîne dans un tableau    ***/
/***    via "scanf" et l'affiche avec "printf"    ***/
#include <stdio.h>                                    /* pour printf, scanf */
main()
  {
      char name [40];

      printf("\033[2J");
      printf("Votre nom : ");
      scanf("%s", name);
      printf("\nVotre nom est %s.", name);
  }
```

Si vous tapez, à l'invite de saisie, un nom comme :

Félix Lechat

vous n'obtiendrez pas, cette fois, le résultat :

Votre nom est Félix Lechat.

mais simplement :

```
Votre nom est Félix.
```

Cela est dû à une caractéristique de la fonction "scanf". Celle-ci, avec le format %s, lit une chaîne de caractères uniquement jusqu'au premier blanc rencontré. La conséquence en est que seul le prénom est affecté à la variable "name", car un espace sépare normalement le nom et le prénom. Le reste de la saisie est ignoré puisqu'il n'y a plus d'autres arguments ou d'autres formats auxquels l'affecter. Cependant la fonction "scanf" dispose de deux autres formats dont l'un permet de résoudre le problème.

On peut faire suivre le symbole % d'une liste de caractères entre crochets, à la place de la lettre clé "s". La fonction "scanf" lit alors tous les caractères jusqu'à ce qu'elle en rencontre un qui ne figure pas dans la liste. Avec le tableau :

```
char formula [81];
```

l'instruction :

```
scanf("%[0123456789+-*/=]",    formula);
```

ne saisit dans le tableau "formula" que des caractères faisant partie de la liste entre crochets des chiffres et signes opérateurs. Par exemple, on pourrait saisir :

```
1+1=2;
```

Lorsqu'on tape un caractère ne faisant pas partie de la liste, la saisie dans la variable concernée s'arrête sans affecter ce caractère. On passe alors à la prochaine spécification de format, s'il y en a une. Dans le cas précédent, il n'y a plus d'arguments ni de formats. Voilà pourquoi tous les caractères sont ignorés dès qu'on en rencontre un de "mauvais".

Inversement, on peut donner une liste de caractères interdits de saisie. Cette liste est également placée entre crochets, mais commence toujours par le caractère " ^ ". La fonction "scanf", dans ce cas, lit des caractères jusqu'à ce qu'on en tape un appartenant à la liste négative. Vous pouvez utiliser ce phénomène pour permettre à "scanf" de lire des string contenant aussi des espaces. Par l'instruction :

```
scanf("%[^\n]",    name);
```

sont lus et rangés dans le tableau "name" tous les caractères (y compris l'espace donc), sauf le caractère de saut de ligne '\n'. Si l'utilisateur, en faisant <Entrée>, génère le caractère '\n', la saisie est stoppée. Il est donc aisé de modifier le programme NAME2.C pour qu'il accepte des noms fractionnés.

➤ **NAME3.C**

```
/***   NAME3 range une chaîne dans un tableau    ***/
/***   via "scanf" et l'affiche avec "printf"    ***/

#include <stdio.h>                                /* pour printf, scanf */

main()
  {
    char name [40];
```

```
    printf("\033[2J");
    printf("Votre nom : ");
    scanf("%[^\n]", name);                    /* string avec espaces autorisés */
    printf("\nVotre nom est %s.", name);
}
```

Saisie et affichage avec "gets" et "puts"

Une alternative simple à **scanf** est représentée par la fonction **gets**. Celle-ci lit une chaîne de caractères sur l'entrée standard (normalement le clavier) et la range dans un tableau **char**. Comme **scanf**, la fonction **gets** nécessite comme argument l'adresse du tableau dans lequel il faut ranger la chaîne saisie. Voici la syntaxe simple de la fonction **gets** :

```
gets(<Adresse    tableau>);
```

<Adresse tableau> correspond ici à une expression qui donne l'adresse d'un tableau devant recevoir la chaîne de caractères. L'adresse est donnée à la fonction, le plus souvent, par le nom du tableau, nom que le compilateur interprète comme étant l'adresse du début du tableau. Du fait de sa particularité de contenir l'adresse du début du tableau, on dit aussi que le nom du tableau est un pointeur vers le premier élément du tableau. Pour plus d'informations, reportez-vous au chapitre 9 **Pointeurs**. Mais l'adresse peut aussi être spécifiée via l'opérateur "&" (par exemple &<Nom_Tableau>[0], adresse du premier élément) ou bien via une variable dite pointeur, c'est-à-dire une variable contenant l'adresse d'une autre variable. Par l'instruction :

```
gets(name);
```

nous pouvons, par exemple, saisir une string dans le tableau "name" de notre exemple précédent, donc taper un nom au clavier. La saisie est terminée par le caractère '\n'. La fonction "gets", toutefois, avant de mémoriser la string, remplace ce caractère par le caractère '\0', donc ajoute à la chaîne le caractère nul de rigueur.

La routine d'affichage correspondant à **gets** est donnée par la fonction **puts** qui affiche une chaîne de caractères sur la sortie standard (normalement l'écran). Voici sa syntaxe :

```
puts(<Adresse   du   tableau>);
```

<Adresse du tableau> correspond ici à l'adresse du tableau "char" contenant la chaîne de caractères à afficher. Comme pour "gets", cette adresse peut être un nom de tableau, une expression comportant l'opérateur "&" ou une variable pointeur. L'argument de "puts" peut aussi être une chaîne constante, comme par exemple dans l'instruction :

```
puts("Belle   chaîne");
```

qui affiche la string "Belle chaîne". Vous avez vu, en effet, avec la fonction "printf" qu'une chaîne constante fournit également l'adresse d'un tableau à la fonction concernée. Le compilateur crée en mémoire un tableau "char" de taille conforme et y range la chaîne de caractères constante. L'adresse de ce tableau est ici passée à la fonction "puts" qui peut ainsi localiser le début de la string et afficher successivement tous les caractères de la chaîne jusqu'à ce qu'elle rencontre le caractère nul de fin de chaîne. La fonction "puts" remplace alors le caractère nul par le caractère de saut de ligne '\n', de sorte que l'affichage de la string est suivi d'un renvoi à la ligne. Dans l'instruction :

```
puts(name);
```

par contre, l'argument "name" est le nom d'un tableau "char" préalablement défini par :

```
char name [40];
```

L'instruction affiche la chaîne de caractères mémorisée dans le tableau. Les fonctions "gets" et "puts" permettent de bâtir une autre version du programme :

> **NAME4.C**

```
/***   NAME4 range une chaîne dans un tableau ***/
/***   via "gets" et l'affiche avec "puts"    ***/
#include <stdio.h>                              /* pour printf, gets, puts */
main()
  {
    char name [40];

    puts("\033[2J");
    printf("Votre nom : ");
    gets(name);                                 /* saisie de la string */
    printf("\nVotre nom est ");
    puts(name);                                 /* affichage de la string */
  }
```

Tableaux "char" à deux dimensions

Le programme précédent ne conserve qu'un seul nom. Pour créer et mémoriser une liste de noms, vous aurez besoin de plusieurs tableaux "char", un pour chaque nom. Bien évidemment, vous n'allez ici définir des tableaux séparés. Au contraire, vous créerez un tableau bidimensionnel dont chaque ligne renfermera un nom. Avec :

```
char names [10][20];
```

par exemple, vous définirez un tableau ayant 10 lignes et 20 colonnes. Vous pourrez donc y ranger 10 noms d'au plus 19 caractères (n'oubliez pas le caractère nul !). La saisie d'un nom dans une ligne quelconque peut se faire par la fonction "gets". Ainsi :

```
gets(names[0]);
```

lit une chaîne de caractères et la range dans la première ligne du tableau "names". L'expression :

```
names[0]
```

désigne ici le nom de cette première ligne et donc le nom d'un tableau unidimensionnel. Le tableau bidimensionnel "names" se compose de dix tableaux unidimensionnels analogues. La fonction "gets", via ce nom, reçoit donc le type d'argument requis, à savoir l'adresse d'un tableau "char" dans lequel sera mémorisée la chaîne de caractères à saisir. Point besoin donc d'opérateur d'adressage pour que "gets" puisse accéder à ce sous-tableau du tableau "names". De même, avec :

```
puts(names[0]);
```

vous pourrez afficher la première ligne, c'est-à-dire le premier nom. Pour saisir et afficher tous les noms, vous utiliserez naturellement une boucle. Dans le programme NAMELIST.C, vous pouvez stocker jusqu'à dix noms dans un tableau et les afficher. Pour stopper la saisie avant le dixième nom, on entrera non pas un nom mais le caractère '#'.

▶ NAMELIST.C

```
/***        NAMELIST lit jusqu'à dix noms et les réaffiche        ***/
#include <stdio.h>                                  /* pour printf, puts, gets */
main()
  {
    char names [10][20];
    int i = 0;                                    /* Variable de contrôle */
     printf("\033[2J");
     printf("Le programme lit jusqu'à dix noms, les range\n"
    "dans une liste puis les affiche. Fin par \"#\".\n");
    do                                               /* boucle de saisie */
      {
         printf("\nNom : ");
         gets(names[i++]);                          /* incrémentation de i */
      }
    while (i < 10 && names[i-1][0] != '#');
    printf("\033[2J");                           /* écran propre avant affichage */
     printf("La liste contient les noms suivants :\n\n");
    i = 0;                            /* réinitialisation de i pour affichage */
    while(i < 10 && names[i][0] != '#')             /* boucle d'affichage */
         puts(names[i++]);
  }
```

Le programme, à l'aide d'une boucle "do while", lit des chaînes de caractères jusqu'à ce qu'on en ait saisi dix ou jusqu'à ce qu'on tape le caractère "#". Si on a frappé le caractère "#", il se retrouve ensuite dans le premier élément :

names[i][0]

de la ligne prête à recevoir la saisie en cours. Comme la variable "i" a été incrémentée avant vérification de la condition de bouclage, il faut accéder à :

names[i-1][0]

et non à "names[i][0]". La condition de bouclage, d'une part, autorise la sortie prématurée de la saisie et, d'autre part, empêche de saisir plus de dix noms. La condition de la boucle d'affichage tient compte (avec "i < 10") du cas où la saisie de dix noms n'a pas été suivie de la frappe du caractère de fin.

Le programme NAMELIST.C fonctionne, mais deux inconvénients apparaissent. Il faut en effet définir avant le lancement du programme le nombre des éléments de chaque dimension du tableau, et donc le nombre maximal de chaînes susceptibles d'être mémorisées (= nombre d'éléments de la première dimension). Vous ne pouvez plus changer ces valeurs en cours de programme. Il n'est donc pas possible d'adapter dynamiquement la taille du tableau au nombre réel de chaînes de caractères saisies. Ainsi, on ne pourra pas diminuer le nombre de lignes si on n'a entré, par exemple, que cinq string. Ni inversement accroître le nombre de lignes pour pouvoir entrer plus de dix noms. On ne peut donc qu'estimer la place mémoire requise. On touche ici du doigt les problèmes qui vont en découler. Si le tableau est pris trop petit, on ne pourra pas y ranger toutes les données. S'il est trop grand, on gaspillera de la place mémoire. Dans la suite de l'ouvrage, nous présenterons donc des techniques qui nous permettront de créer le nombre de tableaux nécessaire à la mémorisation des chaînes de caractères.

L'autre inconvénient est évident si on se rappelle à quoi ressemble le tableau "names" après stockage des chaînes de caractères. Nous supposons ici que dix noms ont été effectivement saisis :

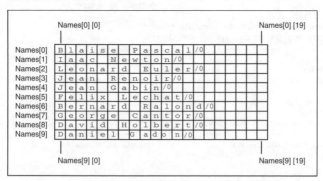

Fig. 5.23 : Tableau 2D contenant des string sous forme de représentation matricielle

Les chaînes de caractères ont d'habitude des longueurs différentes, comme c'est le cas avec notre exemple. Les lignes d'un tableau 2D, en revanche, ont toutes la même longueur. Cette longueur est déterminée, lors de la définition du tableau, par la spécification du nombre d'éléments de la seconde dimension. Ce nombre doit être choisi de façon à ce que le tableau puisse contenir la plus grande string susceptible d'y être saisie (caractère nul compris). Dans l'exemple précédent, les tableaux partiels (lignes) "names[0]" ... "names[9]" ont chacun 20 éléments ce qui suffit justement à loger la chaîne la plus longue. Mais comme la plupart des string mémorisées n'atteindront pas la longueur maximale, il restera toujours un plus ou moins grand nombre d'éléments inutilisés (dans notre exemple, environ 1/3 des éléments). Au chapitre intitulé "Pointeurs", vous apprendrez à faire varier la taille des tableaux. Un tableau ne sera pas géré en mémoire comme un objet statique de taille invariable, mais sera géré de manière dynamique en ce sens qu'on y créera autant d'éléments que nécessaire, ni plus ni moins.

Opérations d'affectation

Initialisation

Comme tous les autres tableaux, les variables chaîne peuvent être initialisées dès leur définition. En ce qui concerne les restrictions liées au compilateur avec cette forme d'initialisation, il faut savoir qu'un certain nombre de compilateurs (anciens) ne permettent pas toujours l'initialisation des tableaux à la définition (Cf. La section "Tableaux à une dimension" dans ce même chapitre). Ainsi :

```
char s [13] = {'B', 'e', 'l', 'l', 'e', ' ', 'c', 'h', 'a', 'î', 'n', 'e', '\0'};
```

entraînerait la mémorisation de la string "Belle chaîne" dans le tableau "s". Comme les éléments du tableau sont de type "char", chaque valeur d'initialisation est placée entre apostrophes. Le caractère nul de fin doit être explicitement spécifié. On pourrait, par contre, renoncer à l'indication du nombre d'éléments, de sorte que :

```
char s [] = {'B', 'e', 'l', 'l', 'e', ' ', 'c', 'h', 'a', 'î', 'n', 'e', '\0'};
```

donnerait le même résultat que l'initialisation précédente. En effet, avec les tableaux unidimensionnels on sait qu'il est créé autant d'éléments qu'il y a de valeurs d'initialisation. S'il y a plus d'éléments que de valeurs, les éléments "en trop" sont initialisés à 0 (cf. Nos explications afférentes dans les sections "Tableaux à une dimension" et "Tableaux à plusieurs dimensions"). L'initialisation d'un tableau "char" à l'aide d'une liste de caractères placés entre apostrophes est fort laborieuse. Pour cette raison, on peut utiliser à la place une écriture équivalente plus courte dans laquelle disparaissent liste, apostrophes, accolades et même spécification explicite du caractère nul. La string à mémoriser est alors donnée non pas comme une suite de caractères, mais sous forme de chaîne de caractères mise entre guillemets.

L'initialisation :

```
char s [13] = "Belle chaîne";
```

équivaut à :

```
char s [13] = {'B', 'e', 'l', 'l', 'e', ' ', 'c', 'h', 'a', 'î', 'n', 'e', '\0'};
```

Mais elle est nettement plus commode. On peut (et on doit) de même remplacer :

```
char s [] = {'B', 'e', 'l', 'l', 'e', ' ', 'c', 'h', 'a', 'î', 'n', 'e', '\0'};
```

par la formulation :

```
char s [] = "Belle chaîne";
```

Si l'on doit cependant initialiser ainsi des tableaux "char" multidimensionnels, il faut remettre les accolades autour des chaînes d'initialisation. Via :

```
char s2 [4][6] = {"Alpha", "Beta", "Gamma", "Delta"};
```

les lignes s2[0] à s2[3] reçoivent, dans l'ordre, les chaînes de caractères spécifiées :

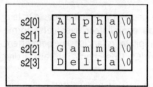

Fig. 5.24 :   Tableau "char" 2D après
initialisation

Pour sauter une ligne lors de l'initialisation, le plus simple est d'y affecter la chaîne vide "". L'initialisation :

```
char s2 [4][6] = {"Alpha", "Beta", "", "Delta"};
```

laisse "libre" la troisième ligne du tableau :

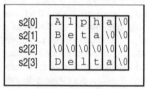

Fig. 5.25 :   "Sous-initialisation" d'un
tableau "char" 2D

A l'aide d'une variable de contrôle :

```
int i;
```

vous obtenez par :

```
for (i = 0; i < 4; i++)
   puts(s2[i]);
```

l'affichage :

```
Alpha
Beta
Delta
```

La troisième ligne ne contient que des caractères nuls qui sont invisibles.

Autres techniques d'affectation

Une méthode élémentaire pour ranger une chaîne de caractères dans un tableau "char" consiste à affecter chaque caractère de la chaîne (y compris le caractère nul), via une instruction spécifique, à un élément du tableau.

La string "Belle chaîne" peut donc être également logée dans le tableau "s" par :

```
s[0]  =  'B';
s[1]  =  'e';
s[2]  =  'l';
s[3]  =  'l';
s[4]  =  'e';
s[5]  =  ' ';
s[6]  =  'c';
s[7]  =  'h';
s[8]  =  'a';
s[9]  =  'î';
s[10] =  'n';
s[11] =  'e';
s[13] =  '\0';
```

Cette technique n'est pas plus pratique que l'initialisation du tableau par une liste de valeurs individuelles. Il serait souhaitable de disposer d'une opération permettant d'affecter "en bloc" une string à un tableau de type "char", comme cela se fait, par exemple, lorsqu'on initialise un tableau à sa définition. Le langage C, à la base, ne propose pas ce genre de commande ou d'opérateur. Il existe cependant une fonction de bibliothèque **strcpy** qui permet de recopier un chaîne dans un tableau "char", ce qui correspond bien à la manipulation demandée. On utilise la fonction "strcpy" selon le modèle suivant :

```
strcpy(<Adresse_Tableau1>,    <Adresse_Tableau2>);
```

les deux paramètres de la fonction <Adresse_Tableau1> et <Adresse_Tableau2> représentent les adresses de deux tableaux "char". La fonction "strcpy" copie le contenu du tableau dont l'adresse est spécifiée par le second paramètre de la fonction (caractère nul compris) dans le tableau dont l'adresse est donnée par le premier paramètre. Le tableau "cible" devrait être ici au moins aussi grand que la chaîne qu'on y recopie. Les adresses des tableaux peuvent être transmises à la fonction sous l'une des formes que nous connaissons déjà (nom de tableau, constante chaîne, expression avec l'opérateur "&", pointeur). Supposons donc défini un tableau "s" par :

```
char  s [13];
```

Alors l'instruction :

```
strcpy(s,  "Belle  chaîne");
```

y recopie la string "Belle chaîne" ce qui signifie simplement qu'elle y est mémorisée. L'ancien contenu de "s" est alors écrasé. L'utilisation de "strcpy" et de quelques autres fonctions de traitement de chaînes de caractères exige l'inclusion dans le programme du fichier header STRING.H qui renferme les déclarations des fonctions concernées. Cela se fait ,par la directive du préprocesseur :

```
#include  <string.h>
```

L'instruction :

```
puts(s);
```

affiche ensuite :

```
Belle  chaîne
```

Bien évidemment, le second paramètre de la fonction peut être un nom de tableau au lieu d'une constante chaîne. Après les définitions :

```
char first [15] = "Long Integer";
char second [15] = "Short";
```

les deux tableaux "first" et "second" donnent en mémoire :

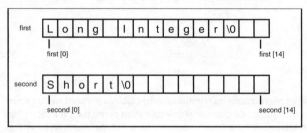

Fig. 5.26 : Variables string

Si vous demandez l'affichage du contenu des deux tableaux via :

```
puts(first);
puts(second);
```

vous obtiendrez un résultat conforme à votre attente :

```
Long  Integer
Short
```

L'instruction :

```
strcpy(first,  second);
```

copie la string "Short" avec son caractère nul (c'est-à-dire le contenu des six premiers éléments du tableau "second") dans le tableau "first". Ensuite, le tableau "first" aura l'aspect suivant :

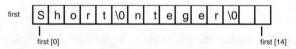

Fig. 5.27 : Tableau "char" dans lequel on a recopié la chaîne "Short"

L'opération de copie a écrasé le contenu des six premiers éléments de "first" par les caractères 'S', 'h', 'o', 'r', 't', '\0'. La commande d'affichage :

```
puts(first);
```

donne simplement :

```
Short
```

puisque l'affichage se termine lorsqu'on rencontre le caractère nul.

Autres opérations de chaînes

Concaténation de chaînes de caractères

On peut concaténer deux chaînes de caractères en accrochant l'une d'elles à la fin de l'autre. Cette opération s'effectue via la fonction **strcat** dont la syntaxe générale est :

```
strcat(<Adresse_Tableau1>,    <Adresse_Tableau2>);
```

La fonction "strcat" ajoute le contenu du tableau "char" dont l'adresse est donnée par <Adresse_Tableau2>) au contenu du tableau d'adresse <Adresse_Tableau1>. Les deux paramètres de la fonction, <Adresse_Tableau1> et <Adresse_Tableau2>), peuvent, comme toujours, être des noms de tableaux, des constantes chaîne ou toutes autres expressions représentant des adresses de tableaux "char". Lors de la concaténation, le caractère nul de la première chaîne est écrasé. La nouvelle chaîne de caractères (plus longue) résultant de l'opération est terminée par un caractère nul. Il s'entend que le tableau devant recevoir les deux chaînes concaténées doit être de dimension suffisante.

Voici un exemple. Il arrive qu'on ait besoin d'un nom de fichier sous la forme :

```
<Nom_fichier>.<Extension>
```

mais que les deux composants <Nom_fichier> et <Extension> soient dans deux tableaux séparés, par exemple :

```
char  filename [13];
char  ext [5];
```

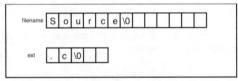

Fig. 5.28 :   Tableaux "char" contenant les composants d'un nom de fichier

L'instruction :

```
strcat(filename,    ext);
```

dans laquelle les adresses de tableau sont représentées par les noms des tableaux, ajoute la chaîne ".c" à la chaîne "source". Le résultat de cette opération est que le tableau "filename" a maintenant l'aspect que voici :

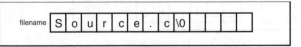

Fig. 5.29 :   Tableau "char" après concaténation des chaînes "source" et ".c"

alors que le tableau "ext" ne bouge pas. Le même résultat serait donné par l'instruction :

```
strcat(filename,    ".c");
```

dans laquelle la seconde spécification d'adresse est non pas un nom de tableau mais directement la chaîne constante qui doit être concaténée.

Comparaison de chaînes de caractères

La fonction strcmp compare deux chaînes caractère par caractère, jusqu'à ce que soit détectée une différence ou que soit atteint le caractère nul. La comparaison s'effectue dans l'ordre lexicographique (alphanumérique). En d'autres termes, on vérifie à chaque fois si les deux caractères à comparer occupent ou non la même place dans la table des caractères utilisés. Ici, un caractère est considéré comme supérieur à un autre s'il occupe une place plus élevée dans la table des caractères, et inférieur s'il occupe une place moins élevée. Les deux caractères comparés sont égaux lorsqu'ils ont la même position dans la table des caractères. Ainsi, dans la table ASCII le caractère "Z" est plus grand que la caractère "A" et plus petit que le caractère "a". En effet, "A" occupe dans la table des codes (numérotés de 0 à 255) la position de rang 65 (décimal) alors que "Z" a le code 90 (décimal), lequel est inférieur au code de "a" (97 décimal).

Tri numérique et alphanumérique

La différence entre l'ordre de tri lexicographique (alphanumérique) et l'ordre de tri numérique ressort clairement lorsque les données triées sont des nombres ou des suites de chiffres. Un tri numérique croissant des valeurs :

20   100   3

donne :

3   20   100

car le nombre 100, de par sa valeur, est supérieur au nombre 20 qui lui-même est supérieur à 3. Par contre, si vous devez trier les chaînes de caractères :

"20"   "100"   "3"

selon l'ordre lexicographique croissant de la table ASCII, alors vous obtiendrez :

"100"   "20"   "3"

En effet, la comparaison lexicographique des chaînes de caractères donne que "3" est plus grand que "20" et "20" plus grand que "100". Ce qui est comparé ici, ce n'est pas la longueur des chaînes, c'est-à-dire le nombre des caractères. On compare plutôt les valeurs des codes des caractères dont les positions correspondent dans les deux chaînes :

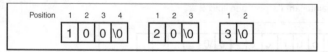

Fig. 5.30 : Chaînes de caractères rangées dans l'ordre lexicographique croissant

Ainsi, la comparaison des caractères situés à la première position dans les chaînes donne le résultat suivant : le caractère '3' a le code ASCII 51 (décimal) et est donc plus grand que la caractère '2' qui n'a qu'un code ASCII de 50 (décimal). La constatation de cette différence entre les deux caractères suffit déjà à déterminer laquelle des deux chaînes est plus grande que l'autre. L'opération de comparaison se termine donc ici. Les autres caractères des chaînes comparées ne sont pas traités. Le résultat de la comparaison est donc établi dès qu'on a trouvé une discordance entre deux caractères ayant des positions homologues. Dans l'exemple précédent, "3" est lexicographiquement supérieur à "20" car le premier caractère de la chaîne "3" possède un code ASCII plus élevé que le premier caractère de la chaîne "20". Pour les mêmes raisons, "20" est plus grand que "100".

La fonction "strcmp" demande aussi comme paramètres les adresses des tableaux "char" contenant les chaînes à manipuler. La syntaxe de la fonction ressemble donc à celle de "strcpy" et de "strcat" :

```
strcmp(<Adresse_Tableau1>,    <Adresse_Tableau2>);
```

Après les définitions :

```
char s1 [13] = "Ordre de tri";
char s2 [13] = "ORDRE DE TRI";
```

les instructions :

```
strcmp("Ordre de tri", "ORDRE DE TRI");
strcmp(s1, "ORDRE DE TRI");
strcmp("Ordre de tri", s2);
strcmp(s1,  s2);
```

comparent les deux chaînes "Ordre de tri" et "ORDRE DE TRI". Le résultat de cette opération est que la chaîne "Ordre de tri" est lexicographiquement supérieure à la chaîne "ORDRE DE TRI". Ce qui emporte la décision ici, ce sont les caractères ayant la position 2 dans les deux chaînes (les caractères ayant la position 1 sont identiques) : le caractère "o" a un code ASCII (111 décimal) supérieur à celui du caractère "O" (79 décimal). La fonction "strcmp" informe le programme, dans lequel elle est utilisée, de ce résultat. Cela sous la forme d'un nombre entier de type "int", avec les conventions suivantes :

► si la valeur est inférieure à 0, alors la chaîne dont l'adresse est donnée par le premier paramètre de la fonction est lexicographiquement inférieure à l'autre chaîne.

► si la valeur est égale à 0, alors les deux chaînes de caractères sont égales.

► si la valeur est supérieure à 0, alors la chaîne dont l'adresse est donnée par le premier paramètre de la fonction est lexicographiquement supérieure à l'autre chaîne.

La valeur transmise au programme dite "valeur retournée" ou encore "return value", (Cf. chapitre 10 "Fonctions") peut être mémorisée dans une variable de type adéquat pour réutilisation ultérieure dans le programme. Si vous définissez, par exemple, une variable :

```
int result;
```

l'instruction :

```
result = strcmp(s1, s2);
```

détermine, sous forme de valeur numérique rangée dans la variable "result", le résultat de la comparaison des deux chaînes contenues dans les tableaux "s1" et "s2". Vous pouvez afficher le résultat de cette comparaison par :

```
if (result > 0)
    printf("\nChaîne 1 plus grande que chaîne 2.");
else if (result < 0)
    printf("\nChaîne 1 plus petite que chaîne 2.");
else
    printf("\nChaîne 1 égale à chaîne 2.");
```

Mais il y a, comme toujours en C, une autre possibilité de formulation plus concise. Au lieu d'affecter le résultat de la fonction "strcmp" à une variable spécifique, on peut l'utiliser directement et remplacer le codage précédent par :

```
if (strcmp(s1, s2) > 0)
    printf("\nChaîne 1 plus grande que chaîne 2.");
else if (strcmp(s1, s2) < 0)
    printf("\nChaîne 1 plus petite que chaîne 2.");
else
    printf("\nChaîne 1 égale à chaîne 2.");
```

La variable "result" a disparu ici. La valeur résultat est "cachée" en fait dans l'expression :

```
strcmp(s1, s2)
```

Partant de l'instruction :

```
result = strcmp(s1, s2);
```

on peut en déduire la chose suivante : l'expression

```
strcmp(s1, s2)
```

possède, comme toute expression du C, une valeur. Etant donné que la variable "result", d'après l'affectation précédente, contient le résultat de la fonction "strcmp", la valeur de l'expression du membre droit doit également être ce résultat (dont on sait qu'il est de type "int"). Une présentation détaillée de ce phénomène sera donnée au chapitre 10 "Fonctions". De ce fait, l'expression :

```
strcmp(s1, s2)
```

peut figurer partout où on peut mettre une expression de type "int", par exemple dans une expression de comparaison.

Le programme suivant utilise cette possibilité pour afficher les relations lexicographiques existant entre deux chaînes saisies au clavier. La fonction "strcmp" veut que nous incorporions au programme le fichier header STRING.H, via la directive du préprocesseur :

```
#include   <string.h>
```

STRING.H renferme les déclarations, requises par le compilateur, de cette fonction ainsi que d'autres fonctions de traitement de chaînes de caractères. Les déclarations de fonctions seront détaillées au chapitre 10 **Fonctions**.

> STRNGREL.C

```
/***    STRNGREL lit deux chaînes, les compare lexicographiquement    ***/
/***    et affiche le résultat de la comparaison                      ***/

#include <stdio.h>                                    /* pour printf, gets */
#include <string.h>                                        /* pour strcmp */
#include <conio.h>                                         /* pour getche */


main()
  {
    char first [81];
    char second [81];

    do
      {
        printf("\033[2J");
        printf("Le programme compare deux chaînes lexicographiquement.");

        printf("\n\nChaîne 1 : ");
        gets(first);

        printf("\n\n Chaîne 2 : ");
        gets(second);

        if (strcmp(first, second) > 0)                 /* évaluation du résultat */
            printf("\nChaîne 1 plus grande que chaîne 2.");
          else if (strcmp(first, second) < 0)
            printf("\n Chaîne 1 plus petite que chaîne 2.");
          else
            printf("\n Chaîne 1 égale à chaîne 2.");

        printf("\n\n<Entrée> pour continuer. Fin par <ECHAP>.");
        first[0] = getche();

      } while (first[0] != 27);                       /* fin do while par <ECHAP> */
  }
```

Longueur d'une chaîne de caractères

La fonction **strlen** calcule la longueur d'une chaîne de caractères en octets (donc le nombre de caractères), le caractère nul n'étant pas compté ici. La fonction admet un seul paramètre, à savoir l'adresse (nom de tableau, constante chaîne, etc.) du début du tableau contenant la chaîne de caractères concernée :

```
strlen(<Adresse_Tableau>);
```

Le nombre des caractères comptés est retourné au programme par la fonction sous forme de valeur entière (Cf. nos explications sur "strcmp" dans la section précédente).

Ainsi, après l'instruction :

```
characters = strlen("How many?");
```

la variable entière "characters" a la valeur 9. Elle aurait eu la même valeur avec :

```
characters = strlen(s);
```

si vous aviez préalablement mémorisé la chaîne de caractères "How many?" dans le tableau "s", par exemple avec :

```
char s [] = "How many?";
```

Le programme qui suit montre une application de "strlen" pour la saisie d'un mot de passe ne devant pas dépasser une longueur maximale prédéfinie. Comme avec "strcmp" dans le programme STRNGREL.C, la valeur entière renvoyée par la fonction "strlen" n'est pas mémorisée dans une variable particulière, mais utilisée directement avec :

```
if (strlen(buffer) > 8)
```

Une fois une variable appropriée définie, par exemple :

```
int l;
```

le codage :

```
l = strlen(buffer);
if(l > 8);
.
.
.
```

est également possible.

Le mot de passe est saisi "à l'aveuglette" au moyen de la fonction "getch", laquelle n'affiche pas le caractère saisi. Mais dans notre exemple, on se donne la possibilité de faire afficher le mot de passe. La fonction "getch" (comme aussi "getche"), contrairement à "getchar", retourne pour <Entrée> non pas le caractère de saut de ligne '\n', mais le caractère '\r' (retour chariot, ASCII 13). C'est pourquoi, dans la boucle de saisie du mot de passe, ce caractère est utilisé comme caractère de fin. Le programme se termine lorsqu'un mot de passe correct a été saisi.

> **PASSWORD.C**

```
/*** PASSWORD lit un mot de passe sans l'afficher à l'écran et vérifie,    ***/
/***   via la fonction "strlen", si on n'a pas dépassé une certaine longueur ***/
/***   maximale prédéfinie                                                  ***/

#include <stdio.h>                                  /* pour printf */
#include <conio.h>                               /* pour getche, getch */
#include <string.h>                              /* pour strlen, strcpy */

main()
  {
    char buffer[81];                            /* pour ranger la saisie */
    char pword[9];                                  /* mot de passe */
    char reply, new, l;                         /* Variables de contrôle */

    do
```

```
    {
        printf("\033[2J\n\n\n");
        printf("Entrez un mot de passe (8 caractères au plus) : ");

        i = 0;
        while (buffer[i] = getch() != '\r')          /* lecture du mot de passe */
            i++;
        buffer[i] = '\0';                            /*  caractère nul */

        if (strlen(buffer) > 8)                      /* si mot de passe trop long */
            {
                printf("\n\nMot de passe trop long.");
                printf("<Entrée> pour nouvelle saisie. Fin par <ECHAP>.");
                new = getche();
            }
        else                                         /* mot de passe correct */
            {
                strcpy(pword, buffer);               /* mémoriser mot de passe */
                printf("\n\nMot de passe enregistré. Visualisation ? (o/n)");
                if ((reply = getche()) == 'o')
                    printf("\n\nVotre mot de passe est \"%s\"", pword);
                new = 27;          /* pour finir do while, new doit recevoir */
                        ction "strlen", si on n'/* la valeur <ECHAP> (= 27) */
            }
        } while (new != 27);                         /* tant que nouvelle saisie */
}
```

Les fonctions de chaîne permettent de manipuler les chaînes de caractères sans que le programmeur doive lui-même explicitement opérer sur les tableaux "char" correspondants. Ces opérations élémentaires sont au contraire assurées par la fonction concernée. Par exemple, si nous déterminons par :

```
strlen(s);
```

la longueur d'une chaîne (plus précisément : la longueur d'une chaîne contenue dans le tableau "s"), nous pouvons être certains que la fonction "strlen" exécute, pour faire son travail, des instructions du style :

```
i = 0;
while (s[i] != '\0')
    i++;
```

Le chapitre 10 **Fonctions** nous donnera des informations sur le contenu et sur le fonctionnement des fonctions de chaînes. Outre les fonctions présentées ici, sachez qu'il existe toute une série d'autres routines pour manipuler les chaînes de caractères.

5.2   Structures

Les tableaux recueillent des éléments de même nature. Mais il peut advenir qu'il faille regrouper des données de natures différentes. Dans le fichier des clients d'un entreprise, par exemple, on ne range pas que le nom du client, mais aussi d'autres données comme l'adresse, le chiffre d'affaires, etc. On y enregistre donc une fiche complète dont les composants ne sont pas forcément du même type. Ainsi, le code postal dans une adresse sera un entier, alors que les chiffres d'affaires, souvent dotés de deux décimales, seront rangés sous forme de valeurs à virgule flottante. Théoriquement, on pourrait créer des variables distinctes pour ces données, par exemple :

```
char  nom  [20];
int   cp;
char  ville  [20];
float ca;
```

Mais comme ces données constituent une entité logique et se réfèrent toutes à une seule et même personne, l'idée est de faire comme pour les tableaux et de rassembler formelle-ment ces données sous un seul nom de variable. Le type dans lequel une variable est composée d'éléments de types différents est réalisé en C à l'aide des structures. Les variables de ce type, comme les variables tableaux, sont des données constituées d'un certain nombre d'autres objets qui sont aussi des variables. Ces variables partielles composant une structure sont appelées champs de la structure. C'est à la déclaration de la structure que l'on précise ses champs.

Déclaration des structures

Avant de pouvoir définir une variable structurée, il faut fournir au compilateur une définition de structure décrivant l'aspect de la structure à créer. On indique, pour cela, les champs de la structure, en d'autres termes de quelles variables partielles celle-ci se compose. Chaque champ est introduit avec son type et son nom. Qui plus est, on peut donner au type de la structure un nom qui la distinguera des autres types de structures. Voici la syntaxe d'une définition de structure :

```
struct   <Nom_Structure>
   {
       <Type_Champ1>  <Nom_Champ1>;
       <Type_Champ2>  <Nom_Champ2>;
     .
     .
     .
       <Type_ChampN>  <Nom_ChampN>;
   };
```

Le mot clé **struct** peut être suivi d'un nom définissant le type de la structure (ce n'est pas un nom de variable !). Ainsi, l'image qui suit montre comment définir une structure dont le type est appelé "Client" et dont les quatre champs se composent de deux variables "char", d'une variable "int" et d'une variable "float".

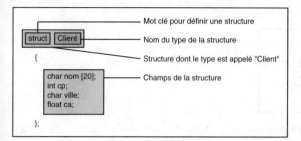

Les noms des champs d'une structure doivent être non ambigus. En d'autres termes, la structure ne peut contenir deux champs ayant les mêmes noms. La définition de structure suivante n'est donc pas correcte :

```
struct values
    {
        int x;      ←
        int y;              Erreur:
        char z;             Les noms des champs
        double x;   ←       ne doivent apparaître
    };                      qu'une fois.
```

Les champs d'une structure peuvent avoir n'importe quel type, à une exception près. Le type d'un champ ne doit pas être celui de la structure dans laquelle le champ est contenu. La déclaration de structure :

```
struct false
{
    char a;
    float b;            Erreur :
    struct false c;  ◄  Le type du champ c
                        est celui de la structure
                        dans laquelle il se trouve.
}
```

est erronée. En effet, on a donné au champ "c" un type qui est celui de la structure elle-même. Par contre, il est permis de prendre comme champ une structure d'un autre type. Après la déclaration :

```
struct time
    {
        int heure;
        int minute;
    };
```

la définition d'une autre structure :

```
struct termin
    {
        char nom [20];
        char jour [11];
        struct time horloge;
    };
```

peut très bien contenir comme champ la variable "heure" ayant le type "struct time" (Cf. plus loin, à la section 5.2.3 **Opérations sur les variables structurées**). Si une structure ne peut contenir un champ ayant le type même que la structure, il est par contre possible d'avoir un champ de type pointeur renfermant l'adresse d'une structure de même type (Cf. le chapitre 9 **Pointeurs**).

Les déclarations précédentes de structures ne contiennent pas de définitions de variables. En particulier, elles ne provoquent pas de réservation de mémoire pour des données. Les déclarations de structures représentent plutôt des informations sur un nouveau type de données que le compilateur utilisera comme modèle pour les variables de ce type qui seront ultérieurement définies.

Définition de variables structurées

Après avoir déclaré au compilateur la structure dont on pense utiliser le type dans le programme, on peut définir des variables possédant ce type. Si vous avez, par exemple, déclaré avec :

```
struct  livre
    {
        char auteur [12];
        char titre [20];
        short an;
    };
```

une structure de type "livre" permettant de mémoriser le nom de l'auteur, le titre et l'année de publication d'un livre, vous pourrez maintenant définir une variable "l" de type "struct livre" :

```
struct  livre  l;
```

La déclaration d'une structure et la définition d'une variable du type concerné peuvent être condensées dans une même instruction avec laquelle on accroche quasiment la définition de la variable à la déclaration de la structure. L'instruction :

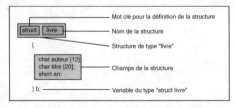

déclare également une structure de type "livre" et définit en même temps une variable du type "struct livre". Bien évidemment, on peut définir en un seul coup plusieurs variables structurées. Vous définirez "n" variables structurées "l1" à "ln", aussi bien par :

```
struct  livre
    {
        char auteur [12];
        char titre [20];
        short an;
    };
```

accompagné de :
```
struct livre 11, 12, 13, ... , 1n;
```

que par :
```
struct  livre
    {
        char auteur [12];
        char titre [20];
        short an;
    } 11, 12, 13, ... , 1n;
```

Structures sans nom de type

Si l'on prend pour la déclaration d'une structure et la définition d'une variable la seconde syntaxe avec laquelle la définition de la variable accompagne la déclaration de la structure, alors on peut omettre le nom de la structure. L'instruction :
```
struct
    {
        char typ [10];
        int rotation;
        float puissance;
    } x;
```

déclare une structure sans nom de type et définit une variable "x" possédant ce type. L'inconvénient saute aux yeux. Nommer le type de la structure aurait permis de reconnaître immédiatement pour quel genre de données (moteurs, par exemple) on a créé ce type. Cette façon de procéder peut toutefois convenir lorsque le programme n'utilise qu'un seul type de structure. Mais elle aboutit facilement à un manque de lisibilité lorsqu'il existe plusieurs types de structures sans nom et donc difficiles à distinguer les uns des autres.

Opérations sur les variables structurées
Affectations
La structure "livre" de la section précédente va nous servir à montrer comment on affecte des valeurs à une variable structurée ou à ses champs. Avec :
```
struct  livre

{
  char auteur [12];
  char titre [20];
  short an;
} 1;
```

Vous pouvez vous représenter ainsi la variable structurée "l" en mémoire :

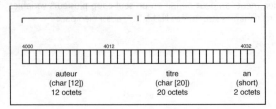

Fig. 5.31 : Variable structurée avec trois champs

Les champs d'une structure, comme c'est le cas sur l'image précédente, peuvent avoir des types différents et donc une occupation mémoire différente. Il est donc clair que l'accès aux champs d'une structure ne peut se faire à l'aide d'un index comme pour les éléments d'un tableau. Un index, en effet, suppose que les éléments soient de même type, c'est-à-dire de même longueur. Il nous faut ici un opérateur spécifique : l'opérateur "." (opérateur de champ - cf. aussi la rubrique "Opérateurs").

L'opérateur de champ

L'opérateur de champ est placé entre le nom de la variable structurée et celui du champ concerné. Il en résulte donc une expression de la forme :

```
<Nom_Variable>.<Nom_Champ>
```

Les champs de la variable structurée "l" sont donc accessibles via les noms :

```
l.auteur    l.titre    l.an
```

Par exemple, avec les instructions :

```
l.an = 1993;
l.an = l.an + 1;
l.an--;
```

on affecterait au champ "an" de la variable structurée "l" la valeur entière 1993, puis on modifierait deux fois cette valeur. Il n'y a rien d'extraordinaire à de telles opérations car le champ "an" est une variable "short" tout à fait ordinaire. Par conséquent, on peut y appliquer toutes les opérations que l'on peut faire sur des variables "short". Il en va de même pour les deux autres champs qui sont des tableaux "char", donc des variables chaîne, pour lesquels sont valables toutes les opérations autorisées sur les tableaux "char". Pour initialiser les champs "auteur" et "titre", on peut par exemple employer la fonction "strcpy".

Les instructions :

```
strcpy(l.auteur,  "De  Wyliers");
strcpy(l.titre,  "Carnage  à  Mazamet");
```

rangent les chaînes de caractères "De Wyliers" et "Carnage à Mazamet" dans les champs "auteur" et "titre". Naturellement, on peut aussi manipuler de manière élémentaire les champs qui sont des tableaux.

Avec :

```
l.auteur[0]  =  'D';
l.auteur[1]  =  'e';
l.auteur[2]  =  ' ';
l.auteur[3]  =  'W';
l.auteur[4]  =  'y';
l.auteur[5]  =  'l';
l.auteur[6]  =  'i';
l.auteur[7]  =  'e';
l.auteur[8]  =  'r';
l.auteur[9]  =  's';
l.auteur[10] =  '\0';
```

le nom "De Wyliers" atterrit également dans le champ "auteur".

Compliquons maintenant notre structure "livre" pour voir comment se passe l'accès à un champ qui est lui-même une structure. On va donc créer ici une imbrication de structures. Rappelez-vous qu'une structure ne peut pas se contenir elle-même en tant que type d'un de ses champs, mais peut contenir un champ basé sur une structure d'un autre type. La modification que vous allez entreprendre concerne le champ "auteur" dans lequel il faut désormais mémoriser non seulement le nom, mais aussi le prénom de l'auteur. Vous déclarerez, pour cela, une structure adéquate qui servira de type au champ concerné. Cette structure, de son côté, contiendra les champs "nom" et "prénom". Après avoir déclaré ce nouveau type au compilateur, vous pourrez l'utiliser comme type du champ "auteur" dans la structure "livre". Changez en outre le nom de la structure modifiée en remplaçant "livre" par "livre2". Enfin, définissez une variable de type "struct livre2. Le fragment de programme suivant illustre tout cela :

```
main()
    {
        struct nompre                  /* Déclaration d'une structure de type nompre */
            {
                char prenom [15];
                char nom [15];
            };

        struct livre2                  /* Déclaration d'une structure de type livre2 */
            {
                struct nompre auteur;                /* champ de type struct nompre */
                char titre [20];
                short an;
            };

        struct livre2 l;      /* Définition d'une variable de type struct livre2 */
            .
```

```
        .
        .
   }
```

Pour accéder aux champs "nom" et "prenom" de la variable structurée "auteur", qui est elle-même un champ de la variable structurée "l", on imbrique les niveaux d'une manière quasiment "hiérarchique" et on sépare les variables des différents niveaux à l'aide de l'opérateur de champ. Via :

```
strcpy(l.auteur.prenom,    "Claude");
strcpy(l.auteur.nom,       "Paudel");
```

par exemple, on mémorise dans le champ "auteur" l'identité d'un écrivain. Vous rempla-cerez bien sûr "Claude" et "Paudel" par le prénom et le nom de l'auteur concerné.

Les deux déclarations distinctes pour les structures "nom" et "livre2" et les définitions des variables structurées "auteur" et "l" peuvent être condensées en une seule instruction, à la manière typique du C. L'imbrication des structures ressort plus clairement ici :

```
struct livre2                       /* Déclaration d'une structure de type livre2 */
  {
     struct nompre                  /* Déclaration d'une structure de type nompre */
        {                           /* au sein d'une autre déclaration de structure */
           char prenom[15];
           char nom[15];
        } auteur;                   /* Variable/champ de type struct nompre */
     char titre[20];
     short an;
  } l;                              /* Définition d'une variable de type struct livre2 */
```

Affectation entre champs de structures

On peut affecter des valeurs de champs d'une structure à d'autres champs de la même variable structurée ou d'autres variables structurées (de même type ou non). Comme on le sait déjà pour les autres variables, il faut simplement faire attention, avec les affectations, à la compatibilité des types des données concernées ou à la nature des conversions susceptibles de se produire. Avec deux variables "l1" et "l2" de type "struct livre2", les affectations :

```
strcpy(l2.auteur.prenom,    l1.auteur.prenom);
strcpy(l2.auteur.nom,       l1.auteur.nom);
strcpy(l2.titre,    l1.titre);
```

qui reportent le contenu des champs "auteur" et "titre" de la variable structurée "l1" dans les champs correspondants de la variable "l2" ne posent aucun problème, au même titre que la simple affectation :

```
l2.an = l1.an;
```

qui recopie une valeur entière (valeur du champ "an") dans la variable du membre gauche.

Affectation globale de variables structurées

Il arrive que l'on ait à affecter complètement une variable structurée à une autre variable structurée de même type, en d'autres termes à affecter le contenu de tous les champs. On peut économiser du code si l'on dispose d'un compilateur basé sur le tout dernier standard que le "American National Standards Institute" (ANSI) a proposé pour le langage C. Dans ce cas, on peut effectivement affecter en une seule instruction le contenu de tous les champs d'une variable structurée aux champs correspondants d'une autre variable structurée.

L'affectation lapidaire :

```
l2 = l1;
```

recopie les valeurs des champs "auteur", "titre" et "an" de la variable "l1" d'un seul coup dans les champs homonymes de la variable "l2".

Comparaison, adressage et dimension

On ne peut pas comparer globalement des variables structurées. Pour vérifier si deux variables de type "struct livre2" possèdent les mêmes valeurs, on doit donc comparer les différents champs. Une instruction comme :

```
if (l1 == l2)                                    /* comparaison interdite */
   printf("Les variables structurées sont égales.");
```

n'est donc pas permise.

L'opérateur de moulage (cast) ne peut pas non plus être utilisé sur une variable structurée dans sa globalité (c'est naturellement possible sur les différents champs, pour autant qu'ils ne soient pas eux-mêmes des structures).

En revanche, l'opérateur "&" permet de faire afficher l'adresse d'une variable structurée. Via :

```
printf("%u", &l1);
```

ou :

```
printf("%x", &l1);
```

par exemple, on affiche l'adresse de la variable "l1" de type "struct livre2" (c'est-à-dire l'adresse du premier champ l1.auteur.prenom) sous forme décimale ou hexadécimale. Si les adresses devaient être trop grandes pour pouvoir être représentées sur le domaine "int", vous prendriez comme format %lu pour "unsigned long" ou %lx pour un hexadécimal "long".

L'opérateur "sizeof" calcule la dimension d'une variable structurée ou du type de structure correspondant. L'opérande de l'opérateur "sizeof" peut ici être le nom de la variable structurée, comme dans l'instruction :

```
printf("%d", sizeof(l1));
```

par exemple, où "l1" représente elle-même une variable du type "struct livre2". Il peut aussi être le nom du type de la variable comme dans :

```
printf("%d", sizeof(struct livre2));
```

Dans les deux cas, la valeur 52 serait affichée.

Initialisation

Les variables structurées, comme les autres variables, peuvent être initialisées lors de leur définition. On a ici les mêmes restrictions qu'avec les tableaux. Avec des compilateurs un peu anciens, la validité de l'initialisation des variables structurées dès leur définition dépend de la classe de mémorisation de la variable concernée. (Cf. Le chapitre intitulé "Classes de mémorisation"). L'initialisation des structures ressemble à celle des tableaux. Les valeurs d'initialisation des divers champs sont données sous forme de liste placée entre accolades. Par exemple, une fois les structures déclarées :

```
struct  nompre
    {
        char prenom [15];
        char nom [15];
    };
struct  livre2
    {
        struct nompre auteur;
        char titre [20];
        short an;
    };
```

on peut définir et initialiser une variable "l" :

```
struct livre2 l = {"Gérald", "De Wyliers", "Kill Marcel Dubois", 1993};
```

Les valeurs d'initialisation sont ici affectées dans l'ordre des champs "auteur", "titre" et "an", les chaînes "Gérald" et "De Wyliers" étant ventilées sur les champs "prenom" et "nom" de la variable structurée "auteur".

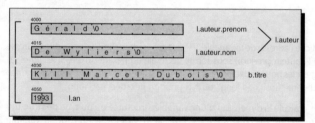

Fig. 5.32 :   Variable structurée après l'initialisation précédente

S'il y a moins de valeurs d'initialisation que de champs dans la structure, le procédé est analogue à ce qui se passe avec les tableaux. Les champs pour lesquels il n'y a pas de valeur sont initialisés à 0. Avec une structure quelconque "xyz", une instruction comme :

```
struct xyz <Variable> = {0};
```

permet d'assurer très simplement que tous les champs d'une variable structurée prendront la valeur 0. Si on spécifie plus de valeurs d'initialisation qu'il n'y a de champs, alors le compilateur affiche une erreur.

Entrée et sortie

Jusqu'ici c'est uniquement par des affectations "internes" que nous avons attribué des valeurs aux champs des variables structurées (que nous n'avons pas affichées non plus). Naturellement, les valeurs peuvent aussi arriver dans les variables de manière interactive, via une saisie utilisateur. Nous illustrerons cela par un programme simple qui range dans une variable structurée, puis affiche, un ensemble de valeurs saisies par l'utilisateur. L'enregistrement se compose ici de données bibliographiques manipulables par l'intermédiaire d'un type de structure semblable au type "livre2".

▶ READREC1.C

```
/***   READREC1 lit un enregistrement, le range dans ***/
/***   une variable structurée et ensuite l'affiche. ***/
#include <stdio.h>                          /* pour printf, scanf, gets, puts */
main()
  {
    struct nompre
      {
         char prenom [15];
         char nom [15];
      };

    struct livre3
      {
                        struct nompre auteur;          /* Nom de l'auteur */
                        char titre [40];               /* Titre du livre */
                        char editeur [20];             /* Publié par */
                        short an;              /* Année de publication */
            } l;                              /* Variable structurée */
         printf("\033[2J");
          printf("FICHE BIBLIOGRAPHIQUE :\n\n");
      /* saisie de l'enregistrement */
      printf("Nom de l'auteur : ");
       gets(l.auteur.nom);
      printf("\nPrénom : ");
       gets(l.auteur.prenom);
      printf("\nTitre du livre : ");
       gets(l.titre);
      printf("\nEditeur : ");
       gets(l.editeur);
      printf("\nAnnée de publication : ");
       scanf("%hd", &l.an);
      /* affichage de l'enregistrement */
       printf("\n\nVous avez enregistré les données suivantes :\n\n");
        printf("%s %s\n", l.auteur.prenom, l.auteur.nom);
      puts(l.titre);
       printf("%s %hd", l.editeur, l.an);

  }
```

Les quatre premières saisies sont des chaînes de caractères et peuvent donc être entrées via la fonction "gets" qui requiert pour cela les adresses des tableaux "char" contenant les string. On passe à la fonction, en conséquence, comme paramètre le nom du tableau concerné, nom qui représente, comme vous le savez depuis la section "Tableaux", l'adresse du début du tableau.

Le champ "an" étant une variable de type "short", son nom ne représente pas directement son adresse de début pour le compilateur. Vous devez donc fournir, à l'aide de l'opérateur d'adressage "&", cette adresse requise par la fonction "scanf".

Pour stocker plus d'un enregistrement, il faut toute une série de variables structurées (de même nature). Lorsque le nombre d'enregistrements de même type est assez élevé, on définit un tableau dont les éléments sont de ce type. La prochaine section (5.2.4) va vous montrer comment utiliser des tableaux dont les éléments sont des variables structurées.

Tableaux de structures

Lorsque le nombre d'enregistrements à gérer est assez important, on peut alors créer un tableau dont les éléments sont des variables structurées. Une fois les structures déclarées :

```
struct  nompre
    {
        char prenom [15];
        char nom [15];
    };

struct  livre3
    {
        struct nompre auteur;
        char titre [40];
        char editeur [20];
        short an;
    };
```

la ligne :

```
struct  livre3  l[50];
```

ne définit pas de variable structurée isolée, mais au contraire un tableau de 50 éléments dont chacun est une variable structurée de type "struct livre3". Comme d'habitude, les éléments seront ici désignés par le nom du tableau avec un index, soit l[0] à l[49] dans notre exemple :

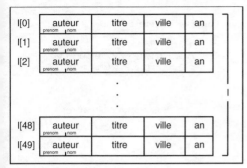

Fig. 5.33 :   Tableau de structures à 50 éléments

On voit que le tableau de structures ressemble à un tableau bidimensionnel dans lequel les lignes auraient la même longueur, mais pas les colonnes. Pour accéder à un certain champ d'un quelconque élément du tableau, il faut le désigner selon la syntaxe suivante :

```
<Nom_Tableau>[index].<Nom_Champ>
```

Supposons, par exemple, qu'on veuille que 1993 soit l'année de publication du livre dont les données sont rangées dans le 37-ème élément du tableau "l". On peut faire ça par :

```
l[36].an = 1993;
```

De manière analogue, on saisira pour le même élément le nom de l'auteur par l'instruction :

```
gets(l[36].auteur.nom);
```

On pourra aussi l'affecter comme dans l'exemple suivant :

```
strcpy(l[36].auteur.nom,    "Miller");
```

Si un champ est lui-même un tableau, on peut vouloir connaître certains éléments isolés. Par exemple, pour vérifier si le nom de l'auteur commence par telle ou telle lettre. Avec la structure "l", l'instruction :

```
if  (l[36].auteur.nom[0]  ==  'M')
```

teste si l'initiale du nom de l'auteur du 37-ème élément du tableau de structures est un "M". Le code :

```
for (i = 0; i < 50; i++)
   if (l[i].auteur.nom[0] == 'M')
      puts(l[i].auteur.nom);
```

affiche tous les auteurs dont le nom commence par "M". Le programme suivant, grâce à un tableau de structures, autorise la saisie d'au plus 50 enregistrements de type "livre3". Vous pourrez l'utiliser comme modèle de programmes voisins.

▶ READREC2.C

```c
/***   READREC2 montre comment utiliser un tableau de structure pour la      ***/
/***   saisie et l'affichage d'enregistrements.                              ***/

#include <stdio.h>                               /* pour printf, scanf, getchar() */
#include <conio.h>                               /* pour getche, getch */


main()
  {
    struct nompre                                       /* déclaration de structure */
      {
        char prenom [15];
        char nom [15];
      };

    struct livre3                                       /* déclaration de structure */
      {
        struct nompre auteur;
        char titre [40];
        char editeur [20];
        short an;
      };
    struct livre3 l[50];                       /* Définition d'un tableau d'éléments */
                                               /* de type struct livre3 */

    int i = 0;                          /* Variable de contrôle pour boucle de saisie */
    int last;                           /* Position du dernier enregistrement */
    char reply;                         /* décide de l'affichage des enregistrements */
    int nextorstop;                                     /* écran suivant ou stop */
    do
      {
        printf("\033[2J");
        printf("Ce programme vous permet de saisir une bibliographie \n"
               "de 50 titres au plus. Fin de saisie par \'0\'.");

        /* saisie des enregistrements */

        printf("\n\n\nFiche no %d", i+1);
        printf("\n\nNom de l'auteur : ");
        gets(l[i].auteur.nom);

        if (l[i].auteur.nom[0] != '0')   /* ce n'est pas la fin de la saisie */
          {
            printf("\nPrénom : ");
            gets(l[i].auteur.prenom);
            printf("\nTitre du livre : ");
            gets(l[i].titre);
            printf("\nEditeur : ");
            gets(l[i].editeur);
            printf("\nAnnée de publication : ");
            scanf("%hd", &l[i].an);
```

```
            while (getchar() != '\n')        /* pour enlever '\n' du tampon. */
                    ;                /* Sinon le caractère serait compris par */
                                     /* gets comme étant le prochain nom. */
        }

    i++;

    } while (i < 50  && l[i-1].auteur.nom[0] != '0');
                                        /* tant que ni 50 fiches ni '0' */

if (i == 50)                                          /* Position */
    last = i-1;                                       /* du dernier */
else                                                  /* enregistrement */
    last = i-2;

if (i > 1)                                    /* si on a saisi des fiches */
    {
      if (i > 49)                                   /* tableau plein */
          printf("\n\n50 fiches enregistrées. Maximum atteint.");

    /* affichage des fiches */

      printf("\nVisualisation des fiches ? (o/n)");
      reply = getche();
      if (reply == 'o')
        {
          printf("\033[2J");
          for (i = 0; i <= last; i++)
            {
                printf("\n\n%s %s\n", l[i].auteur.prenom, l[i].auteur.nom);
              puts(l[i].titre);
               printf("%s %hd", l[i].editeur, l[i].an);
              if (!((i+1) % 4)  && (i != last))
                                              /* Stop toutes les 4 fiches */
                    {                    /* sauf après les 4 dernières */
                        printf("\n\n<Entrée> pour page suivante.");
                        printf("Fin affichage par <ECHAP>.");
                      nextorstop = getch();
                      if (nextorstop == 27)
                                        /* si <ECHAP>, fin boucle affichage */
                          i = last + 1;
                      else
                          printf("\033[2J");
                    }                        /* fin if (!((i+1) % 4)) */

            }                                        /* fin for */

        }                                        /* fin if (reply == 'o') */

    }                                        /* fin if(i > 1) */

}                                            /* fin main */
```

Commentaires

Le programme READREC2.C lit, à l'aide d'une boucle "do while", des enregistrements jusqu'à ce que l'utilisateur frappe le caractère de fin de saisie '0' ou jusqu'à ce que la capacité du tableau de structures "l" soit épuisée. Pour vérifier si on a saisi le caractère de fin de saisie, on contrôle si le premier élément :

nom[0]

du champ "nom" (nom de l'auteur dans l'enregistrement en cours) est égal à ce caractère. Le "if" après la saisie du nom de l'auteur prévient le traitement des autres champs de saisie lorsque c'est le caractère de fin de saisie qui a été tapé. Comme la fonction **"scanf"** laisse dans le tampon de lecture le caractère de saut de ligne ayant servi à valider la saisie, il faut supprimer ce dernier avec :

```
while (getchar() != '\n')
    ;
```

Sinon au prochain passage dans la boucle, la fonction "gets" prendrait ce caractère de saut de ligne pour le nouveau nom d'auteur saisi par l'utilisateur. Pour ce qui a trait à la suppression des résidus dans le tampon de saisie, (cf. les chapitres 2 **Entrée et sortie** et 4 **Structures de contrôle de flux**).

La condition de la boucle "do while" :

```
(i < 50  && l[i-1].auteur.nom[0] != '0')
```

ne fait pas que vérifier si on a entré le caractère de fin de saisie. Dans sa première partie, elle teste si "i" est inférieur à 50. Lorsqu'après la saisie du 50-ème enregistrement, "i" aura atteint la valeur 50 via :

```
i++;
```

la boucle s'arrêtera donc et la saisie des fiches sera close. Etant donné que "i" a été incrémenté avant l'évaluation de la condition de bouclage, celle-ci doit vérifier, comme enregistrement venant d'être saisi, le (i - 1)-ème et non le i-ème.

La variable "last" mémorise l'index du dernier enregistrement saisi. Sa valeur doit être égale à "i-2" si on a tapé le caractère de fin de saisie car ce dernier a été stocké en tant que "dernier enregistrement", ce qui a fait incrémenter "i". La valeur courante de "i" est donc supérieure de 2 à l'index de la dernière fiche normale. Si la boucle s'est terminée parce que la capacité du tableau était épuisée, aucun caractère de fin de saisie n'a alors été tapé ni mémorisé. Dans ce cas, la valeur de "last" est donc égale à "i-1".

L'affichage ne doit se faire que si on a entré au moins une fiche, donc si la valeur de "i" est au moins 2 (en raison de l'incrémentation dans le corps de la boucle. Si on n'a rien saisi, "i" est égal à 1 après la boucle). D'où la condition :

```
if (i > 1)
```

Si "i" contient une valeur supérieure à 49, c'est que le tableau des structures est déjà rempli par 50 fiches. L'utilisateur reçoit un message l'informant qu'on ne peut plus saisir d'enregistrement.

L'instruction :

```
if (!((i+1) % 4)  &&  (i != last)))
    {
        printf("\n\n<Entrée> pour page suivante. Fin affichage par <ECHAP>.");
        nextorstop = getch();
        if (nextorstop == 27)
            i = last + 1;
        else
            printf("\033[2J");
    }
```

entraîne qu'on n'affiche que quatre enregistrements sur le même écran. L'utilisateur peut alors décider de visualiser les quatre suivants ou d'interrompre l'affichage (et donc le programme) avec <ECHAP> (= ASCII 27 décimal). La première partie de la condition du "if" :

```
!((i+1) % 4)
```

vérifie, via l'opérateur modulo, si (i+1) est divisible par 4 : i+1 (et non "i") car pour "i" égal à 0 l'affichage est interrompu après les quatre premiers enregistrements. L'expression précédente est, du reste, équivalente à :

```
(((i+1) % 4) == 0)
```

La seconde partie de la condition :

```
(i != last)
```

assure que le message de pause, dans le cas où on affiche un nombre d'enregistrements divisible par 4, n'apparaîtra pas après les quatre dernières fiches. Il faut donc vérifier si "i", après affichage des derniers enregistrements, a pris la valeur de "last".

Emploi de chaînes de caractères pour marquer la fin de saisie

Dans le programme qui précède, la saisie des fiches se termine lorsque l'utilisateur tape un caractère spécial ('0') au lieu d'un nom. Il arrive qu'on utilise non pas un simple caractère, mais une chaîne de caractères. Pour utiliser une marque de fin de saisie composée de plusieurs caractères (par exemple pour une variante de READREC2.C), vous devrez faire attention aux points suivants : étant donné que cette chaîne spéciale est rangée dans la variable contenant le nom de l'auteur, elle ne devrait pas être une suite de caractères susceptible de représenter un nom (plausible) de personne. En effet, il ne serait pas très habile de définir comme marque de fin de saisie le libellé "Fin" car on peut très bien imaginer une fiche dans laquelle l'auteur s'appellerait "Fin" ! Par contre, des chaînes telles que "***", "0000", etc. ne présentent aucun problème.

L'utilisation d'une string comme marque de fin de saisie entraînerait une autre modification dans le programme. Comme il faudrait comparer non plus deux caractères isolés, mais deux chaînes de caractères, vous devriez modifier la comparaison dans la condition de bouclage. Au lieu d'utiliser l'opérateur "==", vous prendriez par exemple la fonction "strcmp". Cette dernière requiert l'inclusion du header STRING.H contenant la déclaration de la fonction :

```
#include  <string.h>
```

Voici donc une formulation possible pour la boucle de saisie des fiches dans une nouvelle version READREC3.C :

```
do
  {
      printf("\033[2J");
       printf("Ce programme vous permet de saisir une bibliographie\n"
              "de 50 titres au plus. Fin de saisie par \'***\'.");

      /* saisie des fiches */

      printf("\n\n\nFiche no %d", i+1);
      printf("\n\n\nNom de l'auteur : ");
      gets(l[i].auteur.nom);
       if (strcmp(l[i].auteur.nom, "***") != 0)
        {
            printf("\nPrénom : ");
            gets(l[i].auteur.prenom);
            printf("\nTitre du livre : ");
            gets(l[i].titre);
            printf("\nEditeur : ");
            gets(l[i].editeur);
            printf("\nAnnée de parution : ");
            scanf("%hd", &l[i].an);
            while (getchar() != '\n')
                ;
        }
      i++;

  } while (i < 50  &&  strcmp(l[i-1].auteur.nom, "***") != 0);
```

Ici on compare, via la fonction "strcmp", la saisie de l'utilisateur avec le libellé "***". Si les deux chaînes ne sont pas identiques, ce qui est le cas lorsqu'on a entré un nom normal, alors la fonction "strcmp" retourne une valeur entière non nulle. Cette valeur est elle-même comparée à 0 et donc ne lui est pas égale. Si on n'a pas encore saisi 50 fiches, alors la condition de bouclage vaut toute entière vaut TRUE et on va pouvoir saisir une nouvelle fiche au prochain passage dans la boucle. A l'instar de la condition de bouclage, le "if" du corps de la boucle "do while" a été modifié :

```
if(l[i].auteur.nom[0]  != '0')
```

et remplacé par :

```
if (strcmp(l[i].auteur.nom, "***") != 0)
```

Structures spéciales

Dans ce qui suit, vous allez découvrir ces structures spéciales que sont les champs de bits ou les unions et apprendre à les manipuler.

Unions

Les structures rangent dans leurs champs plusieurs données (de types différentes) de telle sorte que ces dernières soient contiguës en mémoire. Si vous déclarez, par exemple, une structure :

```
struct  triplet
    {
        float first;
        short second;
        char third;
    };
```

alors une variable :

```
struct  triplet  s;
```

serait ainsi rangée en mémoire :

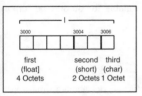

Fig. 5.34 : Variable structurée avec trois champs

Une union, par contre, est un type spécial de structure qui permet de ranger des données de différents types dans une seule et même zone de mémoire. La dimension de cette zone est simplement celle de la plus grande donnée qui y est stockée. L'idée sur laquelle est basée le concept d'union est de réserver une plage de mémoire commune pour plusieurs données (champs). Voici comment cela se fait : la zone mémoire disponible n'est occupée, à un instant précis, que par un seul des champs. Cela signifie que, contrairement à une structure normale, les champs ne sont jamais accessibles par le programme en même temps. Un accès correct ne peut se faire qu'au champ qui est en train d'utiliser la plage de mémoire commune.

Déclaration

La déclaration d'une union ressemble à celle d'une structure, à la différence près que le mot clé **union** remplace le mot clé "struct". Par :

```
union  triplet
    {
        float first;
        short second;
        char third;
    };
```

on déclare une union de type "triplet" avec les trois champs "first", "second" et "third" possédant respectivement les types "float", "short" et "char". Si vous définissez maintenant via :

```
union  triplet  u;
```

une variable "u" du type "union triplet", alors cette variable n'occupe que quatre octets de mémoire, donc autant que l'exige le type "float" de son plus grand champ "first".

Fig. 5.35 :   Variable union avec trois

On le vérifie facilement en faisant afficher la taille de la variable "u" ou du type "union triplet", cela par :

```
printf("%d",   sizeof(u));
```

ou par :

```
printf("%d",   sizeof(union  triplet));
```

Dans les deux cas, la valeur 4 est affichée. Si on fait afficher, de manière similaire, la dimension de la variable structurée "s" ou du type "struct triplet" :

```
printf("%d",   sizeof(s));
```

ou :

```
printf("%d",   sizeof(struct  triplet));
```

il peut arriver qu'on n'obtienne pas la valeur 7, mais 8. En effet le compilateur que vous utilisez a ajouté un octet supplémentaire car le total des composants donnait un nombre impair. On dit aussi que la donnée a été alignée sur une frontière de mot. La longueur d'un mot machine dépend de l'ordinateur : elle vaut habituellement 2, 4 ou 8 octets. Si on suppose une longueur de mots de 2 octets, des structures comme celles qui précèdent sont donc élargies d'un octet afin d'atteindre un nombre pair d'octets.

Rangement des champs en mémoire

Contrairement à une structure classique, les champs d'une union sont rangés à la même adresse. On s'en convaincra avec :

```
printf("%u %u %u %u", &u, &u.first, &u.second, &u.third);
```

ou :

```
printf("%x %x %x %x", &u, &u.first, &u.second, &u.third);
```

Si on affecte, via :

```
u.third = 'A';
```

au troisième champ "third" le caractère 'A', mémorisé en tant que valeur entière 65 (code décimal ASCII) dans le premier octet de "u", la variable union "u" est dorénavant considérée comme une variable "char" accessible par le nom "u.third" :

third

Si c'est l'instruction :

```
u.second = 1724;
```

qui est exécutée, on utilise alors la variable "u", par l'intermédiaire de son second champ, comme une variable de type "short". Comme conséquence de la dernière affectation, la valeur 1724 est rangée dans les deux octets de droite de "u" et écrase l'ancien contenu du champ "third" (65) qui disparaît :

second

Une affectation au champ "float" écraserait, à son tour, le contenu de "second" : les quatre octets de "u" seraient alors pris par une valeur réelle. Il est donc recommandé de vérifier le champ (et donc le type) en cours d'utilisation.

Le programme suivant TYPECHEK.C utilise une variable union afin de mémoriser une valeur saisie soit comme nombre entier soit comme nombre réel, selon son type. Le programme commence par vérifier si la valeur frappée est un nombre entier ou réel. Pour cela, la valeur est saisie en tant que chaîne de caractères. Si la saisie contient un point décimal, la string est alors convertie en valeur "float" via la fonction "atof". Autrement, la fonction "atol" le convertit en une valeur "long". Selon le résultat de la détermination du type, c'est le champ entier ou réel d'une variable union qui est pris pour enregistrer la valeur saisie.

Les saisies sont d'abord mémorisées sous forme alphanumérique, puis transformées en valeurs numériques par des fonctions C spécifiques. La fonction "atol" (ou "atoi") convertit une chaîne de caractères composée de chiffres en valeur "long" (ou "int"). L'instruction :

```
longvalue = atol(<Adresse_Tableau>);
```

convertit une chaîne contenue dans le tableau "char" d'adresse <Adresse_Tableau> en valeur numérique ad hoc et mémorise le résultat dans une variable de type "long".

Naturellement, cette dernière doit avoir été préalablement définie. Supposons que le tableau "numarray" renferme la string "99999". L'instruction :

```
longvalue = atol(numarray); /* le nom du tableau est en fait son adresse de début */
```

convertirait la string en valeur numérique 99999 qu'elle stockerait dans la variable "long". Celle-ci pourrait ensuite être affichée via :

```
printf("%ld",   longvalue);
```

De manière analogue, la fonction "atof" convertit une chaîne de caractères en une valeur à virgule flottante de type "double" :

```
doublevalue  = atof(<Nom_Tableau>);
```

Supposons que le tableau "numarray" renferme la chaîne "3.14". L'instruction :

```
doublevalue = atof(numarray);
```

permet de convertir cette chaîne en une valeur réelle et la mémorise dans la variable "doubleva-lue".

► TYPECHEK.C

```
/*** TYPECHEK reçoit des valeurs saisies de différents types (entiers,      ***/
/*** réels) et les range selon à leur type à l'aide d'une variable union.   ***/
#include <stdio.h>                                              /* pour printf */
#include <string.h>                                             /* pour strcmp */
#include <stdlib.h>                                        /* pour atol, atof */
#include <conio.h>                                             /* pour getch */
main()
  {
    char albuf[40];                                /* buffer alphanumérique */
    int i;                                         /* Variable de contrôle */
    int decpoint;                           /* Flag pour le point décimal */
    union values              /* pour mémoriser des réels ou des entiers */
      {
        long l;
        double d;
      } x;
    do
      {
         printf("\033[2J");
          printf("Saisie d'entiers ( 9 chiffres au plus) ou de réels.\n"
              "Fin par \'quit\': ");
         gets(albuf);               /* saisie d'un nombre sous forme de chaîne */
         i = 0;
         decpoint = 0;                              /* initialisation du flag */
          if (strcmp(albuf, "quit") != 0)
                                  /* si première saisie différente de 'quit' */
            {
                                      /* on recherche le point décimal : */
                while (albuf[i] != '\0'  && decpoint != 1)
                  {
                      if (albuf[i] == '.')
                        decpoint = 1;
                      i++;
```

```
            }
        if (decpoint)                          /* point décimal trouvé */
        {
            x.d = atof(albuf);
                            /* conversion en valeur à virgule flottante */
                printf("\n\nNombre réel %f mémorisé comme valeur à virgule"
                    " flottante.", x.d);
                printf("\n\n<Entrée> pour continuer.");
            getch();
        }
        else
        {
            x.l = atol(albuf);        /* conversion en valeur  entière */
                printf("\n\nNombre entier %ld mémorisé comme "
                    "valeur entière.", x.l);
                printf("\n\n<Entrée> pour continuer.");
            getch();
        }
    }                                            /* fin if strcmp */
    } while (strcmp(albuf, "quit") != 0);
}
```

Champs de bits

On a souvent à faire à des informations pour la mémorisation desquelles une variable normale est "trop grande" (bien que ces informations puissent naturellement y être stockées). Prenons le cas d'un programme manipulant des dates dans lequel la valeur d'une variable "int" permettrait de dire si l'année est bissextile ou non. On conviendrait à cet effet, par exemple, que l'année concernée est bissextile si la variable vaut 1 et non bissextile si la variable vaut 0. Au lieu de prendre les valeurs 0 et 1 pour distinguer les deux cas, on pourrait, comme toujours en C, prendre 0 et n'importe quelle valeur non nulle. Supposons définie la variable :

```
int anbiss;
```

On peut alors, via :

```
if (anbiss == 1)
    printf("Année bissextile");
else if (anbiss == 0)
    printf("Année non bissextile ");
```

détecter ce qu'il en est. Pour exprimer l'information :

"On a une année bissextile"

par la valeur 1 ou l'information contraire par la valeur 0, on n'a pas vraiment besoin d'une variable "int" de 2 octets (= 16 bits). Une telle information de type OUI/NON (OUI = 1, NON = 0) pourrait tenir en fait sur un seul bit. Un bit, en effet, peut prendre justement deux états :

1   le bit est positionné (a la valeur 1).
0   le bit n'est pas positionné (a la valeur 0).

Vous connaissez déjà ce genre de procédé qui permet d'économiser de la mémoire : la valeur du bit de signe (cf. chapitre 1 "Structure des programmes") indique si une variable est positive ou négative (1 pour négative, 0 pour positive). Par exemple, la représentation binaire d'une variable entière "x" ayant la valeur -327 montre que le bit de signe (le 16-ème à partir de la droite) est à 1:

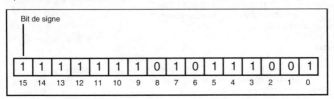

Fig. 5.36 :   Représentation binaire du nombre -327 (décimal)

Il existe une autre possibilité pour mémoriser des valeurs à l'aide de bits ou de groupes de bits à la place de variables entières. Il s'agit ici d'une variété particulière de structure dont les champs ne sont pas des variables normales, mais des ensembles quelconques de bits. Ce genre de structure s'appelle champs de bits.

Déclaration et définition

Les champs de bits servent à mémoriser des données entières (petites). Ils ne correspondent pas, en eux-mêmes, à des variables complètes, mais occupent un certain nombre de bits dans une donnée (ou plusieurs données s'il le faut) de la taille d'un mot machine, donnée que le compilateur crée alors sous forme de variable structurée. La dimension d'un mot machine peut varier. Habituellement elle est de 2, 4 ou 8 octets.

La déclaration d'une structure dont les composants sont des champs de bits ressemble fort à celle d'une structure normale :

```
struct    <Nom_Structure>
    {
        <Type> <Nom_Champ1>  :  <Nombre_Bits>;
        <Type> <Nom_Champ2>  :  <Nombre_Bits>;

        .

        .

        <Type> <Nom_ChampN>  :  <Nombre_Bits>;
    };
```

Pour les champs de bits, seuls les types "int" ou "unsigned int" sont en principe autorisés. La donnée entière <Nombre_Bits>, placée après le nom d'un champ de bits (et séparée de ce dernier par ":"), précise le nombre de bits attribués au champ concerné dans une variable structurée composée de champs de bits.

Par exemple, la déclaration :

```
struct  langues
   {
      unsigned int anglais : 1;
      unsigned int allemand : 1;
      unsigned int espagnol : 1;
      unsigned int russe : 1;
      unsigned int japonais : 1;
   };
```

crée une structure de type "langues" dont les champs "anglais", "allemand", "espagnol", "russe" et "japonais" tiennent chacun sur un seul bit. La valeur de chaque bit (0 ou 1) permet de savoir si quelqu'un parle (1) ou non (0) la langue concernée. Les champs de bits ont été définis avec le type "unsigned int" (c'est généralement le cas), ce qui garantit qu'il seront interprétés comme des données non signées. Si nous définissions maintenant par :

```
struct  langues  employe;
```

une variable structurée de type "struct langues", alors le compilateur réserve pour elle une place mémoire de la grandeur d'un mot machine. Les champs de bits "anglais", "allemand", "espagnol", "russe" et "japonais" en occupent chacun un bit, ce qui donne en tout cinq bits. A supposer que la taille d'un mot soit de deux octets, vous pouvez alors vous représenter ainsi la variable structurée "employe" :

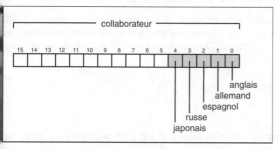

Fig. 5.37 : Variable structurée composée de champs de bits

Sur l'image précédente les champs de bits occupent les cinq premiers bits à partir de la droite dans la variable structurée. Mais avec certains compilateurs, il se peut tout aussi bien que ce soient les cinq premiers bits à partir de la gauche qui soient utilisés. Il faut donc ici conseiller une certaine prudence. Dans tous les cas, les onze autres bits de la variable structurée restent inutilisés.

Manipulation des champs de bits

L'accès à un champ de bits s'effectue par l'intermédiaire de l'opérateur de champ, tout comme pour les champs d'une structure classique. Via :

```
employe.anglais = 0;
```

on peut mémoriser l'information selon laquelle le salarié concerné ne parle pas anglais. De même, l'instruction :

```
if (employe.espagnol == 1)
```

teste s'il parle espagnol. Notez ici qu'un champ de bits de la taille d'un seul bit ne peut prendre que deux valeurs, à savoir 0 et 1. De manière analogue, un champ de bits occupant deux bits peut prendre les valeurs 0 à 3, un champ de trois bits peut prendre les valeurs de 0 à 7, etc.

Plus généralement, un champ de N bits peut prendre toutes les valeurs de l'intervalle :

0 à 2^n-1

La valeur de N ici ne doit pas être supérieur au nombre de bits d'un mot. Si un mot fait 2 octets, un champ de bits peut prendre au maximum 16 bits, donc des valeurs allant de :

0 à $2^{16}-1$

c'est-à-dire de 0 à 65535. Les champs de bits, très souvent, font un seul bit car les informations à gérer sont de type OUI/NON et ne requièrent donc que deux états (deux valeurs). Un objet de la longueur d'un mot machine suffit souvent à héberger tous les champs de bits d'une structure. Si les champs de bits d'une structure occupent au total plus de bits qu'il n'y en a dans un mot machine, le compilateur réserve autant de mots supplémentaires qu'il le faut pour loger les champs de bits.

Les champs de bits font gagner de la mémoire. Supposons qu'une entreprise de 2 000 salariés doive pourvoir des postes à l'étranger. Dans ce but, elle désire mémoriser les capacités linguistiques de son personnel. On pourrait, pour chaque langue concernée, créer un tableau de 2 000 variables "short" :

```
short  ang  [2000];
short  all  [2000];
short  esp  [2000];
short  rus  [2000];
short  jap  [2000];
```

Si chaque salarié a un matricule compris entre 0 et 1999, on peut alors enregistrer les langues qu'il connaît. Par exemple :

```
ang[400] = 1;
all[400] = 0;
esp[400] = 0;
rus[400] = 0;
jap[400] = 1;
```

permet de savoir que l'employé de matricule 400 parle anglais et japonais, mais ni allemand ni espagnol ni russe. Cette méthode assurément exige dix octets de mémoire par salarié, donc 20 000 octets en tout. Avec une structure de champs de bits comme celle qui suit, on arriverait à réduire sensiblement l'espace mémoire nécessaire.

Une fois défini :

```
struct  langues
   {
      unsigned ang : 1;
      unsigned all : 1;
      unsigned esp : 1;
      unsigned rus : 1;
      unsigned jap : 1;
   };
```

le tableau (de structures) :

```
struct  langues  employer [2000];
```

donnerait un tableau de 2 000 variables structurées de type "langues" et occuperait seulement 2 000 * 2 = 4 000 octets de mémoire. En effet, les champs de chacune des variables structurées tiennent sur une seule variable "unsigned int". Pour le salarié de matricule 400, les capacités linguistiques peuvent être désormais stockées via :

```
employe[400].ang  =  1;
employe[400].all  =  0;
employe[400].esp  =  0;
employe[400].rus  =  0;
employe[400].jap  =  1;
```

Vous pouvez utiliser les champs de bits pratiquement comme des variables normales, à condition de ne pas oublier les restrictions relatives à leurs domaines de valeurs : vous pouvez leur affecter des valeurs, les comparer, les afficher ou effectuer sur eux des opérations arithmétiques. Par contre, ils ne conviennent pas aux calculs d'adresses. Cela signifie qu'on ne peut, entre autres, leur appliquer l'opérateur d'adressage. Il ne faut pas s'en étonner outre mesure, étant donné qu'une adresse commence toujours au début d'un octet et jamais sur un bit isolé. Les champs de bits ne sont pas très fréquemment utilisés, ce qui peut laisser penser que leurs avantages spécifiques sont trop peu appréciés par rapport aux restrictions dont il faut tenir compte avec eux.

6 Types de données personnalisés

Les deux mots clés :

```
typedef
enum
```

vous permettent de définir vos propres types de données qui viendront s'ajouter aux types (ou noms de types) prédéfinis du C. Le mot clé **typedef** autorise simplement la définition de nouvelles appellations pour des types de données déjà existants. Avec **enum**, en revanche, on peut réellement définir un nouveau type de données.

6.1 Définition de types personnalisés (typedef)

La motivation principale qui amène à rebaptiser un type existant est, en général, la recherche d'une certaine économie d'écriture. Supposons qu'un programme renferme un grand nombre de définitions de variables comportant des désignations de types assez longues, du style :

```
- struct machinedata x;
```

typedef, suivant en cela la syntaxe :

```
- typedef <Type> <Nom_Remplacement1> ,<Nom_Remplacement2>, ... , <Nom_RemplacementN>]
```

permet alors de définir un ou plusieurs autre(s) nom(s) en tant que synonyme(s) du type "struct machinedata". Ici <Type> spécifie le type pour lequel on crée un nouveau nom. Les indications <Nom_Remplacement1> à <Nom_RemplacementN> définissent les noms sous lesquels le type <Type> pourra également être utilisé dans le programme. (Les crochets ne font pas partie de la syntaxe, mais indiquent qu'on peut facultativement définir plusieurs synonymes). Dans notre exemple précédent, l'instruction :

```
- typedef struct machinedata mdata;
```

définit "mdata" comme synonyme du type "struct machinedata". Par la suite, la définition de variable :

```
- mdata x;
```

équivaudra à :

```
- struct machinedata x;
```

cette dernière pouvant naturellement continuer à être utilisée.

Les noms de types créés par **typedef** sont utilisables exactement comme les types prédéfinis du compilateur. Cela n'est guère surprenant car on n'a fait que définir un nom différent (un synonyme) pour le même concept. Une variable définie avec ce genre de type n'a aucune caractéristique supplémentaire par rapport à une variable définie avec le type prédéfini correspondant. En fait, une instruction **typedef** ne fait rien d'autre que remplacer du texte que le compilateur, lors de la compilation, restaurera dans l'état d'origine : le nom de type défini par typedef (ici "mdata") est retransformé en appellation initiale "struct machinedata".

Quelques variantes pour la définition de types personnalisés

En ce qui concerne les structures, on peut définir un type personnalisé en même temps qu'on déclare la structure. La déclaration :

```
typedef struct  machinedata
{
     float puissance;
     float rendement;
     int systeme;
} mdata;
```

ne définit pas une variable du nom de "mdata", mais un type de structure baptisé "mdata" qui pourra être utilisé comme synonyme du type "struct machinedata".

Une instruction **typedef** peut servir dans les structures à autre chose qu'à créer un nom de remplacement pour des types de données existants. Ici on peut également utiliser une autre (troisième) forme de déclaration de structure. Ainsi, la déclaration :

```
typedef  struct
{
     float puissance;
     float rendement;
     int systeme;
} mdata;
```

créerait un synonyme "mdata" pour un type de structure sans nom. Au fond, cette déclaration équivaut à la déclaration :

```
struct  mdata
{
     float puissance;
     float rendement;
     int systeme;
};
```

qui génère le même type de données, mais avec un autre nom. Dans le dernier cas, en effet, on définirait une variable "x" ayant ce type par :

- struct mdata x;

alors que dans le premier cas il suffirait d'écrire :

- mdata x;

L'inconvénient de ces appellations si courtes est qu'on ne reconnaît pas , lors de la définition d'une variable, qu'il s'agit d'une variable structurée.

Redéfinition de types simples

On peut naturellement rebaptiser des types simples, par exemple pour attirer l'attention sur telle ou telle chose. Ainsi :

- typedef int ENTIER;

définit pour le type **int** une autre appellation ENTIER afin de mieux faire ressortir la nature (nombre entier) de la variable définie :

- ENTIER x;

Le type personnalisé est très souvent écrit en majuscules (comme sur notre exemple) afin de bien le différencier des types prédéfinis. De manière analogue :

- typedef int bool;

définit un synonyme du type **int** afin de signaler qu'une variable doit prendre seulement deux valeurs (par exemple 0 et 1). La définition :

- bool commutateur;

équivaut alors à :

- int commutateur;

mais est plus parlante car elle annonce que la variable "commutateur" est utilisée vraisemblablement comme variable bascule (deux valeurs). Du reste, on peut condenser les deux instructions :

```
typedef int ENTIER;
typedef int bool;
```

en une unique instruction :

- typedef int ENTIER, bool;

qui définit pour le type **int** les deux synonymes "ENTIER" et "bool".

Particularités de la redéfinition de types complexes

Il faut encore signaler une petite particularité lorsqu'on veut rebaptiser des types de tableaux ou d'autres données relativement complexes. Supposons par exemple qu'on utilise fréquemment des tableaux **char** de 80 éléments (ce qui correspond à la largeur d'une ligne d'écran) et qu'on veuille donc dans les définitions du style :

- char l1 [80], l2 [80], l3 [80];

remplacer le type :

- char [80]

par l'appellation raccourcie LIGNE. On peut y arriver par l'instruction suivante :

- typedef char LIGNE [80];

La désignation LIGNE synonyme de **char 80**, dans ce cas, ne se place pas après le nom du type prédéfini, mais entre **char** et "[80]", là où se met le nom de la variable lors de la définition. Il n'en est pas moins vrai que LIGNE est le nom d'un type, à savoir une nouvelle appellation pour "char [80]". Vous pouvez donc maintenant remplacer :

- char l1 [80], l2 [80], l3 [80];

par l'écriture plus concise :

- LIGNE z1, z2, z3;

que le compilateur, lors de la compilation, retraduira en écriture d'origine. Voici une règle utile, particulièrement pour la redéfinition des types complexes : le nom du type à définir doit toujours figurer dans la partie de l'instruction venant après le mot clé **typedef** à l'endroit où il faudrait placer un nom de variable si la partie de l'instruction venant après **typedef** était une définition normale de variable et non une portion d'une instruction **typedef**.

6.2   Définition de types personnalisés (enum)

Il n'est pas rare qu'une variable ne doive prendre qu'un certain nombre de valeurs. Par exemple, la variable "commutateur" de la section précédente a été conçue comme une variable booléenne ne pouvant prendre que les valeurs 0 et 1 (bien que le type **int** l'autorise à prendre naturellement d'autres valeurs). Un autre exemple est donné par la variable :

```
- int trimestre;
```

pour laquelle il n'y a que quatre valeurs à prendre raisonnablement en considération, de 1 à 4. Ici la langue de tous les jours comme le langage de programmation identifient directement la période de l'année par une valeur numérique. Aux deux niveaux sémantiques, le symbole "1" ou la valeur 1 (et pas n'importe quel nom) par exemple désigne un certain trimestre, à savoir le premier. On parle alors de "trimestre 1" ou bien on vérifie dans le programme par :

```
if (trimestre == 1)
    .
    .
    .
```

si la variable "trimestre" possède justement la valeur 1. Les quatre possibilités de trimestre sont donc différenciées les unes des autres par des valeurs numériques, et non par des libellés spécifiques (tels que "Hiver", "Printemps", etc.)

Il arrive dans les programmes qu'il faille aussi distinguer des cas où des possibilités de choix ne se présentent pas, de prime abord, sous forme de valeurs numériques (et donc directement compréhensibles par la machine). Supposons qu'on veuille, dans un certain contexte, différencier les continents "Afrique", "Amérique", "Asie", "Océanie" et "Europe". Habituellement, il faut attribuer à chaque continent une valeur numérique : on pourrait affecter la valeur 0 à l'Afrique , la valeur 1 à l'Amérique, 2 à l'Asie, 3 à l'Océanie et 4 à l'Europe. A l'aide d'une variable adéquate, par exemple :

```
- int conti;
```

on peut ensuite formuler dans le programme des instructions spécifiques aux continents :

```
if (conti == 1)
    printf("Le continent américain a une superficie de 42.3 millions de km.");
```

Une alternative à ce procédé consiste à ne pas affecter de valeurs numériques aux objets du langage courant comme les continents, les jours de la semaine, les noms des mois, etc., mais plutôt à créer un type spécifiquement adapté au contexte, type composé d'une liste spéciale de valeurs textuelles et non numériques. Le langage C dispose, à cette fin, du type

enum. Ce nom dérive de l'anglais "enumerate" qui signifie "énumérer". On comprend donc pourquoi les types créés à l'aide du type **enum** sont aussi appelés types énumératifs. Ici on énumère, dans une liste, les valeurs que peut prendre une variable ayant ce type spécial **enum**. Pour définir un type énumératif, il faut passer par une déclaration. Celle-ci ressemble assez à la déclaration d'une structure et se présente ainsi dans sa forme la plus générale :

```
enum    nom_des_type_énumération
{
    nom_1,
    nom_2,
    .
    .
    .
    nom_n
};
```

Comme pour une déclaration de structure où le mot clé **struct** précède le nom du type de la structure, le mot clé **enum** peut être suivi d'un nom relatif au type énumératif. La liste qui vient après énumère les valeurs autorisées pour une variable ayant ce type-là. Ces valeurs ne sont pas données sous forme de nombres, mais sous forme de noms (libellés). (En fait, comme vous allez le voir, derrière ces noms se cachent naturellement des valeurs numériques). En vous inspirant de cette syntaxe, vous pouvez maintenant créer le type énumératif suivant pour le problème des continents :

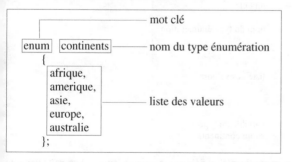

Ensuite, l'instruction :
```
- enum continents conti;
```

définit une variable nommée "conti" dont le type est "enum continents".

Cette variable ne peut prendre qu'une des valeurs contenues dans la liste spécifiée lors de la déclaration. L'instruction :
```
if (conti == 1)
        printf("Le continent américain a une superficie de 42.3 millions de km.");
```

est modifiée pour être plus lisible :

```
if (conti == amerique)
        printf("Le continent américain a une superficie de 42.3 millions de km.");
```

et une affectation comme :

```
    - conti = asie;
```

initialise la variable "conti" à la valeur "asie".

Variantes de définition et de déclaration

Comme pour les structures, avec les types énumératifs on peut combiner la définition d'une variable avec la déclaration du type. Les deux instructions :

```
enum    continents
{
   afrique,
   amérique,
   asie,
   europe,
   australie
};
enum    continents    conti;
```

peuvent être condensées en une unique instruction (équivalente). L'instruction :

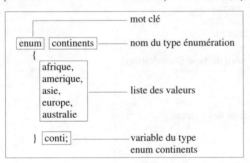

déclare aussi un type "enum continents" et définit une variable "conti". Avec cette dernière syntaxe, on peut omettre le nom du type énumératif. On pourrait ainsi via :

```
enum
{
    afrique,
    amerique,
    asie,
    oceanie,
    europe
} conti;
```

déclarer un type énumératif sans nom et une variable énumérative "conti". Pour des raisons qui ont déjà été exposées dans le contexte des déclarations de structures, on ne devrait pas non plus abuser de cette licence avec les types énumératifs et se priver ainsi d'un repère simple favorisant la lisibilité du code.

Ce que cache la liste des valeurs d'un type énumératif

On peut se demander ce que le compilateur fait d'une valeur telle que "amerique" qui, d'après son apparence extérieure, n'est ni un nombre ni un nom de variable. En fait, de telles valeurs sont traitées de manière interne comme des objets numériques, plus précisément comme des constantes entières de type **int**. Mais contrairement à d'autres constantes numériques, ces données ont des noms grâce auxquels on peut y accéder. On peut donc les définir aussi comme des constantes symboliques.

Le compilateur affecte, de manière standard, à chaque valeur de la liste spécifiée lors de la déclaration (donc la liste des constantes symboliques) une certaine valeur entière. Le premier nom de la liste équivaut à la valeur 0, le second à la valeur 1, le troisième à la valeur 2, etc. Chaque nom reçoit systématiquement la valeur de son prédécesseur augmentée de 1. Pour le type énumératif :

```
enum   continents
{
     afrique,
     amerique,
     asie,
     oceanie,
     europe
};
```

les noms "afrique", "amerique", "asie", "oceanie" et "europe" prennent respectivement les valeurs numériques 0, 1, 2, 3 et 4. On peut toutefois intervenir dans cette attribution de valeurs standard réalisée par le système : on affecte explicitement, lors de la déclaration, une valeur entière de type **int** à n'importe quel nom de la liste. La déclaration :

```
enum   continents
{
     afrique=100,
     amerique,
     asie,
     oceanie,
     europe
};
```

initialise à 100 la valeur de la constante symbolique "afrique". La contante suivante "amerique" reçoit désormais automatiquement la valeur 101, "asie" vaut 102, "oceanie" 103 et "europe" 104. Chacune prend donc la valeur de la précédente et y ajoute 1. Plus généralement, on applique toujours la règle du prédécesseur lorsqu'une constante ne reçoit pas explicitement de valeur. Bien évidemment, on peut affecter des valeurs à plusieurs noms ou à tous les noms de la liste, sachant que des valeurs identiques pour des noms différents sont autorisées.

Dans la déclaration :

```
enum   continents
{
     afrique,
     amerique = 50,
     asie = 50,
     oceanie = 5,
     europe
};
```

"afrique" prend par défaut la valeur 0, "amerique" et "asie" prennent chacune la valeur 50, "oceanie" prend la valeur 5 et "europe", suivant en cela la règle précédemment explicitée, prend la valeur du prédécesseur augmentée de 1, soit 6.

Comme les valeurs que peut prendre une variable de type **enum** sont, de manière interne, des constantes de type **int**, ce genre de variable est traité par le compilateur comme une variable **int**. Elle a la même occupation mémoire et peut notamment être utilisée dans des opérations comparatives ou arithmétiques. L'exemple suivant utilise une variable **enum** en tant que variable de contrôle ou index. La déclaration :

```
enum   listemois
{
     janvier = 1, fevrier, mars, avril, mai, juin,
     juillet, aout, septembre, octobre, novembre, decembre
} mois;
```

crée un type "enum listemois" et définit une variable "mois" ayant ce type. La liste des valeurs englobe les noms des douze mois, lesquels possèdent les valeurs internes 1 à 12 puisque la valeur initiale par défaut de "janvier" est passée de 0 à 1 afin de faire correspondre les valeurs numériques des éléments de la liste aux numéros usuels des mois. Avec les variables :

```
float   ca_annuel;
float   ca [13];       /* le premier élément reste libre */
```

on peut, via l'instruction :

```
for (mois = janvier, ca_annuel = 0; mois <= decembre; mois++)
{
     scanf("%f", &ca[mois]);
     ca_annuel = ca_annuel + ca[mois]);
}
```

totaliser tous les chiffres d'affaires mensuels pour calculer le résultat annuel.

Les noms de la liste des valeurs du type énumératif doivent être non ambigus. En d'autres termes, on ne doit pas les reprendre pour d'autres données, par exemple pour des variables ou des éléments issus de la liste des valeurs d'un autre type énumératif. On ne peut pas non plus employer les valeurs d'un type énumératif pour les affecter aux variables d'un autre type énumératif. Une instruction comme :

```
- mois = asie;
```

n'aurait guère de sens. Par ailleurs, elle est interdite.

7 Classes de mémorisation

La manière dont un programme C gère les variables ne dépend pas seulement du type de celles-ci, mais aussi de l'endroit du programme dans lequel elles sont définies et de la classe de mémorisation qui leur a été attribuée ce faisant. La classe de mémorisation (storage class) d'une variable détermine l'endroit où sera rangée la variable, endroit situé dans la zone mémoire occupée par le programme C. En outre, l'emplacement de définition ainsi que la classe de mémorisation d'une variable conditionnent les points suivants :

► La partie du programme dans laquelle la variable est définie, c'est-à-dire valide (domaine de validité de la variable). Par exemple, une variable peut exister (être utilisée) dans tout le programme ou seulement dans des portions de celui-ci. Pour un objet de données (tel qu'une variable), au lieu de dire qu'il est "valide" dans une certaine partie du programme, on dit plutôt qu'il est "visible" ou "connu" à cet endroit-là. Du reste, les réflexions relatives au domaine de validité (portée) des variables (c'est-à-dire au domaine de validité des noms qui les représentent) se généralisent à d'autres noms susceptibles d'être rencontrés dans un programme C : par exemple, les noms des constantes symboliques, des types et des champs de structures, des types énumératifs et des fonctions.

► La fraction de la durée totale du programme pendant laquelle la variable existe vraiment (durée de vie de la variable). Par exemple, une variable peut exister (occuper de l'espace mémoire) pendant tout le programme ou seulement pendant certains intervalles de temps (hors ces moments, elle est effacée de la mémoire).

Les variable ne sont pas les seules entités à posséder une classe de mémorisation. Les fonctions aussi sont classifiées de cette façon. Ce chapitre traite des classes de mémorisation des variables (ce qui représente le plus gros morceau du thème "Classes de mémorisation"). Les classes de mémorisation des fonctions seront présentées au chapitre 10 **Fonctions**.

7.1 Variables locales et globales

Selon l'emplacement de définition d'une variable dans le programme, on parle soit de variable locale soit de variable globale. Une variable globale est définie hors de toute fonction. Toutes les variables utilisées jusqu'alors dans nos programmes n'étaient pas pour autant des variables globales car elles étaient définies à l'intérieur de la fonction **main**. Une variable globale est connue (donc valide et utilisable) dans tout le fichier (donc dans chaque bloc ou chaque fonction) où elle est définie à partir de l'endroit de sa définition. Selon sa classe de mémorisation, sa portée peut même s'étendre à d'autres fichiers (modules), si le programme se compose de plusieurs fichiers (cf. Section 7.2).

Une variable locale, au contraire, est définie à l'intérieur d'une fonction ou d'un bloc. Une telle définition de variable est autorisée ce faisant au début de n'importe quel bloc, et pas seulement dans le bloc principal d'une fonction. Les variables utilisées jusque-là dans nos programmes étaient donc toutes des variables locales, car elles étaient systématiquement définies dans **main**. Les variables locales sont connues (valides et utilisables) uniquement à l'intérieur de la fonction ou du bloc contenant leur définition. Le programme qui suit montre l'utilisation des variables globales et locales.

▶ SCOPE1.C

```
/* scope 1 démontre la définition et l'utilisation des variables globales et locales */
#include <stdioh>

int global = 1000;                /* variable globale
                                     zone de validité: fichier entier */

main( )
{                                 /* début du bloc main extérieur */

    int local1 = 2000;            /* variable locale
                                     zone de validité: main */

    printf("bloc extérieur main: valeur de global est %d\n");
    printf("bloc extérieur main: valeur de local est %d\n\n");

    {                             /* début du bloc main intérieur */

        int local2 = 3000;        /* variable locale
                                     zone de validité : bloc */

        printf("bloc extérieur main: valeur de global est %d\n", global);
        printf("bloc extérieur main: valeur de local1 est %d\n", local1);
        printf("bloc extérieur main: valeur de local2 est %d", local2);
    }                             /* fin du bloc main intérieur */

    func( );                      /* appel de fonction func */
}                                 /* fin du bloc main extérieur */

func( );                          /* le programme, en dehors de main,
                                     contient encore toute fonction */
{

    int local3 = 4000;            /* variable locale
                                     zone de validité: func */

    printf("\n\nfunc: valeur de global est %d", global);
    printf("\n\nfunc: valeur de local3 est %d", local3);
}
```

Commentaires

Le programme SCOPE1.C contient deux innovations. D'une part, il n'utilise pas seulement des variables locales, mais aussi une variable globale. D'autre part, le programme, contrairement à ses prédécesseurs, ne se compose plus d'une seule fonction (à savoir **main**). Il y a ici une autre fonction (personnelle) nommée "fonc" dont le code suit celui de la fonction **main**. Le programme SCOPE1.C fait quelque peu appel aux notions du chapitre 10 (**Fonctions**) dans lequel on traite en détail les structures de programme basées sur plusieurs fonctions (personnelles). Cette anticipation est cependant très utile et (comme on le verra) fort instructive pour l'illustration de la "globalité" ou de la "localité" des variables. D'ailleurs, nous déborderons peu de ce qui a été déjà exposé au sujet des fonctions dans le chapitre 1 **Structure des programmes**.

Dans ce premier chapitre, nous avions présenté, entre autres, un programme C comme une suite de fonctions, une fonction (à savoir **main**) au moins devant être toujours présente. Toutes les autres fonctions éventuellement contenues dans le programme ressemblent formellement à la fonction **main**, ce qu'on vérifie facilement en ce qui concerne la fonction "fonc" de SCOPE1.C. Le nom de la fonction (fonc) est suivi, comme **main**, de parenthèses. Ensuite viennent les accolades de bloc, entre lesquelles peuvent figurer des définitions, des déclarations et des instructions. Entre les accolades de bloc, on indique également ce que "fait" la fonction. Dans le cas de "fonc", on affiche les valeurs des variables "global" et "local3". Comme vous le savez déjà depuis le chapitre "Structure des programmes", une fonction exécute les instructions qu'elle renferme lorsqu'elle est appelée (c'est-à-dire lorsque son nom est cité quelque part dans une instruction du programme). La fonction "fonc" est appelée dans le programme principal (donc dans **main**) de SCOPE1.C, via l'instruction :

```
fonc();
```

Elle exécute alors les deux instructions qu'elle contient. Après cela, le programme SCOPE1.C se termine car l'appel de fonction :

```
fonc();
```

est la dernière instruction du programme.

Portée des variables

Consacrons-nous maintenant à l'autre innovation. Le programme SCOPE1.C contient quatre variables, trois locales et une globale. La variable "global" est définie hors de toutes les fonctions contenues dans SCOPE1.C. Sa portée s'étend depuis l'endroit où elle est définie jusqu'à la fin du fichier. Elle est connue aussi bien dans la fonction **main** que dans la fonction "fonc", ce qu'illustre parfaitement l'affichage du programme :

```
Bloc externe main : Valeur de global est 1000
Bloc externe main : Valeur de local1 est 2000
Bloc interne main : Valeur de global est 1000
Bloc interne main : Valeur de local1 est 2000
Bloc interne main : Valeur de local2 est 3000
fonc : Valeur de global est 1000
fonc : Valeur de local3 est 4000
```

La variable "global" est affichée sans problème dans les deux fonctions (**main** et "fonc"), avec sa valeur correcte. En d'autres termes, les deux fonctions peuvent "faire quelque chose" du nom "global" car il représente pour elles une grandeur définie. Il n'est pas obligatoire de définir une variable globale au début du fichier, bien que cela soit le cas le plus fréquent.

Sa définition peut aussi se trouver entre deux fonctions, comme dans le fragment de programme suivant SCOPE2.C :

```
#include <stdioh>

int global1;              /* variable globale
                             zone de validité: fichier entier */

main ()
{
    .
    .
    .
}

float global 2;           /* variable globale
                             zone de validité: d'ici
                             à la fin du fichier */

fonc ()
{
    .
    .
    .
}
```

Les deux variables globales ont des portées différentes : "global1" est valable dans tout le fichier SCOPE2.C car sa définition se fait au début du fichier . "global2" n'est connue qu'à partir de son emplacement de définition (après la fin de main) et dans tout le reste du fichier.

Contrairement à la variable "global", les variables "local1", "local2" et "local3", en revanche, ne sont pas connues dans tout le programme. La portée de "local1" est limitée à la fonction **main**. Ce faisant, "local1" est naturellement connue dans le bloc qui se trouve à l'intérieur de **main**. "local2", quant à elle, est certes définie dans **main**, mais à l'intérieur de ce bloc. Elle n'est donc valide que dans ce seul bloc. "local3" enfin n'est connue que de la fonction "fonc" et non de **main**. On peut facilement vérifier la "localité" des variables "local1", "local2" et "local3" en modifiant de manière conforme le programme SCOPE1.C :

func1.c

```
#include<stdio.h                                      /* pour printf */

extern int e;                      /* Déclaration globale de la variable est
                                      utilisable dans func1.c à partir de
                                      cette déclaration */
func1()
{
    printf("\func1:\tValeur de e est %d", e);
}
```

func2.c

```
#include<stdio.h>                                              /* pour printf */
    extern int e;                           /* Déclaration locale de la variable
                                            e. N'est utilisable que dans func2 */

func2()
{
    printf("\nfunc2:\tValeur de e est %d,", e);
}
```

> **SCOPE3.C**

```
/*      SCOPE3 montre une utilisation erronée de variables locales      */
#include  <stdio.h>
int global = 1000;              /* Variable globale : portée = tout le fichier   */
main()
{                                       /*      début bloc externe de main        */
    int local1 = 2000;                  /*      Variable locale  : portée = main  */
    printf("Bloc externe main : La valeur de global est %d\n", global);
    printf("Bloc externe main : La valeur de local1 est %d\n", local1);
    printf("Bloc externe main : La valeur de local2 est %d\n", local2);
                                                                    /* erreur */
    printf("Bloc externe main : La valeur de local3 est %d\n\n", local3);
                                                                    /* erreur */
    {                                   /*      début bloc interne de main        */
    int local2 = 3000;                  /* Variable locale  : portée = bloc       */
    printf("Bloc interne main : La valeur de global est %d\n", global);
    printf("Bloc interne main : La valeur de local1 est %d\n", local1);
    printf("Bloc interne main : La valeur de local2 est %d\n", local2);
    printf("Bloc interne main : La valeur de local3 est %d\n", local3);
                                                                    /* erreur */
    }                                   /*      fin bloc interne de main          */
    fonc();                             /*      appel de la fonction fonc         */
}                                       /*      fin bloc externe de main          */
fonc()          /* le programme contient une autre fonction que main : fonc      */
{
    int local3 = 4000;                  /*      Variable locale : portée = fonc   */
    printf("\n\nfonc : La valeur de global est %d", global);
    printf("\nfonc : La valeur de local1 est %d", local1);          /* erreur */
    printf("\nfonc : La valeur de local2 est %d", local2);          /* erreur */
    printf("\nfonc : La valeur de local3 est %d", local3);
}
```

Les passages marqués "erreur" du programme précédent renferment des instructions qui doivent afficher des variables locales hors de leur domaine de validité. Ainsi, la variable "local2" n'est pas connue dans **main** hors du bloc interne et "local3" n'apparaît nulle part dans **main**. De même, "local1" et "local2" ne sont pas connues dans "fonc". Hors de leur domaine de validité, les noms de variables n'ont aucune signification pour le compilateur et ne peuvent pas être utilisés. La réaction du compilateur est conforme, lorsque vous essayez de faire traduire le programme SCOPE3.C. L'extrait suivant montre à quoi peut ressembler la liste des messages d'erreur en pareil cas :

```
c:\scope3.c:
```

```
Error  c:\scope3.c  13:  Undefined  symbol  'local2'  in  function  main
Error  c:\scope3.c  14:  Undefined  symbol  'local3'  in  function  main
Error  c:\scope3.c  37:  Undefined  symbol  'local1'  in  function  fonc
Error  c:\scope3.c  38:  Undefined  symbol  'local2'  in  function  fonc
```

Le compilateur a repéré sur les lignes 13 et 14 des noms qui lui sont inconnus ("local2" et "local3") dans le domaine de la fonction **main**, et avec lesquels il ne peut naturellement rien faire. Le fait que le nom inconnu "local3" figure une seconde fois dans **main**, dans le bloc interne, ne donne pas de message d'erreur spécifique. Mais cette anomalie est néanmoins enregistrée et donnerait lieu à une erreur si on ne corrigeait pas le bloc intérieur. Sur les lignes 37 et 38, on signale des erreurs analogues en ce qui concerne le domaine de la fonction "fonc" : "local1" et "local2" n'y sont pas connus, donc pas utilisables.

Variables homonymes

La possibilité d'utiliser des variables locales et globales en C, en relation avec le concept de bloc, permet de créer des variables pour des portions de programme de toutes tailles. Ce faisant, il est licite (mais pas recommandé) de définir des variables de même nom au sein du même programme, du moment que leurs domaines de validité diffèrent. (Si les domaines de validité de deux variables sont identiques, alors le compilateur n'accepte naturellement pas que des variables aient le même nom).

Si les domaines de validité de deux variables homonymes ne se recoupent pas, alors la situation est claire : chaque variable est inconnue dans le domaine de validité de l'autre et ne peut donc y être utilisée. Les deux variables n'entrent pas "en conflit". En effet, peu importe pour le compilateur que leurs noms soient identiques ou pas. Comme leurs portées ne se recoupent pas, le compilateur n'a même pas à décider laquelle des deux variables homonymes est concernée par une instruction. Le programme suivant SCOPE4.C montre une telle constellation :

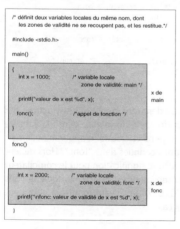

```
/* définit deux variables locales du même nom, dont
   les zones de validité ne se recoupent pas, et les restitue.*/

#include <stdio.h>

main()

{
    int x = 1000;          /* variable locale
                              zone de validité: main */       x de
                                                              main
    printf("valeur de x est %d", x);

    fonc();                /*appel de fonction */

}

fonc()

{

    int x = 2000;          /* variable locale
                              zone de validité: fonc */       x de
                                                              fonc
    printf("\nfonc: valeur de validité de x est %d", x);

}
```

Les deux variables "x" sont des entités autonomes et opèrent dans des domaines de validité différentes (**main** et "fonc") qui ne se recouvrent jamais. La variable "x" de **main** ne peut donc pas être confondue avec la variable "x" de "fonc" et, de ce fait, ne la "concurrence" pas. Dans chacun des domaines de validité, le compilateur sait, sans aucune ambiguïté, quelle est la variable de nom "x" qui est concernée à chaque fois. Le programme affiche, comme il se doit :

```
main : la valeur de x est 1000
fonc : la valeur de x est 2000
```

Considérons maintenant l'autre cas, dans lequel les domaines de validité de variables homonymes, sans être identiques, se recoupent. Cela veut dire ici que le domaine de validité d'une variable est inclus dans celui de l'autre. Par exemple, quelle est la variable qui sera affichée par les instructions **printf** dans le programme suivant SCOPE5A.C ?

> **SCOPE5A.C**
```
/*   SCOPE5A définit des variables de même nom avec des domaines de validité qui
                                                                  se recoupent */
#include  <stdio.h>
int x = 1000;                                   /*      Variable globale      */
main()
{
    int x = 2000;                               /*      Variable locale       */
     printf("Bloc externe main: la valeur de x est %d", x);

     {
     int x = 3000;                              /*      Variable locale       */
      printf("\nBloc interne de main : la valeur de x est %d", x);
     }
     fonc();                                    /*      appel de fonction     */
}
fonc()
{
    int x = 4000;                               /*      Variable locale       */
     printf("\nfonc : la valeur de x est %d", x);
}
```

Qu'affichera donc la première instruction **printf** dans **main** ? La valeur de la variable globale "x" (1000) ou la valeur de la première variable locale (2000) ? D'après ce que nous savons déjà, les deux variables devraient être valides dans le domaine de **main**. On trouve une situation analogue dans le bloc interne de **main**. Ici, théoriquement, devraient entrer en conflit les valeurs de trois variables : la valeur de la variable globale "x" et les valeurs des deux variables locales "x" de **main** et du bloc inclus dans **main**. Il en va de même pour l'instruction **printf** de "fonc" : quelle est la valeur à prendre ? Celle de la variable globale "x" ou celle de la variable locale "x" de "fonc" ?

Dans des situations comme celles-ci, on suit la règle que voici :

Si dans un programme existent deux variables de même nom et que la portée de l'une (contenu) est incluse dans la portée de l'autre (contenant), alors dans le domaine intérieur (contenu) on privilégie la variable qui y est définie. On dit aussi que la variable définie dans le contenu cache la variable définie dans le contenant. Hors du contenu, on privilégie la variable définie dans le contenant.

Pour notre exemple SCOPE5A.C, cela signifie que la première instruction **printf** affiche la valeur de la variable locale "x" de main (2000). En effet, la portée de cette variable est contenue dans celle de la variable globale "x". La variable locale "x" de **main** cache donc la variable globale "x". De même, dans le bloc interne de main la seconde instruction **printf** affiche la variable locale ayant la valeur 3000, car sa portée est incluse dans celle de la variable locale "x" du bloc principal de **main**. La variable "x" du bloc interne cache la variable "x" du bloc contenant. Enfin, conformément à la règle précédemment formulée, la variable "x" de "fonc" cache aussi la variable globale "x" puisque la portée de "x" de "fonc" est contenue dans le domaine de validité de la variable globale "x". Le programme SCOPE5A.C affiche donc :

```
Bloc externe de main : la valeur de x est 2000
Bloc interne de main : la valeur de x est 3000
fonc : la valeur de x est 4000
```

Pour illustrer les portées des variables de SCOPE5A.C, voici une variante du programme. A des fins de démonstration, on a ajouté dans **main** une instruction d'affichage supplémentaire à la suite du bloc interne :

> SCOPE5B.C

```
/* scope5b définit les variables de même nom avec des zones
   de validité qui s'entrecoupent et renvoie leur valeur */

#include <stdio.h>

int x = 1000;              /* variable globale   */

main()
{
    int x = 2000;          /*variable  locale */
    printf("main: la valeur de x avant le bloc intérieur est %d", x);

    {
        int x = 3000;      /* variable locale */
        printf(\n bloc intérieur main: valeur de x est %d", x);
    }

    printf("\n main: valeur de x après le bloc intérieur est %d", x);

    fonc()                 /* appel de fonction*/

}

fonc()
{
    int x = 4000;          /* variable locale */
    printf("\n fonc: valeur de x est %d", x);
}
```

Si on observe l'affichage des programmes SCOPE5A.C ou SCOPE5B.C, celui de SCOPE5B.C donnant d'ailleurs :

```
main : la valeur de x avant le bloc interne est 2000
bloc interne de main : la valeur de x est 3000
main : la valeur de x après le bloc interne est 2000
fonc : la valeur de x est 4000
```

on remarque que la valeur de la variable globale "x" n'apparaît pas du tout. En raison des homonymies, on est arrivé à une situation très particulière. En effet dans le programme on n'arrive plus à accéder de manière "normale" à la variable globale "x". Dans chaque portion du programme, la variable globale "x" est cachée par une variable locale de même nom. Peut-on cependant encore accéder, de quelque façon que ce soit, à la variable globale "x" ? A vrai dire, il y aurait un moyen (compliqué) pour accéder à cette variable, de manière indirecte, à l'aide d'une variable pointeur (via l'adresse de la variable globale "x"). Mais cela ne présente pas d'intérêt immédiat. Nous, car nous examinerons ce problème en détail au chapitre 9 **Pointeurs**. Occupons-nous plutôt des classes de mémorisation qui entrent en jeu avec les variables globales et locales.

7.2   Classes de mémorisation

Toute variable en C possède une (et une seule) classe de mémorisation parmi les suivantes :

► extern
► static
► auto
► register

Chacune des classes de mémorisation précédentes est utilisable avec les variables locales. Par contre, seules deux des classes de mémorisation, à savoir "extern" et "static", sont utilisables avec les variables globales.

Classes de mémorisation des variables locales

Classe de mémorisation auto

La spécification de classe est donnée lors de la définition ou déclaration, (cf. plus loin dans le chapitre) d'une variable. Elle précède l'indication du type, de sorte qu'on peut ainsi étendre la syntaxe relative à la définition des variables :

```
[classe]    <type>    <variable>;
```

Les crochets autour de la spécification de classe signifient que celle-ci est facultative et ne doit pas être donnée systématiquement. Jusqu'à présent aucune des définitions de variables dans nos programmes ne contenait ce genre d'indication. Cela tenait au fait qu'il s'agissait essentiellement de variables locales de classe **auto**, pour lesquelles la définition n'exige pas que soit explicitement spécifié le nom de la classe. La classe **auto** (automatic) est attribuée à une variable lorsque celle-ci est définie à l'intérieur d'une fonction et lorsque la spécification de classe est soit omise, soit réglée sur le mot clé **auto**. La tradition ici est d'omettre le mot clé **auto**.

Les définitions suivantes :

```
main()
{
    int a1;        /*     Variable de classe auto. Définition sans mot clé    */
    auto int a2;    /*     Variable de classe auto. Définition avec mot clé   */
    .
    .
    .
}
```

créent, toutes les deux, des variables locales de classe **auto**.

La classe **auto** influe spécifiquement sur la portée et la durée de vie des variables concernées. Ainsi, une variable **auto** est toujours locale et donc valide (c'est-à-dire connue et utilisable) seulement à l'intérieur du bloc dans lequel elle a été définie. Sa durée de vie (c'est-à-dire l'intervalle de temps pendant lequel elle existe dans le programme) est également limitée. Une variable existe (physiquement) dans un programme depuis le moment où de l'espace mémoire lui a été alloué et jusqu'au moment où cet espace mémoire est libéré (la variable est donc détruite). En fait, de manière fondamentale, une variable n'existe pas toujours tout au long du programme. Une variable locale de classe **auto**, par exemple, n'est créé en mémoire que lorsque le programme traite le bloc dans lequel elle est définie. Lorsque toutes les instructions du bloc sont exécutées (le traitement du bloc est donc terminé), la variable disparaît de la mémoire. Par conséquent, la valeur qu'elle possédait est perdue pour le programme. Une variable de cette nature n'existe donc que pendant une certaine phase du programme, pendant le déroulement du bloc contenant sa définition.

Si le bloc est à nouveau exécuté dans le programme, alors la variable est recréée en mémoire. On peut maintenant y accéder de nouveau (sous le même nom). Cependant, la valeur de sa dernière "incarnation" n'est plus disponible. Ce mécanisme de recréation à chaque nouvelle exécution du bloc et d'effacement de la mémoire à la fin du bloc peut être répété à volonté pour toute variable **auto**. Le programme suivant AUTO.C montre cela sur une variable définie dans un bloc constituant le corps d'une boucle **for**. Ce bloc est exécuté cinq fois puisqu'il y a cinq passages dans la boucle.

▶ **AUTO.C**

```
/*      AUTO utilise deux variables de classe auto, dont l'une est définie dans
                    le bloc instruction d'une boucle exécutée cinq fois.       */
#include    <stdio.h>
main()
{
    int i;    /* variable de classe auto : existe seulement pendant la durée de
                            vie de main et n'est connue que de main         */
    for (i = 0; i < 5; i++)
    {                                               /* début de bloc        */
    int a = 0;    /* variable de classe auto : connue seulement dans le bloc,
            recréée et réinitialisée à chaque nouveau passage dans la boucle.  */
        printf("Valeur de la variable auto 'a' lors du passage no %d." "dans la boucle
    d'exécution du bloc :\t%d\n", i+1, a);
```

```
    a++;
    }                                           /* fin du bloc   */
}
```

Le programme donne l'affichage :

```
Valeur de la variable auto 'a' lors du passage no 1 dans la boucle d'exécution du bloc : 0
Valeur de la variable auto 'a' lors du passage no 2 dans la boucle d'exécution du bloc : 0
Valeur de la variable auto 'a' lors du passage no 3 dans la boucle d'exécution du bloc : 0
Valeur de la variable auto 'a' lors du passage no 4 dans la boucle d'exécution du bloc : 0
Valeur de la variable auto 'a' lors du passage no 5 dans la boucle d'exécution du bloc : 0
```

Cela tient à ce que la variable "a", à chaque exécution du bloc situé dans le corps de la boucle, est recréée et initialisée. A la fin du bloc, elle est systématiquement effacée. Ainsi, à chaque début de bloc, la variable "a", via l'initialisation, reçoit la valeur 0, valeur avec laquelle elles est affichée. L'incrémentation qui suit reste sans effet, du fait qu'à la fin du bloc cette valeur disparaît lorsque la variable est détruite.

Contrairement à la variable "a", la variable "i" (qui possède aussi la classe **auto**) n'est créée qu'une seule fois, à savoir au début de la fonction principale **main**, car son bloc n'est exécuté qu'une seule fois pendant la durée de vie du programme.

Initialisation

Notez bien que la valeur de la variable "a" serait indéfinie si elle n'était pas initialisée lors de sa définition (ou ultérieurement, au plus tard avant qu'on essaie de la lire pour la première fois). Il en est de même pour toute variable de classe **auto**. Les valeurs d'initialisation peuvent ici être des constantes ou des expressions. Par exemple, supposons qu'on définisse une variable supplémentaire dans le **main** du précédent programme (hors du bloc interne) :

```
int init = 0;
```

La variable "a" pourrait aussi être initialisée par :

```
int a = init;
main()
{
    int i;
    int init = 0;
    for (i = 0; i < 5; i++)
    {
     int a = init;  /* initialisation d'une variable auto par une variable   */
     .
     .
     .
    }
}
```

L'initialisation de variables de types complexes (tableaux, structures) ayant la classe **auto** peut présenter des problèmes avec certains compilateurs. Comme nous l'avons déjà mentionné à plusieurs reprises dans les chapitres précédents (cf. par exemple le chapitre 5 **Types de données complexes : tableaux et structures**), l'initialisation de telles variables lors de leur définition n'est pas licite sur des compilateurs (anciens) qui ne se conforment pas au standard ANSI. Une initialisation du style :

```
main()
{
    int x [4] = {1, 2, 3, 4};                    /*    tableau de classe auto     */
    .
    .
    .
}
```

ne pose, en principe, aucun problème avec des compilateurs récents. Mais sur un système (ancien) comme ceux que nous venons de citer, elle ne serait pas admise. En pareil cas, si on veut cependant procéder à l'initialisation lors de la définition, il faut renoncer à prendre la classe **auto** pour la variable complexe et lui choisir **static** ou **extern** (cf. plus loin dans le chapitre).

Classe static

Les variables locales de la classe **static** sont définies avec le mot clé **static**. Elles ont la même validité que les variables de la classe **auto**, en ce sens qu'elles ne sont connues qu'au sein du bloc où elles ont été définies. L'instruction suivante définit une telle variable dans le domaine de la fonction **main** :

```
main()
{
    static int x;
    .
    .
    .
}
```

Contrairement aux variables **auto**, la durée de vie d'une variable **static** n'est cependant pas limitée à l'intervalle de temps durant lequel le bloc concerné est traité dans le programme. Au contraire, les variables **static** existent pendant tout le programme, ne disparaissent pas de la mémoire à la fin du bloc et ne sont pas recréées à la prochaine exécution du bloc. Elles sont, ainsi que l'indique le libellé de leur classe de mémorisation, "statiques". Il est à noter cependant que les variables locales statiques n'existent que si le bloc dans lequel elles sont définies est exécuté au moins une fois !

Initialisation

Une variable de classe **static** n'est créée qu'une seule fois en mémoire, même si le bloc dans lequel elle est définie est exécuté plusieurs fois. Lors de sa définition, elle peut être initialisée explicitement par le programmeur avec une valeur constante. Si tel n'est pas le cas, la variable est automatiquement initialisée à 0 en début de programme. Contrairement aux variables de classe **auto**, la valeur initiale d'une variable **static** n'est donc jamais indéfinie. L'initialisation d'une variable **static** lors de sa définition a lieu seulement une fois, même si le bloc contenant sa définition est exécuté à plusieurs reprises (cf. le programme STATIC.C un peu plus loin).

Les variables statiques conservent leurs valeurs

Les variables locales **static** ne sont pas recréées et initialisées à chaque exécution du bloc contenant leur définition. Par conséquent, contrairement aux variables de classe **auto**, elles conservent leurs valeurs entre deux exécutions du bloc. La valeur qu'elles possèdent à la fin de l'exécution de ce bloc n'est donc pas perdue, mais est conservée jusqu'à la prochaine exécution du bloc. Cependant, la valeur d'une variable locale **static** peut entre-temps être modifiée depuis un autre endroit que le bloc, via l'accès à la variable **static** au moyen d'un pointeur contenant l'adresse de celle-ci (cf. chapitre **Pointeurs**). Le programme suivant STATIC.C montre les résultats différents de deux portions de programme, identiques de par leur structure, qui utilisent deux variables locales dont l'une possède la classe **auto** et l'autre la classe **static**.

▶ **STATIC.C**

```
/*      STATIC montre l'utilisation d'une variable static      */
#include   <stdio.h>
main()
{
     int i;
     for (i = 0; i < 5; i++)
     {
      int a = 0;   /* Variable locale de la classe auto. Recréée et réinitialisée
                                         à chaque exécution du bloc */
       printf("valeur de a (auto) lors de l'exécution no %d du bloc :\t%d\n", i+1, a);
      a++;
     }
      printf("\n\n");
     for (i = 0; i < 5; i++)
     {
      static int a = 0;    /* Variable locale de classe static.Créée et initialisée une seule
fois.
                              Conserve sa valeur entre deux exécutions du bloc. */
       printf("Valeur de a (static) lors de l'exécution no %d du bloc
                                         :\t%d\n", i+1, a);
      a++;
     }
}
```

Le programme STATIC.C affiche :

```
Valeur de a (auto) lors de l'exécution no 1 du bloc : 0
Valeur de a (auto) lors de l'exécution no 2 du bloc : 0
Valeur de a (auto) lors de l'exécution no 3 du bloc : 0
Valeur de a (auto) lors de l'exécution no 4 du bloc : 0
Valeur de a (auto) lors de l'exécution no 5 du bloc : 0
Valeur de a (static) lors de l'exécution no 1 du bloc : 0
Valeur de a (static) lors de l'exécution no 2 du bloc : 1
Valeur de a (static) lors de l'exécution no 3 du bloc : 2
Valeur de a (static) lors de l'exécution no 4 du bloc : 3
Valeur de a (static) lors de l'exécution no 5 du bloc : 4
```

La première partie de l'affichage fonctionne comme dans AUTO.C. Comme la variable auto "a" est recréée et réinitialisée à 0 à chaque nouvelle exécution du bloc de boucle, elle est toujours affichée avec cette valeur en dépit de l'incrémentation placée à la fin du bloc. En revanche, la variable static "a" conserve sa valeur entre deux exécutions du bloc de boucle. Au premier passage, elle est affichée avec la valeur 0 et incrémentée. Au prochain passage, elle sera, comme il se doit, affichée avec la valeur 1, de nouveau incrémentée, etc. Indiquons ici encore une fois que l'initialisation à 0 de la variable static "a" n'est effectuée qu'à la première exécution du bloc. Pour toutes les exécutions suivantes du bloc, l'instruction :

```
static int a = 0;
```

n'est plus prise en compte.

L'initialisation explicite à 0 de la variable static "a" n'est d'ailleurs pas indispensable. Une variable statique, en effet, est de toute façon initialisée par défaut à cette valeur si le programmeur oublie d'initialiser. On aurait donc pu remplacer :

```
static int a = 0;
```

par un simple :

```
static int a;               /*      a est initialisé à 0, car de classe static      */
```

Dans notre exemple de programme, la variable static se trouvait dans le bloc instruction d'une boucle qui était répétée. Elle aurait aussi pu être définie dans une fonction appelée à plusieurs reprises. La variable static conserverait alors sa valeur entre deux appels de la fonction. Considérez pour cela la fonction "fonc" des programmes SCOPE1.C à SCOPE5.C. Nous allons la modifier un petit peu et l'appeler, dans le petit programme suivant, non pas une seule fois, mais deux fois.

> **OFFSTAT.C**

```
#include   <stdio.h>
main()
{
    fonc();                                  /*      1er appel de la fonction      */
    fonc();                                  /*      2ème appel de la fonction     */
}
fonc()
{
    int x = 1;
     printf("Appel no %d de fonc : la valeur de x est %d\n", x, x);
    x++;
}
```

On obtient l'affichage :

```
Appel no 1 de fonc : la valeur de x est 1
Appel no 1 de fonc : la valeur de x est 1
```

Comme la variable auto "x", sitôt l'exécution de toutes les instructions du bloc de la fonction "fonc" terminée, est supprimée de la mémoire et recréée au second appel de "fonc", les affichages des deux appels de fonction sont identiques. La variable "x", dans les deux cas, a la valeur 1. En particulier, on ne peut pas l'utiliser pour compter les appels de la fonction. Mais si on définit la variable "x" avec la classe static, alors le résultat change.

Le programme :

```
ONSTAT.C
#include <stdio.h>
main()
{
    fonc();                                    /*    1er appel de la fonction    */
    fonc();                                    /*    2ème appel de la fonction   */
}
fonc()
{
    static int x = 1;
    printf("Appel no %d de fonc : la valeur de x est %d\n", x, x);
    x++;
}
```

donne maintenant l'affichage :

```
Appel no 1 de fonc : la valeur de x est 1
Appel no 2 de fonc : la valeur de x est 2
```

On voit bien ici, et de manière simple, à quoi peuvent servir les variables locales static : à mémoriser des valeurs créées dans les blocs ou dans les fonctions de façon à les conserver au-delà de la durée d'exécution de ces blocs ou de ces fonctions.

Classe 'register'

Une variable de classe de mémorisation register est définie à l'aide du mot clé register et obéit aux mêmes règles, concernant la portée et la durée de vie, qu'une variable correspondante de classe auto. Mais contrairement à cette dernière, une variable de classe register n'est pas toujours rangée dans la mémoire de travail. Le compilateur, s'il le peut, la stocke dans un registre, c'est-à-dire dans une zone de mémoire incluse dans le processeur. Le nombre de registres concernés est limité et dépend du type d'ordinateur. Si aucun registre n'est disponible lors de la définition de la variable, celle-ci reçoit la classe auto et est rangée en mémoire normale. Le rangement dans un registre du processeur n'est donc pas garanti.

Abstraction faite de cela, il existe encore deux limitations. Selon le type d'ordinateur, on ne peut pas placer dans un registre n'importe quel type de données. Si une définition de variable spécifie la classe register pour un type de données qui ne peut être mis dans un registre, alors la classification register est ignorée et la donnée prend la classe auto. L'autre restriction concerne l'opérateur d'adressage "&" qui n'est pas utilisable sur des variables définies avec la classe register.

L'avantage d'avoir une variable conservée dans un registre réside avant tout dans la diminution du temps d'accès à cette variable en comparaison avec une variable située dans la mémoire RAM. L'accès plus rapide à une variable entraîne naturellement une réduction de la durée du programme. Cela est particulièrement notable lorsqu'une variable est souvent demandée, comme c'est le cas dans l'exemple suivant. Ici, on définit deux variables r1 et r2 de classe register, puis on les incrémente chacune jusqu'à 2 000 à l'aide de deux boucles imbriquées :

```
register int r1, r2;
for (r1 = 1; r1 <= 2000; r1++)
     for(r2 = 1; r2 <= 2000; r2++)
          ;
```

On peut illustrer l'effet de cette technique en comparant dans un programme la durée d'exécution d'une telle boucle utilisant une variable compteur de classe register avec celle d'une boucle utilisant une variable normale auto. Pour mesurer les durées, on fait appel ici à la fonction C 'time', laquelle requiert l'inclusion via :

```
#include  <time.h>
```

du header **time.h** dans le programme. La fonction **time** fournit la durée en secondes écoulée depuis le 1er Janvier 1970, heure zéro GMT. Cette valeur est stockée dans une variable de type long dont l'adresse sert de paramètre à la fonction time. Définissez donc par :

```
long  start;
long  end;
```

deux variables dont l'une (start) contiendra l'heure au début de la boucle et l'autre (end) l'heure à la fin de la boucle. La différence entre les deux valeurs donne le temps consommé (en secondes) par l'exécution de la boucle. L'instruction :

```
time(&start);
```

récupère l'heure au début de la boucle et la stocke dans start. Lorsque la boucle est terminée, notez par :

```
time(&end);
```

l'heure et rangez-la ainsi dans la variable end. Vous pourrez ensuite par :

```
printf("La boucle auto demande %ld secondes.", end-start);
```

ou par :

```
printf("La boucle register demande %ld secondes.", end-start);
```

afficher le temps consommé.

▶ COMPTIME.C

```
/*      COMPTIME compare les durées requises par l'exécution de deux boucles de
          comptage. Une des boucles utilise comme compteur une variable register et
          l'autre une variable normale auto. Le calcul de la durée se fait au moyen
          de la fonction C time.      */
#include <stdio.h>                                    /*      printf      */
#include <time.h>                                     /*      time        */
main()
{
    long start;                             /*      heure début boucle      */
    long end;                               /*      heure fin boucle         */
    int a1, a2;                        /*      compteurs de boucle auto      */
    register int r1, r2;           /*      compteurs de boucle register     */
     printf("\033[2J");
        printf("\n\nLe programme compare les durées d'exécution\n"
```

```
    " d'une boucle de comptage (4000000 opérations de comptage)\basée sur des
                          variables register\n"
    " et d'une autre boucle basée sur des variables auto\n.");
    time(&start);                /*      récupération heure début boucle auto      */
    for (a1 = 1; a1 <= 2000; a1++)
    for (a2 = 1; a2 <= 2000; a2++)
    ;
    time(&end);                  /*      récupération heure fin boucle auto      */
      printf("La boucle auto demande %ld secondes.", end-start);
    time(&start);                /*      récupération heure début boucle register      */
    for (r1 = 1; r1 <= 2000; r1++)
    for (r2 = 1; r2 <= 2000; r2++)
    ;
    time(&end);                  /*      récupération heure fin boucle register      */
      printf("La boucle register demande %ld secondes.", end-start);
}
```

Le programme affiche différentes durées d'exécution selon la vitesse du processeur, aussi bien pour la boucle auto que pour la boucle register. Ce qui est plus intéressant, ce sont les relations entre les deux durées. Le résultat suivant montre à quel point l'utilisation d'une variable register peut augmenter la vitesse du traitement :

```
La boucle auto demande 7 secondes.
La boucle register demande 4 secondes.
```

Classe "extern"

On utilise parfois, dans une fonction ou dans un bloc, le mot clé extern dans la définition d'une variable. Il est là pour indiquer au compilateur qu'il ne s'agit pas ici de la définition d'une variable locale, mais de la déclaration d'une variable qui a été définie à un autre endroit du programme. Cette déclaration ne crée pas de nouvel objet et, en particulier, n'entraîne aucune allocation de mémoire pour quelque donnée que ce soit. Elle sert simplement à déclarer au compilateur qu'il doit utiliser ici une variable globale définie ailleurs dans le programme. En pareil cas, on parle aussi d'importation de variable globale. Le fait de savoir dans quelles circonstances il faut placer ce genre de déclarations ressort du thème "variables globales" (définition et classe de mémorisation). Nous allons donc étudier ces connexions plus en détail dans la section suivante intitulée **Classes de mémorisation des variables globales**.

Classes de mémorisation des variables globales

Classe extern

Les variables globales ont la classe **extern** lorsqu'elles sont définies sans aucune indication de classe de mémorisation. De ce fait, la variable globale 'e' de l'exemple suivant :

```
int e;                                       /*      e a la classe extern.      */
main()
{
    .
    .
    .
}
```

possède la classe **extern**. La durée de vie d'une variable **extern** est égale à celle du programme. En d'autres termes, une variable **extern** existe pendant tout le programme, comme une variable static. Sa portée s'étend (depuis son emplacement de définition) sur le fichier tout entier dans lequel elle est définie et (si le programme comprend plusieurs fichiers) sur toutes les autres fichiers (modules) faisant partie du programme. Dans bien des cas cependant, dont celui cité à la fin de la section précédente, il faut redéclarer la variable **extern** avant de pouvoir s'en servir dans une portion de programme.

Déclaration de variable

Contrairement à sa définition, lorsqu'on déclare une variable de classe **extern**, il faut indiquer le mot clé **extern**.

```
extern int e;                    /*    déclaration d'une variable extern     */
```

Cela déclare une variable extern 'e' qui a été définie comme globale ailleurs dans le programme. (On a donc toujours une déclaration de variable lorsqu'on rencontre la spécification de classe extern). La déclaration d'une variable extern est, en quelque sorte, une annonce faite au compilateur dans laquelle on lui fournit des informations sur le nom et le type de la donnée. Ces informations, il les reçoit aussi lors de la définition de cette variable. La différence essentielle ici est que lors de la définition il y a en outre allocation d'espace mémoire pour la variable concernée, ce qui n'est pas le cas avec la déclaration. Cela n'est pas étonnant car le but d'une déclaration n'est pas de définir une nouvelle entité, mais plutôt d'informer le compilateur que cette entité a été définie à un autre endroit du programme et qu'il ne la connaît pas encore. Selon les besoins, une variable peut être déclarée plusieurs fois dans un programme, alors qu'elle ne doit être définie qu'une seule et unique fois.

Quand une telle déclaration est-elle requise ? Une variable définie avec la classe **extern** doit être redéclarée quand se présente l'une des deux situations suivantes :

► le programme comprend un seul fichier source, mais la variable doit être utilisée dans le programme avant sa définition.

► le programme se compose de plusieurs fichiers source et la variable doit être utilisée dans un autre fichier que celui dans lequel elle est définie.

Commençons par le premier cas dans lequel tout le programme tient sur un seul fichier source. Le programme EXTERN1.C utilise une variable de classe **extern** avant la définition de celle-ci, définition qui n'intervient que plus tard dans le fichier. Une déclaration de la variable est donc nécessaire avant sa première utilisation.

➤ EXTERN1.C

```
/*    EXTERN1 accède à une variable de classe extern avant que celle-ci ne soit définie
      dans le programme. Une déclaration de la variable est donc ici nécessaire. */
#include    <stdio.h>
main()
{
      extern int e;              /*    déclaration de la variable extern e, définie
                                        seulement après main. La variable est utilisable
                                        dans main à partir de cette déclaration       */
      e = 1;
```

```
    printf("main : valeur de e (extern) : %d", e);
    fonc();                                 /*      appel de fonction        */
}
int e;                      /* définition de la variable globale e de classe
                               extern. Se fait ici seulement après que la  variable ait
                                                        déjà été utilisée        */
fonc()                /* aucune déclaration extern de e n'est requise
                         pour fonc, car fonc se trouve après la définition de e */
{
    printf("\nfonc : valeur  de e (extern) : %d", e);
}
```

Le précédent programme EXTERN1.C ne représente pas du tout la manière normale d'utiliser des variables extern. Habituellement, on définit les variables externes au début du fichier source (avant le main) pour éviter des redéclarations. Naturellement, le programmeur peut toujours redéclarer une variable extern, par exemple pour signaler qu'une fonction utilise des variables extern. Dans l'extrait de programme suivant, la déclaration de la variable globale 'e' n'est pas indispensable car la variable a été définie au début du fichier et elle est donc connue partout. La déclaration est simplement là à des fins informatives :

```
int e = 1;
main()
{
    extern int e; /* cette déclaration n'est pas nécessaire. Elle montre simplement
                     que la fonction main utilise une variable externe. */

    printf("La valeur de e est %d", e);
}
```

La portée de la variable 'e' de l'exemple précédent, du fait de la déclaration **extern** dans **main**, comprend justement la fonction **main**, mais aussi la fonction 'fonc' pour laquelle aucune déclaration n'est requise car 'fonc' se trouve dans le programme après la définition de 'e'. Dans la version suivante EXTERN2.C, la déclaration de la variable se trouve aussi dans **main**, mais dans un bloc imbriqué dans le bloc extérieur de la fonction.

▶ EXTERN2.C
```
/*     EXTERN2 accède à une variable de classe extern avant qu'elle ne soit définie
       dans le programme. Pour cela, une déclaration de la variable est
       nécessaire avant son utilisation.       */
#include <stdio.h>
main()
{
    {
    extern int e; /* déclaration de la variable extern e. La variable est
                     ensuite utilisable dans le bloc intérieur de 'main'.      */
    e = 1;
    printf("Bloc intérieur de main : valeur de e (extern): %d", e);
    fonc();                                  /* appel de fonction        */
    }
}
int e;                          /* définition de la variable globale e de classe extern.
```

```
                              Se produit après utilisation dans 'main'.    */
fonc()                        /* aucune déclaration extern de e nécessaire pour fonc */
{                             /* car fonc se trouve après la définition de e.    */
    printf("\nfonc : valeur de e (extern): %d", e);
}
```

Dans ce cas, la variable 'e' n'est valide que dans le bloc intérieur de **main**. Toute tentative d'accéder à la variable dans main hors du bloc interne provoquerait une erreur de compilation. De manière plus générale, dans les cas où une déclaration est nécessaire et que cette déclaration se fait dans une fonction ou dans un bloc, l'emplacement de la déclaration d'une variable locale **extern**, comme son emplacement de définition, détermine la portée de cette variable. Dans ce contexte, on parle aussi d'importation locale d'une variable **extern** car la variable ainsi déclarée ne peut être utilisée qu'à l'intérieur du bloc ou de la fonction concernée. Beaucoup de compilateurs disposent d'extensions spécifiques de la norme ANSI, extensions activables ou désactivables à volonté. Une de ces extensions du C fait qu'une variable **extern** importée localement est connue non seulement de la fonction ou du bloc contenant sa déclaration, mais aussi du reste du fichier à partir de cette déclaration, indépendamment des limites du bloc ou de la fonction. Si vous alignez le code de vos programmes sur ce genre d'extensions spécifiques, vous restreignez naturellement la portabilité de ceux-ci.

Programmes composés de plusieurs fichiers source

Venons-en maintenant à la seconde des deux situations décrites au début, à savoir celle où le programme comprend non pas un mais plusieurs fichiers source et où une variable de classe extern doit être utilisée dans un autre fichier que celui dans lequel elle est définie. Dans cet ouvrage, nous avons déjà signalé qu'un programme ne comprenait pas forcément un fichier source unique. Cela est même l'exception avec les programmes d'une certaine dimension. Partager un programme en plusieurs fichiers source (modules) présente des avantages :

► Le programme est découpé de manière plus lisible et donc plus facilement compréhensible.

► Les divers modules (distincts) peuvent être réutilisés par d'autres programmes.

► En cas de modifications de programme (correction, échange et insertion de portions de code), seuls les modules concernés sont à modifier et à recompiler (et non le programme tout entier).

La modularisation d'un programme suppose qu'il se compose de plusieurs fonctions. Celles-ci se répartissent sur différents fichiers. Il faut simplement faire attention ici à ce qu'une fonction soit contenue entièrement dans un seul et même module. L'exemple suivant (EXTERN3.C) est intéressant à double titre : premièrement le programme est réparti sur plusieurs modules et deuxièmement (on revient ici au sujet qui nous intéresse en premier lieu) on déclare une variable externe dans un module ne contenant pas la définition de celle-ci. Nous commencerons par écrire le programme sur un seul fichier, comme d'habitude :

Programme avec plusieurs fonctions dans un seul fichier

extern3.C

```
#include<stdio.h>                                                    /* pour printf */
int e = 1;                                    /* Définition de la variable externe e. */
                                              /* Zone de validité: fichier entier */
main()
{
    printf("main:\tValeur de e est %d" , e) ;
    func1()                                                          /* Appel func1 */
    func2()                                                          /* Appel func2 */
}
func1()
}
    printf("\nfunc1:\tValeur de e est %d", e);
}
func2()
{
    printf("\nfunc2:\tValeur de e est %d", e);
}
```

Le programme EXTERN3.C contient en tout trois fonctions : **main** plus deux autres fonctions simples fonc1 et fonc2 bâties sur le principe de la fonction 'fonc' déjà utilisée. Ce qu'elles font est aisément compréhensible : si on les appelle, elles affichent la valeur de la variable **extern** 'e'. La variable globale 'e' est définie au début du fichier EXTERN3.C. Elle est donc connue dans toutes les fonctions du programme. Une redéclaration (à des fins documentaires) pourrait se faire dans chaque fonction, mais elle n'est pas obligatoire. Le programme donne l'affichage attendu :

```
main :        la valeur de e est 1
fonc1 :       la valeur de e est 1
fonc2 :       la valeur de e est 1
```

Eclatons maintenant notre programme EXTERN3.C en deux fichiers source que nous appellerons EXTERN3.C et FONCS.C. Ici EXTERN3.C contient encore la fonction **main**, donc le programme principal, alors que le fichier FONCS.C récupère les deux fonctions fonc1 et fonc2 :

Programme sur deux modules

extern3.c

```
#include<stdio.h>                                                    /* pour printf */

int e = 1;                  /* Définition de la variable externe e. Zone de validité:
                               Fichier externe3.c et, en raison de la déclaration qui
                                      s'y trouve, module de programme funcs.c */
main()
{
     printf("main:\tValeur de e est %d, e);
    func1()                                                          /* Apple func1 */
    func2()                                                          /* Appel func2 */
}
```

funcs.c

```
#include<stdio.h>                                           /* pour printf */
extern int e;                              /* Déclaration globale de la variable est
                                              utilisable dans funcs.c à partir de
                                                              cette déclaration */

func1()
{
    printf("\func1:\tValeur de e est %d", e);
}
func2()
{
    printf("\func2:\tValeur de e est %d", e);
}
```

La déclaration **extern** de la variable 'e' dans le fichier FONCS.C est obligatoire, car la variable 'e', bien que définie globalement en début de EXTERN3.C (ce qui la rend utilisable partout dans ce fichier), est aussi utilisée dans l'autre module FONCS.C. Comme la déclaration au début du fichier est située hors de toute fonction, elle est globale et la variable 'e', depuis cet endroit-là, est connue dans tout le reste du fichier FONCS.C. Les deux fonctions fonc1 et fonc2 peuvent donc être utilisées sans problème : la variable 'e' a été importée globalement.

La portée de la variable 'e' s'étend en tout aux deux modules, donc au programme complet. Si on plaçait la déclaration de la variable 'e' dans le module FONCS.C non pas hors de toute fonction au début du fichier, mais dans une fonction, comme par exemple dans la variante suivante :

funcs.c

```
#include<stdio.h>                                           /* pour printf */
func1()
{
                    /* La commande suivante provoque 1 erreur. La variable e */
                                        n'est pas comme dans func 1 */
    printf("\nfunc1:\tValeur de e est %d", e);
}

func2()
{
    extern int e;                       /* Déclaration locale de la variable e,
                                           N'est utilisable que dans func2 */
    printf("\nfunc2:\tValeur de e est %d, e);
}
```

alors la variable ne serait connue et utilisable que dans la fonction contenant la déclaration, dans l'exemple précédent seulement dans la fonction fonc2 : la variable 'e' est importée localement. Sa portée, dans ce cas, s'étend du module EXTERN3.C tout entier, plus la fonction fonc2 du module FONCS.C. Si on essayait de compiler le programme avec cette version de FONCS.C, on obtiendrait une erreur de compilation car la variable 'e' n'est pas connue de la fonction fonc1 qui contiendrait donc une instruction faisant référence à un objet non identifié.

Le programme EXTERN3.C pourrait aussi s'étaler sur trois modules au lieu de deux :

Programme sur trois modules

extern3.C

```
#include<stdio.h>                                      /* pour printf */

int e = 1;                        /* Définition de la variable externe e. Zone
                                     de validité: Fichier extern3.c et en raison
                                     des déclarations qui s'y trouvent, les modules
                                                        func1.c et func2.c */

main()
{
     printf("main:\tValeur de e est %d", e);
     func1();                                          /* Appel de func1 */
     func2();                                          /* Appel de func2 */
}
```

func1.c

```
#include<stdio.h>                                      /* pour printf */
extern int e;                         /* Déclaration globale de la variable est
                                         utilisable dans func1.c à partir de
                                                        cette déclaration */

func1()
{
     printf("\nfunc1:\tValeur de e est %d", e);
}
```

func2.c

```
#include<stdio.h>                                      /* pour printf */
     extern int e;                    /* Déclaration locale de la variable
                                         e. N'est utilisable que dans func2 */

func2()
{
     printf("\nfunc2:\tValeur de e est %d,", e);
}
```

Dans la dernière variante du programme, chacun des deux modules FONC1.C et FONC2.C doit contenir une déclaration conforme de la variable 'e'. Du reste, si on définissait dans les deux modules d'un programme une variable globale de même nom et de classe **extern**, alors l'une des deux définitions serait comprise comme étant une déclaration.

Les trois versions du programme (un, deux ou trois modules) donnent le même résultat et, en particulier, produisent le même affichage. D'un environnement à l'autre par contre, on n'a pas les mêmes commandes de compilation pour traduire un programme C. Nous n'insisterons pas davantage sur ce sujet ici. Les informations correspondantes se trouvent dans la documentation du compilateur concerné.

Initialisation

Les variables de la classe **extern** peuvent être initialisées à des valeurs constantes dès leur définition. Si on ne le fait pas, alors elles sont automatiquement mises à 0 au début du programme. Notre programme EXTERN1.C afficherait la valeur 0 pour la variable **extern** 'e' si on ne l'initialisait pas ou si on ne lui affectait pas de valeur.

> **EXTERN1A.C**

```
/*      EXTERN1A affiche une variable non initialisée de classe extern.     */
#include  <stdio.h>
main()
{
     extern int e;                       /* déclaration de la variable externe e    */
      printf("main : valeur de e (extern) = %d", e);
     fonc();                                   /* appel de fonction    */
}
int e;                                  /* définition de la variable externe 'e' :
                                           initialisation automatique à 0      */
fonc()
{
     printf("\nfonc : valeur de e (extern) = %d", e);
}
```

Les variables ne sont initialisées que lors de leur définition. Un erreur tentante consisterait à essayer d'initialiser une variable extern également à sa déclaration. L'instruction :

```
extern int e = 1;     /* donne une ERREUR : les variables ne peuvent
                         pas être initialisées lors de leur déclaration.     */
```

n'est pas correcte.

Compléments

Les variables de classe **extern** ont leurs avantages : elles existent pendant tout le programme et leur portée s'étend au programme tout entier. Chaque fonction peut y accéder directement et les utiliser. On n'a pas besoin de variables supplémentaires internes aux fonctions (locales) pour récupérer les valeurs avec lesquelles les fonctions doivent travailler (cf. chapitre 10 **Fonctions** pour plus de détails). D'un autre côté, les avantages des variables externes produisent des inconvénients. Comme elles existent tout le temps et sont partout disponibles, plus les programmes sont complexes et plus on court le risque de modifier intempestivement une variable externe, donc de perdre une valeur qui aurait dû être conservée. Il n'est donc pas recommandé de définir toutes les variables comme **extern**. Il est plus sûr d'utiliser un maximum de variables locales accessibles uniquement à la fonction dans laquelle elles sont définies.

Classe "static"

Si on spécifie la classe de mémorisation **static** dans la définition d'une variable globale, alors cette variable n'est utilisable qu'à l'intérieur du fichier dans lequel elle est définie (à partir de son emplacement de définition et jusqu'à la fin du fichier). Dans un programme composé de plusieurs modules, cela empêche que la variable soit utilisée dans un autre module que son module de définition. Une variable globale **static** ne peut donc pas être importée (ni par une déclaration, ni par un autre moyen) par un autre module du programme. Dans l'exemple suivant, composé des fichiers source modul1.c et modul2.c, la variable 's' ne peut être utilisée qu'à l'intérieur du module modul1.c.

La durée de vie d'une variable static (locale ou globale) est celle du programme tout entier. A l'instar des variables locales static, les variables globales static sont initialisées à la valeur 0 en début de programme lorsqu'elles ne sont pas initialisées explicitement lors de leur définition.

Deux modules de programme avec variable static

modul1.c

```
#include<stdio.h>                                        /* pour printf */

static int s = 1;              /* Définition de la variable static
                                 globales s. Utilisation: Ce fichier uniquement.
                                 Pas d'importation possible par d'autres modèles. */
main()
{
    ...
     printf("\func1:\tValeur de e est %d", e);
    ...
}

func1()
{
    ...
     printf("\func1:\tValeur de e est %d", e);
    ...
}
```

modul2.c

```
#include<stdio.h>

func2()
{
    ...
     printf("\nfunc2:Variable s du module 1 non utilisable.",s );
    ...
}
func3()
{
    ...
     printf("\nfunc3:Variable s du module 1 non utilisable.",s );
    ...
}
```

Résumé

Résumons ce que nous savons concernant les classes de mémorisation des variables à l'aide d'un tableau récapitulatif :

	classe mémoire	zone de validité	durée de vie
L O C A L	auto	bloc	durée du bloc
	register	bloc	durée du bloc
	static	bloc	durée du programme
G L O B A L	extern	fichier source avec définition et après chaque déclaration tous les modules du programme	durée du programme
	static	fichier source avec définition	durée du programme

Fig. 7.1 :   Classes de mémorisation (résumé)

Segments de programme

La classe de mémorisation d'une variable n'influe pas que sur sa portée et sur sa durée de vie. Elle conditionne aussi la partie de la mémoire réservée au programme C dans laquelle elle sera conservée et gérée pendant l'exécution du programme. En fait, l'espace mémoire alloué à un programme C se divise en plusieurs parties appelées segments de programme. Les variables des classes **extern** et **static** sont rangées dans le segment de données (data segment). Les variables de la classe auto se trouvent dans une autre zone, nommée segment de pile (stack segment).

L'image suivante montre la répartition d'un programme en segments (l'organisation des différents segments peut varier d'un système à un autre) :

SEGMENT DE CODE ou SEGMENT DE TEXTE
Code de programme en forme exécutable

SEGMENT DE DONNEES
Variables des classes mémoire extern et static

STACK
Variable de classe mémoire auto

HEAP
Mémoire libre

Fig. 7.2 :   Segments d'un programme C

Comme on le voit, un programme C ne prend pas de la place que pour son code, rangé dans le segment de code (ou segment de texte). Les segments de stack et de heap sont parfois désignés comme étant des segments dynamiques car leur contenu varie en cours d'exécution du programme (par exemple avec la création et la suppression de variables auto lorsqu'un bloc est appelé plusieurs fois). On abrège les dénominations de ces segments en parlant simplement de **stack** et de **heap**.

Le **stack** (en français "pile") s'appelle ainsi car on y range et enlève des données comme sur une pile. Ce faisant, on applique la méthode du "Last in, First out" (LIFO) : le dernier objet mis sur la pile est enlevé en premier. La pile contient non seulement les variables automatiques, mais aussi d'autres données, par exemple les paramètres ou les adresses de retour des fonctions. Pour plus de détails là-dessus et sur le fonctionnement de la pile, reportez-vous au chapitre 10 intitulé **Fonctions**.

Le **heap** (tas) est une zone de mémoire libre qu'on peut occuper en cours de programme. Cela permet une gestion dynamique de la mémoire. En d'autres termes, on n'est pas toujours obligé de conférer aux données, via les définitions, des tailles figées (statiques). On peut, au contraire, les créer en cours de programme et adapter en permanence leur dimension aux exigences du moment (cf. chapitre 9 **Pointeurs**).

8   Le préprocesseur C

Comme vous le savez déjà, la compilation d'un programme C exige plus d'une passe (anglais : pass).

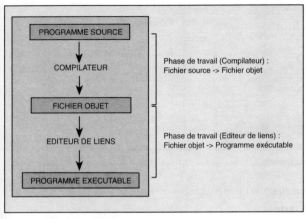

Fig. 8.1 : phases de compilation

L'image montre les deux principales phases du processus de compilation d'un programme source. Celles-ci vous sont déjà familières :

► La transformation par le compilateur du fichier source en fichier objet (pas encore exécutable) écrit en langage machine. Beaucoup de compilateurs produisent d'abord une version (encore lisible) du programme rédigée en assembleur, version à partir de laquelle est créée le fichier objet en langage machine. On appelle souvent compilateur non seulement le programme de traduction proprement dit, mais aussi (comme dans l'exemple précédent) tout l'environnement que constituent le compilateur, le lieur (linker ou éditeur de liens) et les autres programmes auxiliaires. C'est le contexte qui précisera ce dont on parle exactement.

```
program.c      ->      program.obj
```

► Le traitement suivant du fichier objet à partir duquel le lieur crée un fichier exécutable :

```
program.obj      ->      program.exe
```

Mais avant que se produise le processus de compilation proprement dit, lequel traduit le code source en code objet, il se déroule d'abord une autre phase (initiale) de transformation du texte du programme. Pour cela le compilateur lance un programme spécial : le préprocesseur C. Ce dernier, contrairement au compilateur lui-même, ne traduit pas le texte source en un autre niveau de langage. Au contraire, il modifie et étend le source, un peu comme le ferait un logiciel de traitement de texte. Nous allons donc raffiner notre graphique d'introduction en y incorporant explicitement cette phase :

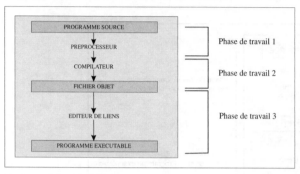

Fig. 8.2 :   phases de compilation

Le préprocesseur peut effectuer les opérations suivantes sur un texte source :

Remplacement de texte

Le préprocesseur remplace les constantes symboliques et les macros par leurs équivalents (qui sont des passages de texte).

Instructions :

    #define, #undef

Insertion de fichier

Le préprocesseur insère le contenu des fichiers include dans le texte source.

instruction :

    #include

Compilation conditionnelle

A l'aide du préprocesseur, on peut rendre la compilation de portions de programme dépendantes de certaines conditions.

Instructions :

    #if, #elif, #else, #endif, #ifdef, #ifndef

Affichage des messages d'erreur

Le préprocesseur peut, dans certains cas, interrompre le traitement du texte source et afficher un message d'erreur.

instruction :

    #error

Numérotation des lignes

Une instruction spécifique du préprocesseur permet de modifier la numérotation interne des lignes du fichier source.

instruction :

```
#line
```

Instructions de compilation

Les instructions pour le compilateur, habituellement spécifiées comme options de la commande de compilation lancée depuis l'interpréteur de commandes, peuvent être incorporées au code source via une directive spécifique du préprocesseur.

instruction :

```
#pragma
```

Texte source après traitement par le préprocesseur

On peut visualiser un fichier source traité par le préprocesseur. Il suffit de lancer la compilation avec une option adéquate (à prendre dans la documentation propre à chaque compilateur). Ainsi, en ce qui concerne le compilateur Microsoft C, l'option /P (sur les systèmes UNIX, c'est habituellement -P) entraîne qu'avec la commande suivante on lance simplement le préprocesseur, mais le programme PROGRAM.C n'est ni traduit ni lié :

```
cl /P program.c      /* program.c est traité seulement par le préprocesseur et pas
          compilé. Le texte transformé est rangé dans le fichier program.i       */
```

La version du texte source produite par la phase du préprocesseur est ici stockée dans un fichier portant le nom du fichier source, mais avec l'extension "I". Dans le cas précédent, on créerait donc un fichier PROGRAM.I. Si on remplace l'option /P (ou -P) par l'option /E (ou -E), alors le code source résultant ne sera pas rangé dans un fichier, mais affiché à l'écran.

Directives du préprocesseur

Le préprocesseur reçoit ses instructions sous la forme de ce qu'on appelle des directives. Il s'agit d'instructions qui se différencient des instructions normales du C par deux caractéristiques : d'une part elles commencent toujours par le caractère "#", d'autre part elles ne finissent pas par un point-virgule. Vous connaissez déjà cette règle grâce à l'instruction **#include**, pratiquement obligatoire dans tous les programmes étudiés jusqu'ici. Par exemple, la directive :

```
#include <stdio.h>      /* directive préprocesseur : commence par #, ne finit
                                                        pas par ";" */
```

assure que le contenu du fichier **stdio.h** est inséré dans le programme concerné (cf. plus loin dans le chapitre à la section 8.2 **Fichiers Include**). Ce faisant, on peut aussi placer des blancs (par exemple des espaces) entre le caractère "#" et le mot clé qui suit. On pourrait donc formuler l'instruction précédente ainsi :

```
#  include <stdio.h>
```

Habituellement, on place les directives du préprocesseur en-tête du fichier source, avant toutes les fonctions et définitions/déclarations externes. Théoriquement, on pourrait les mettre à n'importe quel endroit du programme, à l'extérieur comme à l'intérieur des fonctions. (D'anciens compilateurs qui ne travaillent pas selon la norme ANSI exigent qu'une directive de préprocesseur commence dans la première colonne d'une ligne du texte source). Elles prennent effet à partir de leur emplacement d'apparition et jusqu'à la fin du fichier source, indépendamment des limites de fonctions ou de blocs. Si on a un programme avec plusieurs modules, la directive concernée doit être répétée dans les autres modules (Cf. dans le chapitre 7 **Classes de mémorisation**).

8.1 Macros et constantes symboliques

Font partie des objets qui peuvent être représentés par un nom en C, non se'ulement les variables, mais aussi les fonctions ou types de données. N'importe quel passage de code source C peut être défini par un nom qui peut ensuite être utilisé dans le programme à la place du bloc de texte initial. Lorsque le préprocesseur, durant son traitement du texte source, tombe sur un de ces noms, il le remplace par le bloc de texte représenté par le nom. On peut définir des noms pour des expressions et instructions, mais aussi pour des nombres ou caractères isolés. On fait ici le distinguo suivant : lorsque le nom défini représente une expression ou bien une ou plusieurs instructions, alors on parle de macro (cf. section 8.1.2 **Macros**). Si le nom défini représente n'importe quelle constante (par exemple un nombre ou une chaîne de caractères) ou n'importe quelle portion de code source qui n'est ni une expression ni une instruction, alors on parle de constante symbolique. La directive du préprocesseur permettant de définir ces noms est la directive #define.

Constantes symboliques

Les constantes symboliques vous sont déjà connues. Dans le chapitre 6 **Types de données personnalisés**, la liste des valeurs d'un type **enum** se composait de noms représentant des valeurs entières et utilisés à la place de celles-ci afin de rendre les instructions plus facilement compréhensibles du premier coup d'oeil. C'est pour des raisons similaires que l'on définit via la directive du préprocesseur :

```
#define;
```

des noms qui correspondent à des nombres ou à d'autres suites de caractères : ces constantes symboliques sont censées conférer au texte source une meilleure lisibilité. On utilise la directive **#define** selon la syntaxe que voici :

```
#define   nom   [texte à remplacer]
```

Ici <nom> représente la constante symbolique que l'on pense utiliser dans le texte source. Inversement, avec <texte à remplacer> il s'agit de la chaîne de caractères qui est représentée par la constante symbolique. Le préprocesseur insérera cette chaîne de caractères ultérieurement (avant la compilation) dans le texte du programme à la place de la constante symbolique. Les crochets indiquent par ailleurs qu'il n'est pas nécessaire de spécifier un équivalent pour la constante symbolique. La directive

```
#define TVA      20.6
```

par exemple définit une constante symbolique nommée TVA et informe le préprocesseur que partout dans le texte où est utilisée la constante symbolique il faut la remplacer par la valeur 20.6. Les constantes symboliques suivent les mêmes règles que les variables en ce qui concerne l'attribution des noms. On peut donc utiliser aussi bien des majuscules que des minuscules. Nous suivrons ici les conventions traditionnelles des programmeurs et écrirons les constantes symboliques exclusivement en majuscules afin de les distinguer des variables. Le programme suivant CALC.C montre une première utilisation des constantes symboliques : la constante TVA est utilisée dans un simple calcul à la place de la constante numérique correspondante.

▶ CALC.C

```
/*  CALC calcule, pour un prix qui est saisi, la TVA ainsi que le prix TTC.  */
#include  <stdio.h>
#define TVA      20.6      /*     définition de la constante symbolique TVA       */
main()
{
    float prix;
    printf("\033[2J");
    printf("\n\nPrix : ");
    scanf("%f", &prix);
    printf("\n\nTVA à 18,60 %% : %.2f", (prix/100) * TVA);
    printf("\nPrix TTC (TVA à 18,60 %%) : %.2f", prix + (prix/100) * TVA);
}
```

Si au moyen de l'option de compilation adéquate (voir plus haut), vous ne traduisez pas le programme CALC.C, mais le faites traiter par le préprocesseur. Si vous affichez ensuite le fichier CALC.I ou demandez au préprocesseur de sortir son résultat sur l'écran, alors vous constatez que le préprocesseur a effectivement remplacé le passage :

```
    printf("\n\nTVA à 18,60 %% : %.2f", (prix/100) * TVA);
    printf("\nPrix TTC (TVA à 18,60 %%) : %.2f", prix + (prix/100) * TVA);
```

par le texte :

```
    printf("\n\nTVA à 18,60 %% : %.2f", (prix/100) * 20.6);
    printf("\nPrix TTC (TVA à 18,60 %%) : %.2f", prix + (prix/100) * 20.6);
```

Partout, la constante TVA a donc été remplacée par le nombre 20.6. Mais le programme précédent est encore très instructif. Que se passe-t-il si le taux de TVA est modifié ? Supposons qu'il passe de 18,6 à 25 %. Si nous avions écrit le texte source non pas avec la constante symbolique TVA mais avec la valeur numérique 20.6, alors il faudrait remplacer partout le nombre 18,6 par 25. Grâce à la constante symbolique, en revanche, il suffit d'une seule modification pour mettre à jour le programme. On remplace simplement dans la directive du préprocesseur le nombre 20.6 par le nombre 25 :

```
#define TVA      25
```

Le préprocesseur s'occupe de tout le reste : désormais il remplacera partout la constante TVA par le nombre 25 au lieu du nombre 20.6.

Constantes symboliques pour tout

La directive **#define** permet naturellement de définir des constantes symboliques non seulement pour des nombres (entiers ou non), mais aussi pour des caractères ou des chaînes de caractères quelconques. Le programme suivant CIRCLE.C montre cela en définissant une série de constantes symboliques qui représentent dans le texte source des objets de nature différente. Pour le réel 3.141529, on définit la constante symbolique PI, et pour le caractère constant "y" la constante symbolique YES. Notez bien que conformément à l'emploi du caractère "y" dans le programme, la constante YES représente trois caractères, à savoir la lettre "y" ainsi que deux apostrophes. Inversement, les deux constantes symboliques BEGIN et END (empruntées d'ailleurs au langage PASCAL) correspondent chacune à un seul caractère : BEGIN à l'accolade ouvrante { et END à l'accolade fermante } sans apostrophes. Rien d'étonnant à cela car, en fin de compte, les BEGIN et END du PASCAL sont les équivalents, dans les programmes, des accolades de bloc du C lesquelles ne doivent pas être mises entre apostrophes. Il en va de même pour les constantes symboliques PRINT et SCAN, qui remplacent chacune une suite de caractères (à savoir la fonction " printf " ou " scanf "). Ces noms de fonctions ne sont pas des constantes chaîne et ne doivent donc pas être mis entre guillemets. Les deux constantes symboliques MESSAGE et QUESTION, en revanche, représentent deux constantes chaîne. En raison de cela, elles sont placées entre guillemets. A titre d'exemple, l'instruction :

```
PRINT(MESSAGE);
```

du programme qui suit est remplacé par le préprocesseur, comme on le souhaite, par le passage

```
printf("\n\nVotre cercle n'a pas de surface.");
```

> **CIRCLE.C**

```c
/*      CIRCLE montre comment utiliser des constantes symboliques pour des nombres
  réels, des caractères isolés et des suites de caractères. Ce programme calcule
                                      la surface d'un cercle.        */
#include <stdio.h>                                      /* printf, scanf */
#include <conio.h>                                      /* getche */
/*      Constantes symboliques pour :
        constante réelle (PI),
        constantes caractère (YES),
        caractères isolés (BEGIN, END),
        suites de caractères (PRINT, SCAN)
        constante chaîne (MESSAGE, QUESTION)        */
#define     PI          3.141529
#define     YES         'y'
#define     BEGIN       {
#define     END         }
#define     PRINT       printf
#define     SCAN        scanf
#define     MESSAGE     "\n\nVotre cercle n'a pas de surface."
#Define     QUESTION    "\n\nAutre calcul de cercle ? (y/n)"
main()
BEGIN
    float rayon;
```

```
    char reply = YES;
    while (reply == YES)

    BEGIN
     PRINT("\033[2J");
     PRINT("\n\nCalcul de surface de cercle. Entrez le rayon : ");
     SCAN("%f", &rayon);
     if (rayon)                              /*    si rayon != 0    */
      PRINT("\n\nVotre cercle a une surface de %f.", rayon * rayon * PI);
     else
      PRINT(MESSAGE);
      PRINT(QUESTION);
     reply = getche();
    END
END
```

Une variante un peu lourde pour afficher les chaînes de caractères via :

```
PRINT(MESSAGE);
PRINT(QUESTION);
```

serait donnée par les instructions :

```
PRINT("%s",    MESSAGE);
PRINT("%s",    QUESTION);
```

dans lesquelles les constantes symboliques remplacent non pas la chaîne de format, mais l'argument de la fonction

Texte de remplacement sur plusieurs lignes

Lorsqu'on examine les textes correspondant aux constantes MESSAGE et QUESTION, on peut se demander comment il faut faire lorsque le texte de remplacement d'une constante symbolique ne tient pas sur une seule ligne. Supposons par exemple qu'au lieu du message :

Votre cercle n'a pas de surface

on veuille afficher :

```
La valeur que vous daignates entrer pour le rayon est égale à zéro. Le cercle
                                                        n'a pas de surface.
```

Apparemment, ce message ne tient pas sur une seule ligne de programme. En pareil cas, on insère une barre oblique inversée (antislash) à la fin de la ligne et on continue l'écriture du texte de remplacement sur la ligne suivante :

```
#define    MESSAGE   "La valeur que vous daignates entrer pour le rayon est égale\
                                à zéro. Le cercle n'a pas de surface."
```

Constantes symboliques sans texte de remplacement

Le préprocesseur ne remplace pas toujours une constante symbolique par le texte de substitution spécifié. Si la constante symbolique, par exemple, apparaît dans une chaîne de caractères, elle n'est pas remplacée. Supposons qu'on ait défini la constante suivante :

```
#define PI 4.141529
```

alors l'instruction :

```
printf("PI est un nombre réel.");
```

ne donne pas le résultat :

```
3.141529 est un nombre réel.
```

mais :

```
PI est un nombre réel.
```

Lorsque la constante symbolique est incluse dans un autre libellé, elle n'est pas non plus remplacée. Une fois la constante définie :

```
#define VALEUR 1
```

la définition de la variable :

```
int   nombreVALEUR;
```

ne définit pas le nom de la variable comme étant "nombre1", mais comme étant "nombreVALEUR".

Un cas particulier est donné par la définition d'une constante symbolique dans laquelle on définit, certes, la constante elle-même, mais pas le texte de remplacement. Une directive du style :

```
#define  UNIX
```

est syntaxiquement correcte. Elle entraîne que la constante UNIX sera supprimée partout où elle apparaît dans le texte source. Cela paraît logique car, en fin de compte, le texte de remplacement de la constante ne contient même pas un seul caractère et est donc "vide". Le plus remarquable ici est qu'en pareil cas la constante est bien éliminée du fichier source, mais y est pourtant considérée comme étant définie (avec la valeur 1). Cela peut servir à la compilation conditionnelle de textes source (cf. section 8.3 **Compilation conditionnelle**) : on utilise une constante symbolique non pas comme représentation d'un certain passage de texte, mais plutôt comme indicateur d'un certain état, par exemple pour indiquer que le système d'exploitation sous lequel tourne l'ordinateur est un système UNIX. C'est le cas lorsque la constante est définie comme dans la directive précédente.

En revanche, une constante symbolique n'est plus définie et n'est plus connue du préprocesseur lorsqu'on a supprimé sa définition via la directive #undef. Celle-ci a la syntaxe :

```
#undef   <nom>
```

Ici <nom> représente la constante symbolique. L'instruction **#undef** supprime la définition d'une constante symbolique précédemment créée via **#define**. Cela signifie qu'à partir de cet endroit-là la constante n'a plus aucun sens dans le programme. La directive **#undef** est assez peu utilisée car il n'y a guère de situations qui l'exigent réellement. Le programme suivant montre comment elle fonctionne.

> **UNDEFERR.C**

```
/*        UNDEFERR montre une erreur produite par l'utilisation d'une constante
                                      symbolique déjà effacée par #undef */
#include   <stdio.h>
#define   PRINT  printf
main()
{
      PRINT("\nCette instruction utilise la constante symbolique PRINT "
                             "et non la commande printf.\n\n");
#undef PRINT                               /* efface la définition de PRINT */
      PRINT("Cette instruction engendre une erreur car la constante symbolique
                                   PRINT n'est plus valable.");

}
```

Dans le programme qui précède, l'instruction **#undef** entraîne que la constante PRINT du préprocesseur n'est plus remplacée par le texte **printf**. Elle n'est donc plus connue du programme et provoque dans la seconde instruction PRINT un message d'erreur du lieur qui ne trouve pas de fonction PRINT dans la bibliothèque et ne peut donc pas l'incorporer au programme. Les directives **#define** et **#undef** sont également utilisées pour la définition et la suppression des macros. Cela constitue la matière de la section suivante.

Macros

Une macro ou macro-commande (macro-instruction) représente en général le résumé d'une suite de commandes élémentaires (d'où le terme de "macro"), à l'aide d'un nom qu'on peut utiliser dans le programme comme abréviation de cette suite de commandes. Prise dans ce sens-là, une macro en C peut être définie comme étant une suite d'expressions et d'instructions. On définit le nom de la macro ainsi que les expressions ou instructions qu'elle représente comme pour les constantes symboliques, via la directive **#define**. En fait, avec une macro (contrairement à une constante symbolique) on ne procède pas toujours à un simple remplacement de texte. En outre, une macro peut posséder des paramètres, donc des parties variables qui doivent être traitées par le préprocesseur d'une manière particulière. Pour notre étude, nous diviserons donc les macros en deux groupes : les macros avec paramètres et les macros sans paramètres.

Macros sans paramètres

Une macro sans paramètres est définie selon le même modèle syntaxique qu'une constante symbolique :

```
#define       <nom>        <texte de remplacement>
```

Contrairement au cas précédent, le texte de remplacement peut représenter une expression ou bien une ou plusieurs instructions. Via :

```
#define  CLS  printf("\033[2J");
```

par exemple on crée la macro CLS qui peut ensuite être utilisée, à la place de l'instruction habituelle, pour effacer l'écran :

```
#define CLS printf("\033[2J");                        /*      définition de macro */
main()
```

```
{
     CLS

     .
     .
     .
}
```

Notez bien que le texte de remplacement pour CLS dans la version précédente est déjà terminé par un point-virgule. Il n'est donc pas nécessaire de faire suivre la macro par un point-virgule additionnel. L'instruction :

```
CLS;
```

donnerait, après passage du préprocesseur, un point-virgule de trop :

```
printf("\033[2J");;
```

Ce point-virgule superflu n'est pas reconnu par le compilateur comme étant une erreur de syntaxe, car il est interprété comme étant une instruction vide. Mais cela peut conduire parfois à des erreurs, ainsi que le montre la section 8.1.2.2 **Macros avec paramètres**. Si on attache de l'importance dans le programme au point-virgule de fin d'instruction, alors on définira la macro sans point-virgule, comme suit :

```
#define  CLS  printf("\033[2J")
```

Maintenant, on peut écrire dans le programme un point-virgule de fin, comme on le fait d'habitude avec les instructions :

```
CLS;
```

Macros composées de plusieurs instructions

La macro de l'exemple précédent se compose d'une seule instruction. Mais on peut aussi spécifier plusieurs instructions comme texte de remplacement. La macro ERRORHANDLER qui suit comprend trois instructions. Il s'agit ici d'une routine simple de gestion des erreurs :

```
#define  ERRORHANDLER  { printf("\n\nDivision par 0 interdite.\
<Entrée> pour continuer."); getch(); continue; }
```

Nous l'utiliserons dans une variante du programme RECIP5.C (calcul de l'inverse d'un nombre) que nous avons traité au chapitre 4 **Structures de contrôle de flux**. Il faut respecter les accolades de bloc autour des instructions du texte de remplacement. Elles sont nécessaires lorsque la macro contient des instructions qui (on le verra dans le programme suivant) dépendent toutes d'une certaine condition.

> **RECIP6.C**

```
/*       RECIP6 calcule, via une boucle while, l'inverse de nombres quelconques.
la boucle est interrompue par une routine d'erreur, écrite sous forme de macro,
lorsqu'on entre la valeur 0. On peut ensuite saisir une nouvelle valeur.       */
#include <stdio.h>                          /*      printf, scanf   */
#include <conio.h>                          /*        getche        */

/***     Macro de gestion d'erreur      ****/
#define  ERRORHANDLER  { printf("\n\nDivision par 0 interdite.\
<Entrée> pour continuer."); getch(); continue; }
```

```
main()
{
    float x;                                    /*     valeur saisie    */
    char reply = 'o;                            /*     variable de boucle */
     while (reply == 'o')
     {
      printf("\033[2J");
      printf("Calcul de l'inverse d'un nombre non nul 0.\n");
      printf("Votre nombre : ");
      scanf("%f", &x);
     if (!x)                                    /*     si x est égal à 0    */
      ERRORHANDLER            /*    Macro : interrompt la boucle pour éviter une
                                                          division par 0    */
      printf("\nL'inverse de la valeur saisie est %f", 1/x);
      printf("\nAutre calcul ? (o/n)");
      reply = getche();
     }                                          /*     fin while    */
}                                               /*     fin main    */
```

Macros imbriquées

Les macros peuvent en contenir d'autres et donc se laisser imbriquer. Par exemple, on pourrait étendre la macro ERRORHANDLER et afficher l'erreur sur un écran vierge et avec un titre. Ces instructions supplémentaires, nous ne les incorporerons pas directement dans la macro ER-RORHANDLER (ce qui bien sûr marcherait aussi). Nous écrirons plutôt une macro spécifique :

```
#define   INTRO   printf("\033[2J"); printf("\n\nERREUR DANS OPERATION\MATHEMATIQUE.")
```

Une fois la macro INTRO définie dans le programme, on peut l'utiliser dans une autre macro, ERRORHANDLER2 ici :

```
#define INTRO   printf("\033[2J"); printf("\n\nERREUR DANS OPERATION\MATHEMATIQUE.")
#define ERRORHANDLER  { INTRO; printf("\n\nDivision par 0 interdite.\
                    <Entrée> pour continuer."); getch(); continue; }
main()
{
    .
    .
    .
    if (!x)
    ERRORHANDLER2
    .
    .
    .
}
```

Parenthésage des textes de remplacement

Pour ce qui est des textes de remplacement des macros précédentes, il s'agissait d'instructions C complètes. Mais les macros peuvent aussi remplacer des expressions. Avec les définitions :

```
#define PRIX      11400
#define PRIXNET      (PRIX - 1400)
```

PRIXNET représente une macro qui n'est autre qu'une expression arithmétique. Ici le parenthésage de l'expression n'est pas du tout superflu, comme le montre l'exemple suivant.

Après avoir défini :

```
#define TXREMISE     2                        /* pourcentage de remise    */
#define PRIX        11400
#define PRIXNET      (PRIX - 1400)
.
.
.
int   remise_en_FF;
```

on pourrait, via l'instruction qui suit, calculer la remise sur le prix net et l'affecter à la variable "remise_en_FF" :

```
remise_en_FF = PRIXNET / 100 * TXREMISE;
```

Ici le préprocesseur remplace la constante symbolique TXREMISE par la valeur 2 et la macro PRIXNET d'abord par (PRIX - 1400), puis (PRIX - 1400) par (11400 - 1400). Après quoi, l'instruction précédente ressemble à :

```
remise_en_FF = (11400 - 1400) / 100 * 2;
```

Le membre droit de l'affectation, en raison des priorités des opérateurs, donne la valeur correcte 200 :

```
(11400 - 1400) / 100 * 2
=      10000 / 100 * 2
=       100 * 2
=       200
```

Si dans la définition de la macro, on avait renoncé aux parenthèses, alors l'instruction :

```
remise_en_FF = 11400 - 1400 / 100 * 2;
```

affecterait la valeur erronée 11372 à la variable "remise_en_FF" :

```
11400 - 1400 / 100 * 2
=      11400 - 14 * 2
=      11400 - 28
=      11372
```

Il est donc recommandé de parenthéser systématiquement les macros (cf. la section suivante **Macros avec paramètres**).

Macros avec paramètres

Comme les fonctions, les macros peuvent aussi avoir des paramètres. En fait, on ne peut pas distinguer visuellement l'appel d'une fonction de celui d'une macro avec paramètres. Ainsi, les instructions :

```
putchar('A');
getchar();
```

ne sont pas des appels de fonctions, mais (comme vous le savez déjà depuis le chapitre **Entrée et sortie**) sont des appels de macros. Les deux routines précédentes sont, en effet, implémentées en tant que telles. La ressemblance des macros paramétrées avec les fonctions tient à la syntaxe des définitions de ce genre de macros :

```
#define   <nom>(param1, param2, ..., paramN)   <texte de remplacement>
```

Le nom de la macro est immédiatement suivi d'une liste de paramètres, placés entre parenthèses et séparés par des virgules. La liste doit coller au nom de la macro, sans aucun espace entre eux. Autrement, le préprocesseur prendrait la liste pour une partie du texte de remplacement. Ces paramètres dits formels sont des variables qui ne doivent pas être vraiment définies dans le programme. Elles marquent simplement la place des valeurs des paramètres réels, c'est-à-dire des arguments qui seront effectivement passés à la macro lors de son appel. L'exemple suivant montre la relation entre les paramètres formels et les paramètres effectifs.

Nous commencerons par définir ici une macro nommée SOUS qui calcule, à l'aide de deux paramètres, la différence entre deux nombres :

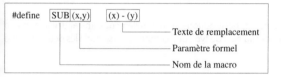

L'instruction précédente représente pour le préprocesseur une directive générale de traitement, d'après laquelle il est en mesure de formuler la différence de deux valeurs quelconques qu'on lui indique en tant que paramètres effectifs. Supposons qu'on veuille, par exemple, faire calculer la différence des nombres 3 et 2, alors on peut le faire avec l'expression :

```
SUB (3,2)
                                Paramètre en cours
```

pour laquelle le préprocesseur utilise :

```
(3) - (2)
```

Le préprocesseur, en tout, ne remplace pas la macro uniquement par le passage de texte source spécifié comme texte de remplacement. Il insère également (en se basant sur la définition de la macro) les paramètres effectifs (ici 3 et 2) dans le texte de remplacement à la place des paramètres formels.

L'image suivante dans laquelle on utilise la macro SOUS dans une instruction **printf** illustre ces relations :

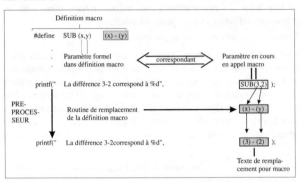

Fig. 8.3 :   Définition et utilisation d'une macro paramétrée

Au lieu de constantes de type int, nous aurions pu naturellement transmettre à la macro SOUS, comme paramètres, des valeurs de type quelconque, par exemple les deux variables float que voici :

```
float a = 16.7, b = 5.3;
```

L'appel de macro :

```
SOUS(a, b)
```

dans :

```
printf("La différence a-b est de %.1f", SOUS(a,b));
```

serait alors remplacé par :

```
(16.7) - (5.3)
```

et donnerait l'affichage :

```
11.4
```

Les noms des paramètres formels peuvent, du reste, être librement choisis selon les règles du langage C relatives aux noms. Il n'est pas obligatoire, en particulier, qu'ils coïncident avec les noms des paramètres réels.

Élimination des erreurs

L'exemple de la macro SOUS illustre encore une fois un problème auquel vous avez déjà été confronté dans la section qui précède. Il n'est pas rare d'avoir des erreurs dues à une absence de parenthésage d'une macro. Dans la forme précédente de la définition de macro, dans laquelle les deux paramètres sont parenthésés dans le texte de remplacement, l'appel :

```
SOUS(a+1, b+1)
```

est converti en expression :

`(a+1) - (b+1)`

qui équivaut à :

`a + 1 - b - 1`

et donc à :

`a - b`

ce qui donne, avec les valeurs utilisées dans l'exemple pour la différence de a et b, le résultat correct 11.4. Si on omettait avec :

`#define SOUS(x, y)    x - y`

le parenthésage des paramètres formels, alors l'expression :

`SOUS(a+1,  b+1)`

donnerait comme résultat du remplacement :

`a + 1 - b + 1`

ce qui correspond à :

`a - b + 2`

Cette expression donne le résultat erroné 13.4 pour la différence des deux nombres a+1 et b+1.

L'exemple suivant montre que parfois le parenthésage des seuls paramètres formels dans le texte de remplacement de la définition de macro ne suffit pas. On définit ici une macro MUL qui effectue la multiplication de deux valeurs numériques :

`#define   MUL(x, y)   (x) * (y)`

Nous passons maintenant à la macro, comme paramètres, les valeurs 3 et 2 et nous utilisons cela comme partie de l'expression :

`6 / MUL(3, 2)`

Le remplacement de la macro donne :

`6 / (3) * (2)`

ce qui, conformément aux priorités des opérateurs, est calculé ainsi :

`6 / 3 * 2 = 2 * 2 = 4`

On commence donc par diviser 6 par 3, puis on multiplie le résultat par 2. Alors que l'expression :

`6 / MUL(3, 2)`

montre clairement qu'il faut diviser la valeur 6 par le produit de 3 et 2. Cela signifie qu'il faut d'abord multiplier. Pour arriver à ce résultat, vous parenthéserez dans la définition de la macro, non seulement chacun des paramètres formels dans le texte de remplacement, mais également le texte de remplacement lui-même :

`#define   MUL(x, y)   ((x) * (y))`

Maintenant, l'expression :

```
6 / MUL(3, 2)
```

du fait du parenthésage :

```
6 / ((3) * (2)) = 6 / 6 = 1
```

donne bien la valeur correcte 1.

Une autre source d'erreur à laquelle il faut prendre garde lorsqu'on utilise des macros est que les paramètres effectifs peuvent provoquer des effets de bord. La macro CARRE que voici est censée calculer le carré d'un nombre :

```
#define  CARRE(x)  ((x) * (x))
```

Par exemple, avec une variable :

```
int a = 1;
```

l'expression:

```
CARRE(++a)
```

ne donnerait pas le carré du nombre 2 (donc 4), mais en raison du développement de la macro conduirait à :

```
((++a) * (++a))
```

La variable "a" ici est incrémentée deux fois et l'opération :

```
2 * 3
```

donnerait la valeur erronée 6.

Vous avez peut-être remarqué que les macros SOUS, MUL et CARRE ont toutes été définies sans point-virgule à la fin du texte de remplacement. En fait, contrairement à ce qui a été vu à la section 8.1.2.1 **Macros sans paramètres** sur l'exemple de la macro CLS, un point-virgule dans le texte de remplacement, lorsque celui-ci est une expression, donne une erreur de syntaxe. Si la macro CARRE avait été définie par :

```
#define  CARRE(x)  ((x) * (x));
```

des instructions "économes" comme :

```
result = CARRE(2)                          /*    sans point-virgule    */
```

seraient possibles. Mais d'un autre côté, l'instruction :

```
printf("Le carré de 2 est %d", CARRE(2));
```

par exemple, devient, après passage dans le préprocesseur :

```
printf(""Le carré de 2 est %d", ((2) * (2)););
```

Le compilateur ici n'est pas d'accord car le point-virgule supplémentaire est une erreur de syntaxe.

Paramètre de macro dans des chaînes de caractères : opérateur de production de strings

Il peut advenir qu'un paramètre de macro apparaisse dans une chaîne de caractères et doive y être remplacé, ce dernier point n'étant pas toujours directement réalisable sur tous les compilateurs. Certains compilateurs C, certes, remplacent de la même façon les paramètres des macros, à l'intérieur comme à l'extérieur des chaînes de caractères. Mais la norme ANSI du C exige, pour le remplacement d'un paramètre de macro dans une string, la présence d'un opérateur spécial. Cet opérateur est représenté par le symbole # que vous connaissez déjà dans un autre rôle, celui de caractère initial de toutes les directives du préprocesseur. On appelle souvent l'opérateur # ainsi : "stringizing operator" ou "string creation operator".

L'opérateur # ne peut être utilisé dans le texte de remplacement de la définition d'une macro que s'il y a des paramètres. On le met immédiatement avant un paramètre et il entraîne alors que le paramètre effectif correspondant, lors de l'appel de la macro, sera placé entre des guillemets et traité comme une constante chaîne de caractères. Considérons ici un exemple d'utilisation simple. On a défini par :

```
#define  SHOW(p)    printf("p")
```

une macro SHOW qui doit afficher un paramètre quelconque entre guillemets, donc dans une string. On s'attend maintenant à ce que le résultat de l'instruction :

```
SHOW(testvalue);
```

donne l'affichage :

```
testvalue
```

Mais avec un préprocesseur ANSI, on obtient simplement :

```
p
```

Cela tient au fait que l'instruction :

```
SHOW(testvalue);
```

n'a pas été transformée par le préprocesseur en :

```
printf("testvalue");
```

Le paramètre n'est pas remplacé parce que le paramètre formel dans le texte de remplacement de la définition de macro ne se trouve pas à l'intérieur d'une string.

Mais si on modifie ainsi la définition de la macro :

```
#define  SHOW(p)    printf(#p)
```

alors l'opérateur # placé avant de paramètre dans le texte de remplacement fait que le paramètre réel correspondant, lors de l'appel de la macro, est mis entre guillemets. De l'instruction :

```
SHOW(testvalue);
```

on arrive à :

```
printf("testvalue");
```

ce qui donne l'affichage souhaité :

```
testvalue
```

Notez bien que l'expression #p dans le texte de remplacement de la définition de macro n'est pas elle-même placée entre guillemets. Mais si on souhaite que le paramètre effectif concerné apparaisse entre guillemets lors de l'affichage, alors on écrit les guillemets dans l'appel de la macro. Dans l'instruction :

```
SHOW("testvalue");
```

le préprocesseur masque automatiquement les guillemets qui font partie du paramètre effectif et il transforme la macro en :

```
printf("\"testvalue\"");
```

de sorte que c'est maintenant le libellé :

```
"testvalue"
```

qui est affiché.

Considérons un autre exemple un peu plus compliqué d'utilisation de l'opérateur #. Il faut ici écrire une macro qui affiche, pour une variable int quelconque, un message comprenant le nom et la valeur de cette variable. Par exemple, avec une variable :

```
int  intvalue = 100;
```

il faut afficher le message :

```
intvalue a la valeur 100
```

Pour cela vous définirez la macro SHOWINT comme suit :

```
#define SHOWINT(i)   printf(#i " a la valeur %d", i)
```

L'opérateur #, placé devant le paramètre formel "i" dans le texte de remplacement, entraîne que le paramètre effectif correspondant est mis entre guillemets. L'appel de la macro :

```
SHOWINT(intvalue);
```

commence donc par la remplacer par l'instruction :

```
printf("intvalue" " a la valeur %d", intvalue);
```

Ici le paramètre réel "intvalue" remplace par la constante chaîne "intvalue" le morceau #i, partout où ce dernier figure dans la définition de la macro. Hors de la chaîne de format, le paramètre effectif est inséré comme d'habitude (sans guillemets) dans le texte de remplacement. Dans la seconde phase, les deux chaînes "intvalue" et " a la valeur %d" sont rassemblées en une string unique (string concatenation, cf. aussi le chapitre 2.2 **Entrée et sortie, Sortie formatée**), ce qui donne le texte de remplacement définitif :

```
printf("intvalue a la valeur %d",  intvalue);
```

Ce dernier produit l'affichage désiré, à savoir :

```
intvalue a la valeur 100
```

Opérateur de concaténation de mots

Il existe encore un autre opérateur qui s'emploie dans les macros ou dans les constantes symboliques. Il est représenté par **##** et il relie deux **mots** (anglais : token) pour en créer un nouveau. (La notion de "mot" a été traitée au chapitre 1, à la rubrique "Allure d'un programme". On entend par là un morceau de texte source insécable, tel qu'un nom, un mot clé, un opérateur, une parenthèse, une accolade, un crochet ou une apostrophe). L'opérateur **##** est donc appelé aussi "token concatenation operator", "token pasting operator", ou plus simplement "opérateur de concaténation". L'opérateur **##** n'étant pas très fréquemment utilisé, nous ne lui consacrerons donc que le minimum d'attention.

Un exemple simple du fonctionnement de l'opérateur **##** est la macro suivante qui concatène ses deux paramètres :

```
#define TOK(t1, t2)    t1##t2
```

Un appel de macro du style :

```
TOK(number, 6)
```

relie alors les composants "number" et "6" pour créer le nouveau nom "number6". L'instruction :

```
int  TOK(number, 6);
```

que le préprocesseur remplace par :

```
int  number6;
```

définit alors, d'une manière quelque peu aventureuse, un nom de variable int, à savoir "number6".

Suppression de définitions de macros

La directive **#undef** permet de supprimer les définitions de macros, comme pour les constantes symboliques. Il suffit d'indiquer le nom de la macro à effacer (sans paramètres). Si on avait défini par exemple par :

```
#define ADD(a, b)    (a) + (b)
```

la macro ADD, alors la directive :

```
#undef ADD
```

supprime cette définition. Cela signifie que le nom ADD, à partir de la ligne **#undef**, n'est plus connu du préprocesseur en tant que macro et n'est donc plus utilisable.

Considérations finales

Ce que nous avons vu concernant le parenthésage des macros ainsi que l'utilisation problématique des paramètres avec effet de bord nous montre qu'il faut procéder avec prudence dans l'écriture des macros et dans le choix des paramètres. De ce point de vue, les fonctions amènent moins de sources d'erreur. D'un autre côté, contrairement aux fonctions, les macros ne sont pas limitées à des paramètres d'un certain type de données. Elles sont donc plus flexibles. De plus, pour autant qu'elles ne contiennent pas elles-même des appels de fonctions, elles sont plus rapides que les fonctions. En effet, leur code (texte de remplacement) est inséré par le préprocesseur directement dans le texte source et ne nécessite donc pas l'appel comparativement moins performant d'une fonction de biblio-thèque. C'est ainsi, par exemple, que les routines **getchar** et **putchar** sont implémentées sous forme de macros afin que la lecture ou l'affichage d'un caractère isolé ne donne pas lieu, chaque fois, à un appel de fonction. Il est difficile de donner une règle générale en ce qui concerne le choix entre une macro ou une fonction lorsqu'il s'agit de réaliser une tâche de programmation bien précise. Dans le doute, on privilégiera sans doute la sécurité et on optera pour la fonction.

8.2   Fichiers Include

Vous avez déjà l'habitude de manipuler des fichiers INCLUDE. Dès le chapitre 1 **Structure des programmes**, vous avez reçu les premières informations sur les fichiers include que l'on reconnaît habituellement à l'extension **.H**. Presque tous nos programmes contenaient au moins une directive d'inclusion :

```
#include   <stdio.h>
```

Elle permet d'insérer le contenu du fichier **stdio.h** dans le fichier source concerné. Par "insérer" on entend ici plus précisément le fait que le texte du fichier include est recopié dans le fichier source à l'endroit où figure la directive **#include**. Le fichier include **stdio.h** est livré, ainsi que toute une série d'autres headers, avec le compilateur. Il renferme principa-lement des déclarations de fonctions ainsi que des définitions de constantes symboliques et de macros requises par les opérations standard d'entrée/sortie. Les autres headers contiennent des choses similaires relatives à d'autres domaines de programmation. Par exemple, on incorporera le fichier **math.h** pour utiliser des fonctions mathématiques spéciales ou le fichier **string.h** pour manipuler des chaînes de caractères. Un résumé des headers standard avec leurs champs d'application est donné dans l'annexe F de l'ouvrage. Les fichiers include prédéfinis représentent donc des collections thématiques de définitions et de déclarations que n'importe quel programme peut utiliser.

Ce que contiennent en détail ces headers peut être obtenu en les ouvrant par exemple dans un éditeur de texte. Ils se trouvent habituellement dans un sous-répertoire du compilateur nommé INCLUDE. Si on veut éviter des sources d'erreur potentielles, il n'est pas recom-mandé de modifier ces fichiers prédéfinis. Si on a besoin de headers spécialement adaptés à son propre environnement de programmation, il vaut mieux les écrire soi-même. Le fichier suivant SPECIAL.H est un exemple de fichier include personnel :

special.h

```
#include<stdio.h>
#define   OK      1
#define   NOTOK   0
#define   CLS     printf("\033(2j")
#define   SPACE   printf("\n\n\n")
```

Le fichier SPECIAL.H, outre les définitions de constantes symboliques et macros personnelles, renferme aussi la directive **#include** :

```
#include   <stdio.h>
```

Si le fichier special.h est inséré dans un fichier source via une directive **#include**, alors la
première instruction de SPECIAL.H provoquera l'inclusion automatique du fichier **stdio.h**
aussi. Une directive **#include** pour **stdio.h** n'est donc pas nécessaire. On voit là-dessus que
des directives **#include** peuvent être imbriquées.

Répertoires séparés pour les headers personnels

La question suivante est de savoir où ranger les headers personnels. Théoriquement, il serait
imaginable de les ranger dans le même répertoire que les fichiers include prédéfinis. Pour
des questions de sécurité (pour éviter, par exemple, des modifications intempestives des
fichiers d'origine), il vaut mieux séparer les headers personnalisés des headers prédéfinis
et les ranger dans des répertoires distincts. Il faut donc ici connaître la manière dont le
compilateur examine les répertoires pour rechercher un header à incorporer dans un fichier
source. Cela se fait par le biais de la syntaxe de la directive **#include** qui doit être maintenant
précisée et complétée. La directive **#include** peut utiliser les deux syntaxes suivantes :

Syntaxe 1 :

```
#include   <fichier>
```

Syntaxe 2 :

```
#include   "fichier
```

'fichier' désigne ici le nom du fichier include concerné. Ce nom peut être précédé d'un
chemin. Le choix des délimiteurs (< > ou " ") conditionne l'ordre dans lequel le
préprocesseur parcourt certains répertoires pour y rechercher le fichier. Si le nom du header
est mis entre "< >", comme par exemple dans la directive :

```
#include   <stdio.h>
```

alors le préprocesseur commence par rechercher le header dans le répertoire contenant les
fichiers include prédéfinis. Il s'agit, en principe, d'un répertoire nommé INCLUDE (répertoire
standard) créé habituellement lors de l'installation de compilateur. Si le fichier spécifié ne
se trouve pas dans ce répertoire, le préprocesseur le recherche dans le répertoire du fichier
source. Si le fichier ne peut y être trouvé, alors le compilateur signale une erreur.

Si on le veut vraiment, on peut ranger les headers prédéfinis dans n'importe quel autre
répertoire. Quel que soit le répertoire dans lequel se trouvent, en fin de compte, les fichiers
include prédéfinis, il faut informer systématiquement le compilateur ou le préprocesseur
du nom (et du chemin) de ce répertoire. Cela se fait à l'aide d'une variable dite d'environnement, nommée INCLUDE, qui mémorise le chemin et le nom du répertoire. L'environnement (anglais : environment) est ici une zone mémoire dans laquelle le système
d'exploitation dépose des données relatives aux paramétrages du système, par exemple les
spécifications des chemins implicites ou bien l'aspect du prompt du système. On peut écrire
soi-même des informations dans cette zone. Par exemple, on utilisera une commande

spécifique du système d'exploitation (appelée SET le plus souvent) pour créer la variable précédemment mentionnée INCLUDE et lui affecter comme contenu le chemin du répertoire concerné. La variable est alors rangée dans cette zone mémoire et le préprocesseur peut la consulter. Le fait que les chemins ou les noms des répertoires standard INCLUDE (headers) et LIB (bibliothèques d'objets) ne soient pas corrects est une des erreurs les plus courantes et elle est repérée lors de la compilation. Pour y remédier, il suffit d'indiquer les chemins exacts dans les variables d'environnement INCLUDE et LIB. Si vous disposez d'un environnement de programmation piloté par menus, vous devez avoir une commande spéciale pour cela. Autrement, vous utiliserez la commande adéquate ('set' par exemple) du système d'exploitation. Si on spécifie le nom du fichier include entre guillemets, comme dans :

```
#include   "special.h"
```

alors le préprocesseur commence par rechercher le fichier dans le répertoire contenant le fichier source, puis seulement après dans un répertoire standard. Si le nom du fichier est précédé d'un chemin, le préprocesseur recherche exclusivement dans le répertoire qui est explicitement indiqué. Si on part du principe que les headers prédéfinis sont en général mis entre "< >" et les headers personnalisés entre guillemets, alors les délimiteurs permettent de distinguer de manière très pratique et très immédiate dans quelle catégorie se trouve le fichier concerné.

Les fichiers include possèdent usuellement l'extension .H (qui vient de l'appellation anglaise "headerfile") et on ne devrait pas s'écarter de cette convention sans bonne raison. Théoriquement cependant, les headers peuvent avoir une extension quelconque. Vous pourriez ainsi, par exemple, appeler le fichier SPECIAL.H également SPECIAL.C et le préprocesseur accepterait ensuite une directive comme :

```
#include   "special.c"
```

Qui plus est, les fichiers include ne se composent pas que de directives préprocesseur. Ils peuvent contenir du code C, par exemple des déclarations de variables externes, structures (complexes) ou de fonctions. On peut même intégrer de cette façon des définitions de fonctions dans le fichier source. Cela n'est pas très usuel, mais reste en tout cas possible. Pour avoir une idée plus précise de l'allure d'un header, le mieux est de visualiser ceux qui vous sont livrés avec le compilateur.

8.3   Compilation conditionnelle

A l'instar de l'exécution des instructions C, la compilation de portions de programme elle aussi peut être rendue dépendante d'une certaine condition. Pour gérer ce genre de compilation conditionnelle, on dispose des directives préprocesseur :

```
#if
#ifdef
#ifndef
#elif
#else
#endif
```

ainsi que d'un autre opérateur du préprocesseur : l'opérateur "defined".

Ces instructions permettent de bâtir des constructions semblables (imbriquées, etc.) aux structures "normales" if-else. Dans ce qui suit, nous considérerons les diverses variantes syntaxiques possibles. La directive **#if** peut être utilisée avec une première syntaxe que voici :

```
#if    EXPRESSION_CONSTANTE
.
portion  de  programme
.
[#elif   EXPRESSION_CONSTANTE
.
portion  de  programme
.
#elif    EXPRESSION_CONSTANTE
.
.
.
#else
.
portion  de  programme
.
#endif
```

Les portions de programme peuvent être des instructions normales du C ou des directives du préprocesseur. EXPRESSION_CONSTANTE représente une expression constante entière. Cela signifie qu'elle ne peut contenir comme opérandes que des constantes. Sont interdites cependant les constantes des types énumératifs, les expressions **sizeof**, les conversions explicites de type et naturellement les constantes réelles. Les crochets indiquent qu'une structure **#if** peut contenir facultativement une ou plusieurs branches **#elif** (qui d'ailleurs correspondent aux branches **else if** des structures normales du C) et une unique instruction **#else**, cela afin de pouvoir formuler des traitements alternatifs. Une directive **#if** (ainsi que les directives **#ifdef** et **#ifndef**) est toujours fermée par une directive **#endif**.

Le fait qu'une certaine portion de programme soit traitée par le préprocesseur et ensuite traduite par le compilateur dépend de la valeur (TRUE != 0 ou FALSE = 0) de l'expression constantes placée après **#if** ou **#elif**.

Si la directive **#if** ne contient aucune branche **#elif** ou **#else**, alors la portion de programme qui suit n'est traitée par le préprocesseur que si la valeur de l'expression constante est différente de 0, c'est-à-dire si l'expression vaut TRUE. Le préprocesseur exécute alors les éventuelles directives préprocesseur contenues dans cette portion de code, puis passe la portion de programme au compilateur pour qu'il la traduise. Si l'expression constante vaut 0 (FALSE), alors la portion de programme concernée n'est ni traitée ni compilée, mais supprimée du texte source.

Si la directive **#if** contient des branches alternatives, alors le préprocesseur évalue dans l'ordre leurs expressions constantes, cela jusqu'à ce qu'il rencontre une condition valant TRUE (non nulle). La portion de programme concernée (c'est-à-dire toutes les instructions allant jusqu'à la prochaine directive **#elif**, **#else** ou **#endif**) est traitée. Toutes les autres portions de programme de la structure **#if** sont éliminées du texte source et ne sont donc pas traduites. Le morceau de programme relatif à une directive **#else** n'est traité et compilé que si l'évaluation des expressions constantes de toutes les autres conditions a donné la valeur 0 (donc FALSE).

Les applications privilégiées de la compilation conditionnelle sont les tests ou la recherche des erreurs. Le programme suivant DELAY.C essaie différentes durées de pause entre l'affichage de caractères isolés (ici : les lettres "A" à "D"). Les pauses sont produites par des boucles de comptage avec variables de différents types. De la valeur d'une constante symbolique nommée INDIC dépend la portion de programme qui est compilée. Dans ce qui suit, INDIC a la valeur INT30 qui correspond à la valeur numérique 30. Le passage de la branche **#if** est donc compilé, mais pas les passages relatifs aux branches **#elif** et **#else**. Si la constante symbolique INDIC n'était pas définie ou avait une autre valeur que 20, 30, 40 ou 60, alors seul serait compilé le passage de la branche **#else**.

➤ **DELAY.C**

```
/*          DELAY montre la compilation conditionnelle de portions de programme sur
  l'exemple de quelques boucles de comptage qui servent à faire des pauses entre
  des affichages de caractères isolés. Selon la valeur de la constante symbolique
                     INDIC, on compile différentes portions de programme. */
#include    <stdio.h>
#define      INT30       30
#define      INT60       60
#define      FLO20       20
#define      FLO40       40
#define      INDIC       INT30
main()
{
      char c;
      int i;
      unsigned int u;
      float f;
      for (c = 'A'; c < 'E'; c++)
      {
      printf("%c ", c);
      #if INDIC == INT30
      for (i = 1; i <= 30000; i++);           /*      n'est compilé que si     */
                                              /*      INDIC vaut 30.       */
         #elif INDIC == INT60
      for (u = 1; u <= 60000; u++);           /*      n'est compilé que si     */
                                              /*      INDIC vaut 60.       */
         #elif INDIC == FLO20
      for (f = 1.0; f <= 2000.0; f++);        /*      n'est compilé que si     */
                                              /*      INDIC vaut 20.       */
         #elif INDIC == FLO40
      for (f = 1.0; f <= 4000.0; f++);        /*      n'est compilé que si     */
                                              /*      INDIC vaut 40.       */
         #else
      for (u = 1; u <= 45000; u++);                   /*  est compilé si INDIC     */
                                        /* est indéfini ou != 20, 30, 40, 60     */
```

```
    #endif
    }
}
```

L'opérateur defined

La directive **#if** peut être combinée avec l'opérateur "defined" pour donner une autre variante syntaxique, ainsi formulée :

```
#if  defined  (CONSTANTE_SYMBOLIQUE)
portion de programme
#endif
```

Ce genre d'instruction (qui peut d'ailleurs contenir aussi des directives **#elif** et/ou une directive **#else**) permet de compiler un morceau de programme en fonction de l'existence d'une certaine constante symbolique. Si la constante concernée est définie, alors l'expression :

```
defined   (CONSTANTE_SYMBOLIQUE)
```

est considérée comme valant TRUE (non nulle) et la portion de code qui suit est traitée par le préprocesseur et traduite par le compilateur. Si la constante n'est pas définie, l'expression précédente vaut FALSE (nulle) et le code qui suit n'est ni traité par le préprocesseur ni compilé.

A la syntaxe :

```
#if  defined  (CONSTANTE_SYMBOLIQUE)
portion de programme
#endif
```

équivaut la syntaxe :

```
#ifdef   (CONSTANTE_SYMBOLIQUE)
portion de programme
#endif
```

qui utilise, à la place de la combinaison de **#if** et de "defined", la directive **#ifdef**. Comme application de **#if defined** ou de **#ifdef**, considérons l'exemple suivant.

Instructions auxiliaires en phase de test

Le programme BINOMCO1.C calcule le coefficient binomial

$$\binom{n}{k}$$

pour n entier positif allant de 1 à 50 et k entier vérifiant $0 < k < n$. Si k remplit cette dernière condition, alors le coefficient binomial est donné par la relation suivante :

$$\binom{n}{k} = \frac{n!}{k! * (n-k!)}$$

Le coefficient binomial (prononcez : Cnk) indique combien de combinaisons différentes de k éléments pris parmi n éléments on peut former en tout. L'ordre des éléments dans les combinaisons de k éléments ne joue ici aucun rôle.

A titre d'exemple, le coefficient binomial permet de calculer le nombre total de combinaisons de 6 nombres pris dans un ensemble de 49 nombres (loto) :

$$\binom{49}{6} = \frac{49!}{6!^*(49-6!)} = \frac{49!}{6!^*43!}$$

$$= \frac{49^*48^*47^*\Big(^*2^*1}{1^*2^*\Big(^*6^*1^*2^*\Big(^*42^*43}$$

$$= \frac{49^*48^*47^*46^*45^*44^*}{2^*3^*4^*5^*6^*}$$

$$= 13983816$$

Comme l'ordre dans lequel les chiffres sont tirés est sans importance, des tirages tels que :

```
1  2  3  4  5  6
2  4  6  1  3  5
6  5  4  3  2  1
etc.
```

ne sont pas considérés comme étant différents. Venons-en maintenant au programme BINOMCO1.C :

▶ binomco1.c :

```c
/*  BINOMCO1 détermine le coefficient binomial pour n entier positif et k entier
                                               avec  0 < k < n.   */
#include  <stdio.h>
main()
{
    int i;                          /*      variable de boucle        */
    int n, k;                /*    Variables du coefficient binomial  */
    double nfac, kfac, nkfac;              /*       factorielles       */
     printf("\033[2J");
      printf("Calcul du coefficient binomial (Cn,k)\n\n");
    do
    {
     printf("\nn (1 - 50) : ");
     scanf("%d", &n);
    } while (n < 1 || n > 50);
    do
    {
     printf("\nk (0 < k < n): ");
     scanf("%d", &k);
    } while (k < 1 || k >= n);
     for (i = 1, nfac = 1.0; i <= n; i++) /*    calcul des factorielles   */
    {
     nfac = nfac * i;
     if (i == k)
     kfac = nfac;
     if (i == (n-k))
      nkfac = nfac;
    }
```

```
    printf("\n\nLe coefficient binomial C%d,%d vaut %", n, k, nfac / (kfac * nkfac));
}
```

Lorsqu'on écrit et teste des programmes tels que BINOMCO1.C qui exécutent des calculs un peu complexes, il n'est pas rare que l'on désire visualiser non seulement le résultat final, mais aussi des résultats intermédiaires, surtout en cas d'erreur. Dans ce but, on peut insérer dans le programme des instructions auxiliaires, par exemple pour afficher les résultats intermédiaires précédemment mentionnés. Dans le programme précédent BINOMCO1.C, on pourrait par exemple faire afficher les valeurs des factorielles nfac, kfac et nkfac avant que ne soit formé, à partir d'elles, le coefficient binomial. Naturellement, ces instructions supplémentaires ne devront plus être exécutées lors du fonctionnement régulier ultérieur du programme. Si on fait afficher les valeurs des variables nfac, kfac et nkfac par une instruction **printf**, comme ici :

```
for (i = 1, nfac = 1.0; i <= n; i++)
{
    nfac = nfac * i;
    if (i == k)
    kfac = nfac;
    if (i == (n-k))
    nkfac = nfac;
}
printf("\nValeur de nfac: %.f",nfac);              /*      affichage des      */
printf("\nValeur de kfac: %.f",kfac);              /*       résultats         */
printf("\nValeur de nkfac: %.f",nkfac);            /*     intermédiaires      */
getch();                            /*   pause pour visualiser tranquillement  */
```

alors il faudra ôter ces instructions lorsqu'on pensera que le programme est correct. Mais si des erreurs réapparaissent, il faudra à nouveau insérer ces instructions auxiliaires.

Pour éviter ces manipulations pénibles, on peut activer ou désactiver (selon les besoins) les affichages auxiliaires, cela à l'aide d'une constante symbolique et des directives **#if defined** ou **#ifdef**. On n'aura plus ainsi à insérer ou supprimer ces instructions supplémentaires. Nous montrerons cela sur le programme BINOMCO1.C.

Nous commençons par définir une constante symbolique ad hoc qui doit indiquer le "mode" (exécution ou non des instructions auxiliaires) dans lequel tourne le programme :

```
#define   CHECKS_ON
```

Notez bien qu'on ne définit pas de texte de remplacement pour cette constante et rappelez-vous qu'en pareil cas la constante est définie (et vaut 1 en interne, ce qui fait qu'une expression comme :

```
#if  defined  (CHECKS_ON)
```

ou

```
#ifdef   CHECKS_ON
```

est vue comme TRUE). On aurait pu également donner un texte de remplacement pour la
constante CHECKS_ON. Mais comme nous n'en avons pas besoin et que nous nous
intéressons seulement au fait que la constante est définie, nous y renoncerons.

Dans la phase suivante, nous rendrons la compilation des instructions auxiliaires dépendante de l'existence de la constante symbolique CHECKS_ON. On y arrive via une directive
#if defined (ou **#ifdef**) adéquate :

```
for (i = 1, nfac = 1.0; i <= n; i++)
{
    nfac = nfac * i;
    if (i == k)
    kfac = nfac;
    if (i == (n-k))
    nkfac = nfac;
}
#if defined (CHECKS_ON)                              /* si CHECKS_ON est définie    */
    printf("\nValeur de nfac : %.f",nfac);           /*      affichage des          */
    printf("\nValeur de kfac : %.f",kfac);           /*        résultats            */
    printf("\nValeur de nkfac : %.f",nkfac);         /*      intermédiaires         */
    getch();                                         /*          pause              */
#endif
```

Désormais les instructions auxiliaires ne seront compilées (et donc afficheront les résultats
intermédiaires) que si la constante symbolique CHECKS_ON a été précédemment définie
dans le programme, comme c'est le cas avec la version suivante BINOMCO2.C.

► BINOMCO2.C
```
/*      BINOMCO2 détermine le coefficient binomial pour n entier positif (1 à 50)
  et k entier avec  0 < k < n. A l'aide de directives du préprocesseur, on peut
                    exécuter des instructions auxiliaires en cas de besoin.     */
#include <stdio.h>                                   /*       printf, scanf         */
#include <conio.h>                                   /*          getch              */
#define CHECKS_ON                      /*      pour instructions auxiliaires     */
main()
{
    int i;                             /*          variable de boucle            */
    int n, k;                          /*    Variables du coefficient binomial   */
    double nfac, kfac, nkfac;          /*           factorielles                 */
    printf("\033[2J");
    printf("Calcul du coefficient binomial  (Cn,k)\n\n");
    do
    {
    printf("\nn (1 - 50) : ");
    scanf("%d", &n);
    } while (n < 1 || n > 50);
    do
    {
    printf("\nk (0 < k < n): ");
    scanf("%d", &k);
    } while (k < 1 || k >= n);
    for (i = 1, nfac = 1.0; i <= n; i++)  /*     calcul des factorielles         */
```

```
    {
    nfac = nfac * i;
    if (i == k)
    kfac = nfac;
    if (i == (n-k))
    nkfac = nfac;
    }
#if defined (CHECKS_ON)                            /* si CHECKS_ON est définie      */
    printf("\nValeur de nfac : %.f",nfac);         /*     affichage des             */
    printf("\nValeur de kfac : %.f",kfac);         /*         résultats             */
    printf("\nValeur de nkfac : %.f",nkfac);       /*       intermédiaires          */
    getch();                                       /*           pause               */
#endif
    printf("\n\nLe coefficient binomial C%d,%d vaut %", n, k, nfac / (kfac * nkfac));
}
```

Vérification négative

Au lieu de vérifier via :

```
#if   defined  (CONSTANTE_SYMBOLIQUE)
```

si une constante symbolique a été définie, on peut aussi tester à l'aide de :

```
#if  !defined  (CONSTANTE_SYMBOLIQUE)
```

ou de la formulation équivalente :

```
#ifndef   CONSTANTE_SYMBOLIQUE
```

si la constante concernée n'a pas été définie. Avec les instructions :

```
#if  !defined  (FALSE)
    #define FALSE  0
#endif
```

par exemple, on arrive à définir une constante symbolique FALSE ayant le texte de remplacement 0 dans le cas où cette constante n'a pas encore été définie. Si la constante est déjà définie, la directive **#define** n'est pas exécutée. De cette façon, on est sûr que la constante est toujours définie et utilisable. Comme formulation équivalente des instructions précédentes, on pourrait aussi utiliser la construction suivante basée sur la directive **#ifndef** :

```
#ifndef  FALSE
    #define FALSE  0
#endif
```

L'exemple montre, du reste, que les portions de programme conditionnées par des directives **#if**, **#ifdef** ou **#ifndef** ne contiennent pas que des instructions normales du C qu'il faut compiler ou non selon la valeur logique de la condition. Comme c'est le cas avec l'exemple précédent, les portions de programme conditionnées contiennent souvent d'autres directives du préprocesseur. Les directives du préprocesseur ne sont pas traitées par le compilateur, mais par le préprocesseur (elles sont ensuite ôtées du fichier source, ainsi qu'on peut facilement le vérifier en faisant afficher le code après traitement par le préprocesseur, cela en utilisant l'option de compilation adéquate). Le problème qui se pose ici, pour être précis, est de savoir non pas si les directives du préprocesseur sont compilées, mais si le préprocesseur les exécute. Le terme de "compilation conditionnelle" est donc peu approprié.

8.4   Autres instructions du préprocesseur

Dans ce qui suit, vous trouverez d'autres directives du préprocesseur via lesquelles, par exemple, vous pourrez afficher des messages d'erreur ou activer la numérotation des lignes.

Messages d'erreur

La directive **#error** permet d'afficher des messages d'erreur spécifiques (par exemple pour indiquer quelque chose à d'autres programmeurs), cela par la syntaxe :

```
#error   <texte>
```

Les instructions :

```
#if TRUE == 0
      #error TRUE doit être défini avec une valeur non nulle
#endif
```

font que lors de la compilation le message :

```
TRUE doit être défini avec une valeur non nulle
```

sera affiché si la constante symbolique TRUE est définie avec la valeur 0. Suite à la directive **#error**, la compilation est interrompue et le texte source peut alors être modifié comme il se doit.

Numérotation des lignes

La directive **#line** initialise la numérotation des lignes du fichier source, numérotation interne au compilateur, à une valeur que l'utilisateur doit spécifier. Les numéros de ligne, par exemple, sont affichés avec les messages d'erreur. Le nom du fichier source contenant l'erreur apparaît habituellement sur ces messages d'erreur. La directive **#line** permet également de modifier ce nom. Voici la syntaxe de **#line** :

```
#line <valeur_constante> ["nom de fichier"]
```

<valeur_constante> ici est une constante décimale entière. Un nom de fichier (facultatif) placé entre guillemets peut être indiqué. La directive **#line**, c'est le moins qu'on puisse dire, est très peu utilisée. On peut l'employer pour mettre en forme les messages relatifs aux erreurs de compilation des programmes. Si l'on s'intéresse particulièrement, par exemple, aux erreurs éventuelles contenues dans la fonction principale **main**, alors on peut placer la directive :

```
#line 1 "main"
```

immédiatement avant la fonction **main**. Ce faisant, le compteur de lignes est initialisé à 1 au début de **main**. De plus, dans les messages d'erreur éventuels le nom **main** ("nom de fichier") remplacera le nom normal du fichier. De cette façon, on reconnaît facilement les erreurs de programme dans **main** et on fait numéroter les lignes de programme concernées par rapport au début de **main** (ce qui est peut-être plus lisible que si on gardait l'affichage standard des erreurs). L'instruction suivante :

```
printf("Test);
```

dans laquelle il manque un guillemet à la fin de la chaîne donne alors un message d'erreurs du style :

```
error: main(3): unterminated string or character constant in function main
```

On s'aperçoit ici que l'erreur se trouve sur la troisième ligne de **main**.

Pragmas

Un pragma est une directive de compilation. Il s'agit d'une directive spéciale adressée au compilateur pour qu'il exécute une certaine action. On peut comparer les pragmas avec les options du compilateur qui représentent également des instructions à destination du compilateur. Nous avons évoqué précédemment dans ce chapitre les options de compilation -P et -E (ou /P et /E) qui indiquent au compilateur de ne pas traduire le texte source concerné, mais simplement de lancer le préprocesseur et d'envoyer le résultat, à savoir le fichier obtenu après traitement, soit dans un fichier soit sur l'écran. Il existe en fait toute une série d'instructions de compilation disponibles aussi bien sous forme de pragmas que sous forme d'options. Contrairement aux options de compilation, que l'on spécifie en lançant la commande de compilation, les pragmas sont insérés dans le texte source via la directive du préprocesseur :

```
#pragma    <instruction de compilation>
```

Ces instructions de compilation peuvent être de nature très diverse et concerner par exemple la génération de code, l'optimisation du code, la gestion mémoire, l'affichage des messages, etc. Les pragmas ne sont pas standardisés et varient d'un compilateur à un autre. (Consultez donc le manuel de votre compilateur). Dans ce qui suit, nous donnerons simplement un exemple simple relatif au compilateur C de Microsoft. Ce dernier comprend, entre autres, le pragma **message** par lequel on peut faire afficher des messages durant le processus de compilation. La syntaxe en est :

```
#pragma    message("chaîne de caractères")
```

Lors de la compilation du programme suivant PRAGMESS.C, nous ferons donc afficher quelques messages. La compilation ici, contrairement à ce qui se passe avec #error, n'est pas interrompue.

▶ PRAGMESS.C

```
/*      PRAGMESS montre comment fonctionne un pragma. Le pragma "message" n'existe
                                pas sur tous les compilateurs.      */
#pragma  message("Compilation d'un programme d'essai de pragma")
#pragma  message("Ces messages sont produits par le pragma 'message'")
#include  <stdio.h>
main()
{
     printf("Essai de pragma");
}
#pragma  message("Dernier message et fin de la compilation")
```

Si votre compilateur connaît le pragma "message", alors la compilation du programme précédent s'accompagnera des messages :

```
Compilation d'un programme d'essai de pragma
Ces messages sont produits par le pragma 'message'
Dernier message et fin de la compilation
```

8.5   Constantes du préprocesseur

Il existe une série de constantes prédéfinies qui sont remplacées par les préprocesseurs ANSI. Les voici résumées avec leur signification. Il existe en outre des constantes spécifiques à la plupart des compilateurs.

LINE	Constante integer. Indique le n° de la ligne de texte source qui doit être traitée.
FILE	Constante string. Indique le nom du fichier source en cours.
DATE	Constante string. Indique la date de la dernière compilation (pas de date en cours).
TIME	Constante string. Indique l'heure de la dernière compilation (pas d'heure en cours).
STDC	Constante integer avec la valeur 1. Est définie lorsque le compilateur respecte le standart ANSI-C

Fig. 8.4 :   Un header personnalisé

Les constantes prédéfinies commencent et finissent toujours par deux caractères de soulignement (underscores) et ne doivent pas être modifiées. Le programme suivant montre comment on peut les utiliser.

> PREPCONS.C

```
/*  PREPCONS montre l'tilisation des constantes prédéfinies du préprocesseur. */
#include  <stdio.h>
main()
{
      #if !defined (_STDC_)
        printf("Compilateur non conforme au standard ANSI.\n");
      #endif
        printf("C'est le programme %s, ligne %d\n", _FILE_, _LINE_);
        printf("Dernière compilation de %s : %s à %s heure\n", _FILE_, _DATE_,
                                                                _TIME_);

}
```

9 Pointeurs

Dans nos précédents programmes, l'accès à une variable (plus précisément à son contenu ou à sa valeur) se faisait par l'intermédiaire de son nom. Si par exemple on devait affecter à une variable 'a' la valeur d'une autre variable 'b', on y arrivait par l'instruction :

```
a = b;
```

dans laquelle un nom de variable figurait des deux côtés de l'opérateur d'affectation "=". C'est à l'aide du nom 'b' qu'on localise l'emplacement mémoire relatif à cette variable dont le contenu est dupliqué puis reporté à l'emplacement mémoire connu sous le nom de 'a'. Schématiquement parlant, une variable n'est donc rien d'autre qu'une zone mémoire portant un certain nom défini par le programmeur (Cf. aussi le chapitre 1.6 **Variables**). Mais au lieu d'accéder par ce nom directement à la variable concernée, on peut aussi choisir un chemin d'accès indirect par le biais de l'adresse de la variable. Pour cela, on utilise ce qu'on appelle un pointeur.

Un pointeur (anglais : pointer) est une donnée constante ou variable qui mémorise l'adresse d'une variable. On dit aussi que le pointeur renvoie ou "pointe" (d'où le nom) vers la variable concernée, cela via son contenu consistant en une adresse de variable. Les pointeurs sont parfois appelés **indirections**. On dit aussi que le pointeur fait **référence** à la variable.

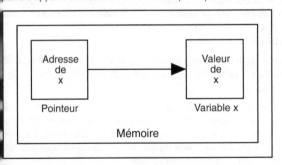

Fig. 9.1 :   Un pointeur contenant l'adresse d'une variable, donc "pointant" vers celle-ci

Un pointeur dont le contenu est modifiable, donc qui peut mémoriser les adresses de différentes données, est une variable pointeur. Ces variables pointeur (également appelées variables d'adresse) sont d'un type particulier, adapté à la mémorisation d'adresses. Mais il existe aussi des pointeurs constants (adresses constantes). Par exemple, les noms des tableaux sont des pointeurs constants qui équivalent à l'adresse (de début) du tableau concerné (Cf. aussi le chapitre 5 **Types de données complexes**), ainsi que la section **Pointeurs et tableaux** dans ce chapitre).

Variables et adresses

Même sans parler des pointeurs, la manipulation des adresses de variables nous est déjà connue (Cf. chapitre 2.2 **Saisie formatée**). Soit, par exemple, la définition :

```
int x;
```

Alors l'opérateur bien connu "&" permet de former l'expression :

```
&x
```

qui donne l'adresse de la variable 'x'. La fonction **scanf**, par exemple, exige des expressions de cette forme pour pouvoir lire des valeurs et les ranger dans les variables concernées. Ainsi, la fonction **scanf** dans l'instruction :

```
scanf("%d", &x);
```

mémorise une valeur saisie de type **int** dans la variable 'x'. Le programmeur ici n'a aucune influence sur l'emplacement mémoire où sera rangée la valeur saisie. Le choix d'une adresse mémoire, en effet, ncombe au compilateur. Mais il est possible de visualiser l'adresse qui a été choisie. Les adresses des variables sont des données entières qui tiennent habituellement sur 2 ou 4 octets et qui sont très souvent exprimées sous forme hexadécimale. Pour afficher des adresses, vous pouvez donc utiliser la fonction **printf** avec les spécifications de format **%x** ou **%X** ou bien avec le format spécial **%p** réservé aux pointeurs (adresses) grâce auquel les adresses sont affichées aussi en hexadécimal. Naturellement, on peut faire afficher des adresses en décimal avec le format %d. Sauf indication contraire, nous supposerons ici que les adresses tiennent sur 2 octets. L'instruction :

```
printf("valeur de x = %d\tAdresse de x = %X", x, &x);
```

donne aussi bien la valeur de la variable 'x' que son adresse. Si 'x', dans l'instruction **scanf** précédente, a reçu par exemple la valeur 99, alors vous obtiendrez un affichage du style :

```
valeur de x = 99        Adresse de x = 2D18
```

La valeur 2D18 indiquée pour l'adresse de 'x' est l'adresse de l'emplacement mémoire que le compilateur a choisi pour 'x'. Cette adresse varie d'une exécution du programme à l'autre et d'un système à l'autre. Si on relance le programme ou si on le fait tourner sur d'autres machines, il est probable que c'est une autre adresse qui sera affichée pour la variable 'x'. Cela dépend de l'emplacement du programme en mémoire.

Homogénéité des adresses

Sur chaque système, les adresses des variables possèdent habituellement un format et une taille homogènes, indépendants du type de l'objet concerné. Soient par exemple les variables :

```
char c = 'a';           /*    1 Octet    */
short s = 456;          /*    2 Octet    */
long l = 123456;        /*    4 Octet    */
double d = 3.1415;      /*    8 Octet    */
```

Alors les instructions :

```
printf("valeur de c = %c\tAdresse de c = %X", c, &c);
printf("valeur de s = %hd\tAdresse de s = %X", s, &s);
printf("valeur de l = %ld\tAdresse de l = %X", l, &l);
printf("valeur de d = %f\tAdresse de d = %X", d, &d);
```

afficheront quelque chose comme (tenez compte ici de ce qui a été dit précédemment sur les valeurs des adresses, valeurs définies par le compilateur et qui varient d'un système à un autre) :

```
valeur de c = a         Adresse de c = 3076
valeur de s = 456       Adresse de s = 3074
valeur de l = 123456    Adresse de l = 3070
valeur de d = 3.141500  Adresse de d = 3068
```

Ici toutes les adresses affichées sont de même forme et de même structure. Rien d'étonnant à cela si on pense qu'une adresse n'est rien d'autre que la désignation (indépendante du type) d'un certain emplacement mémoire, à savoir celui à partir duquel est rangée la donnée concernée. L'adresse est donc l'adresse du premier octet et on l'appelle aussi adresse de début de la variable. Quand on parle de l'adresse d'une variable, il s'agit toujours de son adresse de début. L'image suivante illustre les relations concernant les variables de l'exemple précédent. Notez que dans l'affichage qui précède les adresses ont été données sous forme hexadécimale. Sur le graphique, elles ont été transformées en valeurs décimales correspondantes, à des fins de meilleure compréhension.

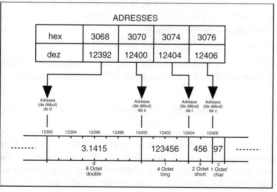

Fig. 9.2 : Variables de différents types avec leurs adresses (de début) en mémoire

L'accès aux valeurs des variables via leurs adresses, à l'aide de pointeurs, fait l'objet des sections suivantes. On se demande peut-être pourquoi il faudrait accéder aux variables de manière indirecte avec des pointeurs alors que l'accès direct est visiblement bien plus simple. La réponse est d'une part qu'il y a beaucoup de problèmes (complexes) qui se laissent résoudre plus rapidement et plus élégamment avec les pointeurs. Il s'agit avant tout de programmes dans lesquels des fonctions doivent communiquer et échanger des données. Cet aspect des pointeurs sera détaillé au chapitre 10 "Fonctions". D'autre part, il existe des domaines dans lesquels l'utilisation des pointeurs est incontournable. C'est le cas en particulier de ce qu'on appelle l'allocation dynamique de mémoire que nous verrons à la section 9.6. Un programme qui gère la mémoire de manière dynamique utilise, pour ranger ses données, des zones de mémoire dépourvues de noms. L'unique moyen pour accéder aux données mémorisées passe ici par l'adresse de ces données, adresses qui sont nécessairement stockées dans des pointeurs !

9.1   **Définition de variables pointeurs**

Abstraction faite de deux exceptions, les champs de bits et les variables de classe **register** qui n'ont pas d'adresse en mémoire, les pointeurs peuvent référencer des données de type quelconque. Il faut cependant indiquer, lors de la définition d'une variable pointeur, le type de l'objet dont la variable pointeur concernée doit stocker l'adresse. Il y a donc des variables pointeur de types divers. Pour chaque type de données existe un type spécial de variable pointeur, type qui ne peut recevoir que des adresses de données ayant le type concerné. Il est toutefois possible de définir des pointeurs de type indéfini qui, au début, ne pointent vers aucun type de données spécifié (Cf. chapitre 9.3 "**Arithmétique des pointeurs**"). Bien que les variables pointeur diffèrent ainsi de par leur type, elles sont néanmoins égales en ce qui concerne leur taille (habituellement 2 ou 4 octets selon la machine). Celle-ci, en effet, ne dépend pas du type de la donnée pointée. Cela tient au fait (déjà évoqué) que les adresses des objets sont homogènes, même si les objets diffèrent par leur nature et par leur dimension. On définit une variable pointeur selon la syntaxe suivante :

```
<type_données>      *<nom_pointeur>
```

Une telle définition, dans sa structure, correspond à la définition d'une variable, comme vous le savez déjà. Elle contient le nom de la variable à définir, qui est dans l'instruction précédente :

```
<nom_pointeur>
```

ainsi que le type possédé par cette variable pointeur, type représenté par la spécification :

```
<type_données>
```

Cette indication de type comporte un nouvel élément, à savoir l'opérateur "*" que vous connaissez déjà en tant qu'opérateur de multiplication. Dans la définition d'une variable pointeur cependant, cet opérateur a une toute autre signification qu'on pourrait ainsi formuler en langage courant : "est un pointeur vers". Une définition telle que :

```
int *pi;
```

peut donc être interprétée comme :

```
"La variable 'pi' est un pointeur vers une donnée de type int."
```

ou bien, ce qui revient au même, comme :

```
"La variable définie 'pi' a le type int *."
```

autre périphrase équivalente :

```
"La variable définie 'pi' peut mémoriser l'adresse d'une donnée de type int."
```

Conformément aux explications précédentes, les variables suivantes :

```
char   *pc;
short  *ps;
long   *pl;
float  *pf;
double *pd;
```

sont ainsi définies :

pc   est un pointeur vers un '**char**'.
pc   peut contenir l'adresse d'une donnée de type '**char**'.
pc   a le type '**char ***'.

ps   est un pointeur vers un '**short**'.
ps   peut contenir l'adresse d'une donnée de type '**short**'.
ps   a le type '**short ***'.

pl   est un pointeur vers un '**long**'.
pl   peut contenir l'adresse d'une donnée de type '**long**'.
pl   a le type '**long ***'.

pf   est un pointeur vers un '**float**'.
pf   peut contenir l'adresse d'une donnée de type '**float**'.
pf   a le type '**float ***'.

pd   est un pointeur vers un '**double**'.
pd   peut contenir l'adresse d'une donnée de type '**double**'.
pd   a le type '**double ***'.

Pour une même variable, les trois formulations sont toutes équivalentes et signifient donc la même chose. Signalons ici, à propos de la définition des pointeurs, qu'il faut se faire à l'écriture traditionnelle consistant à placer l'opérateur "*" directement devant le nom de la variable pointeur, bien que celui-ci à vrai dire forme un tout logique avec le type de la donnée pointée :

```
int   *iptr;
```

Initialisations

Comme pour les autres variables (de la classe '**auto**'), la valeur d'une variable pointeur est indéfinie lors de la définition et le reste tant qu'on ne lui affecte pas explicitement une valeur. Cela peut se faire, par exemple, par le biais d'une initialisation dès la définition. La variable pointeur concernée reçoit alors comme valeur de départ l'adresse d'une autre variable. Avec les définitions qui suivent, on commence par définir quatre variables de types **short** et **float**, puis quatre pointeurs, deux de type "**pointeur vers short**" et deux de type "**pointeur vers float**". Les variables pointeur sont toutes initialisées avec l'adresse d'une des variables du type ad hoc :

```
short   alpha_s,  beta_s;
float   alpha_f,  beta_f;
short *sp1 = &alpha_s;              /* sp1 et un pointeur vers short, initialisé avec
                                       l'adresse de la variable short alpha_s      */
short *sp2 = &beta_s;                 /* sp2 est un pointeur vers short, initialisé
                                         avec l'adresse de la variable beta_s      */
float *fp1 = &alpha_f;             /* fp1 est un pointeur vers float, initialisé
                                      avec l'adresse de la variable alpha_f      */
float *fp2 = &beta_f;                /* fp2 est un pointeur vers float, initialisé
                                        avec l'adresse de la variable beta_f     */
```

Dans les définitions précédentes, on affecte aux variables pointeur, comme valeurs initiales, des adresses sous forme d'expressions constituées par le nom de la variable concernée et par l'opérateur d'adressage "&". Des deux côtés de chaque affectation figurent des données de même type (à gauche une variable pointeur, à droite une expression basée sur l'opérateur d'adressage) qui représentent le même type de valeur : l'adresse d'une certaine donnée. Variables pointeur et expressions d'adressage avec "&" sont donc identiques "dans leur essence" : Elles font référence, toutes les deux, à des données. Pour cette raison, on utilise fréquemment le terme 'pointeur' pour désigner, non seulement des variables pointeur, mais aussi des expressions d'adressage avec l'opérateur "&". Comme l'expression :

&alpha_s

par exemple donne l'adresse de la variable 'alpha_s', alors d'après l'interprétation précédente, elle représente aussi un pointeur vers la variable 'alpha_s', au même titre que la variable pointeur 'sp1'.

Une autre forme permettant de transférer l'adresse d'une donnée dans une variable pointeur est le nom d'un autre pointeur de même type. Il est, par contre, problématique d'affecter à un pointeur des adresses sous forme de valeurs explicites (par exemple 24680, 3DD8, etc.) si on ne sait pas ce qui est mémorisé sous ces adresses. Comme on le comprendra facilement, le fait d'utiliser ainsi les pointeurs pour modifier des emplacements mémoire peut provoquer des effets désastreux, notamment si vous effacez des données importantes (cf. section suivante 9.2).

Les relations entre les variables précédemment définies et leurs emplacements mémoire sont illustrées sur l'image suivante. Notez bien qu'avec ces définitions seules les variables pointeur contiennent des valeurs définies, les valeurs des autres variables restant par contre indéterminées. Mais cela ne nous dérange pas outre mesure, car ce qui nous intéresse pour le moment, ce sont leurs adresses et non leurs contenus.

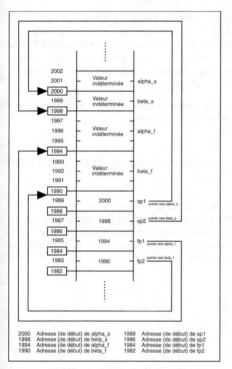

Fig. 9.3 :   Variables et pointeurs en mémoire (adresses en notation décimale)

Les adresses spécifiées sur l'image sont purement imaginaires. On peut faire afficher les adresses réelles que le compilateur, sur tel ou tel système, choisira pour les variables utilisées, via :

```
printf("%X %X %X %X %X %X %X %X", &alpha_s, &beta_s, &alpha_f, &beta_f, &sp1, &sp2,
                                  &fp1, &fp2);
```

si on veut de l'hexadécimal, ou bien via :

```
printf("%d %d %d %d %d %d %d %d", &alpha_s, &beta_s, &alpha_f, &beta_f, &sp1, &sp2,
                                  &fp1, &fp2);
```

si on veut du décimal. &sp1, &sp2, &fp1 et &fp2 sont ici les adresses mémoire des variables pointeur elles-mêmes, et non pas leurs contenus. Si on compare cependant, à l'aide des instructions :

```
printf("%X %X %X %X", &alpha_s, &beta_s, &alpha_f, &beta_f);
printf("%X %X %X %X", sp1, sp2, fp1, fp2);
```

les valeurs affichées pour &alpha_s, &beta_s, &alpha_f et &beta_f avec les contenus des pointeurs sp1, sp2, fp1 et fp2, alors on constate que les deux résultats sont identiques. Les valeurs de &alpha_s et de sp1, celles de &beta_s et de sp2, celles de &alpha_f et de fp1 ainsi que celles de &beta_f et de fp2 coïncident donc, justement parce qu'à l'instant même sp1, sp2, fp1 et fp2 contiennent respectivement les adresses de alpha_s, beta_s, alpha_f et beta_f.

Bien évidemment, on peut aussi amener des valeurs (adéquates) dans les variables pointeur via des affectations hors initialisation. Ainsi, les instructions :

```
sp1 = &beta_s;
sp2 = &alpha_s;
```

entraînent que maintenant sp1 et non sp2 pointe vers beta_s et que sp2 pointe conformément vers alpha_s. L'affectation :

```
fp1 = fp2;
```

dans laquelle le contenu du pointeur fp2 est affecté au pointeur fp1 fait que maintenant, non seulement fp2 mais aussi fp1 contiennent l'adresse de 'beta_f' et donc pointent vers cette variable. Cependant, avec cette dernière affectation, l'ancien contenu (l'adresse de alpha_f) est écrasé, de sorte que plus aucun pointeur ne fait référence à la variable 'alpha_f'. La situation en mémoire qui résulte des affectations précédentes est donc la suivante :

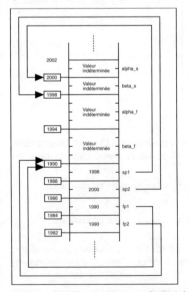

Fig. 9.4 :   Variables et pointeurs en mémoire (adresses sous forme décimale)

9.2   Accès indirect aux variables

Pour pouvoir accéder, via un pointeur, à une autre donnée, on a besoin de l'opérateur "*", mais cette fois avec la signification (la troisième) d'opérateur d'indirection (autre appellation : opérateur de contenu ou opérateur de référence). L'utilisation de l'opérateur d'indirection "*" doit être ici strictement différenciée de son utilisation dans les définitions de variables pointeur. Si on peut décrire l'opérateur "*" dans une définition de pointeur par la formulation imagée suivante : "est un pointeur vers", au contraire sa signification dans une instruction d'un programme pourrait ainsi s'exprimer : "contenu de". Si l'opérateur est placé devant le nom d'un pointeur, alors on accède (indirectement) à la donnée dont l'adresse est mémorisée dans le pointeur. Considérons pour cela l'exemple suivant, dans lequel nous partons des définitions de variables :

```
int first, second;
int *pi;          /* pointeur vers int : le * ici n'est pas l'opérateur de contenu */
```

qui pourraient, d'ailleurs, être formulées de manière plus concise :

```
int first, second, *pi;                                    /* pi a le type int *    */
```

Après les affectations :

```
first = 1234;
pi = &first;                            /* pi mémorise l'adresse de first    */
```

on peut se représenter ainsi les variables en mémoire :

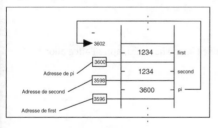

Fig. 9.5 :   Le pointeur pi pointe vers la variable first (adresses en notation décimale)

S'il faut maintenant que la variable 'second' prenne la valeur de first, on peut alors y arriver comme d'habitude via l'affectation :

```
second = first;
```

Mais au lieu de cela, on peut aussi, par l'expression :

```
*pi
```

accéder indirectement au contenu de 'first' et reporter ce dernier par l'instruction :

```
second = *pi;
```

dans la variable 'second'. L'opérateur "*", dans ce cas, est utilisé dans une instruction C et non dans une définition de pointeur. Il est donc pris ici comme opérateur d'indirection et l'expression :

```
*pi
```

se laisse donc décrire, conformément à la signification de * ("contenu de"), par les périphrases suivantes :

```
"valeur (ou contenu) de la donnée pointée par la variable pointeur pi"
```

ou encore :

```
" valeur (ou contenu) de la donnée dont l'adresse est stockée dans la
variable pointeur pi "
```

Comme 'pi' contient, à cet instant, l'adresse de la variable int 'first', alors 'pi' pointe vers la variable 'first'. L'expression :

```
*pi
```

est donc équivalente au contenu (valeur) de la variable vers laquelle pointe 'pi', à savoir 'first'. La variable 'first', quant à elle, a la valeur 1234. Donc, 'second', via l'affectation :

```
second = *pi;
```

prend la valeur 1234. Il en ressort que les opérations :

```
pi = &first;
second = *pi;
```

et :

```
second = first;
```

sont équivalentes. En mémoire, cela donne l'image que voici, après l'affectation :

```
second = *pi;
```

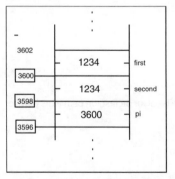

*Fig. 9.6 :   Mémoire après l'affectation de la valeur de la variable 'first' à la
variable 'second' via le pointeur 'pi' (adresses en notation décimale)*

Le fait que la variable 'second' ait maintenant la valeur 'first' et, que dans l'exemple précédent les deux expressions :

first

et

*pi

possèdent la même valeur, se vérifie aisément par l'instruction :

```
printf("%d %d %d", second, first, *pi);
```

Il est recommandé, en outre, de bien distinguer les deux expressions :

pi

et :

*pi

Alors que 'pi' représente la valeur (contenu) du pointeur 'pi' (donc une adresse), *pi représente la valeur (contenu) de la donnée dont l'adresse est rangée dans 'pi'. Rapporté à l'exemple précédent, l'instruction :

```
printf("%d %X", *pi, pi);
```

donne donc pour *pi la valeur de la variable 'first', à savoir 1234, et pour 'pi', par contre, l'adresse de la variable 'first'. Dans l'exemple, supposons qu'on ait défini non pas un, mais deux pointeurs, de façon à avoir les variables suivantes :

```
int first, second;
int *p1, *p2;                          /* deux pointeurs vers int         */
```

Alors, après les affectations :

```
first = 1234;
p1 = &first;                           /* p1 mémorise l'adresse de first.  */
p2 = &second;                          /* p2 mémorise l'adresse de second. */
```

on pourrait projeter d'affecter par pointeur à la variable 'second' la valeur de la variable 'first', ou bien par :

```
second = *p1;
```

mais aussi par :

```
*p2 = *p1;
```

Ici on accède indirectement aux deux variables. La valeur de la donnée pointée par 'p1' (first) est reportée à l'emplacement mémoire pointé par 'p2' (second). 'first' et 'second' ont donc maintenant, tous les deux, la valeur 1234.

Des expressions comme *p1 ou *p2 (appelées parfois pointeurs déréférencés) représentent, dans les instructions d'un programme, des données du type de l'objet pointé par le pointeur. Par exemple, *p1 est une donnée de type int (comme p1 pointe sur une donnée int), sur laquelle on peut effectuer toutes les opérations permises sur une variable 'int' ordinaire. Cette dernière formulation peut être généralisée : elle s'applique aux pointeurs de tous types. Si on suppose que p1 pointe vers la variable int 'first' et p2 vers la variable int 'second' (dernier exemple), alors *p1 et *p2 peuvent maintenant remplacer les variables 'first' et 'second' non seulement dans des affectations, mais également dans toutes les autres occasions, par exemple dans des opérations arithmétiques. Les instructions :

```
first = first - 1232;        /* initialise 'first' à la valeur 2 : 1234 - 1232 */
second = first * second;     /* initialise 'second' à la valeur 2468 : 2 * 1234 */
```

peuvent donc se formuler ainsi, de manière équivalente :

```
*p1 = *p1 - 1232;
*p2 = *p1 * *p2;
```

ici, pour des raisons de lisibilité, on peut aussi parenthéser le membre droit de la seconde affectation :

```
*p2 = (*p1) * (*p2);
```

Conversion de type

Il arrive qu'il faille explicitement convertir le type d'une variable lors de l'exécution d'une instruction, si les variables concernées possèdent des types de données différents (cf. chapitre 3 "Expressions et opérateurs "). Supposons définies, par exemple, trois variables 'a', 'b' et 'quotient' ainsi que trois pointeurs pa, pb et pq :

```
int a = 3, b = 2, *pa = &a, *pb = &b; /* "*" n'est pas l'opérateur d'indirection   */
double quotient, *pq = &quotient;      /* "*" n'est pas l'opérateur d'indirection   */
```

Alors, dans l'affectation :

```
*pq = (double) *pa / *pb;              /* "*" e s t  l'opérateur d'indirection     */
```

qui équivaut d'ailleurs à :

```
quotient = (double) a / b;
```

il faut convertir la valeur entière *pa (ou aussi *pb) - et donc la valeur de toute l'expression *pa / *pb - en valeur réelle afin de ne pas perdre dans la division les chiffres après la virgule. (L'expression *pa / *pb, en arithmétique entière, aurait la valeur 1 et non la valeur souhaitée 1.5. Qu'on se rappelle ici, en outre, que l'expression (double) (*pa / *pb) ne donnerait pas l'effet escompté car l'opérateur cast, dans ce cas, convertirait seulement le résultat de la division (1), déjà calculé en arithmétique entière). Si on affecte à un pointeur une valeur sous forme d'adresse explicite, par exemple dans :

```
pa = 24680;
```

le compilateur ne considère pas cela comme une erreur, mais il émet néanmoins un avertissement (pour autant qu'on ait paramétré le compilateur pour qu'il affiche les avertissements) signalant que les deux membres de l'affectation contiennent des données ayant des niveaux de référence différents. Cela est le cas, en effet, car on a à gauche un pointeur int, donc une donnée de type int*, et à droite une constante entière de type int qui n'est pas un pointeur.

En pareil cas, il serait plus correct de convertir la constante en un type de pointeur adéquat :

```
pq = (int *) 24680;
```

Maintenant, les deux membres contiennent des données de type int* et le message d'avertissement disparaît.

Il serait problématique, voire illicite, d'essayer de réaliser une affectation entre pointeurs lorsque ceux-ci pointent vers des données de types différents, donc lorsqu'ils ne sont pas de même type. Une instruction telle que :

```
pq = pa;
```

qui affecte à un pointeur 'double' (pq) le contenu d'un pointeur 'int' (pa), donc l'adresse d'un objet 'int', est certes signalée par le compilateur à l'aide d'un avertissement spécifique. Cependant, elle est acceptée, car non considérée comme une erreur, et elle peut même passer inaperçue. Etant donné que ce genre d'affectation ne donne habituellement aucun résultat sensé, on a donc à gérer soi-même les erreurs qui en découlent. Dans l'exemple précédent, le pointeur 'double', après affectation, pointe vers une donnée de type 'int'. Mais celle-ci, lorsqu'on y accède via le pointeur, est interprétée comme étant une donnée de type 'double'. En raison des différences de tailles entre les deux types (une donnée 'int' de 2 ou 4 octets est traitée comme une donnée 'double' de 8 octets) et des codifications différentes en mémoire (entier ou virgule flottante), cela amène à des résultats absurdes. Naturellement, cela aurait peu de sens, en pareil cas, de faire avec les pointeurs ce qui vient d'être dit sur les variables classiques :

```
pq = (double) pa;
```

et de convertir le pointeur int 'pa' en un pointeur 'double'. En effet, la donnée vers laquelle pointe 'pa', à savoir la variable 'a', n'est pas du tout touchée par cette conversion de pointeur et elle reste une donnée 'int' tout comme avant. Apparemment, dans l'instruction précédente, ce serait mieux de pouvoir convertir le pointeur du membre gauche de l'affectation :

```
(int *) pq = pa;                    /* ERREUR : les expressions avec opérateur 'cast'
                                       ne sont pas des Lvalues et ne doivent donc pas être
                                       mises dans le membre gauche d'une affectation.   */
```

Mais cela reste illégal, car une expression comportant l'opérateur 'cast' ne représente pas une Lvalue et ne peut donc pas figurer dans la partie gauche d'une affectation. Certains compilateurs possèdent des extensions qui autorisent, pour des pointeurs et sous certaines conditions, les conversions de types dans le membre gauche d'une affectation. Les conversions de pointeurs en d'autres types de pointeurs peuvent cependant s'avérer judicieuses. Nous y reviendrons lorsque nous traiterons de la gestion dynamique de mémoire.

9.3   Arithmétique des pointeurs

Les sections précédentes montrent que l'on peut distinguer, fondamentalement, deux types d'opérations sur les pointeurs. D'une part, les opérations dans lesquelles on accède (indirectement) à d'autres données (afin de les manipuler par quelque façon que ce soit), au moyen de l'opérateur d'indirection et de pointeurs. D'autre part, on peut, bien que le choix des opérations soit limité, accéder aux pointeurs eux-mêmes comme on le ferait avec des variables classiques, par exemple en leur affectant (comme l'explique la section 9.1) les adresses d'autres données. Pour manipuler les pointeurs, on dispose, outre les opérations d'affectation, d'une série d'autres opérations que l'on rassemble habituellement sous l'appellation "arithmétique des pointeurs". L'arithmétique des pointeurs est surtout intéressante dans le traitement des tableaux, ainsi que le montreront les autres sections du chapitre en cours ou du chapitre 10 Fonctions. Dans ce qui suit, nous commencerons par présenter les opérations de base.

Addition

La valeur d'un pointeur peut être augmentée d'un nombre entier. Supposons que 's' soit un tableau de type 'short' et 'ps' un pointeur vers 'short', ainsi définis :

```
short s [6];
short *ps;
```

alors l'instruction :

```
ps = &s[0];
```

entraîne que 'ps' pointe désormais sur le premier élément du tableau 's', à savoir vers la variable 'short' s[0] :

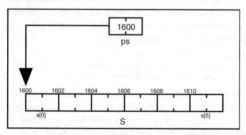

Fig. 9.7 :   Le pointeur 'ps' pointe vers le premier élément
du tableau 's'

L'instruction :

```
ps = ps + 1;
```

n'entraîne pas, par exemple, que l'adresse contenue dans 'ps' passe de 1600 à 1601 (+1). Ce qui est fait plutôt, c'est qu'à l'adresse initiale on ajoute le produit :

$$1 \quad * \quad 2$$

du nombre entier spécifié comme opérande et de la dimension (en octets) du type des éléments du tableau, donc 2 dans l'exemple qui précède. On dit aussi que l'opérande à ajouter est ajusté à l'échelle du type des éléments du tableau avant que soit exécutée l'addition. L'opérande indique donc (contrairement à ce qui se passe quand on l'emploie dans des additions classiques) de combien d'unités ayant chacune la dimension des éléments du tableau il faut "faire avancer" le pointeur concerné. Il en résulte que 'ps' ne contient plus l'adresse 1600, mais 1602 et pointe donc maintenant vers le second élément s[1] du tableau :

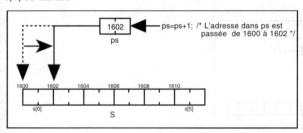

Fig. 9.8 :   La valeur du pointeur 'ps' (adresse 1600) est passée à 1602 (+2), via ps = ps + 1

De manière analogue, en supposant que 'ps' contienne l'adresse initiale 1600, l'instruction :

```
ps = ps + 2;
```

accroîtrait l'adresse dans 'ps', c'est-à-dire la valeur de 'ps', de :

```
2    *    2
```

donc de 4 et la ferait passer à 1604. 'ps' pointerait alors vers le troisième élément s[2] du tableau 's'. Si on considère que les opérations arithmétiques sur les pointeurs (ainsi qu'on le pressent peut-être déjà à l'issue des exemples précédents) n'ont généralement de sens que si elles se réfèrent à un seul et même tableau, alors on peut formuler la règle générale suivante :

Si un pointeur 'p' pointe vers le n-ième élément d'un tableau, alors l'instruction :

```
p = p + k;
```

'k' désignant ici un entier positif, entraîne que 'p' pointe, après cette affectation, vers le (n+k)-ième élément. On doit faire attention, naturellement, à ce que les adresses des données référencées soient toujours dans les limites du tableau.

Le fait que la validité de cette règle soit indépendante du type des éléments du tableau est facilement vérifiable. Soient par exemple les définitions :

```
char  c[6]  = "12345";
char  *pc  = &c[0];
short s[6]  = {1, 2, 3, 4, 5};
short *ps  = &s[0];
float f[6]  = {1.0, 2.0, 3.0, 4.0, 5.0};
float *pf  = &f[0];
```

Alors, les pointeurs pc, ps et pf pointent respectivement vers le premier élément du tableau concerné :

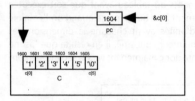

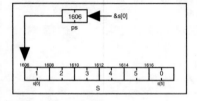

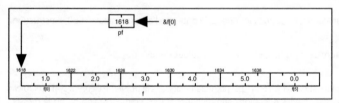

Fig. 9.9 : Trois pointeurs vers les premiers éléments de tableaux de types différents

Par les instructions :

```
pc = pc + 4;
ps = ps + 4;
pf = pf + 4;
```

les valeurs de pc, ps et pf sont augmentées comme suit :

► on ajoute à l'adresse 1600, rangée dans 'pc', le produit 4 * 1 (donc 4). L'opérande 4, à cause du type 'char', est mis à l'échelle 1. 'pc' contient maintenant l'adresse 1604 et pointe donc vers le $(1+4)$-ième élément, c'est-à-dire vers le cinquième élément du tableau 'c'.

► on ajoute à l'adresse 1606, rangée dans 'ps', le produit 4 * 2 (donc 8). L'opérande 4, à cause du type 'short', est mis à l'échelle 2. 'ps' contient maintenant l'adresse 1614 et pointe donc, comme 'pc', vers le $(1+4)$-ième élément, c'est-à-dire vers le cinquième élément du tableau 's'.

► on ajoute à l'adresse 1618, rangée dans 'pf', le produit 4 * 4 (donc 16). L'opérande 4, à cause du type 'float', est mis à l'échelle 4. 'pf' contient maintenant l'adresse 1634 et pointe donc, comme 'pc' et 'ps', vers le $(1+4)$-ième élément, c'est-à-dire vers le cinquième élément du tableau 'f'.

Les constellations en mémoire, après modifications, ressemblent donc maintenant à :

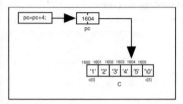

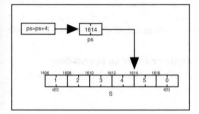

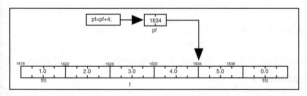

Si les instructions :
```
printf("Le pointeur 'char' pointe vers l'élément %c du tableau 'char'.", *pc);
printf("\nLe pointeur 'short' pointe vers l'élément %hd du tableau 'short'.", *ps);
printf("\nLe pointeur 'float' pointe vers l'élément % du tableau 'float'.", *pf)
```

affichent, avant l'addition, le libellé :
```
Le pointeur 'char' pointe vers l'élément 1 du tableau 'char'.
Le pointeur 'short' pointe vers l'élément 1 du tableau 'short'.
Le pointeur 'float' pointe vers l'élément 1 du tableau 'float'.
```

les mêmes instructions produisent désormais, après addition de la valeur 4 aux pointeurs pc, ps et pf, l'affichage :
```
Le pointeur 'char' pointe vers l'élément 5 du tableau 'char'.
Le pointeur 'short' pointe vers l'élément 5 du tableau 'short'.
Le pointeur 'float' pointe vers l'élément 5 du tableau 'float'.
```

On s'aperçoit ici que le pointeur concerné, dans les trois cas, a obéi à la prescription de mise à l'échelle et a avancé de quatre unités de la dimension du type de données correspondant. Il faut noter, en outre, que l'accès à l'élément de tableau concerné dans les instructions **printf** ne se fait pas cette fois à l'aide d'un indice, mais par le biais d'un pointeur avec opérateur d'indirection. Mais naturellement, *pc équivaut à c[0] ou à c[5], etc.

Les expressions d'addition avec pointeurs possèdent un type

Les expressions d'addition avec pointeurs, comme les autres expressions arithmétiques, peuvent figurer partout où une telle valeur est autorisée, par exemple comme paramètres dans une instruction d'affichage :

```
printf("Première adresse 'c' : %X\t\tDernière adresse 'c' : %X", pc, pc + 5);
printf("Première adresse 's' : %X\t\t Dernière adresse 's' : %X", ps, ps + 5);
printf("Première adresse 'f' : %X\t\t Dernière adresse 'f' : %X", pf, pf + 5);
```

Supposons que les pointeurs pc, ps et pf contiennent, pour commencer, les adresses initiales des tableaux 'c', 's' et 'f'. Les instructions précédentes affichent alors les adresses des premier et dernier éléments des trois tableaux et démontrent, encore une fois, l'effet de la mise à l'échelle qui se manifeste dans les différences des écarts entre les adresses de rangs 1 et 6, alors que le nombre d'éléments est le même.

Les constantes et les variables sont équivalentes en tant qu'opérandes

La valeur entière qui peut être ajoutée à un pointeur n'est pas forcément une constante. Considérons, par exemple, les variables :

```
int i[10], *pi= &i, x = 6;
```

L'instruction :

```
pi = pi + 6;
```

donne le même résultat que :

```
pi = pi + x;
```

Dans les deux cas, le pointeur 'pi' pointe ensuite vers le septième élément du tableau 'i'.

Incrémentation de pointeurs

Lorsqu'on veut augmenter la valeur d'un pointeur juste d'une unité (de la dimension du type concerné), donc y ajouter 1, par exemple pour pointer vers l'élément suivant d'un tableau, alors on peut remplacer l'addition explicite de 1 par l'opérateur d'incrémentation "++". Après les définitions :

```
int i[10], *pi = &i[0];
```

'pi' pointe d'abord vers le début du tableau, donc vers le premier élément de 'i'. L'instruction :

```
pi = pi + 1;
```

après laquelle 'pi' ne pointe plus vers i[0], mais vers le second élément du tableau i[1], équivaut aux instructions :

```
pi++;
```

ou :

```
++pi;
```

qui font avancer le pointeur 'pi' également d'un élément, c'est-à-dire qui accroissent sa valeur d'une quantité égale à la dimension (en octets) d'une donnée de type 'int'. La boucle suivante permet de ranger jusqu'à dix valeurs entières dans un tableau (pour des raisons de simplicité, la fin de la saisie se produit lorsqu'on tape la valeur 0). L'accès aux éléments du tableau ne se fait pas via une expression avec indice, mais via un pointeur incrémenté avant la saisie de la valeur suivante (donc initialisé à l'adresse de début de cet élément). L'expression 'px' remplace ici une expression de la forme &x[i] et *px remplace, de ce fait, une expression de la forme x[i]. Pour la fonction **scanf**, peu importe que son paramètre soit une adresse avec l'opérateur "&" ou le nom d'un pointeur correspondant.

```
int x[10], *px = &x[0], count = 0;
.
.
.
scanf("%d", px);                            /* première valeur dans premier élément */

while (*px != 0 && ++count < 10)
    scanf("%d", ++px);    /* incrémentation pointeur = adresse prochain élément    */
```

La condition de bouclage :

```
*px != 0 && ++count < 10
```

vérifie dans sa première partie si la valeur qui vient d'être saisie est 0. Si tel est le cas, ou bien si 'count' a atteint la valeur 10 (ce qui signifie qu'on a déjà saisi dix valeurs et que le tableau 'x' est entièrement rempli), alors la boucle se termine. Notez bien que lorsqu'on a saisi 0 la première partie de la connexion "&&" est FALSE, et donc la connexion toute entière l'est aussi. La seconde partie n'est alors pas évaluée et la variable 'count' n'est plus incrémentée. Cela peut s'avérer problématique si, par exemple, vous voulez réutiliser cette variable pour faire afficher les valeurs saisies. Pour cela vous utiliserez, comme pour la saisie, le pointeur 'px'. Vous commencerez, via :

```
px = &x[0];
```

à le faire pointer derechef vers le premier élément du tableau 'x'. Ensuite, la boucle :

```
while (count- > 0)
    printf("%d ", *px++);
```

affichera les valeurs rangées dans le tableau. Le compteur 'count' qui indique le nombre des valeurs saisies contrôle la boucle. Il est ici décrémenté jusqu'à atteindre la valeur 0. L'expression :

```
*px++                                       /*    incrémente px    */
```

renferme une petite finesse qui mérite attention. Ce qui est incrémenté ici par l'opérateur "++", ce n'est pas la variable pointée par 'px' (donc l'élément du tableau), mais le pointeur 'px' lui-même. L'opérande de l'opérateur "++", dans l'expression non parenthésée *px++, est en effet le mot qui se trouve juste à sa gauche (c'est-à-dire le nom de la variable 'px', mais pas l'expression *px avec l'autre opérateur "*"). L'instruction **printf** dans la boucle précédente affiche donc (comme on le désire) la valeur de l'élément correspondant du tableau, puis incrémente le pointeur.

Si en revanche on veut effectivement incrémenter la variable pointée par 'px', alors on parenthèse l'expression concernée par l'opérateur "++". Avec :

```
(*px)++;                                    /* incrémente *px    */
```

on augmente de 1 la valeur de la donnée pointée actuellement par 'px'.

Comme on ne peut ajouter à un pointeur que des valeurs entières, les nombres à virgule flottante ne peuvent servir d'opérandes dans une addition avec un pointeur . Qui plus est, l'utilisation de valeurs entières est également restreinte, en ce sens qu'on ne peut ajouter de pointeur à un autre pointeur. Si 'a' et 'b' sont deux pointeurs de même type, alors une instruction comme :

```
a = a + b;
```

amène un message d'erreur spécifique de la part du compilateur.

Soustraction

Contrairement à l'addition, on peut soustraire d'un pointeur non seulement un nombre entier, mais aussi un autre pointeur de même type.

La soustraction d'un nombre entier à un pointeur fonctionne d'une manière analogue à l'addition. La valeur du pointeur, c'est-à-dire l'adresse qu'elle contient, est diminuée de la valeur de l'opérande, valeur mise à l'échelle. On fait attention ici, à ce que les adresses résultantes aient un sens, par exemple qu'elles restent dans les limites du tableau auquel on applique l'opération d'arithmétique de pointeurs. Soient, par exemple, les définitions :

```
int  x[10];
int  *px = &x[4];
```

Alors 'px' pointe vers le cinquième élément x[4] du tableau. L'instruction :

```
px = px - 2;
```

"décale" le pointeur 'px' de deux éléments de tableau (donc de la quantité 2 * sizeof(int)), de sorte qu'il pointe ensuite vers le troisième élément x[2] :

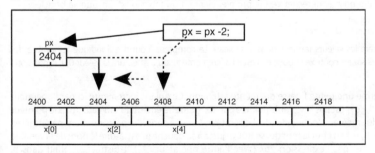

Fig. 9.10 : Oter 2 fait reculer le pointeur 'px' de deux éléments de tableau (taille 'int' = 2 octets)

Décrémentation de pointeur

L'équivalent pour la soustraction de l'opérateur "++" utilisé dans l'addition est l'opérateur de décrémentation "—". Ce dernier diminue la valeur d'un pointeur de la taille (en octets) du type de la donnée pointée par le pointeur. Si on suppose que des valeurs ont été rangées dans le tableau 'x' par :

```
scanf("%d",  px);
while (*px != 0 && ++count < 10)
     scanf("%d", ++px);
```

et qu'on a également défini via :

```
int count = 0;
```

une variable compteur, alors le pointeur 'px' pointe ensuite vers la dernière valeur saisie. Au lieu de faire reculer le pointeur vers le début du tableau et d'afficher les valeurs dans leur ordre de saisie, on peut maintenant utiliser l'opérateur de décrémentation pour afficher les valeurs dans l'ordre inverse. Tenez compte ici du point suivant : si la boucle n'a pas été terminée par la saisie du caractère 0, le tableau contient dix valeurs régulières et le pointeur 'px' pointe vers la dernière d'entre elles. Mais si la boucle a été terminée sur la frappe de 0, alors la dernière valeur saisie est justement 0. Comme 'px' dans ce cas pointe sur le caractère de fin, il faut le reculer d'un élément. La procédure d'affichage ressemble alors à :

```
if (count < 10)                        /* si fin de saisie par 0     */
    px--;                  /* pour ne pas afficher le caractère de fin de saisie     */
while (count- > 0)
    printf("%d ", *px--);            /* affiche élément et décrémente pointeur     */
```

Le 'if' teste la valeur de la variable 'count'. Si elle est inférieure à 10, c'est que la boucle de saisie avait été terminée par la frappe de 0 : on recule alors le pointeur 'px' d'un élément. La boucle 'while' affiche alors, via *px, la valeur du dernier élément (ou de l'avant-dernier en cas de fin de saisie par 0) et diminue ensuite l'adresse contenue dans le pointeur 'px' d'une valeur égale à la dimension du type 'int'. 'Px' pointe alors vers l'élément précédent dans le tableau. On répète ces deux instructions jusqu'à ce que le compteur 'count' ait pris la valeur 0 et que tous les éléments saisis aient été affichés.

Pointeur moins pointeur

Comme pour l'addition, il est impossible d'utiliser des nombres à virgule flottante avec une soustraction de pointeur. Par contre, il est permis de soustraire un pointeur à un pointeur de même type. Le résultat d'une telle opération est le nombre d'entités qui se trouvent entre les données pointées par les deux pointeurs (on ne compte pas ici la donnée de plus haute adresse). Soient par exemple les variables :

```
long y [6];
long *pa = &y[0], *pb = &y[5];
```

Alors 'pa' pointe vers le premier élément du tableau 'y' et 'pb' vers le dernier :

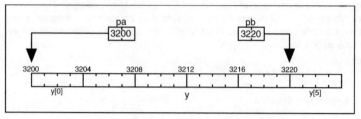

Fig. 9.11 : Deux pointeurs qui pointent vers des éléments différents du même tableau

Si entre les deux pointeurs 'pa' et 'pb' existe, comme dans l'exemple précédent, la relation :

```
pa < pb
```

alors la différence :

```
pb - pa
```

donne ici la valeur 5, c'est-à-dire le nombre d'éléments du tableau 'long' qui se trouvent entre le premier (y[0]) et le dernier (y[5]) élément. Le dernier élément ici n'est pas décompté. Le calcul interne qui donne ce résultat est simple : on commence par former la différence des deux adresses contenues dans les pointeurs. Dans notre exemple :

```
3220 - 3200 = 20
```

Ensuite on divise cette différence d'adresses par la taille (en octets) du type des données pointées par les pointeurs, 4 dans notre exemple en raison du type 'long' :

```
20 : 4 = 5
```

ce qui conduit au résultat précédent. Pour connaître le nombre d'entités situées ente les deux "limites" sans les limites elles-mêmes (donc sans y[0] ni y[5]), on fait :

```
pb - pa - 1
```

Si on veut compter les deux limites y[0] et y[5], on fait :

```
pb - pa +1
```

ce qui, dans notre exemple, donne tous les éléments du tableau. Si on a deux pointeurs 'pa' et 'pb' pointant respectivement vers les premier et dernier éléments d'un tableau, alors l'instruction :

```
printf("Le tableau a %d éléments", pb-pa+1);
```

affiche la longueur du tableau, c'est-à-dire le nombre des éléments. Pour un tableau 'char', si on ne veut pas compter le caractère nul de terminaison, alors on calcule sa longueur par l'expression :

```
pb - pa.
```

Comparaisons

On peut comparer des pointeurs de même type. Ainsi, la comparaison :

```
if (pa == pb)
    printf("Les deux pointeurs pointent vers la même donnée.");
else
    printf("Les deux pointeurs pointent vers des données différentes.");
```

des deux pointeurs 'pa' et 'pb' du dernier exemple de la section 9.3.2 donnerait le résultat logique FALSE (c'est-à-dire la valeur 0), car 'pa' contient une autre adresse que 'pb'. En conséquence, c'est la branche 'else' du bloc 'if' qui est exécutée. On obtiendrait des résultats analogues avec :

```
if (pa > pb)
    printf("Le pointeur pa contient une adresse plus haute que le pointeur pb.");
else if (pa < pb)
    printf("Le pointeur pa contient une adresse plus basse que le pointeur pb.");
else
    printf("Les pointeurs contiennent la même adresse.");
```

Si on suppose ici que les pointeurs ont les valeurs du dernier exemple, c'est la première branche 'else' qui est exécutée.

Pointeurs indéterminés et comparaison avec la valeur nulle

Comme exception à la règle selon laquelle on ne peut comparer des pointeurs que s'ils sont de même type, tout pointeur (quel que soit son type) peut être comparé à 0. Si 'p' est un pointeur, une instruction comme :

```
if (p == 0)
    printf("Erreur");
```

est possible. Dans de telles comparaisons, on n'utilise pas cependant la constante numérique 0, mais plutôt la constante symbolique NULL afin de faire ressortir qu'il s'agit là de comparaison de valeurs de pointeurs (donc d'adresses) :

```
if (p == NULL)
    printf("Erreur");
```

La constante NULL est définie dans le header stdio.h. Habituellement, on y trouve des définitions du style :

```
#define NULL 0
```

ou

```
#define NULL 0L
```

selon que les adresses sont considérées comme des valeurs 'int' ou 'long'. Sur des compilateurs récents, on trouve une alternative consistant à définir NULL comme pointeur vers le type 'void' :

```
#define NULL ((void *) 0)    /* la constante 0 est explicitement convertie en type
                                void * (pointeur vers void)    */
```

Cela ne change rien au fait que la constante symbolique NULL a toujours la valeur 0. Mais ici, la valeur de remplacement 0 n'a pas le type habituel 'int'. Elle a, au contraire, le type void *, ce qui signifie que dans ce cas 0 doit être interprété comme une valeur de pointeur, c'est-à-dire comme une adresse. Le type void* est un type fait pour des pointeurs dont on ne sait pas, au début, vers quel type de données ils pointeront (cf. chapitre 9.6 **Allocation dynamique de tableaux** et chapitre 10 **Fonctions**). Un pointeur 'void' peut mémoriser l'adresse d'une donnée de n'importe quel type. Il faut cependant, avant de le manipuler ou d'accéder à travers lui à une donnée, le convertir explicitement en un type de pointeur adéquat. Soient par exemple les définitions :

```
float   f[10];
void *up;              /* pointeur indéterminé : on ne sait pas encore vers quel type de
                          données il pointera.    */
```

Le pointeur indéterminé 'up', après :

```
up = &f[0];
```

peut certes mémoriser l'adresse du premier élément du tableau 'f'. Néanmoins, un accès à f[0], par exemple par :

```
*up = 3.14;                                                  /* FAUX    */
```

serait incorrect, car 'up' justement n'est pas un pointeur 'float'. L'affectation devient correcte si on convertit la variable 'up' en un pointeur 'float' :

```
* (float *) up = 3.14;        /* CORRECT. Le pointeur indéterminé up est transformé
                                 en pointeur float via l'opérateur cast    */
```

Pointeur nul

La valeur 0 peut avoir un sens pour un pointeur pour différentes raisons. Par exemple, on peut initialiser un pointeur à zéro :

```
int *p = NULL;
```

et ainsi y mettre une valeur de départ. Un pointeur valant 0 est appelé pointeur nul. Comme sa valeur est interprétée comme une adresse, il pointe donc vers l'adresse 0. Celle-ci, en C, ne contient pas de données. En d'autres termes, un pointeur nul ne pointe en général vers aucune donnée. On peut mettre à profit cet état de fait et utiliser la valeur 0 (en tant que contenu de pointeur) comme indicateur. Par exemple pour marquer le début et la fin d'une liste de données logiquement reliées, qui ne sont pas rangées de manière contiguë dans un tableau mais éparpillées un peu partout en mémoire et chaînées à l'aide de pointeurs (cf. chapitre 9.7 **Pointeurs et structures**). En outre, la valeur 0 pour un pointeur permet de signaler qu'une erreur est survenue en cours d'exécution d'une fonction et que cette fonction n'a pu effectuer sa mission (cf. chapitre 9.6 **Allocation dynamique de tableaux** et chapitre 10 **Fonctions**).

Le résumé final suivant donne la liste des opérations permises ou interdites sur les pointeurs (non déréférencés).

Opération	Permise ?
Addition	oui
Incrémentation	oui
Soustraction	oui
Décrémentation	oui
Multiplication	non
Division	non
Comparaison	oui
Opérations logiques	non
Décalage	non
Conversion de type	oui
Affectation	oui

9.4   Pointeurs et tableaux

Depuis la section précédente, vous savez que l'accès à un élément quelconque de tableau peut se faire non seulement par le nom du tableau accompagné d'un indice, mais aussi par un pointeur manipulé par des opérations spécifiques d'arithmétique de pointeurs. L'équivalence entre expressions avec indices et expressions avec pointeurs s'exprime dans toute une série de variantes syntaxiques très instructives.

Soient les variables :

```
int  x[10];
int  *px;
int  n;
```

La variable 'x' est un tableau d'éléments 'int' et 'px' est un pointeur 'int'. La variable 'n' peut servir d'indice. Comme on le sait, avec :

```
&x[0]
```

on obtient l'adresse du premier élément de 'x', donc l'adresse du début du tableau. Celle-ci peut être affectée à une variable pointeur appropriée, par exemple par :

```
px = &x[0];
```

Ensuite on accède via un indice ou via le pointeur 'px', au choix, aux divers éléments du tableau, afin par exemple de leur affecter des valeurs. La boucle :

```
for (n = 0; n < 10; n++)
    *px++ = n;
```

remplit le tableau au même titre que la boucle :

```
for (n = 0; n < 10; n++)
    x[n] = n;
```

avec les valeurs 0 à 9. Mais en C, on n'obtient pas l'adresse de début d'un tableau uniquement en faisant précéder le nom du premier élément du tableau de l'opérateur d'adressage "&". Le nom du tableau lui-même équivaut toujours à l'adresse du premier élément du tableau. Dans notre exemple, cela signifie que les expressions :

```
&x[0]
```

et :

```
x
```

sont équivalentes. En d'autres termes, remplacez l'instruction :

```
px = &x[0];                          /* px reçoit l'adresse de début du tableau x    */
```

par :

```
px = x;                              /* px reçoit l'adresse de début du tableau x    */
```

Pointeur variable et pointeur constant

'px' et 'x', l'un comme l'autre, sont des pointeurs. Cependant, il existe une différence fondamentale entre eux. 'px' est une variable pointeur qui peut mémoriser les adresses de diverses données 'int', dont le contenu peut varier. Un nom de tableau tel que 'x', en revanche, est une adresse dite constante qui ne peut pas être modifiée : c'est un pointeur constant qui pointe toujours sur le premier élément du tableau concerné. On peut exprimer cela ainsi : une variable pointeur comme 'px' est une Lvalue (cf. chapitre 3 "**Expressions et opérateurs**") qui peut figurer dans le membre gauche d'une affectation et à laquelle on peut affecter l'adresse d'une autre donnée, par exemple avec les instructions :

```
px = x;
px = px + 2;
px++;
```

Un nom de tableau n'est pas une Lvalue (mais une constante) et ne doit donc pas figurer dans le membre gauche d'une affectation. Des instructions comme :

```
x = px;                /*      FAUX : un nom de tableau n'est pas une Lvalue       */
x = x + 2;             /*      FAUX : un nom de tableau n'est pas une Lvalue       */
x++;                   /*      FAUX : un nom de tableau n'est pas une Lvalue       */
```

sont erronées, car on ne peut affecter de valeur à une constante. Sont autorisées par contre des opérations d'arithmétique de pointeurs sur le nom du tableau.

Opérations d'arithmétique de pointeurs sur les noms de tableaux

Comme le nom du tableau 'x' représente l'adresse du premier élément x[0], des expressions telles que :

```
x                                    /* Adresse du premier élément     */
x + 1                                /* Adresse du second élément      */
x + 2                                 /* Adresse du troisième élément    */
.
.
.
```

équivalent à :

```
&x[0]
&x[1]
&x[2]
.
.
.
```

Plus généralement, l'expression :

```
x + n                               /* Adresse de l'élément d'indice n   */
```

'n' pouvant prendre les valeurs 0, 1, 2, ... équivaut à :

```
&x[n]
```

Conséquence naturelle de l'égalité des adresses :

```
x + n
```

et :

```
&x[n]
```

les données rangées à ces adresses doivent aussi être égales. Donc :

```
x[n]                                /* accède à l'élément d'indice n   */
```

équivaut toujours à :

```
*(x + n)                            /* accède à l'élément d'indice n   */
```

Exprimé simplement, cela donne : si les adresses :

```
x + n     et     &x[n]
```

sont égales, il en est de même des expressions :

```
*(x + n)     et     *(&x[n])
```

donnant les contenus des adresses (x + n) et &x[0]. Comme l'expression *(&x[n]) n'est donc rien d'autre que la valeur rangée à l'adresse de x[n], donc est égale à x[n] lui-même, il s'ensuit que les expressions :

```
*(x + n)     et     x[n]
```

sont équivalentes. La boucle de remplissage du tableau 'x' avec les valeurs 0 à 9 :

```
for (n = 0; n < 10; n++)
    x[n] = n;
```

peut donc s'écrire aussi :

```
for (n = 0; n < 10; n++)
    *(x + n) = n;
```

En fait, une expression avec index telle que :

```
x[n]
```

est, en interne, systématiquement transformée par le compilateur en :

```
*(x + n)
```

Cette équivalence entre expressions avec indices et expressions d'arithmétique de pointeurs n'existe pas seulement lorsque le pointeur est un nom de tableau. Elle vaut également pour les variables pointeur.

Pointeurs avec indices

Partons de l'affectation :

```
px = x;
```

dans laquelle le pointeur 'px' reçoit l'adresse du premier élément du tableau 'x'. L'expression :

```
*(px + n)
```

donne alors le contenu (valeur) de l'élément du tableau de rang 'n'. En d'autres termes, l'expression qui précède équivaut à x[n].

Chose tout à fait remarquable, le compilateur accepte aussi l'écriture :

```
px[n]                /* pointeur avec indice : tant que 'px' pointe vers le début du
                        tableau 'x', px[n] désigne l'élément de rang 'n'.        */
```

qui utilise un pointeur avec indice comme équivalent du pointeur déréférencé :

```
*(px + n)
```

Cela signifie qu'en C on peut fondamentalement indexer un pointeur et accéder au contenu (pas à l'adresse) de l'objet pointé, comme on le ferait avec un nom de tableau. Vous pouvez donc donner non seulement :

```
px = x;
for (n = 0; n < 10; n++)
    *(px + n) = n;
```

comme équivalent de la boucle :

```
for (n = 0; n < 10; n++)
    x[n] = n;
```

mais aussi :

```
px = x;
for (n = 0; n < 10; n++)
    px[n] = n;
```

Qui plus est, en supposant que 'px' contient l'adresse du premier élément du tableau 'x', l'expression :

```
px[n]
```

équivaut à :

```
x[n]
```

Si 'px' contient l'adresse d'un certain élément du tableau 'x', par exemple l'élément de rang k :

```
px = &x[k];
```

alors l'expression :

```
px[n]
```

désigne le n-ième élément situé après l'élément de rang k, donc l'élément x[k+n]. Par exemple, après l'affectation :

```
px = &x[4];                                           /*  k égal à 4      */
```

le pointeur 'px' mémorise l'adresse du cinquième élément du tableau. Avec :

```
px[0]                                                 /*  Index n : 0     */
px[1]                                                 /*  Index n : 1     */
px[2]                                                 /*  Index n : 2     */
.
.
.
```

on accède alors aux éléments :

```
x[4]                                                  /*  Index k+n: 4 + 0   */
x[5]                                                  /*  Index k+n: 4 + 1   */
x[6]                                                  /*  Index k+n: 4 + 2   */
.
.
.
```

ainsi qu'on peut le vérifier à l'aide des instructions suivantes :

```
px = &x[4];
for (n = 0; n < 6; n++)
    printf("px[%d] = %d\tx[%d] = %d\n", n, px[n], 4+n, x[4+n]);
```

L'image qui suit illustre les relations existant, dans ce cas, entre le tableau 'x' et le pointeur 'px' :

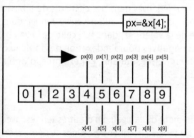

Fig. 9.12 :   Après px = &x[k] (sur l'image : k vaut 4), le pointeur avec
indice px[k] désigne le même élément de tableau que x[k+n]

Pointeurs avec indices négatifs

Une particularité de l'indexation des pointeurs est que, contrairement aux tableaux, on peut utiliser aussi des indices négatifs. Partons donc de :

```
px = &x[4];
```

On accéderait avec px[0], comme nous l'avons précédemment expliqué, au quatrième élément du tableau x[4], et avec :

```
px[-1]                                                        /*  => x[3]  */
px[-2]                                                        /*  => x[2]  */
px[-3]                                                        /*  => x[1]  */
px[-4]                                                        /*  => x[0]  */
```

aux quatre éléments précédents x[3], x[2], x[1] et x[0] (naturellement, il faut toujours s'assurer qu'on se déplace bien dans les limites du tableau et éviter d'accéder à des éléments inexistants). Les deux routines :

```
for (n = 4; n >= 0; n--)
    printf("x[%d] = %d\t", n, x[n]);
```

et :

```
px = &x[4];
for (n = 0; n > -5; n--)
    printf("px[%d] = %d\t", n, px[n]);
```

affichent les valeurs des éléments x[4] à x[0] :

```
x[4] = 4     x[3] = 3     x[2] = 2     x[1] = 1     x[0] = 0
```

ou

```
px[0] = 4     px[-1] = 3     px[-2] = 2     px[-3] = 1     px[-4] = 0
```

Il faut parfois résoudre des tâches de programmation dans lesquelles il peut s'avérer judicieux d'utiliser des éléments de tableau avec un indice négatif, par exemple pour mémoriser les fréquences de valeurs positives et négatives dans des éléments de tableau ayant les indices correspondants. Supposons, par exemple, qu'on veuille ranger dans l'élément f[-1] d'un tableau 'f' la fréquence de la valeur -1, dans f[1] celle de la valeur 1, etc. Comme le C ne permet pas les valeurs négatives pour l'indexation des tableaux, on peut ici passer par un pointeur pour obtenir l'effet souhaité. Par exemple, d'après les définitions :

```
int  frequencies [101];
int  *f = &frequencies[50];
```

le pointeur 'f' contient l'adresse du 51-ième élément du tableau. En d'autres termes, avec f[0] on accède justement à l'élément médian du tableau 'frequencies'. Dans ce dernier, on peut ranger maintenant la fréquence de la valeur 0, dans f[1] la fréquence de la valeur 1, dans f[-1] celle de la valeur -1, etc. Les instructions :

```
f[-7] = 17;
f[0]  = 3;
f[5]  = 11;
```

expriment donc que la valeur -7 a été trouvée dix-sept fois, la valeur 0 trois fois et la valeur 5 onze fois. Nous terminerons ici notre étude sur la syntaxe des expressions avec pointeurs et indices. Pour plus de clarté, voici un tableau qui résume les équivalences syntaxiques essentielles :

Tableau de type	Type de données	Pointeur et Type de données
&x[0]	x	
&x[n]	x+n	
&x[n]	px+n	si px=x;
&x[n]	&px[n]	si px=x;
&px[n]	px+n	si px=x;
x+n	px+n	si px=x;
x[n]	*(x+n)	
x[n]	*(px+n)	si px=x;
x[n]	px[n]	si px=x;
*(x+n)	*(px+n)	si px=x;
*(x+n)	px[n]	si px=x;
px[n]	*(px+n)	

Fig. 9.13 : Equivalences des expressions avec pointeurs

Un exemple d'utilisation

Le source suivant est un programme complet qui montre quelques-unes des diverses techniques d'utilisation des pointeurs. L'accès aux tableaux utilisés s'effectue exclusivement par le biais de pointeurs. Le programme SEP.C sépare un entier positif décimal saisi par l'utilisateur en groupes de trois chiffres, en commençant par la droite (cela est très intéressant pour afficher des nombres assez grands). Le séparateur entre les groupes de chiffres est ici déterminé par l'utilisateur. Le programme contient une saisie contrôlée simple sous la forme de deux boucles 'do while' qui assurent que seuls sont entrés des symboles de séparation et des chiffres. Pour vérifier que la nombre saisi ne contient que des chiffres décimaux, on utilise ici la fonction (ou macro) prédéfinie'isdigit'. La formulation :

```
if (isdigit(c))                              /* si 'c' est un chiffre    */
```

équivaut à :

```
if (c >= '0' && c <= '9')
```

Il existe encore toute une série d'autres fonctions ou macros qui testent la catégorie de caractères à laquelle appartient un certain caractère. Par exemple, la routine 'isalpha' contrôle si c'est une lettre, la routine 'isalnum' si c'est un lettre ou un chiffre.

Pour utiliser ces routines, un programme doit incorporer le header CTYPE.H.

▶ SEP.C

```
/*** SEP.C divise un entier positif en groupes de trois chiffres à partir  ***/
/*** de la droite. L'utilisateur peut choisir le séparateur entre les      ***/
/*** groupes. Pour manipuler les tableaux utilisés dans le programme,      ***/
/*** on passe par des pointeurs.                                           ***/


/***        préprocesseur        ***/

#include <stdio.h>                                    /* printf, putchar, puts, gets */
#include <conio.h>                                                      /* getche */
#include <ctype.h>                                                      /* isdigit */
#include <stdlib.h>                                                     /* atoi    */
#include <string.h>                                             /* strcpy, strlen */
#define BOOL int

/*****************************/

main()
  {
    /*** variables ***/
    char buffer [128];                                    /* nombre alphanumérique */
    char clearbuf [128];                     /* nombre alphanumérique sans zéros de tête */
    char output [172];          /* nb. en groupes de 3 chiffres avec séparateurs */
    char * pb = buffer,                                   /* pointeurs vers les tableaux */
    *pc = clearbuf,                                     /* buffer, clearbuf, output, */
    *po = output;                        /* initialisés avec les adresses de début */
    int symbol;                                                      /* séparateur */
    int count;                                              /* compteur de chiffres */
    BOOL ok;                                 /* flag pour saisie correcte, 0 ou 1 */
    int i, k;                                            /* variables de contrôle */
/*****************************/

    printf("\033[2J");
    printf("Le programme sépare un nombre entier positif décimal "
           "à partir de la droite\n en groupes de trois chiffres."
           " Le séparateur est un caractère\n au choix (pas un chiffre).");

/***    saisie du séparateur    ***/
    do                                             /* saisie (contrôlée) du séparateur */
      {
          printf("\n\nSéparateur : ");
          symbol = getche();
          if (symbol < 32)
             printf("\nPas de caractère de contrôle comme séparateur !");
          if (isdigit(symbol))
             printf("\nPas de chiffre comme séparateur ! ");
      } while (symbol < 32  ||  isdigit(symbol));

/***    saisie du nombre    ***/
    do                                             /* saisie (contrôlée) du nombre */
      {
```

```
        ok = 1;
          printf("\n\nVotre nombre (pas plus de 50 chiffres) : ");
        gets(buffer);                        /* nom de tableau comme pointeur : */
                                             /* gets reçoit l'adr. du premier élément */
        count = 0;
         while (*(buffer + count) && ok)     /* buffer[count] != 0 et ok != 0 */
            {
                if (!isdigit(*(buffer + count)))       /* si pas de chiffre */
                  {
                      printf("\nPas d'entier positif !");
                      ok = 0;
                  }
                count++;
            }
      } while (!ok);
/*** suppression des zéros de tête    ***/
    if (count > 1 && atoi(buffer))            /* si plus d'un seul chiffre et si */
      {                                       /* on n'a pas saisi que des zéros */
                                              /* supprimer les zéros de tête superflus */

        while (* pb == '0')                   /* sauter les zéros de tête */
            pb++;
        while (* pc++ == * pb++)              /* nombre sans zéros de tête */
            ;                                 /* rangé dans clearbuf */

        strcpy(buffer, clearbuf);            /* reporter nombre dépouillé */
                                             /* dans buffer */

      }

/*** afficher le nombre avec les séparateurs    ***/
    if ((count = strlen(buffer)) > 3)        /* pas de séparateur si <4 chiffres */

      {
          for (i = count-1, k = 0, pb = buffer; i >= 0; i-, k++)
            {
                po[k] = pb[i];               /* accès à buffer et à output via */
                                             /* des pointeurs indexés. A cause */
                                             /* des séparateurs, le nombre est */
                                             /* rangé à l'envers dans output */

                if (((count - i) % 3) == 0 && i != 0)
                                             /* tous les 3 caractères */
                    po[++k] = symbol;        /* un séparateur */
            }
          po[k] = '\0';                      /* terminer output avec un car. nul */
          for (i = k-1; i >= 0; i-)          /* et l'afficher en partant */
            putchar(*(output + i));          /* de la fin */
      }
    else
        puts(buffer);                        /* aucune préparation si < 4 chiffres */
}                                            /* fin main */
```

Commentaires

Bien évidemment, SEP.C aurait aussi pu être écrit sans utiliser de pointeurs. Ainsi, l'expression :

```
*(buffer + count)
```

équivaut à :

```
buffer[count]
```

De même, on peut remplacer :

```
while (*pb == '0')
    pb++;
```

et :

```
while (*pc++ = *pb++)
    ;
```

par :

```
i = k = 0;
while (buffer[i] == '0')
    i++;
```

et par :

```
while (clearbuf[k++] = buffer[i++])
    ;
```

La dernière boucle ici équivaut à la formulation un peu plus longue :

```
while ((clearbuf[k++] = buffer[i++]) != '\0')
    ;
```

D'ailleurs la fonction 'strcpy', se compose d'une boucle comme celle-ci qui copie le contenu de 'buffer' vers 'clearbuf' (cf. chapitre "**Fonctions**"). Enfin, les pointeurs indexés :

```
po[k]    et    pb[i]
```

qui mémorisent les adresses de début des tableaux 'buffer' et 'output' pourraient être remplacés simplement par :

```
output[k]    et    buffer[i]
```

La fonction 'atoi' a été rencontrée au chapitre "Types de données complexes". Elle transforme une chaîne de chiffres alphanumérique en son équivalent numérique. Ici, elle sert à vérifier si le nombre saisi ne comprend que des zéros. Tel serait le cas si l'expression :

```
atoi(buffer)
```

retournait la valeur 0. La condition du 'if' aurait pu également se formuler ainsi :

```
if (count > 1  &&  atoi(buffer) != 0)
```

Après suppression des éventuels zéros de tête, via :

```
if ((count = strlen(buffer)) > 3)
```

on détermine le nombre de chiffres et on recopie, à l'envers, le nombre saisi dans le buffer d'affichage 'output' si ce nombre fait plus de 3 chiffres. En mémorisant les chiffres dans l'ordre inverse, on peut facilement y insérer les séparateurs requis. Ces derniers doivent être mis tous les trois chiffres, en partant de la droite du nombre. Lorsqu'ensuite on commence à afficher les éléments de 'output' en partant de la fin du tableau, le nombre est affiché avec les chiffres dans le bon ordre et avec les séparateurs.

9.5   **Chaînes de caractères constantes et pointeurs**

L'adresse d'une donnée est habituellement affectée à un pointeur, cela en tant qu'expression avec l'opérateur "&" ou bien en tant que contenu d'un autre pointeur. Il existe en outre une autre forme spéciale d'expression d'adressage, forme requise lorsque la donnée dont il faut ranger l'adresse dans un pointeur est une chaîne constante.

Le fait que les chaînes constantes, en tant que cas particuliers de tableaux 'char', possèdent une adresse en mémoire vous est déjà connu. Vous l'avez appris lorsque vous avez travaillé avec certaines fonctions de traitement de chaînes telles que, par exemple, 'printf', 'puts' ou 'strlen'. Une instruction comme :

```
strlen("Malko  Lange");
```

a pour conséquence que le compilateur crée en mémoire un tableau (sans nom) pour la chaîne constante "Malko Lange", y range la chaîne accompagnée d'un caractère nul de fin de chaîne et passe à la fonction 'strlen' un pointeur vers l'adresse du début du tableau. 'strlen' peut ensuite, via ce pointeur, accéder au tableau et calculer la longueur de la chaîne constante, c'est-à-dire le nombre de ses caractères (sans le caractère nul de fin de chaîne). Le tableau lui-même est systématiquement créé avec autant d'éléments qu'exige le stockage de la chaîne, caractère nul compris.

Etant donné que les opérations sur les chaînes constantes se déroulent toujours par l'intermédiaire d'un pointeur (ainsi avec la fonction 'strlen', ce n'est pas la constante elle-même qui est transmise à la fonction, mais un pointeur vers son premier élément), il est possible de formuler des affectations du style :

```
char *pstring = "Malko Lange";      /* le pointeur pstring reçoit l'adresse de la
                                       chaîne constante "Malko Lange" */
```

On définit ici une variable pointeur 'pstring' de type char* à laquelle on affecte, comme valeur initiale, non pas la chaîne "Malko Lange", mais l'adresse de cette dernière.

Comme nous l'avons expliqué pour la fonction 'strlen', la chaîne constante (avec le caractère nul) est créée en mémoire sous forme d'un tableau 'char' et l'adresse du début de ce tableau est passée à l'instance ayant en charge la suite des opérations (dans le cas actuel, rangée dans le pointeur 'pstring'). Ce genre d'affectation peut se faire non seulement en tant qu'initialisation à la définition du pointeur, mais également à tout moment dans une instruction du programme.

L'instruction :

```
pstring = "Les trois veuves de Saint-Flour";
```

affecte à 'pstring' un nouveau contenu qui est l'adresse de la chaîne constante "Les trois veuves de Saint-Flour". Pour afficher la chaîne constante (par exemple avec **printf**), on peut transmettre à la fonction d'affichage l'adresse de la constante, directement par :

```
printf("Les trois veuves de Saint-Flour");
```

ou par :

```
printf("%s", "Les trois veuves de Saint-Flour");
```

ou par le biais du pointeur 'pstring' :

```
printf("%s", pstring);
```

Dans les trois instructions, la fonction **printf** accède à la chaîne de caractères "Les trois veuves de Saint-Flour" par l'intermédiaire d'un pointeur et affiche celle-ci. Le programme suivant chekhex.c teste si un nombre entier saisi par l'utilisateur contient une ou plusieurs des lettres 'A' à 'F' ou 'a' à 'f'. Si tel est le cas, alors le nombre est censé être hexadécimal. Le programme ne reconnaît donc pas tous les nombres hexadécimaux, mais seulement ceux qui renferment les lettres citées. Un signe universel de reconnaissance consisterait en l'ajout d'un préfixe comme '0x', dont on sait qu'il sert dans les programmes à repérer les nombres hexadécimaux. Tous les messages affichés par le programme sont des chaînes constantes auxquelles on accède par des pointeurs.

▶ CHEKHEX.C

```
/*** CHEKHEX teste si un nombre saisi par l'utilisateur contient les      ***/
/*** lettres A, B, C, D, E, F ou a, b, c, d, e, f, ce qui suffit à détecter ***/
/*** un nombre hexadécimal. Les messages du programme sont affichés en tant ***/
/*** que chaînes constantes avec des pointeurs.                            ***/

#include <stdio.h>                                          /* printf, gets */
#include <ctype.h>                                          /* isdigit */

main()
  {
    char buffer [128];
    char *m1 = "\n\nAucun nombre entier positif.",
         *m2 = "\n\nNombre hexadécimal.",
         *m3 = "\n\nNombre entier décimal.";
    int i, stop, hex;

     printf("\033[2J");
     printf("Nombre entier : ");
     gets(buffer);
    i = 0;
    stop = 0;
    hex = 0;
    while (buffer[i]  && !stop)
      {
```

```
        if (!isdigit(buffer[i]) && (buffer[i] < 'A' || buffer[i] > 'F')
              && (buffer[i] < 'a' || buffer[i] > 'f'))
        {
            printf("%s", m1);
            stop = 1;
        }
        else if ((buffer[i] >= 'A' && buffer[i] <= 'F') || (buffer[i] >= 'a'
              && buffer[i] <= 'f') && hex == 0)
            hex = 1;
        i++;
    }
    if (hex && !stop)
        printf("%s", m2);
    if (!hex && !stop)
        printf("%s", m3);
}
```

Pointeur ou tableau

Dans le programme précédent, on aurait pu naturellement ranger les chaînes constantes non pas par le biais de pointeurs, mais dans des tableaux 'char' créés pour l'occasion. En fait, le tableau explicitement défini :

```
char a2 [ ] = "\n\nNombre hexadécimal";
```

ne demande pas plus de place mémoire que celui créé par le compilateur d'après :

```
char *m2 = "\n\nNombre hexadécimal ";
```

Dans les deux cas, on créerait des tableaux de 20 éléments pour la chaîne constante accompagnée du caractère nul :

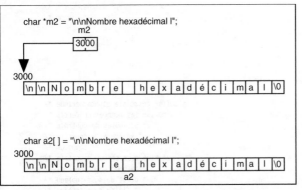

Fig. 9.14 :   Initialisation de pointeur et de tableau avec une chaîne constante

De même, la syntaxe de l'affichage de la chaîne mémorisée, que l'on utilise :

```
printf("%s",  m2);
```

ou :

```
printf("%s", a2);
```

est identique. Rien d'étonnant à cela car 'm2' et 'a2' sont tous deux des pointeurs. Cependant, 'm2' est une variable pointeur (une Lvalue), alors que le nom de tableau 'a2' est un pointeur constant vers le début du tableau (donc n'est pas une Lvalue, cf. 9.4 "Pointeurs et tableaux"). De ce fait, une instruction comme :

```
m2 = "Nombre hexadécimal";
```

qui range l'adresse de la chaîne constante "Nombre hexadécimal" dans 'm2' est possible, ce qui n'est pas le cas de l'instruction :

```
a2 = "Nombre hexadécimal";              /* FAUX : a2 n'est pas une Lvalue    */
```

En effet, en tant que pointeur constant, 'a2' ne doit pas apparaître dans le membre gauche d'une affectation.

9.6   Allocation dynamique de tableaux

Considérez le programme suivant NUMSTOR1.C qui permet de ranger une série de nombres dans un tableau, puis de totaliser les éléments d'une portion quelconque contiguë du tableau.

> NUMSTOR1.C

```c
/*** NUMSTOR1 range jusqu'à 50 nombres dans un tableau. Les éléments d'une  ***/
/*** portion contiguë quelconque du tableau peuvent ensuite être additionnés***/
/*** et affichés. La validité des nombres saisis est contrôlée.             ***/
#include <stdio.h>                                        /* printf, gets */
#include <ctype.h>                                            /* isdigit */
#include <stdlib.h>                                              /* atof */
#include <conio.h>                                       /* getche, getch */
#include <string.h>                                            /* strcmp */
#define YES     'o'


main()
  {

/***       variables      ***/

  char buffer[81];                        /* buffer de saisie alphanumérique */
  double num[50];                         /* mémorise les nombres convertis */
  char rep1, rep2;                        /* variables de contrôle */
  int i;                                  /* variable de contrôle */
  int n;                                  /* compteur */
  int ok;                                 /* Flag pour erreur de saisie */
  int dpoint;                             /* Flag pour point décimal */
  int start;                              /* début du sous-tableau */
  int end;                                /* fin du sous-tableau */
  double *s;                              /* pointeur vers le début du sous-tableau */
  double *e;                              /* pointeur vers la fin du sous-tableau */
  double sum;                             /* Somme des nombres sélectionnés */
  printf("\033[2J");
  printf("Le programme additionne jusqu'à 50 nombres \n");
```

```
    printf("et affiche le total, ces nombres étant pris \n");
    printf("dans un groupe quelconque contigu, pris parmi\n");
    printf("des valeurs saisies (n à (n+k)).\n");

/***   saisie des valeurs   ***/
    n = 0;
    do
      {
        do                                          /* contrôle de la saisie */
          {
            ok = 1;
              printf("\n\n%d. Nombre (Fin par \"q\"): ", n+1);
            gets(buffer);                            /* saisie alphanumérique */
            if (strcmp(".", buffer) == 0)                  /* point décimal */
              {
                  printf("\nNombre invalide.");
                ok = 0;
              }
            else                                      /* contrôle de validité */
              {
                i = 0;
                dpoint = 0;
                  while (buffer[i] != '\0'  &&  ok)
                    {
                        if (buffer[i] == '.'  &&  dpoint == 0)
                            dpoint = 1;                /* un seul point décimal */
                        else if (!isdigit(buffer[i])  &&  strcmp("q", buffer))
                                                  /* si aucun chiffre et pas */
                                            /* uniquement le caractère de fin */
                          {
                              printf("\nNombre invalide.");
                            ok = 0;
                          }
                      i++;
                    }
              }                                              /* fin else */
          } while (!ok);                                /* fin do while interne */
        if (buffer[0] != 'q')                            /* si pas fini */
          {
              num[n] = atof(buffer);        /* conversion nb. + mémorisation */
            n++;
          }
      } while (buffer[0] != 'q'  &&  n < 50);
/***      affichage       ***/

    if (n > 0)                                /* au moins une valeur saisie */
      {
        if (n > 49)                      /* interruption sans car. de fin */
            printf("\n\nCapacité épuisée. Pas d'autre saisie possible.");
        printf("\n\n%d nombres ont été saisis.\n", n);
        printf("Afficher le tableau ? (o/n)");
        if ((rep1 = getche()) == YES)
```

```
      {
          printf("\n");
          for (i = 0; i < n; i++)
              {
                    printf("\nValeur no %d :\t%f", i+1, num[i]);
                    if (i != n-1  && ((i+1)%18) == 0)
                        {
                              printf("\n\n<Entrée> pour page suivante");
                          getch();
                           printf("\033[2J");
                        }
              }
      }
   printf("\n\n");
    printf("Totaliser le tableau ? (o/n)");
   if ((rep2 = getche()) == YES)
   {
       printf("\n\nDu nombre no : ");
       scanf("%d", &start);
       while (start < 0 || start > n)
                                         /* mauvais début de sous-tableau */
          {
               printf("\nDébut de zone invalide.");
               printf("\nDu nombre no : ");
               scanf("%d", &start);
          }
        printf("\n\nAu nombre no : ");
        scanf("%d", &end);
        while (end < start || end > n)
                                         /* mauvaise fin de sous-tableau */
          {
               printf("\nFin de zone invalide.");
               printf("\nAu nombre no : ");
               scanf("%d", &end);
          }
        s = &num[start-1];              /* initialiser pointeur vers début */
        e = &num[end-1];                          /* et fin de zone */
        sum = 0.0;
         while (s <= e)               /* tant que adr. départ <= adr. Fin */
             sum += *s++;             /* addition avec ptr. déréférencé */
             printf("\n\nLa somme des valeurs %d à %d est de : %f",
                    start, end, sum);
   }
                                                    /* fin if rep2 */
    }
                                                    /* fin if n > 0 */
 }
                                                    /* fin main */
```

Commentaires

On pourrait se satisfaire du programme NUMSTOR1.C. Il fonctionne correctement et exécute, des contrôles de validité pour les valeurs saisies. NUMSTOR1.C possède cependant une lacune certaine, que nous avons jusqu'à présent négligée dans les programmes manipulant des tableaux. Celle-ci réside dans la définition de la dimension du tableau. Des tableaux comme "num" sont, pour ainsi dire, statiques. Lorsqu'un tel tableau est défini avec un certain nombre d'éléments, ce nombre ne peut plus être modifié en cours de programme. Si on veut, par exemple, avec NUMSTOR1.C ranger plus de 50 valeurs, le programme ne peut pas adapter la taille du tableau "num". Le problème est qu'on ne sait pas toujours, par avance, de combien d'éléments on aura vraiment besoin. On est donc obligé de faire des supputations hasardeuses. Il peut arriver alors que l'on crée un tableau trop grand et que l'on gaspille ainsi de la place mémoire, puisqu'on entre moins de valeurs qu'il n'y a d'éléments de tableau disponibles. En revanche, si le nombre d'éléments est faible, il se peut qu'on ne puisse pas ranger toutes les données. Le programme NUMSTOR1.C est inadapté à la saisie de plus de 50 valeurs. Même si on se satisfait d'une limite supérieure de 50 valeurs à saisir, le nombre des valeurs effectivement entrées va toujours être compris entre 0 et 50. La fraction de place mémoire inutilisée peut alors être plus ou moins importante. Cela n'est sans doute pas trop grave lorsque le nombre d'éléments est relativement faible. On réfléchisse toutefois à ce qui arriverait avec un tableau non plus de 50, mais de 10000 éléments !

Tableaux dynamiques

Il serait donc souhaitable, de manière fondamentale, que l'on puisse gérer des tableaux qui auraient le nombre d'éléments exactement requis par la quantité effective des valeurs à saisir. Mais comme cette quantité n'est connue qu'en cours d'exécution du programme, les tableaux statiques possédant un nombre figé d'éléments ne résolvent pas ce problème. Au contraire, on a besoin ici de tableaux de taille variable, créés seulement pendant l'exécution du programme et dont la dimension varie en fonction des exigences du moment. Dans ce contexte, on parle aussi de gestion dynamique de la mémoire. Cette gestion est réalisée à l'aide de certaines fonctions prédéfinies que nous allons découvrir.

Nous allons reprendre notre exemple NUMSTOR1.C et le modifier ainsi : maintenant, on pourra entrer un nombre quelconque de valeurs (uniquement limité par la capacité mémoire) et occuper la quantité de mémoire juste nécessaire pour le stockage de toutes ces valeurs. En d'autres termes, à tout instant le tableau dynamique sera totalement rempli par des valeurs. Commençons par esquisser la méthode générale sur laquelle nous baserons notre travail : pour le rangement des valeurs à saisir, nous ne créons pas de tableau statique. A la place, nous préparons (allouons), avant la saisie de la première valeur, autant de place mémoire qu'exige une valeur. A ce moment donc, le tableau ne possède qu'un élément et occupe l'espace mémoire requis par la dimension de la valeur saisie. Lorsqu'une valeur est effectivement saisie et mémorisée, alors l'espace mémoire existant est augmenté d'autant d'octets que nécessaire, de façon à ce qu'une autre valeur puisse y prendre place. Le tableau possède alors deux éléments seulement et occupe l'espace mémoire exigé par ceux-ci. Lorsque la seconde valeur a été saisie et mémorisée, on fait de la place pour une troisième valeur, etc. Lorsque n valeurs auront été rangées, on obtiendra comme résultat un bloc mémoire contigu d'une dimension égale à n fois la taille du type des valeurs saisies. Ce bloc contient, comme un tableau statique, toutes les valeurs, les unes à la suite des autres. En fait, un tableau statique n'est justement qu'un bloc contigu de cellules de mémoire. En ce sens, il n'y a donc pas de différence entre tableaux statiques et tableaux dynamiques. Mais un tableau statique a une dimension bien définie à l'avance et possède en outre un nom, à l'aide duquel on peut accéder aux divers éléments du tableau. Un tableau dynamique, en revanche, a une dimension variable et ne possède pas de nom par lequel on aurait accès aux éléments du tableau. Désormais, on utilise un pointeur qui pointe vers des données du type des valeurs saisies.

Fonctions prédéfinies pour la gestion dynamique de la mémoire

Maintenant que vous connaissez le principe fondamental de création d'un tableau dynamique et d'accès à son contenu, nous allons passer à une application concrète en réalisant une version "dynamique" du programme NUMSTOR1.C, version que nous appellerons NUMSTOR2.C. Etant donné que nous renonçons à un tableau statique pour le rangement des valeurs saisies, nous avons, avant tout, besoin d'une méthode nous permettant de réserver l'espace mémoire requis en cours d'exécution de programme. Nous ferons appel pour cela à certaines fonctions prédéfinies du C, pour lesquelles il faut incorporer le header STDLIB.H dans le programme concerné :

```
#include <stdlib.h>              /* pour les fonctions de gestion de la mémoire    */
```

(Habituellement, les déclarations des fonctions de gestion mémoire sont également contenues dans un autre fichier include, lequel selon le système utilisé s'appelle malloc.h, alloc.h, ou autres).

Allocation de mémoire avec "malloc"

La fonction "malloc" prend de la mémoire sur le tas (heap). Ce dernier est une zone de mémoire libre, disponible pour le programme concerné (cf. chapitre "Classes de mémorisation"). Pour cela, on transmet à la fonction, comme paramètre, un nombre entier exprimant la dimension (en octets) du bloc mémoire que l'on désire réserver. La fonction "malloc", là-dessus, réserve (si possible) un bloc de mémoire contigu ayant la dimension indiquée et retourne son adresse (donc un pointeur vers le début de ce bloc) au programme. Ce genre de valeur qu'une fonction redonne, comme résultat de son travail, à l'instance qui l'a appelée (en principe, une autre fonction) est désigné par **valeur résultat** ou **valeur de retour** (return value) de la fonction. (Les valeurs de retour des fonctions seront traitées en détail au chapitre 10). L'adresse, que **malloc** retourne comme résultat, est rangée dans un pointeur adéquat et on peut alors, via ce pointeur, accéder au bloc de mémoire qui a été alloué. De manière conforme, la syntaxe générale d'un appel de la fonction **malloc** ressemble à ce qui suit :

```
<pointeur>     = malloc(<taille>);
```

<pointeur> désigne ici la variable pointeur qui reçoit l'adresse renvoyée comme résultat de **malloc**. Le type de ce pointeur dépend de l'utilisation qui est faite de la zone mémoire allouée. Si on a l'intention, par exemple, d'y stocker des valeurs 'double', alors on a besoin d'un pointeur vers 'double' et on définit donc un pointeur du style :

```
double  *darray;
```

Après quoi, l'instruction :

```
darray = malloc(400);          /* allocation d'un bloc mémoire de 400 octets et rangement
                                  de son adresse dans un pointeur 'double'     */
```

entraîne que la fonction **malloc** réserve 400 octets de mémoire en bloc (pour autant qu'il en reste) et l'adresse du début de ce bloc est mémorisée dans le pointeur 'darray'.

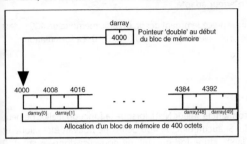

Fig. 9.15 : Le bloc de mémoire alloué par malloc est utilisé comme tableau 'double'

Le bloc mémoire, dont le contenu est pour le moment toujours indéfini, pourrait maintenant, grâce au pointeur 'darray', être géré comme un tableau de 50 éléments de type 'double'. On utilise ici le pointeur, comme d'habitude, soit avec l'opérateur d'indirection "*", soit avec un indice (comme pour un nom de tableau). C'est une question de goût. Comme le pointeur 'darray' pointe vers des données 'double', la mise à l'échelle 8 fait qu'un élément de tableau occupe toujours 8 octets. Avec darray[0] on accède, dans l'exemple précédent, à l'élément rangé à l'adresse 4000, avec darray[1] à celui rangé à l'adresse 4008, etc. Ainsi, on affectera par exemple, via :

```
darray[0] = 3.14;
```

ou

```
*darray = 3.14;
```

la valeur 3.14 aux 8 premiers octets du bloc de mémoire (au premier élément du tableau créé dynamiquement). Le fait qu'on accède aux éléments d'un tel tableau de la même manière qu'aux éléments d'un tableau statique classique ressort clairement des instructions :

```
int i;
for (i = 0; i < 50; i++)         /* remplissage du tableau créé dynamiquement    */
    darray[i] = (double) (10 * (i+1));
```

et :

```
for (i = 0; i < 50; i++)         /* affichage du tableau créé dynamiquement    */
    printf("%.2f\n", *(darray+i));
```

La première remplit le tableau avec les valeurs 10.0, 20.0, 30.0, ..., 500.0 et la seconde affiche ces mêmes valeurs.

Gestion des erreurs

Si la fonction **malloc** n'arrive pas à réserver le bloc mémoire souhaité (par exemple parce qu'il n'y a plus assez de mémoire disponible), elle le signale en retournant comme résultat au programme appelant un pointeur nul (donc l'adresse 0 représentée, comme on le sait, par NULL). Comme il faut toujours envisager cette possibilité, chaque appel de **malloc** devrait comporter un traitement d'erreur adapté.

Supposons qu'il faille remplir, comme précédemment décrit, un bloc mémoire de 400 octets considéré comme tableau 'double', cela avec les valeurs 10.0 à 500.0. La formulation :

```
int i;
double   *darray;
darray = malloc(400);
for (i = 0; i < 50; i++)
    darray[i] = (double) (10 * (i+1));
```

ne prévoit pas le cas où 'darray' contient la valeur NULL lorsque la fonction **malloc** ne peut allouer le bloc mémoire demandé. Si aucun bloc de 400 octets ne pouvait être alloué et si, malgré tout, on rangeait, via la structure 'for' qui suit, de nouvelles données sur 400 octets à partir de l'adresse 0, alors l'ancien contenu de cette portion de mémoire serait écrasé et on pourrait perdre des données vitales. En pratique, il semble le plus souvent qu'une vérification interne de pointeur effectuée par le compilateur empêche d'accéder à des données via un pointeur nul. La conséquence en serait une interruption du programme. Mais cette vérification de pointeur peut être désactivée (soit par une option de compilation ad hoc, soit par un pragma). Dans notre exemple précédent, la boucle 'for' serait alors exécutée avec un pointeur nul et on serait responsable d'une éventuelle perte de données. Pour éviter ce genre de problèmes dû au pointeur nul, on vérifie à l'aide d'un 'if' si l'allocation a retourné un pointeur nul ou non.

```
int i;
double   *darray;
darray = malloc(400);
if (darray == NULL)
     printf("Allocation demandée impossible !");
else
    for (i = 0; i < 50; i++)
    darray[i] = (double) (10 * (i+1));
```

Le tout peut s'écrire sous une forme plus compacte, à la manière typique du C. On combine ici l'instruction d'allocation et le test :

```
int i;
double   *darray;
if ((darray = malloc(400)) == NULL)
     printf("Allocation demandée impossible !");
else
    for (i = 0; i < 50; i++)
        darray[i] = (double) (10 * (i+1));
```

On peut utiliser les blocs de mémoire pour tous les types de données

Supposons qu'on veuille ranger dans la portion de mémoire allouée non pas des valeurs 'double', mais des données d'un autre type, par exemple des valeurs 'int'. Alors, on ne définira pas un pointeur vers 'double', mais un pointeur qui renvoie à des valeurs 'int'. Avec :

```
int *iarray;
```

l'instruction :

```
iarray = malloc(400);
```

réserverait 400 octets de mémoire auxquels on accéderait maintenant avec le pointeur int 'iarray', comme on l'a fait tout à l'heure avec le pointeur double 'darray'. En supposant une dimension de 2 octets pour le type 'int', le bloc mémoire peut alors recevoir 200 éléments de ce type :

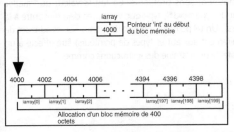

Fig. 9.16 :   Le bloc mémoire alloué par 'malloc' peut être utilisé comme tableau 'int'

Le type 'int' vous place ici devant un petit problème de portabilité, dû au fait que la dimension de ce type peut varier d'une machine à une autre. Si les nombres 'int' occupent 2 octets sur un certain système, alors la zone mémoire allouée peut recevoir 200 valeurs. S'ils occupent 4 octets, la zone ne peut recevoir que 100 valeurs. Si le bloc de mémoire, par exemple, doit être rempli par la boucle 'for' de l'exemple précédent, alors il faut connaître le nombre d'éléments contenus dans le bloc considéré comme tableau 'int'. Inversement, on peut se demander quelle est la taille d'un bloc mémoire à créer pour qu'il puisse héberger, par exemple, 100 valeurs 'int'. L'idéal ici serait de réserver la place mémoire nécessaire, quelle que soit la taille réelle du type sur l'ordinateur concerné. On résout ce problème en ne donnant pas directement le nombre d'octets nécessaire, mais en le calculant avec l'opérateur 'sizeof'. Pour 100 valeurs 'int', on a alors besoin de :

```
100 * sizeof(int)
```

octets, de sorte que l'instruction :

```
iarray = malloc(100 * sizeof(int));
```

sous réserve que l'allocation réussisse, réserve 200 ou 400 octets (ou tout autre quantité requise par la taille exacte du type 'int'), donc la place exacte nécessaire, dans tous les cas de figure, pour loger 100 valeurs 'int'. Lorsque le bloc mémoire est interprété comme tableau 'int', vous pouvez donc, comme pour ce qui a été fait avec les valeurs 'double', écrire ainsi la routine complète d'allocation **avec** gestion d'erreur et affectation de valeurs aux éléments de tableau :

```
int  i;
int  *iarray;
if ((iarray = malloc(100 * sizeof(int))) == NULL)
     printf("Allocation demandée impossible !");
else
    for (i = 0; i < 100; i++)
        iarray[i] = 10 * (i+1);
```

Conversion des pointeurs 'void'

Ce qui frappe dans ces exemples d'allocation, c'est que le pointeur résultant de l'appel de **malloc** (à savoir l'adresse du début de la portion de mémoire allouée) peut être affecté à des pointeurs de tous types, apparemment sans problème. En fait la valeur que **malloc** renvoie au programme est un pointeur de type 'void*', type que vous avez déjà rencontré à la section 9.3 "Arithmétique des pointeurs". Un tel pointeur permet de mémoriser les adresses de données de tous types. Il peut (contrairement aux autres types de pointeurs) être affecté à un pointeur, même sans conversion explicite. Si on examine des instructions comme :

```
double  *darray;
darray = malloc(100 * sizeof(double));
```

ou

```
int  *iarray;
iarray = malloc(100 * sizeof(int));
```

d'un peu plus près, alors on s'aperçoit rapidement qu'on n'a pas vraiment besoin ici de convertir le pointeur renvoyé par **malloc** en un type de pointeur adapté à l'accès au bloc alloué. En effet, comme les formats d'adresses des types concernés (dans les exemples précédents : int, double, void) sont habituellement identiques, le compilateur ne peut pas reconnaître le type d'une donnée d'après l'adresse de celle-ci. L'adresse d'une donnée de type 'int' est égale, en dimension et en structure, à l'adresse d'une donnée de type 'double' ou 'void'. Quant à la façon dont il faut interpréter la donnée concernée relativement au type, le compilateur le sait, lorsqu'on utilise un pointeur pour l'accès, d'après le type du pointeur contenant l'adresse de la donnée. Si par exemple l'adresse d'une donnée se trouve dans un pointeur vers 'int', alors la donnée rangée à cette adresse est interprétée comme donnée de type 'int'. Si la même adresse est rangée dans un pointeur vers le type 'double', alors la donnée est traitée comme objet de type double.

Supposons donc qu'on affecte l'adresse d'un bloc mémoire venant d'être alloué par **malloc** à un pointeur 'int', 'double' ou autre, sans préalablement convertir le pointeur 'void' renvoyé par **malloc**. Alors l'adresse affectée (relative, à proprement parler, à une donnée de type 'void') est interprétée, comme nous venons de l'expliquer, comme adresse d'une donnée du type pointé par le pointeur spécifique (cible). Ainsi, admettons qu'on affecte au pointeur double 'darray', via :

```
darray = malloc(100 * sizeof(double));
```

'adresse d'un bloc mémoire mise sous forme de pointeur vers 'void'. L'adresse contenue dans 'darray' est alors interprétée comme l'adresse d'une donnée de type 'double', comme si on avait converti, avant affectation à 'darray', le pointeur 'void' retourné par **malloc** en un pointeur 'double'. En conséquence, 'darray' pointe ensuite vers le début (vers le "premier élément du tableau") d'un bloc de mémoire alloué dynamiquement, bloc qu'on peut gérer comme un tableau de type 'double' par l'intermédiaire de ce pointeur.

Bien que le standard ANSI ne réclame pas la conversion d'un pointeur de type void* avant son affectation à un pointeur d'un autre type, il est conseillé cependant de convertir un pointeur de type indéterminé. D'une part, parce qu'on assure ainsi une conformité non seulement interne, mais également formelle. En effet, dans des instructions comme :

```
darray = (double *) malloc(100 * sizeof(double));
```

ou

```
darray = (int *) malloc(100 * sizeof(int));
```

la conversion explicite du pointeur void* issu de **malloc** en type de pointeur du membre gauche ('double' ou 'int') assure, dans tous les cas, que les deux membres de l'affectation contiennent des pointeurs de même type. D'autre part, une telle conversion tient compte du cas (auquel il faut toujours penser) où le programme concerné serait porté sur un système dans lequel les adresses des types utilisés n'auraient pas toutes le même format (on pourrait imaginer, par exemple, que l'adresse d'une donnée de type 'void' est rangée sur 3 octets, alors qu'une adresse 'double' est rangée sur 4 octets). En pareil cas, les formats d'adresses différents rendraient problématique l'affectation d'un pointeur à un autre sans conversion adéquate.

Réservation et initialisation de mémoire : calloc

Une autre routine d'allocation mémoire, semblable à **malloc** dans son fonctionnement, est représentée par la fonction **calloc**. Celle-ci réserve aussi un bloc mémoire de la taille spécifiée et retourne au programme, en cas de succès de l'opération, l'adresse du début de ce bloc sous la forme d'un pointeur de type void* (autrement, la fonction renvoie NULL). Mais à la différence de **malloc**, **calloc** possède non pas un, mais deux paramètres par lesquels on indique l'espace mémoire que l'on aimerait réserver pour un certain nombre d'objets d'une certaine dimension. La syntaxe générale de **calloc** est de la forme :

```
<pointeur> = calloc(<nombre>, <dimension>);
```

Les valeurs entières <nombre> et <dimension> désignent respectivement le nombre d'objets désiré et la taille (en octets) de chaque objet. <pointeur>, comme pour **malloc**, est une variable pointeur dans laquelle on range l'adresse du bloc alloué retournée par **calloc**. Les réflexions développées dans le contexte de **malloc** relativement à la conversion du pointeur retourné valent aussi pour la fonction **calloc**. Si on a besoin, comme dans les exemples précédents, d'un bloc mémoire pouvant recevoir 50 valeurs 'double', alors on pourra passer, après définition d'un pointeur ad hoc, par exemple :

```
double *darray;
```

par l'instruction :

```
darray = (double *) calloc(50, sizeof(double));
```

On réserve ici un bloc de 50 * 8 = 400 octets. Pour le cas où l'allocation échouerait e retournerait le pointeur nul, nous intégrons à calloc une gestion d'erreur adéquate dans l'instruction d'allocation :

```
if((darray = (double *) calloc(50, sizeof(double))) == NULL)
     printf("Allocation demandée impossible !");
else
     {   /*.   instructions alternatives   */   }
```

Les deux fonctions **malloc** ou **calloc** se différencient non seulement par le nombre de paramètres, mais aussi par autre chose. Après une allocation faite par **malloc**, tous les octet du bloc alloué contiennent des valeurs purement aléatoires, donc indéfinies. Par contre **calloc** initialise chaque octet du bloc alloué à la valeur 0, ce qui peut être fort utile. Mai comme il n'est pas toujours nécessaire d'initialiser le bloc de mémoire, cela peut parfoi amener une perte de temps.

Modification de la taille d'un bloc de mémoire : realloc

Avec les fonctions **malloc** ou **calloc**, nous disposons désormais d'un mécanisme qui nou permet de demander, en cours de programme, autant de place mémoire que souhaité Cependant, dans le cas de notre programme NUMSTOR2.C, nous ne sommes pas intéressé à priori par un bloc mémoire de plusieurs valeurs. L'allocation d'une portion de mémoire disons de 400 octets, dès le début du programme ne serait pas très astucieuse. En effet le schéma précédemment esquissé concernant la génération d'un tableau dynamique dan NUMSTOR2.C prévoit que le tableau requis est créé avec seulement un élément, pui augmenté par étapes en cas de besoin. Cette croissance progressive d'un tableau initialement créé avec un seul élément, décrit parfaitement la substantifique moelle de la dynamique des tableaux. Il faut cependant insister sur le fait que les tableaux des exemple précédents, créés avec plusieurs éléments, sont naturellement dynamiques par essence. En effet, les blocs de mémoire dont ils se composent peuvent être redimensionnés san problème (via une fonction appropriée qu'on verra un peu plus loin). Notre objectif actuel toutefois, réclame pour commencer une réservation d'espace mémoire suffisante pour une seule valeur. Si effectivement on saisit une valeur, celle-ci est rangée dans la zone mémoire allouée. Ensuite, cette zone est agrandie d'un nombre d'octets permettant la réceptio d'une autre valeur. Dès qu'une nouvelle saisie a eu lieu, elle est rangée en mémoire just après la valeur précédente. A nouveau la zone mémoire est augmentée du nombre d'octet requis pour une future saisie. On répète ces phases jusqu'à ce que toutes les valeurs aien été entrées et mémorisées.

L'allocation d'espace mémoire pour le premier élément du tableau dynamique ne présent aucune difficulté. Comme nous voulons mémoriser les valeurs saisies sous forme de nombre réels en double précision, nous définirons par :

```
double *darray;
```

un pointeur adéquat qui nous servira à accéder aux données. Après quoi, l'instruction :

```
if ((darray = (double *) malloc(sizeof(double))) == NULL)
    printf("\n\nERREUR. Allocation demandée impossible !");
.
.
.
```

réserve de la mémoire juste pour une valeur de type 'double'. A moins qu'elle ne signale une erreur en cas d'échec. Si l'allocation réussit, la première valeur saisie peut alors être rangée, via le pointeur 'darray', dans le tableau dynamique composé pour l'instant d'un unique élément. Mais comment faire pour la saisie suivante ? Si on fait de nouveau appel à la fonction **malloc**, on peut effectivement faire de la place pour une nouvelle valeur 'double'. Mais cela n'agrandit pas le bloc de mémoire existant, comme on le souhaiterait. Ainsi, une seconde instruction :

```
if ((darray = (double *) malloc(sizeof(double))) == NULL)
    printf("\n\nERREUR. Allocation demandée impossible !");
.
.
.
```

allouerait 8 octets n'importe où en mémoire, rangerait l'adresse de ce nouveau bloc dans 'darray' et écraserait donc l'adresse du bloc précédemment créé. Celle-ci serait donc perdue et on ne pourrait plus accéder à la valeur rangée à cette adresse. En procédant ainsi, on ne pourrait donc avoir accès qu'au dernier élément créé. (Un procédé pour gérer des données contiguës logiquement, mais pas physiquement, est présenté à la section 9.7 "**Pointeurs et structures**"). Ce dont on a besoin ici, ce n'est pas de plusieurs emplacements mémoire dispersés, mais d'un bloc unique dont la taille augmente progressivement et pour lequel existe un pointeur qui contient toujours l'adresse du début de ce bloc et qui permet donc d'accéder à tous les éléments. Pour cela, on utilise une autre routine prédéfinie du C.

La fonction **realloc** modifie la dimension d'un bloc de mémoire existant. Voici la forme générale de la fonction :

```
<pointeur> = realloc(<pointeur>, <nouvelle_dimension>);
```

Ici <pointeur> désigne une variable pointeur contenant l'adresse du début du bloc mémoire concerné et <nouvelle_dimension> une valeur entière indiquant la taille (en octets) que doit prendre le bloc. Si le bloc ne peut pas prendre la nouvelle taille souhaitée, **realloc** retourne aussi le pointeur nul.

Supposons que par l'instruction :

```
if ((darray = (double *) malloc(sizeof(double))) == NULL)
    printf("\n\nERREUR. Allocation demandée impossible !");
.
.
```

nous ayons, comme précédemment, réservé de la place pour la première valeur 'double' du tableau dynamique. Maintenant, l'instruction :

```
darray = (double *) realloc(darray, 2 * sizeof(double));
```

fait passer le bloc de mémoire de 8 à 16 octets, de telle sorte qu'on puisse désormais y ranger deux valeurs de type double :

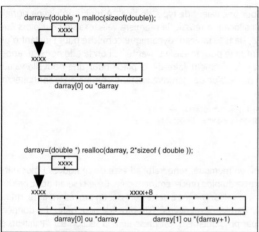

Fig. 9.17 :   La taille d'un bloc mémoire préalablement créé par 'malloc' est doublée par 'realloc'

Comme **realloc**, en cas d'erreur, retourne également NULL, nous compléterons l'instruction de réallocation par un traitement d'erreur ad hoc, comme nous l'avons fait pour **malloc** ou **calloc** :

```
if ((darray = (double *) realloc(darray, 2 * sizeof(double))) == NULL)
    printf("\n\nrealloc : impossible d'agrandir le bloc de mémoire.");
.
.
.
```

Deux particularités de la fonction 'realloc'

La fonction **realloc** recèle deux particularités. La première concerne l'adresse du bloc mémoire à modifier, adresse représentant le premier paramètre de la fonction. Si on donne à **realloc** comme adresse du bloc la valeur NULL, alors la fonction se comporte comme **malloc** et alloue un nouveau bloc de la dimension spécifiée. Les instructions :

```
darray = (double *) malloc(sizeof(double));
```

et :

```
darray = NULL;
darray = (double *) realloc(darray, sizeof(double));
```

donnent donc le même résultat. Cette particularité de **realloc** peut se révéler fort utile à l'occasion (cf. chapitre 9.7 **Pointeurs et structures**).

La seconde particularité a trait à la position en mémoire du bloc alloué. Si la modification de taille demandée ne peut se faire à l'adresse initiale (par exemple parce qu'il n'y a plus assez de mémoire contiguë disponible à cet endroit-là), alors **realloc** déplace le bloc à un emplacement mémoire approprié. La conséquence en est que l'adresse du début du bloc change. Cela n'a aucune importance si le déroulement du programme ne dépend pas de l'emplacement du bloc en mémoire. Mais il faut en tenir compte si on ne veut pas que le bloc soit déplacé. On fera en sorte, par exemple, d'actualiser alors l'adresse du bloc dans tous les pointeurs concernés par le déplacement du bloc. Sur l'image précédente, l'adresse xxxx du début du bloc de mémoire peut donc ne plus être la même après l'appel de **realloc**.

Libération de la mémoire avec 'free'

La fonction **free** complète fort logiquement les routines précédentes relatives à la gestion dynamique de la mémoire. Elle permet de libérer l'espace mémoire qui a été alloué par les fonctions **malloc**, **calloc** et **realloc** (et seulement par ces fonctions), lorsque ce dernier n'est plus d'aucune utilité. La syntaxe de **free** est simple :

```
free(<pointeur>);
```

On passe à la fonction, comme paramètre, le pointeur contenant l'adresse du bloc mémoire réservé par **malloc**, **calloc** ou **realloc**. Dans l'exemple précédent, l'instruction suivante :

```
free(darray);
```

libérerait le bloc de mémoire pointé par le pointeur 'darray' et le rendrait disponible pour d'autres tâches du programme. Vous voici désormais en mesure de réécrire le programme numstor2.c.

▶ NUMSTOR2.C

```
/***   NUMSTOR2 range un nombre quelconque de valeurs dans un tableau        ***/
/***   dynamique. Les éléments d'une portion contiguë quelconque du tableau  ***/
/***   peuvent ensuite être additionnés et affichés.                         ***/
/***   La validité des nombres saisis est contrôlée.                         ***/

#include <stdio.h>                                       /* printf, gets */
#include <ctype.h>                                       /* isdigit */
#include <stdlib.h>                                      /* atof, exit */
#include <conio.h>                                /* getche, getch */
#include <string.h>                                      /* strcmp */
#define YES      'o'


main()
  {
    char buffer[81];                           /* buffer de saisie alphanumérique */
    double *darray;                   /* pointeur vers début du tableau dynamique */
    double *backup;          /* si darray reçoit le pointeur nul par realloc */
    char rep1, rep2;                                /* variables de contrôle */
    int i;                                          /* variable de contrôle */
    int n;                                          /* compteur */
    int ok;                                      /* Flag pour erreur de saisie */
```

```
int dpoint;                                   /* Flag pour point décimal */
int start;                                    /* début du sous-tableau */
int end;                                      /* fin du sous-tableau */
double *s;                         /* pointeur vers le début du sous-tableau */
double *e;                         /* pointeur vers la fin du sous-tableau */
double sum;                        /* Somme des nombres sélectionnés */

/*** allocation de mémoire pour le premier élément du tableau ***/

if ((darray = (double *) malloc(sizeof(double))) == NULL)
{
    printf("\n\nmalloc : allocation du bloc impossible !");
    exit(1);                                  /* sortie du programme */
}

/*** allocation réussie ***/

printf("\033[2J");
printf("Le programme additionne un nombre quelconque de valeurs\n");
printf("et affiche le total, ces nombres étant pris dans un\n")
printf("groupe quelconque contigu,\n");
printf("pris parmi des valeurs saisies (n à (n+k)).\n");

/*** saisie des valeurs ************/

n = 0;                                        /* initialise compteur d'éléments */
do                                            /* boucle de saisie */
{
    do                                        /* contrôle de la saisie */
    {
        ok = 1;
        printf("\n\n%d. Nombre (Fin par \"q\"): ", n+1);
        gets(buffer);                         /* saisie alphanumérique */
        if (strcmp(".", buffer) == 0)         /* point décimal seul saisi */
        {
            printf("\nNombre invalide.");
            ok = 0;
        }
        else                                  /* contrôle de validité */
        {
            i = 0;
            dpoint = 0;
            while (buffer[i] != '\0' && ok)
            {
                if (buffer[i] == '.' && dpoint == 0)
                    dpoint = 1;               /* un seul point décimal */
                else if (!isdigit(buffer[i]) && strcmp("q", buffer))
                                              /* si aucun chiffre et pas */
                                              /* uniquement le caractère de fin */
                {
                    printf("\nNombre invalide.");
                    ok = 0;
```

```
                    }
                 i++;
              }
         }                                          /* fin else */
      } while (!ok);                                /* fin contrôle de saisie */

   if (buffer[0] != 'q')                            /* si pas fini */
      {
           darray[n++] = atof(buffer);   /* conversion nb. + mémorisation */
           backup = darray;              /* mémorise adr. bloc pour affichage */
           if((darray = (double *) realloc(darray, (n+1) *
              sizeof(double))) == NULL)            /* agrandissement du bloc */
           {
               printf("\n\nrealloc : Agrandissement du bloc impossible !");
               break;                               /* quitte la boucle externe do while */
           }
      }                                             /* fin if buffer */
   } while (buffer[0] != 'q');                       /* fin de la boucle de saisie */

/*** affichage      ********************/
   if (n > 0)                                        /* au moins une valeur saisie */
      {
      if (darray == NULL)                            /* bloc non modifiable */
         darray = backup;             /* pour afficher les valeurs déjà saisies */
      printf("\n\n%d nombres ont été saisis.\n", n);
      printf("Afficher le tableau ? (o/n)");
      if ((rep1 = getche()) == YES)
         {
           printf("\n");
           for (i = 0; i < n; i++)
              {
                  printf("\nValeur no %d :\t%f", i+1, darray[i]);
                  if (i != n-1  && ((i+1)%18) == 0)
                     {                               /* 18 valeurs par page */
                         printf("\n\n<Entrée> pour page suivante");
                       getch();
                        printf("\033[2J");
                     }
              }                                       /* fin for */
         }                                            /* fin if rep1 */
      printf("\n\n");
       printf("Totaliser le tableau ? (o/n)");
      if ((rep2 = getche()) == YES)
         {
             printf("\n\nDu nombre no : ");
             scanf("%d", &start);
              while (start < 0 || start > n)/* mauvais début de sous-tableau */
              {
                  printf("\nDébut de zone invalide.");
                  printf("\nDu nombre no : ");
                  scanf("%d", &start);
              }
```

```
                printf("\n\nAu nombre no : ");
                scanf("%d", &end);
                 while (end < start || end > n) /* mauvaise fin de sous-tableau */
                    {
                        printf("\nFin de zone invalide.");
                        printf("\nAu nombre no : ");
                        scanf("%d", &end);
                    }
                e = &darray[end-1];                      /* fin de sous-tableau */
                 s = &darray[start-1];        /* initialiser pointeur vers début et */
                sum = 0.0;
                while (s <= e)                    /* tant que adr. départ <= adr. Fin */
                sum += *s++;                         /* addition avec ptr. déréférencé */
                 printf("\n\nLa somme des valeurs %d à %d est de : %f",
                        start, end, sum);
            }                                                /* fin if rep2 */
    }                                                    /* fin if n > 0 */
    if(darray != NULL)
        free(darray);                                  /* libération mémoire */
}    /* fin main */
```

Commentaires

Le programme essai d'allouer de la mémoire pour la première valeur saisie. S'il échoue, le programme se termine. Autrement, on procède à la première saisie alphanumérique qu'on contrôle, qu'on convertit en nombre et qu'on mémorise. Il en va de même pour les saisies suivantes, après appel réussi de **realloc**. Le pointeur 'backup' conserve l'adresse du début du tableau dynamique, au cas où l'instruction **realloc** suivante renverrait le pointeur nul dans 'darray' (parce que le bloc n'aurait pu être agrandi comme souhaité) et écraserait donc le contenu de 'darray'. En pareil cas, le pointeur 'backup' permet d'accéder aux valeurs déjà saisies. La nouvelle dimension du bloc de mémoire est donnée par le compteur d'éléments 'n', via :

```
(n+1) * sizeof(double)
```

Ici **realloc** alloue toujours l'espace mémoire pour un nombre d'éléments égal à la valeur de 'n' augmentée de 1. Après totalisation et affichage, opérations effectuées à l'aide des différents pointeurs, l'instruction :

```
if(darray != NULL)
    free(darray);
```

libère la mémoire, si tant est qu'il y ait eu allocation.

La méthode que nous venons de montrer s'emploie naturellement pour d'autres valeurs que des nombres 'double'. Le programme ne demanderait, par exemple, que fort peu de modifications pour ranger des valeurs 'int' à la place des valeurs 'double'. Dans ce qui suit nous allons apprendre, en outre, à gérer dynamiquement des données de types plus complexes, telles que des structures et des chaînes de caractères.

9.7   **Pointeurs et structures**

Les structures, elles aussi, font partie des entités C pouvant être gérées par des pointeurs.
On définit les pointeurs vers des structures tout comme les pointeurs vers d'autres variables.
Supposons déclarée une structure telle que :

```
struct  article
  {
    char name[20];
    long num;
  };
```

qui permet de mémoriser le libellé et la quantité en stock d'un certain article. Alors :

```
struct  article  *px;
```

définit un pointeur 'px' vers des données de type 'struct article'. Après la définition :

```
struct  article  x;
```

on peut via :

```
px = &x;
```

ranger l'adresse de la variable structurée 'x' dans le pointeur 'px'. (Faites bien attention ici
à ce qu'un nom de structure, contrairement à un nom de tableau, n'est pas un pointeur
vers le début de la variable. De ce fait, dans l'affectation précédente il faut placer l'opérateur
d'adressage devant le nom de la structure). Comme le pointeur 'px' contient maintenant
l'adresse de la variable 'x', les deux expressions :

```
x
```

et :

```
*px
```

sont équivalentes. On pourrait, par exemple, afficher la taille de la variable 'x' par :

```
printf("%u",   sizeof(x))
```

ou bien par :

```
printf("%u",   sizeof(*px));
```

Avec des variables comme :

```
struct article y = { "vis", 200000 };
struct article *py = &y;
```

on pourrait affecter à la variable structurée 'x' le contenu de la variable structurée 'y', non
seulement par :

```
x = y;
```

mais aussi par :

```
*px = *py;
```

ce qu'on vérifie aisément avec :

```
printf("x.name = %s\ty.name = %s\n", x.name, y.name);
printf("x.num = %ld\ty.num = %ld\n", x.num, y.num);
```

En outre, si le pointeur 'px' contient l'adresse de la variable structurée 'x', il découle de l'équivalence des deux expressions :

```
x     et    *px
```

permettant d'accéder aux champs de la variable structurée 'x' que :

```
x.name    et    (*px).name
```

ou

```
x.num    et    (*px).num
```

représentent aussi la même chose.

Accès aux champs d'une structure pointée : opérateur point et opérateur flèche

Plus généralement, si <pointeur> contient l'adresse d'une variable structurée, alors :

```
(*<pointeur>).<champ>
```

représente la syntaxe permettant d'accéder à un champ de structure via un pointeur. Les parenthèses autour de l'expression :

```
*<pointeur>
```

sont indispensables, en raison de la priorité plus haute de l'opérateur "." (15) par rapport à celle de l'opérateur "*" (14). Cette priorité plus élevée entraîne que l'absence de parenthésage amènerait l'expression :

```
*px.name
```

à être comprise comme :

```
*(px.name)
```

Mais c'est une erreur, car l'opérande à gauche de l'opérateur "." ne doit pas être un pointeur non déréférencé. L'écriture quelque peu compliquée (et sujette à erreur) :

```
(*<pointeur>).<champ>
```

peut être remplacée par une alternative équivalente, mais plus simple. On renonce ici au parenthésage et on utilise l'opérateur "->" à la place de l'opérateur ".". Ce nouvel opérateur se compose d'un signe 'moins' et d'un signe 'supérieur à'.

Il possède également la priorité 15 :

```
<pointeur>-><champ>
```

En conséquence, pour notre structure 'article', les expressions :

```
(*px).name    et    (*px).num
```

équivalent à :

```
px->name    et    px->num
```

Si le pointeur 'px' contient l'adresse de la variable structurée 'x', on peut alors afficher les
champs 'name' et 'num' par les deux méthodes suivantes :

```
printf("%s  %ld\n",  (*px).name,  (*px).num);
printf("%s  %ld",  px->name,  px->num);
```

De même, pour la saisie de valeurs dans les deux champs, on peut passer par :

```
scanf("%s  %ld",  (*px).name,  &(*px).num);
```

ou bien par :

```
scanf("%s  %ld",  px->name,  &px->num);
```

Il faut penser ici à mettre l'opérateur d'adressage devant les expressions :

```
(*px).num
```

et :

```
px->num
```

Contrairement à :

```
(*px).name
```

ou

```
px->name
```

qui sont en fait des adresses, les expressions :

```
(*px).num
```

et :

```
px->num
```

représentent une valeur 'long' dont l'adresse est déterminée par la fonction **scanf** :

```
&(*px).num
```

ou

```
&px->num
```

Tableaux de structures dynamiques

En ce qui concerne la gestion des données dans des tableaux de structures statiques,
reportez-vous au chapitre " Types de données complexes : Tableaux et structures". Les
opérations (entrée/sortie de valeurs, etc.) sur les tableaux statiques de structures peuvent
aussi être facilement effectuées à l'aide de pointeurs. Partant, par exemple, de la structure
'article' et des définitions de variables :

```
struct article list[100];    /*    tableau de structures avec 100 éléments    */
struct article *plist;        /*    pointeur vers structure 'article'    */
int i;                        /*    compteur    */
```

on peut remplir le tableau 'list', non seulement par la routine :

```
for (i = 0; i < 100; i++)
 {
     printf("\nDésignation : ");
     gets(list[i].name);
     printf("Quantité : ");
     scanf("%ld", &list[i].num);
     while (getchar() != '\n')    /* supprime <Entrée> dans tampon, sinon il serait  */
     ;                            /* pris comme saisie (gets) au prochain coup       */
 }
```

mais aussi par la routine :

```
plist = list;                            /* adresse de 'list' dans 'plist'   */
for (i = 0; i < 100; i++)
 {
     printf("\nDésignation : ");
     gets(plist->name);                              /* ou bien : (*plist).name    */
     printf("Quantité : ");
     scanf("%ld", &plist->num);                      /* ou bien : &(*plist).num    */
     while (getchar() != '\n')
     ;
     plist++;                                    /* pointeur vers structure suivante  */
 }
```

ou encore par :

```
for (i = 0; i < 100; i++)
 {
     printf("\nDésignation : ");
     gets(plist[i].name);              /* pointeur (avec index) vers structure    */
     printf("Quantité : ");
     scanf("%ld", &plist[i].num);      /* pointeur (avec index) vers structure    */
     while (getchar() != '\n')
     ;
 }
```

De même, pour afficher les valeurs du tableau, on peut passer par :

```
for (i = 0; i < 100; i++)
 {
     puts(list[i].name);
     printf("%ld\n", list[i].num);
 }
```

ou bien par :

```
for (i = 0; i < 100; i++)
 {
     puts(plist->name);
     printf("%ld\n", plist->num);
     plist++;
 }
```

ou encore utiliser un pointeur avec index.

Les tableaux statiques de structures, pour ce qui est de leur taille, souffrent du même : manque de flexibilité que les autres tableaux statiques. Le nombre de leurs éléments est défini une fois pour toutes en début de programme et ne peut plus être modifié. Mais les pointeurs permettent aussi de gérer dynamiquement les tableaux de structures. Le programme ARTICLES.C range un nombre quelconque d'enregistrements de type 'struct article' dans un tableau de structures créé dynamiquement par **realloc**. Pour l'allocation du premier élément du tableau, on n'utilise pas ici la fonction **malloc**, mais également la fonction **realloc**. Celle-ci, comme nous l'avons déjà expliqué, se comporte comme **malloc** lorsqu'on lui transmet le pointeur nul comme adresse de bloc. A la fin de la saisie, on peut faire afficher, page à page, une liste des enregistrements saisis. Chaque page d'écran possède ici des lignes d'en-tête avec numéro de page et titres de colonnes. L'en-tête est réalisé à l'aide d'une macro nommée HEADER dont le paramètre est le numéro de la page en cours. L'accès aux éléments du tableau dynamique se fait par l'intermédiaire d'un pointeur vers une structure.

▶ **ARTICLES.C**

```
/***    ARTICLES mémorise un nombre quelconque d'enregistrements (articles)    ***/
/***    dans un tableau de structures dynamique et affiche, si on veut,        ***/
/***    la liste des données saisies.                                          ***/

#include <stdio.h>                                      /* scanf, printf, gets */
#include <stdlib.h>                                     /* realloc, free */
#include <conio.h>                                      /* getche, getch */
#include <string.h>                                     /* strcmp, strcpy */

/***********    macro d'en-tête de page  ********************/

#define HEADER(s)      printf("Page %d\n\n",s);\
                                printf("No.\t\tDésignation\t\tQuantité\n");\
                                    for(j = 0; j < 55; j++) printf("_")
main()
  {
    struct article
    {
      char name[21];                                        /* désignation */
      long num;                                             /* quantité en stock */
    };

    struct article *plist = NULL;          /* pointeur vers 'struct article' : */
                        /* initialisé à NULL pour premier appel de 'realloc' */

    struct article *backup;             /* conserve adresse du bloc mémoire au cas */
                                /* où 'realloc' retournerait NULL dans plist */

    char buffer[81];                                 /* pour contrôle de la désignation */
    int i;                                           /* compteur d'enregistrements */
    int j, k, rep;                                   /* variables de contrôle */
    int s = 1;                                       /* compteur de pages */
      printf("\033[2J");
```

```
  printf("CREATION NOMENCLATURE \n\n\n");
i = 0;
do
  {
        backup = plist;                        /* conserve adresse du bloc */

  /*********************** allocation mémoire *******************/

        if ((plist = (struct article *) realloc(plist, (i+1) *
                  sizeof(struct article))) == NULL)
          {
                printf("\n\nPas assez de mémoire !");
                i++;          /* pour affichage : autrement, il manque 1 à i */
                break;
          }

  /***************** saisie des enregistrements *****************/

    printf("\nEnregistrement no %d\n\n", i+1);
    printf("Désignation (20 caractères maximum, fin par \"0\") : ");
  gets(buffer);
  while (strlen(buffer) > 20)                    /* contrôle désignation */
    {
        printf("\nDésignation trop longue.");
        printf("\nDésignation (20 caractères maximum, fin par \"0\") : ");
      gets(buffer);
    }
      strcpy(plist[i].name, buffer);
                              /* ajoute nouvelle désignation à la liste */
    if (strcmp(plist[i].name, "0"))              /* si désignation != "0" */
      {
          printf("Quantité : ");
          scanf("%ld", &plist[i].num);
          while (getchar() != '\n')           /* vidage du tampon de saisie */
              ;
      }
  } while (strcmp(plist[i++].name, "0"));

  /************* affichage des enregistrements *******************/

  if (i > 1)                       /* au moins un enregistrement a été saisi : */
                                   /* valeur de i après boucle = 1 + nb. enregs. */
    {
        printf("\n\nNombre de fiches saisies : %d", i-1);
        printf("\nAfficher la liste des fiches ? (o/n)");
        if ((rep = getche()) == 'o')
          {
                printf("\033[2J");
                HEADER(s);                  /* affichage entête de âge écran */
                if (plist == NULL)          /* si erreur d'allocation */
                    plist = backup;  /* on utilise le pointeur de secours */
                for (k = 0; k < i-1; k++)
```

```
{
    printf("\n\n%d\t\t%-20s\t\t%ld", k+1,
                        plist[k].name, plist[k].num);
    if ((k+1)%10) == 0 && k != i-2)
    {
        printf("\nPage suivante par <Entrée>.");
        getch();
        printf("\033[2J");
        s++;                            /* compteur de pages */
        HEADER(s);
    }
}                                       /* fin for */
}                                       /* fin if rep */
free(plist);                            /* libération mémoire */
}                                       /* fin if i > 1 */
}                                       /* fin main */
```

Structures récursives - listes chaînées simples et doubles

Pour ranger en mémoire des données logiquement reliées, une première technique consiste à les ranger dans un tableau, donc à des emplacements mémoire contigus. Ainsi, en tant que bloc mémoire d'un seul tenant, ils forment également une unité physique. Dans le programme ARTICLES.C, par exemple, c'étaient des enregistrements qui étaient gérés en mémoire de cette façon, dans un tableau dynamique de structures. Ce faisant, la disposition physique des enregistrements en mémoire correspondait à leur ordre de saisie, donc à leur arrangement logique. L'emplacement mémoire de chaque enregistrement s'arrêtait là où commençait l'emplacement de l'enregistrement suivant :

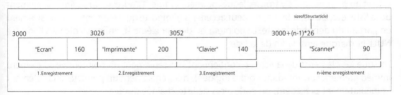

Fig. 9.18 : Mémorisation d'enregistrements (articles) à des emplacements contigus (tableau de structures)

Une autre technique consiste à ranger des données constituant un tout logique dans ce qu'on appelle une liste chaînée (linked list). Les données ici ne sont pas contiguës en mémoire. Une liste chaînée comporte toute une série de données, certes logiquement liées, mais éparpillées en mémoire au lieu d'être rangées les unes à côté des autres. En fait, avec ce genre d'organisation en mémoire, peu importe où et dans quel ordre se trouvent les données concernées dans la mémoire. En effet, les données sont reliées ("chaînées") entre elles par l'intermédiaire d'un lien spécial grâce auquel on peut accéder à chacune d'entre elles en respectant l'ordre logique. Ce lien est un pointeur qui est contenu dans chaque donnée et qui pointe vers la donnée (donc contient son adresse) immédiatement suivante (ou immédiatement précédente) relativement à l'ordre logique. Lorsqu'il y a un seul pointeur de cette sorte dans chacune des données, alors il pointe le plus souvent vers la donnée immédiatement suivante (par rapport à l'ordre logique). Dans ce cas, on parle de liste chaînée simple.

L'image suivante montre le schéma d'une telle liste :

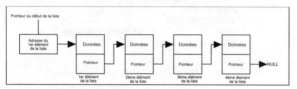

Fig. 9.19 :   Schéma d'une liste chaînée simple à quatre éléments

Un pointeur (séparé) pointe vers le début de la liste, c'est-à-dire vers son premier élément. Chaque élément de la liste (à l'exception du dernier) possède un pointeur qui pointe vers l'élément immédiatement suivant. Ainsi, si on connaît l'adresse du premier élément de la liste, on peut par l'intermédiaire de cette adresse (dans un pointeur) accéder au premier élément, donc au pointeur qui y est contenu. Ce pointeur contient l'adresse du second élément de la liste. Le pointeur du premier élément de la liste permet donc d'accéder au second élément, y compris au pointeur qui y est contenu et qui pointe vers le troisième élément. Via le pointeur du second élément de la liste, lequel mémorise l'adresse du troisième élément de la liste, on est alors en mesure d'accéder au troisième élément de la liste et au pointeur qui s'y trouve, lequel pointeur contient l'adresse du quatrième élément de la liste, etc. De cette façon, on peut accéder à n'importe quel élément, progressivement en partant du début de la liste. Le pointeur du dernier élément, enfin, pointe vers l'adresse NULL et marque ainsi la fin de la liste.

Lorsque les éléments de la liste ne contiennent pas seulement un pointeur vers l'élément immédiatement suivant (dans l'ordre logique), mais également un pointeur vers l'élément immédiatement précédent, on parle alors de liste chaînée double.

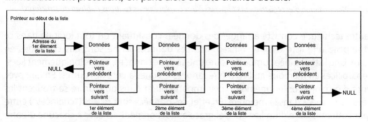

Fig. 9.20 :   Schéma d'une liste chaînée double à quatre éléments

A la différence d'une liste chaînée simple, on peut se déplacer dans une liste chaînée double, non seulement vers l'avant mais aussi vers l'arrière, cela grâce au pointeur vers le précédent. On simplifie ainsi des opérations spécifiques sur la liste telles que l'insertion de nouveaux éléments ou la suppression d'éléments existants. On ne doit pas en effet, contrairement à ce qui se passe avec une liste chaînée simple, parcourir la liste en partant du début lorsqu'on veut, par exemple, insérer un nouvel élément ou supprimer un ancien élément à une position située entre le premier et le dernier élément de la liste. Les premier et dernier éléments d'une liste chaînée double (c'est-à-dire le début et la fin de la liste) se reconnaissent aux pointeurs nuls qu'ils contiennent. Ainsi, le pointeur vers précédent du premier élément de la liste pointe vers l'adresse NULL, car le premier élément n'a pas de prédécesseur. Il en est de même du pointeur vers suivant du dernier élément de la liste, élément qui n'a pas de successeur. Outre le pointeur vers le début d'une liste chaînée, on utilise, selon les opérations à exécuter sur la liste, d'autres pointeurs auxiliaires qui pointent vers des endroits bien précis de la liste, par exemple vers la fin de la liste ou vers le dernier élément manipulé (voir un peu plus loin).

Structures en tant qu'éléments de listes

Il ressort immédiatement de tout cela que seuls des objets de types complexes peuvent représenter les éléments d'une liste chaînée, lesquels contiennent aussi bien les données elles-mêmes qu'un (ou plusieurs) pointeurs vers d'autres éléments de la liste. En C les éléments des listes chaînées sont donc représentés par des structures d'un type adéquat. Nous illustrerons cela sur l'exemple de la liste d'articles du programme ARTICLES.C dont les enregistrements ne vont plus être rangés dans un tableau de structure dynamique, mais dans une liste chaînée dont chaque élément représente un enregistrement. Mais pour cela il faut modifier la structure :

```
struct article
 {
    char name[21];
    long num;
 };
```

Certes, les champs 'name' et 'num' permettent de mémoriser les données elles-mêmes, mais la structure ne contient pas l'indispensable pointeur vers l'enregistrement suivant ou précédent. Nous commencerons par nous intéresser à une liste chaînée simple. Il suffit donc d'ajouter un pointeur comme champ supplémentaire de la structure. Ce pointeur doit toujours pointer vers l'élément suivant de la liste. Un élément quelconque de la liste d'articles doit donc avoir l'allure suivante :

Fig. 9.21 :   Allure schématique d'un élément de la liste d'articles

De quel type doit être le pointeur ? Comme tous les éléments de la liste sont des variables structurées de même type, le pointeur doit donc pointer vers des entités dont le type est justement ce type de structure. En insérant un pointeur adéquat comme champ supplémentaire dans la structure 'article' déjà utilisée, nous la modifierons de telle sorte qu'elle entre elle-même en ligne de compte, en tant que type de données, pour le type pointé de l'élément de la liste, tel qu'il est montré sur l'image précédente :

```
struct  article2
  {
    char name[21];
    long num;
    struct article2 *suiv;                   /* pointeur vers l'élément suivant, de
                                               type 'struct article2'   */
  };
```

Le plus remarquable dans cette déclaration de structure est le pointeur 'suiv' qui pointe vers une structure qui est du même type que celle dans laquelle le pointeur a été lui-même défini (structure qui elle-même contient un autre pointeur de même nature). Une telle structure qui fait référence à elle-même (comme type de données), via un pointeur contenu en elle en tant que champ est appelée structure récursive. (Insistons ici sur le fait que la structure précédente ne se contient pas elle-même en tant que type d'un de ses champs (ce qui d'ailleurs serait illicite), mais contient un pointeur vers elle-même). Cette récursivité de la structure utilisée est la propriété fondamentale requise par la construction d'une liste chaînée : chaque élément de la liste précédemment décrite est une variable structurée de type 'article2' qui peut pointer, grâce au pointeur 'suiv' contenu en elle, vers une autre variable structurée de même type (c'est-à-dire vers un autre élément de la liste) et qui peut donc créer le lien vers l'élément suivant de la liste.

En enregistrant ainsi dans le champ 'suiv' de chaque élément de la liste l'adresse de l'élément suivant relativement à l'ordre logique, on produit en fait une chaîne d'enregistrements qui sont reliés les uns aux autres, par le biais de leurs champs pointeur. La fin de la chaîne est formée par un enregistrement qui n'a pas de successeur et dont le pointeur pointe vers l'adresse NULL. L'image suivante montre une telle liste chaînée simple composée de quatre enregistrements-articles de type 'struct article2'. Dans cette liste, la disposition logique des éléments est donnée par l'ordre dans lequel ils sont saisis :

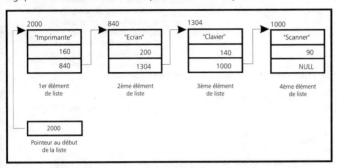

Fig. 9.22 : *Rangement en mémoire de quatre enregistrements-articles en tant que liste chaînée simple*

Exemple de programme avec une liste chaînée simple

Toutes ces théories nous permettent désormais d'écrire une variante du programme ARTICLES.C dans laquelle on peut toujours mémoriser et afficher un nombre quelconque d'articles. Mais cette fois nous remplacerons le tableau de structures dynamique par une liste chaînée simple. La liste chaînée elle aussi est gérée dynamiquement. On commence par allouer de la mémoire seulement pour le premier élément de la liste. Ensuite, en cas de besoin, par un procédé analogue à celui mis en oeuvre pour le tableau dynamique, on alloue de la mémoire pour les éléments suivants de la liste.

▶ **ARTLIST1.C**

```
/***   ARTLIST1 range en mémoire un nombre quelconque d'enregistrements sous ***/
/***   forme de liste chaînée simple, puis les affiche si on le désire.       ***/

#include <stdio.h>                                      /* scanf, printf, gets */
#include <stdlib.h>                                     /* malloc, free, exit */
#include <conio.h>                                      /* getche, getch */
#include <string.h>                                     /* strcmp, strcpy */

/**********   Macro pour en-tête de page d'écran   *******************/

#define HEADER(s)       printf("Page %d\n\n",s);\
                        printf("No\t\tDésignation\t\tQuantité\n");\
                        for(j = 0; j < 55; j++) printf("_")
main()
  {
     typedef struct article2
       {
         char name[21];                                 /* désignation */
         long num;                                      /* quantité */
```

```
      struct article2 *suiv;                    /* pointeur vers élément suivant */
    } listelement;                       /* type personnalisé pour struct article2 */
listelement *deb;                               /* pointeur vers début de liste */
listelement *pac;                             /* pointeur vers élément courant */
listelement *bkup;                                   /* pointeur de secours */
char buffer [81];                                 /* pour contrôle de la saisie */
int i;                                             /* compteur d'enregistrements */
int s = 1;                                              /* compteur de pages */
int j, k;                                          /* variables de contrôle */
int rep;                                            /* variable de contrôle */
  if ((deb = (listelement *) malloc(sizeof(listelement))) == NULL)
    {
        printf("\n\nPlus de mémoire libre.");
        exit(1);                                         /* fin programme */
    }
i = 0;
pac = bkup = deb;
 printf("\033[2J");
 printf("CREATION DE NOMENCLATURE \n\n\n");

  /***************** saisie des enregistrements ***********************/

do
    {
        printf("\nEnregistrement no %d\n\n", i+1);
        printf("Désignation (20 caractères maximum, fin par \"0\") : ");
        gets(buffer);
        while (strlen(buffer) > 20)                 /* contrôle désignation */
            {
                printf("\nDésignation trop longue.");
                printf("\n Désignation (20 caractères maximum, fin par \"0\") : ");
                gets(buffer);
            }
            strcpy(pac->name, buffer);      /* ajout désignation dans la liste */
            if (strcmp(pac->name, "0"))             /* si désignation != "0" */
                {
                    printf("Quantité : ");
                    scanf("%ld", &pac->num);
                    while (getchar() != '\n')     /* vidage tampon de saisie */
                        ;

                    /****** allocation de mémoire pour élément suivant *******/

                    if ((pac->suiv = (listelement *)
                                    malloc(sizeof(listelement))) == NULL)
                        {
                            printf("\n\nPlus de mémoire.");
                            i++;          /* actualise compteur d'enregistrements */
                            break;                          /* sortie de boucle */
                        }
                    bkup = pac;  /* à cause de la prochaine instruction, */
                                 /* on sauve l'adresse de l'enregistrement */
```

```
                            /* courant, pour traitement ultérieur et pour */
                            /* vérification de la condition de bouclage */
                pac = pac->suiv;           /* range adresse du prochain */
                            /* élément à traiter dans le pointeur */
                            /* vers l'élément courant */


            i++;

        }
    else        /* si fin de saisie */
        {
            bkup->suiv = NULL;                  /* range NULL dans pointeur */
                            /* du dernier enregistrement */
            bkup = pac;   /* pour que soit vérifié dans la condition de */
                            /* bouclage le nom précédemment entré */
        }
    } while (strcmp(bkup->name, "0"));

/************ affichage des enregistrements ***********************/
if (i > 0)                          /* au moins 1 enregistrement a été saisi */
    {
        printf("\n\n\nNombre d'enregistrements saisis : %d", i);
        printf("\nAfficher la liste des enregistrements ? (o/n)");
        if ((rep = getche()) == 'o')
         {
            printf("\033[2J");
            HEADER(s);                          /* en-tête de page écran */
            for (pac = deb, k = 1; pac != NULL; pac = pac->suiv, k++)
              {
                    printf("\n\n%d\t\t%-20s\t\t%ld", k, pac->name, pac->num);
                if ((k%9) == 0 && k != i)
                  {
                        printf("\n\n<Entrée> pour page suivante.");
                        getch();
                        printf("\033[2J");
                        s++;                        /* compteur de pages */
                        HEADER(s);
                  }
              }                                     /* fin for */
         }                                          /* fin if rep */

/***************** libération de la mémoire *********************/

    for (pac = deb; pac != NULL; pac = bkup)
        {
            bkup = pac->suiv;                   /* sauve adresse suivante avant */
                            /* libération de l'élément actuel contenu */
                            /* dans cette adresse. Autrement, cette adresse */
                            /* serait perdue et l'accès à la liste impossible */
            free(pac);
        }
    }                                           /* fin if i > 0 */
}                                               /* fin main */
```

Commentaires

Le programme essaie d'abord d'allouer de la mémoire pour le premier élément de la liste. S'il échoue, la fonction 'exit' met fin au programme et retourne la valeur 1 au système d'exploitation. Ce dernier annoncera qu'une erreur est survenue. Dans le cas favorable, le pointeur 'deb' recevra l'adresse du premier élément. Celle-ci, via :

```
pac = bkup = deb;
```

est également affectée aux pointeurs 'pac' et 'bkup', comme valeur initiale.

Lors de la lecture du premier enregistrement, si on n'entre pas le caractère de fin, alors le programme alloue de la mémoire pour l'élément suivant et affecte l'adresse de cette zone mémoire au champ 'suiv' de l'élément courant. Si l'allocation ne peut se faire, l'instruction 'break' fait sortir de la boucle de saisie. Les enregistrements saisis jusqu'ici peuvent ensuite être affichés. L'instruction :

```
bkup = pac;
```

sauve l'adresse de l'enregistrement (élément) courant pour deux raisons : d'une part, cela permet de tester, comme on le souhaite, le champ 'name' de l'enregistrement qui vient d'être saisi, cela aussi bien dans la condition de bouclage que dans la saisie de la désignation. Certes, via le pointeur 'pac', cela serait également possible dans le cas du caractère de fin, mais pas en ce qui concerne la désignation de l'article. En effet, la variable 'pac' contient déjà, du fait de :

```
pac = pac->suiv;
```

l'adresse de l'enregistrement suivant. D'autre part, lorsque la saisie se termine, il faut ranger dans le champ 'suiv' du dernier enregistrement l'adresse NULL. Mais ce champ, à cause de :

```
pac = pac->suiv;
```

n'est plus accessible via le pointeur 'pac', car nous savons qu'après l'instruction précédente 'pac' contient déjà l'adresse de l'éventuel successeur (bien qu'elle ne soit pas réellement utilisée).

L'affichage des enregistrements se fait dans une boucle 'for' dont la variable de contrôle n'est autre que le pointeur 'pac'. Celui-ci est initialisé par :

```
pac = deb;
```

Il reçoit ici comme valeur de départ l'adresse du premier élément de la liste. Après l'affichage de l'enregistrement concerné, l'adresse de l'élément suivant est rangée dans 'pac' et cet enregistrement est également affiché. Cela se répète, jusqu'à ce que le pointeur 'pac' prenne la valeur NULL. Tel est le cas lorsqu'on a affiché le dernier élément 'pac'. La variable 'k' sert de compteur pour gérer l'affichage page à page des enregistrements.

La fin du programme est formée d'une boucle qui libère, l'un après l'autre, les emplacements mémoire occupés par la liste. Pour cela, on commence par sauver l'adresse du premier élément dans le pointeur 'bkup'. Il le faut, car sinon, on aurait quelque chose comme :

```
for (pac = deb; pac != NULL; pac = pac->suiv)                    /*    FAUX    */
    free(pac);
```

Ici la libération du premier élément de la liste ferait perdre l'information concernant l'adresse de l'élément suivant (et de tous les autres). En effet, dans ce cas le champ 'pac->suiv' n'est plus accessible et l'adresse du second élément de la liste est donc perdue.

Listes triées

Le programme ARTLIST1.C range les enregistrements selon leur ordre de saisie. Mais il se peut qu'on souhaite avoir une liste d'enregistrements qui soit triée sur un certain critère. Dans le cas des articles, le tri pourrait se faire alphabétiquement sur la désignation. Au lieu de trier la liste après coup, on peut aussi ranger les enregistrements dans l'ordre souhaité, dès la saisie. Supposons que le premier enregistrement saisi ait la désignation "M". Alors la liste offre, à cet instant, l'image suivante :

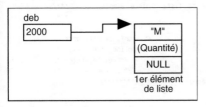

Si l'élément suivant possède une désignation qui vient après "M" dans l'ordre alphabétique, par exemple "S", alors cet enregistrement est inséré dans la liste après celui avec "M" :

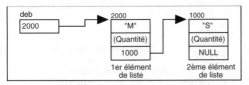

De même, un enregistrement ayant une désignation alphabétiquement "inférieure" (par exemple "F") serait placé avant l'enregistrement avec "M". Pour tous les enregistrements qui suivront, trois positions entreront en ligne de compte : début de liste, fin de liste ou une position intermédiaire. Supposons que la désignation du troisième article soit "P", alors l'article est inséré entre l'article "M" et l'article "S" :

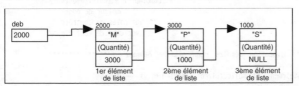

Ainsi qu'il ressort de l'image précédente, l'insertion d'un nouvel élément dans la liste exige que soient modifiées les adresses contenues dans les pointeurs des éléments concernés par l'opération. Dans l'exemple représenté par le dernier diagramme, le **pointeur** du premier enregistrement a été modifié de telle sorte qu'il pointe vers l'enregistrement inséré en tant que nouveau second élément et non plus vers l'ancien second enregistrement (qui est maintenant le troisième). Le source du programme ARTLIST2.C présente toutes ces opérations spécifiques de pointeurs.

Un exemple de programme pour la gestion d'une liste chaînée simple

Le programme crée, puis affiche, une liste chaînée simple, triée en ordre croissant selon le nom de l'article, et contenant un nombre quelconque d'enregistrements.

> ◆ ARTLIST2.C

```
/***   ARTLIST2 mémorise un nombre quelconque d'enregistrements triés par   ***/
/***   ordre alphabétique croissant, sous forme de liste chaînée simple,    ***/
/***   puis affiche la liste si on le désire.                               ***/

#include <stdio.h>                                      /* scanf, printf, gets */
#include <stdlib.h>                                     /* malloc, free, exit */
#include <conio.h>                                      /* getche, getch */
#include <string.h>                                     /* strcmp, strcpy */
/**********   Macro pour en-tête de page d'écran   ******************/

#define  HEADER(s)        printf("Page %d\n\n",s);\
                          printf("No.\t\tDésignation\t\tQuantité\n");\
                       for(j = 0; j < 55; j++) printf("_")

main()
   {
     typedef struct article2
        {
         char name[21];                                 /* désignation */
         long num;                                       /* quantité */
         struct article2 *suiv;              /* pointeur vers élément suivant */
        } listelement;                    /* type personnalisé pour struct article2 */

     listelement *deb;                              /* pointeur vers début de liste */
     listelement * nouv;                            /* pointeur vers nouvel élément */
     listelement * a;                               /* pointeur vers élément courant */
     listelement *bkup;                             /* pointeur de secours */
     char buffer [81];                              /* pour contrôle de la saisie */
     int i;                                         /* compteur d'enregistrements */
     int s = 1;                                     /* compteur de pages */
     int j, k;                                      /* variables de contrôle */
     int rep;                                       /* variable de contrôle */

   /******************   allocation mémoire pour premier élément   ************/

     if ((deb = (listelement *) malloc(sizeof(listelement))) == NULL)
        {
          printf("\n\nPlus de mémoire libre.");
          exit(1);                                      /* fin programme */
        }
```

```
  i = 0;
 nouv = bkup = deb;                                      /* initialise pointeurs */
 deb->suiv = NULL;

  printf("\033[2J");
  printf("CREATION DE NOMENCLATURE \n\n\n");

/********************     saisie  des  enregistrements      ***********************/

do
   {
         printf("\nEnregistrement no %d\n\n", i+1);
         printf("Désignation (20 caractères maximum, fin par \"0\") : ");
        gets(buffer);
         while (strlen(buffer) > 20)      /* contrôle désignation */
         {
             printf("\nDésignation trop longue.");
             printf("\n Désignation (20 caractères maximum, fin par \"0\"): ");
            gets(buffer);
         }
          strcpy(nouv->name, buffer);       /* ajout désignation dans la liste */

        if (strcmp(nouv->name, "0"))                     /* si désignation != "0" */
           {
              printf("Quantité : ");
              scanf("%ld", &nouv ->num);
              while (getchar() != '\n')               /* vidage tampon de saisie */
                  ;

/********************      insertion  nouvel  élément       ***********************/

              if (strcmp(nouv->name, deb->name) < 0)   /* nouveau < premier */
                 {
                     nouv->suiv = deb;               /* ancien 1 devient nouv. 2 */
                     deb = nouv;                              /* nouveau début */
                 }
              else                                         /* nouveau >= premier */
                 {
                    if (nouv != deb)        /* si liste a plus d'un élément */
                     {

                     /** cherche premier élément > nouveau ou fin de liste **/
                          for(a = deb; a->suiv != NULL
                             && strcmp(a->suiv->name, nouv->name)
                                              < 0; a = a->suiv)
                                    ;
                                            /* insertion nouvel élément */
                          nouv->suiv = a->suiv;
                          a->suiv = nouv;
                     }
                 }
```

```
                   /******* allocation mémoire pour nouvel élément *******/
            bkup = nouv;          /* sauve adresse de l'enregistrement courant */
                              /* pour vérification de la condition de boucle */
            if ((nouv = (listelement *) malloc(sizeof(listelement))) == NULL)
                {
                    printf("\n\nPlus de mémoire.");
                    i++;                              /* actualise compteur enr. */
                    break;                                  /* sortie de boucle */
                }
            i++;
            }                             /* fin if(strcmp(nouv->name,"0")) */
        else    /* si fin de saisie */
            bkup = nouv;                        /* tester le dernier nom saisi */
                                    /* dans la condition de boucle */
    } while (strcmp(bkup->name, "0"));

/************* affichage des enregistrements ****************************/

if (i > 0)                           /* au moins 1 enregistrement a été saisi */
    {
        printf("\n\nNombre d'enregistrements saisis : %d", i);
        printf("\nAfficher la liste des enregistrements ? (o/n)");
        if ((rep = getche()) == 'o')
            {
            printf("\033[2J");
            HEADER(s);                           /* en-tête de page écran */
            for (a = deb, k = 1; a != NULL; a = a->suiv, k++)
                {
                    printf("\n\n%d\t\t%-20s\t\t%ld", k, a->name, a->num);
                    if ((k%9) == 0 && k != i)
                        {
                            printf("\n\n<Entrée> pour page suivante.");
                            getch();
                            printf("\033[2J");
                            s++;                     /* compteur de pages */
                            HEADER(s);
                        }
                }                                            /* fin for */
            }                                              /* fin if rep */

/*********************** libération de la mémoire *******************/

        for (a = deb; a != NULL; a = bkup)
            {
            bkup = a->suiv;                    /* sauve adresse suivante avant */
                              /* libération de l'élément actuel contenu */
                        /* dans cette adresse. Autrement, cette adresse */
                    /* serait perdue et l'accès à la liste impossible */
            free(a);
            }
    }                                          /* fin if i > 0 */
}                                                  /* fin main */
```

Commentaires

ARTLIST2.C, abstraction faire des opérations de tri, fonctionne comme ARTLIST1.C. Avec
'nouv', il utilise un pointeur supplémentaire qui pointe toujours sur l'élément de la liste
correspondant au nouvel enregistrement venant d'être saisi. Le pointeur 'deb' pointe,
comme d'habitude, vers le premier élément de la liste et le pointeur 'a' sert de variable de
contrôle pour les opérations de recherche, d'affichage et de libération de mémoire. Avec :

```
if (strcmp(nouv->name, deb->name) < 0)
```

on vérifie si le nouvel élément de la liste (son champ 'name') est alphabétiquement inférieur
à l'élément actuellement en début de liste. Si tel est le cas, les instructions :

```
nouv->suiv = deb;
deb = nouv;
```

modifient les pointeurs 'nouv->suiv' et 'deb' de telle sorte que 'deb' pointe désormais vers
le nouveau premier élément et que l'ancien premier élément devienne le deuxième. Si le
nouvel élément est alphabétiquement supérieur (ou égal) au premier, la boucle :

```
for(a = deb; a->suiv != NULL &&  strcmp(a->suiv->name, nouv->name) < 0; a = a->suiv)
    ;
```

détermine la position à laquelle il faut insérer le nouvel élément. La condition de bouclage
est construite de façon à vérifier deux choses. Le premier morceau :

```
a->suiv != NULL
```

vérifie si la fin de la liste (c'est-à-dire son dernier élément) est atteinte. Si c'est le cas, le
pointeur de l'élément examiné contient l'adresse NULL, la boucle s'interrompt et le nouvel
élément est ajouté après l'ancien dernier.

Le second morceau de la condition de boucle, via :

```
strcmp(a->suiv->name, nouv->name) < 0
```

compare le nouvel élément à l'élément qui suit l'élément courant, au champ 'name' duquel
on accède par la "chaîne de pointeurs" :

```
a->suiv->name
```

Il faut effectuer la comparaison avec l'élément suivant et non avec l'élément actuel, cela
afin de vérifier avant quel élément de la liste il faut insérer le nouvel élément. Cela serait
impossible si on comparait 'nouv->name' et 'a->name'. En effet, dans ce cas, on ne
disposerait plus de l'adresse du prédécesseur dans la liste, adresse requise pour les
modifications de pointeurs. Au contraire, en procédant ainsi on insère le nouvel élément
avant le premier élément qui lui est alphabétiquement supérieur (ou égal). Cela se fait en
actualisant comme il faut les pointeurs 'nouv->suiv' et 'a->suiv'. La suite de ARTLIST2.C
est fondamentalement identique à ARTLIST1.C.

Listes chaînées doubles

Certaines opérations sur les listes chaînées (recherche, ajout d'éléments, etc.) se laissent simplifier lorsqu'on chaîne les éléments de la liste, non par un lien simple, mais par un lien double. Comme nous l'avons déjà décrit en début de section, tout élément de la liste possède non seulement un pointeur vers son successeur, mais aussi un pointeur vers son prédécesseur. Ces deux pointeurs permettent de se déplacer dans la liste dans les deux directions : vers l'avant via le pointeur vers le successeur, vers l'arrière via le pointeur vers le prédécesseur. En ce qui concerne l'enregistrement 'article' de nos exemples, l'aspect d'un élément de la liste serait le suivant :

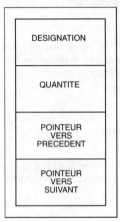

Fig. 9.23 :   Aspect d'un enregistrement article dans une liste chaînée double

La structure ad hoc pour l'enregistrement peut donc être spécifiée comme suit :

```
struct   article3
{
    char name[21];
    long num;
    struct article3 *pre;                    /*     pointeur vers prédécesseur     */
    struct article3 *suiv;                   /*     pointeur vers successeur        */
};
```

L'image suivante montre une liste chaînée double et triée à quatre éléments, composée d'enregistrements 'article', avec un pointeur auxiliaire vers le premier élément et un pointeur auxiliaire vers le dernier élément. Le pointeur vers précédent du premier élément et le pointeur vers suivant du dernier élément, en contenant chacun l'adresse NULL, marquent également le début et la fin de la liste.

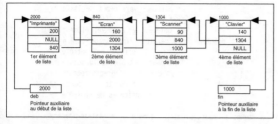

Fig. 9.24 : Liste chaînée double, triée, avec quatre enregistrements 'article'

Un exemple de programme avec liste chaînée double et triée

A titre d'exemple, nous écrirons le programme ARTLIST3.C comme troisième variante de la gestion d'enregistrements articles. ARTLIST3.C, outre des pointeurs auxiliaires vers le début et la fin de la liste, utilise aussi un pointeur qui pointe toujours vers le dernier élément inséré. A la différence de ARTLIST2.C, la détermination de la position (c'est-à-dire la recherche de la place adéquate dans la liste) du nouvel élément ne se fait plus systématiquement en partant du début de la liste, mais depuis l'élément précédemment inséré. Cela procure l'avantage de diviser la partie à parcourir en deux domaines ("à gauche" du dernier élément inséré et "à droite" de celui-ci). Si le nouvel élément est alphabétiquement inférieur au dernier élément inséré, on examine le domaine à gauche pour y trouver la bonne position. Autrement, on examine le domaine à droite. De cette façon, on diminue le domaine moyen à examiner.

▶ ARTLIST3.C

```
/***   ARTLIST3 gère un nombre quelconque d'enregistrements, triés en ordre   ***/
/***   alphabétique croissant, sous forme de liste chaînée double.            ***/

#include <stdio.h>                                      /* scanf, printf, gets */
#include <stdlib.h>                                     /* malloc, free, exit */
#include <conio.h>                                      /* getche, getch */
#include <string.h>                                     /* strcmp, strcpy */
/**********   Macro pour en-tête de page d'écran   *****************/
#define  HEADER(s)        printf("Page %d\n\n",s);\
                          printf("No.\t\tDésignation\t\tQuantité\n");\
                          for(j = 0; j < 55; j++) printf("_")
main()
  {

     typedef struct article3
       {
          char name[21];                                /* désignation */
          long num;                                     /* quantité */
          struct article3 *pre;            /* pointeur vers élément précédent */
          struct article3 *suiv;           /* pointeur vers élément suivant */
       } listelement;              /* type personnalisé pour struct article3 */
```

```
    listelement *deb;                          /* pointeur vers début de liste */
    listelement *fin;                          /* pointeur vers fin de liste */
    listelement * nouv;                        /* pointeur vers nouvel élément */
    listelement *der;          /* pointeur vers dernier l'expression inséré */
    listelement * a;                           /* variable de contrôle */
    char buffer [81];                          /* pour contrôle de la saisie */
    int i;                                     /* compteur d'enregistrements */
    int s = 1;                                 /* compteur de pages */
    int j, k, rep;                             /* variables de contrôle */

/******************** allocation mémoire pour premier élément ****************/

    if ((deb = (listelement *) malloc(sizeof(listelement))) == NULL)
      {
          printf("\n\nPlus de mémoire libre.");
          exit(1);                             /* fin programme */
      }
    i = 0;
    fin = nouv = der = deb;                     /* initialise pointeurs */
    deb->pre = deb->suiv = NULL;
    printf("\033[2J");
    printf("CREATION DE NOMENCLATURE \n\n\n");

/*********************** saisie des enregistrements ***********************/
    do
      {
          printf("\nEnregistrement no %d\n\n", i+1);
          printf("Désignation (20 caractères maximum, fin par \"O\") : ");
          gets(buffer);
          while (strlen(buffer) > 20)           /* contrôle désignation */
            {
                printf("\nDésignation trop longue.");
                printf("\n Désignation (20 caractères max., fin par \"O\") : ");
                gets(buffer);
            }
          strcpy(nouv->name, buffer);           /* ajout désignation dans la liste */
          if (strcmp(nouv->name, "O"))          /* si désignation != "O" */
            {
                printf("Quantité : ");
                scanf("%ld", &nouv ->num);
                while (getchar() != '\n')        /* vidage tampon de saisie */
                    ;
                /***************** insertion nouvel élément ****************/

                if (strcmp(nouv->name, deb->name) <= 0) /* nouveau <= premier */
                  {
                      if (nouv != deb)           /* si au moins 1 élément dans liste */
                        {
                            nouv->pre = NULL;    /* insertion nouveau premier elt */
                          nouv->suiv = deb;
                          deb->pre = nouv;
                          deb = nouv;
```

```
           }
     }
     else if (strcmp(nouv->name, fin->name) >= 0)
                                     /* nouveau >= dernier */
     {
         if (nouv != deb)          /* si au moins 1 él. dans liste  */
             {
                 nouv->pre = fin; /* insertion nouveau dernier élt */
                 nouv->suiv = NULL;
                 fin->suiv = nouv;
                 fin= nouv;
             }
     }
     else if (strcmp(nouv->name, der->name) >= 0)
                                     /* nouveau >= dernier inséré */
     {
         if (nouv != deb)          /* au moins 1 él. dans liste */
         {

             /***** calcul de la position du nouvel élément *****/
                 for(a = der; strcmp(a->suiv->name, nouv->name) < 0;
                     a = a->suiv)
                         ;
                 nouv->pre = a;        /* insertion nouvel élément */
                 nouv->suiv = a->suiv;
                 a->suiv->pre = nouv;
                 a->suiv = nouv;
         }
     }
     else                            /* nouveau < dernier inséré */
     {

         /******** calcul de la position du nouvel élément ********/
             for(a = der; strcmp(nouv->name, a->pre->name) < 0;
                 a = a->pre)
                     ;
             nouv->pre = a->pre;       /* insertion nouvel élément */
             nouv->suiv = a;
             a->pre->suiv = nouv;
             a->pre = nouv;
     }

  der = nouv;            /* actualise pointeur vers dernier élément */

         /******** allocation mémoire pour nouvel élément ********/

  if ((nouv = (listelement *) malloc(sizeof(listelement))) == NULL)
  {
       printf("\n\nPlus de mémoire. <Entrée> pour continuer.");
     getch();
     i++;                             /* actualise compteur enr. */
     break;                           /* sortie de boucle */
```

```
                }
           i++;

        }      /* fin if(strcmp(...)) supérieur */

    else    /* si fin de saisie */
        der= nouv;                          /* tester le dernier nom saisi */
                                            /* dans la condition de boucle */
    } while (strcmp(der->name, "0"));

/*************** affichage des enregistrements ***********************/

  if (i > 0)                                /* au moins 1 enregistrement saisi */
    {
       printf("\033[2J");
        printf("\n\nNombre d'enregistrements saisis : %d", i);
        printf("\n\nAFFICHER LES ENREGISTREMENTS :\n\n");
        printf("Triés en ordre ascendant\t\t(a)\n");
        printf("Triés en ordre descendant\t\t(d)\n");
        printf("\nFin par appui sur une touche quelconque\n\n");
       printf("Votre choix : ");
       rep = getche();

       switch (rep)
         {
            case 'a':
                printf("\033[2J");
                HEADER(s);                              /* en-tête */
                 for (a = deb, k = 1; a != NULL; a = a->suiv, k++)
                   {
                        printf("\n\n%d\t\t\t%-20s\t\t%ld", k, a->name, a->num);
                        if ((k%9) == 0 && k != i)
                          {
                             printf("\n\n<Entrée> pour page suivante.");
                             getch();
                              printf("\033[2J");
                             s++;                         /* compteur de pages */
                             HEADER(s);
                          }
                   }
                break;
            case 'd':
                 printf("\033[2J");
                 HEADER(s);                              /* en-tête */
                 for (a = fin, k = 1; a != NULL; a = a->pre, k++)
                   {
                        printf("\n\n%d\t\t\t%-20s\t\t%ld", k, a->name, a->num);
                        if ((k%9) == 0 && k != i)
                          {
                             printf("\n\n<Entrée> pour page suivante.");
                             getch();
                              printf("\033[2J");
```

```
                                   s++;                     /* compteur de pages */
                                   HEADER(s);
                               }
                    }
               break;
          default:
               ;
      }

/******************* libération de la mémoire ************************/

      for (a = deb; a != NULL; a = nouv)
          {
               nouv = a->suiv;                    /* sauve adresse suivante avant */
                                /* libération de l'élément actuel contenu */
                            /* dans cette adresse. Autrement, cette adresse */
                          /* serait perdue et l'accès à la liste impossible */
               free(a);
          }

  }                                                          /* fin if i > 0 */

}                                                            /* fin main */
```

Commentaires

Avant la saisie du premier enregistrement, les pointeurs concernés sont initialisés comme il faut par :

```
fin = nouv = der = deb;
deb->pre = deb->suiv = NULL;
```

Tant qu'il y a seulement un élément dans la liste, il est bien évidemment inséré à la fois en tant qu'élément initial, final et courant. A cet instant-là, il n'y a encore ni prédécesseur ni successeur. Les pointeurs 'pre' et 'suiv' contiennent donc l'adresse NULL.

L'insertion de nouveaux éléments passe par quatre phases. On a séparé ici les cas particuliers des premier et dernier éléments afin de rendre le code plus simple et plus lisible. Il aurait été possible, bien sûr, de rassembler tous les cas dans une construction 'if else' ayant seulement deux branches. La branche 'if' traiterait alors tous les nouveaux éléments (ainsi que le premier) qui sont alphabétiquement supérieurs (ou égaux) au dernier élément inséré. La branche 'else' traiterait naturellement ceux qui sont inférieurs (le dernier aussi). Cependant, il aurait encore fallu traiter à part les premier et dernier éléments de la liste. Les opérations d'entrée-sortie se composent elles-mêmes fondamentalement des points suivants :

► initialisation ad hoc des pointeurs vers précédent et vers suivant dans le nouvel élément

► affectation de l'adresse du nouvel élément au pointeur vers suivant dans l'élément précédent et au pointeur vers précédent dans l'élément suivant.

Il faut bien faire attention à ce que tout cela se déroule dans le bon ordre et à ce qu'on n'écrase pas une adresse devant être encore utilisée.

La condition de la boucle 'do while' teste le champ 'name' de l'élément vers lequel pointe 'der', pour savoir si on vient de saisir une désignation normale ou bien le caractère de fin. Dans ce dernier cas, on présente un petit menu permettant de faire afficher les enregistrements triés en ordre croissant ou décroissant, ou bien de quitter le programme. La fin du programme est faite d'une boucle pour la libération des emplacements mémoire alloués. Ce faisant, le pointeur 'nouv' (comme le pointeur 'bkup' dans ARTLIST2.C) sert de buffer pour conserver l'adresse du prochain emplacement à libérer (autrement, cette adresse serait perdue lorsqu'on libère l'élément courant dans lequel elle est contenue).

Outre la simple création et l'affichage, on pourrait ajouter d'autres manipulations sur une liste chaînée. Par exemple, on pourrait rechercher un certain enregistrement dans la liste, puis le modifier ou le supprimer. Habituellement, on ne codifie pas explicitement ce genre d'opérations dans le programme principal 'main'. Pour respecter l'esprit de la programmation structurée et modulaire, on écrit plutôt des fonctions autonomes, surtout si le programme a tendance à croître en volume et en complexité. Souvent, la liste des enregistrements ne devra plus être conservée seulement en mémoire, mais stockée en permanence dans un fichier. Tous ces points seront détaillés dans les deux chapitres qui suivent, à savoir "Fonctions" et "Gestion de fichiers".

On peut enfin se demander quelle est l'organisation la plus utilisée pour gérer des données : liste chaînée ou tableau. Tableaux et listes se laissent gérer de manière dynamique et peuvent adapter leurs dimensions aux besoins du moment. L'avantage d'une liste chaînée par rapport à un tableau réside dans la moindre complexité de gestion. Il est comparativement plus facile d'ajouter ou de supprimer des données dans une liste chaînée que dans un tableau. D'un autre côté, à la différence d'un tableau, une liste chaînée ne permet pas d'accéder directement à un élément quelconque. Au contraire, il faut partir d'un certain endroit et parcourir la liste jusqu'à ce qu'on trouve la donnée souhaitée. La manipulation d'une liste prend donc plus de temps que celle d'un tableau de taille comparable. De plus, si le nombre d'éléments à gérer est connu à l'avance, on utilise même un tableau statique afin d'éviter les opérations d'allocation mémoire qui sont très coûteuses en temps.

9.8   Tableaux de pointeurs

Lorsqu'on range des chaînes de caractères dans des tableaux (statiques) 'char' à deux dimensions, on doit souvent tenir compte de deux inconvénients. Le premier est qu'une partie plus ou moins grande du tableau reste vide si les chaînes de caractères ne sont pas de longueur homogène. Dans ce cas en effet, le nombre de colonnes du tableau doit systématiquement être égal au nombre de caractères (caractère nul compris) de la chaîne la plus longue. L'autre inconvénient se produit lorsqu'il faut stocker des chaînes de caractères dont les longueurs (différentes) ne sont pas connues à l'avance, par exemple lorsqu'elles sont saisies seulement en cours de programme. Si on utilise des tableaux 2D statiques, on est alors obligé de faire des suppositions sur la dimension maximale des chaînes. Si ces estimations pèchent par défaut, on n'a pas assez de place en mémoire. Si elles pèchent par excès, une partie du tableau reste inutilisée. Les pointeurs permettent de remédier à ces deux inconvénients.

Considérons d'abord le cas où les chaînes de caractères de longueurs différentes sont connues par avance. A des fins d'illustration, nous écrirons le programme SHOW2POW.C. Ce dernier, pour une puissance de 2 (comprise entre 2^0 et 2^{10}) saisie sous forme de nombre, affiche le résultat sous forme de mot : par exemple, 2^4 donnerait "seize". La liste correspondante des mots auxquels le programme doit accéder pour l'affichage pourrait être rangée dans un tableau 'char' à deux dimensions :

```
char nombre [11][23] =    {"un", "deux", "quatre", "huit", "seize", "trente-deux",
                          "soixante-quatre", "cent vingt-huit",
                          "deux cent cinquante-six", "cinq cent douze",
                          "mille vingt-quatre"};
```

Bien plus efficace serait l'organisation dans laquelle chaque chaîne n'occuperait que le nombre d'octets correspondant à sa longueur (caractère nul inclus). Vous connaissez déjà une technique pour ranger des chaînes sans perte de place : en effet, si 'c' désigne un pointeur 'char' :

```
char *c;
```

alors on peut, par exemple, via :

```
c = "un";
```

ranger la chaîne de caractères "un" en ne prenant que 3 octets de mémoire (2 + 1 octet pour le caractère nul), cela à un emplacement choisi par le compilateur. L'adresse de cette chaîne est ici mémorisée dans le pointeur 'c'.

Après quoi, l'instruction suivante :

```
printf("%s", c);
```

accéderait à la chaîne "un" et l'afficherait. Une autre technique consiste à passer par une des méthodes de gestion mémoire déjà vues et à s'allouer un bloc de taille adéquate pour y stocker la chaîne de caractères. L'accès à la chaîne se fait alors par l'adresse du début de ce bloc, préalablement affectée à un pointeur . Ainsi, les instructions :

```
c = (char *) malloc(strlen("un") + 1);  /*    allocation de 3 octets de mémoire   */
strcpy(c, "un");                         /*    range la string à l'adresse qui est dans 'c'  */
```

commencent par réserver 3 octets de mémoire et affectent l'adresse de ce bloc au pointeur 'c'. Ensuite, à l'aide de 'c' on peut ranger la chaîne de caractères "un" dans ce bloc, sans perte de place inutile. Tous les accès ultérieurs à la chaîne se feront par l'intermédiaire de son adresse contenue dans le pointeur 'c'. Ce second procédé est tout indiqué lorsqu'il faut manipuler des chaînes dont la longueur n'est connue qu'en cours d'exécution du programme (après leur saisie). Ce qui n'est pas le cas pour notre programme

SHOW2POW.C. Aussi renoncerons-nous à cette dernière technique et opterons pour la première méthode. Cependant, nous avons besoin de place non seulement pour une chaîne de caractères, mais pour onze. Il nous faut donc onze pointeurs pour mémoriser les adresses des chaînes de caractères. D'où l'idée bien naturelle de définir un tableau dont les éléments sont des pointeurs pointant vers des données 'char'. Ce genre de tableau est appelé "tableau de pointeurs".

Tableau statique de pointeurs

On définit les tableaux statiques de pointeurs comme tous les autres tableaux statiques. Lors de leur définition, on indique le type des éléments du tableau, le nom du tableau et le nombre des éléments. Par :

```
int *parray [100];
```

par exemple, on définirait un tableau nommé 'parray' de 100 pointeurs, chacun d'entre eux pointant vers une donnée de type 'int'. Supposons définie une variable :

```
int x = 10;
```

alors l'instruction :

```
parray[0] = &x;
```

rangerait l'adresse de 'x' dans le premier élément du tableau de pointeurs 'parray'. On pourrait alors afficher la valeur de 'x', non seulement par :

```
printf("%d", x);
```

mais aussi par :

```
printf("%d", *parray[0]);
```

Notez bien que les crochets "[" et "]" ont une plus haute priorité (15) que l'opérateur d'indirection "*" (14). De ce fait, c'est vraiment la valeur de l'objet pointé par parray[0] qui est affichée.

Avec :

```
printf("%x", parray[0]);
```

en revanche, c'est l'adresse de 'x' en notation hexadécimale qui est affichée, adresse contenue dans le premier élément du tableau de pointeurs. On peut le vérifier aisément par :

```
printf("%x", &x);
```

L'instruction :

```
printf("%x", &parray[0]);
```

enfin affiche l'adresse du premier élément de 'parray', donc l'adresse du premier pointeur lui-même.

Pour notre programme de nombres en toutes lettres, nous définirons par :

```
char *nombre [11];                    /*    tableau de 11 pointeurs 'char'    */
```

un tableau 'nombre' de onze pointeurs vers 'char' devant contenir les adresses des onze mots utilisés. Cela pourrait se faire via :

```
nombre[0] = "un";
nombre[1] = "deux";
.
.
.
nombre[10] = "mille vingt-quatre";
```

mais il est plus simple d'initialiser comme il faut le tableau de pointeurs dès sa définition, par :

```
char *nombre[11] = {"un", "deux", "quatre", "huit", "seize", "trente-deux",
                    "soixante-quatre", "cent vingt-huit",
                    "deux cent cinquante-six", "cinq cent douze",
                    "mille vingt-quatre"};
```

ou bien par :

```
char *nombre[ ] = {"un", "deux", "quatre", "huit", "seize", "trente-deux",
                   "soixante-quatre", "cent vingt-huit",
                   "deux cent cinquante-six",
                   "cinq cent douze", "mille vingt-quatre"};
```

Dans les deux cas, les onze éléments nombre[0] ... nombre[10] reçoivent les adresses des constantes string "un", "deux", "quatre", etc.

L'accès aux chaînes de caractères est simple. Supposons qu'il faille, par exemple, afficher la chaîne "huit". On y arrive par :

```
printf("%s", nombre[3]);
```

nombre[3] en effet contient l'adresse du tableau 'char' dans lequel est rangée la chaîne de caractères "huit". On obtiendrait le même résultat avec :

```
puts(nombre[3]);
```

Notez bien que **printf** avec le format "%s", comme "puts", attend comme argument l'adresse d'une chaîne de caractères (c'est-à-dire d'un pointeur 'char'). Point besoin donc (comme pour l'accès à une valeur numérique) de placer l'opérateur de contenu "*" devant le nom de variable nombre[3].

Pour afficher toutes les chaînes mémorisées, on définit comme d'habitude une variable de contrôle, par exemple :

```
int i;
```

puis on exécute la boucle :

```
for (i = 0; i < 11; i++)
    puts(nombre[i]);
```

Mais un pointeur comme nombre[i] ne permet pas d'accéder qu'à une chaîne de caractères globale. Il permet également (comme avec un tableau 'char' 2D) d'accéder à chaque caractère de la chaîne, pris individuellement. Il suffit pour cela de munir le pointeur concerné d'un second indice. Ainsi par exemple :

```
nombre [3][0]
```

désigne le premier caractère de la string "huit", donc "h". On pourrait l'afficher via :

```
printf("%c",    nombre[3][0]);
```

De même, avec nombre[3][1] ('u'), nombre[3][2] ('i') et nombre[3][3] ('t') on pourrait accéder individuellement aux autres caractères de la chaîne. Il serait donc possible d'afficher la chaîne de caractères "huit", non seulement par :

```
printf("%s",    nombre[3]);
```

mais aussi par :

```
int i;
for (i = 0; i < 4; i++)
    printf("%c", nombre[3][i]);
```

Le premier indice d'un tel pointeur doublement indexé indique la chaîne de caractères choisie et fait donc office d'indice de ligne dans un tableau 'char' 2D. Le second indice, par contre, se réfère à un certain caractère dans cette chaîne et peut être comparé à l'indice de colonne d'un tableau à deux dimensions.

Il est maintenant possible de rédiger le programme SHOW2POW.C esquissé au début de la section. Pour la mémorisation des mots nombres, nous utiliserons ici le tableau de pointeurs 'nombre'. A titre d'exercice, essayez de concevoir une version du programme basée sur un tableau 'char' 2D.

▶ SHOW2POW.C

```
/*** SHOW2POW affiche, pour la valeur d'une puissance de 2 (entre 2      ***/
/*** puissance 0 et 2 puissance 10) saisie sous forme de nombre,         ***/
/*** le résultat en toutes lettres. Les mots représentant les nombres sont ***/
/*** rangés, sans perte de place, à l'aide d'un  tableau de pointeurs.   ***/

#include <stdio.h>                                     /* printf, scanf */
#include <conio.h>                                     /* getche */
#include <string.h>                                    /* strcpy */

main()
    {
    char *nombre[11] = {"un", "deux", "quatre", "huit", "seize",
                        "trente-deux", "soixante-quatre",
                        "cent vingt-huit", "deux cent cinquante-six",
                        "cinq cent douze", "mille vingt-quatre"};

    char buffer[81];                                   /* buffer de saisie */
    short exp;                                         /* Exposant */
    int ok, rep;                                       /* variable de contrôle */

    printf("\033[2J");
    printf("Le programme affiche le mot correspondant à une puissance de 2 \n"
```

```
              "saisi (comprise entre 2 puissance 0 et 2 puissance 10).\n");
   printf("Entrez une puissance de 2 sous la forme\n\n\t\t2^n\n\n, "
          "n pouvant prendre les valeurs 0 à 10.");

do  {
        do  {
              ok = 1;
                printf("\n\nPuissance de 2 : ");
                  scanf("%2s %hd", buffer, &exp);       /* éclatement de la saisie */
                  while (getchar() != '\n');      /* vidage du tampon de saisie */
                  if (strcmp(buffer, "2^"))             /* si erreur de saisie */
                    {
                          printf("\n\nERREUR. Format de saisie : 2^n.");
                          ok = 0;
                    }
                  if (ok && (exp < 0 || exp > 10))
                                                  /* Exposant trop grand/trop petit */
                    {
                          printf("\n\nExposant invalide.");
                          ok = 0;
                    }
            } while (!ok);

         printf("\n\n%s", nombre[exp]);                 /* affichage du mot-nombre */
          printf("\n\nAutre puissance de 2 ? (o/n)");
        rep = getche();
    } while (rep == 'o');
}
```

Tableau statique de pointeurs (2)

Le programme qui précède utilise une série de constantes chaîne dont les adresses servent à initialiser le tableau de pointeurs 'nombre'. De cette façon, le compilateur gère le rangement des chaînes de caractères en mémoire sans perte inutile de place. Mais comment faire lorsque la longueur des chaînes à mémoriser n'est connue qu'après leur saisie, en cours d'exécution du programme ? Supposons qu'une certaine organisation O arrange une réunion à laquelle doivent participer dix personnes venant de différents pays. Il faut bâtir une liste comportant les noms, prénoms et pays d'origine de ces personnes et la trier sur le nom de famille. Pour les lignes de cette liste, on prévoit le format :

<Nom>, <Prénom>   (<Pays>)

Ici <Nom>, <Prénom> et <Pays> ne sont pas gérés dans des variables distinctes, mais sont rassemblés dans une unique chaîne de caractères. Ces strings sont, par exemple, saisies au clavier et ne doivent occuper en mémoire que le nombre d'octets strictement nécessaire. En pareil cas, il incombe au programmeur de déterminer la longueur de chaque chaîne et d'allouer la place requise par le stockage de celle-ci. Cela implique naturellement que les chaînes soient gérés dynamiquement en mémoire. Comment faire cela ? Pour ranger en mémoire un objet dont la dimension est connue de par sa définition avec un certain type, on peut réserver de la mémoire "par avance" et y ranger l'objet une fois qu'il sera saisi. Par exemple, pour une variable de type double ou pour une structure de type article3 :

```
<pointeur> = (double *) malloc(sizeof(double));
```

ou

```
<pointeur> = (struct article3 *) malloc(sizeof(struct article3));
```

alloue la mémoire nécessaire avant que ne soit saisie la valeur concernée. Mais lorsqu'il s'agit d'une chaîne de caractères saisie au clavier qui ne doit pas être rangée dans une variable prédéfinie, la dimension (nombre de caractères) n'est pas connue. Elle doit donc être déterminée avant que soit allouée une zone mémoire adéquate dans laquelle on pourra ranger cette chaîne de caractères. Tout le reste est du déjà vu : les adresses des zones mémoire contenant les chaînes de caractères sont rangées dans des pointeurs par lesquels on peut accéder aux chaînes. Pour le programme PARTLST.C qui doit produire la liste triée des participants, nous devons gérer dix chaînes. Nous définirons donc par :

```
char *list [10];
```

un tableau de dix pointeurs 'char' qui recevront les adresses des chaînes de caractères. Les strings peuvent être saisies dans n'importe quel ordre. Ensuite, on ne trie pas les chaînes de caractères, mais simplement le tableau de pointeurs. Ainsi, le premier pointeur pointera vers la premier chaîne dans l'ordre alphabétique, le second pointeur vers la seconde chaîne dans l'ordre alphabétique, etc. En ce qui concerne la méthode de tri, nous emploierons ici le Bubble Sort. Nous commencerons par amener le pointeur pointant vers la plus grande chaîne (alphabétiquement parlant) à la fin du tableau de pointeurs. Ensuite, nous amènerons le pointeur pointant vers la seconde chaîne (selon l'ordre alphabétique décroissant) à l'avant-dernière position dans le tableau, etc.

> **PARTLST.C**

```
/***     PARTLST gère dynamiquement dix chaînes de caractères saisies au     ***/
/***     clavier et rangées en mémoire sans perte de place superflue.        ***/
/***     Les adresses sont stockées dans un tableau de pointeurs dont les     ***/
/***     éléments sont triés selon l'ordre alphabétique des chaînes.          ***/

#include <stdio.h>                                         /* printf, gets */
#include <string.h>                              /* strlen, strcpy, strcmp */
#include <stdlib.h>                                  /* malloc, free, exit */
#include <conio.h>                                                /* getche */
main()
   {
   char *list[10];                      /* tableau de 10 pointeurs 'char' */
   char *temp;                             /* buffer pour opérations de tri */
   char buffer[128];                                   /* buffer de saisie */
   int i = 0;                                       /* compteur de strings */
   int m, n, rep;                                /* variables de contrôle */

      printf("\033[2J");
      printf("CREATION D'UNE LISTE TRIEE\n");
      printf("\n10 participants au maximum. Format de saisie :");
```

```c
    printf("\n\n\tNom, Prénom (Pays)\n\n");
do      /************ saisie des strings **********/
  {
        printf("\n\nParticipant %d (fin par \"0\"): ", i+1);
      gets(buffer);
      if (strcmp(buffer, "0"))
          {
              if ((list[i] = (char *) malloc(strlen(buffer) + 1)) == NULL)
                  {                             /* +1 à cause du caractère nul */
                      printf("\n\nPlus de mémoire.");
                      if (i > 0)              /* au moins 1 string saisi. */
                        {
                              printf("\n\nAfficher la liste actuelle ? (o/n)");
                              rep = getche();
                              if (rep == 'o')
                                  break;                  /* sortie de boucle */
                        }
                      exit(1);                  /* autrement fin du programme */
                  }

              strcpy(list[i], buffer); /* ranger string à l'adresse list[i] */
              i++;
          }   /* fin if strcmp(buffer, "0") */
  } while (i < 10 && strcmp(buffer, "0"));

/************* tri du tableau de pointeurs (Bubble Sort) ***************/
for (m = i-1; m > 0; m--)                /* pointeur i : i-1 passes de tri. */
                                         /* Chaque passe amène un pointeur */
                                         /* à la bonne position. */
    for (n = 0; n < m; n++)               /* m comparaisons par passe de tri */
        if (strcmp(list[n], list[n+1]) > 0)
            {                             /* si chaîne i > chaîne (i+1) */
                temp = list[n];           /* échange de pointeurs */
                list[n] = list[n+1];
                list[n+1] = temp;
            }

/****************** affichage de la liste ***************************/

if (i > 0)                                      /* si liste non vide */
  {
    printf("\033[2J");
      printf("\n\nLISTE DES PARTICIPANTS :\n\n");
    for (m = 0; m < i; m++)
          printf("%s\n\n", list[m]);
  }
/****************** libération de la mémoire allouée ***************/
for (m = 0; m < i; m++)
    free(list[m]);
```

Commentaires

PARTLST.C commence par ranger dans un buffer (tableau char 'buffer') les chaînes saisies afin de pouvoir calculer leur nombre de caractères. Pour ce qui est du buffer, on a choisi une taille de 128 octets qui devrait suffire pour les chaînes de caractères attendues. Ce buffer est, si on veut, un "point faible" du programme car il est statique et ne correspond donc pas, à l'octet près, à la taille des chaînes saisies. Seulement, il faut bien ranger quelque part ce qu'on entre au clavier avant de pouvoir procéder à la vérification de longueur ! L'instruction :

```
list[i] = (char *) malloc(strlen(buffer) + 1);
```

réserve le nombre d'octets de mémoire donné par l'expression :

```
strlen(buffer) + 1
```

Cela correspond à la longueur de la string qui vient d'être saisie (caractère nul compris). Si l'allocation réussit, l'instruction :

```
strcpy(list[i], buffer);
```

copie la chaîne saisie à l'adresse fournie par **malloc** et rangée dans list[i]. Lorsque toutes les chaînes de caractères ont été saisies, le tableau de pointeurs 'list' est trié selon le procédé (élémentaire) du Bubble Sort, de façon à ce que le premier pointeur renvoie à la première chaîne dans l'ordre alphabétique, le second pointeur renvoie à la seconde chaîne, etc.

Notez bien qu'avec cette organisation de mémoire, les pointeurs sont rangés les uns à la suite des autres (plus précisément dans les éléments d'un tableau). Par contre, il n'en va pas forcément de même pour ce qui est des chaînes de caractères. Celles-ci ne sont pas automatiquement rangées dans un bloc de mémoire contigu qui augmente constamment (par exemple via **realloc**) du nombre d'octets requis par la chaîne suivante. Bien au contraire, le compilateur choisit un espace mémoire adéquat lors de chaque appel de **malloc**, sans que le nouveau bloc soit pris juste à la suite du précédent. Les chaînes sont donc plus ou moins dispersées en mémoire.

L'affichage des chaînes de caractères se fait par le biais des adresses contenues dans le tableau de pointeurs. C'est de la même façon que les emplacements mémoire alloués sont ensuite libérés.

Le programme PARTLST.C combine éléments statiques et éléments dynamiques. Ainsi, bien que les chaînes de caractères soient gérées dynamiquement, l'accès à celles-ci se fait via des pointeurs rangés dans un tableau statique. Pour le programme PARTLST.C, cela paraît logique car le nombre des chaînes à manipuler et donc le nombre de pointeurs nécessaires sont connus. Mais on peut facilement imaginer des cas où on ne connaîtra ni la longueur des chaînes de caractères, ni leur nombre. De ce fait, on ne saura pas à l'avance de combien de pointeurs on aura besoin. Cela signifie qu'un tableau statique ayant un nombre figé d'éléments ne répond plus au problème. Logiquement, en pareil cas il faudrait aussi gérer dynamiquement le tableau de pointeurs. Comment on y arrive, c'est justement l'objet de la section qui suit.

9.9   Pointeur de pointeur

L'objectif du programme PARTLST.C était de ranger en mémoire, sans perte de place superflue, dix chaînes de caractères. Cela rendait nécessaire, d'une part l'allocation dynamique de dix emplacements de mémoire ayant chacun la taille de la chaîne concernée, et d'autre part la création d'un tableau statique de dix pointeurs pour les adresses des chaînes. Nous allons maintenant élargir le problème. Il faut désormais gérer, non plus dix mais un nombre quelconque de chaînes (liste de participants), sans perte de place superflue. Il est clair ici que le tableau de pointeurs, lui aussi, doit être géré dynamiquement. En d'autres termes, le nombre de ses éléments doit être rendu variable afin qu'on ait toujours un nombre de pointeurs égal au nombre de chaînes, les pointeurs devant naturellement recevoir les adresses des chaînes. Pour gérer dynamiquement un tableau de pointeurs, on a besoin (comme pour tout autre tableau dynamique) d'un pointeur par lequel on accède aux divers éléments du tableau. Le tableau de pointeurs contient des pointeurs qui renvoient à des chaînes de caractères, donc à des tableaux 'char'. L'accès au tableau de pointeurs lui-même (et donc l'accès indirect aux chaînes) nécessite donc un pointeur qui renvoie à des pointeurs, qui eux-mêmes renvoient à des données de type 'char'. Pour définir des pointeurs qui pointent vers des pointeurs pointant vers des objets d'un certain type, il faut commencer par préciser certains détails syntaxiques.

Dans la définition des pointeurs, on retrouve toujours l'opérateur "*". Dans ce contexte, on sait qu'il signifie "est un pointeur vers". Supposons définie la variable :

```
int a = 1;                              /*    type de la variable a: int    */
```

Alors, à l'aide de l'opérateur "*", via :

```
int *pa = &a;                           /*    type de la variable pa : int *    */
```

on définit un pointeur 'pa' qui pointe vers 'int' et qui, d'après la définition précédente, contient l'adresse d'un 'int', à savoir celle de la variable 'a'. L'image suivante s'illustre cela :

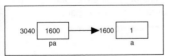

*Fig. 9.25 :   Le pointeur 'pa' pointe vers la
              variable 'a'*

En utilisant l'équivalent parlé (précédemment mentionné) de l'opérateur "*", la construction C :

```
int *pa;
```

se laisse donc traduire ainsi en langage courant, en partant de la droite et en allant vers la gauche :

"pa est un pointeur vers 'int'."

Pour définir un pointeur 'ppa' contenant, de son côté, l'adresse du pointeur 'pa' et donc pointant vers 'pa', on a besoin non pas d'un mais de deux opérateurs "*". C'est logique car, en fin de compte, 'ppa' doit suivre la description :

`"ppa est un pointeur vers un pointeur vers 'int'."`

De ce fait, la définition de 'ppa' donne :

```
int **ppa;                              /*    type de la variable ppa: int **    */
```

Il est facile de retraduire la définition précédente, en partant de la gauche et en allant vers la droite, et de retrouver ainsi la formulation de 'ppa' en langage parlé.

Plus généralement, on définit selon le schéma que voici :

```
<type>  **<pointeur>;
```

un pointeur de type '<type> **' qui pointe vers des objets de type "pointeur vers <type>", c'est-à-dire qui est capable de mémoriser leurs adresses. L'instruction :

```
ppa = &pa;
```

affecte au pointeur 'ppa' l'adresse du pointeur 'pa'. Après quoi, 'ppa' pointe vers 'pa'. Comme 'pa', de son côté, pointe vers 'a', on obtient donc, en partant de 'ppa', une chaîne de pointeurs au bout de laquelle se trouve la variable 'a' :

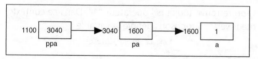

Fig. 9.26 :   Le pointeur de pointeurs 'ppa' pointe, par l'intermédiaire du pointeur 'pa', vers la variable 'a'

Pour accéder à la variable 'a', on peut donc maintenant passer non seulement par le pointeur 'pa', mais aussi par 'ppa'. A l'instar de la définition, la déréférenciation de 'ppa' exige deux opérateurs "*". Au lieu d'afficher la valeur de la variable 'a' par :

```
printf("%d", *pa);                      /*    afficher la valeur de a    */
```

on peut aussi le faire avec :

```
printf("%d", **ppa);                    /*    afficher la valeur de a    */
```

L'expression :

```
**ppa
```

désigne ici la valeur de l'objet pointé par le pointeur 'pa', qui est lui-même pointé par le pointeur 'ppa'.

Avec :

```
printf("%x", *ppa);                     /*    afficher l'adresse de a    */
```

par contre, on afficherait l'adresse (hexadécimale) de la variable 'a', à savoir le contenu (valeur) de l'objet pointé par 'ppa', cet objet étant le pointeur 'pa' qui contient l'adresse de 'a'. L'instruction précédente équivaut donc à :

```
printf("%x", pa);                        /*    afficher l'adresse de a     */
```

ou encore à :

```
printf("%x", &a);                        /*    afficher l'adresse de a     */
```

L'adresse du pointeur 'pa' est donnée par :

```
printf("%x", ppa);                       /*    afficher l'adresse de pa    */
```

ou par :

```
printf("%x", &pa);                       /*    afficher l'adresse de pa    */
```

Enfin l'instruction :

```
printf("%x", &ppa);                      /*    afficher l'adresse de ppa   */
```

fournit l'adresse du pointeur 'ppa'. Voici un résumé des valeurs et adresses possibles avec un tel triplet (variable, pointeur et pointeur vers pointeur) :

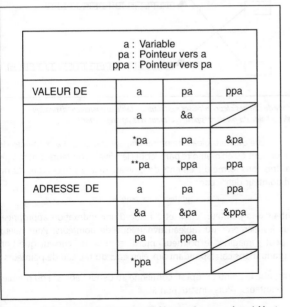

	a : Variable pa : Pointeur vers a ppa : Pointeur vers pa		
VALEUR DE	a	pa	ppa
	a	&a	
	*pa	pa	&pa
	**pa	*ppa	ppa
ADRESSE DE	a	pa	ppa
	&a	&pa	&ppa
	pa	ppa	
	*ppa		

Fig. 9.27 :   Valeurs et adresses pour une variable, un pointeur vers la variable et un pointeur vers le pointeur

Tableau dynamique de pointeurs

Grâce au type "pointeur vers pointeur", nous avons ce qui nous manquait encore pour écrire la version plus puissante du programme PARTLST.C esquissée en début de section. Nous appellerons cette nouvelle mouture PARTLST2.C. Rappelons-nous que dans PARTLST2.C nous avons besoin d'un pointeur vers pointeur afin de gérer dynamiquement un tableau de pointeurs dont les éléments pointent eux-mêmes vers des chaînes de caractères, donc vers des tableaux 'char'. Le tableau dynamique de pointeurs contient des pointeurs vers 'char'. Donc le pointeur qui pointe vers les pointeurs du tableau de pointeurs doit être défini, d'après nos réflexions préliminaires, comme étant un pointeur vers pointeur 'char'. En mémoire, cela donne la représentation suivante :

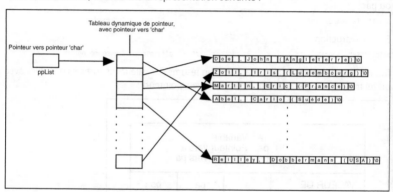

Fig. 9.28 : Gestion dynamique de chaînes : leurs adresses sont dans un tableau également dynamique de pointeurs, géré à l'aide du pointeur 'pplist' (pointeur vers pointeur 'char')

Il ressort clairement de l'image que le tableau de pointeurs, contrairement aux chaînes de caractères, occupe un bloc contigu en mémoire dans lequel les divers pointeurs sont rangés les uns à la suite des autres sous forme d'éléments de tableau. Cela est nécessaire car on veut, à l'aide d'un seul pointeur défini par :

```
char **pplist;                    /*  pointeur vers pointeur vers char  */
```

comme étant un pointeur vers pointeur 'char' et à l'aide d'une indexation appropriée, pouvoir accéder à tous les éléments du tableau dynamique de pointeurs. Pour mieux comprendre cela, on peut s'imaginer le pointeur 'pplist' comme un curseur que l'on déplacerait le long de graduations correspondant aux éléments du tableau de pointeurs.

Supposons, par exemple, que le pointeur 'pplist' contienne au début l'adresse du premier élément du tableau de pointeurs. Alors l'instruction :

```
printf("%s",  *pplist);
```

à cause du tri du tableau de pointeurs affiche la chaîne "Abel, Carlo (Suède)". En effet, *pplist accède ici au premier pointeur qui contient l'adresse de la plus petite string (alphabétiquement parlant).

Après incrémentation :

```
pplist++;
```

'pplist' pointe maintenant vers le second élément du tableau de pointeurs. Ensuite :

```
printf("%s", *pplist);
```

affiche la chaîne "Doe, John (Angleterre)". De même, après :

```
pplist--;
```

on peut accéder derechef à la première chaîne. Comme tout pointeur qui pointe vers un tableau, 'pplist' peut aussi être indexé. Cela permet un accès facile aux divers éléments du tableau de pointeurs sans qu'il soit besoin d'incrémenter ou de décrémenter explicitement. Si 'pplist' contient l'adresse du début du tableau de pointeurs, alors :

```
printf("%s", pplist[0]);
```

accède au premier élément du tableau (donc au premier pointeur) et affiche la chaîne "Abel, Carlo (Suède)" car le premier pointeur mémorise l'adresse de cette chaîne de caractères. De même, pplist[1], pplist[2] et pplist[3] désignent les second, troisième et quatrième éléments du tableau de pointeurs. Plus généralement, pplist[i] correspond à l'élément (i + 1) du tableau de pointeurs. Supposons qu'on ait saisi 50 chaînes de caractères et que le tableau dynamique de pointeurs contienne donc leurs 50 adresses. On peut alors par :

```
int i;
for (i = 0; i < 50; i++)
    printf("%s\n", pplist[i]);
```

afficher très simplement toutes les chaînes mémorisées.

Dans PARTLST2.C, comment allons-nous faire pour allouer de la mémoire pour les chaînes de caractères et pour le tableau de pointeurs ? Les chaînes de caractères ne doivent pas forcément être rangées les unes après les autres dans un bloc contigu, mais peuvent s'éparpiller un peu partout en mémoire. Nous utiliserons donc, comme dans PARTLST.C, la fonction **malloc**. Pour le tableau de pointeurs qui doit se composer d'un bloc contigu progressivement agrandi, nous prendrons comme il se doit la fonction **realloc**. Dans les deux cas, on commence toujours par allouer de la place pour un seul élément, afin de pouvoir y loger la chaîne ou le pointeur concerné. En cas de besoin, on réserve de la mémoire pour la chaîne suivante et pour le pointeur suivant. PARTLST2.C se termine lorsque le caractère de fin de saisie a été frappé ou lorsqu'une erreur d'allocation mémoire est survenue.

▶ PARTLST2.C

```
/***   PARTLST2 gère dynamiquement un nombre quelconque de chaînes de      ***/
/***   caractères, sans perte de place superflue, et range leurs adresses  ***/
/***   dans un tableau trié dynamique dont les éléments correspondent à     ***/
/***   l'ordre alphabétique des strings.                                    ***/
```

```c
#include <stdio.h>                                          /* printf, gets */
#include <string.h>                                 /* strlen, strcpy, strcmp */
#include <stdlib.h>                            /* malloc, realloc,free, exit */
#include <conio.h>                                       /* getche, getch */

#define HEADER(s)          printf("LISTE DES PARTICIPANTS\t\t\t\tPage %d\n", s);\
                           for (j = 0; j < 60; j++) printf("_"); printf("\n\n")

main()
  {
      char **pplist = NULL;      /* pointeur vers pointeur vers char : initialisé */
                                 /* à NULL afin que 'realloc' fonctionne comme */
                                 /* 'malloc' lors de la première allocation. */

    char **ppbkup;                                   /* sauve contenu de pplist */
    char *temp;                                  /* buffer auxiliaire de tri */
    char buffer[128];                                    /* buffer de saisie */
    int s = 1;                                        /* compteur de pages */
    int i = 0;                                       /* compteur de strings */
    int j, m, n, rep;                             /* variables de contrôle */

    printf("\033[2J");
    printf("CREATION D'UNE LISTE TRIEE DE PARTICIPANTS\n");
    printf("\nFormat de saisie :\tNom, Prénom (Pays)\n\n");

    do      /************ saisie des strings ************/
      {
          printf("\n\nParticipant %d (fin par \"0\"): ", i+1);
        gets(buffer);
        if (strcmp(buffer, "0"))
          {
                                  /* allocation mémoire pour tableau dynamique */
                                           /* de pointeurs et pour strings */
              ppbkup = pplist;
                        /* sauve adr. bloc pour affichage (cas pplist = NULL)*/
                if ((pplist = (char **) realloc(pplist, (i+1) * sizeof(char*)))
                    == NULL ||
                  pplist[i] = (char *) malloc(strlen(buffer) + 1)) == NULL)
                {
                    printf("\n\nErreur d'allocation. ");
                    printf ("Dernière saisie non prise en compte.");
                    if (i > 0)             /* au moins une chaîne déjà saisie */
                      {
                          printf("\n\nAfficher liste actuelle ? (o/n)");
                        rep = getche();
                        if (rep == 'o')
                          {
                              if (pplist == NULL)
                                  pplist = ppbkup;
                              break;                 /* sortie de boucle */
                          }
                      }
```

```
                    exit(1);                        /* autrement fin programme */
                }
             strcpy(pplist[i], buffer);              /* mémorise chaîne */
             i++;
        }  /* fin if strcmp(buffer, "0") */

    } while (strcmp(buffer, "0"));

/************ tri du tableau de pointeurs (Bubble Sort) ****************/

for (m = i-1; m > 0; m--)                    /* pointeur i : i-1 passes de tri. */
                                             /* Chaque passe amène un pointeur */
                                             /* à la bonne position. */

    for (n = 0; n < m; n++)                       /* m comparaisons par passe */
        if (strcmp(pplist[n], pplist[n+1]) > 0)
                                                  /* string i > string (i+1) */
        {
            temp = pplist[n];                    /* échange de pointeurs */
            pplist[n] = pplist[n+1];
            pplist[n+1] = temp;
        }
/****************** affichage liste *****************************/

if (i > 0)                                     /* liste non vide */
    {
        printf("\033[2J");
        HEADER(s);
        for (m = 0; m < i; m++)
            {
                printf("%s\n\n", pplist[m]);
                if ((m+1) % 9 == 0  &&  m != i-1)
                {
                    printf("\n\n<Entrée> pour page suivante.");
                    getch();
                    printf("\033[2J");
                    s++;                         /* compteur de pages */
                    HEADER(s);
                }
            }
    }

/******************* libération mémoire **************/

for (m = 0; m < i; m++)              /* libération de l'espace de la string */
    free(pplist[m]);
    free(pplist);                   /* libération du bloc du tableau de pointeurs */

}
```

Remarque finale

Il existe un autre type de pointeurs, à savoir les pointeurs vers des fonctions. Nous n'en parlerons pas dans ce chapitre car certaines informations concernant les fonctions, nécessaires pour une bonne compréhension de ces pointeurs, ne sont traitées qu'au chapitre "Fonctions". Nous étudierons donc les pointeurs vers les fonctions dans le chapitre 10.

10 Fonctions

C contient fort peu de commandes qui fassent directement partie du langage lui-même. Ces commandes sont citées dans la liste des mots réservés au chapitre 1 **Structure des programmes** :

break	case	continue	default	do	else
for	goto	if	return	switch	while

Fig. 10.1 : Les commandes du C

Pour ce qui concerne un grand nombre de manipulations standard, par exemple la saisie ou l'affichage des données, on ne dispose pas de commandes directes. Au contraire, on doit utiliser une fonction ou une macro adéquate. Au chapitre "Structure des programmes", nous avons décrit une fonction C plus généralement comme une portion de programme composée d'une ou plusieurs instructions et devant accomplir une certaine tâche. Par exemple, une fonction peut allouer de la mémoire ou calculer le volume d'un cube. On distingue ici les fonctions prédéfinies des bibliothèques (telles que **printf** ou **scanf**), livrées avec le compilateur et "intégrées" au programme seulement lors de l'édition des liens, et les fonctions que le programmeur écrit lui-même en tant que partie du texte source. Un programme C comprend habituellement plusieurs fonctions personnelles, dont une devant s'appeler **main**. **main** est la fonction principale de tout programme C. C'est par elle que commence toujours l'exécution du programme.

De manière plus simple, un programme C peut être considéré comme une collection de fonctions (et éventuellement de variables globales), les fonctions (**main** compris) pouvant être disposées dans un ordre quelconque. De cela il découle que tous nos programmes n'étaient, à vrai dire, que des cas particuliers, dans la mesure où ils se composaient d'une seule fonction personnelle, à savoir **main**. En fait dans nos programmes, abstraction faite de **main**, nous n'avons employé que des fonctions issues des bibliothèques standard du compilateur dont le code n'est pas écrit par le programmeur, mais inséré dans le programme par le lieur. Nous avons vu que l'utilisation de ces fonctions prédéfinies n'est vraiment pas compliquée, même si on ne connaît pas très bien leur structure. Qui plus est, vous avez déjà une idée pratique de concepts tels que "appel de fonction" ou "paramètre de fonction". Vous savez également que des fonctions peuvent renvoyer au programme (plus précisément à la fonction appelante - cf. plus loin) le résultat de leur travail, cela sous forme de valeur réutilisable. Dans ce chapitre, vous allez maintenant étudier plus en détail la structure et le fonctionnement des fonctions du C. Vous allez apprendre à écrire vos propres fonctions et à les intégrer dans vos programmes. Nous allons commencer par voir comment on crée une fonction en C.

10.1 Définition de fonctions

Pour fabriquer une fonction C, il faut coder les instructions qu'elle doit exécuter en respectant certaines règles syntaxiques. Ce code source est appelé définition de la fonction. Une définition de fonction spécifie :

▶ la classe de mémorisation de la fonction

▶ le type de la valeur renvoyée par la fonction

▶ le nom de la fonction

▶ les paramètres (arguments) qui sont passés à la fonction pour y être traités

▶ les variables locales et externes utilisées par la fonction

▶ d'autres fonctions appelées par la fonction

▶ les instructions que doit exécuter la fonction.

Double syntaxe pour la définition des fonctions

Pour définir une fonction, on dispose de deux syntaxes. La plus récente correspond au standard ANSI. La plus ancienne se rencontre encore quelques fois. Nous présenterons ici les deux syntaxes, mais n'utiliserons que la plus récente dans nos programmes.

Définition de fonction (méthode moderne) :

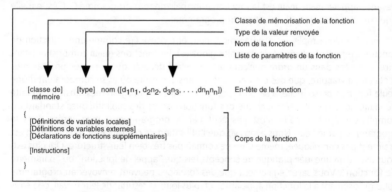

On peut diviser la syntaxe précédente en deux parties. La première ligne de la définition (en-tête de fonction) contient la classe de mémorisation de la fonction, le type de la valeur renvoyée et le nom de la fonction avec une liste de paramètres, chacun d'entre eux ayant un nom ($n1 \ldots nn$) et un type ($t1 \ldots tn$). Le corps de la fonction est un bloc comportant des définitions et déclarations de variables, des instructions devant être exécutées par la fonction, ainsi que d'éventuelles déclarations d'autres fonctions devant être appelées par la fonction elle-même. (Les déclarations de fonctions, d'esprit similaire aux déclarations de variables, seront traitées à la section 10.4). Les crochets indiquent que, mis à part le nom de la fonction, toutes les spécifications sont facultatives. En fait, on pourrait définir une fonction "minimale" d'après le modèle précédent :

```
donothing()
    {}
```

L'en-tête de cette fonction ne contient ni la spécification de classe, ni le type de la valeur renvoyée par la fonction, ni paramètres. On a simplement indiqué le nom de la fonction et les parenthèses de fonction. Le corps de la fonction est vide, car il ne renferme aucune instruction. La définition de la fonction "donothing" est syntaxiquement correcte, mais la fonction "ne fait rien". Des fonctions de cette nature sont utilisables lorsqu'on teste les programmes en cours d'écriture : elles marquent la place de fonctions qui seront ajoutées plus tard. Considérons maintenant un exemple un peu moins excentrique, celui d'une fonction calculant le volume d'un cube :

```
double   cube(double  x)
    {
        return (x * x * x);
    }
```

Visiblement le nom de la fonction est **cube**. Si nous interprétons l'en-tête :

```
double  cube(double  x)
```

à l'aide de notre modèle syntaxique, nous remarquons immédiatement qu'il manque la première spécification, à savoir celle de la classe de mémorisation. En fait, les fonctions C possèdent soit la classe **extern**, soit la classe (extern) **static**, le mot clé **extern** étant omis lors de la définition. Si la classe de mémorisation est **static**, la fonction ne peut pas être utilisée dans d'autres modules que celui où elle est définie. Dans notre cas, rien n'étant indiqué, la fonction **cube** a la classe **extern**. La classe de mémorisation **extern** signifie que les fonctions (comme les variables de même classe) sont des entités globales (cf. chapitre 7 **Classes de mémorisation**). Des entités globales ne doivent pas être définies à l'intérieur des fonctions. En d'autres termes :

une définition de fonction ne doit pas contenir d'autres définitions de fonctions

Il s'ensuit que la définition suivante de **cube** donnerait une erreur de compilation. On essaie, en effet, de définir la fonction à l'intérieur de **main** :

```
main()
    {
        ...
        double cube(double x)                               /* FAUX . */
            {                                /* une fonction est une entité globale */
                return(x * x * x);              /* et ne doit pas être définie dans */
            }                                         /** une autre fonction */
        ...
    }
```

Exception faite de l'exigence de définition globale, une fonction peut être définie n'importe où dans le programme. Il faut simplement que la définition de la fonction soit contenue dans un seul et même module.

Ainsi, la définition de **cube** pourrait être placée avant la fonction principale **main** :

```
double  cube(double  x)
    {
        return (x * x * x);
    }

main()
    {
        . . .
    }
```

Cela ne signifie pas par exemple que la fonction **cube** serait exécutée avant **main**. L'exécution de tout programme C commence par la fonction **main**. Cela signifie tout simplement que la fonction **cube** est traduite avant **main**, ce qui d'ailleurs a son importance. Dans le cours de ce chapitre, vous verrez la différence qu'il y a entre la définition d'une fonction avant ou après une autre fonction.

Valeurs de retour (return values)

Le mot clé **double** avant le nom de la fonction dans l'en-tête de la définition :

```
double  cube(double  x)
```

indique que la fonction cube, après avoir effectué sa tâche, renvoie une valeur de type double, valeur dite "valeur de retour de la fonction". Renvoie à qui ? La réponse est proche : à chaque instance qui a activé la fonction cube, c'est-à-dire à chaque fonction qui a appelé cube. (La façon dont un tel appel de fonction se déroule précisément est décrite à la section 10.3 "Appels de fonctions"). Si cube, par exemple, était appelée dans main, alors main recevrait le résultat de cube et pourrait le réutiliser ailleurs. Dans notre exemple, la fonction cube retourne une valeur de type **double**. En C, la valeur de retour d'une fonction peut être non seulement d'un type élémentaire (char, short, int, long, float, double, long double), mais aussi un pointeur vers n'importe quel type (simple ou complexe) de données.

Pour les fonctions qui ne renvoient pas de valeur, il existe en outre le type **void**. Si l'en-tête de la définition de **cube** était :

```
void  cube(double  x)
```

alors le mot clé **void** signalerait, dans ce contexte, que la fonction ne renvoie pas de valeur à la fonction appelante. Si le type est omis lors de la définition de la fonction, le compilateur ne suppose pas par exemple que la fonction ne renvoie rien. Il fait, au contraire, comme si la fonction retournait une valeur de type **int**. Si donc la définition de la fonction **cube** commençait ainsi :

```
cube(double  x)
    . . .
```

Cela signifierait pour le compilateur que **cube** renvoie une valeur de type **int**. La formulation "type de la valeur retournée" est souvent remplacée par "type de la fonction". En d'autres termes, une expression comme :

`La fonction cube est de type double.`

Equivaut à :

`La fonction cube retourne une valeur de type double.`

Ou :

`La valeur renvoyée par la fonction cube est de type double.`

Les valeurs de retour des fonctions sont renvoyées à la fonction appelante via l'instruction **return** que nous expliciterons plus loin dans ce chapitre.

Paramètres

Dans l'en-tête de la fonction, le type de la valeur retournée est suivi du nom de la fonction. Celui-ci est complété par une paire de parenthèses entre lesquelles peuvent éventuellement figurer des paramètres. Les parenthèses, comme le nom de la fonction, sont obligatoires.

La fonction **cube** a exactement un paramètre, à savoir une variable **double** nommée 'x' accompagnée de la spécification de son type. Les paramètres spécifiés dans la définition de la fonction sont qualifiés de paramètres formels. Il faut les distinguer des paramètres qui seront transmis à la fonction lorsqu'on l'appellera. Ces derniers sont dits paramètres effectifs ou arguments de la fonction. Supposons par exemple que la fonction **cube** soit appelée dans **main** via :

`cube(2.0);`

Ici la constante 2.0 est le paramètre effectif que la fonction doit traiter. La valeur de ce paramètre effectif est recopiée dans le paramètre formel 'x' de la fonction **cube** et peut ensuite être manipulée par la fonction (c'est-à-dire élevée au cube).

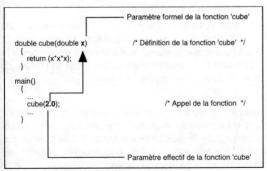

Fig. 10.2 : A l'appel de la fonction cube, *le paramètre effectif 2.0 est recopié dans le paramètre formel 'x'*

Un paramètre formel est donc une variable locale, connue seulement à l'intérieur de la fonction pour laquelle est défini ce paramètre. Les paramètres formels et effectifs doivent correspondre en nombre et en type, les noms pouvant différer. Supposons qu'on transmette à la fonction **cube**, à la place de la constante 2.0, un paramètre effectif constitué par une variable réelle (par la valeur de celle-ci) définie dans **main**, par exemple via :

```
double e = 2.0;
```

Alors l'appel de fonction :

```
cube(e);
```

donne le même résultat que :

```
cube(2.0);
```

La valeur de la variable 'e' est recopiée dans le paramètre formel 'x' et peut ensuite être traitée par **cube**.

Dans le cas de **cube**, ce que fait la fonction est très simple et se compose d'une seule instruction : **cube** calcule le cube d'une valeur et retourne le résultat à la fonction appelante. Cela se fait par l'intermédiaire d'une instruction **return** :

```
return (x * x * x); /* retourne le résultat de 'cube' à la fonction appelante */
```

L'instruction 'return' termine la fonction

L'instruction **return** met fin à l'exécution des instructions d'une fonction et rend le contrôle du programme à l'instance appelante. Eventuellement elle lui renvoie une valeur que l'instance concernée peut utiliser dans ses propres instructions. L'instruction **return** est vraiment une instruction et non une fonction, en dépit des parenthèses qui ne sont là que par pure convention syntaxique. On pourrait d'ailleurs omettre les parenthèses, car la syntaxe :

```
return  <expression>;
```

est aussi valable que :

```
return  (<expression>);
```

Si le type de <expression> ne coïncide pas avec le type de la valeur retournée tel qu'il est défini dans l'en-tête de la fonction, alors le compilateur le convertit comme il faut. La spécification de <expression> est optionnelle. Si elle est omise, la valeur retournée par la fonction est indéfinie (il en est de même si l'instruction **return** est complètement omise, cf. section 10.3 "Appels de fonctions"). Dans notre exemple, la valeur :

```
x * x * x
```

est renvoyée à la fonction **main** par l'instruction **return**. Mais renvoyée où dans **main** ? Vraisemblablement à l'endroit où la fonction **cube** a pris ses ordres, endroit à partir duquel doit continuer l'exécution des instructions de **main** lorsque la fonction **cube** a rempli son office. Cet endroit est celui où la fonction a été appelée. Souvenons-nous que toute expression en C est évaluée. Même un appel de fonction comme :

```
cube(2.0)
```

est une expression. Tant que la fonction n'a pas retourné de valeur, la valeur de cette expression est indéfinie. Dès que l'instruction **return** est exécutée, l'expression :

cube(2.0)

prend justement la valeur retournée, à savoir x * x * x, soit 2.0 * 2.0 * 2.0 qui, comme on le sait, donne 8.0 et correspond au cube de 2.0 :

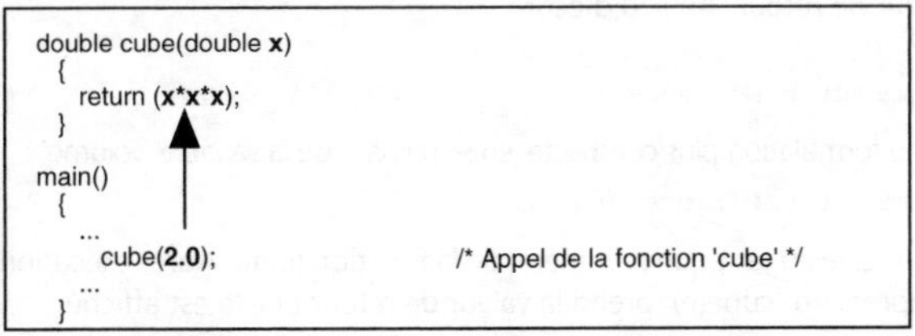

```
double cube(double x)
  {
    return (x*x*x);
  }

main()
  {
    ...
    cube(2.0);                  /* Appel de la fonction 'cube' */
    ...
  }
```

*Fig. 10.3 : La valeur de retour de la fonction **cube** est récupérée là où fut appelée la fonction*

On peut désormais réutiliser dans **main** la valeur retournée, par exemple la mémoriser dans une variable et l'afficher, comme le montre le programme suivant :

> ► CUBE.C

```
/****    'cube' calcule le volume d'un cube      ***/

#include   <stdio.h>

double cube(double x)                        /* définition de la fonction 'cube'    */
  {
      return(x * x * x);
  }

main()
  {
      double e;                              /* longueur de l'arête du cube     */
      double volume;                         /* Volume du cube      */

      printf("Longueur de l'arête : ");
      scanf("%lf", &e);

      volume = cube(e);          /* Appel de la fonction 'cube' et affectation de */
                                 /* la valeur retournée à la variable 'volume'    */

      printf("\nLe volume du cube est : %f", volume);
  }
```

Traitement direct des valeurs de retour

Le programme demande la longueur de l'arête du cube, puis calcule au moyen de la fonction **cube** le volume du cube et affiche le résultat. L'affectation de la valeur retournée à la variable 'volume' n'est d'ailleurs pas obligatoire. En effet, l'expression :

```
cube(e)
```

prend elle-même la valeur de retour. Au lieu d'écrire :

```
volume = cube(e);
printf("\nLe volume du cube est : %f", volume);
```

on aurait pu employer une formulation plus compacte, en se passant de la variable 'volume' :

```
printf("\nLe volume du cube est : %f", cube(e));
```

Ici la fonction **cube** est appelée en tant que paramètre de la fonction printf. Après exécution de la fonction **cube**, l'expression 'cube(e)' prend la valeur de retour et elle est affichée.

Fonctions avec plusieurs paramètres

On pourrait généraliser le programme du cube, de façon à ce qu'il puisse calculer le volume non seulement des cubes, mais aussi des parallélépipèdes quelconques. Avec la même structure de programme, un seul paramètre ne suffit pas. En effet, la longueur, la largeur et la hauteur du parallélépipède peuvent prendre des valeurs différentes. Nous allons donc modifier comme il se doit notre programme CUBE.C.

> **CUBE2.C**

```
/***    CUBE2  calcule le volume d'un parallélépipède    ***/

#include  <stdio.h>

double parallel(double x,  double y,  double z)
                                    /* définition de la fonction 'parallel' */
    {
        return(x * y * z);
    }

main()
    {
        double longueur, largeur, hauteur;
        printf("Longueur, largeur, hauteur du parallélépipède : ");
        scanf("%lf %lf %lf", &longueur, &largeur, &hauteur);

        /* appel de la fonction 'parallel' et affichage de la valeur de retour */
        printf("\nLe volume du parallélépipède est : %f",
                parallel(longueur, largeur, hauteur));
    }
```

La différence avec CUBE.C n'est pas énorme. Elle consiste simplement en ce que la liste des paramètres contient trois paramètres au lieu d'un et qu'il faut lire trois valeurs au lieu d'une seule. Les valeurs des paramètres 'long', 'larg' et 'haut' avec lesquels la fonction est appelée sont recopiées, dans l'ordre, dans les paramètres formels 'x', 'y' et 'z'. Ainsi, 'x' prend la valeur de 'longueur', 'y' celle de 'largeur' et 'z' celle de 'hauteur' :

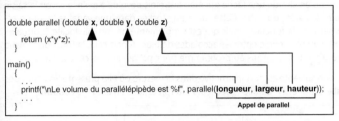

*Fig. 10.4 :   A l'appel de la fonction 'parallel', les valeurs des paramètres effectifs 'longueur',
'largeur' et 'hauteur' sont recopiées dans les paramètres formels 'x', 'y' et 'z'*

Comme règle générale concernant l'affectation des 2 paramètres effectifs aux paramètres formels, on peut dire que le premier paramètre effectif correspond toujours au premier paramètre formel, le second paramètre effectif au second paramètre formel, et le n-ième paramètre effectif au n-ième paramètre formel. On se doute qu'on doit s'attendre à des erreurs si le nombre de paramètres effectifs et le nombre de paramètres formels divergent.

Fonctions sans paramètre

On peut construire également une version de la fonction **cube** qui ne nécessite aucun paramètre pour l'exécution de sa mission. Pour indiquer qu'une fonction ne possède aucun paramètre, on écrit le mot clé **void** (que vous avez rencontré dans un autre contexte) dans la définition de la fonction (mais pas dans son appel). Cela à la place des paramètres manquants, entre les parenthèses de fonction, ainsi que le montre la définition de la fonction 'cube2' dans le programme qui suit. Vous connaissez maintenant trois utilisations de **void** : comme type de données (cf. chapitre 9 **Pointeurs**), comme indication du fait qu'une fonction ne retourne pas de valeur et enfin comme indication de l'absence de paramètres.

▶ CUBE3.C

```
/***    CUBE3 calcule le volume d'un cube via une fonction sans paramètre    ***/
#include <stdio.h>
double cube2(void)                  /* définit fct. 'cube2' : 'void' indique qu'il */
                                    /* n'y a pas de paramètres    */
{
    double e;   /* variable locale à la fonction cube2    */
    printf("Longueur de l'arête du cube : ");
    scanf("%lf", &e);
    return (e * e * e);
}
main()
{
    /* appel de la fonction 'cube2' et affichage de la valeur de retour */

    printf("\nLe volume du cube est : %f", cube2());
}
```

Dans cette version de la fonction **cube**, il n'y a pas de paramètres pour la fonction. Notez bien que l'appel d'une fonction sans paramètres se fait avec des parenthèses vides. La fonction ici prend en charge une tâche qui était autrefois dévolue à **main**, à savoir la saisie de la longueur de l'arête du cube. Cette saisie est stockée dans une variable 'e' qui n'est pas un paramètre de la fonction, mais qui est simplement une variable locale "normale" de la fonction 'cube2', définie entre les accolades de bloc. A part cela, la fonction renvoie toujours le résultat de ses calculs au programme principal qui affiche ce résultat.

La récapitulation suivante est fort instructive dans la mesure où elle présente les codes des fonctions **cube**, 'cube2' et 'parallel' avec leurs interprétations en langage courant :

Code	Description

```double cube(double x)```
```{```
```   return (x*x*x);```
```}```
	cube est une fonction de type **double** avec *un* paramètre de type **double**. Elle élève un nombre à la puissance 3 (par exemple le volume d'un cube).

```double cubes2(void)```
```{```
```   double e;```
```   printf("Longueur de l'arête :");```
```   scanf("%lf", &e);```
```   return (e*e*e);```
```}```
	cube2 est une fonction de type **double** *sans* paramètre. Elle élève un nombre à la puissance 3.

```double paralle (double x, double y, double z)```
```{```
```   return (x*y*z);```
```}```
	parallel est une fonction de type **double** avec *trois* paramètres de type **double**. Elle calcule le produit de trois nombres (par exemple le volume d'un parallélépipède).

Fig. 10.5 : Code et description parlée de fonctions

Définition traditionnelle des fonctions

A côté de la forme récente pour la définition des fonctions, il existe une autre forme, plus ancienne que l'on rencontre encore parfois : *Définition de fonction à l'ancienne :*

```
[<classe>] [<type>] <nom> ([n1, n2, ... , nn])
[définition des paramètres formels n1 ... nn]
    {
        [définitions de variables locales]
        [déclarations de variables externes]
        [déclarations d'autres fonctions]

        [instructions]
    }
```

Par rapport à la première syntaxe, la différence réside dans le fait que la liste des paramètres dans l'en-tête ne contient que les noms des paramètres, mais pas leurs types. 'n1' à 'nn' représentent donc la liste des noms des paramètres. La définition des paramètres formels s'effectue à part, sur la ligne suivante. Si la fonction ne possède aucun paramètre, le mot clé **void** peut être omis lui aussi. Les parenthèses de fonction peuvent donc rester vides (ce qui est toutefois déconseillé). A titre de comparaison, voici nos trois fonctions précédentes, écrites dans les deux syntaxes :

Ancienne syntaxe de définition	Nouvelle syntaxe de définition

double cube(x)
 	
double x;
{
  return (x*x*x);
}
	double cube(double x)
	
	{
	  return (x*x*x);
	}

double cube2()
{
  double e;
 	
  printf("Longueur de l'arête : ");
  scanf("%lf", &e);
  return (e*e*e);
}
	double cube2(void)
	{
	  double e;
	
	  printf("Longueur de l'arête : ");
	  scanf("%lf", &e);
	  return (e*e*e);
	}

double paralle (x, y, z)
 	
double x, y, z;
{
  return (x, y, z);
}
	double parallel (double x,
	              double y,
	              double z)
	
	{
	  return (x, y, z);
	}

Fig. 10.6 :   Ancienne et nouvelle syntaxes pour la définition des fonctions

Un exercice simple

A titre d'exercice, essayez maintenant, à partir de l'exposé d'un problème, de définir une fonction et d'intégrer celle-ci dans un programme. Imaginez qu'on vous demande d'écrire une fonction qui calcule le plus grand de deux entiers. Ce genre de fonction peut servir, par exemple, dans un programme de tri lorsqu'il faut déterminer, avant de procéder à une éventuelle permutation, quel est le plus grand des deux nombres.

Pour déterminer le maximum de deux valeurs, il faut les comparer. On pourrait les passer comme paramètres à la fonction qui doit faire cela. Appelons-les 'a' et 'b'. Il faut alors distinguer les cas suivants :

```
a > b
a < b
a = b
```

Rappelez-vous en outre que la fonction doit renvoyer une valeur de laquelle il ressortira lequel des deux nombres est le plus grand. On pourrait donc commencer par coder ainsi le corps de la fonction :

```
. . .                                              /* corps de la fonction */
{
  if (a > b)                                       /* a supérieur à b */
  return (a);
  else if (a < b)                                  /* a inférieur à b */
  return (b);
  else                                             /* les nombres sont égaux */
  return (0);
}
```

Dans ce qui précède, la fonction retourne le plus grand des deux entiers, ou bien 0 s'ils sont égaux. Vous pouvez donc, pour ce qui concerne les paramètres, prendre le même type que celui de la valeur retournée (ce qui bien sûr n'est pas le cas en général, car ce qu'une fonction prend comme paramètres est une chose et ce qu'elle renvoie en est une autre). Etant donné que l'exposé du problème ne dit rien sur l'ordre de grandeur des entiers, nous prendrons donc le type 'long' pour les paramètres formels comme pour la valeur de retour, ce qui nous permettra de travailler sur de grands nombres. Nous voici maintenant en mesure de compléter la définition de notre fonction avec l'en-tête manquant. Il nous faut cependant un nom pour la fonction. Etant donné qu'elle compare des valeurs 'long', nous la baptiserons 'lcomp' :

```
/* lcomp détermine le maximum de deux entiers */
long lcomp(long a, long b)
   {
       if (a > b)                                  /* a supérieur à b */
           return (a);
       else if (a < b)                             /* a inférieur à b */
           return (b);
       else                                        /* les nombres sont égaux */
           return (0);
   }
```

Le programme simple qui suit demande deux nombres et utilise la fonction 'lcomp' pour trouver le plus grand des deux. Le programme n'effectue aucun contrôle de validité sur les valeurs saisies.

➤ SHOWMAX1.C

```
/*** showmax1 calcule le maximum de deux nombres saisis par l'utilisateur  ***/
#include <stdio.h>                                 /* printf, scanf */
long lcomp(long a, long b)            /* définition de la fonction 'lcomp' */
  {
      if (a > b)                                   /* a supérieur à b */
          return (a);
      else if (a < b)                              /* a inférieur à b */
          return (b);
      else                                         /* les nombres sont égaux */
          return (0);
```

```
    }
main()
    {
    long x, y;

    printf("\033[2J");
    printf("Le programme détermine le plus grand de deux entiers\n"
           "compris entre -2 000 000 000 et +2 000 000 000.");

    printf("\n\nPremier entier : ");
    scanf("%ld", &x);

    printf("\n\nSecond entier : ");
    scanf("%ld", &y);

    /* affichage du plus grand des deux nombres */

    if (lcomp(x, y) == x)                  /* si valeur renvoyée par 'lcomp' = x */
        printf("\n\nLe maximum est %ld.", x);
    else if (lcomp(x,y) == y)              /* si valeur renvoyée par 'lcomp' = y */
        printf("\n\nLe maximum est %ld.", y);
    else
        printf("\n\nLes deux nombres sont égaux.");
```

Amélioration

Bien que la fonction 'lcomp' remplisse sa mission, vous avez peut-être remarqué que l'on utilise une construction 'if', aussi bien dans la fonction 'lcomp' que dans **main**, pour vérifier la relation entre les nombres (a>b, ou b<a, ou a=b). Est-il vraiment nécessaire dans 'lcomp' d'avoir une instruction spécifque pour chaque cas de figure ? Ne pourrait-on pas déterminer plus simplement la relation qui existe entre les nombres ? Et si on se servait de la différence (a - b) des deux nombres ? Si 'a' est plus grand que 'b', la différence (a-b) est positive, donc supérieure à 0. Si 'a' est plus petit que 'b', la différence (a-b) est négative, donc inférieure à 0. Vous pouvez donc, à partir de la différence des deux nombres, déterminer la relation qui existe entre eux. Si donc la fonction 'lcomp' renvoyait cette différence, la fonction appelante **main** pourrait déduire lequel des deux nombres est le plus grand (ou s'ils sont égaux). Si vous traduisez cette idée dans la définition de 'lcomp', vous obtenez :

```
long lcomp(long a, long b)
    {
    return (a - b);
    }
```

Il faut ensuite adapter le passage correspondant dans le programme principal **main** de façon à ce qu'on puisse réutiliser la valeur retournée :

```
if (lcomp(x, y) > 0)                    /* valeur retournée par 'lcomp' > 0 ? */
    printf("\n\nLe maximum est %ld.", x);
    else if (lcomp(x, y) < 0)          /* valeur retournée par 'lcomp' < 0 ? */
    printf("\n\nLe maximum est %ld.", y);
else
    printf("\n\nLes deux nombres sont égaux.");
```

Peut-on s'estimer satisfait ? En y regardant d'un peu plus près, on constate que la fonction 'lcomp' est appelée deux fois. La première fois dans la branche 'if' de l'instruction conditionnelle et la seconde fois dans la première branche 'else'. Alors qu'il suffirait d'un appel pour déterminer le maximum des deux nombres. Ce double appel de la fonction tient à ce que dans la version précédente on utilise directement la valeur de retour de la fonction, sans passer par une variable auxiliaire. Cette valeur de retour est donc "fugace". Ajoutez donc dans **main** une variable supplémentaire :

```
long   result;
```

chargée de récupérer le résultat de 'lcomp', et vous n'aurez alors besoin que d'un seul appel de la fonction 'lcomp' :

```
if ((result = lcomp(x, y)) > 0)             /* valeur retournée par 'lcomp' > 0 ? */
    printf("\n\nLe maximum est %ld.", x);
else if (result < 0)                        /* valeur retournée par 'lcomp' < 0 ? */
    printf("\n\nLe maximum est %ld.", y);
else
    printf("\n\nLes deux nombres sont égaux.");
```

Voici le programme SHOWMAX2.C qui représente donc une version modifiée de notre programme SHOWMAX1.C :

> **SHOWMAX2.C**

```
/***   showmax2 calcule le maximum de deux nombres saisis par l'utilisateur   ***/
#include <stdio.h>                                         /* printf, scanf */
long lcomp(long a, long b)                   /* définition de la fonction 'lcomp' */
  {
      return (a - b);
  }
main()
  {
      long x, y, result;

      printf("\033[2J");
      printf("Le programme détermine le plus grand de deux entiers\n"
             "compris entre -2 000 000 000 et +2 000 000 000.");

      printf("\n\nPremier entier : ");
      scanf("%ld", &x);
      printf("\n\nSecond entier : ");
      scanf("%ld", &y);

      /* affichage du plus grand des deux nombres */

      if ((result = lcomp(x, y)) > 0)   /* si valeur renvoyée par 'lcomp' > 0 ? */
          printf("\n\nLe maximum est %ld.", x);
      else if (result < 0)                 /* si valeur renvoyée par 'lcomp' < 0 ? */
          printf("\n\nLe maximum est %ld.", y);

      else

          printf("\n\nLes deux nombres sont égaux.");
  }
```

10.2 Déclaration des fonctions

La définition d'une fonction doit être globale, c'est-à-dire se faire hors de toute fonction.
Mais à part cela, elle peut intervenir n'importe où dans le programme. Jusqu'à présent, les
définitions de nos fonctions personnelles étaient toujours placées avant la fonction
principale **main**. D'une manière plus générale, les fonctions étaient définies dans le
programme avant la fonction qui les utilisait. De ce fait, les fonctions étaient déjà connues
du compilateur lorsqu'elles étaient appelés. Cela a son importance. Si on appelait une
fonction avant que le compilateur sache ce dont il s'agit concernant cette fonction, des
complications pourraient survenir. En pareil cas la valeur de retour de la fonction ne serait
pas définie et le compilateur supposerait que la fonction renvoie un **int**, ce que pourrait
contredire la définition ultérieure de la fonction. En outre, le compilateur ne serait pas en
mesure de vérifier la concordance des paramètres formels (paramètres de la définition) et
des paramètres effectifs (paramètres de l'appel). Des erreurs de types passeraient inaperçues et le compilateur n'afficherait aucune erreur correspondante. Supposons qu'on fasse
traduire cette nouvelle version (CUBE4.C) du programme CUBE.C :

```
#include  <stdio.h>
main()
   {
       double e;
       double volume;

       printf("Longueur de l'arête : ");
       scanf("%lf", &e);

       volume = cube(e);        /* Appel de la fonction 'cube' et affectation de */

                                /* la valeur retournée à la variable 'volume' */
       printf("\nLe volume du cube est : %f", volume);
   }
double cube(double x)                       /* définition de la fonction 'cube' */
   {
       return(x * x * x);
   }
```

Ici la fonction **cube** n'est définie qu'après **main**. On se retrouve alors dans la situation que
nous venons de décrire : la fonction **cube** est appelée (dans **main**) avant d'être définie. Si
le programme est traduit tel qu'il est écrit, le compilateur indique une erreur de redéfinition.
Cela parce que le compilateur, au moment de l'appel de **cube**, ne disposait pas d'informations suffisantes concernant la fonction, en particulier ne connaissait pas le type de la valeur
retournée et a donc pris le type **int**. Plus loin dans le programme, le compilateur est tombé
sur la définition de la fonction avec le type **double**. Cette incohérence fait que le compilateur
interrompt la traduction du programme et affiche un message d'erreur ad hoc. Dans des
cas comme celui-ci, vous pourrez donner au compilateur les informations nécessaires
concernant une fonction avant qu'elle ne soit appelée. Pour cela, vous passerez par une
construction syntaxique particulière, dite "déclaration de fonction".

Une déclaration de fonction est obligatoire lorsqu'une fonction doit être utilisée avant d'être définie (ou utilisée dans d'autres modules que celui dans lequel elle est définie). A l'instar de la définition, une déclaration de fonction fournit des indications sur le nom de la fonction, sur le type de la valeur retournée, sur la classe de mémorisation et sur d'éventuels paramètres. Mais contrairement à une définition, une déclaration de fonction ne fait que donner au compilateur des renseignements sur une entité existante et ne crée pas de nouvelle entité. Comme une variable, une fonction peut être redéclarée plusieurs fois. Mais elle n'est définie qu'une seule fois.

Syntaxe multiforme des déclarations de fonctions : prototypes et formes classiques

Pour la déclaration des fonctions, il existe également plusieurs syntaxes. Le standard ANSI actuel propose deux variantes pour la déclaration de ce qu'on appelle des "prototypes". On trouve, en outre, une forme traditionnelle (moins conseillée) de déclaration. Voici la syntaxe d'une déclaration de fonction sous forme de prototype :

```
[<classe>] [<type>] nom ([t1 n1, t2 n2, ... , tn nn]);   /* prototype (complet) */
```

Ici aussi 't1' ... 'tn' désignent les types et 'n1' ... 'nn' les noms des paramètres éventuels. Si la fonction n'a pas de paramètre, on l'indique par le mot clé **void** placé entre les parenthèses de fonction (comme pour la définition de la fonction). La similitude de la déclaration avec l'en-tête de la fonction est évidente. La différence tient simplement à la présence du point-virgule à la fin de la déclaration. Dans une variante des prototypes, on renonce aux noms des paramètres pour ne donner que les types. Seuls ces derniers sont, en effet, indispensables au compilateur, les noms des paramètres dans la déclaration n'ayant qu'une valeur purement documentaire :

```
[<classe>] [<type>] nom([t1, t2, ... , tn]);   /* variante de prototype */
```

Ainsi, pour déclarer la fonction cube avant son appel dans CUBE4.C, on pourrait passer par :

```
double  cube(double  x);
```

ou par :

```
double  cube(double);
```

Nous prendrons dans cet ouvrage les prototypes complets. Voici donc une version maintenant correcte de CUBE4.C :

► CUBE4.C

```
/**** cube4 calcule le volume d'un cube ****/
#include  <stdio.h>
main()
  {
      double cube(double x); /* déclaration de la fonction 'cube' : obligatoire */
                             /* car 'cube' est appelée avant d'être définie */
    double e;
    double volume;

    printf("Longueur de l'arête : ");
    scanf("%lf", &e);
```

```
    volume = cube(e);             /* Appel de la fonction 'cube' et affectation de */
                                  /* la valeur retournée à la variable 'volume' */
    printf("\nLe volume du cube est : %f", volume);
  }
double cube(double x)                             /* définition de la fonction 'cube' */
  {
    return(x * x * x);
  }
```

Forme traditionnelle de la déclaration des fonctions

Contrairement aux prototypes, l'ancienne syntaxe de déclaration des fonctions ne donne aucun renseignement sur les paramètres (éventuels) d'une fonction :

```
[<classe>] [<type>] nom();     /* ancienne forme de la déclaration des fonctions */
```

L'absence d'indications concernant les paramètres de la fonction peut avoir des conséquences a posteriori. En effet, dans le cas où une fonction est appelée avant d'être définie, le compilateur vérifie, à l'aide de la liste des paramètres de la déclaration (qui doit naturellement être le reflet de la liste des paramètres de la définition), s'il y a concordance entre le type et le nombre des paramètres dans l'appel et dans la définition de la fonction. Si les parenthèses de fonction restent vides dans la déclaration (ou bien si la déclaration est omise), alors aucune vérification de paramètres n'a lieu. Cela entraîne que des erreurs de type peuvent passer inaperçues du compilateur et ne pas être signalées. Lorsque le compilateur rencontre l'appel d'une fonction pour laquelle il n'y a pas de déclaration ou pour laquelle il y a une déclaration sans paramètres, alors il crée un prototype de fonction à partir des informations qu'il peut deviner de par l'appel de la fonction. On parle dans ce cas de déclaration implicite de fonction lors de l'appel. Mais si l'appel de la fonction contient d'autres paramètres que la définition de celle-ci, il peut en résulter des erreurs dans le programme. Considérons pour cela un exemple simple :

> TYPERR.C

```
/** typerr montre quelques erreurs de type sur les paramètres des fonctions **/

#include  <stdio.h>

main()
  {
    void func(int i);        /* déclaration de la fonction 'func' (prototype) */
    double d = 3.14;
    func(d);                 /* appel de 'func' avec un paramètre de type erroné */
  }

void func(int i)                          /* définition de la fonction 'func' */
  {
    printf("%d", i);
  }
```

Dans le programme qui précède, la fonction 'func', avant d'être appelée, est déclarée par un prototype à partir duquel le compilateur s'attend à ce que 'func' possède un paramètre de type **int**. L'appel de la fonction donne donc lieu à une vérification de syntaxe par le compilateur. Etant donné que le paramètre effectif est de type **double**, le compilateur signale soit que les types du paramètre effectif et du paramètre formel divergent, soit qu'il y a conversion du paramètre effectif vers le type du paramètre formel. Si on ignore cet avertissement et qu'on exécute le programme tel quel, on obtient 3 comme résultat car la conversion de la valeur **double** 3.14 en **int** a fait tomber les décimales.

Si on remplace le prototype par la déclaration à l'ancienne mode :

```
void  func();
```

sans les paramètres, alors le compilateur ne procède à aucune vérification de syntaxe et ne signale donc rien sur les divergences entre les types des paramètres effectifs et formels. Du fait de la conversion (implicite) manquante, la valeur à virgule flottante serait considérée comme une valeur entière. Lors de l'exécution du programme, elle serait affichée comme telle, ce qui donnerait un résultat absurde. Lorsqu'une fonction est vraiment dépourvue de paramètres, il faudrait le signaler au compilateur dans la déclaration, comme dans la définition, à l'aide du mot clé **void** placé entre les parenthèses. Avec :

```
void  func(void);
```

on déclarerait une fonction 'func'. De cette déclaration et de la spécification **void**, le compilateur déduirait que la fonction n'admet pas de paramètres. La conséquence de la déclaration précédente serait que, contrairement à ce qui se passe avec une déclaration sans rien entre les parenthèses, le compilateur procéderait à une vérification syntaxique lors de l'appel de la fonction. Dans le contexte de la déclaration classique des fonctions, insistons sur la différence entre les deux ligne suivantes :

```
void  func();
void  func(void);
```

La première déclaration est possible (mais pas conseillée). Malgré les parenthèses vides, il se peut que la fonction admette tout de même des paramètres. Cela peut entraîner les problèmes précédemment évoqués. On pourrait d'ailleurs omettre carrément cette déclaration (ce qui se fait parfois), car une déclaration de ce genre n'apporte rien de plus qu'une absence de déclaration. La seconde déclaration indique sans ambiguïté que la fonction ne possède ni valeur de retour, ni paramètres.

Si plus loin dans le programme la fonction 'func' est définie avec une valeur retournée de type non **void**, le compilateur signalera une erreur de redéfinition.

Déclaration locale des fonctions

Comme pour la définition, l'endroit où est déclarée une fonction a son importance. Naturellement, la fonction doit être déclarée avant d'être appelée pour la première fois. Dans nos exemples, les déclarations de fonctions se faisaient à l'intérieur de **main**, donc dans une autre fonction. Cela signifie (comme pour les variables) que la fonction ainsi déclarée n'est connue que de **main** (plus généralement de la fonction dans laquelle elle est déclarée). De ce fait, d'autres fonctions du même module ne pourraient pas utiliser directement cette fonction. La comparaison des deux constructions suivantes illustre le problème :

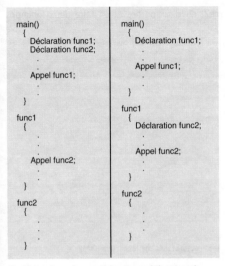

*Fig. 10.7 :   A gauche une déclaration problématique de
'func2', à droite une déclaration correcte*

Le programme de gauche déclare la fonction 'func2' au sein de **main**. L'appel de 'func2'
est fait dans 'func1'. Comme la déclaration a eu lieu dans **main**, 'func2' (conformément
au standard ANSI) est inconnue de 'func1'. Cela signifie que le compilateur créera de toutes
pièces un prototype pour la fonction 'func2' en se basant sur les informations dont il
dispose lorsqu'il tombe sur l'appel de la fonction. Les suppositions faites alors par le
compilateur sur le type de la fonction et sur ses paramètre ne correspondent pas forcément
aux spécifications trouvées dans la définition ultérieure. Cela peut provoquer des erreurs
soit de compilation, soit d'exécution. Signalons toutefois qu'il existe des compilateurs qui
étendent la norme ANSI, en ce sens qu'une fonction est connue dans tout le reste du fichier
source depuis l'endroit où elle a été déclarée, que la déclaration soit interne à une fonction
ou globale. Dans notre exemple, cela voudrait dire que la fonction 'func2' est connue de
'func1' bien qu'elle soit déclarée dans une autre fonction, à savoir **main**. De telles extensions
de la norme ANSI peuvent restreindre la portabilité des programmes qui peuvent ne plus
tourner sur des systèmes strictement conformes à cette norme.

Le programme de droite déclare la fonction 'func2' à l'intérieur de 'func1' et l'y appelle.
Cela ne présente pas de difficultés, étant donné que 'func2' est connue dans 'func1' via
la déclaration. En revanche, un appel de 'func2' dans main, du fait de l'absence de
déclaration, entraînerait des problèmes semblables à ce que nous venons de décrire
concernant le programme de gauche. Prenons un exemple concret.

Nous allons diviser notre fonction 'cube2' en deux parties et en faire deux fonctions autonomes appelées 'first' et 'second' :

```
/*** cube5err montre l'effet de déclarations de fonctions mal positionnées ***/
#include   <stdio.h>
main()
   {
       double first(void);
       double second(double x);
       printf("\nVolume = %f", first());
   }
double  first(void)
   {
       double e;
       printf("Longueur de l'arête : ");
       scanf("%lf", &e);
       return (second(e));
   }
double  second(double  x)
   {
       return (x * x * x);
   }
/*** cube5ok montre comment bien placer les déclarations de fonctions ***/
#include   <stdio.h>
main()
   {
       double first(void);
       printf("\nVolume = %f", first());
   }
double  first(void)
   {
       double e;
       double second(double x);
       printf("Longueur de l'arête : ");
       scanf("%lf", &e);
       return (second(e));
   }
  double  second(double  x)
   {
       return (x * x * x);
   }
```

Les deux sources correspondent aux constructions de l'image précédente. La fonction 'first' lit la longueur de l'arête et appelle ensuite, dans l'instruction **return**, la fonction 'second' pour calculer le volume. La fonction 'second' exécute le calcul et retourne le résultat à la fonction 'first', laquelle de son côté le renvoie par **return** à **main**.

Dans CUBE5ERR.C la déclaration de 'second' dans **main** fait que 'second' est inconnue dans 'first'. Sur un compilateur respectant strictement la norme ANSI, cela donnerait une erreur de compilation. Le programme CUBE5OK.C évite ce problème en déclarant 'second' dans la fonction 'first'.

Déclaration globale de fonction

La déclaration d'une fonction au sein de la fonction qui doit l'utiliser représente une possibilité pour rendre la fonction connue dans une certaine portion du programme. Une autre technique consiste à déclarer globalement la fonction, c'est-à-dire hors de toute fonction. Ce faisant, les fonctions sont connues dans tout le reste du fichier depuis leur emplacement de déclaration. Si les déclarations se trouvent au début du fichier source, avant **main**, alors les fonctions pourront être appelées sans problème par toutes les fonctions du module.

> CUBE6.C

```
/*** cube6 montre comment déclarer globalement des fonctions ***/

#include  <stdio.h>

double first(void);                                    /* déclaration globale */
double second(double x);               /* des fonctions 'first' et 'second' */

main()
  {
      printf("\nVolume = %f", first());         /* appel de la fonction 'first' */
  }

double first(void)                        /* définition de la fonction 'first' */
  {
      double e;
      printf("Arête ? ");
      scanf("%lf", &e);
      return (second(e));                    /* appel de la fonction 'second' */
  }

double second(double x)                 /* définition de la fonction 'second' */
  {
      return (x * x * x);
  }
```

Déclarations de fonctions dans les programmes comportant plusieurs modules

La déclaration globale des deux fonctions 'first' et 'second' en début de fichier assure qu'elles seront connues dans tout le module et qu'elles pourront être appelées sans problème. Mais que se passe-t-il si le programme comprend plusieurs modules ? On pourrait par exemple éclater notre dernier programme CUBE6.C, composé jusqu'alors d'un seul fichier source, en plusieurs modules. Il suffirait pour cela d'écrire chacune des fonctions **main**, 'first' et 'second' dans un fichier séparé. Ici, le programme doit prendre le nom de CUBE7, après compilation et édition de liens.

Nous commencerons par la version suivante (qui se révélera toutefois incorrecte) :

```
cube7.c

#include<stdio.h>

main()
  {
    printf("\nVolume = %f", first());
  }
```

```
f_modul.c

#include <stdio.h>

double first(void)
  {
    double e;

    printf("Longueur de l'arête : ");
    scanf("%lf", &e);
    return (second(e));
  }
```

```
s_modul.c

double second(double x)
  {
    return (x*x*x);
  }
```

Fig. 10.8 :   Le programme CUBE7, composé de trois modules, est
erroné sans les indispensables déclarations de fonctions

Si on compilait et linkait notre programme tel qu'il est écrit, on devrait s'attendre à des messages d'erreur. La raison en serait que la fonction 'first' est appelée dans CUBE7.C, mais n'y est ni définie ni déclarée. 'first' est inconnue dans CUBE7.C. Il en va de même pour la fonction 'second' qui doit être utilisée dans F_MODUL.C. La règle générale est qu'il faut déclarer une fonction dans un module lorsque sa définition se trouve dans un autre module du programme. Une telle fonction, utilisée dans un autre module que celui où elle est définie, est dite aussi fonction externe.

Nous devrons donc compléter ainsi notre programme :

cube7.c

```
#include<stdio.h>

main()
  {
    printf("\nVolume = %f", first());
  }
```

f_modul.c

```
#include <stdio.h>

double second(double x);
double first(void)

  {
    double e;

    printf("Longueur de l'arête : ");
    scanf("%lf", &e);
    return (second(e));
  }
```

s_modul.c

```
double second(double x)
  {
    return (x*x*x);
  }
```

*Fig. 10.9 :   Le programme CUBE7 avec les
déclarations requises*

La déclaration des fonctions 'first' et 'second' se fait ici globalement au début du fichier concerné. Ainsi, la fonction déclarée est connue dans tout le module. Pour qu'une fonction ne soit connue que dans une certaine partie d'un module, il suffit de la déclarer globalement plus loin dans le module ou bien localement dans une fonction. Dans la version suivante du programme de cube, composée des deux modules CUBE8.C et FUNC23.C, les déclarations sont telles que la fonction externe 'second' est connue dans le premier module tout entier et que la fonction externe 'third' n'est connue que de la fonction 'first'. La fonction 'first' non externe n'est connue que de **main**.

```
cube8.c                              func23.c

#include<stdio.h>                    #include<stdio.h>

double second(double x);             double second(double x)
                                       {
main()                                   return(x*x*x);
  {                                    }
    double first(void);
    printf("\nVolume = %f", first()); void third(void)
  }                                    {
                                         printf("\033[2J");
double first(void)                     }
  {
    double e;
    void third(void);

    third(void);
    printf("Longeur de l'arête : ");
    scanf("%lf", &e);
    return (second(e));
  }
```

Fig. 10.10 : CUBE8 se compose des modules CUBE8.C et FUNC23 ; les fonctions sont déclarées de telle sorte que 'second' est connue dans le premier module tout entier, 'first' seulement dans main et 'third' seulement dans 'first'

Lors de la déclaration de fonctions d'autres modules du programme, il est usuel de préciser, à l'aide du mot clé (facultatif) **extern**, que la fonction utilisée n'est pas définie dans le même fichier source, mais a été importée. Ainsi, une fonction d'un autre module peut être déclarée via :

```
double  second(double x);
```

ou bien aussi par :

```
extern  double  second(double x);
```

La dernière écriture montre bien qu'il s'agit d'une fonction "étrangère".

Déclaration de fonctions dans les headers

La déclaration d'une fonction personnelle ne doit pas forcément être incluse explicitement dans le texte source par le programmeur. A l'instar des déclarations des fonctions prédéfinies, elle peut se trouver aussi bien dans un fichier include. Ce dernier est ensuite inséré dans le programme concerné par une directive ad hoc du préprocesseur. La version CUBE9 du programme du volume du cube se compose de deux modules et utilise, outre le header standard STDIO.H, un header personnel nommé DEFNDECL.H. Ce dernier contient les déclarations des fonctions 'second' et 'third', ainsi que la définition de la fonction 'first' :

cube9.c

```
#include<stdio.h>
#include "defndcl.h"

main()
    {
    printf("\nVolume = %f", first());
    }
```

defndcl.h

```
double second(double x);
void third(void);

double first(void)
    {
    double e;

    third();
    printf("Longueur de l'arête : ");
    scanf("%lf", &e);
    return (second(e));
    }
```

func23.c

```
#include<stdio.h>
double second(double x)
    {
    return (x*x*x);
    }

void third(void)
    {
    printf("\033[2J");
    }
```

Fig. 10.11 : Le programme CUBE9 comporte 2 modules et utilise le header personnel DEFNDECL.H

Avec les programmes composés de plusieurs modules, les directives 'include' et autres du préprocesseur doivent être explicitement placées dans chaque module contenant des instructions qui requièrent ces directives du préprocesseur. Elles ne sont donc pas "héritées" d'un module du programme par les autres modules. C'est pourquoi le module FUNC23.C (à cause de **printf**) contient l'instruction :

```
#include   <stdio.h>
```

Pour le header personnel DEFNDECL.H, on a choisi dans CUBE9.C la syntaxe :
```
#include   "defndcl.h"
```

(avec guillemets et non signes inférieur/supérieur) afin d'indiquer que ce fichier ne se trouve pas dans le répertoire standard des headers prédéfinis, mais dans le répertoire contenant le programme source.

Naturellement, on peut se créer aussi un répertoire spécial pour les headers personnels. Ainsi, sur un ordinateur fonctionnant sous le système d'exploitation DOS, la directive :

```
#include    "c:\incfiles\defndecl.h"
```

ferait rechercher le fichier DEFNDECL.H dans le répertoire INCFILES. Notez bien que DEFNDECL.H ne contient pas que des déclarations de fonctions, mais aussi la définition d'une fonction. Cela n'est pas très classique, car on loge en principe le code des fonctions directement dans les modules du programme ou dans des bibliothèques. Les définitions des fonctions livrées avec le compilateur, par exemple, se trouvent (sous forme de code objet) dans de telles bibliothèques que l'on reconnaît habituellement à l'extension .LIB (pour LIBrary). Après la compilation, le lieur remplace les appels de fonction dans un programme par le code correspondant des fonctions, pris dans la bibliothèque. (On peut aussi créer ou combiner ses propres bibliothèques avec celles du compilateur. Le plus souvent, il existe des utilitaires spéciaux qui sont fournis avec le compilateur).

Après qu'une fonction ait été définie ou déclarée dans un programme, elle y est ensuite appelée. On sait qu'un tel appel active la fonction afin qu'elle accomplisse sa tâche spécifique, c'est-à-dire pour qu'elle commence à exécuter les instructions contenues en elle. Dans la section qui suit, nous allons étudier en détail ce qui se passe lorsqu'on appelle une fonction et comment cela influence le déroulement du programme.

10.3 Appels de fonctions

Lorsque dans une instruction d'un programme (dans **main** ou dans toute autre fonction) surgit un nom suivi de parenthèses entre lesquelles on peut trouver une liste d'expressions (valeurs, noms de variables, etc.), alors il peut s'agir de l'appel d'une fonction (le mot clé **return** répond aussi à cette description ; il peut aussi s'agir de l'appel d'une macro.). Supposons que l'on rencontre dans une instruction l'expression :

```
add(2, 2)
```

alors, on en déduit qu'on appelle ici une fonction du nom de 'add'. Apparemment, elle ajoute deux valeurs, dans notre cas les constantes 2 et 2. Un appel de fonction est une expression qui, après évaluation, représente une valeur du type de la valeur retournée par la fonction. Un appel de fonction peut donc figurer en C partout où l'on peut mettre une valeur de ce type. Si la fonction précédente est définie ainsi :

```
long add(int a, int b)
    {
        return ((long) a + b);
    }
```

alors des appels de la fonction 'add' pourraient se rencontrer dans les contextes syntaxiques les plus divers. Le programme suivant montre quelques exemples :

```
main()
    {
        long add(int a, int b);                    /* déclaration de add */
        long result;
```

```
    . . .
    add(2, 2);                                           /* appels */
    result = add(2, 2);                                  /* de */
    printf("%ld", add(2, 2));                            /* add */
    . . .
}
    long add(int a, int b)                          /* définition de add */
       {
           return ((long) a + b);
       }
```

L'instruction :

```
add(2, 2);
```

contient simplement l'appel de fonction add(2,2) et calcule la somme des deux constantes 2 et 2. Le résultat est retourné à main, de sorte que l'expression add(2,2) a ensuite la valeur 4. Mais cette valeur n'est pas réutilisée et elle est donc perdue. L'instruction :

```
result = add(2, 2);
```

renferme le même appel de la fonction add, mais affecte la valeur retournée 4 à la variable 'result'. La valeur de retour est ainsi conservée pour une utilisation ultérieure. Enfin, dans l'instruction :

```
printf("%ld", add(2, 2));
```

l'expression add(2, 2) sert de paramètre à la fonction **printf** qui, après exécution de 'add', affiche la valeur retournée par cette fonction. Supposons qu'une fonction ne renvoie pas de valeur, par exemple parce qu'elle est définie par :

```
void showsum(int a, int b)
   {
       printf("%ld", (long) a + b);
   }
```

La fonction 'showsum' affiche seulement la somme de deux valeurs passées comme paramètres. Des instructions du style :

```
result = showsum(2, 2);
```

ont naturellement peu de sens. Ce qui ici est stocké comme valeur dans la variable 'result' (supposée être de type 'long') est indéfini.

Quel que soit le contexte syntaxique dans lequel figure un appel de fonction, voilà ce qui se passe :

1. La liste des paramètres effectifs est évaluée. S'il y a réellement des paramètres, leurs valeurs sont affectées aux paramètres formels de la fonction appelée. Tant qu'on n'a pas atteint la fin de la liste des paramètres, on recopie la valeur d'un paramètre effectif dans le paramètre formel de même rang.

2. La fonction appelée reçoit le contrôle du programme et commence à exécuter ses instructions.

3. Si une instruction **return** est exécutée dans la fonction appelée, alors l'exécution de la fonction se termine. La fonction appelée rend à la fonction appelante, via l'instruction **return**, le contrôle du programme et lui retourne éventuellement une valeur. La fonction appelante achève ensuite l'exécution de l'instruction qui contenait l'appel de fonction, ou bien continue le programme à l'instruction suivante. Une fonction peut contenir plusieurs instructions **return** (par exemple dans une structure 'if else'). Dans tous les cas, la fonction se termine lorsqu'une des instructions 'return ' est exécutée, les autres instructions **return** n'étant pas prises en compte.

Si la fonction appelée ne contient aucune instruction return, alors la fonction se termine lorsqu'est exécutée sa dernière instruction. Dans ce cas également le contrôle du programme repasse à la fonction appelante, mais sans que celle-ci reçoive une valeur de retour définie.

Appels de fonction et pile

En C les appels de fonction (ainsi que les paramètres et les variables 'auto' des fonctions) sont gérés dans une zone mémoire appelée "segment de pile" ou "pile" (cf. chapitre 7 "Classes de mémorisation : Résumé"). Le terme de "pile" (stack) s'explique par le fait que les données sont rangées puis effacées dans cette zone comme sur une pile. Plus généralement, une pile doit être comprise comme une structure de données avec un sommet (top) et un fond (bottom), dans laquelle on peut stocker une série de données sur lesquelles sont permises deux types de manipulations. L'opération 'push' ajoute un élément au sommet de la pile, en d'autres termes en fait ne nouveau dernier élément de la série. La pile croît. L'opération 'pop' enlève le dernier élément de la pile.

Une pile fonctionne donc selon la méthode LIFO (Last In First Out) : c'est toujours le dernier élément qui est enlevé en premier :

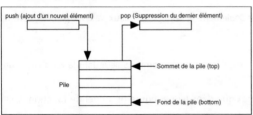

Fig. 10.12 : Fonctionnement d'une pile (mémoire LIFO)

Supposons que vous ayez deux fonctions push et pop, ainsi qu'une zone de mémoire (par exemple un tableau) qui doit servir de pile pour 'n' valeurs 'short'. La taille maximale de cette pile serait donc de 2n octets. L'opération :

```
push(1);
```

déposerait la valeur entière 1 sur la pile, selon le schéma suivant :

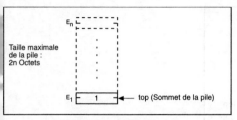

Fig. 10.13 : Une pile pour 'n' valeurs 'short' au plus : push(1)
place la valeur 1 sur la pile

Sur l'image précédente, les traits en pointillés matérialisent la taille maximale (en octets) que peut prendre la pile. La dimension actuelle de la pile est donnée par les traits simples. Les instructions :

```
push(2);
push(3);
```

font que deux autres valeurs sont placées sur la pile : on commence par poser la valeur 2 sur le sommet de la pile, puis on pose la valeur 3. Après quoi, la pile a l'allure suivante :

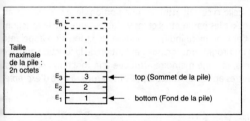

Fig. 10.14 : Après push(2) et push(3), la pile contient les valeurs 1, 2, 3

Si maintenant on exécute l'instruction :

```
pop();
```

alors l'élément supérieur (le dernier : E3), à savoir la valeur 3, est ôté de la pile :

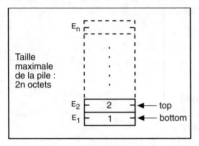

Fig. 10.15 : L'ancien dernier élément, la valeur 3, a été ôtée de la pile par pop()

Les opérations suivantes :

```
pop();
pop();
```

enlèvent les valeurs 2 et 1 de la pile. Il ne reste donc plus, après cela, d'élément sur la pile : elle est complètement "démolie".

Lors de l'appel d'une fonction C, celle-ci se voit attribuer une portion de la pile allouée au programme. C'est là que sont stockés les paramètres et les variables 'auto' de la fonction, ainsi qu'une adresse de retour. Cette dernière indique l'endroit de la fonction appelante où doit se poursuivre l'exécution du programme lorsque l'exécution de la fonction appelée sera terminée. Lorsque c'est le cas, la zone mémoire attribuée à la fonction appelée est libérée et peut resservir pour d'autres appels de fonctions. Considérons, à titre d'exemple, un programme simple :

► ADD34.C

```
/*** add34 additionne les constantes 3 et 4 ***/
#include   <stdio.h>
void add(short a, short b);                            /* déclaration de add */
void showsum(long sum);                             /* déclaration de showsum */
main()
   {
      short x = 3, y = 4;
      add(x,y);                                          /* appelle add */
   }
void add(short a, short b)                            /* définition de add */
   {
      showsum(a+b);                                   /* appelle showsum */
   }
void showsum(long sum)                              /* définition de showsum */
   {
      printf("%ld", sum);                              /* appelle printf */
   }
```

Le programme add34.c additionne, d'une manière quelque peu compliquée, les deux valeurs 3 et 4 et affiche leur somme. En fait, c'est pour des raisons didactiques qu'on a réparti ces opérations simples sur trois fonctions, en plus de **main**. La fonction **main** contient ici les variables locales x et y. Ces deux variables, ainsi que l'adresse de retour au système d'exploitation, sont donc rangées, au démarrage de la fonction principale, sur la pile du programme, cela par des opérations push adéquates (pour notre exemple, nous supposerons que l'adresse de retour occupe 2 octets) :

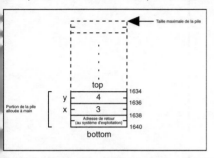

Fig. 10.16 : Pile de add34 après le lancement de main

Pour la fonction 'add', une adresse de retour (cette fois vers **main**) est également mémorisée lors de l'appel de cette fonction. Les deux paramètres a et b sont créés, en tant que variables locales, dans la portion de pile réservée à 'add' et prennent les valeurs des paramètres effectifs, donc 3 et 4 (notez bien que la pile croît dans la direction des adresses les plus faibles) :

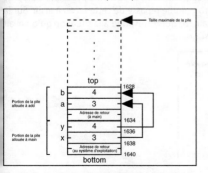

Fig. 10.17 : La pile de add34 après l'appel de 'add'

De même, des portions de pile seront attribuées aux fonctions 'showsum' et **printf**, de sorte qu'après l'appel de **printf** on peut se représenter ainsi la pile :

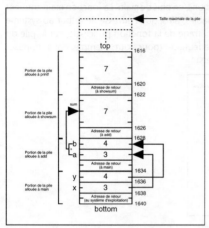

Fig. 10.18 : Pile de add34 après l'appel de printf

Une fois l'exécution de **printf** terminée, le contrôle du programme revient à la fonction 'showsum' et le morceau de pile utilisé par **printf** est libéré. 'showsum' ne contient pas d'autre instruction que **printf** et s'achève donc. Le contrôle du programme revient à la fonction 'add'. La portion de pile de 'showsum' est libérée. Le même processus se répète pour la fonction 'add', et le contrôle du programme repasse de cette façon à **main**. Sur la pile on n'a plus que la portion allouée à **main**, ce qui correspond à la situation qu'on avait lors du démarrage de **main** en début de programme :

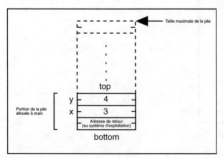

Fig. 10.19 : Pile de add34 après exécution des fonctions 'add', 'showsum' et printf

Comme **main** ne contient plus d'instructions, le programme s'achève et le contrôle de l'ordinateur est redonné au système d'exploitation.

Elimination des erreurs

Lors du traitement des expressions arithmétiques de la forme :

```
a + b    a - b    a * b    a / b
```

dans lesquelles a et b peuvent représenter n'importe quelles valeurs numériques, c'est le compilateur en principe qui choisit librement l'ordre d'évaluation des deux opérandes. Pour former la somme, la différence, le produit ou le quotient de deux valeurs numériques normales, peu importe l'ordre d'évaluation des opérandes (pour autant qu'un opérande ne soit pas modifié pendant le traitement de l'expression, cf. chapitre "Expressions et opérateurs"). Mais si les opérandes sont des valeurs retournées par des fonctions, l'ordre d'évaluation peut avoir son importance. Soit par exemple la fonction suivante qui, d'un appel à l'autre, renvoie alternativement la valeur de la variable locale 'x' ou de la variable locale 'y' :

```
int   getvalue(void)
   {
       static int i;                        /* compte ne nombre d'appels de 'getvalue' */
       int x = 2, y = 1;
       if (++i % 2)
       return(x);                                       /* si appel impair */
       else
       return(y);                                       /* si appel pair */
   }
```

Si on faisait alors exécuter l'instruction :

```
sum = getvalue() + getvalue();
```

'sum' étant une variable de type **int**, le résultat de l'addition serait toujours 3, du fait de la commutativité de l'opérateur "+". Cela indépendamment de l'ordre d'exécution des deux appels de la fonction. Il en va autrement avec la soustraction ('diff' est une variable de type **int**) :

```
diff = getvalue() - getvalue();
```

Dans l'instruction qui précède, si c'est d'abord l'appel à gauche qui est exécuté, alors l'opérande de gauche prend la valeur 2 et l'opérande de droite la valeur 1, après exécution de l'appel à droite. La différence est donc de 1. Mais si c'est l'appel à droite qui est évalué en premier, alors 'getvalue' donne la valeur 2 pour l'opérande de droite et la valeur 1 pour l'opérande de gauche. La différence maintenant est de 1. Des effets analogues peuvent survenir avec la multiplication (commutative) et la division (non commutative).

Avec les opérateurs non commutatifs, il est donc possible de bâtir des expressions ambiguës faites de plusieurs appels de fonction. Pour résoudre le problème, il faut exécuter séparément les appels de fonction. Si l'on veut dans la soustraction précédente former la différence x - y (2 - 1), alors il faut définir une variable appropriée pour stocker le résultat intermédiaire, par exemple :

```
int   xval;
```

On commence par :

```
xval = getvalue();
```

La fonction est appelée une première fois et on range le résultat dans la variable 'xval'. Ensuite, on forme la différence souhaitée avec :

```
diff = xval - getvalue();
```

et on peut l'affecter à la variable 'diff'.

10.4 Passage des paramètres

Avec l'instruction **return** d'une part et la liste des paramètres d'autre part, une fonction dispose de deux moyens pour communiquer ou pour échanger des données avec d'autres fonctions. L'instruction **return** a déjà été traitée dans les sections précédentes. Elle retourne le résultat éventuel d'une fonction à celui qui l'a appelée. Dans cette section, nous allons approfondir l'étude des paramètres des fonctions. Ce qui nous intéresse ici, c'est la nature de ces paramètres et la manière dont ils peuvent être transmis à la fonction pour y remplacer ses paramètres formels et être, en tant que tels, manipulés par la fonction.

Les paramètres effectifs d'une fonction sont des expressions (noms de variables, constantes, expressions arithmétiques, adresses, etc.) qui doivent correspondre en nombre et en type aux paramètres formels spécifiés dans la définition de la fonction. Par contre, les noms des paramètres effectifs, dans la mesure où il s'agit d'entités nommées, sont libres. En C nous devons distinguer deux méthodes pour transmettre des paramètres effectifs à une fonction : si la fonction reçoit, comme paramètre, la valeur d'une donnée (plus précisément, une copie de celle-ci), alors on parle de transmission par valeur (call by value). Si la fonction, en revanche, ne reçoit pas la valeur de la donnée, mais son adresse, alors on parle de transmission par adresse (call by reference). Laquelle des deux méthodes faut-il utiliser selon les cas ? Tel est justement l'objet de ce qui suit.

Passage par valeur (call by value)

Le passage par valeur est en C le mode standard de transmission de paramètres effectifs à une fonction. Si par exemple le nom d'une variable (tableaux exceptés, cf. 10.4.2 et 10.4.3) apparaît en tant que paramètre réel d'une fonction, alors la fonction appelée reçoit toujours la valeur de cette variable et non son adresse. La fonction appelée reçoit plus précisément une copie de la valeur de l'objet passé comme paramètre effectif. Cette copie est affectée au paramètre formel correspondant. La fonction travaille donc sur un duplicata (et non sur l'original) de la valeur transmise (ce fait est lourd de conséquences, mais nous verrons cela un peu plus loin). Le programme SHOW35.C montre un exemple simple de passage de paramètres par valeur. La fonction **main** du programme transmet deux variables **int** comme paramètres effectifs à une fonction 'show' qui doit afficher les valeurs des variables. Pour cela, les valeurs des paramètres réels sont recopiées dans les paramètres formels de 'show', puis affichés.

▶ **SHOW35.C**
```
/*** show35 donne un exemple de passage de paramètres par valeur ***/

#include   <stdio.h>

main()
  {
     void show(int x, int y);                                /* déclaration de show */
     int a = 3, b = 5;                                /* variables locales à main */
     show(a, b);                            /* appelle show: passage par valeur */
  }

void show(int x, int y)                                      /* définition de show */
  {
     printf("Valeur 1 : %d\tValeur 2 : %d", x, y);
  }
```

Le programme donne :

```
Valeur 1 : 3        Valeur 2 : 5
```

ce qui est le résultat attendu. Rien ici ne permet de détecter le fait que la fonction 'show' ait en réalité travaillé sur les copies des paramètres effectifs et non sur les originaux. Mais il est facile de modifier le programme afin qu'on puisse distinguer les valeurs d'origine des valeurs dupliquées. Pour cela, nous nous servirons du fait suivant, déjà évoqué mais non explicité, qui se produit lors d'une transmission par valeur : la fonction appelée travaille seulement sur une copie du paramètre issu de la fonction appelante et cette copie, en tant que paramètre formel, n'est qu'une variable locale à la fonction appelée. La fonction appelée peut donc modifier la valeur de la copie locale, mais pas la valeur de la variable d'origine issue de la fonction appelante, valeur à partir de laquelle a été fait le duplicata. La fonction appelée, ayant reçu simplement la copie d'une valeur de variable, ne "connaît" pas la variable (ne connaît pas l'adresse de celle-ci en mémoire) ayant servi à créer la copie. La fonction ne peut donc pas modifier la valeur de l'original.

En se basant là-dessus, on peut écrire une variante du programme SHOW35.C dans laquelle les copies des deux variables transmises à la fonction 'show' sont modifiées avant d'être affichées. A titre de contrôle, les valeurs des variables sont également affichées dans **main** avant et après l'appel de 'show'. Les réflexions précédentes font que nous nous attendons à ce que les valeurs des variables de 'show' diffèrent de celles de **main**, preuve que dans la fonction appelée n'ont été traitées que des copies des valeurs originales.

▶ **SHOW46.C**
```
/*** show46 prouve qu'en cas de passage de paramètres par valeur,  ***/
/** ce sont les copies et non les originaux qui sont transmis.    ***/

#include   <stdio.h>

main()
  {
     void show(int x, int y);                                /* déclaration de show */
```

```
    int a = 3, b = 5;                                      /* variables locales à main */

    printf("Valeurs des variables dans 'main' : %d\t%d\n", a, b);
    show(a, b);                                  /* appelle show : passage par valeur */

    printf("Valeurs des variables dans 'main' : %d\t%d", a, b);
}

void show(int x, int y)                                    /* définition de show */
{
    x++;
    y++;
    printf("Valeurs des variables dans 'show' : %d\t%d\n", x, y);
}
```

On obtient l'affichage suivant :

```
Valeurs des variables dans 'main' : 3    5
Valeurs des variables dans 'show' : 4    6
Valeurs des variables dans 'main' : 3    5
```

ce qui prouve bien que l'incrémentation des valeurs affectées aux paramètres formels, entreprise dans la fonction 'show', n'a aucune influence sur les valeurs des variables 'x' et 'y' passées comme paramètres réels. Après l'appel de 'show', x et y possèdent toujours les valeurs 3 et 5. Cela montre, à nouveau, qu'en fait la fonction 'show' n'a pas manipulé les valeurs d'origine des variables x et y, mais seulement des copies (locales) de celles-ci :

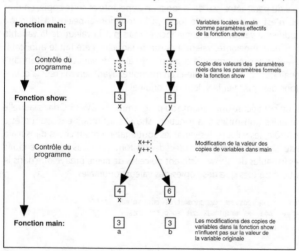

Fig. 10.20 : Appel de fonction avec passage des paramètres par valeur

Les copies des valeurs des variables passées comme paramètres effectifs sont modifiées dans la fonction appelée, sans que cela se répercute sur les valeurs originales des variables dans la fonction appelante.

Supposons maintenant qu'un programme doive non seulement afficher les valeurs de deux variables, mais aussi (à l'aide d'une fonction ad hoc) les permuter (ce genre de manipulation est surtout requis par les processus de tri). Pour deux variables a et b, cela signifierait par exemple que 'a' doit prendre la valeur de 'b' et 'b' celle de 'a'. Le programme SWAPERR.C, censé échanger les valeurs de deux variables **int**, ne va en fait pas du tout marcher.

▶ SWAPERR.C

```
/*** SWAPERR donne un exemple d'essai infructueux de permutation de ***/
/*** deux variables, réalisée à l'aide d'une fonction spécifique     ***/
#include   <stdio.h>
main()
   {
      void swap(int x, int y);                    /* déclaration de la fonction */
                         lisée à l'aide d'une fonction /* de permutation 'swap' */
      int a = 3, b = 5;

      printf("Valeur de a : %d\tValeur de b : %d", a, b);
      swap(a, b);   /* swap : appel par valeur */
      printf("Valeur de a : %d\tValeur de b : %d", a, b);
   }

void swap(int x, int y)                   /* est censée permuter les valeurs de */
                          /* deux variables de la fonction appelante */

   {
         int buffer;
         buffer = x;   /* */
         x = y;                                       /* permutation */
      y = buffer;   /* */
   }
```

La fonction 'swap' effectue l'opération de permutation en trois phases qui vous sont familières, grâce auxquelles on peut échanger les valeurs de deux entités. Cependant, le programme donne comme : affichage :

```
valeur de a : 3      valeur de b : 5
valeur de a : 3      valeur de b : 5
```

On reconnaît là-dessus que la permutation escomptée n'a visiblement pas eu lieu. Cela n'est pas particulièrement surprenant car la fonction 'swap', en raison du passage des paramètres par valeur, ne reçoit que des copies des valeurs d'origine des variables. Toute ce qu'elle peut faire, c'est échanger les valeurs de ces copies locales, mais elle ne peut pas permuter les valeurs des variables de **main** dont sont issus les duplicata. Pour que la fonction 'swap' puisse échanger les valeurs d'origine et non des copies de celles-ci, il faut qu'elle ait accès aux emplacements mémoire des variables a et b. En d'autres termes, la fonction 'swap' doit connaître les adresses des données dont elle doit permuter les valeurs.

Passage par adresse (call by reference)

Lorsqu'on veut qu'une fonction puisse modifier la valeur d'une donnée passée comme paramètre, il faut transmettre à la fonction non pas la valeur de l'objet concerné, mais son adresse. Cette technique de transmission des paramètres est appelée "passage par adresse" (call by reference). La conséquence en est que la fonction appelée ne travaille plus sur une copie de l'objet transmis, mais sur l'objet lui-même (car la fonction en connaît l'adresse). La fonction appelée range l'adresse transmise dans un paramètre formel approprié, donc dans un pointeur. Bien que ce paramètre formel ne soit qu'une variable locale à la fonction appelée, la fonction a maintenant accès, via ce paramètre, à l'objet de la fonction appelante dont l'adresse a été passée comme paramètre effectif. Le passage des paramètres par adresse permet donc à une fonction de modifier les valeurs des variables d'autres fonctions.

Appliqué à notre programme de permutation, cela signifie que nous devons modifier la fonction 'swap' de telle sorte qu'elle ne récupère pas, lors de son appel, les valeurs des variables a et b, mais leurs adresses. Les paramètres effectifs de 'swap' doivent donc être des adresses, par exemple des noms de variables précédés de l'opérateur d'adressage ou des noms de pointeurs. Un appel de la fonction ressemblerait à :

```
swap(&a, &b)    /* transmission d'adresses : call by reference */
```

Ici les adresses de a et de b sont obtenues par l'opérateur "&". On pourrait aussi, après avoir défini :

```
int *pa = &a;
int *pb = &b;
```

appeler ainsi la fonction 'swap' :

```
swap(pa, pb);    /* transmission d'adresses : call by reference */
```

Les adresses de 'a' et de 'b', cette fois, sont transmises à 'swap' dans des pointeurs. Si une fonction reçoit des adresses comme paramètres effectifs, cela suppose que les paramètres formels de la fonction aient été définis en tant que pointeurs. Pour la fonction 'swap' qui doit échanger deux valeurs int, les paramètres formels doivent donc être deux pointeurs vers int dans lesquels on pourra recopier les adresses des variables a et b. La permutation des valeurs de 'a' et de 'b' est alors effectuée par 'swap' à l'aide de ces pointeurs. A partir de ces données, nous pouvons désormais définir la fonction :

```
void swap(int *x, int *y)    /* permute les valeurs d'origine de deux données */
    {
        int buffer;
        buffer = *x;    /* permute les valeurs des variables originales */
        *x = *y;    /* à l'aide de */
        *y = buffer;    /* pointeurs déréférencés */
    }
```

La différence par rapport à la version précédente de 'swap' est claire : à l'aide des pointeurs déréférencés *x et *y, la fonction accède maintenant non plus à des copies locales des valeurs des variables de la fonction appelante, mais aux contenus des emplacements mémoire où sont rangées les variables (sur la pile). De ce fait, les valeurs d'origine de 'a' et de 'b' sont réellement échangées :

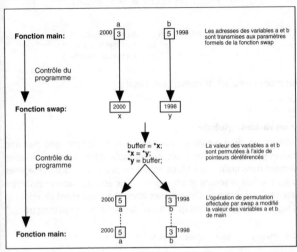

Fig. 10.21 : Appel de fonction avec passage de paramètres par adresse : comme la fonction appelée reçoit les adresses des données, elle peut modifier les valeurs des données

Nous voici désormais en mesure de fabriquer la bonne version de notre programme de permutation :

▶ SWAPOK.C

```c
/*** SWAPOK permute les valeurs de deux variables au moyen d'une fonction ***/
/*** ad hoc. Les paramètres sont passés par adresses.                     ***/

#include   <stdio.h>

main()
   {
        void swap(int *x, int *y);       /* déclaration de la fonction d'échange */
                                      /* 'swap' : les paramètres formels sont */
                                                    /* des pointeurs 'int' */

        int a = 3, b = 5;

        printf("Valeur de a : %d\tValeur de b : %d", a, b);

        swap(&a, &b);                              /* swap : call by reference */

        printf("\nValeur de a : %d\tValeur de b : %d", a, b);
```

```
    }

void swap(int *x, int *y)                    /* échange les valeurs de deux variables */
  {
    int buffer;
    buffer = *x;                   /* accès aux valeurs des variables à manipuler */
    *x = *y;                                           /* par l'intermédiaire de */
    *y = buffer;                                       /* pointeurs déréférencés */
  }
```

L'affichage résultant du programme est désormais satisfaisant :

```
valeur de a : 3    valeur de b : 5
valeur de a : 5    valeur de b : 3
```

Passage par adresse ou variable globale

La permutation des valeurs de deux variables peut se faire autrement que par une transmission de paramètres par adresse. Si on avait, par exemple, défini les deux variables 'a' et 'b' non pas localement dans **main**, mais globalement en début de programme, elles seraient connues dans tout le fichier source et pourraient donc être utilisables sans autre forme de procès par toutes les fonctions. On pourrait donc théoriquement imaginer la variante suivante dans laquelle la fonction 'swap' n'aurait besoin d'aucun paramètre :

► SWAPGLOB.C

```
/*** swapglob permute les valeurs de deux variables globales ***/

#include  <stdio.h>

  int a = 3, b = 5;                                        /* variables globales */

main()
  {
    void swap(void);                 /* déclaration de la fonction d'échange swap */

    printf("valeur de a : %d\tValeur de b : %d", a, b);

    swap();                          /* appelle swap : fonction sans paramètre */

    printf("\nValeur de a : %d\tValeur de b : %d", a, b);
  }

void swap(void)                    /* échange les valeurs de 2 variables globales */
  {
    int buffer;

    buffer = a;                                          /* permute les valeurs */
    a = b;                                               /* des variables */
    b = buffer;                                          /* globales */
  }
```

L'affichage produit par SWAPGLOB est le même que celui de SWAPOK. L'idée de définir des variables globales afin qu'elles puissent être utilisées par plusieurs fonctions apparaît logique d'un côté. En effet, on n'a pas à se soucier de définir des listes de paramètres. D'un autre côté, plus il y a de fonctions qui accèdent aux variables globales et plus le danger augmente d'avoir des modifications intempestives de ces variables. Définir globalement toutes les variables pour des raisons de simplicité se révèle donc plutôt dangereux. Un autre inconvénient de cette dernière version de 'swap' est que, contrairement à la version précédente qui permutait des valeurs **int** quelconques, elle est très limitée en ce sens qu'on ne peut l'utiliser que sur des variables nommées 'a' et 'b'.

Tableaux comme paramètres

Il est souvent demandé de permuter non seulement les valeurs d'un couple de données, mais les valeurs de toute une série de couples. Tel est le cas, par exemple, lorsqu'il faut trier un tableau. Supposons défini un tableau dans **main** :

```
short n[10] = {3, 9, 7, 2, 1, 8, 5, 4, 6, 0};
```

Vous pourriez alors échanger, par la version suivante de la fonction 'swap', les valeurs de deux éléments quelconques du tableau :

```
void swapshort(short *x, short *y)
    {
        short buffer;
        buffer = *x;
        *x = *y;
        *y = buffer;
    }
```

Ainsi, l'appel de fonction :

```
swapshort(&n[0], &n[9]);
```

permuterait les valeurs des premier et dernier éléments de 'n'. Avec :

```
int i, k;
. . .
for (i = 9; i != 0; i--)                              /* tri du tableau */
    for (k = 0; k < i; k++)
    if( n[k] > n[k+1])
      swapshort(&n[k], &n[k+1]);
```

on peut trier le tableau short 'n' en ordre croissant selon le procédé du tri à bulles. (Pour ce qui concerne cette technique de tri, reportez-vous à la solution de l'exercice 1 du chapitre "Types de données complexes : Tableaux et structures". Vous trouverez les solutions dans l'annexe C).

Une fonction de tri

Concernant ce genre d'opérations de tri dans d'autres programmes, on arrive à la conclusion qu'il serait fort utile de disposer d'une routine, conçue sous forme de fonction spécifique, permettant de trier n'importe quel tableau. Ainsi, on n'aurait pas à réécrire chaque fois l'algorithme de tri, lequel a toujours le même aspect. Logiquement une telle fonction, lors de son appel, devrait recevoir comme paramètre effectif le tableau qu'elle doit trier.

En fait, les tableaux en C sont toujours transmis par adresse (by reference) à une fonction. La fonction appelée reçoit toujours, ce faisant, l'adresse du début du tableau (c'est-à-dire l'adresse de son premier élément) et range celle-ci dans le paramètre formel ad hoc (qui est naturellement un pointeur adéquat). La fonction peut alors, via ce pointeur, accéder à tous les éléments du tableau. (Si on veut ne manipuler qu'une certaine portion du tableau, on transmet comme il se doit l'adresse de l'élément auquel doit commencer le traitement - cf. plus loin).

Si la fonction de tri précédemment mentionnée doit se baser sur le procédé du tri à bulles, elle a besoin d'autres paramètres que l'adresse du début du tableau 'short' concerné. Pour que la fonction sache quand finit le traitement, il faut lui communiquer en outre le nombre d'éléments du tableau ou bien le nombre d'éléments à trier (ce dernier cas arrive par exemple lorsque le tableau n'est pas totalement rempli). Nous construirons donc la fonction de façon à ce qu'elle puisse prendre comme second paramètre le nombre d'éléments à trier. Nous appellerons cette fonction 'bsort'. Pour les opérations de permutation exigées, 'bsort' appelle de son côté la fonction 'swapshort' déjà connue :

```
void bsort(short *arr, int elements)                          /* Version 1 */
   {
       void swapshort(short *x, short *y);      /* déclaration de 'swapshort' */
       int i, k;                                /* variables locales à 'bsort' */

          for (i = elements-1; i != 0; i–)
              for (k = 0; k < i; k++)
                    if(*(arr+k) > *(arr+k+1))   /* élément k > élément (k+1) ? */
                       swapshort(arr+k, arr+k+1);
                                /* paramètres : adresses des éléments k et (k+1) */
   }
```

Le paramètre formel est-il un tableau ou un pointeur ?

La fonction 'bsort' est ainsi faite qu'elle ne renvoie aucun résultat à la fonction appelante. C'est pour cela que le type de la valeur retournée est **void**. Le paramètre formel 'arr' a été défini via :

```
short *arr
```

comme pointeur vers 'short'. En effet, il est censé récupérer l'adresse d'un objet de type 'short', à savoir celle du premier élément d'un tableau de valeurs 'short'. Une alternative aurait pu consister à définir le paramètre formel par :

```
short arr[ ]
```

On indique ici que l'adresse transmise est celle d'un tableau. Les deux formulations :

```
<type> *<nom>
```

et

```
<type> <nom>[ ]
```

sont équivalentes, mais seulement lors de la définition des paramètres formels d'une fonction.

De cette équivalence découle qu'un paramètre formel tel que 'arr', qu'il soit défini par :

```
short arr[]
```

ou par :
```
short *arr
```

est dans tous les cas un pointeur (local) de la fonction concernée. Ce pointeur peut stocker l'adresse d'un tableau transmise comme paramètre. Malgré la syntaxe qui fait penser la définition usuelle d'un tableau, l'écriture :
```
short arr[]
```

définit un pointeur nommé 'arr' comme paramètre formel et non pas un tableau du même nom. Le fait, quelque peu déroutant à priori, de définir un paramètre formel sous forme de "tableau" revêt une signification particulière pour le paramètre : d'une part on n'a plus besoin de spécifier le nombre d'éléments entre les crochets, car en fin de compte le paramètre formel ne contient que l'adresse d'un tableau et non le tableau lui-même. D'autre part cette manière permet, d'un certain point de vue, de manipuler un paramètre formel ainsi défini (pointeur) autrement qu'un tableau. On sait que le nom d'un tableau représente toujours un pointeur constant qui contient l'adresse du début du tableau. Si on définit par exemple par :
```
short arr[] = {3, 9, 7, 2, 1, 8, 5, 4, 6, 0};
```

un tableau classique, alors des opérations comme :
```
arr++;
arr-;
```

ou :
```
arr = arr + 2;
```

sont interdites car le nom du tableau 'arr', de par sa nature d'adresse constante, n'est pas une Lvalue et ne peut donc pas figurer dans le membre gauche d'une affectation, ni être incrémenté ou décrémenté (cf. chapitre "Pointeurs"). Mais si dans la définition d'une fonction, on rencontre un paramètre formel du style :
```
short arr[]
```

alors 'arr', comme le montrent nos réflexions précédentes, n'est pas ici un pointeur constant, mais le nom d'un pointeur (local). C'est donc une Lvalue et il peut très bien figurer dans le membre gauche d'une affectation, ou bien être incrémenté ou décrémenté ainsi qu'en témoigne la version suivante de la fonction 'bsort' :

```c
void bsort(short arr[], int elements)                              /* Version 2 */
    {
        void swapshort(short *x, short *y);
        int i, k;
        short *bkp;

        bkp = arr;                                   /* conserve adresse de début */
        for (i = elements-1; i != 0; i-)
            {
                arr = bkp;         /* arr = Lvalue, figure dans le membre gauche */
                for (k = 0; k < i; k++)
                    {
```

```
                    if(*arr > *(arr+1))              /* élément k > élément (k+1) ? */
                        swapshort(arr, arr+1);
                                               /* paramètres : adr. éléments k et (k+1) */
                        arr++;                                /* incrémente 'arr' */
                }
          }
    }
```

Bien que le paramètre formel 'arr' soit défini à la mode des tableaux, la fonction 'bsort' y accède comme à un pointeur variable (ce que 'arr' est aussi de facto) et utilise le nom 'arr' en tant que Lvalue et en tant qu'objet incrémenté, choses interdites pour les noms de tableaux. L'instruction :

```
arr = bkp;
```

par exemple contient le nom 'arr' du côté gauche d'une affectation, ce qui serait faux si 'arr' était un "vrai" tableau (et donc un pointeur constant). 'arr' est donc forcément une variable. L'instruction précédente est d'ailleurs obligatoire dans cette version de la fonction 'bsort'. En effet la variable 'arr' est incrémentée, donc modifiée, à la fin de la boucle 'for' interne. Sans cette précaution, on perdrait l'adresse du début du tableau, laquelle est exigée par la prochaine passe de tri. L'accès aux éléments du tableau transmis par adresse s'effectue, dans la variante précédente, à l'aide de l'opérateur de contenu "*". On peut remplacer cela bien sûr par un accès indexé (ce qui paraît correspondre "mieux" à la définition du paramètre formel) :

```
void bsort(short arr[], int elements)                              /* Version 3 */
    {
        void swapshort(short *x, short *y);
        int i, k;
        for (i = elements-1; i != 0; i--)
              for (k = 0; k < i; k++)
                      if(arr[k] > arr[k+1])           /* élément k > élément (k+1) ? */
                      swapshort(&arr[k], &arr[k+1]);
    }
```

Dans les deux dernières versions de la fonction, on pourrait remplacer le paramètre formel 'short arr[]' simplement par 'short *arr' sans qu'il soit nécessaire de modifier le code de la fonction. De même, cela ne pose aucun problème d'utiliser 'short arr[]' à la place de 'short *arr' dans la version 1 de 'bsort'. Tout cela contribue donc à souligner encore une fois l'équivalence des deux expressions.

Adresse d'un tableau comme paramètre effectif

On dispose de plusieurs possibilités pour transmettre à une fonction l'adresse du début d'un tableau comme paramètre effectif. Dans le cas du tableau short 'n', on peut passer l'adresse du premier élément du tableau, aussi bien par l'expression :

```
&n[0]
```

que par le nom du tableau :

```
n
```

On sait que le nom d'un tableau représente un pointeur constant vers le premier élément du tableau. En outre, on peut aussi employer un pointeur ayant un contenu adéquat, par exemple :

```
short *pn = n;              /* 'pn' est initialisé avec l'adresse du début de 'n' */
```

pour transmettre l'adresse du tableau. Par conséquence, chacune des trois instructions :

```
bsort(&n[0],  10);
bsort(n,  10);
bsort(pn,  10);
```

permettrait de trier le tableau 'n'. L'image suivante montre la transmission du tableau 'n' à 'bsort' après l'appel de fonction bsort(n, 10) :

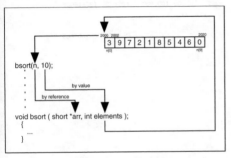

Fig. 10.22 : Passage d'un tableau à une fonction par adresse
             (call by reference)

Tri d'un tableau de nombres aléatoires

Le programme suivant SORTRND1.C trie un tableau 'short' préalablement rempli par des nombres générés de manière aléatoire par la fonction '**rand**'. '**rand**' (random = aléatoire) est une fonction prédéfinie qui fournit des nombres compris entre 0 et 32767. Elle n'a aucun paramètre. Après :

```
int   r_number;
```

l'instruction :

```
r_number = rand();
```

appelle la fonction 'rand' pour créer un nombre aléatoire et range ce nombre dans 'r_number'. Pour utiliser la fonction 'rand', il faut incorporer au programme le header STDLIB.H :

▶ SORTRND1.C

```
/*** SORTRND1 range des nombres aléatoires dans un tableau 'short', ***/
/*** trie le tableau en ordre croissant et l'affiche              ***/

#include <stdio.h>                                          /* printf */
#include <stdlib.h>                                         /* rand */
```

```
main()
  {
      void bsort(short *arr, int elements);
      short n[10];
      int i;
      printf("\033[2J");
      printf("Le programme a choisi les nombres aléatoires suivants : \n\n");
      for (i = 0; i < 10; i++)                    /* génération des nombres aléatoires */
          {
              n[i] = rand();
              printf("%hd  ", n[i]);
          }

      bsort(n, 10);                               /* tri du tableau : call by reference */
      printf("\n\nVoilà les nombres triés :\n\n");

      for (i = 0; i < 10; i++)                                   /* affiche tableau */
          printf("%hd  ", n[i]);
  }

/*******   fonction de tri   *******/

void bsort(short *arr, int elements)
  {
      void swapshort(short *x, short *y);
      int i, k;

      for (i = elements-1; i != 0; i--)
          for (k = 0; k < i; k++)
              if(arr[k] > arr[k+1])
                  swapshort(&arr[k], &arr[k+1]);
  }

/*******   fonction de permutation   *******/

void swapshort(short *x, short *y)
  {
      short buffer;
      buffer = *x;
      *x = *y;
      *y = buffer;
  }
```

Transmission de sous-tableau

Il arrive que l'on veuille manipuler non pas le tableau au complet, mais seulement une partie. Par exemple, le tableau 'n' de nos derniers exemples pourrait déjà être trié jusqu'à la moitié, car initialisé ainsi :

```
short n[] = {0, 1, 2, 3, 4, 9, 7, 5, 6, 8};
```

Dans ce cas-là il suffirait de ne trier que la partie arrière du tableau à partir du sixième élément n[5]. On va donc transmettre à la fonction 'bsort' non pas l'adresse du début du tableau, mais l'adresse de l'élément à partir duquel commence la fraction à trier (plus un second paramètre qui indiquera le nombre d'éléments à trier) :

```
sort(&n[5], 5);     /* trie la seconde moitié du tableau 'n' */
```

l'image qui suit montre bien qu'après l'appel de fonction précédent le paramètre formel 'arr' de la fonction 'bsort' récupère désormais l'adresse du sixième élément du tableau. La conséquence en est que la fonction ne manipule en fait que les éléments n[5] à n[9] :

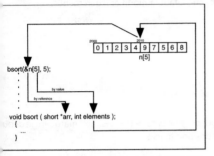

Fig. 10.23 : Passage d'un sous-tableau à une fonction (call
by reference)

Par ailleurs, on aurait pu spécifier l'adresse du sixième élément de 'n' autrement que par :

```
n[5]
```

par exemple par :

```
+ 5     /* arithmétique des pointeurs : adresse du 6-ème élément du tableau 'n' */
```

et appeler ainsi la fonction 'bsort' :

```
sort(n+5, 5);
```

Comme on le voit sur l'exemple de la fonction 'bsort', peu importe en ce qui concerne la définition du paramètre formel correspondant que soit transmise l'adresse du début du tableau ou simplement l'adresse d'un sous-tableau de 'n'. Ce qui importe, c'est que le paramètre soit défini de façon à pouvoir stocker l'adresse d'une donnée ayant le type des éléments du tableau.

La fonction 'bsort' est fort utile (abstraction faite de ce qu'il existe des algorithmes de tri plus efficaces). En effet, elle ne permet pas que de trier des portions de tableaux qui s'étalent à partir d'un certain élément jusqu'à la fin du tableau. Elle peut servir à trier toutes sortes de domaines contigus situés entre deux éléments quelconques d'un tableau (bornes incluses). Vous pouvez par exemple avec :

```
bsort(&n[3], 6);
```

trier les éléments n[3] à n[8] du tableau 'n'.

Mais on pourrait modifier la fonction de façon à la rendre plus facile à utiliser. On lu
passerait non pas l'adresse du premier élément et le nombre d'éléments à trier, mais le
adresses des premier et dernier éléments de la portion de tableau à trier. De cette manière
on visualise instantanément le domaine à trier. L'appel de fonction :

```
bsort(&n[3],  &n[8]);
```

par exemple trierait les éléments du tableau 'n' situés entre les positions 4 à 9. Pour pouvoi
appeler la fonction via la syntaxe précédente, il faut la modifier légèrement :

```
void bsort(short *start, short *end)                          /* Version 4 */
    {
        void swapshort(short *x, short *y);
        int i, k;
        for (i = end-start; i != 0; i--)
            for (k = 0; k < i; k++)
                if(start[k] > start[k+1])
                    swapshort(&start[k], &start[k+1]);
    }
```

'bsort' a maintenant deux pointeurs 'short' comme paramètres, lesquels marquent le débu
et la fin de la zone à trier. La différence des pointeurs :

```
end - start
```

donne le nombre, diminué de 1, des éléments de la zone à trier (on a besoin d'une pass
de tri de moins que le nombre d'éléments à trier). Le programme suivant SORTRND2.(
range 80 nombres aléatoires dans un tableau 'short', puis trie via la fonction **'bsort'** un
portion du tableau choisie au hasard. Pour la saisie et l'affichage des valeurs, on emploi
des fonctions spécifiques. La fonction **'fill'** remplit le tableau avec des valeurs aléatoires
Les fonctions **'shownorm'** et **'showinv'** affichent les valeurs en affichage normal et e
affichage avec inversion vidéo. Pour faire varier la génération des nombres aléatoires, avan
chaque tirage on utilise la fonction prédéfinie 'srand' qui produit une nouvelle valeur d
départ pour le fonction 'rand'. Cette valeur initiale conditionne la séquence de nombre
aléatoires créés par 'rand' : en particulier, une même valeur de départ produit toujours l
même suite de nombres aléatoires. C'est ce qui arrive toujours, par exemple, lorsque 'rand
n'est pas explicitement initialisé par 'srand' et que la séquence des nombres est produit
à partir d'une valeur initiale standard. 'srand' est appelée avec un paramètre de typ
'unsigned int'.

L'instruction :

```
srand(23);
```

initialise la fonction 'rand' à la valeur 23. Après quoi, 'rand' générera une autre séquence
de nombres aléatoires que si on avait fait, par exemple :

```
srand(6);
```

L'instruction :

```
srand(1);
```

entraîne que 'rand' créera la même suite de nombres que celle qui serait générée si on oubliait d'appeler 'srand' au préalable.

> SORTRND2.C

```c
/*** SORTRND2 range des nombres aléatoires dans un tableau et ***/
/*** trie un sous-tableau choisi au hasard                    ***/

#include <stdio.h>                                            /* printf */
#include <stdlib.h>                                      /* rand, srand */
#include <conio.h>                                             /* getch */

#define ESC 27

main()
  {
      void bsort(short *start, short *end);
      void fill(short *a, unsigned n);
      void shownorm(short *a, unsigned n);
      void showinv(short *a, unsigned n, unsigned first, unsigned last);

     short nums[80];                        /* tableau pour nombres aléatoires */
     unsigned x, y;                              /* coordonnées aléatoires */
     unsigned seed = 0;          /* valeur initiale pour rand (param. de srand) */
     int rep;                                     /* variable de contrôle */

     do
       {
          printf("\033[2J");
           printf("Le programme a produit les nombres aléatoires suivants :\n\n\n");

          srand(++seed);                        /* initialise la fonction 'rand' */
          if (seed > 65534)             /* réinitialise 'seed' afin de ne pas */
             seed = 0;                     /* déborder des 'unsigned int' */
             fill(nums, 80);                   /* remplissage du tableau */
             shownorm(nums, 80);               /* affiche tableau non trié */

          do                            /* sélection aléatoire du sous-tableau */
            {
               x = rand() % 80;         /* crée nb. aléatoire entre 0 et 79 qui */
                                        /* donne le début du sous-tableau */
               y = rand() % 80;         /* idem pour la fin du sous-tableau */

             } while(x >= y);           /* premier index doit être < second */

           printf("\n\nLe sous-tableau à trier commence à la position %u"
               " et finit à la position %u :\n\n", x+1, y+1);
           bsort(&nums[x], &nums[y]);             /* tri du sous-tableau */
           showinv(nums, 80, x, y);            /* affichage du tableau trié */
            printf("\n\n\nEntrée> pour continuer. Fin par <ECHAP>:");
           rep = getch();

         } while(rep != ESC);
```

```
    }

/*******    fonction de tri *******/

void bsort(short *start, short *end)
  {
      void swapshort(short *x, short *y);
    int i, k;

    for (i = end-start; i != 0; i--)
        for (k = 0; k < i; k++)
              if(start[k] > start[k+1])
                  swapshort(&start[k], &start[k+1]);


  }

/*******    fonction de remplissage  *******/

void fill(short *a, unsigned n)
  {
    unsigned i;

    for (i = 0; i < n; i++)
        a[i] = rand();


  }

/***  fonction d'affichage normal **/

void shownorm(short *a, unsigned n)
  {
    unsigned i;

    for (i = 0; i < n; i++)
        {
          printf("%5hd ", a[i]);
          if ((i+1)%10 == 0 && i != n-1)                    /* 10 colonnes */
              printf("\n");
        }
  }

/*** fonction d'affichage inversé ***/
void showinv(short *a, unsigned n, unsigned first, unsigned last)
  {
    unsigned i;

    for (i = 0; i < n; i++)
        {
          if (i >= first && i <= last)
              printf("\033[7m%5hd ", a[i]);
                                          /* sous-tableau trié en inverse vidéo */
          else
```

```
            printf("\033[0m%5hd  ", a[i]);     /* le reste en affichage normal */

        if (last == 79)                          /* remettre l'affichage normal */
            printf("\033[0m");           /* si inversion va jusqu'à fin tableau */

        if ((i+1)%10 == 0 && i != n-1)                        /* 10 colonnes */
            printf("\n");
    }
}
/*******    fonction de permutation ********/

void swapshort(short *x, short *y)
    {
        short buffer;
        buffer = *x;
        *x = *y;
        *y = buffer;
    }
```

Commentaires

La fonction 'showinv' souligne en clair, lors de l'affichage du tableau, la partie triée. Contrairement à la fonction d'affichage normal, elle admet quatre paramètres dont les deux derniers représentent les indices du début et de la fin du domaine trié. La fonction utilise, pour la mise en évidence de la portion triée, la séquence d'échappement ANSI :

\033[7m

qui échange les couleurs du fond d'écran et du texte. Notez bien que ce réglage reste actif tant qu'on ne le modifie pas explicitement. L'instruction :

```
if (last == 79)
    printf("\033[0m");
```

rétablit l'affichage normal à l'écran dans le cas où le morceau trié s'étale jusqu'à la fin du tableau. En pareil cas, si on oubliait cette instruction, tous les affichages ultérieurs se feraient en inversion vidéo.

La fonction 'srand' se charge, de manière simple, de modifier la valeur d'initialisation de la fonction 'rand', d'un appel de fonction à l'autre. La variable 'seed' est incrémentée à chaque passage dans la boucle, afin de générer des séquences de nombres aléatoires différentes. Une autre possibilité pour obtenir des valeurs d'initialisation variables (et donc des tirages différents) consisterait à employer la fonction 'srand' avec un paramètre effectif égal à la valeur retournée par la fonction prédéfinie 'time'. Celle-ci donne le temps écoulé (en secondes) depuis 1970 et admet comme paramètre un pointeur vers une variable de type 'time_t' (définie comme 'long' dans le header). Dans cette variable, on récupère la valeur de la durée écoulée. Ainsi, l'appel de fonction :

time(&seconds);

donnerait le temps écoulé comme valeur de retour et le mémoriserait en outre dans la variable (long) 'seconds'. Etant donné qu'on peut directement utiliser la valeur retournée pour initialiser 'rand', on n'est pas du tout obligé de passer par une variable intermédiaire. On peut alors passer à la fonction 'time', comme paramètre, le pointeur nul. Cela supprime la mémorisation du nombre de secondes. Comme 'time' renvoie une valeur 'long', celle-ci doit en outre être convertie en 'unsigned int' pour 'srand'. On peut le faire explicitement via l'opérateur de moulage (cast), comme c'est le cas plus loin. Mais on peut aussi laisser convertir implicitement par le compilateur, sous réserve que par :

```
#include   <time.h>
```

on ait intégré la déclaration de 'time' dans le programme. Dans notre programme SORTRND2, l'instruction :

```
srand((unsigned)   time(NULL));
```

donnerait donc à chaque passage dans la boucle un autre entier servant à initialiser 'rand'.

Transmission de tableaux multidimensionnels

Le passage de tableaux multidimensionnels à une fonction s'effectue, au plan théorique, tout comme le passage d'un tableau monodimensionnel. La fonction appelée, ici aussi, reçoit non pas le tableau entier, mais uniquement son adresse de début (ou l'adresse d'un certain sous-tableau). Cependant, dans la définition du paramètre formel correspondant, il faut indiquer explicitement les tailles de toutes les dimensions du tableau, à part celle de la première. La spécification de taille pour la première dimension du tableau peut être omise car elle n'est pas nécessaire pour la détermination de l'adresse mémoire d'un élément du tableau. Supposons qu'on veuille développer une fonction spéciale pour afficher le tableau 2D :

```
char  q[4][4]   = {{1,2,3,4},  {5,6,7,8},  {9,10,11,12},  {13,14,15,16}};
```

On peut alors définir le paramètre formel qui doit récupérer l'adresse du tableau 'q' sans spécifier la taille de la première dimension du tableau. Par contre, il faut explicitement indiquer la taille de la seconde dimension (nombre de colonnes du tableau). (Notez que le type 'char' ne sert pas ici à stocker des chaînes de caractères, mais de petits nombres entiers) :

```
void  showmatrix(char m[ ][4])     /* affiche tableau 2D sous forme de matrice */
    {
        int i, k;
        for (i = 0; i < 4; i++)
            {
                for(k = 0; k < 4; k++)
                        printf("%2d  ", m[i][k]);
                        printf("\n\n");
            }
    }
```

Le paramètre formel 'm', malgré son allure de tableau, n'est pas un tableau. De facto, c'est un pointeur local à la fonction 'showmatrix', lequel peut stocker l'adresse d'un tableau 'char' contenant des lignes de quatre colonnes. La variable 'm' est donc un pointeur vers des données de type :

```
char  [4]
```

c'est-à-dire vers des tableaux 'char' à quatre éléments, tels qu'ils sont représentés par les éléments de 'q' au niveau supérieur (monodimensionnel) :

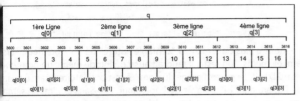

Fig. 10.24 : Un tableau 2D en mémoire

Le fait que 'm' soit en réalité de type "pointeur vers char[4]" se laisse aisément vérifier, en transmettant par exemple l'adresse du tableau 'q' à la fonction :

```
void showfirst(char m[][4])      /* donne adresse du tableau et premier élément */
    {
        printf("Adresse : %d\tContenu : %d\n", m, m[0][0]);
        m++;    /* incrémente de 4 octets l'adr. dans 'm' ('m' = pointeur vers
                                            tableau 'char' de 4 éléments) */
        printf("Adresse : %d\tContenu : %d", m, m[0][0]);
    }
```

via :

```
showfirst(q);
```

Le résultat de l'affichage consiste en deux valeurs d'adresses dont la différence est de 4, accompagnées des valeurs des objets 'char' rangés à ces adresses. Avec l'adresse initiale de 'q' prise dans notre exemple, on a donc :

```
Adresse : 3600   Contenu : 1
Adresse : 3604   Contenu : 5
```

Le fait que la seconde adresse soit supérieure de 4 à la première montre que l'incrémentation de 1 du pointeur 'm' a fait "avancer" de 4 octets vers le début de la donnée suivante, donc que 'm' pointe vers des données 'char' tenant sur 4 octets. Il ne peut s'agir que de tableaux 'char' à quatre éléments. De plus, on voit sur les valeurs 1 (première colonne, première ligne de 'q') et 5 (première colonne, seconde ligne de 'q') que 'm', via l'incrémentation, est passé du début de la première ligne du tableau q[0] au début de la seconde ligne q[1]. 'm' renvoie donc effectivement vers les lignes du tableau 'q' et est donc un pointeur vers des données de type char[4]. Si la fonction 'showmatrix', par :

```
showmatrix(q);                                    /* affiche le tableau 'q' */
```

reçoit l'adresse du début du tableau 'q' comme paramètre effectif, alors le paramètre formel 'm' récupère donc, ce faisant, l'adresse de la première ligne de 'q', à savoir l'adresse du tableau partiel q[0].

Variantes dans la formulation du paramètre formel

En raison de son type, on pourrait définir 'm' non seulement par :

```
char m[ ][4]                            /* paramètre formel avec syntaxe tableau */
```

mais aussi par :

```
char (*m) [4]                           /* paramètre formel avec syntaxe pointeur */
```

Cette dernière écriture montre plus clairement la "véritable nature" de 'm' : pointeur vers tableaux 'char' à quatre éléments. (Du reste, il faudrait aussi définir de même un pointeur classique vers le tableau 2D 'q'). Le parenthésage du nom 'm' est obligatoire à cause de la priorité plus élevée de l'opérateur "[ ]" vis à vis de l'opérateur "*". Sans lui, 'm' ne serait pas interprété comme pointeur vers des tableaux 'char' de quatre éléments. Sans le parenthésage, dans la définition :

```
char *m [4]
```

la variable 'm' serait comprise comme étant un tableau de quatre pointeurs vers des données de type 'char'.

Enfin, on aurait pu aussi définir le paramètre formel 'm' par :

```
char m[4][4]
```

Mais de toute façon, la fonction 'showmatrix' (le compilateur) localise par le biais du pointeur 'm' chaque élément du tableau 'q' en mémoire. Cela, même sans indication explicite de valeur pour la première dimension du tableau : seul le nombre de colonnes suffit. Le mécanisme sous-jacent est expliqué par la formule suivante (qu'on pourrait de manière analogue appliquer à d'autres tableaux 2D) :

```
Adresse de q[i][k]  =   Adresse de début du tableau q        ⎤
                      + i  * Nombre de colonnes du tableau     ⎥ Offset
                      + k * Taille des colonnes en octets      ⎥ au début
                                                               ⎦ du tableau
                        Offset au début de la ligne
```

S'il faut afficher par exemple l'élément

```
q[2][3]
```

alors la position mémoire de cet élément (c'est-à-dire son adresse) est déterminée ainsi, selon le procédé que nous venons de décrire :

```
3600  + 2 * 4  + 3 * 1
```

soit :

```
3611
```

ce qu'on peut directement vérifier à l'aide de l'image mémoire précédente. Il n'est pas nécessaire ici de donner le nombre de lignes du tableau.

Récupération de sous-tableaux

Comme avec les tableaux à une dimension, on peut passer à une fonction non seulement un tableau multidimensionnel complet, mais aussi des portions quelconques, par exemple certaines lignes. Le programme qui suit CHROWS.C montre comment accéder à des lignes isolées d'un tableau 2D, le mode d'affichage à l'écran étant déterminé par l'utilisateur via une saisie ad hoc. On affiche ici les valeurs (entières) d'un tableau ayant cinq lignes et quatre colonnes, cela sous forme de matrice. La ligne en cours est mise en évidence par une barre lumineuse (mobile) et montre non pas les valeurs numériques, mais les caractères ASCII correspondants. La touche <↓> permet de sélectionner avec la barre lumineuse chacune des cinq lignes du tableau (vous avez peut-être déjà rencontré cette technique de sélection de menus dans tel ou tel logiciel).

Le programme affiche pour commencer :

C	O	L	D
67	79	82	68
87	79	82	68
87	65	82	68
87	65	82	77

Si vous déplacez d'une ligne vers le bas la barre lumineuse, l'affichage devient :

67	79	76	68
C	O	R	D
87	79	82	68
87	65	82	68
87	65	82	77

De cette façon, vous pouvez faire apparaître l'un après l'autre les mots :

COLD
CORD
WORD
WARD
WARM

Dès qu'une ligne n'est plus sélectionnée, elle affiche à nouveau des valeurs numériques. Le déplacement de la barre est géré par la fonction 'change_row' qui attend comme paramètre l'adresse d'un tableau 'char' à deux dimensions. Pour afficher une ligne du tableau tantôt avec des nombres tantôt avec des caractères, 'change_row' à son tour utilise les fonctions 'shownums' et 'showchars', dont les paramètres sont l'adresse d'un tableau unidimensionnel (donnée par la ligne d'un tableau 2D).

Pour produire une barre lumineuse mobile, on utilise quelques séquences d'échappement ANSI qui vous sont déjà en partie connues. Pour l'affichage inversé ou normal, ce sont les séquences de contrôle :

```
\033[7m                                    /* affichage inversé des caractères */
```

et

```
\033[0m                                    /* affichage normal des caractères */
```

Pour déplacer vers le bas la barre ou pour afficher les lignes du tableau à une certaine position sur l'écran, on crée via :

```
#define POS(x, y)    printf("\033[%d;%dH", x, y)
```

la macro POS qui, à l'aide de la séquence d'échappement :

```
\033[<ligne>;<colonne>H
```

positionne le curseur sur la ligne de numéro <ligne> et sur la colonne de numéro <colonne>. Les données <ligne> et <colonne> sont des paramètres. Par :

```
printf("\033[5;10H");
```

ou par :

```
POS(5,10);
```

par exemple on placerait le curseur sur la ligne 5 et sur la colonne 10 de l'écran. La séquence \033[<ligne>;<colonne>H accepte, comme paramètres de ligne et de colonne, également les spécifications de format de printf (comme c'est le cas dans le texte de la macro POS), par exemple %d, lorsque c'est printf qui fournit les paramètres effectifs (dans POS: x et y).

Pour détecter l'appui sur une touche directionnelle (flèches, <PgUp>, <PgDn>, <Home>, <Fin>) ou sur une touche de fonction, on peut employer la fonction 'getch' (ou '**getche**'. '**getch**' retourne normalement le code ASCII du caractère lu. Comme la table des codes ne contient aucune valeur pour les touches de fonction et de direction, la fonction '**getch**' en pareil cas renvoie la valeur 0 comme "code du caractère". Cela suffirait pour distinguer les touches normales des touches de fonction/direction, mais pas pour identifier la touche spéciale qui a été activée. Cependant, toute touche possède également ce qu'on appelle un scancode (cf. chapitre 3.2.4 "Opérateurs de bits"). Il s'agit d'un entier (sous forme décimale ou hexadécimale) qui permet de repérer une touche sans ambiguïté. En ce qui concerne les touches de fonction et de direction, on obtient ce scancode en appelant deux fois de suite la fonction 'getch'. Le premier appel donne la valeur 0 et le second fournit le scancode de la touche concernée. Les instructions :

```
int input;
if (input = getch())                       /* si 'input' différent de 0 */
   printf("%c", input);                     /* afficher caractère */
else                          /* 'input' = 0 : touche de fonction/direction */
    printf("Touche de fonction ou de direction. Scancode : %d", getch());
```

affichent le caractère tapé ou bien indiquent si on a appuyé sur une touche de fonction ou de direction (après un second appel de 'getch' qui renvoie le scancode de la touche).

C'est par une telle construction que CHROWS.C détermine si on a activé la touche <↓>
(scancode : 80 décimal).

> CHROWS.C

```c
/*** CHROWS montre comment accéder aux lignes d'un tableau 2D.    ***/
/*** Les diverses lignes du tableau peuvent être temporairement ***/
/*** modifiées par l'utilisateur.                                 ***/

#include <stdio.h>                                               /* printf */
#include <conio.h>                                               /* getch */
#define START    0
#define TOP      5
#define BOTTOM   13
#define ESC      27
#define ARROW    80    /* scancode de la flèche */

#define CLEAR()   printf("\033[2J")                    /* efface l'écran */
#define REVERSE() printf("\033[7m")                    /* inversion vidéo */
#define NORMAL()  printf("\033[0m")                    /* affichage normal */
#define SKIP()    printf("\n\n")                /* génère une ligne vide */

#define POS(x,y)  printf("\033[%d;%dH", x, y)        /* positionne curseur */

int row = START;                                        /* variable globale */

void change_row(char m[][4]);                           /* déplace la barre */
void showall(char m[][4]);                        /* affiche tout le tableau */
void shownums(char *r);        /* affiche une ligne sous forme de nombres */
void showchars(char *r);      /* affiche une ligne sous forme de caractères */

main()
  {
      char matrix [5][4] = { {67, 79, 76, 68}, {67, 79, 82, 68},
                             {87, 79, 82, 68}, {87, 65, 82, 68},
                             {87, 65, 82, 77} };

      int ok, input;

      CLEAR();
      showall(matrix);                                 /* affiche tableau */

      do
        {
           ok = 0;
             change_row(matrix);      /* transforme et affiche la ligne actuelle */

             do
               {
                  POS(17,10);
                    printf("Touche \031 change la ligne. Fin par <ECHAP> : ");
                  input = getch();
                  if (input == 0)                      /* touche fonction/direction */
```

```
                    {
                        input = getch();                    /* récupère scancode */
                        if (input == ARROW)                 /* flèche vers le bas */
                            ok = 1;
                    }
                else if (input == ESC)                      /* fin du programme */
                    ok = 1;
            } while (!ok);
        } while (input != ESC);
}

void change_row(char m[][4])            /* change et affiche la ligne sélectionnée */
{

    static int i;

    if (row == START)                                       /* début programme */
    {
        POS(TOP, 10);
        showchars(m[0]);                            /* passage de la première ligne */
        row = 5;                                    /* première ligne en ligne 5 */
    }
    else if (row == BOTTOM)                             /* dernière ligne atteinte */
    {
        POS(row, 10);
        shownums(m[4]);                    /* dernière ligne en affichage normal */
        row = 5;
        POS(row, 10);
        showchars(m[0]);                   /* première ligne en inversion vidéo */
        i = 0;                      /* continue avec 1ère ligne dans branche else */
    }
    else                                                    /* autres lignes */
    {
        POS(row, 10);
        shownums(m[i++]);
        POS(row+2, 10);
        showchars(m[i]);
        row = row + 2;
    }
}

void showall(char m[][4])                           /* affiche tout le tableau */
{                                        /* paramètre = pointeur vers char[4] */
    int i, k;

    for (i = 0; i < 5; i++)
    {
        for (k = 0; k < 4; k++)
            printf("%d  ", m[i][k]);
            SKIP();
    }
}
```

```
void showchars(char *r)                                      /* affiche une ligne */
  {                                                /* paramètre : pointeur vers 'char' */

    int i;

    REVERSE();
    for (i = 0; i < 4; i++)
        printf(" %c  ", r[i]);
    NORMAL();
  }

void shownums(char *r)                                       /* affiche une ligne */
  {                                                /* paramètre : pointeur vers 'char' */

    int i;

    for (i = 0; i < 4; i++)
        printf("%d   ", r[i]);
  }
```

Structures comme paramètres

Comme les tableaux, les structures peuvent servir de paramètres aux fonctions. Ici cependant, contrairement aux tableaux, on a de nouveau le choix entre le passage d'une structure par valeur (by value) ou par adresse (by reference). Supposons par exemple déclarée la structure :

```
struct  livre4
  {
      char nom[21];
      char prenom[21];
      char titre[51];
      char editeur[21];
      char ville[21];
      short an;
      float prix;
  };
```

Si vous voulez faire afficher la variable structurée :

```
struct livre4 book = { "De Wyliers", "Gérald", "L'inconnue de Maubeuge",
                       "Flon", "Garges-les-Gonesses", 1990, 69.00 };
```

par une fonction spécifique, alors vous pourrez passer à la fonction concernée la variable 'book' par valeur puisque vous ne souhaitez y apporter aucune modification :

```
void writestruc(struct livre4 l)    /* Version sans paramètre pointeur */
  {
      printf("\n\n%s %s", l.nom, l.prenom);
      printf("\n%s", l.titre);
      printf("\n%s", l.editeur);
      printf("\n%s %hd", l.ville, l.an);
      printf("\n%.2f", l.prix);
  }
```

L'appel :

```
writestruc(book);
```

passe à la fonction 'writestruc' la valeur de la variable 'book'. A la suite de quoi, une copie de chaque champ de 'book' est affectée au champ correspondant du paramètre formel 'l'. Ce genre d'opération prend beaucoup de temps, surtout avec les structures d'une certaine importance. On peut donc penser à transmettre à la fonction concernée non pas la structure complète, mais seulement son adresse, c'est-à-dire un pointeur vers son début. Vous pourriez donc formuler ainsi la fonction 'writestruc' :

```
void writestruc(struct livre4 *l)              /* Version avec paramètre pointeur */
    {
        printf("\n\n%s %s", l->nom, l->prenom);
        printf("\n%s", l->titre);
        printf("\n%s", l->editeur);
        printf("\n%s %hd", l->ville, l->an);
        printf("\n%.2f", l->prix);
    }
```

L'appel de 'writestruc' se fait donc maintenant par :

```
writestruc(&book);
```

Le programme BIBGRAPH.C qui suit montre comment utiliser des paramètres constitués par des variables structurées ou par leurs adresses. BIBGRAPH.C produit une bibliographie de longueur quelconque, gérée sous forme de tableau dynamique de structures. La saisie et l'affichage des enregistrements se font à l'aide des fonctions 'readstruc' et 'writestruc'.

Comme innovation, le programme ne saisit pas ici les données l'une après l'autre, mais affiche un masque de saisie généré par la fonction 'menu' :

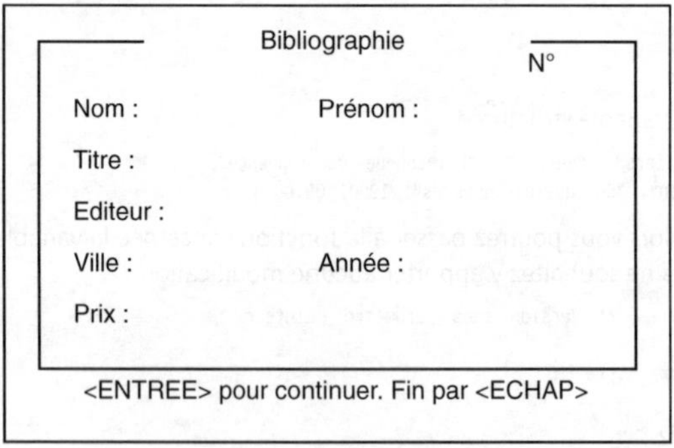

Fig. 10.25 : Masque de saisie du programme BIBGRAPH

Le cadre du menu est dessiné par la fonction '**box**' qui fabrique des cadres de taille quelconque n'importe où à l'écran. Les champs de saisie du masque sont gérés par la fonction 'readstruc' combinée avec la macro de positionnement POS. 'readstruc' reçoit comme paramètre effectif un pointeur vers une structure de type 'struct livre4'. La saisie proprement dite des enregistrements s'effectue au sein de 'readstruc' via la fonction 'check_input'. Celle-ci lit la saisie caractère par caractère, vérifie la longueur, convertit éventuellement, puis range le tout. 'check_input' étend les possibilités de la fonction 'getch' en ce sens que la touche <RETOUR ARRIERE> permet de corriger la saisie et que les touches de fonction ou de direction sont ignorées. 'check_input' retourne un pointeur vers le tableau 'char' contenant la saisie alphanumérique.

La fonction **'cleanup'** efface l'ancienne saisie à l'écran avant la saisie de l'enregistrement suivant. **'cleanup'** utilise pour cela un tableau de structures dans lequel sont mémorisées les coordonnées des positions d'écran à gérer ainsi que le nombre de caractères à effacer. Si l'utilisateur entre le caractère de fin (ECHAP) ou s'il survient une erreur d'allocation mémoire, alors on peut faire afficher par la fonction **'writestruc'** les enregistrements déjà saisis. 'writestruc' elle aussi admet comme paramètre un pointeur vers des structures de type 'struct livre4'. Notez bien que la déclaration de ce type de structure se fait en global car il doit être connu des fonctions **main**, **'readstruc'** et **'writestruc'** (tel ne serait pas le cas par exemple si le type 'struct livre4' était déclaré dans **main** : il ne serait ensuite connu que dans **main**). La fonction **'handle_error'** enfin effectue un traitement d'erreur simple en cas de problème d'allocation mémoire.

Le programme BIBGRAPH.C ne réalise que de simples opérations de saisie et d'affichage d'enregistrements. En particulier, cette version élémentaire ne permet pas de modifier des données déjà saisies.

▶ BIBGRAPH.C

```
/*** BIBGRAPH produit une bibliographie de longueur quelconque.          ***/
/*** Les enregistrements sont rangés sous forme de structures dont la    ***/
/*** gestion est assurée par des fonctions spécifiques.                  ***/

#include <stdio.h>                                         /* printf */
#include <conio.h>                                          /* getch */
#include <stdlib.h>                            /* realloc, free, atoi, atof */
#include <string.h>                                        /* strcpy */

#define BACKSPACE   8
#define BLANK      32
#define ESC        27
#define T_LEFT    218                          /* cadre supérieur gauche */
#define T_RIGHT   191                           /* cadre supérieur droit */
#define B_LEFT    192                          /* cadre inférieur gauche */
#define B_RIGHT   217                           /* cadre inférieur droit */
#define HZTL      196                               /* trait horizontal */
#define VRTL      179                                 /* trait vertical */

#define F_YELL()    printf("\033[33m")                    /* texte en jaune */
#define F_NORM()    printf("\033[37m")                    /* texte normal */
#define REVERSE()   printf("\033[7m")                   /* inversion vidéo */
```

```c
#define NORMAL()   printf("\033[0m")                      /* écran normal */
#define POS(x,y)   printf("\033[%d;%dH", x, y)            /* positionnement curseur */
#define CLEAR()    printf("\033[2J")                       /* efface écran */
#define HEADER()   printf(" BIBLIOGRAPHIE ")
#define MESSAGE()  printf("<Entrée> pour continuer. Fin par <ECHAP> : ")

void box(int row, int col, int high, int wide);           /* dessin de cadre */
void menu(void);                                          /* affiche menu de saisie */
void handle_error(void);                                  /* gestion d'erreurs */
void readstruc(struct livre4 *b);                         /* saisie structure */
void writestruc(struct livre4 *b);                        /* affichage structure */
void cleanup(void);                                       /* efface saisie précédente */
char *check_input(int len);                               /* contrôle de saisie */

struct livre4                        /* déclare structure des enregistrements */
   {
      char nom[21];                                       /* déclarée globalement */
      char prenom[21];                                    /* afin que le */
      char titre[51];                                     /* type de données soit */
      char editeur[21];                                   /* connu par */
      char ville[21];                                     /* toutes les */
      short an;                                           /* fonctions */
      float prix;                                         /* concernées */
   };

main()
   {
      struct livre4 *blist = NULL;                         /* NULL à cause de realloc. */
      struct livre4 *bkp;              /* sauve adr. du bloc au cas où blist = NULL */
      int i, k, rep;                                       /* variables de contrôle */
      menu();                                             /* affiche le masque de saisie */

      /*** saisie des enregistrements ********/

      i = 0;
      do
        {
           bkp = blist;                                    /* sauve adresse du bloc */
           if ((blist = (struct livre4 *) realloc(blist, (i+1) *
                       sizeof(struct livre4))) == NULL)
              {
                  handle_error();            /* traitement d'erreur si pointeur nul */
                  break;
              }

           cleanup();                                      /* efface saisie précédente */
           POS(3,69);
           printf("%d", i+1);                              /* affiche no d'enregistrement */
           readstruc(&blist[i]);                           /* saisie enregistrement */
           i++;
           POS(21,57);
           rep = getch();
```

```
        } while (rep != ESC);

    /***   affichage des enregistrements ************/

        if(i > 0)                                    /* au moins une fiche saisie */
          {
              box(23,5,3,70);
              POS(24, 8);
                printf("Afficher les enregistrements ? (O/N) ");
              rep = getch();
              if (rep == 'o' || rep == 'O')
                  {
                      CLEAR();
                        if(blist == NULL)
                          blist = bkp;

                        for (k = 0; k < i; k++)
                          {
                            printf("\n");
                              writestruc(&blist[k]);
                              if (((k+1)%3 == 0) && k != i-1)   /* nouvelle page */
                              {
                                  POS(24,50);
                                    printf("<Entrée> pour continuer : ");
                                  getch();
                                  CLEAR();
                              }
                          }                                            /* fin for */
                  }                                            /* fin if (rep...) */
              free(blist);                                     /* libère mémoire */
          }                                                    /* fin if (i > 0) */
  }                                                            /* fin main */

void menu(void)                                      /* crée le masque de saisie */
  {
    CLEAR();
    box(2, 5, 19, 70);                                           /* cadre */
    POS(2,30);
    HEADER();                                                    /* titre */
    POS(21,20);
    MESSAGE();                                                   /* message guide */
    POS(3,65);
    printf("No");
    POS(6,8);
    printf("NOM :");
    POS(6, 40);
    printf("PRENOM :");
    POS(9,8);
    printf("TITRE :");
    POS(12,8);
    printf("EDITEUR :");
    POS(15, 8);
```

```
    printf("VILLE :");
    POS(15, 40);
    printf("AN :");
    POS(18, 8);
    printf("PRIX :");
}

void box(int row, int col, int high, int wide)                 /* dessine cadre */
{
    int i, k;

    F_YELL();                                                  /* cadre en jaune */
    POS(row, col);                                /* partie supérieure du cadre */
    printf("%c", T_LEFT);
    for (i = 1; i < wide-2; i++)
        printf("%c", HZTL);
        printf("%c", T_RIGHT);

    for (i = 1; i <= high-2; i++)                  /* partie médiane du cadre */
        {
            POS(row+i, col);
            printf("%c", VRTL);
            for (k = 1; k < wide-2; k++)
                printf("%c", BLANK);
                printf("%c", VRTL);
        }

    POS(row+high-1, col);                         /* partie inférieur du cadre */
    printf("%c", B_LEFT);
    for (i = 1; i < wide-2; i++)
        printf("%c", HZTL);
        printf("%c", B_RIGHT);
        F_NORM();                                          /* texte normal */
}

void handle_error(void)                          /* routine de gestion d'erreurs */
{
    box(12, 18, 5, 44);
    POS(13, 19);
    REVERSE();                                              /* inversion vidéo */
    printf("                          ");
    POS(14, 19);
    printf(" Plus assez de mémoire. ");
    POS(15, 19);
    printf("                          ");
    NORMAL();                                           /* affichage normal */
}

void readstruc(struct livre4 *b)                  /* saisie des enregistrements */
{
    char *input;
    POS(6,8);
```

```
      REVERSE();                              /* met en évidence champ de saisie courant */
      printf("NOM :");
      NORMAL();                                    /* saisie en couleurs normales */
      POS(6,14);
      input = check_input(20);                 /* contrôle : maximum 20 caractères */
      strcpy(b->nom, input);                           /* stockage données */
      POS(6,8);
      printf("NOM :");                             /* champ de saisie en normal */

      /*** idem pour autres champs de saisie ***/


      POS(6,39); REVERSE(); printf("PRENOM :");
      NORMAL(); POS(6,49); input = check_input(20);
      strcpy(b->prenom, input); POS(6,40); printf("PRENOM :");
      POS(9,8); REVERSE(); printf("TITRE :");
      NORMAL(); POS(9,16); input = check_input(50);
      strcpy(b->titre, input); POS(9,8); printf("TITRE :");
      POS(12,8); REVERSE(); printf("EDITEUR :");
      NORMAL(); POS(12,18); input = check_input(20);
      strcpy(b->editeur, input); POS(12,8); printf("EDITEUR :");
      POS(15,8); REVERSE();printf("VILLE :");
      NORMAL(); POS(15,16); input = check_input(20);
      strcpy(b->ville, input); POS(15,8); printf("VILLE :");
      POS(15,40); REVERSE(); printf("ANNEE :");
      NORMAL(); POS(15,48); input = check_input(4);
      b->an = atoi(input);                             /* convertit et stocke */
      POS(15,40); printf("ANNEE :");
      POS(18,8); REVERSE(); printf("PRIX :");
      NORMAL(); POS(18,15); input = check_input(10);
      b->prix = atof(input);                           /* convertit et stocke */
      POS(18,8); printf("PRIX :");
   }


void writestruc(struct livre4 *b)                      /* affiche enregistrements */
   {
      printf("\n\n%s %s", b->prenom, b->nom);
      printf("\n%s", b->titre);
      printf("\n%s", b->editeur);
      printf("\n%s %hd", b->ville, b->an);
      printf("\n%.2f", b->prix);
   }


void cleanup(void)                                     /* efface saisie précédente */
   {
      int i, k;

      struct coo                          /* conserve les coordonnées d'effacement */
        {
         int row;                                              /* ligne */
         int col;                                              /* colonne */
         int blanks;                      /* nb. de caractères à effacer */
        } c[7] = { {6,14,25}, {6,49,20}, {9,15,50},
```

```
                     {12,16,50}, {15,13,25}, {15,46,20}, {18,15,50} };

    for (i = 0; i < 7; i++)
      {
          POS(c[i].row, c[i].col);
          for (k = 0; k < c[i].blanks; k++)
              printf("%c", BLANK);
      }
  }


char *check_input(int len)                                  /* saisie contrôlée */
  {
      int i = 0;
      int c;
      int func_or_cursorkey = 0;                    /* flag pour touche spéciale */
      static char buffer[81];         /* 'static' car l'adresse de ce buffer est */
                                      /* renvoyée comme valeur de retour. */
                                      /* Une variable 'auto' serait inadéquate */
                                      /* car détruite à la fin de la fonction. */
      while ((i < len) && ((c = getch()) != '\r'))
        {
            if (func_or_cursorkey)      /* saisie précédente = touche spéciale */
              {
                  func_or_cursorkey = 0;
                  continue;                      /* ignorer saisie (= scancode) */
              }

            if (c == 0)                                    /* touche spéciale */
              {
                  func_or_cursorkey = 1;                  /* positionner flag */
              }
            else if (c == BACKSPACE)                      /* <RETOUR ARRIERE> */
              {
                  if(i > 0)                     /* au moins 1 caractère saisi */
                    {             /* curseur ne peut reculer plus loin que pos. 1 */
                        printf("\b \b");        /* efface car. à gauche, puis */
                                                        /* à recule curseur */
                        i--;       /* pour effacer le car. dans le buffer aussi */
                    }
              }
            else                                          /* caractère valide */
              {
                  buffer[i++] = c;                        /* stocke caractère */
                  putchar(c);                             /* affiche caractère */
              }
        }
      buffer[i] = '\0';                              /* fin de la saisie */

      return (buffer);                    /* renvoie adresse buffer de saisie */
  }
```

Fonctions comme paramètres / Pointeurs vers fonctions

Bien que les fonctions en C ne soient pas des entités variables, elles possèdent aussi des adresses en mémoire. L'adresse d'une fonction désigne l'emplacement mémoire où est rangée la fonction avec ses instructions. On peut manipuler une adresse de fonction comme une adresse de variable, par exemple la ranger dans un pointeur ou la passer comme paramètre à une autre fonction. En particulier, une fonction peut aussi être appelée par l'intermédiaire d'un pointeur vers la fonction.

Définition de pointeurs de fonctions

L'adresse d'une fonction est matérialisée par son nom, au même titre qu'un nom de tableau représente l'adresse d'un tableau. De manière analogue, un nom de fonction comme printf est donc un pointeur (constant) vers la fonction concernée. Pour ranger l'adresse d'une fonction dans un pointeur, il faut alors définir ce dernier avec la syntaxe suivante :

```
<type> (*<pointeur>) ([t1n1, t2n2, ..., tnnn]);
```

La spécification <type> désigne ici le type de la valeur retournée par la fonction vers laquelle pointe le pointeur. La liste des paramètres correspond naturellement aux types et aux noms des paramètres éventuels de la fonction. Les crochets ici précisent que ces indications sont facultatives. Ainsi la définition suivante :

```
int (*fp)();
```

créerait un pointeur 'fp' pointant vers une fonction qui retourne une valeur int. La liste vide des paramètres ne signifie pas forcément que la fonction référencée par le pointeur 'fp' ne possède pas de paramètre. Il en est ici comme pour la forme ancienne (encore admise) de déclaration des fonctions. Si rien n'est indiqué concernant les paramètres, le compilateur, lors de l'appel de la fonction via un pointeur (cf. plus loin), ne peut pas vérifier si le nombre et le type des paramètres effectifs correspondent à ce qui est donné dans la définition de la fonction. D'un autre côté, contrairement à une déclaration de fonction à l'ancienne, la définition d'un pointeur de fonction ayant une liste de paramètres vide présente aussi un avantage. Un tel pointeur de fonctions peut servir à mémoriser les adresses de fonctions admettant toutes sortes de constellations de paramètres. Comme vous le verrez bientôt, cela est très important dans la pratique. Les parenthèses autour de l'expression :

```
*fp
```

sont indispensables. Autrement, avec :

```
int *fp();
```

en raison de la priorité plus forte des parenthèses "()" vis à vis de l'opérateur "*", on ne définirait pas de pointeur 'fp', mais on déclarerait au contraire une fonction 'fp' qui retourne un pointeur vers int.

Supposons que func1 et func2 soient deux fonctions. Alors les instructions :

```
fp = func1;
```

ou

```
fp = func2;
```

affectent au pointeur 'fp', via leurs noms, les adresses des fonctions func1 ou func2. Du fait de la liste vide de paramètres dans la définition de 'fp', la seule chose obligatoire ici est que func1 et func2 soient des fonctions qui retournent une valeur **int**. Autrement, les affectations précédentes ne seraient pas typologiquement correctes. En fait, func1 et func2 pourraient admettre toutes sortes de paramètres et ressembler par exemple à :

```
int func1(void)                                    /* aucun paramètre */
    {
        /* instructions */
        return (0);
    }

int func2(int a, int b, int c)                     /* trois paramètres */
    {
        /* instructions */
        return (c);
    }
```

Si on spécifie lors de la définition du pointeur 'fp' :

```
int (*fp)(int a, int b, int c);
```

ou

```
int (*fp)(int, int, int);
```

les paramètres de la fonction référencée par 'fp', alors le compilateur reçoit des informations plus précises vers l'objet pointé. Maintenant, 'fp' n'est plus de type "pointeur vers une fonction de type int", mais de type "pointeur vers une fonction de type int ayant trois paramètres int". Il ne peut plus servir pour des adresses de fonctions **int** ayant des paramètres d'autres types ou un nombre différent de paramètres.

Appels de fonctions par l'intermédiaire de pointeurs

Si l'adresse d'une fonction est rangée dans un pointeur ad hoc, la fonction peut alors être appelée via ce pointeur. Par exemple :

```
int (*fp)() = printf;                  /* définit un pointeur de fonction et */
                                       /* l'initialise à l'adresse de printf */
```

définit un pointeur vers une fonction **int** et y range l'adresse de la fonction prédéfinie **printf**. Ensuite, l'appel de fonction :

```
printf("Test de pointeur de fonction");
```

peut se faire aussi par :

```
(*fp)("Test de pointeur de fonction");
```

Ce faisant, l'expression :

```
(*fp)
```

donne (tout comme la nom printf) l'adresse de la fonction **printf**. Cela entraîne que la fonction est appelée. On voit donc qu'une fonction en fin de compte est appelée lorsqu'on communique son adresse au compilateur, soit en donnant le nom de la fonction, soit en indiquant un pointeur de fonction déréférencé. (Au demeurant, l'appel de la fonction nécessite le parenthésage de l'expression *<pointeur> pour les mêmes raisons que dans sa définition). Si une fonction admet des paramètres (comme dans l'exemple précédent la fonction **printf** avec la string "Test de pointeur de fonction"), alors ces derniers sont placés entre les parenthèses de fonction, tout comme dans un appel de fonction classique (utilisant le nom de la fonction). Le programme TRIGON.C qui suit montre comment utiliser des pointeurs de fonctions. Il calcule au choix le sinus, le cosinus, la tangente ou la cotangente d'un angle entier compris entre 0° et 360°, saisi par l'utilisateur. Les fonctions mathématiques requises par ces calculs ne seront pas appelées par leurs noms, comme nous l'avons toujours fait jusqu'ici, mais par le biais d'un pointeur. Pour cela, les adresses des fonctions sont rangées dans un tableau de pointeurs de fonctions, défini comme suit :

```
void (*t[5])() = {sinus, cosinus, tangente, cotangente, exit};
```

On définit ici un tableau 't' ayant cinq éléments qui sont des pointeurs vers des fonctions de type **void**. On initialise 't' avec les adresses des fonctions sinus, cosinus, tangente et cotangente, ainsi qu'avec l'adresse de la fonction prédéfinie 'exit'. Les fonctions trigonométriques précédentes utilisent les fonctions prédéfinies sin, cos et tan. Mais contrairement à ces dernières, elles acceptent des valeurs angulaires exprimées en degrés (les fonctions sin, cos et tan attendent des angles exprimés en radians).

Exemple d'application (1)

Le programme TRIGON.C présente un menu (avec la fonction 'trigmenu'), dans lequel l'utilisateur peut choisir l'opération souhaitée à l'aide d'une barre lumineuse mobile :

Fig. 10.26 : Menu du programme TRIGON.C

Le choix d'une commande de menu est réalisé en interne par la fonction 'select_option' dont la structure ressemble à celle de la fonction 'change_row' du programme CHROWS.C. Le menu est affiché par une boucle infinie jusqu'à ce que l'utilisateur choisisse la commande de fin, ce qui a pour effet d'appeler la fonction 'exit' (via le pointeur de fonction (*t[4])) et de quitter la boucle et le programme. 'select_option' retourne systématiquement le numéro (0 à 4) de la commande en cours de sélection. Cela permet, à l'aide du pointeur de fonction 't', d'appeler simplement via l'expression :

```
(*t[n])(angle)
```

la fonction souhaitée. Il est important ici que 'n' désigne aussi bien le numéro de la commande sélectionnée que l'indice du pointeur de fonction adéquat dans le tableau 't'. L'instruction :

```
if (n != 4)
    {
        getangle();
        (*t[n])(angle);
    }
else
        (*t[n])(0);
```

appelle dans sa branche 'if' une des fonctions trigonométriques et dans sa branche 'else' la fonction 'exit' qui met fin au programme. On évite ainsi une construction 'switch' ou 'if-else' plus lourde utilisant les noms de fonctions habituels. La fonction 'getangle', pour lire une valeur angulaire, crée un cadre supplémentaire à l'écran. Ce cadre sera supprimé par la macro ERASE à la fin du calcul en cours.

▶ **TRIGON.C**

```
/*** TRIGON fait de la trigonométrie à l'aide de fonctions spécifiques qui ***/
/*** ne sont pas appelées par leurs noms, mais par un pointeur.            ***/
/*** Les adresses des fonctions sont rangées dans un tableau de pointeurs  ***/
/*** vers fonctions. */

#include <stdio.h>                                           /* printf */
#include <math.h>                                     /* sin, cos, tan */
#include <stdlib.h>                                            /* exit */
#include <conio.h>                                            /* getch */
#include <ctype.h>                                          /* isdigit */

#define  BLANK  32
#define  Enter  13
#define  ESC    27
#define  BACKSPACE   8
#define  T_LEFT  218                        /* coin supérieur gauche du cadre */
#define  T_RIGHT 191                         /* coin supérieur droit du cadre */
#define  B_LEFT  192                        /* coin inférieur gauche du cadre */
#define  B_RIGHT 217                         /* coin inférieur droit du cadre */
#define  HZTL    196                                     /* trait horizontal */
#define  VRTL    179                                       /* trait vertical */
#define  TOP     6                                 /* ligne de menu supérieure */
#define  BOTTOM  18                                /* ligne de menu inférieure */
#define  START   0
#define  ARROW   80                             /* scancode : flèche bas */
#define  PI    3.1416

#define  F_CYAN()   printf("\033[36m")                    /* texte couleur cyan */
#define  F_NORM()   printf("\033[37m")                         /* texte normal */
#define  REVERSE()  printf("\033[7m")                      /* inversion vidéo */
#define  NORMAL()   printf("\033[0m")                         /* écran normal */
#define  POS(x,y)   printf("\033[%d;%dH", x, y)          /* positionne curseur */
#define  CLEAR()    printf("\033[2J")                      /* efface l'écran */
```

```
#define ERASE(lines)      for(i = 1; i <= lines; i++\
                              {   POS(i+8,35);\
                                  for(k = 0; k < 40; k++)\
                                     printf("%c", BLANK); }    /* efface lignes */
void box(int row, int col, int high, int wide);                   /* dessine cadre */
void trigmenu(char *opt[]);                                       /* affiche menu */
void getangle(void);                                              /* saisie angle */
void sinus(double ang);                                          /* calcule sinus */
void cosinus(double ang);                                      /* calcule cosinus */
void tangente(double ang);                                     /* calcule tangente */
void cotangente(double ang);                                 /* calcule cotangente */
int select_option(char *opt[]);                    /* sélectionne commande de menu */

/* tableau de pointeurs vers fonctions */

void (*t[5])() = {sinus, cosinus, tangente, cotangente, exit};

  int row = START;
  double angle;                                              /* angle en degrés */
  int i, k;                                  /* variables de contrôle pour ERASE */

  main()
    {
      /* lignes du menu */
       char *options[ ] = {"Sinus", "Cosinus", "Tangente", "Cotangente", "Fin"};

      int input;
      int ok;
      int n;                                   /* no de la ligne de menu courante */
      trigmenu(options);                                        /* affiche menu */
      for(;;)                                                  /* boucle infinie */
         {
            ok = 0;
              n = select_option(options);    /* sélection d'une commande de menu */
            do
               {
                  POS(21, 66);
                  input = getch();
                  if (input == 0)                               /* touche spéciale */
                     {
                        input = getch();                      /* récupère scancode */
                        if (input == ARROW)                        /* flèche bas */
                           ok = 1;
                     }
                  else if (input == Enter)
                     {
                        if(n != 4)                          /* pas commande "Fin" */
                           {
                              getangle();                        /* saisie angle */
                                (*t[n]) (angle);   /* appelle fonction via pointeur */
                           }
                        else
```

```
                          *t[n]) (0);                    /* appelle exit via pointeur */
                }
            } while (!ok);
        }   /* fin for(;;) */
    }   /* fin main */

void trigmenu(char *opt[])                                      /* affiche menu */
  {
    int i;
    CLEAR();
    box(2,8,3,61);
    POS(3,21);
     printf("CALCULS TRIGONOMETRIQUES");
    for (i = 0; i < 5; i++)
      {
          box(3 * i + 5, 8, 3, 15);
          POS(3 * i + 6, 10);
          printf("%s", opt[i]);
      }

    box(20,22,3,42);
    POS(21,27);
     printf("Sélection par touche \031 suivie de <Entrée> =>");
     box(20,64,3,5);
  }

void box(int row, int col, int high, int wide)                /* dessine cadre */
  {
    int i, k;
    F_CYAN();                                              /* cadre couleur cyan */
    POS(row, col);                                         /* partie supérieure */
     printf("%c", T_LEFT);
     for (i = 1; i <= wide-2; i++)
        printf("%c", HZTL);
     printf("%c", T_RIGHT);
     for (i = 1; i <= high-2; i++)                         /* partie médiane */
       {
           POS(row+i, col);
           printf("%c", VRTL);
           for (k = 1; k <= wide-2; k++)
               printf("%c", BLANK);
               printf("%c", VRTL);
       }

     POS(row+high-1, col);                                 /* partie inférieure */
      printf("%c", B_LEFT);
      for (i = 1; i <= wide-2; i++)
         printf("%c", HZTL);
      printf("%c", B_RIGHT);
     F_NORM();                                             /* texte normal */
  }
```

```
int select_option(char *opt[])                          /* sélection commande de menu */
  {
     static int i;
     if (row == START)                                  /* début de programme */
       {
          POS(TOP, 10);
          REVERSE();
          printf("%s", opt[0]);
          NORMAL();
          row = 6;
          return(0);                              /* retourne no ligne de menu courante */
       }
     else if (row == BOTTOM)                 /* position dernière ligne de menu */
       {
          POS(row, 10);
          printf("%s", opt[4]);
          row = 6;
          POS(row, 10);
          REVERSE();
          printf("%s", opt[0]);
          NORMAL();
          i= 0;
          return(4);                                                /* idem */
       }
     else                                                  /* autres lignes */
       {
          POS(row, 10);
          printf("%s", opt[i]);
          POS(row+3, 10);
          REVERSE();
          printf("%s", opt[++i]);
          NORMAL();
          row = row + 3;
          return(i);                                                /* idem */
       }
  }

void getangle(void)                                       /* saisie angle */
  {
     int c, i;
     int func_or_cursor_key = 0;
     char buffer[4];

     box(8,35,9,34);
     do
       {
          i = 0;
          POS(10,54);
          printf("            ");
          POS(10,37);
          printf("Angle (0-360<198>) : ");
```

```
            while ((i < 3) && ((c = getch()) != '\r'))
                {
                    if (func_or_cursor_key)
                    {
                            func_or_cursor_key = 0;
                            continue;
                    }
                    if(c == 0)
                    {
                            func_or_cursor_key = 1;
                    }
                    else if (c == BACKSPACE)
                    {
                        if(i > 0)
                        {
                                printf("\b \b");
                                i--;
                        }
                    }
                    else if (isdigit(c))
                    {
                            buffer[i++] = c;
                            putchar(c);
                    }
                }
          buffer[i] = '\0';
          angle = atof(buffer);
      } while (angle > 360.0);
  }

void sinus(double ang)                                      /* calcule sinus */
  {
    double rad;                                             /* radians */

    rad = PI / 180 * ang;                        /* degrés en radians */
     POS(12,37);
      printf("sinus %.1f<198> = %.4f", ang, sin(rad));
     POS(14,37);
      printf("<Entrée> pour continuer");
     getch();
     ERASE(9);                                             /* efface affichage */
  }

void cosinus(double ang)                                   /* calcule cosinus */
  {
    double rad;

    rad = PI / 180 * ang;
     POS(12,37);
      printf("cosinus %.1f<198> = %.4f", ang, cos(rad));
     POS(14,37);
      printf("<Entrée> pour continuer");
```

```
    getch();
    ERASE(9);
}

void tangente(double ang)                                   /* calcule tangente */
{
    double rad;
    if (ang == 90.0)                             /* tangente de 90<198>: "infinie" */
        {
        POS(12, 37);
         printf("tangente %.1f<198> = y", ang);
        }
    else
        {
        rad = PI / 180 * ang;
        POS(12,37);
         printf("tangente %.1f<198> = %.4f", ang, tan(rad));
        POS(14,37);
         printf("<Entrée> pour continuer");
        getch();
        ERASE(9);
        }
}

void cotangente(double ang)                                 /* calcule cotangente */
{
    double rad;
    if (ang == 0.0)                            /* cotangente 0<198>: "infinie" */
        {
        POS(12, 37);
         printf("cotangente %.1f<198> = y", ang);
        }
    else
        {
        rad = PI / 180 * ang;
        POS(12,37);
         printf("cotangente %.1f<198> = %.4f", ang, 1/tan(rad));
        POS(14,37);
         printf("<Entrée> pour continuer");
        getch();
        ERASE(9);
        }
}
```

Exemple d'application (2)

Une autre application des pointeurs de fonction est donnée par le problème suivant : on veut effectuer les mêmes opérations avec différents opérandes. Un exemple simple serait une fonction qui affiche des tableaux de divers types et qui, de son côté, utilise une fonction spéciale (sous-routine) pour le traitement de chaque type de tableau. De cette manière, on dispose d'une seule fonction d'affichage très générale à laquelle on communique, pour chaque cas concret, le nom de la sous-routine (naturellement présente) à appeler pour afficher un tableau du type concerné. Pour passer ce genre d'information à une fonction d'usage très général, le plus simple est de lui communiquer un paramètre effectif contenant l'adresse (sous forme de nom de fonction par exemple) de la sous-routine ad hoc. Le paramètre formel correspondant de la fonction d'affichage "de niveau supérieur" est donc un pointeur vers des fonctions. Par son intermédiaire, on peut ensuite, à l'intérieur de la fonction, appeler la sous-fonction applicable au type de données concernées. Avec la fonction suivante, par exemple :

```
void display_array(void *arr, long start, long end, void (*d)(void*, long, long))
    {
        (*d)(arr, start, end);
    }
```

on peut afficher n'importe quelle portion contiguë de tableaux de types élémentaires. A condition bien sûr que soient disponibles les sous-routines correspondantes. Le paramètre 'arr' peut ici mémoriser l'adresse d'un tableau de type quelconque, en raison de son type void*. Les deux paramètres 'long' récupèrent les indices des bornes du sous-tableau à afficher. Le paramètre :

```
void (*d)(void*, long, long)
```

est un pointeur nommé 'd' qui pointe vers une fonction de type **void** ayant trois paramètres de types respectifs void* et 'long'. Ce paramètre mémorise l'adresse de la fonction d'affichage "proprement dite" qui, dans notre exemple, peut être une fonction quelconque de type **void** avec les types indiqués pour les trois paramètres.

L'instruction :

```
(*d)(arr, start, end);
```

dans le corps de la fonction 'display_array' appelle alors la fonction dont l'adresse a été affectée à 'd'. Supposons qu'on ait les fonctions printchar, printshort, printlong, printfloat et printdouble comme routines d'affichage spécifiques pour des tableaux quelconques de types char, short, long, float et double, comme par exemple les tableaux :

```
char    c[1000];
short   s[100];
long    l[100];
float   f[100];
double  d[100];
```

On pourrait alors par :

```
display_array(c, 0, 999, printchar);
display_array(s, 0, 99,  printshort);
display_array(l, 0, 99,  printlong);
display_array(f, 0, 99,  printfloat);
display_array(d, 0, 99,  printdouble);
```

faire afficher tous les tableaux par une seule et même fonction 'display_array'. Le programme SEEARRAY.C qui suit montre comment utiliser non seulement 'display_array', mais aussi la fonction 'fill_array' qui remplit un tableau de n'importe lequel des types précédents à l'aide de valeurs aléatoires créées par la fonction 'rand'. Comme 'display_array', 'fill_array' accède aux sous-routines spécifiques via un pointeur de fonction. Sont affichées ici, dans une boucle, des portions choisies au hasard dans un tableau lui-même tiré au hasard parmi cinq tableaux de types différents. De plus, la présentation écran varie d'un affichage à l'autre, à l'aide de 'rand' et d'une séquence d'échappement ANSI : à chaque passage dans la boucle, on initialise à de nouvelles valeurs les couleurs du fond et du texte.

La fonction 'wait' utilise la fonction prédéfinie 'time' pour produire des pauses d'une durée (en secondes) quelconque. Dans le programme, l'instruction :

```
wait(3);
```

provoque donc une pause de trois secondes avant l'affichage suivant. Le programme finit lorsque l'utilisateur appuie sur une touche quelconque. Cette action est détectée par la fonction prédéfinie **'kbhit'**. **'kbhit'** retourne la valeur 0 tant qu'aucune touche n'a été activée, sinon elle renvoie une valeur différente de 0. Bien que n'appartenant pas au standard ANSI, la fonction 'kbhit' est fort utile et on la trouve sur de nombreux systèmes, au même titre que le header CONIO.H qu'il faut incorporer pour utiliser 'kbhit'.

▶ **SEEARRAY.C**

```c
/*** SEEARRAY utilise des pointeurs de fonctions comme paramètres ***/
#include <stdio.h>                                          /* printf */
#include <stdlib.h>                                    /* srand, rand */
#include <conio.h>                                     /* getch, kbhit */
#include <time.h>                                            /* time */
unsigned init;                             /* variable d'initialisation */
main()
  {
  /* fonctions de saisie spécifiques pour les tableaux */

    void fillchar(char *a, long len);
    void fillshort(short *a, long len);
    void fillong(long *a, long len);
    void fillfloat(long *a, long len);
    void filldouble(double *a, long len);
/* fonctions d'affichage spécifiques pour les tableaux */

    void printchar(char *a, long s, long e);
    void printshort(short *a, long s, long e);
    void printlong(long *a, long s, long e);
    void printfloat(float *a, long s, long e);
    void printdouble(double *a, long s, long e);

/* fonctions d'E/S générales pour les tableaux */

    void fill_array(void *arr, long len, void (*fill)(void*, long));
    void display_array(void *arr, long start, long end, void (*d)(void*,
                              long, long));
    void wait(long sec);                              /* fonction de pauses */

    char c[1000];
```

```
short s[100];
long l[100];
float f[100];
double d[100];
int number, i;
long index[2];                          /* valeurs aléa. pour bornes sous-tableau */

while (!kbhit())
{
    srand(++init);                      /* initialise le générateur aléatoire 'rand' */
    if(init = 65535)
        init = 1;
    number = rand() % 5 + 1;
                                /* tirage entre 1 et 5 (1 = char, 2 = short, etc. */

    do                                  /* bornes aléatoires du sous-tableau */
    {
        for (i = 0; i < 2; i++)
            index[i] = (number != 1) ? rand()%100 : rand()%1000;
    } while (index[0] >= index[1]);

    wait(3);                            /* 3 secondes avant prochain affichage */
    printf("\033[2J\n");
                            /* changement aléatoire d'affichage : \033[3xm = texte, */
                                                        /* \033[4xm = fond */
    printf("\033[%d;%dm", 31+number, 42+number);

    switch(number)                          /* choix du tableau à afficher */
    {
        case 1: printf("C H A R :\n\n");
                    fill_array(c, 1000, fillchar);
                        display_array(c, index[0], index[1], printchar);
                break;
        case 2:
printf("S H O R T :\n\n");
 fill_array(s, 100, fillshort);
 display_array(s, index[0], index[1], printshort);
break;
case 3:
printf("L O N G :\n\n");
 fill_array(l, 100, filllong);
 display_array(l, index[0], index[1] ,printlong);
break;
case 4;
printf("F L O A T :\n\n");
 fill_array(f, 100, fillfloat);
 display_array(d, index[0], index[1], printfloat);
break;
case 5:
printf("D O U B L E :\n\n");
 fill_array(d, 100, filldouble);
 display_array(d, index[0], index[1], printdouble);
```

```
   }
   }
   printf("\033[0m");    /* écran normal */
}
/* saisie de valeurs dans tableaux de types divers */
void fill_array(void *arr, long len, void (*fill)(void*, long))
{
    (*fill)(arr, len);
}
void fillchar(char *a, long len) /* remplit tableau 'char' avec valeurs aléa. */
{
   long i;
   srand(++init);
   for (i = 0; i < len; i++)
   {
   a[i] = (rand() % 96) + 32;
   }
}
void fillshort(short *a, long len) /* remplit tableau 'short' avec valeurs aléa*/
{
   long i;
   srand(++init);
   for (i = 0; i < len; i++)
   a[i] = rand();
}
void fillong(long *a, long len)    /* remplit tableau 'long' avec valeurs aléa. */
{
   long i;
   srand(++init);
   for (i = 0; i < len; i++)
   a[i] = (long) rand() * rand();
}
void fillfloat(float *a, long len)                      /* remplit tableau 'float'
                                                            avec valeurs aléa. */
{
   long i;
   srand(++init);
   for (i = 0; i < len; i++)
   a[i] = (float) rand() / 32767;
}
void filldouble(double *a, long len)                    /* remplit tableau 'double'
                                                            avec valeurs aléa. */
{
   long i;
   srand(++init);
   for (i = 0; i < len; i++)
   a[i] = (double) rand() / 32767;
}
/* affiche différents types de tableaux */
void display_array(void *arr, long start, long end, void (*f)(void*, long, long))
{
    (*f)(arr,start, end);
```

```
}
void printchar(char *a, long s, long e)                    /* affiche tableau char */
{
   long i;
   for (i = s;  i <= e; i++)
    printf("%c", a[i]);
}
void printshort(short *a, long s, long e)                  /* affiche tableau short  */
{
   long i;
   for (i = s;  i <= e; i++)
   {
    printf("%5hd ", a[i]);
    if (((i+1)%10) == 0)
    printf("\n");
   }
}
void printlong(long *a, long s, long e)                    /* affiche tableau long */
{
   long i;
   for (i = s;  i <= e; i++)
   {
    printf("%10ld ", a[i]);
    if (((i+1)%6) == 0)
    printf("\n");
   }
}
void printfloat(float *a, long s, long e)    /* affiche tableau float  */
{
   long i;
   for (i = s;  i <= e; i++)
   {
    printf("%f ", a[i]);
    if (((i+1)%6) == 0)
    printf("\n");
   }
}
void printdouble(double *a, long s, long e)    /* affiche tableau double */
{
   long i;
   for (i = s;  i <= e; i++)
    printf("%.12f ", a[i]);
}
void wait(long sec)    /* fonction d'attente */
{
   long start, current;
   time(&start);
   do
   {
    time(&current);
   } while ((current - start) < sec);
}
```

Élimination des erreurs

En C, on ne précise pas l'ordre dans lequel on évalue les paramètres effectifs d'une fonction. La virgule dans une liste de paramètres ne fait pas office d'opérateur de séquencement. Elle n'entraîne donc pas que les paramètres qu'elle sépare soient évalués de la gauche vers la droite : elle les sépare (cf. section .3.2.7 **"Priorités"**). Cela signifie que dans une instruction comme :

```
printf("%d %d %d", a, b, c);
```

le compilateur peut évaluer les paramètres a, b et c dans n'importe quel ordre. Cela est sans importance lorsque les paramètres a, b et c sont, par exemple, des variables int bien classiques. Il en va tout autrement si les paramètres effectifs d'une fonction renferment des effets de bord, c'est-à-dire si leur valeur change en cours d'évaluation. Supposons définie la variable suivante :

```
int x = 5;
```

Si dans l'instruction :

```
printf("%d %d", ++x, x-1);
```

on commence par évaluer le paramètre ++x, alors l'affichage donne :

```
6  5
```

Si par contre on évalue d'abord l'expression x-1, on obtient :

```
6  4
```

Ce genre de situation ambiguë peut arriver lorsqu'on utilise des paramètres qui sont des appels de fonction (des valeurs retournées par des fonctions). Soient la variable :

```
main()
    {
        char s[16] = "Plus de lumière";
        . . .
    }
```

et la fonction 'ups' :

```
char *ups(char *w)                        /* conversion minuscules -> majuscules */
    {
        char *start = w;
        while (*w != '\0')
        *w++ = toupper(*w);        /* fonction 'toupper' : minuscule en majuscule */
        return (start);
    }
```

Cette dernière utilise la fonction prédéfinie **'toupper'** (#include <ctype.h>) pour convertir une chaîne de caractères en majuscules. Alors l'instruction :

```
printf("%s\n%s", s, ups(s));
```

(dans **main**) ne donne pas forcément le même résultat (espéré), selon l'ordre d'évaluation des paramètres 's' et ups(s). On peut bien avoir :

```
Plus de lumière
PLUS DE LUMIERE
```

Mais on peut aussi obtenir :

```
PLUS DE LUMIERE
PLUS DE LUMIERE
```

10.5 Fonctions avec nombre variable de paramètres

Toutes les fonctions que nous avons écrites jusqu'ici possédaient toujours un nombre fixe de paramètres. Mais il existe aussi des opérations pour lesquelles on ne peut préciser à l'avance le nombre de paramètres à traiter. Tel est le cas, par exemple, des fonctions bien connues **printf** et **scanf** auxquelles on peut passer un nombre variable de paramètres effectifs.

Le concept de "fonction avec nombre variable de paramètres" mérite une précision. Il signifie que la fonction est définie avec un nombre quelconque de paramètres fixes (au moins un) et qu'elle accepte, lorsqu'on l'appelle, un nombre variable de paramètres effectifs supplémentaires, sans que soient explicitement définis pour ces derniers des paramètres formels. L'en-tête d'une fonction ayant un nombre variable de paramètres a la forme générale suivante :

```
<type>    <fonction>(<liste_des_paramètres_fixes>,    ...)
```

<liste_des_paramètres_fixes> représente la liste des paramètres formels permanents, séparés comme il se doit par des virgules. Contrairement au modèle classique de définition, il faut ici spécifier trois points ... dans la définition (ou déclaration) de la fonction. Ils correspondent aux paramètres facultatifs qui seront éventuellement transmis à la fonction lorsqu'on l'appellera. Ainsi, la ligne :

```
int f(char a, int b, ...);
```

déclarerait une fonction 'f' de type **int** admettant deux paramètres fixes a et b et un nombre variable de paramètres optionnels.

Évaluation des paramètres variables

Comment une fonction manipule-t-elle ses paramètres variables ? Nous allons le montrer sur l'exemple de la fonction 'bprint' qui affiche sous forme binaire un nombre quelconque de valeurs entières (de 2 ou 4 octets). La fonction 'bprint' ressemble, dans sa structuration, à la fonction **printf** et utilise comme (unique) paramètre fixe une chaîne de formatage. Celle-ci peut contenir, outre des caractères normaux, le format %L pour des valeurs sur quatre octets et le format %S pour des valeurs sur deux octets. 'bprint' ne renvoie pas de valeurs. Avec ces informations, on peut déjà déclarer la fonction 'bprint' :

```
void bprint(char *fstring, ...);
```

Le pointeur char 'fstring' récupère l'adresse de la chaîne de formatage. Les points de suspension montrent que 'bprint' admet des paramètres facultatifs. Pour évaluer les paramètres effectifs optionnels, on a besoin des macros 'va_start', 'va_arg' et 'va_end' du header STDARG.H, ainsi que d'un pointeur de type 'va_list' également défini (comme void* ou char*) dans STDARG.H. Ce pointeur d'arguments (argument pointer, argument =

paramètre effectif) doit être explicitement défini dans la fonction concernée. On l'utilise pour pointer, dans l'ordre, les paramètres effectifs optionnels. On l'initialise, via la macro 'va_start', avant le début de l'évaluation des paramètres. Après quoi, il pointe vers le premier des paramètres réels optionnels. La macro 'va_start' admet elle-même deux paramètres : le pointeur vers les paramètres facultatifs de la fonction et le nom du dernier paramètre fixe.

Si on a défini pour la fonction 'bprint' le pointeur d'arguments via :

```
va_list pp;
```

alors l'appel de macro :

```
va_start(pp, fstring);                          /* pointeur arguments = adresse */
                                                /* premier param. facultatif */
```

fait pointer 'pp' vers le premier paramètre facultatif. Les valeurs des paramètres optionnels peuvent alors être récupérées à l'aide de la macro 'va_arg'. Un appel de 'va_arg' donne toujours la valeur du paramètre optionnel pointé actuellement par le pointeur d'arguments, puis déplace le pointeur vers le prochain paramètre optionnel. La macro 'va_arg' elle aussi admet deux paramètres : le pointeur d'arguments et le type du paramètre actuellement pointé. Supposons que le premier paramètre effectif optionnel de 'bprint' soit un 'long'. Alors le premier appel de 'va_arg' :

```
va_arg(pp, long);                               /* évalue paramètre de type 'long' */
```

donne la valeur de ce paramètre puis modifie le pointeur 'pp' de telle sorte qu'il pointe vers le paramètre suivant. La valeur fournie par 'va_arg' peut être réutilisée comme une valeur de retour de fonction, par exemple pour être affectée à une variable de type ad hoc :

```
void bprint(char *fstring, ...)
    {
        va_list pp;
        long l;
        . . .
        va_start(pp, fstring);                      /* initialise pp */
        l = va_arg(pp, long);               /* récupère valeur du paramètre et */
                                                /* affecte à variable */

        . . .

    }
```

Il faut noter ici que les paramètres optionnels de type 'char' demandent dans 'va_arg' le type **int**, à cause d'une extension (conversion) interne de 'char' en **int**. De même, pour des paramètres 'float' on prendra en fait le type **double**.

Après évaluation de la liste des paramètres, le pointeur d'arguments reçoit, via un appel de la macro 'va_end', l'adresse NULL. 'va_end' admet comme paramètre le pointeur d'arguments concerné. Dans notre exemple donc :

```
va_end(pp);                                     /* pointeur d'arguments = NULL */
```

affecterait au pointeur 'pp' l'adresse nulle.

Il faut naturellement communiquer à la fonction concernée le nombre d'arguments optionnels à traiter. Il faut donc définir une condition adéquate permettant de détecter la fin des paramètres facultatifs. Pour la fonction 'bprint' (comme pour **printf**), on se basera sur la détection du caractère nul (pointé par 'fstring') marquant la fin de la chaîne de formatage. Au début, le pointeur 'fstring' renvoie vers le début de la chaîne de formatage. Il est ensuite régulièrement lu et incrémenté, ce qui lui fait parcourir la chaîne de formatage. Lorsqu'enfin il pointe vers le caractère de fin de la chaîne de format, c'est que l'évaluation des paramètres est achevée. Une autre technique pour informer une fonction du nombre de paramètres optionnels à traiter consiste à placer ce nombre dans un des paramètres fixes. La fonction "compte au fur et à mesure" et termine son évaluation lorsqu'elle a traité le nombre de paramètres spécifié. Toutes les réflexions qui précèdent nous permettent désormais de coder la fonction 'bprint' :

```
void bprint(char *fstring, ...)          /* affiche des entiers sous forme binaire */
 {
   va_list pp;                                        /* pointeur d'arguments */
   short s;
   long l;
   int pos;
   va_start(pp, fstring);          /* pointeur args = adr. 1er param. optionnel */
   while (*fstring)                           /* tant que pas de caractère nul */
      {
         if (*fstring != '%')                    /* si pas spécification de format */
            putchar(*fstring);                         /* affiche caractère */
         else
            {
               switch(*++fstring)    /* caractère suivant dans chaîne de format */
                  {
                     case 'S': s = va_arg(pp, short);   /* va_arg donne un short */
                        for (pos = 15; pos >= 0; pos--)  /* afficher en binaire */
                           {
                              printf("%d", (s >> pos) & 1);
                              if (pos % 8 == 0)        /* espace tous les 8 bits */
                                 printf(" ");
                           }
                        break;

                     case 'L': l = va_arg(pp, long);     /* va_arg donne un long */
                        for (pos = 31; pos >= 0; pos--)  /* afficher en binaire */
                           {
                              printf("%d", (l >> pos) & 1);
                              if (pos % 8 == 0)        /* espace tous les 8 bits */
                                 printf(" ");
                           }
                        break;

                     default: putchar (*fstring);
                                              /* pas de format après %: affiche car. */
                  }                                            /* fin switch */
            }                                                  /* fin else */
```

```
          fstring++;                       /* caractère suivant dans chaîne de format */
        }                                                           /* fin while */
    va_end(pp);                                     /* fin évaluation : NULL dans pp */
}                                                                   /* fin bprint */
```

Pour tester 'bprint', nous l'incorporerons dans un programme d'essai simple, dans lequel nous appellerons la fonction avec différentes constellations de paramètres.

> BPRTEST.C

```
/*** BPRTEST teste la fonction 'bprint' qui affiche en binaire des nombres    ***/
/*** entiers et accepte, ce fraisant, un nombre variable de paramètres.       ***/

#include <stdio.h>                                           /* printf, putchar */
#include <stdarg.h>                           /* va_list, va_start, va_arg, va_end */

main()
  {
    void bprint(char *fstring, ...);                     /* déclaration de 'bprint' */
    short a = 3, b = 14534;
    long x = 7333333, y = -50000;

                                               /* paramètre fixe seulement */
    bprint("Le programme affiche en binaire quelques valeurs de test :\n\n");
    bprint("3\t\t=\t%S\n\n", a);                        /* 1 paramètre optionnel */
                                                       /* 2 paramètres optionnels */

      bprint("14534\t\t=\t%S\n-50000\t\t=\t%L\n\n", b, y);

                                                       /* 3 paramètres optionnels */

      bprint("7333333 - 50000\t=\t%L\n14\t\t=\t%S\n-123\t\t=\t%S\n\n", x+y, 14, -123);
      bprint("%d%S\t%x%L", a, x);
  }

/* */
/* ajouter ici la définition de 'bprint' */
/* */
```

On obtient l'affichage :

Le programme affiche en binaire quelques valeurs de test :

```
3                 =    00000000 00000011
14534             =    00111000 11000110
-50000            =    11111111 11111111 00111100 10110000
7333333 - 50000   =    00000000 01101111 00100010 10000101   •
14                =    00000000 00001110
-123              =    11111111 10000101
d00000000 00000011     x00000000 01101111 11100101 11010101
```

On constate là-dessus que 'bprint' est bien en mesure de traiter un nombre variable de paramètres. Du reste, à l'instar de **printf**, elle peut servir à afficher du texte pur. La dernière ligne affichée montre comment sont traités les symboles de format non définis.

10.6 Fonctions récursives

Les fonctions en C peuvent appeler d'autres fonctions, mais aussi s'appeler elles-mêmes. En pareil cas, on parle d'appel récursif de fonction ou de fonction récursive. A titre d'exemple simple, considérons la fonction suivante :

```
void shostr(char *s)                      /* affichage récursif d'une chaîne de caractères */
    {
        if (*s != '\0')
            {
                putchar(*s);
                shostr(s+1);
            }
    }
```

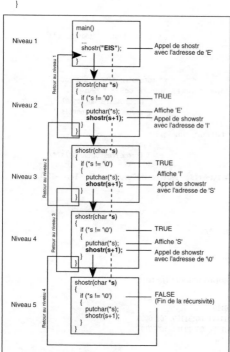

Fig. 10.27 : Affichage d'une chaîne de caractères par appels récursifs d'une fonction

La fonction **shostr** affiche une chaîne de caractères en commençant par afficher le premier caractère, pour autant qu'il ne s'agisse pas du caractère nul. Elle s'appelle ensuite

ême pour afficher le caractère suivant dans la chaîne. Ici le paramètre transmis à
r' est l'adresse s+1 du prochain caractère. S'il ne s'agit toujours pas du caractère
ors il est affiché et 'shostr' est appelée derechef avec l'adresse du caractère suivant.
.i de suite jusqu'à ce qu'on rencontre enfin le caractère de fin de chaîne. Si la fonction
pelée avec l'adresse du caractère de terminaison, alors la condition :

'\0'

plus remplie et la séquence d'appels récursifs de 'shostr' prend fin. L'image suivante
e le déroulement d'un tel processus récursif, avec les différents niveaux d'appels de
ction, sur l'exemple de l'instruction :

"EIS");

fiche la chaîne de caractères "EIS" :

ge qui précède semble indiquer que, dans la pratique, les appels de la fonction 'shostr'
'empilés". C'est vraiment le cas. En effet, en mémoire les appels de fonction sont
sur une pile (cf. section 10.3 **Appels de fonctions**). Lorsque la fin de la récursion est
te, les appels de fonction sont supprimés de la pile dans l'ordre inverse de leur
ement (last in, first out). De plus, on constate que l'exécution des instructions dans
ocessus récursif donne un "mouvement de flux et de reflux" et qu'il faut toujours
'r une condition pour arrêter l'enchaînement des appels récursifs (flux). Sur le "flux"
écute, à chaque niveau, les instructions ou opérations de la fonction appelante placées
son propre appel (inclus). Lorsque la condition d'arrêt est rencontrée, alors la
ion s'interrompt et le contrôle de l'exécution revient de niveau en niveau jusqu'au
de départ (premier appel de la fonction). Ce faisant on exécute, à chaque niveau, les
ctions ou opérations de la fonction appelante placées, selon le déroulement, après
el récursif de fonction. Dans notre fonction d'exemple 'shostr', il n'y a point d'ins-
ons placées après. De ce fait, l'exécution de la fonction prend fin, à chaque niveau,
la fin de l'appel récursif. La fonction 'revstr' montre bien que l'appel récursif de la
on est d'abord suivi de l'exécution des instructions restantes de la fonction, et que
st qu'ensuite que le contrôle du programme est rendu au niveau immédiatement
ieur. 'revstr' affiche une chaîne de caractères à l'envers. C'est une variante de 'shostr'
laquelle on a simplement permuté l'appel récursif et l'instruction d'affichage :

```
evstr(char *s)      /* affichage récursif d'une chaîne de caractères inversée */

    if (*s != '\0')                      /* fin de la récursion si FALSE */
        {
            revstr(s+1);
            putchar(*s);
        }
```

illustrerons ici aussi le processus récursif engendré par :

("EIS");

avec une image :

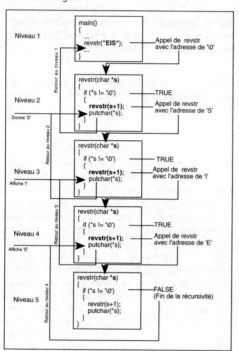

Fig. 10.28 : Affichage récursif d'une chaîne de caractères (à l'envers)

La disposition des deux instructions :

```
revstr(s+1);
```

et

```
putchar(*c);
```

dans 'revstr' entraîne qu'à chaque niveau d'exécution de la fonction on comm
simplement par appeler récursivement 'revstr'. Ce n'est que lorsque la récursion pre
que l'instruction suivant l'appel récursif est exécutée, la première fois dans l'exécutio
fonction qui suit le troisième appel de 'revstr'(niveau 4). Comme le paramètre 's',
niveau-là, contient l'adresse du caractère 'S', ce dernier est affiché. Ensuite, le contrôle re
au niveau immédiatement supérieur et y exécute l'instruction placée après l'appel de fon
C'est le caractère 'I', rangé dans 's' à ce niveau-là, qui est affiché. Après retour au niveau
lettre 'E' est affichée pour des raisons analogues.

L'affichage complet est donc :

SIE

Le contrôle du programme est donc maintenant revenu à la fonction **main** qui reprend à l'instruction suivante. Signalons du reste qu'une récursion peut être engendrée non seulement par une fonction s'appelant elle-même directement, mais aussi par une chaîne d'appels de fonctions située entre deux appels d'une même fonction :

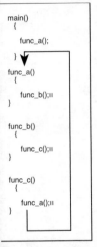

```
main()
  {
    func_a();
  }
func_a()
  {
    func_b();⁞
}

func_b()
  {
    func_c();⁞
}

func_c()
  {
    func_a();⁞
}
```

Fig. 10.29 : Récursivité indirecte

L'image montre que la fonction **main** commence par appeler la fonction 'func_a'. Celle-ci à son tour appelle 'func_b' qui, de son côté, appelle 'func_c'. Cette dernière enfin appelle de nouveau la fonction 'func_a'. Ce faisant, le cercle récursif est bouclé et la chaîne des appels reprend indéfiniment à partir du début. A moins qu'on n'ait prévu un test d'arrêt ad hoc dans 'func_a' ou dans une des autres fonctions.

Un algorithme de tri récursif

Les fonctions récursives permettent fréquemment de résoudre, avec élégance et efficacité, les problèmes de programmation. A titre d'exemple, considérons le procédé de tri appelé Quicksort. Il est récursif de par sa conception et la fonction prédéfinie '**qsort**' qui trie les tableaux selon cette technique est habituellement définie de manière récursive. L'algorithme Quicksort est une des méthodes de tri les plus efficaces qui soient. Il fonctionne de la manière suivante : on commence par diviser les valeurs du tableau à trier en deux sous-ensembles. Pour cela, on prend un élément (le plus souvent celui du milieu) et on en fait un séparateur entre les éléments qui lui sont supérieurs ou égaux et ceux qui lui sont inférieurs. Le sous-ensemble des valeurs inférieures est transféré dans la partie gauche du tableau tandis que l'autre sous-ensemble est transféré dans la partie à droite du séparateur. Après quoi, on applique également aux deux sous-ensembles le procédé du Quicksort (début de la récursion), puis aux nouveaux sous-ensembles qui en résultent, etc. Jusqu'à ce qu'on arrive enfin à des sous-ensembles composés d'un seul élément. Ces derniers ne devant plus être triés, le processus récursif s'arrête alors. L'image qui suit montre sur un exemple simple le déroulement pas à pas d'un tel mécanisme de tri :

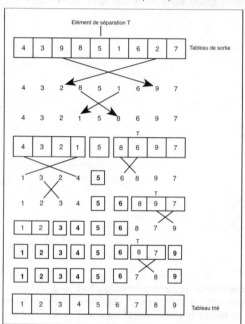

Fig. 10.30 : Tri d'un tableau selon le procédé du Quicksort

A chaque passe de tri on permute dans l'ordre, en partant de la gauche et en allant jusqu'au séparateur concerné, les valeurs supérieures au séparateur avec la première valeur de droite inférieure au séparateur. De cette façon, à gauche du séparateur on aura des valeurs inférieures à ce dernier et à droite des valeurs supérieures. On réapplique ce procédé aux sous-tableaux issus du tableau d'origine. La valeur séparatrice elle-même, après cette opération, est déjà bien positionnée et ne doit plus être prise en compte dans les opérations de tri ultérieures.

a fonction prédéfinie '**qsort**' trie des tableaux de type quelconque selon le procédé que nous venons de décrire. Pour comprendre le fonctionnement d'une fonction Quicksort, en voici une variante qui trie des tableaux **int** (en ordre croissant) :

```
void qintsort(int arr[], int lidx, int ridx)
                                        /* trie un tableau 'int' avec Quicksort */
{
    int k, buffer;
    int e;                                   /* fin du sous-tableau < séparateur */
    int mid;                                 /* index de l'élément médian */

    if (lidx >= ridx)                        /* tableau a moins de 2 éléments */
        return;

    mid = (lidx + ridx) /2;                  /* élément médian = séparateur */

    buffer = arr[lidx];              /* séparateur au début de la plage à trier */
    arr[lidx] = arr[mid];                    /* afin que la plage puisse être */
    arr[mid] = buffer;                       /* parcourue en continu */

    e = lidx;

    for (k = lidx+1; k <= ridx; k++)         /* amène tous les éléments */
    if (arr[k] < arr[lidx])                  /* inférieurs au séparateur */
        {                             /* dans la partie gauche du (sous-)tableau */
          e++;                                          /* derrière */
          buffer = arr[e];                              /* le premier */
          arr[e] = arr[k];                              /* élément */
          arr[k] = buffer;
        }

    buffer = arr[lidx];                      /* amène séparateur à la fin */
    arr[lidx] = arr[e];        /* de la plage avec les valeurs inférieures */
    arr[e] = buffer;                         /* au séparateur */

    qintsort(arr, lidx, e-1);                /* tri du sous-tableau de gauche */
    qintsort(arr, e+1, ridx);                /* tri du sous-tableau de droite */
}
```

Commentaires

La fonction 'qintsort', dans cette version, admet trois paramètres : l'adresse du début du tableau, l'index de l'élément où commence la plage à trier et l'index de celui où finit cette plage. La variable 'e' contient l'indice de la dernière des valeurs "inférieures". Cette zone est créée progressivement dans la partie gauche du (sous-)tableau grâce à des permutations ad hoc effectuées dans la boucle :

```
for (k = lidx+1; k <= ridx; k++)             /* amène tous les éléments */
    if (arr[k] < arr[lidx])                  /* inférieurs au séparateur */
        {                             /* dans la partie gauche du (sous-)tableau */
          e++;                                          /* derrière */
          buffer = arr[e];                              /* le premier */
```

```
            arr[e] = arr[k];                              /* élément */
            arr[k] = buffer;
        }
```

Dans cette boucle, on veut que le tableau puisse être parcouru sans interruption du début jusqu'à la fin. Comme le séparateur situé au milieu du tableau "gêne" (pour ainsi dire), via :

```
buffer = arr[lidx];
arr[lidx] = arr[mid];
arr[mid] = buffer;
```

on le copie provisoirement dans le premier élément du tableau et on met la valeur originale du premier élément à la position du séparateur. Après la passe de tri du (sous-)tableau concerné, on rétablit la situation par :

```
buffer = arr[lidx];
arr[lidx] = arr[e];
arr[e] = buffer;
```

Désormais, comme nous l'avons précédemment expliqué, le tableau contient dans sa partie gauche toutes les valeurs inférieures au séparateur et dans sa partie droite toutes les valeurs supérieures ou égales. Avec les deux dernières instructions, la fonction s'appelle elle-même pour trier les sous-tableaux de gauche et de droite. Le séparateur se trouve déjà à sa position définitive et n'a donc plus à être pris en compte dans les opérations de tri qui vont suivre.

Si on définit par exemple dans **main** un tableau :

```
int i[9] = {4, 3, 9, 8, 5, 1, 6, 2, 7};
```

alors l'instruction :

```
qintsort(i, 0, 8);
```

appelle la fonction 'qintsort' avec, comme paramètres, l'adresse du tableau et les indices des premier et dernier éléments. Elle trie donc ce tableau en ordre croissant. Si on change la condition de comparaison dans la boucle 'for' :

```
if (arr[k] >= arr[lidx])                              /* >= au lieu de < */
```

le tableau sera trié en ordre décroissant. En effet, les valeurs supérieures au séparateur sont désormais rassemblées et triées dans la partie gauche. Les valeurs inférieures, comme il se doit, sont traitées dans la partie droite. A partir de la fonction 'qintsort', il est facile de créer des fonctions de tri pour des tableaux de tous types, ou bien de développer une fonction de tri qui, comme 'qsort', trie des tableaux de type quelconque. Dans ce dernier cas, on prendra le type void * pour le premier paramètre (adresse du tableau). Dans les exercices du chapitre, vous trouverez un autre exemple ("Tour de Hanoï") qui montre comment les fonctions récursives permettent de programmer de façon relativement simple des opérations apparemment complexes.

Il faut cependant signaler une limitation à l'emploi des fonctions récursives : elles se marient très mal avec les variables locales static. En effet, une telle variable n'existe toujours qu'en un seul exemplaire, quel que soit le nombre d'instances "en cours" de la fonction.

10.7 Paramètres sur la ligne de commande

Pour lancer des programmes (fichiers exécutables), on tape leur nom sur la ligne de commande après l'indicatif du système d'exploitation (prompt), puis on valide par <Entrée>. Supposons qu'on ait écrit et compilé le programme :

> VIDEO.C

```
/*** VIDEO place l'écran en mode normal ou en inversion vidéo ***/

#include <stdio.h>                                      /* printf, gets */
#include <string.h>                                          /* strcmp */

main()
  {
    char mode[80];

    do
      {
          printf("\n\nMode d'écran ? (\"normal\" / \"inverse\") : ");
        gets(mode);
      } while (strcmp(mode, "normal")  &&  strcmp(mode, "inverse"));

    if (!strcmp(mode, "normal"))
      {
          printf("\033[0m");
          printf("\033[2J");
      }
    else
      {
          printf("\033[7m");
          printf("\033[2J");
      }
  }
```

qui règle le mode d'écran sur normal ou sur l'inversion vidéo. On peut l'exécuter en tapant après le prompt :

video

et en confirmant la saisie par la touche de validation :

video <Entrée>

Une fois le programme lancé, l'utilisateur se verra demander de choisir un mode d'écran. En d'autres termes, la détermination du mode d'affichage se fait en cours d'exécution du programme. Mais on peut aussi spécifier, dès le lancement du programme, des valeurs qu'il devra traiter. Il suffit pour cela de les taper comme paramètres sur la ligne de commande lorsqu'on appelle le programme. A titre d'exemple, on pourrait formuler le programme VIDEO.C afin que le choix du mode d'affichage puisse se faire dès l'appel, par le biais d'un paramètre (de ligne de commande) qui suit le nom du programme :

video normal <Entrée>

ou :

```
video inverse <Entrée>
```

Pour que de tels paramètres soient "récupérés" dans le programme, il faut les transmettre à la fonction **main**. Celle-ci doit alors être définie avec deux paramètres formels. Le premier de ces deux paramètres (habituellement désigné par '**argc**' (argument count)) est de type **int** et contient le nombre de paramètres spécifiés sur la ligne de commande (y compris le nom du programme qui compte aussi pour un paramètre). Le second paramètre (habituellement désigné par '**argv**' (argument vector)) est un pointeur vers un tableau de pointeurs qui pointent eux-mêmes vers des données de type 'char', ou bien (ce qui revient au même) est un pointeur vers un pointeur 'char'. Il peut donc être défini soit par :

```
char *argv[ ]
```

soit par :

```
char **argv
```

et il conserve l'adresse d'un tableau de pointeurs dans lesquels sont rangées les adresses des paramètres de la ligne de commande, paramètres stockés sous forme de chaînes de caractères. La taille de ce tableau de pointeurs dépend du nombre de paramètres donnés sur la ligne de commande. Mais le premier élément de ce tableau, le pointeur argv[0], renvoie toujours vers le nom du programme. argv[1] pointe vers le premier paramètre proprement dit, argv[2] pointe vers le paramètre suivant, etc. Le tableau de pointeurs vers lequel pointe 'argv' contient toujours comme dernier élément (argv[argc]) le pointeur nul. A titre d'exemple, considérons maintenant la version de VIDEO.C qui fonctionne avec des paramètres passés sur la ligne de commande :

➤ VIDEO.C

```
/*** VIDEO règle le mode d'écran en normal ou en inversion vidéo. ***/
/*** Le programme reçoit le réglage souhaité depuis un paramètre   ***/
/*** spécifié sur la ligne de commande.                            ***/

#include <stdio.h>                              /* printf, gets */
#include <string.h>                                   /* strcmp */
#include <stdlib.h>                                     /* exit */

main(int argc, char *argv[ ])
  {
    if (argc != 2)
      {
          printf("\n\nSyntaxe : video mode");
          exit(1);
      }
    if (!strcmp(argv[1], "normal"))
      {
          printf("\033[0m");
          printf("\033[2J");
      }
    else if (!strcmp(argv[1], "inverse"))
```

```
        {
            printf("\033[7m");
            printf("\033[2J");
        }
    else
            printf("\n\nParamètre erroné : \"normal\" ou \"inverse\"");
```

le programme était lancé par exemple via :

```
deo inverse <Entrée>
```

ors l'évaluation de la ligne de commande donnerait pour 'argc' la valeur 2. Le paramètre rgv' recevrait l'adresse du début du tableau de pointeurs, lesquels pointeurs contiennent s adresses des paramètres de la ligne de commande rangés sous forme de chaînes :

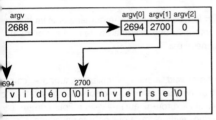

g. 10.31 : 'argv' pointe vers un tableau de pointeurs contenant les adresses des paramètres de la ligne de commande, rangés sous forme de string

⁻s noms 'argc' et 'argv' pour les paramètres formels de **main** ne sont pas obligatoires, mais correspondent simplement à une tradition (raisonnable) de programmation. On pourrait ⁺nc renommer ces paramètres x et y, mais ces noms seraient bien moins évocateurs.

pinteur vers l'environnement

ans beaucoup de systèmes d'exploitation (tels que UNIX, DOS, etc.), on peut donner à **⁺ain** un paramètre supplémentaire, habituellement désigné par '**envp**' (environment ⁺inter). '**envp**', de par son type, est un pointeur vers un tableau de pointeurs qui pointent ⁺x-mêmes vers les rubriques de l'environnement du programme (par exemple : les ⁺emins implicites, l'allure du prompt, etc.). Le dernier élément de ce tableau de pointeurs ⁺t ici le pointeur nul. Sur les systèmes précédemment cités, on peut donc faire afficher ⁻nvironnement du moment, par exemple par :

```
⁺in(int argc, char *argv[], char *envp[])      /* ou : char **argv, char **envp */
    {
        int i;
        for (i = 0; envp[i] != NULL; i++)
                printf("%s\n", envp[i]);
    }
```

ou bien encore par :

```
main(int argc, char **argv, char **envp)      /* ou : char *argv[], char *envp[] */
    {
        while (*envp)
                printf("%s\n", *envp++);
    }
```

Si main n'a pas de paramètre

Lorsque la fonction **main** n'a pas de paramètre, on renonce souvent à indiquer le type **void** entre les parenthèses dans l'en-tête de la fonction. On écrit alors :

```
main()
```

au lieu de :

```
main(void)
```

De même, on omet souvent de spécifier le type de la valeur retournée par **main** bien que celle-ci, comme toute fonction, puisse retourner une valeur (au système d'exploitation). **main** ne renvoie rien, on l'indique en général par :

```
void main()
```

Ici **main** n'a pas de paramètre. Si on omet **void**, alors le compilateur suppose (comme d'habitude) que la valeur retournée est de type **int**. Selon les réglages du compilateur, on peut avoir un message signalant que **main** ne retourne aucune valeur. Pour corriger cela, il suffit d'insérer une instruction **return** dans **main**. Si on a pris pour **main** le type implicite **int** (ce qui est souvent le cas), on peut alors retourner au système d'exploitation via :

```
return(0);
```

la valeur 0 afin d'indiquer que le programme s'est déroulé sans encombre. On peut aussi retourner 1 ou n'importe quelle autre valeur entière pour montrer qu'il y a eu erreur.

Plusieurs paramètres sur la ligne de commande

Si on spécifie plusieurs paramètres sur la ligne de commande, alors il faut séparer ceux-ci par des espaces. Dans ce cas, on peut se demander ce qu'il faut faire si un des paramètres contient lui-même un espace. Pour qu'un tel paramètre soit compris comme un seul paramètre et non comme deux paramètres, on le place entre des guillemets. Supposons que 'showinfo' soit un programme admettant plusieurs paramètres sur la ligne de commande. Dans l'appel suivant du programme :

```
showinfo "Quatre saisons" Marseille <Entrée>
```

"Quatre saisons" serait interprété comme un paramètre unique en raison des guillemets placés autour.

Conversion des lignes de commande

Il peut arriver que des paramètres de la ligne de commande doivent être traités par le programme en tant que valeurs numériques. Etant donné que les paramètres de la ligne de commande sont stockés sous forme de chaînes de caractères, il faut donc les convertir au sein du programme. Le programme TRIANGLE.C suivant calcule la surface d'un triangle

uelconque à partir des longueurs des trois côtés, ces dernières étant données comme
paramètres sur la ligne de commande. Pour pouvoir déterminer la surface demandée, le
programme convertir en **double** les paramètres indiqués.

> TRIANGLE.C

```
***      TRIANGLE calcule la surface d'un triangle à partir des longueurs      ***/
***      des côtés, celles-ci étant passées sur la ligne de commande.          ***/

include <stdio.h>                                                    /* printf */
include <math.h>                                                 /* atof, sqrt */
include <stdlib.h>                                                    /* exit */

ain(int argc, char *argv[])
{
    double a, b, c, s;

    if (argc != 4)
        {
            printf("\n\nNombre de paramètres erroné.");
            exit(1);
        }

    a = atof(argv[1]);
    b = atof(argv[2]);
    c = atof(argv[3]);

    if (a+b <= c  ||  a+c <= b  ||  b+c <= a)
        {
            printf("\n\nParamètres invalides. Triangle incohérent.");
            exit(2);
        }
    else
        {
            s = (a + b + c) / 2;
            printf("\n\nLe triangle a une surface de : %f", sqrt(s * (s-a)
                        * (s-b) * (s-c)));
        }
}
```

Les paramètres requis par le programme sont, comme précédemment décrit, séparés par
des espaces. Ainsi un appel du programme comme :

triangle 3 4 5 <Entrée>

entraîne que les valeurs 3, 4 et 5 sont stockées sous forme de chaînes dans argv[1], argv[2]
et argv[3]. Après conversion en valeurs **double**, elles sont utilisées par la formule de Heron
pour déterminer la surface. Le résultat de l'exemple précédent est :

Le triangle a une surface de : 6.000000

11 Gestion de fichiers

Le traitement des données exige que celles-ci soient disponibles en mémoire pendant l'exécution du programme concerné. Mais la plupart du temps, il faut également que ces données soient conservées de manière durable. Comme exemple élémentaire, on peut citer les données relatives aux clients d'une entreprise. Ce genre de données (code client, nom du client, adresse, chiffres d'affaires, etc.) est le plus souvent utilisé sur une longue période. Ces données doivent pouvoir être rappelées à tout moment et, en particulier, mises à jour s'il le faut. Dans ce but, on les écrit dans un fichier qui est stocké sur une mémoire de masse (disque magnétique, cartouche, etc.) et auquel accède le programme manipulant les données.

Un fichier, en fin de compte, n'est rien d'autre qu'une masse plus ou moins importante de données, conservée (en permanence) sur un certain support. En ce qui concerne le langage C, on peut se représenter un fichier comme un gros tableau permanent dans lequel un programme peut écrire ou lire des données. La comparaison avec un tableau implique qu'un fichier doit contenir des éléments de même nature, donc de contenu homogène. En fait, contrairement à d'autres langages, en C un fichier n'est pas structuré à l'avance pour ce qui est de son contenu. Au contraire, ses données sont simplement rangées sous la forme d'une suite continue de caractères (octets). C'est pourquoi un fichier est parfois désigné par le terme "flux de données" (byte stream). Chaque caractère (octet contenant le caractère) pris individuellement peut être localisé dans le fichier via un index. Ainsi le premier caractère d'un fichier a la position 0, le second caractère la position 1, etc. jusqu'au n-ème caractère qui a la position "n". Bien qu'un fichier soit considéré comme une suite non structurée d'octets, il incombe au programmeur de créer une structure de fichier afin que les données soient gérées comme il l'entend. Pour cela, il dispose de toute une série de fonctions ad hoc qui lui permettent de manipuler des données de toutes dimensions et de tous types.

En C, on peut fondamentalement travailler sur les fichiers à deux niveaux : le niveau "bas" (low level) et le niveau "haut" (high level). Au niveau inférieur, on emploie des méthodes d'accès élémentaires, basées sur des fonctions qui utilisent directement les routines correspondantes du système d'exploitation (system calls) relatives au traitement des fichiers. Les fonctions de bas niveau dépendent donc directement du système d'exploitation utilisé et par conséquent ne font pas partie du standard ANSI. Cela joue un grand rôle pour ce qui touche à la portabilité des programmes. Les accès aux fichiers du niveau supérieur se font de manière moins élémentaire et donc plus facile. Ils sont basés sur des fonctions prédéfinies relativement complexes, indépendantes du système d'exploitation et architecturées autour des fonctions de bas niveau. Dans ce qui suit, nous allons étudier en détail les différences entre les accès de bas et de haut niveau.

11.1 Opérations non élémentaires

Lorsqu'un programme doit lire ou écrire des données dans un fichier via une méthode d'accès de haut niveau, le chemin pris par ces données pour arriver à leur destination passe toujours par un tampon (buffer). Ce tampon de fichier est une zone de mémoire RAM dans laquelle on range temporairement, avant leur transfert à destination, une certaine quantité (assez importante) de données lues ou écrites dans un fichier. L'avantage est qu'ainsi on n'a pas besoin de déclencher une opération d'entrée-sortie spécifique pour chaque donnée lue ou écrite. Au contraire, une seule opération dans le programme permet d'écrire un bloc de données relativement gros dans le tampon, et de l'acheminer vers le fichier. Il en est de même pour le chemin inverse représenté par la lecture dans le fichier. La gestion de ce tampon n'est pas à la charge du programmeur. C'est le système qui en a la responsabilité pratique.

Structures FILE

L'emplacement mémoire (donc l'adresse) du tampon d'E/S d'un certain fichier est donné par une variable structurée de type FILE. Celle-ci est dotée de valeurs quand un programme ouvre un fichier pour le manipuler (cf. 11.1.4 **Ouverture des fichiers**). Le type FILE est défini en tant que structure dans le header STDIO.H (qu'il faut donc systématiquement inclure pour les opérations de haut niveau sur les fichiers). Ses champs contiennent l'adresse du tampon, ainsi que d'autres informations sur le fichier concerné. Entre autres : un pointeur vers le caractère suivant dans le tampon, le nombre de caractères restant dans le tampon, l'état du fichier (droits d'accès, nature de l'opération effectuée sur le fichier, etc.), ainsi qu'un descripteur. Ce dernier est un nombre entier qui identifie, en quelque sorte, le fichier concerné (dans le contexte des opérations de bas niveau sur les fichiers, les descripteurs sont très importants - cf. 11.2 **Opérations élémentaires**).

La définition de la structure FILE dans STDIO.H peut varier d'un système à l'autre en ce qui concerne le nombre, le type et le nom des champs. Par contre, elle contient toujours les renseignements précédemment décrits et ressemble le plus souvent à ce qui suit :

```
typedef   struct
{
   char *buffer;                    /*    pointeur vers l'adresse du tampon     */
   char *ptr;          /*    pointeur vers le caractère suivant dans le tampon  */
   int cnt;                     /*    nombre de caractères dans le tampon       */
   int flags;                       /*    bits donnant l'état du fichier         */
   int fd;                  /*    descripteur (identifiant de fichier)           */
} FILE;
```

Le fichier STDIO.H contient la déclaration d'un tableau de structures FILE. Chaque élément de ce tableau est donc une variable structurée qui peut stocker des informations relatives à un fichier, sous la forme précédemment décrite. Pour accéder concrètement à un fichier dans le programme concerné, il faut utiliser un pointeur vers une variable de type FILE. On doit définir soi-même ce pointeur :

```
FILE *fp;                      /*    pointeur vers variable structurée FILE      */
```

a définition précédente crée un pointeur "fp" de type "pointeur vers FILE" (ou plus simplement "pointeur FILE") capable de mémoriser l'adresse d'une variable structurée FILE. Lorsqu'un fichier est ouvert pour être manipulé, la fonction compétente (voir. plus loin) recherche une structure FILE disponible dans le tableau précédemment évoqué et y range les informations relatives au fichier. L'adresse de cette variable structurée est affectée à un pointeur ad hoc, tel que "fp". Tous les accès ultérieurs au fichier se feront alors par intermédiaire de ce pointeur. L'image suivante illustre la connexion entre un programme et un fichier auquel accède le programme :

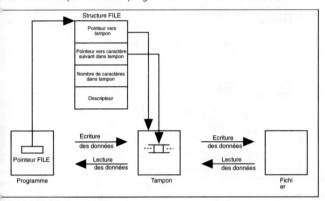

ig. 11.1 : Accès de haut niveau à un fichier

Ouverture des fichiers

Avant qu'un programme puisse manipuler un fichier, il doit commencer par l'ouvrir. 'ouverture d'un fichier pour le programme concerné consiste essentiellement à se frayer un accès au fichier souhaité à l'aide du système d'exploitation et, en cas de réussite, à anger dans une structure FILE les informations précédemment décrites relatives au fichier puis à affecter l'adresse de cette structure à un pointeur FILE en vue d'opérations ultérieures ur le fichier. Toutes ces actions sont effectuées, dans le cadre du traitement de haut niveau, ar la fonction prédéfinie **fopen**.

Ainsi qu'il ressort du prototype de la fonction :

```
ILE  *fopen(char  *<nom_fichier>,  char  *<mode_accès>);
```

fopen retourne effectivement le pointeur vers le type FILE dont nous avons déjà parlé. Dans un cas concret, ce pointeur renvoie vers la structure dans laquelle la fonction range les informations concernant le fichier ouvert. Le paramètre <nom_fichier> est un pointeur ers une chaîne de caractères contenant le nom (chemin compris) du fichier concerné. Le paramètre <mode_accès> est un pointeur vers une chaîne de caractères qui indique la nature des opérations que le programme devra exécuter après ouverture du fichier. Le résumé suivant détaille les possibilités d'accès à un fichier :

Mode d'accès	Cible
"r"	Ouvrir le fichier existant en lecture (read). fopen retourne le pointeur Null si le fichier n'existe pas (ou est introuvable).
"w"	Ouvrir le fichier en lecture (write). Le fichier est créé s'il n'existe pas encore. S'il existe déjà, le contenu est écrasé et perdu.
"a"	Ajouter des données (append), c'est-à-dire ouvrir en écriture à la fin du fichier. Un fichier peut ainsi être complété. Le fichier est créé si celui-ci n'existe pas.
"r+"	Ouvrir le fichier en lecture et en écriture. fopen retourne le pointeur Null si le fichier n'existe pas.
"w+"	Ouvrir le fichier en lecture et en écriture. Le fichier est créé si celui-ci n'existe pas encore. S'il existe déjà, son contenu est écrasé ou perdu.
"a+"	Ouvrir le fichier en lecture et en ajout. Le fichier est créé s'il n'existe pas.

Si le mode d'accès spécifié est "r+", "w+" ou "a+", le fichier peut être lu ou également modifié. Cependant, toute commutation entre des opérations de lecture et d'écriture exige des opérations de positionnement, comme nous le verrons plus tard dans la section 11.1.4 **Accès direct**. Si le fichier ne peut être ouvert, **fopen** renvoie un pointeur nul au programme.

Supposons qu'on veuille ouvrir un fichier XYZ.DAT (par exemple pour le lire). Il faut commencer impérativement par définir un pointeur FILE :

```
FILE *fp;                           /*   définit un pointeur FILE   */
```

puis effectuer l'opération d'ouverture proprement dite :

```
fp = fopen("xyz.dat", "r");                     /*   ouvre le fichier   */
```

Si elle réussit, l'adresse de la structure FILE contenant les informations relatives au fichier est affectée au pointeur "fp". Le fait que le nom "xyz.dat" ne contienne pas d'indication de chemin fait que le fichier sera recherché dans le répertoire courant. (Il faut se rappeler que le passage d'une chaîne constante à une fonction s'effectue via la transmission de l'adresse de cette chaîne, donc en fait par le biais d'un pointeur vers son début). Si le fichier n'est pas trouvé dans le répertoire indiqué, **fopen** se base sur le mode **r** et en déduit que le fichier n'existe pas. Il retourne alors la valeur NULL. Avec :

```
fp = fopen("xyz.dat", "r");
if (fp == NULL)
    printf("ERREUR : impossible d'ouvrir le fichier XYZ.DAT.");
```

```
. .
u avec (plus compact) :
f ((fp = fopen("xyz.dat", "r")) == NULL)
     printf("ERREUR : impossible d'ouvrir le fichier XYZ.DAT.");
. .
```

on tient compte du cas où l'ouverture du fichier échoue. Le source qui suit montre comment ouvrir un fichier dans un contexte simple.

```
PENXYZ.C
*    OPENXYZ essaie d'ouvrir en mode ajout le fichier XYZ.DAT    */
include <stdio.h>                              /*    pour FILE, fopen, printf    */
ain()

   FILE *fp;                                    /*    définit pointeur de fichier    */
    if ((fp = fopen("xyz.dat", "a")) == NULL) /* essaie d'ouvrir le fichier    */
     printf("ERREUR : impossible d'ouvrir le fichier \"XYZ.DAT\".");
    else
     printf("Fichier \"XYZ.DAT\" ouvert en mode ajout.");
```

Notez bien que dans le programme précédent **fopen** ne renvoie pas le pointeur nul si le fichier n'existe pas. Au contraire, en raison du mode **a** spécifié ici, le fichier dans ce cas est créé dans le répertoire courant. **fopen** retournerait NULL si le fichier ne pouvait être ouvert pour une autre raison.

Outre les spécifications précédemment exposées concernant le mode d'accès, on peut indiquer à **fopen** une autre donnée relative à la nature de l'accès au fichier. Cette nouvelle spécification précise que le fichier doit être considéré comme un fichier binaire et non comme un fichier texte.

Fichiers texte et fichiers binaires

Le concept de fichier texte correspond à la représentation d'un fichier sous forme d'une suite de lignes, chacune d'entre elles étant composée d'un certain nombre (0 à n) de caractères et terminée par un caractère spécial (Line-Feed ou "saut de ligne" : \n). Au contraire, un fichier binaire correspond à une simple suite d'octets, pouvant représenter toutes sortes de données. La bibliothèque standard du C (via la spécification de mode précédemment évoquée) tient compte de cette différenciation entre fichiers texte et fichiers binaires (ouverture d'un fichier en mode texte ou en mode binaire), cela sur les systèmes d'exploitation qui distinguent explicitement les fichiers texte et les fichiers binaires.

Sur d'autres systèmes d'exploitation (comme par exemple UNIX), cette distinction est superflue dans la pratique. En effet, il n'existe qu'une seule sorte de fichiers (à savoir : binaires) indépendamment du fait que les fichiers contiennent du texte (caractères ASCII) ou du code en langage machine. Bien évidemment, sur ces systèmes aussi on distingue, au niveau logique, les fichiers contenant du texte pur et les fichiers exécutables (extensions : COM, EXE, etc.) contenant du code machine. Il n'en reste pas moins vrai qu'au niveau physique il n'existe qu'une seule espèce de fichier. En particulier, les fichiers texte ne se repèrent pas par la présence, par exemple, de caractères ou de combinaisons de caractères réservés qu'on ne trouverait pas dans les autres fichiers.

Un grand nombre de systèmes d'exploitation (tels que DOS par exemple) distinguent les fichiers texte des fichiers binaires (l'ouverture en mode texte de l'ouverture en mode binaire) non seulement au niveau logique, mais aussi au niveau physique. La différence ici se fait au niveau du fameux caractère de fin de ligne "\n". Lorsqu'on transfère des données depuis le tampon dans un fichier ouvert en mode texte, ce caractère est converti en une combinaison de caractère Line-Feed et de caractère Carriage-Return (retour-chariot : \r). De sorte que dans le fichier la fin de la ligne est matérialisée par deux caractères, alors que dans le tampon on a seulement le caractère Line-Feed. Inversement lorsqu'on lit un fichier ouvert en mode texte, la combinaison Line-Feed/Carriage-Return de fin de ligne est transformée en un unique caractère Line-Feed.

Ces représentations différentes du caractère de fin de ligne dans le tampon et dans le fichier ont pour conséquence qu'à la position "x" du tampon se trouve un autre caractère qu'à la position "x" du fichier. Cela amène des complications si le fichier texte n'est pas manipulé séquentiellement (lu ou modifié en partant toujours du début), mais au contraire traité en accès direct (lu ou modifié directement, sans partir du début et dans n'importe quel ordre - cf. 11.1 Accès direct). Pour pallier ces difficultés, on ouvre alors le fichier texte non pas en mode texte, mais en mode binaire. En effet, dans ce cas la conversion des caractères de fins de lignes n'a pas lieu. Le contenu d'un fichier en mode texte, sur ces systèmes-là, se distingue donc physiquement de son contenu lorsqu'il est interprété comme fichier binaire.

A l'instar du caractère de fin de ligne, le caractère de fin de fichier utilisé pour les fichiers texte peut poser problème sur de nombreux systèmes qui différencient (physiquement) les fichiers texte des fichiers binaires. Supposons qu'un programme de copie ouvre en mode texte un fichier exécutable devant être dupliqué. Le processus de copie serait alors interrompu (avant terme) dès que le programme de copie lirait (via sa fonction de lecture) dans le fichier le caractère qui, sur le système utilisé, marque la fin d'un fichier texte, mais pas d'un fichier binaire pour lequel il n'y a point de tel caractère. Or il se peut que le fichier exécutable contienne le caractère concerné (et peut-être même plusieurs fois), pris dans son acceptation normale. Pour éviter dans ce cas une copie incomplète due à une interprétation erronée du caractère, ici aussi on ouvre le fichier à traiter en mode binaire : ce faisant, le caractère de fin de fichier du mode texte est interprété comme n'importe quel autre caractère et donc ne provoque pas la fin intempestive du processus de duplication (en mode binaire, la fin du fichier est déterminée à partir de sa longueur).

Pour ouvrir un fichier en mode binaire, il suffit d'ajouter la lettre "b" à la chaîne de caractères qui donne son mode d'accès. Ainsi, **rb** signifierait que le fichier est ouvert en mode binaire et en lecture. Si la string donnant le mode d'accès contient un caractère +, alors le **b** peut être placé avant ou après le +. La spécification **rb+** relative au mode d'accès a donc la même signification que **r+b**. Sur les systèmes qui différencient explicitement les fichiers

exte des fichiers binaires, il existe souvent une variable système dont la valeur conditionne
e mode par défaut d'ouverture des fichiers.

*ermeture des fichiers

Quand un fichier ne sert plus, on peut le fermer. Ce faisant, sa liaison avec le pointeur FILE
correspondant est interrompue. De sorte qu'on ne peut plus accéder au fichier par
l'intermédiaire de ce pointeur (qui peut alors être attaché à un autre fichier). La fonction
de haut niveau compétente pour fermer un fichier est **fclose**. Théoriquement on pourrait
renoncer à appeler explicitement **fclose** dans le programme. En effet, dans un déroulement
de programme normal et dépourvu d'erreurs, **fclose** est appelée automatiquement à la fin
du programme pour fermer tous les fichiers encore ouverts.

Il est cependant conseillé de toujours fermer les fichiers dès qu'on constate que leur
traitement est achevé. Il y a deux raisons essentielles à cela. D'une part, le nombre de fichiers
susceptible d'être ouverts simultanément est habituellement limité. Si un programme opère
sur un grand nombre de fichiers, il pourrait donc advenir qu'on manque de pointeurs FILE
libres. D'autre part, en cas d'écriture dans un fichier le contenu du tampon correspondant
n'est reporté dans le fichier (vidage du tampon) que lorsque le tampon est plein. Si après
le traitement du fichier, le tampon n'est qu'à moitié rempli, alors les données qu'il contient
sont perdues en cas d'interruption anormale du programme. Dans ce cas, on n'a pas l'appel
automatique de **fclose** dont nous venons de parler. Or **fclose** assure, entre autres, que les
données restant encore dans le tampon sont recopiées dans le fichier concerné.

La fonction prédéfinie **fclose** admet le prototype :

```
int  fclose(FILE *<pointeur_fichier>);
```

Elle possède comme paramètre un pointeur vers le type FILE. "fclose" retourne la valeur 0
si on a pu fermer le fichier rattaché à <pointeur_fichier>. La valeur de retour EOF indique
une erreur. Si donc **fp** est un pointeur vers FILE contenant l'adresse d'une structure FILE et
relié de cette façon à un fichier, alors l'instruction :

```
fclose(fp);
```

ferme le fichier concerné. Le bout de programme suivant essaie d'ouvrir un fichier dont le
nom est passé sur la ligne de commande. Si cela réussit, le fichier est ensuite refermé à
l'aide de "fclose".

```
OPNCLOSE.C
/*    OPNCLOSE montre comment ouvrir et fermer un fichier dont le nom
                              est donné sur la ligne de commande.   */
#include <stdio.h>                       /*    printf, fopen, fclose   */
#include <stdlib.h>                                    /*    exit    */
#define  READ  "r"
main(int argc, char *argv[])

    FILE *fp;
    if (argc != 2)                         /*   un seul paramètre admis   */
    {
```

```
    printf("\n\nSyntaxe : opnclose fichier[.ext]");
  exit(0);
  }
  if ((fp = fopen(argv[1], READ)) == NULL) /* ouverture du fichier en lecture*/
    printf("\n\nERREUR : impossible d'ouvrir le fichier %s.", argv[1]);
  else
  {
  fclose(fp);                                    /*   fermeture du fichier   */
    printf("\n\nLe fichier %s a été fermé.", argv[1]);
  }
}
```

Outre **fclose**, on trouve encore la fonction **fcloseall** qui ferme tous les fichiers ouverts dans le programme :

```
int fcloseall(void);                            /*   prototype de fcloseall   */
```

fcloseall renvoie comme résultat le nombre de fichiers fermés. En cas d'erreur, la valeur retournée est ici aussi EOF.

Opérations de lecture et d'écriture

Pour lire ou écrire des données dans un fichier, on dispose de fonctions analogues à celles qui servent à saisir des données au clavier et à les afficher à l'écran. Outre la lecture et l'écriture par caractères, par lignes et avec formatage, on peut aussi transférer des blocs quelconques de données depuis ou vers un fichier.

La position à laquelle on lit ou on écrit dans un fichier est donnée par un pointeur spécifique (seek pointer) utilisé pour les opérations de lecture et d'écriture. Ce pointeur est géré par le système d'exploitation et il signale la position de traitement courante dans un fichier, c'est-à-dire l'emplacement de l'octet auquel va s'effectuer la prochaine opération. Après chaque lecture ou écriture, ce pointeur est déplacé de manière conforme. Lors d'un accès séquentiel à un fichier, ce déplacement est effectué par le système. Supposons qu'on lise les trois premiers caractères (sur l'image suivante : "A", "B" et "C") d'un fichier X. Le pointeur de position ensuite pointe juste après le troisième caractère :

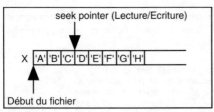

Fig. 11.2 : Le "seek pointer" marque la position de traitement
courante dans le fichier X, après lecture de trois caractères

La prochaine opération devant lire trois autres caractères dans le fichier commencera, comme il se doit, au quatrième caractère et lira "D", "E" et "F". Ce faisant, le pointeur de

position sera avancé de trois octets et pointera alors l'octet occupé par le caractère "G".
Cet octet marquerait le début de la prochaine opération :

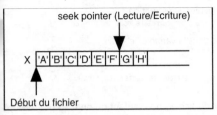

*Fig. 11.3 :   Le "seek pointer" avancé de trois octets après
une nouvelle lecture*

On n'est pas obligé de manipuler les octets d'un fichier séquentiellement (c'est-à-dire l'un
après l'autre), comme c'est le cas ici. On peut aussi opérer à n'importe quel endroit d'un
fichier et dans n'importe quel ordre. La section 11.1.4 **Accès direct** montrera comment on
manipule le pointeur de positionnement pour modifier la position dans le fichier.

Lecture et écriture en mode caractère

Les fonctions fputc et fgetc permettent d'écrire ou de lire des caractères isolés dans un fichier.

Ecriture en mode caractère avec fputc

Voici le prototype de la fonction fputc :

```
int fputc(int <caractère>, FILE *<pointeur_fichier>);
```

Elle transfère un caractère, donné comme premier paramètre, dans le fichier représenté
par <pointeur_fichier>. Le type du caractère est ce faisant converti de **int** en **unsigned char**.
La valeur de retour de **fputc** n'est autre que le caractère écrit ou bien EOF en cas d'erreur.
Supposons que fp soit un pointeur attaché à un certain fichier, pointeur contenant l'adresse
de la structure FILE afférente. Alors l'instruction :

```
fputc("A", fp);                    /*   écriture d'un caractère dans un fichier   */
```

écrit le caractère "A" dans le fichier rattaché à **fp**, à la position de traitement courante.

Lecture en mode caractère avec fgetc

L'homologue de **fputc** est la fonction **fgetc** qui lit un seul caractère dans un fichier.

```
int fgetc(FILE *<pointeur_fichier>);                /*   prototype de fgetc   */
```

La fonction **fgetc** retourne le caractère lu sous la forme d'une valeur **int**. Si la valeur renvoyée
est EOF, c'est que la fin de fichier a été atteinte ou qu'il y a eu une erreur. La valeur EOF
(définie comme valant -1 dans STDIO.H) explique pourquoi le caractère lu est retourné sous
forme de valeur **int** et non de valeur "char". Autrement, la valeur -1 ne serait pas
représentable comme "char" sur les systèmes pour lesquels le type "char" n'est pas signé
(donc correspond à "unsigned char") et ne pourrait donc pas servir de valeur de retour.

Soient maintenant une variable :
```
int c;
```

ainsi qu'un pointeur FILE "fp" relié à un fichier. L'instruction :
```
c = fgetc(fp);                        /*   lecture d'un caractère dans un fichier   */
```

lit un caractère dans le fichier et le range dans la variable "c".

La boucle :
```
while ((c = fgetc(fp)) != EOF)        /*   affiche le contenu du fichier   */
   putchar(c);
```

permet d'afficher le contenu tout entier du fichier, pour autant qu'on n'ait pas renvoyé EOF à cause d'une erreur (et non parce qu'on a atteint la fin du fichier).

La fin du fichier a-t-elle été atteinte ?

Pour remédier à l'ambiguïté de la valeur retournée EOF, on peut vérifier explicitement via la routine **feof** (implémentée sous forme de fonction ou de macro) qu'on a effectivement atteint la fin du fichier. **feof** a le prototype :
```
int feof(FILE *<pointeur_fichier>);
```

et renvoie une valeur non nulle si la fin du fichier a été atteinte, et sinon zéro (ce qui signifie alors qu'il y a eu erreur). On peut donc compléter la boucle d'E/S précédente comme suit, afin d'être sûr de la cause (fin de fichier ou erreur) ayant provoqué la fin de la boucle :
```
while ((c = fgetc(fp)) != EOF)        /*   affiche le contenu du fichier   */
   putchar(c);
if (feof(fp))                         /*   fin du fichier ?   */
   printf("Fin du fichier\n");
else                                  /*   non   */
   printf("Erreur de lecture\n");
```

Comme toutes les autres routines de haut niveau, feof requiert l'inclusion du header STDIO.H.

Les macros getc et putc

On peut remplacer les fonctions **fgetc** et **fputc** par les macros **getc** et **putc** qui fonctionnent de la même façon :
```
int getc(FILE *<pointeur_fichier>);                       /*   prototype de getc   */
int putc(int <caractère>, FILE *<pointeur_fichier>);      /*   prototype de putc   */
```

Ecriture dans un fichier de texte saisi au clavier

Le programme KEYTOFIL.C montre une application élémentaire de fgetc et fputc. Il écrit dans un fichier un texte saisi au clavier. Le nom du fichier est saisi par l'utilisateur. On peut ensuite choisir d'afficher le contenu du fichier (page à page).

```
KEYTOFIL.C
/*   KEYTOFIL écrit dans un fichier un texte de longueur quelconque saisi au clavier,
   puis l'affiche à la demande. Les opérations d'E/S sur le fichier
                                 utilisent les fonctions fgetc et fputc.   */
#include <stdio.h>                    /*   fgetc, fputc, getchar, printf   */
#include <conio.h>                    /*   getche, getch   */
```

```c
#include <ctype.h>                                    /*    toupper    */
#include <stdlib.h>                                   /*    exit       */
#define END 64                             /*    caractère @    */
main()
{
   FILE *fp;                           /*    pointeur vers structure FILE    */
   char filename[81];                                /*    nom du fichier     */
   int i, rep1, rep2;                     /*    variables de contrôle    */
   int c;                                  /*    tampon caractère    */
    printf("\033[2J");
    printf("Enregistrement de texte. Nom du fichier ?");
    do
    {
     printf("\n\nFichier (avec chemin) : ");
     gets(filename);
     if ((fp = fopen(filename, "r")) != NULL)
     {
      printf("\n\nFichier existant. Le remplacer ? (o/n)");
      rep1 = toupper(getche());
     if (rep1 != "O")
      fclose(fp);
     }
     else                                 /*    fichier n'existe pas encore    */
      break;                              /*    fin de boucle    */
     } while (rep1 != "O");
    if (fp != NULL)                       /*    fichier à remplacer, donc :    */
     fclose(fp);                          /*    on ferme et on rouvre en écriture    */
     if ((fp = fopen(filename, "w")) == NULL)
     {
      printf("\n\nImpossible d'écrire dans le fichier.");
      exit(1);
     }
     printf("\n\nEntrez votre texte (fin par <@> + <Entrée> :\n\n");
    while ((c = getchar()) != END)            /*    écrit texte dans fichier    */
     fputc(c, fp);
     fclose(fp);
    /*** affichage du contenu du fichier **************/
     printf("\n\nAfficher le fichier ? (o/n)");
     rep2 = toupper(getche());
     if (rep2 == "O")
     {
     if ((fp = fopen(filename, "r")) == NULL)
     {
      printf("\n\nErreur d'ouverture du fichier.");
      exit(2);
     }
      printf("\033[2J");
      printf("Contenu du fichier %s :\n\n", filename);
     i = 0;
     while ((c = fgetc(fp)) != EOF)  /* lecture d'un caractère dans le fichier    */
     {
      putchar(c);                                    /*    affichage du caractère    */
```

```
  if (c == "\n")                                    /*   comptage des lignes   */
  i++;
  if (i == 20)                        /*   nouvelle page toutes les 20 lignes   */
  {
    printf("\n\n<Entrée> pour page suivante.");
  getch();
  printf("\033[2J");
  i = 0;
  }
  }                                                   /*    fin while */
  fclose(fp);
  }                                          /*    fin if rep2 == "0" */
}
```

Commentaires

Le programme KEYTOFIL.C commence par vérifier si le fichier dans lequel il faut écrire existe déjà. Pour cela, il essaie de l'ouvrir en lecture. Si le fichier existe, **fopen** renvoie un pointeur vers la structure FILE correspondante. Sinon, il renvoie NULL. Si on ne veut pas écraser un fichier existant, on le referme et on peut alors saisir un autre nom de fichier. Si le fichier doit être remplacé, on sort de la boucle **do while** (on en sort également si le fichier indiqué n'existe pas) et le fichier ouvert en lecture est fermé. Ensuite, le programme ouvre le fichier en écriture et utilise **fputc** pour y écrire le texte saisi au clavier. Après quoi, le fichier est à nouveau fermé. Si on veut afficher son contenu, le fichier est rouvert, mais cette fois pour être lu (par fgetc). Chaque ouverture d'un fichier en mode **a** ou "w" place le pointeur de positionnement (seek pointer) au début du fichier. Ce dernier est alors toujours lu ou rempli en partant du début (séquentiellement). En cas d'ouverture avec le mode a (mode ajout), le pointeur de positionnement est placé à la fin du fichier.

Pour lire des données au clavier, KEYTOFIL.C emploie la macro **getchar**. Mais la saisie de caractères au clavier peut aussi se faire par la fonction de fichier **fgetc** (ou par la macro **getc**). La raison en est que le périphérique d'entrée qu'est le clavier est considéré comme un fichier spécial (dit fichier de périphérique) depuis lequel on peut lire des données (via **fgetc** par exemple) comme avec un fichier normal. De même l'écran est aussi un fichier de périphérique dans lequel on peut écrire des données, non seulement avec notre **putchar** habituel, mais également avec **fputc** ou **putc** par exemple. Outre le clavier et l'écran, il existe encore trois autres fichiers de périphérique rattachés en standard à un programme C.

Fichiers de périphérique standard et pointeurs FILE prédéfinis

Habituellement, au démarrage d'un programme C sont automatiquement ouverts les cinq fichiers de périphérique suivants :

► Entrée standard

► Sortie standard

► Sortie standard pour les erreurs

► Fichier spécial d'E/S auxiliaire

► Imprimante standard

En principe l'entrée standard est le clavier et la sortie standard l'écran. La sortie standard d'erreurs est normalement constituée par l'écran. Un fichier spécial supplémentaire est prévu pour les opérations d'E/S effectuées via un périphérique connecté au port série. L'imprimante standard enfin permet de sortir des données sur une imprimante. On peut modifier l'affectation des fichiers spéciaux standard aux divers périphériques que nous venons d'évoquer, par exemple par une redirection en entrée ou en sortie (cf. plus loin) ou par la fonction prédéfinie "freopen". On peut ainsi, lors d'opérations standard d'E/S, remplacer le clavier ou l'écran par des fichiers normaux rangés sur le disque dur.

Pour chacun des cinq fichiers spéciaux est défini dans STDIO.H un pointeur FILE qui renvoie vers une structure FILE adéquate et qui est ainsi rattaché au fichier de périphérique concerné. Les noms de ces pointeurs FILE sont : stdin, stdout, stderr, stdaux et stdprn. Contrairement aux pointeurs FILE utilisés jusqu'à présent, stdin, stdout, stderr, stdaux et stdprn ne sont pas des pointeurs variables mais des pointeurs constants de type FILE. Comme toutes les constantes, les pointeurs constants FILE ne sont pas des Lvalue et on ne peut donc leur affecter aucune autre adresse. Le résumé qui suit montre la relation entre les pointeurs FILE prédéfinis et les fichiers de périphériques :

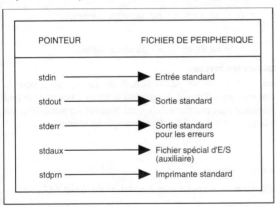

Fig. 11.4 : Pointeurs FILE prédéfinis

Supposons donc qu'on transmette à la fonction **fgetc** comme paramètre, par exemple, non pas un pointeur FILE classique mais le pointeur constant **stdin**. Alors on peut aussi lire le clavier avec **fgetc.** Par :

```
while ((c = fgetc(stdin)) != END)
    . . .
```

ou par :

```
while ((c = getc(stdin)) != END)
    . . .
```

KEYTOFIL.C aurait pu récupérer les saisies effectuées au clavier, tout comme il l'a fait avec la méthode effectivement employée :

```
while ((c = getchar()) != END)
    . . .
```

Entre les deux macros **getc** et **getchar** existe d'ailleurs une relation. En effet l'instruction :

```
getc(stdin);                          /*  lit un caractère sur l'entrée standard   */
```

équivaut à :

```
getchar();                            /*  lit un caractère sur l'entrée standard   */
```

Cela tient à ce que **getchar** est définie (dans le header STDIO.H) par :

```
#define getchar()  getc(stdin)
```

De même la macro d'affichage **putchar** est habituellement définie par :

```
#define putchar(c)  putc((c), stdout)
```

de sorte que par exemple :

```
putchar("A");                 /* écrit le caractère "A" sur la sortie standard    */
```

équivaut à :

```
putc("A", stdout);            /*  écrit le caractère "A" sur la sortie standard   */
```

ou encore à :

```
fputc("A", stdout);           /*  écrit le caractère "A" sur la sortie standard   */
```

Un canal spécial pour analyser les erreurs

La sortie d'erreurs standard vous donne un fichier spécial de sortie, conçu pour la récupération (par défaut) des messages d'erreur. En général le sortie d'erreurs standard est rattachée à l'écran, de sorte que vous pourrez afficher des données sur le moniteur via un autre canal que celui de la sortie standard. Soient par exemple les variables :

```
FILE *fp;

int i = 0;

char errormessage[ ] = "Erreur à l'ouverture du fichier.";
```

On pourrait alors remplacer la formulation habituelle d'ouverture du fichier XYZ.DAT :

```
if ((fp = fopen("xyz.dat", "r")) == NULL)
    printf("%s", errormessage);
```

ou :

```
if ((fp = fopen("xyz.dat", "r")) == NULL)
    while (errormessage[i])
    fputc(errormessage[i++], stdout);
```

par la nouvelle écriture :

```
if ((fp = fopen("xyz.dat", "r")) == NULL)
    while (errormessage[i])
    fputc(errormessage[i++], stderr);
```

Dans le dernier cas, l'affichage du message d'erreur ne se fait justement pas via stdout, mais via **stderr**. L'affichage caractère par caractère du message d'erreur par fputc peut sembler quelque peu compliqué. Que le lecteur se rassure ! Dans ce qui suit, nous découvrirons des fonctions d'écriture dans les fichiers analogues à **puts** et à **printf** : **fputs** et **fprintf** permettent d'afficher sur **stderr** des strings comme celle qui précède, mais d'une manière plus agréable.

Redirection des entrées et des sorties

On se demande peut-être si le canal de sortie réservé aux messages d'erreurs est vraiment indispensable. Il l'est effectivement dans le cas où les entrées-sorties d'un programme sont redirigées. On parle de redirection lorsque l'entrée/sortie standard n'est plus représentée par le clavier/écran, mais par exemple par un fichier ordinaire. Supposons que les saisies d'un programme ne doivent plus être faites interactivement au clavier, mais lues dans un fichier : on a ici une redirection en entrée. De manière analogue on a une redirection en sortie si les données écrites sur la sortie standard ne sont plus affichées à l'écran, mais écrites dans un fichier. Considérons pour cela le programme simple que voici.

```
FINOUT.C
/*    FINOUT recopie l'entrée standard sur la sortie standard    */
#include <stdio.h>                                /*    fgetc, fputc, feof    */
main()
{
    char message[] = "\n\nErreur en lecture.";
    int i = 0;
    int c;
    while ((c = fgetc(stdin)) != EOF)
    fputc(c, stdout);
    if (!feof(stdin))                             /*    erreur en lecture    */
    while (message[i])
     fputc(message[i++], stdout);
}
```

Si on lance le programme en tapant au niveau du système d'exploitation :

finout   <Entrée>

alors FINOUT récupère la saisie faite au clavier et affiche à l'écran les caractères frappés. Mais supposons que le programme ne doive plus lire ses données au clavier, mais dans un fichier (de texte) nommé par exemple INPUT et contenant la phrase "Cette saisie provient d'un fichier." Sur beaucoup de systèmes cela peut se faire en tapant la commande :

finout < input   <Entrée>

au niveau du prompt du système d'exploitation, à la place de la commande précédente. Le symbole "<" combiné avec le nom du fichier en entrée entraîne que FINOUT ne reçoit plus ses données du clavier, mais du fichier INPUT. Ce dernier, le temps de cette exécution spéciale de FINOUT, est pris comme entrée standard. (Il faut bien noter ici qu'une spécification comme "<" n'est pas un paramètre de ligne de commande et qu'elle ne doit pas être récupérée par le pointeur **argv** par quelque manière que ce soit).

Avec la commande qui précède, seule l'entrée a été redirigée. L'affichage du texte "Cette saisie provient d'un fichier." s'effectue toujours à l'écran. En appelant le programme par :

```
finout > output <Entrée>
```

l'affichage de FINOUT est redirigé, via le symbole ">", depuis l'écran vers un fichier nommé OUTPUT. Ce dernier est créé pour l'occasion s'il n'existait pas (sinon il est écrasé).

Si on démarre le programme FINOUT par :

```
finout < input > output <Entrée>
```

alors on a une redirection des entrées comme des sorties : le fichier INPUT est rattaché à l'entrée standard qui fournit le programme en données et le fichier OUTPUT est rattaché à la sortie standard vers laquelle FINOUT écrit ses résultats. Parmi les données affichées par FINOUT peut aussi figurer un message d'erreur dans le cas où les opérations de lecture n'ont pu se faire correctement. La redirection de stdout fait que cette information réservée à l'utilisateur disparaît dans un fichier au lieu d'apparaître à l'écran. Pour empêcher cela, on peut se servir de la sortie standard d'erreurs. En effet, même en cas de redirection de stdout un affichage via stderr se fait toujours à l'écran. Si donc on remplace l'instruction :

```
fputc(message[i++],    stdout);
```

par :

```
fputc(message[i++],    stderr);
```

alors en cas d'erreur de saisie le message ad hoc sera affiché à l'écran malgré la redirection des sorties (à moins que la sortie standard d'erreurs n'ait été elle-même également redirigée).

Sortie vers l'imprimante

Outre l'entrée standard et la sortie standard, l'imprimante standard fait partie des fichiers spéciaux rattachés aux périphériques de sortie. L'imprimante standard est habituellement représentée par une imprimante. Pour y sortir des données, il suffit de transmettre à la fonction d'écriture compétente le pointeur FILE **stdprn** comme paramètre. Supposons que "c" soit une variable entière. Alors la boucle suivante :

```
while ((c = fgetc(stdin)) != EOF)
    fputc(c, stdprn);
```

sortirait sur l'imprimante un texte saisi au clavier. Le programme PRINTFL.C utilise l'imprimante standard pour imprimer un fichier dont le nom est spécifié en tant que paramètre de la ligne de commande.

```
printfl.c
/*   printfl imprime un fichier dont le nom provient de la ligne de commande   */
#include <stdio.h>                        /*   printf, fopen, fgetc, fputc   */
#include <stdlib.h>                                          /*   exit   */
main(int argc, char **argv)
{
    FILE *fp;
    int c;
    printf("\033[2J");
```

```
  if (argc != 2)                                        /*   un seul paramètre !   */
  {
   printf("\nSyntaxe : printfl fichier");
   exit(1);
  }
   if ((fp = fopen(argv[1], "r")) == NULL)
  {
   printf("\nImpossible d'ouvrir le fichier %s.", argv[1]);
   exit(2);
  }
  while ((c = fgetc(fp)) != EOF)                         /*   impression du fichier   */
   fputc(c, stdprn);
}
```

Pour imprimer, par exemple, un fichier nommé XY.Z, on lancera PRINTFL au niveau du prompt du système par :

```
printfl   xy.z   <Entrée>
```

(Le nom du fichier ici peut comporter un chemin). Si on donne un nombre de paramètres erroné ou si le fichier ne peut être ouvert, alors on affiche des messages d'erreur ad hoc. Ces affichages, dans la version qui précède, se font avec **printf** via **stdout**. Mais l'utilisation de **stderr** serait peut-être plus sûre, en cas de redirection éventuelle de la sortie standard.

Lecture et écriture en mode chaîne

Nous connaissons déjà, entre autres routines d'E/S, les fonctions **gets** et **puts** qui lisent/écrivent une chaîne de caractères sur l'entrée/sortie standard. Il existe deus routines voisines, à savoir les fonctions **fgets** et **fputs**. La fonction fgets lit une chaîne de caractères dans un fichier et la range dans un tampon que l'on doit gérer soi-même dans le programme. Voici le prototype de **fgets** :

```
char *fgets(char *<pointeur_tampon>, int <nombre>, FILE *<pointeur_fichier>)
```

Ici <pointeur_tampon> renvoie au tampon utilisé pour le stockage de la chaîne de caractères lue, <nombre> donne le nombre de caractères à ranger dans le tampon et <pointeur_fichier> indique le pointeur FILE rattaché au fichier dans lequel il faut lire. La fonction fgets retourne un pointeur vers le début du tampon contenant la chaîne de caractères lue, ou bien le pointeur nul en cas de fin de fichier ou d'erreur. (En ce qui concerne la valeur retournée NULL, fgets se comporte donc comme fgetc avec EOF et on peut ici aussi utiliser feof pour vérifier si la valeur retournée signale une erreur ou simplement la fin du fichier).

Lecture de chaînes de caractères avec fgets

La fonction **fgets** lit dans un fichier, à partir de la position courante, un certain nombre de caractères (au plus <nombre> -1) et les range à l'emplacement mémoire référencé par <pointeur_tampon>, cela jusqu'à ce que se produise un des événements suivants :

⇒ *la caractère de saut de ligne "\n" a été lu*

Si **fgets** rencontre le caractère new-line, la fonction se termine. C'est pourquoi **fgets** se prête bien à la lecture de lignes dans un fichier. Le caractère "\n" est compris dans la lecture et il est donc rangé lui aussi dans la chaîne de caractères mémorisée (au contraire, la fonction **gets** remplace le caractère "\n" par "\0").

⇒ *<nombre> - 1 caractères ont déjà été lus*

fgets lit au plus <nombre> - 1 caractères dans le fichier concerné. La raison en est que fgets, à la fin de l'opération de lecture, ajoute encore le caractère nul "\0" à la chaîne lue, ce qui donne en tout <nombre> caractères mémorisés.

⇒ *la fin du fichier a été rencontrée*

Lorsque fgets rencontre la fin du fichier (sans qu'elle ait lu un caractère de saut de ligne ou <nombre> - 1 caractères), la fonction s'arrête.

Dans tous les cas, fgets termine la chaîne lue par le caractère "\0". Soient les variables :

```
FILE  *fp;
char  stringbuf[81];
```

Après :

```
fp = fopen("data.fil", "r");
```

l'instruction :

```
fgets(stringbuf, 81, fp);
```

lirait au plus 80 caractères dans le fichier DATA.FIL et les rangerait dans "stringbuf", accompagnés d'un caractère nul de fin de chaîne. Pour autant bien sûr qu'on ait pu ouvrir en lecture le fichier DATA.FIL :

Ecriture de chaînes de caractères avec fputs

La fonction d'affichage **fputs** écrit une chaîne de caractères dans un fichier, à la position courante. Le caractère nul de fin de chaîne ici n'est pas recopié. fputs retourne une valeur non négative (par exemple 0 ou bien le code ASCII du dernier caractère écrit) si l'écriture s'est déroulée sans encombre. La valeur de retour EOF indique une erreur. **fputs** admet le prototype :

```
char *fputs(char *<pointeur_tampon>, FILE *<pointeur_fichier>)
```

<pointeur_tampon> désigne ici l'adresse de l'emplacement mémoire qui contient la chaîne de caractères à écrire et <pointeur_fichier> renvoie vers la structure FILE du fichier dans lequel il faut écrire la chaîne. Supposons définis, par exemple, un pointeur FILE "**fp**" rattaché à un fichier ouvert en écriture, ainsi qu'un tampon :

```
char stringbuf[] = "Voici un exemple d'écriture.";
```

contenant une chaîne de caractères. Alors l'instruction :

```
fputs(stringbuf, fp);
```

écrit la chaîne "Voici un exemple d'écriture." (sans le caractère nul de fin) dans le fichier référencé par "**fp**". L'instruction :

```
fputs("Voici un exemple d'écriture.", fp);
```

aurait le même effet. Avec :

```
fputs("Voici un exemple d'écriture.", stdout);
```

ou avec :

```
fputs(stringbuf,    stdout);
```

la phrase "Voici un exemple d'écriture" serait affichée à l'écran (pour autant que ce dernier soit toujours la sortie standard).

Duplication de fichiers avec fgets et fputs

Le programme TCOPY.C utilise les fonctions **fgets** et **fputs** pour dupliquer des fichiers texte. Le nom du fichier à copier est passé comme paramètre sur la ligne de commande. Il en est de même du nom du duplicata. Un appel de TCOPY obéit à la syntaxe classique des utilitaires de copie :

```
tcopy   source cible <Entrée>
```

Si on indique "**con**" (console) pour la source, alors le programme copie les saisies faites au clavier dans le fichier cible. Si "**con**" est pris pour cible, alors TCOPY affiche à l'écran le fichier source.

TCOPY.C

```
/*   TCOPY copie un fichier texte à l'aide des fonctions fgets et fputs. TCOPY est
     lancé selon la syntaxe : tcopy  source cible. Le programme ne vérifie pas,
              dans cette version, si la copie écrase un fichier existant.      */
#include <stdio.h>                       /*   fopen, fcloseall, fgets, fputs   */
#include <stdlib.h>                                     /*   exit, toupper     */
#include <string.h>                                           /*   strcmp      */
#define   SYNTAX    "\nSyntaxe : tcopy source cible\n"\
    "                tcopy CON cible\n"\
    "                tcopy source CON"
#define   NOREAD    "\nImpossible d'ouvrir le fichier source."
#define   NOWRITE   "\nImpossible d'ouvrir le fichier cible."
#define   NOCOPY    "\nImpossible de dupliquer un fichier sur lui-même."
main(int argc, char *argv[])
{
   void upstr(char *s);            /*   conversion d'une chaîne en majuscules   */
   FILE *infile = stdin; /* pointeur vers fichier source : initialisé à "stdin"
                          pour le cas où la lecture se fait au clavier.      */
   FILE *outfile = stdout; /* pointeur vers fichier cible : initialisé à "stdout"
                            pour le cas où l'écriture se fait à l'écran.    */
   char sbuf[512];                       /*   tampon de lecture/écriture    */
   int i;
   if (argc != 3)                  /*   il faut donner une source et une cible !  */
   {
    fputs(SYNTAX, stderr);
    exit(1);
   }
   for (i = 1; i < 3; i++)            /*   convertit paramètres ligne de commande   */
    upstr(argv[i]);
   if (! strcmp(argv[1], argv[2]))                       /*   source = cible    */
```

```
  {
    fputs(NOCOPY, stderr);
   exit(2);
  }
  if (strcmp(argv[1], "CON"))                              /* source != clavier  */
  {
   if ((infile = fopen(argv[1], "r")) == NULL)
   {
    fputs(NOREAD, stderr);
   exit(3);
   }
  }
  if (strcmp(argv[2], "CON"))                              /* cible != écran  */
  {
   if ((outfile = fopen(argv[2], "w")) == NULL)
   {
    fputs(NOWRITE, stderr);
   exit(4);
   }
  }
  /* duplication    */
   while (fgets(sbuf, 512, infile) != NULL)
   fputs(sbuf, outfile);
  fcloseall();                                            /*   ferme les fichiers   */
}
void upstr(char *s)                                        /* convertit string en majuscules   */
{
  int i = 0;
  while (s[i])
  {
   s[i] = toupper(s[i]);
  i++;
  }
}
```

Lecture et écriture formatées

Les fonctions **fprintf** et **fscanf** permettent d'effectuer des écritures ou des lectures formatées de données dans un fichier. Les deux fonctions travaillent pratiquement comme les fonctions de terminal **printf** et **scanf**. En particulier, elles emploient les mêmes formatages. La seule différence est que **printf** et **scanf** réclament un pointeur FILE en plus d'une chaîne de format et d'autres paramètres effectifs éventuels.

Écriture formatée dans un fichier : fprintf

La fonction **fprintf** écrit des données dans un fichier, en les formatant. Elle admet le prototype :

```
int fprintf(FILE *<pointeur_fichier>, char *<chaîne_format>, ...);
```

Comme **printf**, c'est une fonction qui accepte un nombre variable de paramètres. **fprintf** et **printf** retournent comme résultat le nombre de caractères écrits. Une valeur de retour négative (par exemple EOF) indique un erreur.

Supposons définis la structure :

```
struct client
{
   long no;                                      /*   code client   */
   char nom[31];                                 /*  nom du client  */
   long cp;                                      /*   code postal   */
   char ville[31];                               /*      ville      */
   float ca;                                     /* chiffres d'affaires */
};
```

e tableau de structures :

```
struct client k[5] = { {501, "Client_A", 11111, "Ville_A", 10000.00}, {502,
                        "Client_B", 22222, "Ville_B", 20000.00}, {503,
                        "Client_C", 33333, "Ville_C", 30000.00}, {504,
                        "Client_D", 44444, "Ville_D", 40000.00}, {505,
                        "Client_E", 55555, "Ville_E", 50000.00} };
```

ainsi que les variables :

```
FILE *fp;
int i;
```

alors l'instruction :

```
if ((fp = fopen("clients.dat", "w")) == NULL)
    fputs("\nImpossible d'ouvrir le fichier.", stderr);
else
    for(i = 0; i < 5; i++)
    fprintf(fp, "%ld %s %ld %s %.2f\n", k[i].no, k[i].nom, k[i].cp,
            k[i].ville, k[i].ca);
```

écrit dans le fichier CLIENTS.DAT les enregistrements stockés dans "k". Le fichier a ensuite l'allure suivante :

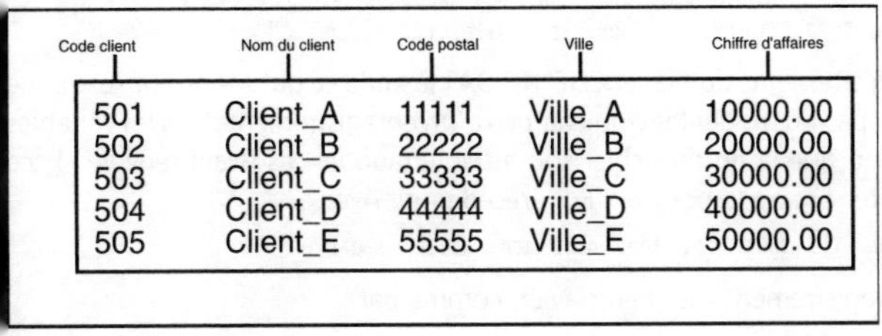

Code client	Nom du client	Code postal	Ville	Chiffre d'affaires
501	Client_A	11111	Ville_A	10000.00
502	Client_B	22222	Ville_B	20000.00
503	Client_C	33333	Ville_C	30000.00
504	Client_D	44444	Ville_D	40000.00
505	Client_E	55555	Ville_E	50000.00

Fig. 11.5 : Un fichier CLIENTS

Avec :

```
for (i = 0; i < 5; i++)
    fprintf(stdout, "%ld %s %ld %s %.2f\n", k[i].no, k[i].nom, k[i].cp,
            k[i].ville, k[i].ca);
```

on aurait pu écrire les données non pas dans le fichier CLIENTS.DAT mais sur l'écran, comme avec l'instruction :

```
for (i = 0; i < 5; i++)
    printf("%ld %s %ld %s %.2f\n", k[i].no, k[i].nom, k[i].cp, k[i].ville, k[i].ca);
```

On peut donc en déduire que :

```
printf( ... );
```

et

```
fprintf(stdout, ... );
```

sont équivalents.

Lecture formatée dans un fichier : fscanf

La fonction fscanf lit des données dans un fichier, en les formatant. Elle admet le prototype :

```
int fscanf(FILE *<pointeur_fichier>, char *<chaîne_format>, ...);
```

fscanf (et scanf) donnent comme résultat le nombre de données correctement lues. La valeur de retour EOF signale la fin du fichier ou bien une erreur. Si on a défini dans le programme les variables :

```
long no;                                          /*   code client     */
char nom[31];                                     /*   nom du client    */
long cp;                                          /*   code postal      */
char ville[31];                                   /*      ville         */
float ca;                                         /*  chiffres d'affaires */
```

alors l'instruction :

```
if ((fp = fopen("clients.dat", "r")) == NULL)
    fputs("\nImpossible d'ouvrir le fichier.", stderr);
else
    while (fscanf(fp, "%ld %30s %ld %30s %f", &no, nom, &cp, ville, &ca) == 5)
    printf("%ld %s %ld %s %.2f\n\n", no, nom, cp, ville, ca);
```

lit et affiche les enregistrements du fichier CLIENTS.DAT jusqu'à ce qu'une erreur survienne (c'est-à-dire si on n'a pas pu ranger les cinq champs d'un enregistrement dans les variables prévues à cet effet) ou que la fin du fichier soit atteinte (auquel cas **fscanf** renvoie -1, ce qui a pour effet d'interrompre la boucle d'E/S précédente). Avec :

```
fscanf(stdin, "%ld %30s %ld %30s %f", &no, nom, &cp, ville, &ca);
```

on peut saisir un enregistrement client au clavier, comme par :

```
scanf("%ld %30s %ld %30s %f", &no, nom, &cp, ville, &ca);
```

Entre fscanf et scanf ,on a donc une relation similaire à celle qui existe entre fprintf et printf. En fait :

```
fscanf(stdin, ... );
```

équivaut à :

```
scanf( ... );
```

Lecture et écriture par blocs

Les fonctions d'entrée-sortie présentées jusqu'ici sont adaptées au traitement d'entités de différents types, qu'il s'agisse de lire ou d'écrire dans un fichier des caractères, des chaînes (par exemple des lignes) ou des valeurs numériques. Mais avec **fread** et **fwrite** on dispose aussi de deux fonctions qui permettent de transférer depuis ou vers un fichier, non pas des entités complètes mais au contraire un nombre quelconque d'octets. Cela indépendamment de la nature des données transférées.

Ecriture de blocs dans un fichier : fwrite

La fonction **fwrite** admet comme prototype :

```
size_t fwrite(void *<pointeur_tampon>, size_t <taille>, size_t <nombre>,
       FILE *<pointeur_fichier>);
```

Elle écrit un bloc de <taille> * <nombre> octets rangés à l'emplacement mémoire référencé par <pointeur_tampon> dans le fichier rattaché à <pointeur_fichier>. Le bloc se compose ici de <nombre> objets, chacun d'eux étant de dimension <taille>. La valeur retournée par **fwrite** est égale au nombre de données complètement recopiées dans le fichier. En cas d'erreur, **fwrite** renvoie une valeur inférieure à <nombre>. Le type size_t est défini dans STDIO.H comme entier non signé et dans quelques autres headers (le plus souvent comme "**unsigned int**"). Le pointeur <pointeur_tampon> est de type void * et peut donc contenir l'adresse d'un bloc de données de type quelconque.

Lire et écrire des blocs entiers est très intéressant lorsque les données qui composent le bloc sont de types complexes, par exemple des tableaux ou des structures. Reprenons à titre d'exemple le tableau "k" de la section précédente, dont les éléments sont des structures de type :

```
struct  client
{
    long no;                                              /*    code client    */
    char nom[31];                                         /*    nom du client  */
    long cp;                                              /*    code postal     */
    char ville[31];                                       /*       ville        */
    float ca;                                   /*   chiffres d'affaires  */
};
```

Pour recopier dans le fichier CLIENTS.DAT le contenu du tableau "**k**", l'écriture :

```
FILE *fp;
int i;
if ((fp = fopen("clients.dat", "w")) == NULL)
    fputs("\nImpossible d'ouvrir le fichier.", stderr);
else
    for(i = 0; i < 5; i++)
    fprintf(fp, "%ld %s %ld %s %.2f\n", k[i].no, k[i].nom, k[i].cp,
        k[i].ville, k[i].ca);
```

nécessite toujours cinq appels de **fprintf**. On peut alors la remplacer par une formulation qui utilise la fonction **fwrite**. Le bloc :

```
if ((fp = fopen("clients.dat", "w")) == NULL)
    fputs("\nImpossible d'ouvrir le fichier.", stderr);
else
    fwrite(k, sizeof(struct client), 5, fp);
```

écrit dans le fichier CLIENTS.DAT le contenu complet du tableau "**k**" (à savoir cinq variables structurées de type "struct client") en un seul appel de **fwrite**. Le nom du tableau "**k**" donne ici l'adresse du bloc à écrire.

Lecture de blocs dans un fichier : fread

Pour relire des données écrites dans un fichier par **fwrite**, on utilise la fonction de lecture qui est l'homologue de **fwrite**. Il s'agit de **fread** dont voici le prototype :

```
size_t fread(void *<pointeur_tampon>, size_t <taille>, size_t <nombre>,
        FILE *<pointeur_fichier>);
```

Cette fonction lit dans le fichier rattaché à <pointeur_fichier> un bloc de <taille> X <nombre> octets et le range à l'emplacement mémoire référencé par <pointeur_tampon>. Le bloc lu contient donc <nombre> objets de dimension <taille>. **fread** retourne le nombre d'objets complètement lus. Si cette valeur est inférieure à <nombre>, c'est qu'il y a eu erreur ou que la fin du fichier a été rencontrée avant que <nombre> objets aient pu être lus. On peut le vérifier par **feof** ou par la routine d'erreur **ferror**).

Exemple d'application

Soient les variables :

```
FILE *fp;
struct client k[5];
```

On peut alors par :

```
if ((fp = fopen("clients.dat", "r")) == NULL)
    fputs("\nImpossible d'ouvrir le fichier.", stderr);
else
    fread(k, sizeof(struct client), 5, fp);
```

recopier dans le tableau de structures "**k**" le contenu complet du fichier CLIENTS.DAT (cinq enregistrements dans notre exemple) en un seul appel de **fread**. Naturellement **fread** et **fwrite** ne sont pas toujours obligées de manipuler en une seule fois tous les éléments d'un tableau ou tous les enregistrements d'un fichier. Avec :

```
fwrite(&k[2], sizeof(struct client), 2, fp);
```

on n'écrirait dans le fichier CLIENTS.DAT que deux des cinq enregistrements, à savoir ceux contenus dans les troisième et quatrième éléments de "k". De même ^ :

```
fread(k, sizeof(struct client), 1, fp);
```

ne rangerait dans le tableau "k" que le premier enregistrement du fichier CLIENTS.DAT si celui-ci était ouvert en lecture.

Le programme DICE.C utilise les fonctions **fwrite** et **fread** pour écrire ou pour lire dans un fichier un nombre assez grand de valeurs numériques. DICE.C simule, à l'aide de la fonction de génération aléatoire "**brand**" développée dans les exercices du chapitre 11, une série de 1 000 tirages avec trois dés. Pour chaque tirage, on conserve la valeur de chaque dé ainsi que le total des points. L'ensemble des résultats peut être, à la demande, rangé dans un fichier, fichier qui peut ensuite être affiché ou imprimé.

```
DICE.C
/*   DICE simule, à l'aide d'une fonction de génération aléatoire, 1000 jets de trois
     dés. Les tirages sont rangés dans un tableau de structures dont le contenu
     peut être écrit dans un fichier via la fonction fwrite. Le fichier des
     résultats peut ensuite être affiché ou imprimé. Pour la lecture du fichier,
                                               on utilise la fonction fread.       */
#include <stdio.h>              /*   fread, fwrite, printf, fprintf, fopen, fclose  */
#include <stdlib.h>                                       /*   rand, srand, exit   */
#include <time.h>                                                    /*   time     */
#include <conio.h>                                          /*   getch, getche     */
#define SCREENHEADER()   for (i = 0; i < 4; i++)printf("D1 D2 D3 TOT   ");\
    printf("D1 D2 D3 TOT\n");\
    for (i = 0; i < 4; i++)\
      printf("————+-");\
      printf("————\n")
#define PRINTHEADER()    for (i = 0; i < 4; i++)\
    fprintf(stdprn, "D1 D2 D3 TOT   ");\
    fprintf(stdprn, "D1 D2 D3 TOT\n");\
    for (i = 0; i < 4; i++)\
      fprintf(stdprn, "————+-");\
      fprintf(stdprn, "————\n")
#define CLS()        printf("\033[2J")
struct dice
{
   int die[3];                             /*   résultats des trois dés   */
   int sum;                                /*      total par jet          */
};
void restoscreen(struct dice *d, int *f);            /*   affichage du fichier      */
void restoprn(struct dice *d, int *f);               /*   impression du fichier     */
void freqtoscreen(int *f);                /*   affiche les fréquences des totaux   */
void freqtoprint(int *f);                 /*   imprime les fréquences des totaux   */
int brand(int p, int q);      /*   crée des nombres aléatoires entre p et q    */
main()
{
   FILE *fp;
   struct dice res[1000];                               /*   résultats des jets     */
   struct dice zero = {0};                              /*   pour initialiser "res" */
   int i, k, rep1, rep2, rep3, rep4;                    /*   variables de contrôle  */
   int h;                                               /*   tampon pour totaux     */
   int freq[19];                                        /*   fréquences des totaux  */
   long sec;                                            /*   heure en secondes      */
   char filename[81];                                   /*   nom du fichier d'archives */
   do
   {
   CLS();
    printf("Le programme simule 1.000 jets de trois dés.");
   time(&sec);                                /*   récupère l'heure en secondes     */
   srand((unsigned) sec);                             /*   initialise "rand"        */
   for (i = 0; i < 1000; i++)    /*   initialise le tableau des résultats    */
   res[i] = zero;
   for (i = 0; i < 19; i++)      /*   initialise le tableau des fréquences   */
   freq[i] = 0;
```

```
for (i = 0; i < 1000; i++)        /*   remplissage du tableau des résultats   */
{
for (k = 0; k < 3; k++)
res[i].die[k] = brand(1,6);       /* crée un nombre aléatoire entre 1 et 6   */
h = res[i].sum = res[i].die[0] + res[i].die[1] + res[i].die[2];
freq[h] = freq[h] + 1;                           /* compte les fréquences     */
}
 printf("\n\nTerminé. Archivage des résultats ? (o/n)");
rep1 = getche();
if (rep1 == "o")
{
 printf("\n\nNom du fichier : ");
 gets(filename);
 if ((fp = fopen(filename, "w")) == NULL)
{
 fprintf(stderr, "\nErreur en écriture sur fichier %s", filename);
exit(1);
}
/* écriture du tableau dans le fichier    */
 fwrite(res, sizeof(struct dice), 1000, fp);
 fclose(fp);
 printf("\n\nRésultats enregistrés dans fichier %s.", filename);
 printf("\nAffichage du fichier ?"
"(e = écran    i = imprimante    n = pas d'affichage)");
 switch (rep2 = getche())
{
case "e":
case "i":
 if ((fp = fopen(filename, "r")) == NULL)
{
 fprintf(stderr, "\nErreur d'ouverture sur fichier %s", filename);
exit(2);
}
/*   lecture du fichier    */
 fread(res, sizeof(struct dice), 1000, fp);
if (rep2 == "e")                                        /* sortie écran      */
 restoscreen(res, freq);
else                                                    /* sortie imprimante */
 restoprn(res, freq);
 fclose(fp);
break;
default:
;
}                                                   /*     fin switch       */
}                                           /*  fin if rep1 == "o"          */
else                                        /*    pas de fichier créé       */
{
 printf("\n\nAfficher les résultats ? (o/n)");
rep3 = getche();
if (rep3 == "o")
 restoscreen(res, freq);
}
```

```
   printf("\n\n1000 autres jets ? (o/n)");
   rep4 = getche();
   } while (rep4 == "o");

void restoscreen(struct dice *d, int *f)                /*    affiche les données    */
{
   int i;                                               /*    pour SCREENHEADER()    */
   int n, linecount = 0;
   CLS();
   SCREENHEADER();
   for (n = 0; n < 1000; n++)
   {
   printf(" %d  %d  %d  %2d  ",
     d[n].die[0], d[n].die[1], d[n].die[2], d[n].sum);
   if (((n+1)%5) == 0)                                  /*    5 résultats par ligne    */
   {
    printf("\b\b \n");
    linecount++;
   }
    if (((((linecount+1)%21) == 0) && n != 999)
    {
     printf("\n\n<Entrée> pour page suivante.");
    getch();
    CLS();
    SCREENHEADER();
    linecount = 0;
    }
   }
    freqtoscreen(f);                    /*    affiche la distribution des fréquences    */
}
void freqtoscreen(int *f)               /*    affiche la distribution des fréquences    */
{
   int i;
   printf("\n\n\nLes totaux des tirages ont les fréquences suivantes : ");
   printf("\n\nTotal :       ");
   for (i = 3; i < 19; i++)
    printf("%4d", i);
    printf("\n\nFréquence :");
    for (i = 3; i < 19; i++)
    printf("%4d", f[i]);
}
void restoprn(struct dice *d, int *f)                /*    imprime les données    */
{
   int i;                                            /*    pour PRINTHEADER()    */
   int n, columns = 0, linecount = 0, pagecount = 0;
    printf("\n\n\nIMPRESSION DU FICHIER ...");
    PRINTHEADER();
    for (n = 0; n < 1000; n++)
    {
    ++columns;
    fprintf(stdprn, " %d  %d  %d  %2d  ",
     d[n].die[0], d[n].die[1], d[n].die[2], d[n].sum);
```

```
   if (columns == 4)
   {
   n++;
   fprintf(stdprn, " %d    %d    %d    %2d\n",
     d[n].die[0],  d[n].die[1],  d[n].die[2],  d[n].sum);
   linecount++;
   columns = 0;
   }
   if ((((linecount+1)%61) == 0) && n != 999)
   {
   fprintf(stdprn, "\n\n\t\t\t          - page %d - ", ++pagecount);
   fprintf(stdprn, "\n\n\n\f");                                /* saut de page   */
   PRINTHEADER();
   linecount = 0;
   }
   }
   freqtoprint(f);                    /*    imprime la distribution des fréquences   */
}
void freqtoprint(int *f)             /*    imprime la distribution des fréquences   */
{
   int i;
   fprintf(stdprn, "\n\n Les totaux des tirages ont les fréquences suivantes : ");
   fprintf(stdprn, "\n\nTotal :        ");
   for (i = 3; i < 19; i++)
   fprintf(stdprn, "%4d", i);
   fprintf(stdprn, "\n\nFréquence :");
   for (i = 3; i < 19; i++)
   fprintf(stdprn, "%4d", f[i]);
}
int brand(int p, int q)              /*    crée des nombres aléatoires entre p et q   */
{
   return (p + (rand() % (q-p+1)));
}
```

Le programme DICE.C donne un affichage qui ressemble typiquement à l'image qui suit.
Les lignes de délimitation extérieures représentent les bords de l'écran et les points de
suspension doivent être mentalement remplacés par les autres lignes affichées :

D1	D2	D3	TOTAL	D1	D2	D3	TOTAL	D1	D2	D3	TOTAL	D1	D2	D3	TOTAL	D1	D2	D3	TOTAL
5	3	6	14	4	6	2	12	1	6	6	13	4	2	4	10	6	4	2	12
3	3	5	13	1	4	3	8	5	2	2	9	4	2	1	7	2	6	2	10
1	6	4	11	1	3	2	6	3	4	6	13	2	4	1	7	2	2	6	10
3	5	1	9	1	6	3	10	5	3	6	14	5	6	3	14	3	1	4	8
1	6	2	9	3	6	5	14	2	2	5	9	1	4	2	7	6	6	1	13
1	6	4	11	5	3	6	14	1	2	1	4	3	2	1	6	1	3	4	8
5	4	5	14	4	1	4	9	3	4	2	9	2	6	1	9	2	6	6	14
5	4	1	10	2	1	2	5	3	5	3	11	1	2	1	4	1	2	4	7
1	6	6	13	5	6	4	15	1	5	5	11	1	1	1	3	6	1	1	8

D1	D2	D3	TOTAL	D1	D2	D3	TOTAL	D1	D2	D3	TOTAL	D1	D2	D3	TOTAL	D1	D2	D3	TOTAL
4	5	3	12	1	5	6	12	3	1	2	6	1	3	3	7	2	3	2	7
6	3	1	10	5	2	3	10	3	1	1	5	2	3	3	8	2	5	5	12
3	4	3	10	5	6	3	14	2	6	6	14	6	1	6	13	1	2	6	9
4	2	5	11	2	6	1	9	3	4	5	9	5	4	1	11	4	2	2	8
2	6	4	12	5	1	4	10	4	2	6	12	5	5	3	13	2	2	1	5

Les totaux des tirages ont les fréquences suivantes :

Total :	3	4	5	6	7	8	9	10	11	12	13	14	15	16	17	18
Fréquence :	6	16	26	40	71	99	129	116	123	118	92	70	44	33	9	8

Fig. 11.6 :   Un exemple d'affichage du programme DICE

Accès direct (random access)

Le mode d'accès aux fichiers utilisé jusqu'ici est baptisé "**séquentiel**". Dans ce mode-là une opération (de lecture ou d'écriture) s'effectue toujours à partir de la position dans le fichier résultant de l'opération (de lecture ou d'écriture) précédente. Supposons par exemple un fichier constitué de lignes homogènes longues de n octets (c'est par pur souci de simplicité car les lignes (par exemple des strings) d'un fichier ne sont pas obligatoirement de même longueur). Supposons donc qu'on lise dans ce fichier à partir de l'octet de rang 0 (donc à partir du début) n octets par opération (une ligne). Alors la seconde opération de lecture commence à la position n. Etant donné que cette seconde lecture lit derechef n octets (seconde ligne), une éventuelle troisième lecture commence à la position 2*n, etc. Chaque lecture décale donc "vers l'avant" (en direction de la fin du fichier) la position courante (c'est-à-dire le pointeur de positionnement dans le fichier (seek pointer)). La valeur du déplacement est donnée par le nombre d'octets pris en compte lors de la lecture.

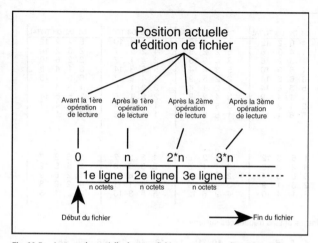

Fig. 11.7 : Lecture séquentielle dans un fichier contenant des lignes homogènes

Il est facile de détecter l'inconvénient qui peut parfois résulter de ce mécanisme. Que fait-on par exemple si on veut lire non pas les dix premières lignes d'un fichier, mais seulement la dixième ? Lorsqu'on ouvre un fichier en lecture ou en écriture, on se retrouve soit au début du fichier soit à la fin (si le mode d'ouverture est **a**). Si après l'ouverture on se trouve à la fin du fichier, on a forcément passé la ligne cherchée et les manipulations de fichiers que nous venons d'étudier ne nous permettent pas de lire depuis la fin "à reculons". Si on ouvre le fichier concerné de telle sorte qu'on soit placé au début (en mode **a** par exemple), on se retrouve dans le cadre des possibilités déjà étudiées. Pour atteindre la dixième ligne, il faut alors commencer par lire les neuf lignes qui la précédent. "Sauter" ces neuf lignes est impossible en mode d'accès purement séquentiel.

Plus généralement lorsqu'on travaille de manière exclusivement séquentielle, on ne peut se déplacer dans un fichier que dans une seule direction, à savoir en allant vers la fin du fichier. Et cela qu'on lise ou qu'on écrive. Qui plus est, pour pouvoir manipuler des données sises à une certaine position dans le fichier, il faut lire depuis le début du fichier. Il est bien évident que l'accès aux données serait fondamentalement plus rapide si on pouvait y accéder directement, c'est-à-dire sans devoir effectuer des opérations préliminaires de lecture ou d'écriture. Pour arriver à ce résultat, il faut utiliser un autre mode d'accès au fichier. Ce mode est appelé "**accès direct**" (random access) ou encore "**accès aléatoire**" (random access). L'accès direct à un fichier se décompose en deux phases. La première consiste à déplacer le pointeur de positionnement (et donc la position courante) vers l'emplacement du premier octet à traiter. La seconde étape consiste ensuite à effectuer la lecture ou l'écriture souhaitée.

Positionnement dans un fichier : fseek

La routine de haut niveau permettant de placer le pointeur de position sur un octet quelconque d'un fichier est la fonction **fseek**. Son prototype est :

```
int fseek(FILE *<pointeur_fichier>, long <offset>, int <base>);
```

Le paramètre <offset> donne ici le nombre d'octets dont il faut décaler le pointeur de position relativement à <base>. Si <offset> est positif, le déplacement a lieu en direction de la fin du fichier. Si <offset> est négatif, le déplacement s'effectue bien sûr vers le début du fichier. Le paramètre <base> précise l'origine du déplacement dans le fichier. Il peut prendre les valeurs 0, 1 ou 2. La valeur 0 signifie que le déplacement se fait à partir du début du fichier, la valeur 2 qu'il se fait à partir de la fin et la valeur 1 qu'il se fait depuis la position courante. On peut remplacer les constantes numériques par les constantes symboliques SEEK_SET, SEEK_CUR et SEEK_END définies dans le header STDIO.H. Le résumé suivant illustre ces relations :

Valeur de base	Constante symbolique	Signification
0	SEEK_SET	Début de fichier
1	SEEK_CUR	Position actuelle dans le fichier
2	SEEK_END	Fin de fichier

Fig. 11.8 : Le domaine de valeurs du paramètre <base> de fseek

La fonction **fseek** retourne la valeur 0 si le positionnement souhaité a pu se faire. En cas d'erreur, elle renvoie un nombre non nul. L'usage de **fseek** est très restreint dans les fichiers ouverts en mode texte en raison d'éventuels problèmes dus aux représentations différentes des fins de lignes dans le tampon (caractère de saut de ligne) et dans le fichier lui-même (combinaison des caractères de saut de ligne et de retour-chariot). (Pour ce qui concerne les discordances de fin de lignes, reportez-vous à la section 11.1.1 "**Ouverture des fichiers**"). En mode texte, on ne garantit des résultats corrects que si <offset> a la valeur 0 ou bien une valeur donnée par **ftell** qui est une autre fonction de positionnement. Dans le dernier cas, <base> doit en outre posséder la valeur 0 ou SEEK_SET.

Pour éviter ce genre de difficultés, il est donc recommandé d'ouvrir les fichiers non pas en mode texte, mais en mode binaire lorsqu'on veut employer **fseek**. Dans l'exemple suivant, après :

```
#include <stdio.h>                    /*  fopen, fgetc, fputc, fseek  */
FILE *fp;
int c;

fp = fopen("data.fil", "wb+"); /* ouverture du fichier en lecture/écriture  */
```

le bloc :

```
while ((c = fgetc(stdin)) != "\n")
    fputc(c, fp);
```

permet de saisir une ligne au clavier et de la ranger dans DATA.FIL. Après cette opération d'écriture, le pointeur de position se trouve à la fin du fichier. Les instructions :

```
fseek(fp, 0L, SEEK_SET);
```

ou

```
fseek(fp, 0L, 0);
```

replacent le pointeur de position sur l'octet de rang 0, donc au début du fichier lui-même. Maintenant la boucle :

```
while ((c = fgetc(fp)) != EOF)
    fputc(c, stdout);
```

lit le fichier et l'affiche à l'écran.

Vers le début du fichier avec rewind

Pour placer le pointeur de position au début du fichier, on aurait pu remplacer la fonction **fseek** par la fonction **rewind** qui possède le prototype :

```
void rewind(FILE *<pointeur_fichier>);
```

Cette fonction ramène le pointeur de position en début de fichier. En fait, l'appel :

```
rewind(fp);
```

aurait le même effet que :

```
(void) fseek(fp, 0L, 0);
```

A la différence de **fseek**, **rewind** ne retourne aucun résultat de sorte qu'elle-même ne donne aucun renseignement sur le bon déroulement ou non de l'opération de positionnement.

Offsets négatifs

Supposons que l'on ne s'intéresse pas au contenu entier du fichier DATA.FIL, mais seulement aux trois derniers caractères. Pour lire (et afficher) ces caractères (après qu'ils aient été écrits dans le fichier), on décale le pointeur de position d'un offset de -3 relativement à la fin du fichier. Cela via l'instruction :

```
fseek(fp, -3L, 2);
```
ou via :
```
fseek(fp, -3L, SEEK_END);
```

Le pointeur est alors placé sur l'avant-avant-dernier octet du fichier. On peut maintenant lire et afficher les caractères concernés :

```
while ((c = fgetc(fp)) != EOF)
    fputc(c, stdout);
```

Détermination de la position dans le fichier : ftell

La fonction **ftell** permet de connaître l'octet du fichier sur lequel renvoie le pointeur de position. **ftell** a le prototype :

```
long ftell(FILE *<pointeur_fichier>);
```

Elle retourne, sous forme de valeur "**long**", la position actuelle du pointeur de position au début du fichier. En cas d'erreur, ftell retourne la valeur -1L. Pour les mêmes raisons qu'avec

fseek (représentations différentes du caractère de fin de ligne), il est recommandé avec **ftell** d'ouvrir le fichier, non pas en mode texte mais en mode binaire. Dans notre fichier d'essai DATA.FIL, après :

```
FILE *fp;
int c;
long pos;
fp = fopen("data.fil", "wb+");
while ((c = fgetc(fp)) != EOF)
    fputc(c, stdout);
```

l'instruction :

```
pos = ftell(fp);
```

permet de déterminer la position courante résultant de la dernière opération d'E/S (c'est-à-dire le nombre de caractères écrits dans le fichier) et de la stocker dans la variable "pos".

Exemple : manipulation des lignes d'un fichier de texte

Le programme FLINES.C montre comment utiliser **fseek** et **ftell**. FLINES détermine le nombre de caractères et de lignes d'un fichier de texte, et affiche un nombre de lignes consécutives choisi par l'utilisateur.

```
FLINES.C
/*     FLINES compte les caractères et les lignes d'un fichier de texte.
       Le nom du fichier est donné sur la ligne de commande. A la demande,
       on affiche une sélection quelconque de lignes consécutives.
       Les offsets des différentes lignes sont pour cela rangées dans un tableau
                                  "long" dynamique, agrandi si besoin est.      */
#include <stdio.h>                              /*    fonctions de fichier    */
#include <stdlib.h>                             /*    exit, realloc, free     */
#include <conio.h>                              /*    getche, getch           */
#define POS(x,y)    printf("\033[%d;%dH", x, y)
#define BLANKLINE()    for(k = 0; k < 80; k++) printf(" ")
main(int argc, char *argv[])
{
    FILE *fp;
    int c;                                      /*    tampon caractère        */
    int k, n = 1, rep;                          /*    variables de contrôle   */
    int flag;                                   /*    flag d'erreur           */
    long *offset;            /*    pointeur vers tableau dyn. pour offsets    */
    long lines = 1;                             /*    nombre de lignes du fichier   */
    long characters;                  /*    nombre de caractères du fichier   */
    long startln, endln;        /*    première et dernière lignes à afficher  */
    if (argc != 2)                              /*    nombre de paramètres erroné   */
    {
      fprintf(stderr, "\nSyntaxe : flines fichier");
      exit(1);
    }
    /* allocation mémoire pour tableau dynamique    */
    if ((offset = (long*) realloc(offset, n*500*sizeof(long))) == NULL)
    {
```

```
   fprintf(stderr, "\nPlus assez de mémoire.");
  exit(2);
 }
 /* ouverture binaire du fichier    */
 if ((fp = fopen(argv[1], "rb")) == NULL)
 {
   fprintf(stderr, "\nErreur à l'ouverture du fichier %s.", argv[1]);
  exit(3);
 }
offset[1] = 0;                                 /*   offset première ligne = 0    */
while ((c = fgetc(fp)) != EOF)                 /*   lecture du  fichier    */
 {
 if (c == "\n")
 offset[++lines] = ftell(fp);          /*   mémorise offset de chaque ligne    */
 if (lines % 500 == 0)                          /*   pas assez de place    */
 {
 n++;
 /* on fait de la place pour 500 autres offsets de lignes    */
  if ((offset = (long*) realloc(offset, n*500*sizeof(long))) == NULL)
 {
   fprintf(stderr, "\nPlus assez de mémoire.");
  exit(2);
 }
 }
 }
 characters = ftell(fp); /* position après la lecture = fin de fichier
                          ftell donne le nb. de caractères (taille fichier)    */
 printf("\033[2J");
 POS(5,0);
if (!characters)                                /*   fichier vide    */
 {
 printf("\nLe fichier est vide.");
 exit(4);
 }
 else
 printf("Le fichier %s a %ld caractères et %ld ligne(s).", argv[1],
         characters, lines);
 POS(7,0);
 printf("Afficher des lignes ? (o/n)");
 if ((rep = getche()) == "o")
 {
 do
 {
 flag = 0;
 POS(11,0); BLANKLINE();
 POS(9,0); BLANKLINE(); POS(9,0);
 printf("Depuis la ligne (minimum : 1):");
 POS(9,40);
 printf("Jusqu'à la ligne (maximum : %ld):", lines);
 POS(9,21);
 scanf("%ld", &startln);
 if (startln == 0)
```

```
    exit(5);
    else if (startln < 0 || startln > lines)
    {
    flag = 1;
     POS(11,0); BLANKLINE(); POS(11,0);
     printf("Mauvaise valeur initiale. <Entrée> pour continuer.");
    getch();
    continue;
    }
    POS(9,60);
     scanf("%ld", &endln);
     if (endln < startln || endln > lines)
    {
    flag = 1;
     POS(11,0); BLANKLINE(); POS(11,0);
     printf("Mauvaise valeur finale. <Entrée> pour continuer.");
    getch();
    continue;
    }
    } while (flag);
    fseek(fp, offset[startln], 0);      /*   position première ligne à afficher   */
     printf("\033[2J");
    printf("%05ld  ", startln);      /*   numérotage des lignes sur 5 chiffres   */
    while ((c = fgetc(fp) != EOF)                    /*      lecture et affichage   */
    {                                                      /*         des   */
    fputc(c, stdout);                                /*     lignes sélectionnées   */
    if (c == "\n")
    {
    if (startln < endln)
     printf("%05ld  ", ++startln);
    else
    break;
    }
    }
    }                                            /*   fin if rep == "o"   */
     fclose(fp);
     free(offset);
}
```

11.2 Opérations élémentaires

Les fonctions de fichier de haut niveau (High Level), relativement complexes, sont basées sur des fonctions élémentaires de traitement de fichier de bas niveau (Low Level) à partir desquelles elles sont construites. Les fonctions de bas niveau, à leur tour, accèdent directement à des routines spéciales du système d'exploitation, routines chargées des accès fichiers et faisant partie des "appels système" (system calls). Le fait que ces fonctions de bas niveau travaillent plus "près" du système d'exploitation entraîne deux conséquences. D'une part, les fonctions de fichier de bas niveau accèdent plus directement et donc plus rapidement aux fichiers. D'autre part les fonctions de bas niveau, du fait qu'elles se confondent pratiquement avec les appels système et donc sont dépendantes du système d'exploitation concerné, ne font pas partie du C standard. Ce qui restreint la portabilité des programmes qui les utilisent.

Descripteur

A la différence des fonctions du niveau supérieur, les fonctions de bas niveau n'utilisent pas de tampons et n'effectuent pas de formatages de quelque espèce que ce soit sur les données traitées. Pour accéder aux fichiers ouverts, on utilise une variable spécifique comme avec les fonctions de haut niveau. Cependant cette fois il ne s'agit pas d'un pointeur contenant l'adresse d'une structure FILE, mais d'un entier positif de type **int** baptisé "descripteur". Vous vous rappelez peut-être que la structure FILE contient aussi, parmi ses champs, un tel descripteur qui identifie en interne le fichier concerné (Cf. section 11.1 "**Opérations non élémentaires**"). D'ailleurs la macro fileno permet d'afficher le descripteur d'un fichier rattaché à un pointeur FILE.

Comme avec les pointeurs FILE, il existe aussi quelques descripteurs prédéfinis qui sont attribués comme suit aux cinq fichiers ouverts automatiquement en début de programme :

Fichier	Descripteur
Entrée standard	0
Sortie standard	1
Erreur standard	2
Fichier spécial d'E/S (auxiliaire)	3
Imprimante standard	4

Fig. 11.9 :   Descripteurs de fichiers prédéfinis

Il faut noter ici que le mélange, dans un programme, de fonctions de bas et de haut niveau sur un même fichier est problématique en raison de leurs modes de fonctionnement très différents (bufférisation ou non bufférisation des données). En effet, les deux groupes de fonctions sont fondamentalement incompatibles. Pour éviter des erreurs ou des pertes de données, il est donc recommandé d'accéder à un fichier sans mélanger les fonctions de bas niveau et de haut niveau.

Création des fichiers

Contrairement au traitement des fichiers au niveau supérieur, avec le traitement de bas niveau on dispose grâce à la fonction **creat** d'un instrument qui permet de créer explicitement un fichier. **creat** admet le prototype :

```
int  creat(char  *<nom_fichier>,  int  <droits_accès>);
```

Cette fonction crée un nouveau fichier ou écrase un fichier existant. Dans les deux cas, le fichier concerné est ensuite ouvert en écriture. La fonction **creat** fournit un descripteur de fichier (sous forme de valeur **int**) et -1 en cas d'erreur. Le paramètre <droits_accès> indique, via ses neuf premiers bits, quelles sont les opérations autorisées sur le fichier concerné : lecture (read), écriture (write), exécution (execute) ou toute combinaison des opérations. En outre, on fait aussi la distinction entre le propriétaire (owner) d'un fichier, le groupe (group) d'utilisateurs auquel appartient le propriétaire et tous les autres utilisateurs (others) du système :

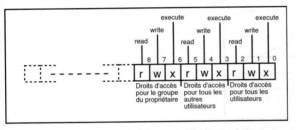

Le paramètre **int** <droits_accès> de la fonction creat détermine avec ses neuf premiers bits les droits d'accès au fichier pour le propriétaire du fichier (bits 6 - 8), pour le groupe de ce dernier (bits 3 - 5) et pour tous les autres utilisateurs (bits 0 - 2)

Pour chacun des bits 0 à 8 de la variable <droits_accès> on raisonne ainsi : le droit est accordé lorsque le bit correspondant est positionné, donc a la valeur 1. Ainsi, la constellation de bits suivante :

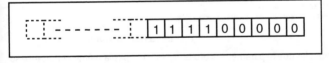

signifierait que le propriétaire du fichier possède les droits de lecture, d'écriture et d'exécution, que son groupe n'a que le droit de lecture et que tous les autres n'ont aucun droit.

Pour activer les bits des droits d'accès, on peut indiquer comme paramètre effectif pour <droits_accès> une des constantes symboliques contenues dans le header STAT.H (situé dans le sous-répertoire SYS du répertoire standard INCLUDE). On peut aussi formuler le paramètre sous la forme d'un nombre octal à trois chiffres. Ce qui est très pratique car avec les nombres octaux chaque groupe de 3 bits (en partant de la droite) correspond à la représentation binaire d'un chiffre. Ainsi, les trois premiers bits en partant de la droite donnent le premier chiffre de droite, les trois bits suivants donnent le second chiffre en partant de la droite, etc. Après :

```
#include <io.h>        /* contient les prototypes des fonctions de bas niveau   */
int fd;                              /* descripteur de fichier   */
```

l'instruction suivante :

```
fd = creat("xy.dat", 0666);
```

créerait par exemple un fichier XY.DAT et affecterait à la variable "fd" le descripteur ad hoc requis par toutes les opérations ultérieures. Les trois catégories d'utilisateurs, via le paramètre effectif 0666, reçoivent les droits de lecture et d'écriture sur le fichier. L'image suivante permet de s'en convaincre facilement :

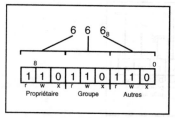

Fig. 11.10 : Avec un nombre octal, chaque groupe de 3 bits (à partir de la droite)
donne la représentation binaire d'un chiffre

Si le fichier XY.DAT existe déjà (et que le droit d'écriture est activé), alors sa longueur est réduite à 0. Ce faisant, l'ancien contenu du fichier est perdu. Par contre, les droits d'accès restent inchangés. De plus, si l'on tient compte du cas où creat échoue dans sa tentative de créer le fichier ou de l'ouvrir (par exemple lorsque le fichier existe déjà et ne peut être que lu), alors il faut compléter comme suit l'instruction creat précédente :

```
if ((fd = creat("xy.dat", 0666)) == -1)
    fprintf(stderr, "Création du fichier impossible.");
else
                                /*  instructions alternatives  */
```

Il faut encore signaler que le paramètre <droits_accès> n'a pas la même importance sur tous les systèmes d'exploitation. Sur bon nombre de systèmes, seuls comptent certains des bits de permissions. Sur d'autres systèmes, ce paramètre est carrément ignoré.

Ouverture des fichiers

L'homologue élémentaire de la fonction de haut niveau "**fopen**" est représenté par la fonction "**open**". "**open**" ouvre un fichier et renvoie comme résultat un descripteur sous forme de valeur int. Ce descripteur permettra ensuite d'accéder au fichier. Si l'ouverture échoue, "**open**" retourne la valeur -1. La fonction "**open**" admet le prototype :

```
int open(char *<nom_fichier>, int <mode_accès>, [int <droits_accès>]);
```

<mode_accès> indique, comme pour "**fopen**", la manière dont on pense accéder au fichier concerné. Cependant avec "**open**" <mode_accès> n'est plus un pointeur "**char**", mais une variable int dont la valeur détermine le mode d'accès au fichier. Le header FCNTL.H contient les définitions, sous forme de constantes symboliques, des valeurs permises pour <mode_accès>. On emploie ces constantes de préférence à des valeurs numériques explicites.

Le résumé suivant présente les plus importantes de ces constantes (auxquelles peuvent venir s'en ajouter d'autres selon le système d'exploitation) :

Constantes symboliques du mode d'ouverture des fichiers avec la fonction "open"

CONSTANTE	SIGNIFICATION
O_RDONLY	Ouvrir le fichier existant uniquement en lecture.
O_WRONLY	Ouvrir le fichier existant uniquement en écriture.
O_RDWR	Ouvrir le fichier existant pour ajout à la fin du fichier.
O_APPEND	Ouvrir le fichier existant pour ajout à la fin du fichier.
O_CREAT	Si le fichier n'existe pas, le créer et l'ouvrir en écriture. S'il existe déjà, O_CREAT est sans effet, c'est-à-dire qu'à l'inverse de creat, le contenu du fichier n'est pas perdu. Les opérations d'écriture ultérieures n'ont aucun effet si ni O_WRONLY ni O_RDWR ne sont données.
O_EXCL	Uniquement utilisable avec O_CREAT ; retourne un message d'erreur si le fichier existe déjà.
O_TRUNC	Ouvrir le fichier existant en écriture et réduire sa taille à 0 octet, s'il n'y a aucune restriction en écriture pour le fichier. Le contenu initial du fichier est alors perdu. Les opérations d'écriture ultérieures n'ont aucun effet si ni O_WRONLY ni O_RDWR ne sont données.

Le troisième paramètre <droits_accès> a la même signification qu'avec "creat" et il est facultatif. Il n'est requis (et significatif) que si on spécifie O_CREAT, donc s'il faut éventuellement créer un nouveau fichier dont les droits sont alors à définir.

Combinaisons des modes d'accès

Les constantes symboliques concernant le mode d'accès peuvent être spécifiées individuellement ou de manière combinée. Dans tous les cas, une (et une seule) des constantes O_RDONLY, O_WRONLY ou O_RDWR est obligatoire. Après :

```
#include <fcntl.h>            /*  constantes symboliques pour open  */
#include <io.h>                                      /*  open  */
int fd;                                       /*  descripteur  */
```

l'instruction :

```
fd = open("xy.dat", O_WRONLY);
```

ouvre le fichier XY.DAT en écriture, pour autant qu'il existe. S'il n'existe pas, il n'est pas créé par **"open"**. S'il faut absolument créer XY.DAT, il faut alors spécifier la constante O_CREAT. Pour combiner (ou mieux : connecter) plusieurs constantes symboliques, on utilise l'opérateur OU binaire "|". Par conséquent, l'instruction :

```
fd = open("xy.dat", O_WRONLY | O_CREAT, 0666);
```

ouvre le fichier XY.DAT en écriture s'il existe. Sinon, le fichier est créé avec les droits de lecture et d'écriture pour toutes les catégories d'utilisateurs. Si on indique exclusivement O_CREAT, le fichier sera certes créé et ouvert en écriture. Mais les opérations ultérieures d'écriture n'auront aucun effet et n'écriront pas de données dans le fichier. Si on ouvre un

fichier en écriture avec O_WRONLY ou O_RDWR (sans autre constante), alors le conten
initial du fichier n'est pas perdu (contrairement à ce qui se passe avec "**fopen**" en mode
"**w**"). Si on veut vraiment effacer le contenu du fichier, on peut alors employer à cette fin
la constante O_TRUNC. Ainsi, l'instruction :

```
if ((fd = open("xy.dat", O_WRONLY | O_TRUNC)) == -1)
    fprintf(stderr, "Erreur en ouverture.");
else                                          /*  instructions alternatives   */
```

ouvre en écriture un fichier (existant) XY.DAT et ramène sa longueur à 0 octet. Un message
d'erreur ad hoc est affiché en cas d'échec. Si on se contente de spécifier O_TRUNC, le fichie
sera certes ramené à une longueur nulle, mais une lecture n'aura ensuite aucun effe
(comme c'est le cas avec O_CREAT).

Si on complète ainsi l'instruction précédente :

```
if ((fd = open("xy.dat", O_WRONLY | O_TRUNC | O_CREAT, 0744)) == -1)
    fprintf(stderr, "Erreur d'ouverture du fichier.");
else

                                              /*  instructions alternatives   */
```

en y ajoutant la constante O_CREAT, alors le fichier XY.DAT sera créé s'il n'existait pas (ic
avec tous les droits pour le propriétaire du fichier et seulement le droit de lecture pour les
autres utilisateurs du système).

Fermeture des fichiers

La fonction de bas niveau qui gère la fermeture des fichiers est "**close**". La syntaxe de "**close**"
ressemble à celle de "**fclose**", à ceci près qu'on ne transmet pas à la fonction un pointeur
FILE, mais un descripteur :

```
int close(int <descripteur>);                    /*  prototype de close   */
```

La fonction "**close**" retourne la valeur 0 si on a pu fermer le fichier concerné. En cas d'erreur,
elle renvoie -1. Le bout de programme suivant essaie d'ouvrir en lecture un fichier dont le
nom est passé sur la ligne de commande. S'il réussit, alors le fichier est refermé par "**close**".

```
OPCL.C
/*   OPCL montre comment utiliser simplement les fonctions "open" et "close".
   Le programme essaie d'ouvrir en lecture un fichier dont le nom provient
          de la ligne de commande. S'il y arrive, il le referme avec "close".   */
#include <stdio.h>
#include <io.h>                                        /*   open, close   */
#include <fcntl.h>                    /*   constantes symboliques pour open   */
#include <stdlib.h>                                          /*   exit   */
main(int argc, char *argv[])
{
    int fd;
    if (argc != 2)                             /*   1 seul paramètre !   */
    {
      printf("\n\nSyntaxe : opcl fichier[.ext]");
      exit(1);
    }
```

```
/* ouverture en lecture   */
if ((fd = open(argv[1], O_RDONLY)) == -1)
  fprintf(stderr, "\nERREUR : impossible d'ouvrir le fichier %s.", argv[1]);
else
{
  close(fd);                                    /*   ferme le fichier   */
  printf("\n\nFichier %s ouvert en lecture, puis refermé.", argv[1]);
}

}
```

Lecture et écriture

Au niveau élémentaire les opérations de lecture et d'écriture sont assurées par les seules fonctions **read** et **write**. La fonction d'écriture **"write"** admet le prototype :

```
int write(int <descripteur>, char *<pointeur_tampon>, int <nombre>);
```

Elle écrit <nombre> octets pris dans un tampon (que le programmeur doit gérer lui-même) référencé par <pointeur_tampon>, à la position courante dans le fichier rattaché à <descripteur>. **"write"** renvoie le nombre d'octets écrits dans le fichier ou bien -1 en cas d'erreur. Si la valeur retournée est positive mais inférieure à <nombre>, c'est qu'il n'y avait plus assez de place sur le support pour écrire les <nombre> octets. Si le paramètre <nombre> est défini en **int** (comme c'est le cas plus haut), alors une écriture peut transférer au plus 32.767 octets (valeur maximale d'un **int**). (Si on définit <nombre> en **"unsigned int"**, on peut théoriquement transférer 65.535 octets en une seule opération. Il faut alors définir la valeur de retour non plus en **int**, mais en **"unsigned int"**. De plus, il vaut mieux se baser sur un maximum non pas de 65.535, mais de 65.534 octets transférés dans un fichier en une seule opération. En effet, la combinaison binaire correspondant à 65.535 ne se différencie pas de la valeur -1. La conséquence en serait qu'avec une valeur de <nombre> égale à 65.535, -1 ne serait plus interprété comme indiquant une erreur).

La fonction de lecture homologue de **"write"** est **"read"**. **"read"** admet le prototype :

```
int read(int <descripteur>, char *<pointeur_tampon>, int <nombre>);
```

qui ressemble furieusement à celui de **"write"**. La fonction lit <nombre> octets à partir de la position courante du fichier rattaché à <descripteur> et les range dans un tampon dont l'adresse est passée à la fonction via le paramètre <pointeur_tampon>. En ce qui concerne le nombre maximal d'octets susceptibles d'être lus en une seule opération, tout ce que nous avons dit sur **"write"** s'applique aussi à **"read"**.

La fonction **"read"** retourne comme résultat le nombre d'octets lus. Si cette valeur est positive et inférieure à <nombre>, c'est qu'on a atteint la fin du fichier avant d'avoir lu <nombre> octets. La valeur 0 signale qu'on essaie de lire au-delà de la fin du fichier. En cas d'erreur, on renvoie la valeur -1.

Duplication de fichiers

Nous allons montrer sur un exemple simple comment fonctionnent **"read"** et **"write"**. Le programme FCPY est une variante du programme TCOPY précédemment développé dans ce chapitre. Alors que TCOPY dupliquait des fichiers texte à l'aide des fonctions **"fgets"** et **"fputs"**,

FCPY utilise à la place "**read**" et "**write**" et copie toutes sortes de fichiers (et pas seulement des fichiers de texte). Les messages d'erreur sont affichés sur la sortie d'erreurs standard.

```
FCPY
/* FCPY duplique n'importe quel fichier à l'aide des fonctions "read" et "write".
   FCPY est lancé via la syntaxe : fcpy <source> <cible>. Pour <source> comme
   pour <cible>, on peut spécifier la console (= CON). Le programme ne vérifie pas
   dans cette version si on écrase un fichier existant. Les messages d'erreur sont
   affichés par "write" sur la sortie d'erreurs standard (descripteur = 2).      */
#include <io.h>                              /*          open, close, read, write  */
#include <fcntl.h>                           /*    constantes symboliques pour open */
#include <stdlib.h>                          /*                    exit, toupper   */
#include <string.h>                          /*               strcmp, strlen       */
main(int argc, char *argv[])
{
    void upstr(char *s);                     /*      convertit un string en majuscules  */
    char *syntax =      "\nSyntaxe : fcpy source cible\n"\
    "                   fcpy CON cible\n"\
    "                   fcpy source CON";
    char *noread =      "\nImpossible d'ouvrir le fichier source.";
    char *nowrite =     "\nImpossible d'ouvrir le fichier cible.";
    char *nocopy =      "\nImpossible de dupliquer un fichier sur lui-même.";
    int infile = 0;                          /* descripteur pour fichier source : initialisé à 0
                                                (entrée std.) au cas où on lit le clavier   */
    int outfile = 1;                         /* descripteur pour fichier cible : initialisé à 1
                                                (sortie std.) au cas où on écrit sur l'écran  */
    char rwbuf[1024];                        /*           tampon de lecture/écriture       */
    int nbytes;                              /*             nombre d'octets lus            */
    int i;
    if (argc != 3)                           /*    il faut spécifier la source et la cible !  */
    {
      write(2, syntax, strlen(syntax));
    exit(1);
    }
    for (i = 1; i < 3; i++)                  /*     conversion des paramètres en majuscules  */
      upstr(argv[i]);
    if (! strcmp(argv[1], argv[2]))                               /*     source = cible      */
    {
      write(2, nocopy, strlen(nocopy));
    exit(2);
    }
    if (strcmp(argv[1], "CON"))                                   /*     source != clavier   */
    {
      if ((infile = open(argv[1], O_RDONLY)) == -1)
    {
      write(2, noread, strlen(noread));
    exit(3);
    }
    }
    if (strcmp(argv[2], "CON"))                                   /*     cible != écran      */
    {
      if ((outfile = open(argv[2], O_WRONLY | O_CREAT | O_TRUNC, 0777)) == -1)
```

```
    {
     write(2, nowrite, strlen(nowrite));
     exit(4);
    }
    }
    /* duplication    */
    while ((nbytes = read(infile, rwbuf, 1024)) > 0)
     write(outfile, rwbuf, nbytes);
    /* fermeture des fichiers    */
     close(infile);
     close(outfile);
}
void upstr(char *s)                      /*    convertit un string en majuscules    */
{
    int i = 0;
    while (s[i])
    {
     s[i] = toupper(s[i]);
     i++;
    }
}
```

En ce qui concerne les modalités d'ouverture des fichiers, il faut noter à propos du programme précédent, et de manière plus générale aussi que les systèmes d'exploitation qui différencient expressément le mode texte du mode binaire ont défini une constante spécifique pour le mode binaire. Ainsi, le système DOS par exemple utilise la constante symbolique O_BINARY qui correspond au suffixe "b" de la fonction de haut niveau "fopen". Sur ces systèmes-là, il faut spécifier cette constante si on veut manipuler le fichier en mode binaire. Pour le système d'exploitation DOS, il faudrait donc ouvrir le fichier en sortie du programme précédent par :

```
outfile = open(argv[2], O_WRONLY | O_CREAT | O_TRUNC | O_BINARY, 0777);
```

pour éviter, par exemple, qu'en dupliquant un fichier exécutable on interrompe le processus de copie avant terme parce qu'on a rencontré le caractère <CTRL><Z> (ASCII : 26). Tel serait le cas si le fichier était ouvert en mode texte. Dans ce mode, en effet, le caractère de code ASCII 26 marque la fin du fichier (ce qui n'est pas le cas avec un fichier binaire).

Le processus de copie proprement dit dans FCPY est réalisé par la boucle "while" en fin de programme. Elle commence par remplir avec "read" le tampon d'E/S "rwbuf" et range le nombre de caractères lus dans la variable "nbytes". Ensuite, "write" prend dans le tampon un nombre d'octets égal à "nbytes" et les recopie dans le fichier cible. La boucle s'arrête lorsque "read" renvoie la valeur 0 (fin de fichier) ou -1 (erreur).

Réalisation de fonctions complexes avec "read" et "write"

Entre autres applications typiques, les fonctions "read" et "write" permettent de développer des fonctions d'E/S plus complexes. A titre d'exemple, on peut utiliser "read" pour écrire une fonction de lecture, fonction simple mais cependant "située à un plus haut niveau" que "read".

Cette nouvelle fonction ressemble à "**getchar**" et lit un caractère sur l'entrée standard :

```
#include <stdio.h>                                            /* EOF, BUFSIZ   */
#include <io.h>                                                      /* read    */
int getchr(void) /* lit un caractère sur l'entrée std. (version bufférisée)    */
{
   static char buffer[BUFSIZ];                          /*   tampon de saisie   */
   static char *pbuffer;                        /*  pointeur vers tampon de saisie */
   static int contents;              /*   nombre de caractères dans le tampon  */
   if (contents == 0)                               /*   tampon de saisie vide  */
   {
    contents = read(0, buffer, BUFSIZ);/*   lit BUFSIZ octets dans le tampon   */
   pbuffer = buffer;                             /*   pointeur = début du tampon */
   }
   if (--contents >= 0)                  /*    retourne le caractère du tampon   */
    return ((unsigned char) *pbuffer++);
   return (EOF);                          /*    plus de caractères dans le tampon */
}
```

La fonction "**getchr**" fonctionne comme "**getchar**". A l'aide de trois variables locales "**static**" (conservant leurs valeurs entre deux appels de la fonction), elle gère un tampon dans lequel elle lit des caractères avec "**read**" et les retourne à la fonction appelante. Le tampon de saisie est un tableau "**char**" ayant BUFSIZ éléments, BUFSIZ étant une constante symbolique définie dans STDIO.H (par exemple avec la valeur 512). Si le tampon est vide, "**read**" lit BUFSIZ octets au clavier, les range dans le tampon et mémorise le nombre de caractères lus dans la variable "**contents**". De plus, le pointeur "**pbuffer**" est initialisé via :

```
pbuffer = buffer;
```

de façon à pointer le début du tampon. Si le tampon contient encore des caractères, l'instruction :

```
return ((unsigned char) *pbuffer++);
```

renvoie le caractère pointé par le pointeur du tampon à la fonction appelante, puis déplace le pointeur vers le prochain caractère du tampon. "**getchr**" donne EOF s'il n'y a plus rien dans le tampon ou si une erreur est survenue, c'est-à-dire quand :

```
--contents
```

contient une valeur inférieure à zéro. La conversion en "**unsigned char**" de la valeur retournée empêche le renvoi de valeurs négatives. Comme la valeur de retour de "**getchr**" a le type **int**, la valeur "**char**" du tampon est convertie (implicitement) en type **int** qui est plus grand. Selon la machine, il peut y avoir soit une extension de signe (le bit le plus fort de l'objet "**char**" est "repris" comme bit de signe dans l'objet int résultant de la conversion), soit remplissage de l'octet le plus fort par des bits nuls. Si on a une extension de signe et si le bit de signe a la valeur 1, alors la valeur int résultante sera interprétée comme nombre négatif, ce qui ne correspond à aucun caractère. Au lieu de convertir en "**unsigned char**", on pourrait aussi mettre à zéro l'octet le plus fort de la valeur retournée **int**, via l'opération binaire :

```
*pbuffer++  &  0xFF
```

etchr" retournerait alors un code (non négatif) pour le caractère :

```
turn (*pbuffer++ & 0xFF);
```

s instructions "return", enfin, pourraient s'écrire sous forme plus compacte :

```
turn ((--contents >= 0) ? (unsigned char) *pbuffer++ : EOF);
```

n peut de même utiliser "**write**" pour écrire une fonction complémentaire à "**getchr**", en sens qu'elle écrit un caractère sur la sortie standard :

```
nclude <stdio.h>                                              /*    EOF    */
nclude <io.h>                                                 /*   write   */
t putchr(int car)              /*    écrit un caractère sur la sortie standard    */

 if (write(1, (char *)&car, 1) == 1)
  return ((unsigned char) car);
  return (EOF);
```

utchr" fonctionne comme "**putchar**". L'adresse du paramètre "**car**" est convertie, dans nstruction "**write**", en un pointeur "**char**". En effet, le second paramètre de "**write**" doit re un pointeur vers "**char**". "**Putchr**" retourne EOF en cas d'erreur.

ccès direct

ur l'accès direct à un fichier lorsqu'on travaille au niveau élémentaire, on utilise les nctions "**tell**" et "**lseek**". A l'instar des fonctions de haut niveau "**ftell**" et "**fseek**" issues e la bibliothèque standard, "**tell**" et "**lseek**" déterminent ou modifient la position courante ans un fichier. La fonction "**tell**" calcule l'emplacement actuel du pointeur de position eek pointer) d'un fichier. Son prototype est :

```
ng tell(int <descripteur>);
```

ell" retourne la position courante dans le fichier concerné, sous forme de valeur "**long**". valeur retournée -1L témoigne d'une erreur. Supposons que "**fd**" soit un descripteur de hier. Alors l'instruction :

```
ll(fd);
```

nne l'emplacement (position d'octet) où on se trouve dans le fichier.

fonction "**lseek**" a le prototype :

```
ng lseek(int <descripteur>, long <offset>, int <base>);
```

le modifie la position courante dans le fichier rattaché à <descripteur>, en la décalant e <offset> octets relativement à <base>. L'opération suivante d'E/S s'effectuera donc cette nouvelle position. Le paramètre <base> détermine ici, comme pour "**fseek**", le oint de départ du repositionnement. Il peut prendre les valeurs 0 (début du fichier), 1 osition courante dans le fichier) et 2 (fin du fichier). Comme pour "**fseek**", on peut aussi tiliser les constantes symboliques SEEK_SET, SEEK_CUR et SEEK_END. "**lseek**" retourne la ouvelle position, c'est-à-dire le rang de l'octet sur lequel se trouve maintenant le pointeur position. La valeur de retour -1L indique une erreur. Syntaxiquement "**lseek**" s'utilise

comme "**fseek**", à ceci près que le fichier est donné non plus par un pointeur FILE mais [...]
un descripteur. Ainsi l'instruction :

```
lseek(fd, 0L, 0);
```

par exemple ramènerait le pointeur de position au début du fichier rattaché au descripte[...]
"**fd**". De même :

```
lseek(fd, 0L, 2);
```

ferait aller à la fin du fichier.

Exemple : gestion d'enregistrements avec "lseek" et "tell"

Le programme SEEREC.C simule des opérations de recherche et d'affichage d'enregist[...]
ments réalisées avec "**tell**" et "**lseek**". SEEREC génère 500 string aléatoires, les t[...]
alphabétiquement et les range sous forme d'enregistrements dans un fichier. A [...]
demande, on peut afficher soit toutes les strings enregistrées, soit celles commençant p[...]
une certaine initiale, soit une seule string donné par son numéro (1 - 500).

```
SEEREC.C
/*     SEEREC montre comment utiliser "tell" et "lseek". On génère aléatoirement
       500 chaînes de caractères composées de 10 majuscules, puis on les trie
    alphabétiquement et on les stocke dans un fichier en tant qu'enregistrements.
    L'utilisateur peut ensuite faire afficher soit tous les strings, soit ceux
    commençant par une certaine initiale, soit un seul string donné par son
                                                    numéro (1 - 500).           */
#include <stdio.h>                                  /*      printf, scanf       */
#include <io.h>                      /*    open, close, read, write, tell, lseek */
#include <fcntl.h>                   /*      constantes symboliques pour open    */
#include <stdlib.h>                                 /*      exit, qsort          */
#include <string.h>                                 /*      strcpy, strcmp       */
#include <conio.h>                                  /*      getch, getche        */
main()
{
    int brand(int p, int q);            /*    générateur de nombres aléatoires   */
    int scomp(char s1[], char s2[]);         /*    comparaison de strings        */
    char data[500][11];                      /*    tableau 2D pour 500 strings    */
    char buffer[11];                         /*    tampon pour un string          */
    struct location
    {
     long offset;           /* offset premier string ayant une certaine initiale */
     char letter;                            /*      initiale d'un string         */
     } reloc[27];           /*   tableau mémorisant offsets/initiales des 26
                            groupes de strings (A - Z). reloc[0] est inoccupé.    */
    char firstletter, currentfirst;          /*    tampon pour initiale           */
    int fd;                                  /*      descripteur                  */
    int bytes;                               /*      caractères lus               */
    long recnum;                             /*    numéro du string               */
    int i, k, count;                         /*    variables de contrôle          */
    int rep1, rep2;                          /*    variables de contrôle          */
    char *noopen   =   "\nErreur en ouverture.";
    char *norecord =   "\nAucun enregistrement avec cette initiale.";
    char *intro    =   "Création aléatoire de 500 strings"\
```

```
   " triés alphabétiquement\net rangés dans un fichier.";
   printf("\033[2J");
   printf("%s", intro);
/****   création de chaînes de caractères aléatoires   ***/
for (i = 0; i < 500; i++)                              /*   500 strings    */
{
 for (k = 0; k < 10; k++)                              /*   de 10 majuscules   */
  buffer[k] = (char) brand(65,90);
 buffer[k] = "\0";
 strcpy(data[i], buffer);
}
/***   trie les strings   *********************/
  qsort((void*)data, 500, sizeof(char[11]), scomp);
/************   ouvre/crée fichier et y range les strings   **************/
if ((fd = open("data.fil", O_RDWR | O_CREAT | O_TRUNC, 0644)) == -1)
{
 write(2, noopen, strlen(noopen));
 exit(1);
}
for (i = 0; i < 27; i++)                /*   initialise tableau de structures   */
{
 reloc[i].offset = 0;
 reloc[i].letter = "\0";
}
  firstletter = reloc[1].letter = data[0][0];   /* mémorise initiale du premier
                                                                    string */
k = 1;
for (i = 0; i < 500; i++)
{
 strcpy(buffer, data[i]);
 write(fd, buffer, strlen(buffer));             /*   écrit string dans fichier    */
 currentfirst = data[i][0];                     /*   initiale du string courant   */
 if (firstletter != currentfirst)               /*   nouvelle initiale   */
 {
  firstletter = currentfirst;
  k++;
  reloc[k].letter = firstletter;                /*   mémorise nouvelle initiale   */
  reloc[k].offset = tell(fd) - 10; /* offset premier string de nlle initiale */
 }
}
  /***   affichage   ***************************/
  printf("\nTerminé. Afficher les chaînes de caractères ? (o/n)");
  if ((rep1 = getche())== "o")
{
do
{
  printf("\033[2J");
  printf("\n\n\nAFFICHAGE DES STRINGS ENREGISTRES :\n\n");
 printf("Tous               (a)\n\n");
 printf("Initiale           (b)\n\n");
 printf("Numéro             (c)\n\n");
 printf("Quitter            (q)\n\n\n");
```

```
 printf("Votre choix : ");
 switch(rep2 = getche()))
{
case "a":                                        /*    affiche tout    */
 printf("\033[2J");
count = 0;
lseek (fd, 0L, 0);                               /*    vers début du fichier    */
 while ((bytes = read(fd, buffer, strlen(buffer))) > 0)
{
write(1, buffer, bytes);
 printf("\n");
count++;
if (count == 20)
{
 printf("\n\n<Entrée> pour page suivante.");
getch();
 printf("\033[2J");
count = 0;
}
}
break;
case "b":                                        /* tous strings avec même initiale    */
do
{
count = 0;
 printf("\n\nInitiale : ");
 firstletter = getche();
i = 1;
/* saute initiales non conformes    */
 while (firstletter != reloc[i].letter && i < 27)
i++;
if (i > 26)                                      /*    l'initiale saisie est inexistante    */
{
 printf("%s", norecord);
 printf("\n<Entrée> pour continuer.");
getch();
}
} while (i > 26);
 printf("\033[2J");
lseek(fd, reloc[i].offset, 0);                   /* vers premier string d'initiale    */
 while ((bytes = read(fd, buffer, strlen(buffer))) > 0 && buffer[0] == firstletter)
{
write(1, buffer, bytes);
 printf("\n");
count++;
if (count == 20)
{
 printf("\n\n<Entrée> pour page suivante.");
getch();
 printf("\033[2J");
count = 0;
}
```

```
 }
 break;
 case "c":
 do
 {
  printf("\n\nString numéro (1-500) : ");
  scanf("%ld", &recnum);
 } while (recnum < 1 || recnum > 500);
 lseek(fd, (recnum-1) * 10, 0);                              /* vers enreg. no "recnum"   */
  bytes = read(fd, buffer, strlen(buffer));
 printf("\n");
  write(1, buffer, bytes);
 break;
 default:
 ;
 }                                                           /*    fin switch    */
 if (rep2 == "a"  ||  rep2 == "b"  ||  rep2 == "c")
 {
  printf("\n\n\n<Entrée> pour revenir au menu.");
  getch();
 }
 } while (rep2 != "q");
 }                                                           /*    fin if rep1 == "o"   */

nt brand(int p, int q)          /*    donne un nombre aléatoire entre p et q    */

   return (p +(rand() % (q-p+1)));

int scomp(char s1[], char s2[])          /*    compare strings pour "qsort"    */

   return (strcmp(s1, s2));
```

Commentaires

Après que SEEREC a généré, via la fonction "**brand**", 500 * 10 valeurs numériques correspondant aux codes ASCII des majuscules (65 - 90) et les a rangées dans le tableau 2D "**data**", la fonction prédéfinie "**qsort**" trie en ordre croissant le tableau selon l'algorithme du Quick-Sort. "**qsort**" a le prototype :

```
void qsort(void *<début>, size_t <nombre>, size_t <taille>,
int (*<compare>)(void*,  void*));
```

<début> est un pointeur vers le début du tableau ou de l'ensemble à trier. <nombre> représente le nombre d'éléments à trier. <taille> donne la dimension en octets d'un élément du tableau. <compare> est un pointeur vers une fonction de comparaison qui compare les éléments deux à deux et dont l'écriture incombe au programmeur.

Dans le cas du tableau 2D "data", il faut comparer des chaînes de caractères (les lignes du tableau). Nous interprétons donc "data", pour l'opération de tri, comme un tableau unidimensionnel ayant des éléments de type char[11] (donc des tableaux à 11 éléments). La fonction de comparaison concernée (la fonction "scomp" dans SEEREC.C) doit donc comparer à chaque fois deux chaînes de caractères dont les adresses lui sont passées comme paramètres par "**qsort**". (Il faut se rappeler dans ce contexte que le nom d'une fonction est un pointeur vers la fonction concernée). Le tableau "data" peut donc être tr. ainsi avec "**qsort**" :

```
qsort((void *)data, 500, sizeof(char[11]), scomp);
```

Le tableau de structures "reloc" mémorise dans les champs "offset" les offsets de premières lignes des groupes de même initiale, et dans les champs "letter" les initiale elles-mêmes. Ces valeurs sont utilisées ultérieurement pour localiser dans le fichier DATA.F et pour afficher un groupe de chaînes commençant par une certaine initiale. L'offset de l première chaîne d'un groupe relatif à une même initiale est calculé par la fonction "tell si l'initiale de la string en cours d'enregistrement (currentfirst) ne coïncide plus avec l'initial du groupe précédent (variable "**firstletter**") et donc si l'offset doit être modifié. L'offset do être diminué de 10 par :

```
tell(fd) - 10
```

parce que le pointeur de position a déjà avancé de 10 octets après l'enregistrement.

Un menu très simple laisse choisir le type d'affichage souhaité. Les positionnement ultérieurs dans le fichier sont exécutés par la fonction "**lseek**". S'il faut afficher toutes le chaînes de caractères, alors :

```
lseek(fd, 0L, 0);
```

place le pointeur de position au début du fichier. S'il faut afficher un groupe de string ayant une même initiale, l'instruction :

```
lseek(fd, reloc[i].offset, 0);
```

décale le pointeur de position (à partir du début du fichier) vers le début du groupe d chaînes concernées. Enfin, la position d'une chaîne donnée par son numéro d'ordre (1 500) est calculée par :

```
lseek(fd, (recnum-1) * 10, 0);
```

On diminue ici de 1 la valeur de "**recnum**" parce que les strings sont numérotés de 1 à 500 alors que les offsets dans le fichier le sont de 0 à 499. L'offset de la dixième string, pa exemple, est donc donné par :

```
(recnum-1) * 10 = 9 * 10
```

soit 90 (par rapport au début du fichier), résultat facile à comprendre.

Index

!

A

D

L

M

U

V

NOTES

NOTES

NOTES

NOTES

NOTES

NOTES

NOTES

NOTES

NOTES

NOTES

NOTES

NOTES

NOTES

NOTES

Imprimerie Hérissey à Évreux - N° 73806

Maxime Roch